天心年鉴（2022）

YEARBOOK of TIANXIN

长沙市天心区年鉴编纂委员会　编

方志出版社
Publishing House of Local Records

图书在版编目（CIP）数据

天心年鉴. 2022 / 长沙市天心区年鉴编纂委员会编. —北京 : 方志出版社, 2022.12
ISBN 978-7-5144-5617-2

Ⅰ. ①天… Ⅱ. ①长… Ⅲ. ①区(城市)－长沙－2022－年鉴 Ⅳ. ①Z526.44

中国版本图书馆 CIP 数据核字(2022)第 252513 号

责任编辑：齐笑
责任校对：刘玉霞
责任印制：梅中英
出 版 者：方志出版社
地　　址：北京市朝阳区潘家园东里 9 号（国家方志馆 4 层）
邮　　编：100021
网　　址：http://www.zgfzcb.cn
发　　行：方志出版社图书营销中心（010-67110500）
印　　刷：湖南省誉成广告印务有限公司
开　　本：889 毫米×1194 毫米　1/16
印　　张：22
字　　数：695 千字
版　　次：2022 年 12 月第 1 版
印　　次：2022 年 12 月第 1 次印刷
定　　价：245.00 元

长沙市天心区年鉴编纂委员会

顾　问　吴新伟

主　任　周志军

副主任　许　波　洪孟春　张　建　刘　瑜

委　员　戴次强　丁　洪　邹仕斌　刘顺来

符文滔　李　园

《天心年鉴（2022）》编辑部

主　编　符文滔　李　园

副主编　李　强　邹彦妮

编　辑　罗　波　范淑雷　谢上军

编　务　石占福　袁　敏　瞿　军

《天心年鉴（2022）》组稿人员

（按姓名笔画排序）

王 上	王 沪	王 杰	王 珍	王 康	王 蓉	王凯璐
王佳龙	毛 敏	毛耀华	仇玉瑜	文 亮	文 琼	邓志强
石万红	石占福	龙灼尧	占智琰	田 谧	兰 菲	师 懿
吕正明	任 湘	任 婷	任先鸿	任咏梅	刘 伟	刘 军
刘 波	刘 茜	刘 昱	刘 衍	刘 姣	刘 望	刘 震
刘弘成	刘安妮	刘志坚	刘泱溪	刘柏屹	刘爱维	刘润秋
刘晨凌	齐 健	许湘玲	阳利平	严 伟	杜湘凝	李 旦
李 伟	李 欢	李 凯	李 珂	李 珺	李 康	李 攀
李贞缜	李兴秋	李高明	李碧岚	李慧珊	李慧媛	杨 峰
杨 娴	杨明灿	杨金杰	杨晶璎	肖雅琴	吴小文	吴承休
余易沾	余诗漾	佘娇兰	邹 芳	邹 颖	邹盈盈	闵家喜
汪 献	沈 幸	张 琼	张 勤	张 磊	张立兵	张戍如
张志华	张喜盛	张婷韬	陆 地	陈 文	陈 坤	陈 畅
陈 佳	陈 智	陈小妞	陈晓宇	陈晓菁	陈潇潇	易 畅
易 彦	易姮君	罗 姝	罗 钱	罗亚鹏	罗振杰	罗桂华
周 杨	周 佳	周 茜	周 科	周 胤	周 惠	周 澍
周冬云	周茂林	周绍平	周娟艳	周雯轩	周璐璐	赵 萍
赵志芳	赵荣娜	胡 平	胡 玥	胡杨娟	胡典香	柳馨娴
钟 玉	钟 志	钟翠婷	洪 波	贺路帆	袁仕益	夏丽莎
殷 婷	卿雅琴	高 溧	郭梦婷	唐卓琳	资贞芳	黄 强
黄 憬	黄 巍	黄雅玲	曹向梅	符凤娇	康思涛	梁海龙
彭 昱	彭林仁	葛东伟	董 固	焦 畅	曾巧明	谢 萍
谢羽桉	谢明生	蒙 静	雷云丹	詹 莉	新开铺	廖 卉
廖惠民	谭 巧	谭路国	熊 坚	熊 琛	熊双意	黎腊梅
滕秋玲	颜益阳	戴 娟				

编 辑 说 明

一、《天心年鉴（2022）》坚持以马克思列宁主义、毛泽东思想、邓小平理论、“三个代表”重要思想、科学发展观、习近平新时代中国特色社会主义思想为指导，坚持辩证唯物主义和历史唯物主义的立场、观点和方法，围绕中共长沙市天心区委、长沙市天心区人民政府的决策部署，全面、客观、系统地记载天心区自然、政治、经济、文化、社会和生态建设等方面概貌和发展情况。

二、《天心年鉴（2022）》由中共天心区委、天心区人民政府主办，天心区年鉴编纂委员会编纂，是社会各界人士了解天心的权威性工具书。记述时限为 2021 年 1 月 1 日至 2021 年 12 月 31 日。

三、本卷年鉴采用分类编辑，设类目、分目（子目）、条目 3 个层次，部分分目设有子目，条目为记述基本单元。全书设有 28 个类目，114 个分目（子目）、905 个条目。正文体例有概况、条目、附录、图表等，以条目为主体，书中插排彩色专版。

四、本卷年鉴所载资料由全区各部门专人撰写、领导审核，年鉴编辑部编辑人员加工整理后再反馈原单位核对，最后由编委会定稿。统计资料由区统计局提供。文稿中有些部门数据，由于统计口径不同，与统计局公布的数据可能不完全一致，以统计局数据为权威数据。

五、本年鉴汉字规范按照 2013 年 6 月国务院公布的《通用规范汉字表》执行。标点符号按照中华人民共和国国家质量监督检验检疫总局、中国国家标准化管理委员会 2011 年 12 月发布的《标点符号用法》（GB/T 15834—2011）执行。数字用法按照中华人民共和国国家质量监督检验检疫总局、中国国家标准化管理委员会 2011 年 7 月发布的《出版物上数字用法》（GB/T 15835—2011）执行。

六、本卷年鉴收录的县级领导，区直各部门、各单位、各街道、双重领导和垂直管理单位负责人名单，截至 2021 年 12 月 31 日，在 2021 年度职务内有任免的分别予以注明。名单最终由天心区委组织部审定。

数说天心 2021

❖ 总面积 **137.34** 平方千米，湘江岸线天心段长 **32** 千米，辖 **14** 个街道，**100** 个社区（村）。

❖ 常住人口 **85.74** 万人。

❖ 地区生产总值（GDP）**1215.37** 亿元。

❖ 三次产业增加值占 GDP 比重为 **0.1 ∶ 30.8 ∶ 69.1**。

❖ 规模以上工业增加值增长 **5.3%**。

❖ 一般公共预算收入 **154.26** 亿元，其中，地方一般公共预算收入 **67.19** 亿元，一般公共预算支出 **76.98** 亿元。

❖ 全社会固定资产投资比 2020 年增长 **9.3%**。

❖ 城镇新增就业 **12360** 人，失业人员再就业 **12342** 人，就业困难对象再就业 **3455** 人。

❖ 社会消费品零售总额 **463.03** 亿元。

❖ 内外资招商项目（企业）**209** 个，实际利用外资 **6000** 万美元；省外境内资金到位 **247.45** 亿元。

❖ 高新技术产业增加值比 2020 年增长 **19.4%**，专利授权 **3329** 项。

❖ 非物质文化遗产项目资源 **31** 个，非遗展示中心 **1** 个，文化馆 **1** 个，公共图书馆 **12** 个。

❖ 全民健身项目 **795** 项次，发展社会体育指导员 **354** 人，年末拥有各级社会体育指导员 **3675** 人，健身辅导站 **14** 个，公共体育场地 **1155** 个。

❖ 医疗卫生机构 **507** 个。区级注册卫生技术人员 **8401** 人，其中医生 **3517** 人，护师护士 **4884** 人。

❖ 空气质量优良率 **85.5%**，优良天数 **312** 天。

❖ 城镇居民人均可支配收入 **66716** 元。

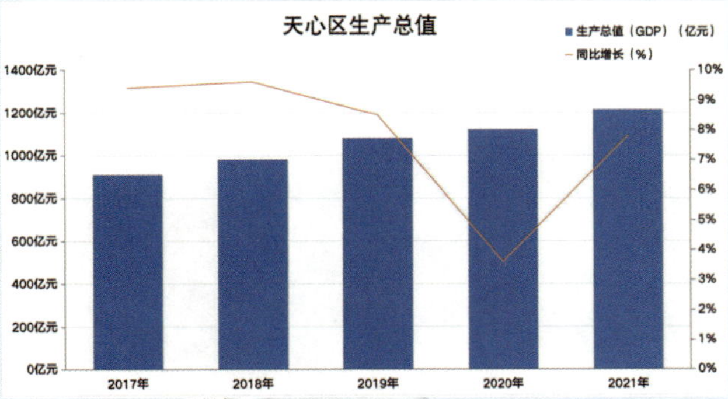

2017—2021 年天心区地区生产总值（GDP）及增速

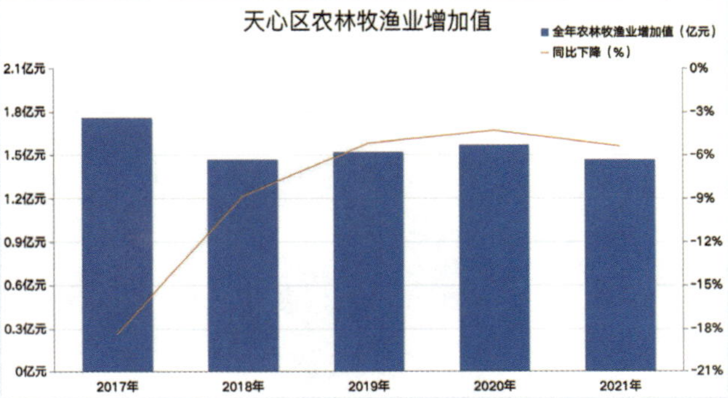

2017—2021 年天心区农林牧渔业增加值及增速

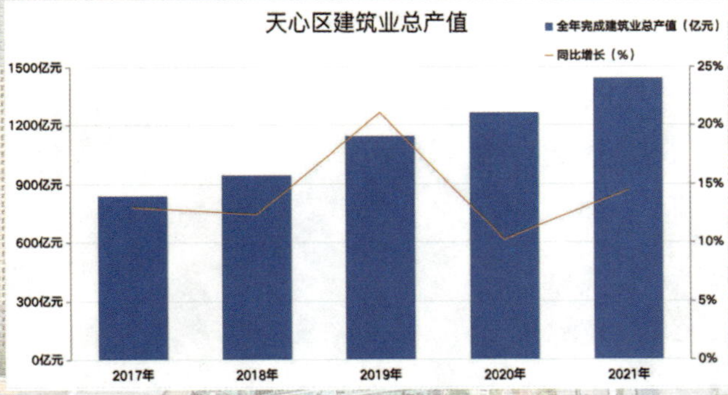

2017—2021 年天心区建筑业总产值及增速

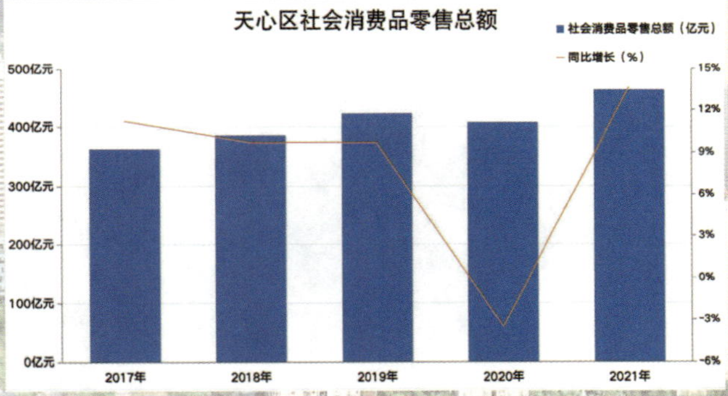

2017—2021 年天心区社会消费品零售总额及增速

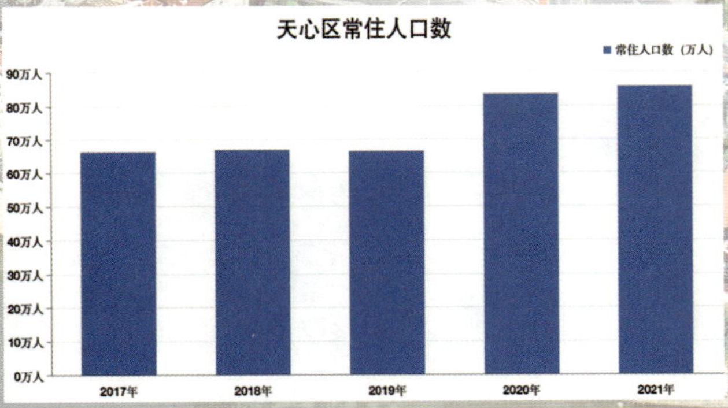

2017—2021 年天心区常住人口数

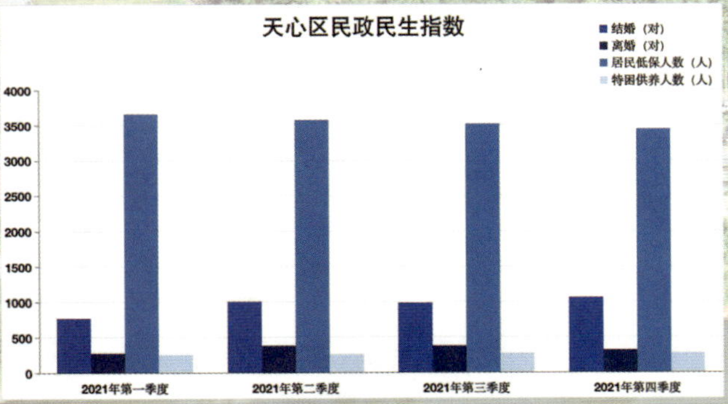

2021 年天心区民政民生指数

（本页数据来源：天心区统计局、天心区民政局）

2021 年 7 月 29 日，中国共产党长沙市天心区第六次代表大会第一次全体会议（开幕式）召开

（杨　威　摄）

2021 年 10 月 23 日，长沙市天心区第六届人民代表大会第一次会议在湖南省人民会堂召开

（杨 威 摄）

2021 年 10 月 22 日，政协长沙市天心区第六届委员会第一次会议开幕式召开 （杨 威 摄）

2021年1月15日，天心区委五届十一次全体（扩大）会议暨经济工作会议召开　（杨　威　摄）

2021年6月28日，天心区优秀共产党员、优秀党务工作者和先进基层党组织表彰大会召开　（杨　威　摄）

2021 年 7 月 13 日，天心区政法队伍教育整顿总结大会召开　　（杨　威　摄）

2021 年 11 月 1 日，天心区召开政企恳谈会，会上为 2021 年长沙市天心区“诚信之星”先进个人颁发证书
（杨　威　摄）

2021年2月18日，长株潭（天心区—石峰区—岳塘区）政务服务“跨域通办”合作协议签约仪式举行

（杨　威　摄）

2021年3月18日，“同饮一江水　共护一片绿”长沙市天心区、湘潭市岳塘区联合执法暨区域合作十大重点事项现场推进活动举行　　（杨　威　摄）

2021年3月28日，2021长株潭融城半程马拉松赛在天心区暮云街道许兴村举行

（杨　威　摄）

2021年4月20日，长株潭高校与企业知识产权转化签约仪式在中国长沙人力资源服务产业园举行

（天心经开区供图）

2021年4月29日，“融城韶华　悦惠天心”长株潭消费节暨天心汽车消费节启动仪式在黄兴广场举行

（区商务局供图）

2021年12月10日，长株潭教研交流暨长沙市优秀教育科研成果展示推广活动在天心区湘府英才小学举行

（区教育局供图）

2021年，天心区聚焦中国共产党成立100周年和党史学习教育，开展“百年党史我来讲”“就认这个理 永远跟党部”等系列特色活动，涌现出一批优秀的组织单位。同时，天心区特色打造“理论轻骑兵 一线微宣讲”品牌，全年开展“‘一军三区’怎么干”主题演讲比赛等各类学习活动600余场次，涌现出一批“最美宣讲人”。

1	4
2	5
3	6

1　天心区在省府景观轴南广场搭建庆祝中国共产党成立100周年主题绿雕

（区园林维护中心供图）

2　天心区赤岭路街道举办庆祝中国共产党成立100周年文艺会演　（赤岭路街道供图）

3　2021年6月10日，天心区金盆岭街道开展“就认这个理　永远跟党走”宣讲比赛　（金盆岭街道供图）

4　2021年6月25日，天心区党史学习教育市委宣讲团宣讲报告会召开

（区委宣传部供图）

5　2021年5月1日，天心区委宣传部到暮云街道暮云新村开展“阳光小院话阳光”党史宣讲活动　（区委宣传部供图）

6　2021年7月21日，天心区政府办党支部联合机关夜校组织开展“学党史、悟思想”读书沙龙暨“百年党史我来讲”主题党日活动　（区政府办供图）

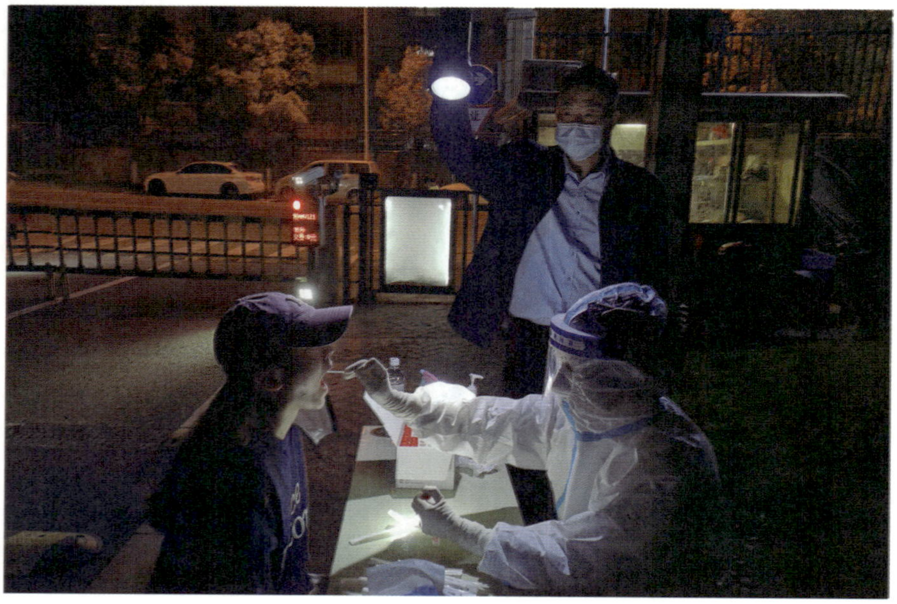

1 2 3 4 5 6 7 8

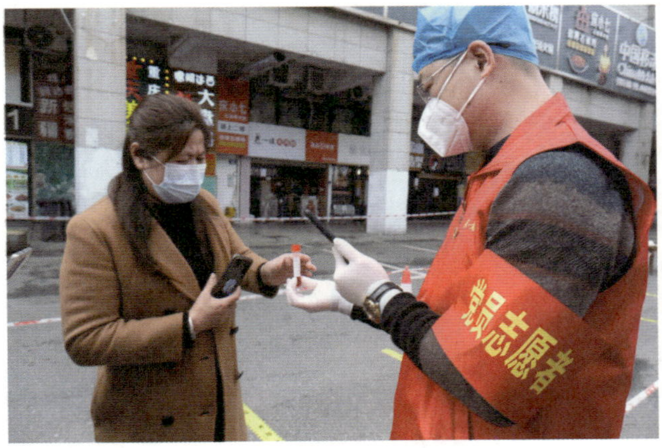

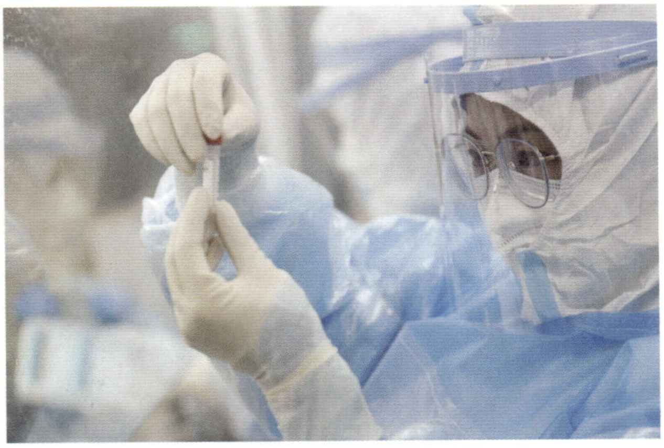

1 病毒与“我”都很“难搞”

2 抗疫当先锋 上阵“母子兵”

3 坚守阵地到最后一刻

4 志愿服务

5 一丝不苟

6 督导督察

7 分拣药剂

8 排队扫码

（本页图片均由区卫健局供图）

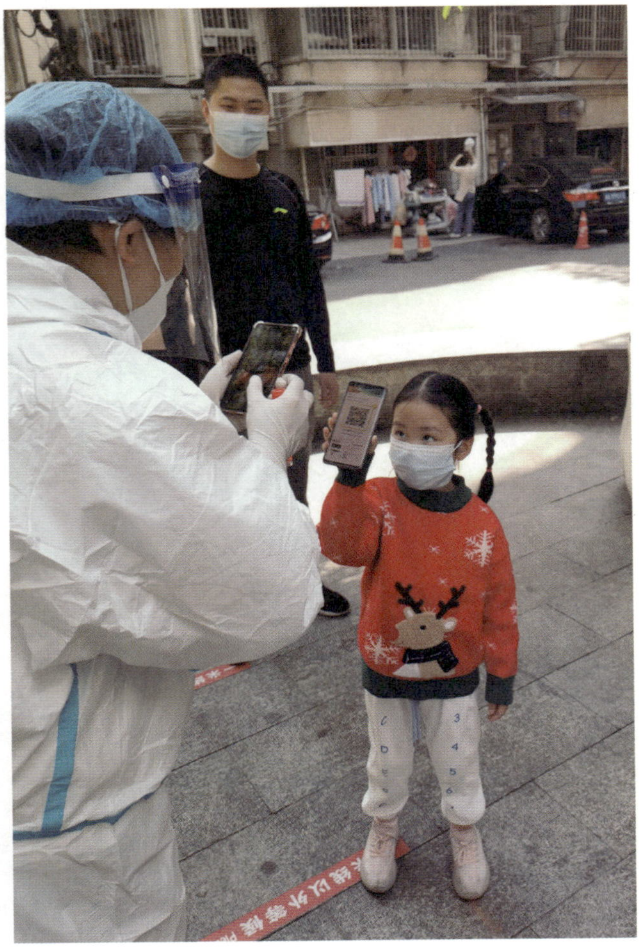

书香天心"阅动力·护地球"读书分享会
湘府文化公园分馆生态文学专场

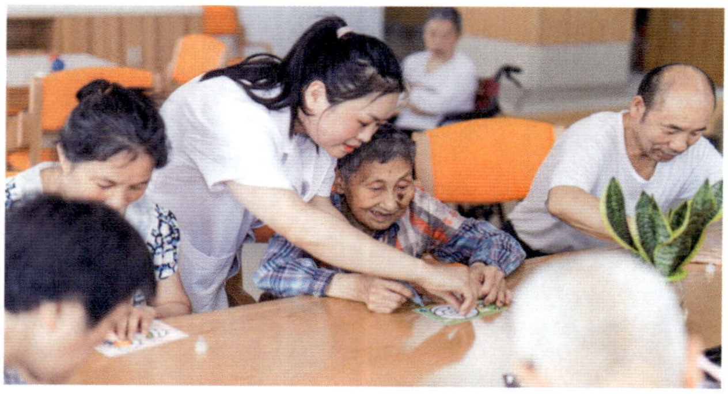

长沙
CHANG SHA
创业展宏图 劳务铸品牌
城市简介

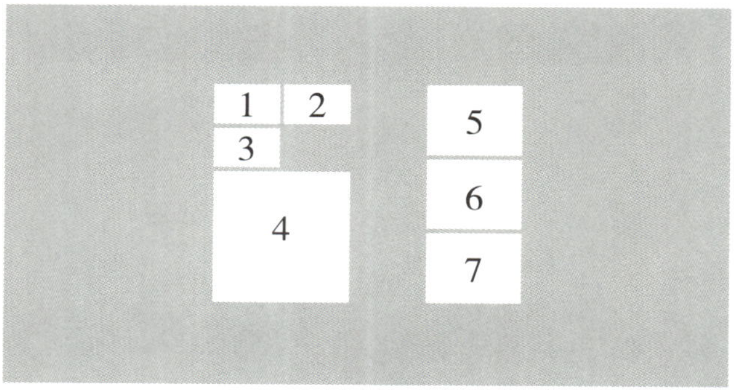
1
2
3
4
5
6
7

仰天湖实验学校

1 2021 年 9 月 27 日，天心区图书馆在湘府文化公园分馆开展书香天心“阅动力 护地球”生态文学阅读分享会 （区图书馆供图）

2 2021 年，天心区实施“天颐”养老服务项目 （区民政局供图）

3 2021 年 10 月，天心区代表湖南省参加第三届全国创业就业服务展示交流活动 （区人社局供图）

4 2021 年 11 月 10 日，仰天湖实验学校开启“非遗进校园”活动，图为学生体验木匠精神 （区教育局供图）

5 2021 年 5 月 4 日，长沙市天心区文化惠民公益演出在火宫殿启动 （区文化馆供图）

6 2021 年 4 月 11 日，“湖湘潮 迎华诞——2021 红色经典诵读 湖湘少年中华颂”活动启动 （区文化馆供图）

7 2021 年 5 月 21 日，天心区开展“百年百剧颂党恩”活动，图为少儿京剧《智取威虎山》 （区文旅体育局供图）

富典当
汇源糕点专卖
裘记单车修理铺
誠興麻雀公司
文和里美食市集
华兴冰室
Tel: 8008208820
坎爷火锅
品质生活
2F
东瓜山香肠
莎利文
风情烧烤
富贵大食堂
吴酥生
星海味
文和里
美食市集
LINLEE
墨茉点心局
煌上煌酱鸭
LINLEE
-手打柠檬茶-
广隆铜
聚美合
老鳳祥
文和里美食市集
LINLEE
-手打柠檬茶-
文和里
大長沙美食城寨
一寨吃遍大长沙
聚美合
老长沙臭豆腐
煌上煌
整椰椰
羅家
地道長沙味
长沙一绝

黄兴南路商业步行街　（郑　磊　摄）

IFS

湘江东岸　　（裕南街街道供图）

总　目

目　　录

重要会议

区委办公室工作

组织工作

宣传工作

统一战线

网络建设

机构编制

党校教育

档案史志

天心区人民代表大会

综述

重要会议

依法监督

依法履职

天心区人民政府

综述

重要会议

民生实事

行政审批与政务服务

信访工作

“两型社会”建设

网格化综合服务

机关事务

政协天心区委员会

综　述

重要会议

政治协商

提案工作

纪检监察

监督执纪

巡察工作

妇联

科协

工商联

法 治

政法委及综合治理

公安

交通管理

检察

法院

司法行政

军 事

人民武装

人民防空

城市建设与管理

自然资源和规划

房屋征收管理

征地管理

住房和建设管理

公共工程建设

城市建设投资开发

国资经营

城市管理和行政执法

环境卫生维护

市政设施维护

园林建设与绿化

步行商业街管理

交通运输

生态环境保护

综述

环保审批与政务服务

农业 林业 水利

综述

农业

农村

林业

水利

工业 信息化

综述

工业

信息化

商务 服务业

商务

现代服务业

财政　税务　金融

财政

税务

金融

长沙农商银行天心支行

长沙农商银行湘江支行

教育　科学技术

教育

科学技术

文化 旅游 体育

综述

文化

旅游

• 南郊公园 •

•天心阁•

体育

卫生医疗

卫生行政

卫生监管

疾病预防控制

妇幼保健

社会生活

人力资源和社会保障

民政事务

民族宗教事务

退役军人事务

残疾人事务

医疗保障

人居环境管理

园区建设

长沙天心经开区

街 道

桂花坪街道

青园街道

黑石铺街道

大托铺街道

先锋街道

暮云街道

南托街道

荣誉榜

统计资料

附　录

组织机构及负责人

重要文献

发文目录

年度新闻媒体报道

索　引

以“三高四新”战略为指引 为加快建设“智慧天心、融城核心”不懈奋斗

——在中国共产党长沙市天心区第六次代表大会上的报告

中共长沙市天心区委书记　吴新伟

（2021年7月29日）

现在，我代表中国共产党长沙市天心区第五届委员会向大会作报告。

中国共产党长沙市天心区第六次代表大会，是在庆祝中国共产党成立100周年、开启向第二个百年奋斗目标进军新征程的关键时期，召开的一次十分重要的大会。大会的主题是：以习近平新时代中国特色社会主义思想为指导，认真贯彻中共中央总书记习近平考察湖南重要讲话精神、“七一”重要讲话精神，奋力落实“三高四新”[1]战略，紧扣长沙“创建国家中心城市”目标，团结动员全区党员干部群众，抬高坐标、跨越赶超，创新实干、担当作为，围绕“一军三区”[2]定位，加快建设“智慧天心、融城核心”，为长沙当好实施“三高四新”战略领头雁、打造现代化新湖南示范区贡献天心力量。

区第五次党代会以来工作

过去的五年，天心走过了极不平凡的历程。面对复杂严峻的宏观形势、改革发展稳定的艰巨任务，我们认真落实中央、省委、市委各项决策部署，凝心聚力、奋力拼搏，取得了新的发展成就。2020年实现地区生产总值1120亿元，一般公共预算收入150亿元，分别为2015年的1.6倍、1.5倍；城镇居民收入率先全省突破6万元大关；各类市场主体超11万户，年均增长1.5万户以上。成功跻身全国高质量发展百强城区，2020年跃升至第64位，较好地完成了区第五次党代会确定的目标任务。

五年来，我们以深入贯彻落实习近平新时代中国特色社会主义思想为主题，奋力推动新思想在天心大

地落地生根。坚持把学习习近平新时代中国特色社会主义思想和总书记重要讲话、重要指示批示精神作为区委常委会会议第一议题，切实做到学思用贯通、知信行统一。坚决贯彻落实“三高四新”战略，围绕“一军三区”定位，迅速制定实施意见，出台全力打造“三个高地”“三年行动计划”[3]及2021年行动方案，以实际行动彰显省会中心城区的政治担当、使命担当、责任担当。

五年来，我们以构建现代产业体系为主线，产业能级跃上更高台阶。抢滩布局数字经济，建立地理信息产业园、人工智能产业园、天心软件产业园三大平台，数字经济相关企业突破5000家；湖南省唯一的大数据交易中心落户建设，签约中国电信天翼云中南数字产业园项目、实现百亿产业项目“零突破”；全国软件企业50强分（子）公司落户6家、全省互联网企业50强上榜5家，均为全省区县（市）中最多；“天心数谷”强势启航，产业数字化、数字产业化发展态势加速形成。总部经济、楼宇经济发展走在前列，亿元楼宇达19栋、为全市最多；A股上市公司9家、市值约占全市三分之一、全省四分之一。金融业支柱地位更加坚实，金融企业达400多家，税收占比近四成。园区改革发展加速推进，四园合一、握指成拳，人力资源服务产业园获批国家级产业园，“一主两特”[4]格局形成。率先全市出台“天心营商环境30条”，深入推进“一日一制一景三中心”[5]优化营商环境工作模式，“夜间经济”相关经验列入国务院优化营商环境创新举措，营商环境排名全国百强城区第43位。

五年来，我们以片区统筹协调发展为主导，城乡品质实现新的提升。强力推进“三大板块”建设，长沙外滩高标准推进棚改征拆和改造更新，占全市56%任务量的老城区有机更新7大片区12个项目全面完工，《城市更新、生活更新》获央视焦点访谈专题推介。省府片区65个征拆项目清零，城中村改造有序实施，路网建设日趋完善，湘府消费中心打造全力推进。紧扣“一体化”和“高质量”两个关键词，以暮云片区发展建设为重点，长株潭城际铁路、芙蓉大道快速路顺利通车，“五抓五优”[6]经验得到省市推介。加快城市提质改造步伐，推动黄兴南路建设智慧街区、创建国家示范步行街区，五一商圈挺进全国最受欢迎人气商圈前五。完成95个社区（老旧小区）提质提档，实现“15分钟生活圈”城区全覆盖，城区品质和形象大幅提升。大力实施乡村振兴战略，开展农村人居环境综合整治，全力推进“美丽三园”[7]建设，新改建农村公路137千米，率先全省推动农村自来水普及工程，农村无害化厕所普及率达98%，农村地区人居环境进一步改善。

五年来，我们以用心用情用力改善民生为主旨，人民群众的获得感幸福感安全感明显增强。坚持以人民为中心的发展思想，着力保障改善民生，努力让全区人民共享改革发展成果。坚决打赢脱贫攻坚战，区内建档立卡贫困户实现稳定脱贫，结对帮扶浏阳富溪村、龙山洛塔乡、怀化通道县脱贫摘帽，两次获评全省携手奔小康先进单位。着力防范化解重大风险，政治安全、网络安全、公共安全、政府债务风险等总体可控。全力以赴打好疫情防控人民战争，在全国率先启用定点酒店安置疫源地人员，2个先进集体、5名先进个人获国家、省级表彰。社会公共事业及民生投入不断增加，民生支出占比超八成。加快实施“学校建设新三年行动计划”，新建和改扩建39所学校和幼儿园、累计新增学位37540个，获评全国义务教育发展基本均衡区。坚持“房住不炒”，促进房地产市场平稳健康发展。坚持就业优先战略，累计新增就业岗位近6万个。医疗保障制度改革不断深化，医疗服务体系不断完善，实现街道社区卫生服务中心全覆盖。加快实施“爱心天心”等帮扶工程，累计帮扶困难群众6.8万人。大力推进“平安天心”“法治天心”建设，获得全国社区治理和服务创新实验区、全国法治宣传教育先进区、全省首批法治建设示范区、全省食品安全示范区等荣誉，连续17年获得全省“平安县市区”称号。

五年来，我们以坚决守护好绿水青山为主责，生态文明建设取得显著成效。坚定践行习近平生态文明思想，全力打好打赢污染防治攻坚战，全面完成中央、省级环保督察反馈问题整改，生态环境大幅改善。铁腕推进蓝天保卫战，落实“六控十严禁常态化、污染治理精准化”要求，扎实开展“十大”专项整治行动，2020年空气优良率83.1%、较2016年提升9.8个百分点。强力推进碧水攻坚战，严格落实河长制，完成水污染防治项目35个，基本消除黑臭水体，饮用水水源地水质100%达标。全力守护长株潭生态绿心，361家绿心地区工业企业全面退出，“天心蓝、绿心绿、湘江美”成为靓丽底色。

五年来，我们以落实全面从严治党为主业，党的建设开创崭新局面。始终把政治建设摆在首位，切实强化理论武装，深化政治建设考察，扎实开展“两学一做”学习教育、“不忘初心、牢记使命”主题教育、党史学习教育。坚持新时期好干部标准，出台激励干部担当作为干事创业的若干措施，全面完成新一轮机构改革任务，全区上下想干事、能干事、干成事的精气神不断提振。大力推行党建引领网格化管理，搭建“有事好商量”标准化平台215个，党建引领“一统三化”[8]改革获中央改革办推介。严格落实中央八项规定及其实施细则精神，压实“两个责任”，建立巡察制度，保持惩治腐败高压态势，党风政风和社会风气持续好转。接受省委巡视“政治体检”，巡视反馈问题整改如期有序推进。坚持党的全面领导，加强和改进人大工作，发挥人民代表大会制度优势，率先全市开展民生实事项目人大代表票决制工作；加强和改进政协工作，构建多层次政协协商体系，充分发挥政协优势，助推基层社会治理创新；认真做好统战工作，“四个统战”[9]经验获得省级推介；扎实开展扫黑除恶专项斗争、政法队伍教育整顿。人民武装、工会、共青团、妇联、老干、史志档案、民宗、对台、工商联、侨联、残联、科协等工作都取得了新成绩。

成绩来之不易，这是省委、市委正确领导的结果，是历届班子接续奋斗的结果，是全区干部群众团结拼搏的结果，是广大老干部、老同志鼎力支持的结果。在此，我谨代表中共长沙市天心区第五届委员会，向全区各级党组织、广大党员干部、老同志和天心人民，向所有关心、支持、参与天心改革发展建设的各界人士，致以崇高的敬意和衷心的感谢！

看似寻常最奇崛，成如容易却艰辛。回顾过去五年的发展历程和艰辛探索，我们深刻地体会到：**最重要的原则是保持政治定力。**坚持把加强党的领导贯穿经济社会发展各方面全过程，全面贯彻新发展理念，牢牢把握中央和省市决策部署，坚决落实民主集中制，区四大家班子同心同德、和谐干事，形成了心往一处想、劲往一处使的良好局面。**最有效的方法是不断创新实干。**坚持解放思想、开拓进取，在对标先进中找差距、补短板，在力争上游中敢担当、争第一，在攻坚克难中经风雨、练本领，啃下了绿心工业企业退出、闲置资源盘活等一批硬骨头，走出了一条区域高质量发展的新路径。**最坚实的基础是赢得群众满意。**坚持“不忘初心、牢记使命”，做到老百姓关心什么、期盼什么，我们就抓住什么、推进什么，教育、养老等工作得到了群众的赞许、获得了省政府真抓实干表扬激励，不断夯实筑牢了执政根基。**最宝贵的经验是坚持项目优先。**坚持把项目作为一切工作的“牛鼻子”，增强“抓项目就是抓发展、抓民生，就是抓后劲、抓未来”的意识，一个个百亿级项目签约落地，一批批战略性项目强力推进，为高质量发展奠定了坚实基础。**最有力的保障是建强干部队伍。**坚持紧密团结全区各级领导班子，牢固树立正确的选人用人导向，完善“能者上、优者奖、庸者下、劣者汰”的选人用人机制，激励干部担当作为，锻造了一支善于攻坚、能打胜仗的干部队伍，这就是天心未来发展的最大底气。

同志们，今年是中国共产党的百年华诞，百年征程波澜壮阔，百年荣光铸就辉煌，百年初心历久弥坚。深入学习贯彻习近平总书记“七一”重要讲话精神，振奋人心、感召人心、激励人心。站在建党100周年的光辉历史节点回首天心发展，我们从一穷二白、百废待兴到2017年财税过百亿、2018年GDP过千亿，在全国高质量发展百强区排名逐年上升，一串串靓丽数据，展现了天心争一流、求上进的实干担当；我们从文夕大火后的断壁残垣到城区涅槃重生、活力迸发，人均可支配收入位居全省前列，一件件惠民实事，见证了天心践初心、担使命的为民情怀；我们从抗击超历史最高水位洪水、迎战新冠疫情，到办成了许多过去想办而没有办成的大事，一次次重大考验，诠释了天心政治强、人心齐的奋斗精神。立足新起点，我们应该看到，天心未来发展的光明前景和美好愿景，更加坚定打造“一军三区”、建设“智慧天心、融城核心”的决心和信心！

在总结成绩的同时，我们也清醒地看到一些问题和不足：主导产业竞争力不够强，经济总量还不够大；片区发展不够平衡，南部片区的基础设施仍需加快补齐短板，新城区配套功能还需抓紧完善；社会治理现代化有待加强，保障改善民生需付出更多努力；基层党建存在薄弱环节，工作穿透力不够，思想守旧、行动迟缓、韧劲不足等问题仍不同程度存在。我们必须高度重视，保持清醒头脑，采取有力措施，切实加以解决。

未来五年的指导思想和奋斗目标

未来五年，是乘势而上向实现第二个百年奋斗目标进军的第一个五年。**从全局看**，世界正经历百年未有之大变局，和平与发展仍是当今时代的主题，特别是我国制度优势显著，经济长期向好，发展韧性强劲，社会大局稳定，高质量发展具有多方面优势和条件。**从省、市看**，“三高四新”战略擘画了蓝图、指明了方向，长江经济带发展、中部地区高质量发展、自贸试验区建设、打造长株潭都市圈全国重要增长极、长沙市创建国家中心城市，为区域发展提供了新机遇。**从天心看**，历届区委团结带领全区人民抢抓机遇、开拓奋进，工作思路更清、干部队伍更强，为天心区在新起点实现新突破打下了坚实的基础。特别是区“十四五”规划作出了科学部署，随着长株潭一体化、机场搬迁的强力推进，更有利于我们在上级战略布局中赢得先机，更有利于我们在资源配置中获得支持。在新的征程上，我们要清醒认识和把握天心所处的历史方位和面临的重大机遇，始终胸怀“两个大局”、心系“国之大者”，主动担当责任、勇挑发展重担，掀起新一轮发展热潮、创造新一轮发展优势。

未来五年的指导思想是：**坚持以习近平新时代中国特色社会主义思想为指导，坚决落实习近平总书记对湖南工作系列重要讲话指示精神，立足新发展阶段，完整、准确、全面贯彻新发展理念，构建新发展格局，紧扣中共中央决策部署和省委、市委工作要求，深入贯彻“三高四新”战略，以推动高质量发展为主题，以深化供给侧结构性改革为主线，以改革创新为动力，统筹发展与安全两件大事，坚持在发展中保障和改善民生，抬高坐标、跨越赶超，创新实干、担当作为，围绕“一军三区”定位，加快建设“智慧天心、融城核心”。**

未来五年的奋斗目标是：到2025年，区域核心竞争力显著提升，传统产业转型升级取得明显成效，新兴产业发展壮大成为支柱，公共服务优质高效，城乡统筹均衡发展，打造长株潭融城先行区实现大跨越，加快建设现代化长沙示范区，全力建成兼具活力与魅力的国际化现代化一流中心城区。具体目标是：

——综合实力挺进第一方阵。经济保持高质量发展，地区生产总值年均增长7%左右，2025年突破1500亿元；一般公共预算收入奋力突破200亿元，产业投资占固定资产投资比重达到45%以上，社会消费品零售总额年均增长7%，确保主要经济指标增速高于全市城区平均水平，综合实力跻身全国城区高质量发展50强。

——产业发展跃进更高层级。现代金融、商贸消费、健康医疗等产业巩固提升优势；文化创意、物流等产业加快提质升级；以地理信息为特色，大数据、人工智能、软件信息等为核心的数字经济产业成长为全区支柱性产业，服务业增加值占GDP比重超过75%；天心经开区建成“五好园区”[10]；长株潭产业高效协同发展有力推进。

——城乡面貌迈进一流品质。按照“四精五有”[11]要求，优化“三轴三片六组团”[12]空间格局，注重历史风貌保护，加大城市更新力度，促进基础配套不断完善、管理服务更为精细、智慧城区基本成型。高水平推进乡村振兴，稳步提升长株潭融城先行区实力、功能、形象，在区域协同上走在前列。

——治理创新促进共建共享。加强和创新社会治理，做实网格化管理，促进公共服务体系更加完善，民主法治更加健全，社会更加和谐稳定，突发公共事件应急能力显著增强，着力解决发展不平衡问题，不断促进、更好推动人的全面发展，推进社会治理共建共治共享。

——党的建设更加坚强有力。增强全面从严治党永远在路上的政治自觉，党员队伍纯洁性、先进性持续提高，基层党建工作扎实推进，各级领导班子素质能力明显提升、结构加快优化，建设一支“信念坚定、为民服务、勤政务实、敢于担当、清正廉洁”的干部队伍，让创新实干、担当作为成为天心干部的鲜明特质。

今后五年的主要工作任务和举措

围绕“一军三区”定位、建设“智慧天心、融城核心”，今后五年要重点抓好四个方面的工作，促进天心经济社会高质量发展。

（一）坚持奋力落实“三高四新”战略，在更高平台展现高质量发展新作为

深入贯彻习近平总书记考察湖南重要讲话精神，落实省委、市委“三高四新”战略，从全局谋划一域、以一域服务全局，在推进高质量发展上勇闯新路。

以高端现代服务业服务国家重要先进制造业高地建设。围绕建设中部一流的现代服务业集聚区，推动我区现代服务业不断优化产业结构、转换增长动能，主动融入、积极服务先进制造业发展。**优先发展数字经济。**坚持从数字中来、到实体中去，加快智慧应用场景创新扩面、大数据企业培育集聚，依托湖南大数据交易中心、中国电信天翼云中南数字产业园、“天心数谷”等龙头项目，推动数字资源从数据集聚向数据交易升级，全面开启建设“智慧天心”的新篇章，力争数字经济核心产业增加值占GDP达13%。**持续壮大总部经济。**依托省会中心城区区位优势和行政资源优势，进一步完善要素配套，出台支持总部经济发展政策，规划布局“总部经济圈”，推动总部企业价值链与片区资源禀赋实现最佳耦合，打造“总部之都”。**做大做强楼宇经济。**出台支持发展楼宇经济若干措施，持续提升楼宇标准化服务质量，引导楼宇向国际化、专业化、高端化发展，不断吸引要素集聚，进一步实现楼宇经济提质增效、转型升级，亿元楼宇力争超过25栋。**突出抓好产业建设。**围绕发展壮大金融产业，巩固提升商贸文旅产业，加快发展大数据全产业链条，着力发展文化广告、人力资源服务、医疗健康等特色产业，出台产业发展、人才招引等一系列扶持政策，围绕产业链布局创新链，着力推动建链、延链、补链、强链，加快产业发展和产业生态营造。**不断夯实产业平台。**坚持高端定位、绿色发展、产城融合、创新驱动，按照“五好园区”发展要求，坚持“以亩产论英雄”，加快基础设施建设步伐，持续发力“一主两特”重点产业，实现文化（广告）产业园继续保持全国第一梯队、人力资源服务产业园进入全国同类园区5强，全力推动天心经开区向都市型高新数字产业园区发展，力争实现千亿园区、获批国家级高新技术产业开发区。积极对接株洲、湘潭园区，探索“飞地园区”、“总部+基地”合作、园区托管、平台公司合作等模式。

以人才强区服务具有核心竞争力的科技创新高地建设。围绕建设具有影响力的科技创新城区，坚定不移把人才引领发展作为城区发展的关键来抓，建设更加识才、聚才、容才、用才的人才强区。**集聚高端人才。**充分发挥国家级平台、院士资源优势，围绕省市区重点产业链发展、急需突破的“卡脖子”领域等，大力引进一批符合发展需求、站在行业前沿、具有国际视野的高层次人才，增强“引进一批人才、发展一个产业、培育一个增长点”的裂变效应，实现人才与产业互动并进、创造“高峰”。**优化创新生态。**构建形成优质高效的科技创新服务体系，加快完善“众创空间—孵化器—加速器—产业园”创新链条，加速构建全链式创新创业服务体系。全面改善创新人才发展的生活、工作和制度环境，着力营造创新活力最强、创业环境最好、服务效能最高、人居环境最佳的人才发展生态。**提高协同水平。**充分挖掘长株潭都市圈内木本油料资源利用、光伏装备工程技术等国家、省级实验室（工程技术研究中心）和高校、科研院所潜力，深入推进产学研用深度融合，大力促进长株潭地区科

技含量高、发展潜力大的科技成果落地转化，全力打造长株潭科技创新重要策源地。

以优良环境服务内陆地区改革开放高地建设。改革开放是决定发展的关键一招。**全力打造全省营商环境首善之区。**深化“放管服”改革，推进“不见面”审批、“一件事一次办”、“企业办事不出园”，探索试点“1+N”套餐审批服务模式；扎实做好“个转企、企升规、规改股、股上市”工作；开展“诚信天心”建设，努力培育具有天心特色的信用文化价值体系，让大家在天心投资放心、创业舒心、干事顺心、发展安心。**建设国际性区域消费中心。**牢牢把握扩大内需这个战略基点，持续提振并繁荣黄兴路文旅商务区、湘府消费中心和长株潭商圈，建设世界级地标性商圈和高品质步行街，培育壮大高端医美、文化创意、体育健康、体验式消费、大型体育赛事等新型消费。提升“夜间经济”治理水平，加快“网红”产品与城市文化深度融合，不断提升“网红长沙红天心、不夜天心不夜城”的品牌效应，以娱玩“网红”带动形成产业“长红”。**坚持“走出去”“引进来”并举。**主动融入“一带一路”、长江经济带、中部地区高质量发展、粤港澳大湾区等国家战略，借力湖南自贸区政策，推进企业“借船出海”，开展国际合作；坚持内挖外引并举，做好现有企业扶持培育，加大招商引资力度，积极引入业态新、质量高、带动能力强的重大创新项目。**着力提升改革成效。**继续坚持系统集成、协同高效，着眼于解决高质量发展中遇到的实际问题，以基层性、小切口为突破，坚持每年推进一批创造型、引领型、探索型改革，形成更多可复制可推广的“天心经验”。

同志们，落实“三高四新”战略既是义不容辞的政治任务，更是推动高质量发展的战略路径。我们要牢牢把握发展的大局大势，聚焦天心产业的特色特点，保持抓产业、强实体的定力，跑出加速度、当好主力军，推动高质量发展行稳致远。

（二）坚持着力打造长株潭都市圈强劲引擎，以更大力度融入一体化发展新格局

紧扣“长株潭都市圈打造全国重要增长极”定位，高标准、高水平、高质量抓好“五区”建设[13]，切实发挥好“融城核心”的引领、带动、辐射作用。

以全方位的合作加强联动。全面落实“十同”[14]要求，加快推进基础设施互联互通、产业体系协调协同、公共服务共建共享和生态环境共保联治，推动物流、信息流、人才流、资金流在更大范围畅通流动，着力打造长株潭融城先行区。统筹好“一体化”发展与“差异化”竞争，利用高端现代服务业的优势在大协作、大配套、大联动等方面发力，形成“你中有我、我中有你”的发展格局。破除协同发展的体制机制障碍，完善毗邻区联席会议制度，定期开展沟通协商，构建互动、互补、互利、互惠的合作机制。充分调动社会各类组织、行业开展跨区域联动，积极开展多层次、多领域、多形式的交流合作，让近邻更紧邻、一圈融一体。

以现代化的布局优化空间。着眼国际化标准，坚持系统思维，高水平抓好三大片区规划建设，长沙外滩片区全面推进老旧小区品质提升、城市更新，打造一流的城市客厅；省府片区着力完善配套服务、推进产业升级，打造名副其实的全省政治经济文化高地；暮云片区突出规划引领、基础先行、项目支撑、配套完善，着力走出一条绿心保护与发展、高品质新城建设的特色之路，推动各片区强化功能、协调发展、彰显特色。着力提质湘江路、芙蓉路、书院路三大发展轴，加快推进地铁建设，优化城区路网结构，提质农村公路基础网，全面打通断头路、优化微循环，增强城市通行能力。以对城市未来高度负责的态度，依托暮坪湘江特大桥、新韶山南路等重大项目建设，超前谋划解放垸片区和机场搬迁后区域空间发展，坚持片区开发、提高标准，着眼长远、谋定后动，为生产生态生活高层次集聚发展留足空间，做到以产兴城、产城一体。

以高品质的风貌彰显特色。坚持世界眼光、对接国际标准，按照湘江两岸百里画廊的要求，不断优化沿江水景线、岸际线、天际线和地标性建筑设计，提升城区建设的国际化水平。在城市更新、老旧小区改造、新区开发建设中挖掘城市文化特质，保留历史记忆，彰显生活气息，切实做好贾谊故居、天心阁公园等提质改造，打造一批承载文化根脉的历史文化街区、历史步道，留住城市文脉记忆，彰显“现代国际范、湖

湘文化韵、山水洲城景、长沙烟火气”的天心风采。

同志们，长株潭一体化推进、都市圈建设是天心提升城区承载力、辐射力、影响力的最大机遇。我们要树牢全局观念，放大格局、主动作为、率先发力，着力实现融城从“先行区”向“先进区”稳步前行。

（三）坚持不断完善治理体系，用更优理念走出一条中心城区治理新路子

全面加强社会治理体系和治理能力现代化建设，提高基层社会治理社会化、法治化、智能化、专业化水平，努力建设让人民满意的城区。

建设新型智慧城区。完善大数据基础设施支撑体系，加强数据中心互联互通，通过系统集成促进平台共用、整合通用、开放应用，打造一流“城市大脑”。发挥政务信息化的示范作用，探索智慧医疗、智慧教育、智慧交通、智慧城管、智慧商圈等领域的应用示范项目，进一步发展智能楼宇、智能社区、智能物联网等服务民生的应用，建成“可感、可视、可控、可治、可续”精准高效的智慧城区治理体系，打造智慧城区善治样本。

建设法治标杆城区。加强法治政府建设，建设廉洁高效、守法诚信的政府。全面推行行政执法“三项制度”，加强行政执法信息化建设。弘扬法治文化，深入开展普法教育，形成良好法治氛围和法治习惯。加强司法救助、诉源治理，完善法律援助体系，促进社会公平正义。构建公共法律服务体系，加强法律服务队伍建设，提升法律服务能力，推进街道、社区（村）公共法律服务站点建设，打造“15分钟公共法律服务圈”。

建设文明典范城区。持续深化“五大创建”，建设更高水平的全国文明城区。拓展新时代文明实践中心建设。推动理想信念教育常态化制度化，弘扬见义勇为精神，提升“知书达礼”品牌，以社会主义核心价值观引领社会公德、职业道德、家庭美德、个人品德建设。健全志愿服务体系，广泛开展“雷锋家乡学雷锋”志愿服务行动。充分发挥村规民约、居民公约的积极作用，深入推进移风易俗。着力改进物业管理，打造更多功能完整、文明有序的高品质社区。

建设生态宜居城区。坚持“绿水青山就是金山银山”理念，落实国家碳达峰、碳中和要求，制订专项行动方案，降低碳排放强度，推广简约适度、绿色低碳、文明健康的生活理念和生活方式。继续推进地下综合管廊与海绵城区建设。严守生态保护红线，深化污染防治攻坚，突出抓好长株潭绿心保护发展，推进山水林田湖草系统治理，持续打好蓝天保卫战，严格落实河长制、林长制，全力打造生态宜居示范区。

建设平安和谐城区。坚持和发展新时代“枫桥经验”，深化市域社会治理现代化建设，推动各行业各领域平安创建，探索化解复杂信访问题新途径，健全扫黑除恶长效机制，完善基层社会治安防控体系，严厉打击违法犯罪，全力打好禁毒和反电信网络诈骗人民战争。不断提升应急管理能力，开展常态化消防和安全生产隐患排查治理，构建多方参与的社会动员响应体系，积极争创国家食品安全示范城区和国家安全发展示范城区，提升基本公共安全管理和服务水平。建立健全网格化常态长效管理机制，积极推进网格向公共服务和社会管理领域延伸，实现“人在网中走、事在格中办”。突出围绕保洁、保安、保秩序，切实做好“三服务”[15]工作。持续防范金融风险、打击非法集资，保障生命财产安全，让人民群众的获得感成色更足、幸福感更可持续、安全感更有保障。

同志们，治理实现现代化，生活就会提升满意度。我们要着力走出一条新时代基层社会治理的“天心之路”，实现社会治理与经济发展、民生改善的良性互动，让天心大地更加宜居宜业、精致精美、人见人爱。

（四）坚持贯彻以人民为中心发展思想，用更实举措满足人民群众对美好生活的新需求

坚持把实现好、维护好、发展好最广大人民根本利益作为一切工作的出发点和落脚点，提高公共服务均等化、优质化水平，扎实推动共同富裕，不断满足人民对美好生活的向往。

发展优质均衡公共服务体系。聚焦“学位、车位、床位、厕位、梯位”等人民群众急难愁盼问题，加大民生投入，加快实事办理，努力让生活在天心这片土地上的人民平等地享受住房、医疗、教育等各种保障。坚持“房子是用来住的、不是用来炒的”定位，加快完善住房供应与保障体系，保持房地产市场健康平稳发展。深化“健康天心”建设，完善疾病预防控制体系、重大疫情防控救治体系，继续抓好常态化疫情防控，提高应对突发公共卫生事件能力；推进优质医疗资源布局，加快国家区域医学中心和社区（村）卫生机构建设，深入开展爱国卫生运动和全民健身运动，促进全民养成文明健康生活方式。坚持把孩子们的事情办好，推进教育强区建设，全面深化教育评价改革，推动学前教育优质普惠发展、义务教育优质均衡发展、高中教育优质特色发展，基本构建创新型开放式现代化教育体系，创建全国义务教育发展优质均衡区。落实“三孩”政策，提高优生优育服务水平，大力发展普惠托育服务，降低生育、养育、教育成本，提高人口素质，促进人口长期均衡发展。

构建完善有序社会保障模式。健全覆盖全民、统筹城乡、公平统一、可持续的多层次社会保障体系。健全基本养老、基本医疗保险待遇调整机制，创新都市养老服务模式，发展多层次、多支柱养老保险体系。千方百计稳定和扩大就业，健全灵活就业人员社保制度。深化社会救助综合改革，完善以基本生活救助、专项救助、急难救助为主体，社会力量参与为补充的社会救助体系。加强退役军人保障体系建设，保障退役军人依法享有相应的权益。切实抓好社工人才队伍建设和社会组织培育发展。保障妇女儿童合法权益，健全老年人、残疾人关爱服务体系和设施，积极发展社会福利和慈善事业，让“爱心天心”更有温度。

全面贯彻落实乡村振兴战略。推进巩固拓展脱贫攻坚成果同乡村振兴有效衔接，坚决守住不发生规模性返贫的底线。坚持和完善对口帮扶、社会力量参与帮扶等机制，帮助脱贫地区巩固脱贫成果。完善乡村规划编制，探索科学合理长效的乡村振兴模式和路径，守好生态保护红线、永久基本农田和城镇开发边界“三条控制线”。突出产业振兴，打造“一村一品”现代农业产业链，壮大一批农村新产业新业态，做强一批优势特色产业集群、龙头企业、专业合作社，培育一批新型集体经济强村。保护传统村落和乡村风貌，继续深入推进农村厕所革命，完善乡村水、电、路、气、通讯、广电、物流“七张网”建设，支持暮云、南托、大托铺等街道打造一批乡村振兴示范村。

同志们，“四面云山皆入眼，万家灯火总关心”，天心阁上的楹联启示我们，把人民放在心中最高的位置，用我们的辛苦指数换取群众的幸福指数，就能赢得民心、汇集民力，就会让83万天心人民生活在天心、天天都开心。

坚定不移全面从严治党

实现今后五年的奋斗目标，关键在党。要持续认真学习贯彻习近平总书记“七一”重要讲话精神，大力实施“党建聚合力”工程，为建设“智慧天心、融城核心”提供坚强保证。

（一）旗帜鲜明讲政治强思想。政治建设是党的根本性建设，思想建设是党的基础性建设，必须牢牢抓在手上。深入学习领会习近平新时代中国特色社会主义思想，引导全区党员干部增强“四个意识”、坚定“四个自信”、做到“两个维护”，提高政治判断力、政治领悟力、政治执行力，对标看齐抓落实、步调一致往前走。扎实开展“四史”学习教育，把伟大建党精神继承下去、发扬光大。坚持守正创新，着力提升新闻宣传和舆论引导能力，加强网络文明建设和网络生态治理，牢牢把握意识形态工作领导权、管理权和话语权，切实做好新时代思想政治工作。

（二）坚定不移抓基层打基础。基层党组织是党执政的根基，是确保党的路线方针政策和决策部署贯彻落实的基础。**构建高效的基层架构。**面向人民群众设置基层政权机构、配置人力资源，保证基层事情基层办、基层权力给基层、基层事情有人办。进一步规范基层政务服务、公共服务、公共安全等事项，优化政务服务流程，全面提升“一门式”服务水平，逐步推行跨区域办理，将直接面向群众、基层能够承接的服务事项依法下放。**实现高质的基层治理。**

深入实施“党建聚合力1+2”方案，推动基层党组织建设全面进步、全面过硬。完善党全面领导基层治理制度，不断加强党建引领下的社区（村）、小区、网格治理，巩固扩大楼宇商圈、新兴行业、离退休人员等各领域基层党的组织覆盖和工作覆盖。**锻造高能的基层队伍。**选优配强基层党组织带头人，培育选树先进典型，持续推进党支部“五化”建设，提高抓落实、抓服务能力，打通“最后一公里”，增强工作穿透力。加强党员队伍建设，提高党员发展质量，加强党员日常管理，更好地发挥先锋模范作用。

（三）着眼长远激活力用干部。用一贤人则群贤毕至，见贤思齐则蔚然成风。**增强抬高坐标、跨越赶超的魄力。**着眼当前天心发展所处的历史阶段，坚持高点定位、奋力争先创优，大力发扬“三牛”精神，与最优者“对标”、与最强者“比拼”、与最快者“赛跑”，切实增强全区广大干部干事创业的朝气、开拓奋进的锐气。**强化创新实干、担当作为的作风。**以创新的精神抓实干，以实干的态度求创新，保持久久为功的韧劲、常抓不懈的恒心、水滴石穿的毅力，不退缩、不绕道、不折腾。对看准了的事，就要果断决策；对决定了的事，就要强力推进，一以贯之、一鼓作气、一抓到底。**健全科学选用、人事相宜的机制。**提升知事识人精准度，坚持“以实绩论英雄”，突出项目建设战场砺兵，突出事业为上赛场选将，真正让想干事的有机会、让能干事的有舞台、让干成事的有地位。科学制定干部教育培训规划，抓实干部队伍素质能力提升。统筹做好年轻干部、女干部、党外干部培养选拔工作，让党的事业后继有人、薪火相传。坚持“三个区分开来”，健全容错纠错机制，为担当者担当、让有为者有位，切实为干部解决后顾之忧。

（四）持之以恒正风纪优作风。作风关乎人心向背、关乎事业兴衰。严格落实党委主体责任和纪委监督责任，履行“一岗双责”，做到守土有责、守土负责、守土尽责。始终把纪律规矩挺在前面，紧盯重点领域、关键环节的权力运行，用好巡察利剑，严格依纪依法查处腐败案件，筑牢拒腐防变思想道德防线，坚决清除一切损害党的先进性和纯洁性的因素，清除一切侵蚀党的健康肌体的病毒，一体推进不敢腐、不能腐、不想腐。坚决落实中央八项规定及其实施细则精神，健全改进作风长效机制，持续开展“清风行动”，持之以恒纠治“四风”，深入整治形式主义官僚主义。从严整治不作为、慢作为、乱作为，切实解决危害群众切身利益的突出问题。

（五）总揽全局凝共识聚合力。充分发挥党委总揽全局、协调各方的作用，支持和保证人大及其常委会依法行使职权，成为全面担负起宪法法律赋予的各项职责的工作机关，成为同人民群众保持密切联系的代表机关；全力支持政府加强自身建设，强化依法行政，提高治理效能，着力打造人民满意政府；坚持建言资政和凝聚共识双向发力，充分发挥政协作为专门协商机构的重要作用。巩固和发展最广泛的爱国统一战线，为广大统战成员参政议政、民主监督、服务社会搭建平台。全面落实党的知识分子、民族、宗教、侨务等政策，充分发挥民主党派、工商联、无党派人士和民族宗教界人士作用，促进政党关系、民族关系、宗教关系、阶层关系、海内外同胞关系和谐。始终坚持党管武装，增强全民国防观念，推进军民融合发展。充分发挥工会、共青团、妇联、科协、残联、关工委等群团组织的桥梁和纽带作用，重视发挥老干部作用，最大限度凝聚全社会推进改革发展、维护和谐稳定的共识和力量。

各位代表、同志们，一代人有一代人的梦想，一代人有一代人的使命，第二个百年奋斗目标的号角已经吹响！站在新的历史起点上，绘宏图，我们豪情满怀；创伟业，我们激情澎湃！新的征程、新的使命、新的担当，让我们高举习近平新时代中国特色社会主义思想伟大旗帜，更加紧密地团结在以习近平同志为核心的党中央周围，在省委、市委的坚强领导下，抬高坐标、跨越赶超，创新实干、担当作为，为加快推进天心高质量发展不懈奋斗！

名词解释：

【1】“三高四新”：着力打造国家重要先进制造业、具有核心竞争力的科技创新、内陆地区改革开放的高地，在推动高质量发展上闯出新路子，在构建新发展格局中展现新作为，在推动中部地区崛起和长江经济带发展中彰显新担当，奋力谱写新时代坚持和发展中国特色社会主义的湖南新篇章。

【2】“一军三区”：争当实施“三高四新”战略主力军，打造长株潭融城先行区、城市风貌特色区、生态宜居示范区。

【3】“三年行动计划”：《长沙市天心区全力打造国家重要先进制造业高地—数字经济三年行动计划（2021—2023年）》《长沙市天心区全力打造具有核心竞争力的科技创新高地三年行动计划（2021——2023年）》《长沙市天心区全力打造内陆地区改革开放高地三年行动计划（2021—2023年）》。

【4】“一主两特”：以大数据（含地理信息）产业为主导，以人力资源服务、广告文化创意为特色。

【5】“一日一制一景三中心”：区长企业接待日，区领导联系走访服务企业制度，应用场景推广，企业服务中心、园企产销对接服务中心、夜间经济服务中心。

【6】“五抓五优”：抓组织互动优统筹、抓交通互联优通勤、抓数据互通优生活、抓资源互享优产业、抓生态互保优环境。

【7】“美丽三园”：美丽家园、美丽菜园、美丽田园。

【8】“一统三化”：加强党对城市基层的集中统一领导，推进党群服务标准化、城市管理网格化、社会治理协同化。

【9】“四个统战”：同心统战、创新统战、实干统战、亲清统战。

【10】“五好园区”：规划定位好、创新平台好、产业项目好、体制机制好、发展形象好。

【11】“四精五有”：精准规划、精美建设、精致管理、精明增长；有颜值、有气质、有内涵、有格调、有品位。

【12】“三轴三片六组团”：湘江路发展轴、芙蓉路发展轴、书院路发展轴；长沙外滩片区、省府片区、暮云片区；五一商圈组团、长株潭商圈组团、新开铺黑石铺组团、经开区组团、牛角塘组团、解放垸南托垸组团。

【13】“五区”建设：做大城区、做强园区、做优片区、做实县区、做靓社区（村）。

【14】“十同”：规划同图、设施同网、三市同城、市场同治、产业同兴、生态同建、创新同为、开放同步、平台同体、服务同享。

【15】“三服务”：服务党政军办公、服务城市运行、服务人民群众。

大事记

1月

4日，天心区第22次“区长企业接待日”工作会议在区政府常务会议室召开，区委副书记、区长黄滔接待华为技术有限公司湖南代表处、湖南振企网络传媒有限公司、湖南中冶信息技术有限公司、湖南外服人力资源有限公司、湖南童联儿童用品有限公司等5家企业代表，就企业提出诉求进行现场答复或交办。

5日，《人民日报》在《决战决胜显担当（深度关注）——对几位驻村第一书记的采访报道》中，对天心区派驻浏阳市张坊镇富溪村第一书记彭昂在决战决胜脱贫攻坚中生动事迹进行报道。

6日，天心区召开2020年度绩效考核述职测评大会。区委书记刘汇代表班子述职，区委副书记、区长黄滔主持会议。

11日，长沙市公安局天心分局举行首个“中国人民警察节”活动。表彰奖励“十佳先锋警队”“十佳先锋卫士”“十佳辅警”“十佳警属”“十佳拥警模范”，现场慰问因公牺牲民警家属、因公伤残、特困民辅警。

13日，天心区教育局发布合法校外培训机构名单。辖区138家培训机构取得办学许可，拥有办学资质和相关证件。

15日，天心区人民法院召开执行兑现大会，40余件涉及农民工及其他涉民生案件进行现场集中兑现，共计发放执行款1.4亿余元。

26日，天心区人民法院在全省法院系统首次推出“诚信企业‘白名单’制度”。国家开发银行湖南省分行、华融湘江银行股份有限公司、湖南省送变电工程有限公司等多家企业入选本次诚信企业“白名单”。

28日，天心区在湖南省人民政府办公厅关于对2020年度真抓实干成效明显地区予以表扬激励的通报中获得4项表扬：落实开放崛起“五大行动方案”有力，稳外贸、稳外资措施有力和招商引资工作排名全省前列成效明显的市、县市区；统筹推进义务教育优质均衡发展工作成效明显的市、县（市、区）；养老服务体系发展成效明显的市、县（区）；在国务院真抓实干督查激励、国务院第七次大督查和省政府综合大督查中受到表扬激励或经验推介的市州、县（市、区）。

是日，长沙市天心区、湘潭市岳塘区区域合作联席会议召开。天心区委书记刘汇主持会议。会上双方签署推进长株潭一体化区域合作框架协议，共同推进绿心互保、交通互联、执法互动、数据互通、资源互享、项目互建、文旅互融、人员互派8个方面合作，构建“一心一江三带”（“一心”即绿心，加强保护与发展，共建优质生态绿心；“一江”即湘江，共抓湘江大保护；“三带”即湘江路、芙蓉路、新韶山南路经济发展带）两区融合发展新格局。

是月，中共湖南省委宣传部办公室下发《关于表扬“学习强国”学习平台推广使用工作先进单位、先进个人和供稿先进单位、优秀通讯员的通报》，天心区委宣传部作为长沙市区县唯一代表获评“学习强国”推广使用工作先进单位。

2月

1日，湖南思极科技有限公司在天心区揭牌成立。该公司由国网信息通信产业集团有限公司与国网湖南省电力有限公司共同发起成立，将为湖南在

5G、人工智能、智慧城市、工业互联网等领域发展提供信息通信增值服务。长沙市政府副市长朱东铁与国网湖南省电力有限公司董事长孟庆强共同为公司揭牌。

3 日，“易匠通”专业用工服务平台发布仪式和湖南建工 BIM 大数据产业入驻签约仪式在长沙天心经开区举行。

8 日，湖南省委副书记、省长毛伟明到天心区消防救援大队慰问春节期间奋战在工作一线的消防救援指战员及其家属。

9 日，长沙市委副书记、市长、湖南湘江新区党工委书记郑建新到天心区新开铺街道桥头社区、坡子街牌坊、坡子街派出所等地，慰问春节坚守在岗的社区工作者、城管队员、环卫工人和一线民警。

18 日，天心区在区政府三楼大会议室召开重大项目建设攻坚动员部署会议，会上发布《长沙市天心区 2021 年重大项目投资计划》及《长沙市天心区 2021 年重大项目建设攻坚行动方案》(简称“行动方案”)。根据行动方案，2021 年该区将铺排重大项目 205 个，年度预计投资 303.55 亿元。

是日，长沙市天心区、株洲市石峰区、湘潭市岳塘区三方在天心区共同签订《政务服务“跨域通办”合作协议》。第一批老年人优待证办理、生育服务登记等涉及人社、医保、卫健等领域的 18 个事项实现跨域办理。

是日，长沙市天心区、株洲市石峰区、湘潭市岳塘区共同启动“稳岗送春风，温暖长株潭”三市千企万岗招聘月活动。

20 日，黄滔走访辖区重点企业湖南鑫远投资集团有限公司（简称“鑫远集团”），与鑫远集团董事长谭岳鑫，执行总裁喻磊等进行座谈。

24 日，湖南省委常委、省政府副省长、市委书记吴桂英考察长株潭一体化南部融城片区建设情况。刘汇参加。

26 日，郑建新到天心区城南路街道白沙井社区公共服务中心调研稳就业工作情况。

是日，长沙市不动产登记中心天心点启动试运行。辖区民众在区政务服务中心即可办理房产交易过户、房产抵押、税费及维修资金缴纳等事宜。

3 月

1 日，全市重大项目集中开工天心区专场活动在长沙天心经开区软件产业园杰峰基地二期项目工地举行。长沙市委常委、统战部部长谭小平宣布该区 11 个重大项目集中开工，黄滔致辞。

2 日，天心区在暮云街道暮云新村举行城乡供水一体化工程项目启动仪式。启动仪式上，区政府与长沙供水有限公司签订《天心区城乡供水一体化工程建设项目合作协议》，计划三年内率先全市实现城乡供水一体化全覆盖，让农村群众都喝上“安全水”“放心水”。

4 日，司法部、民政部印发《关于命名第八批“全国民主法治示范村（社区）”的决定》，天心区暮云街道丽发社区获“全国民主法治示范村（社区）”。

是日，受国务院委托，国务院发展研究中心对 2020 年 1 月 1 日颁布《优化营商环境条例》的实施情况开展第三方评估。天心区“以主动服务促进夜间经济发展”的创新举措入列“国家经验”名单（全国共有 7 个城市 15 项创新举措和具体做法入列）。

8 日，天心区下发《长沙市天心区全力打造国家重要先进制造业高地——数字经济三年行动计划（2021—2023 年）》《长沙市天心区全力打造具有核心竞争力的科技创新高地三年行动计划（2021—2023 年）》《长沙市天心区全力打造内陆地区改革开放高地三年行动计划（2021—2023 年）》。

10 日，湖南省委常委、长沙市委书记吴桂英到天心区调研经济社会发展情况，实地查看天心软件产业园部分企业、新韶山南路延长线现场。

11 日，天心区人民政府与湖南师大附属中学签订合作办学协议，创办湖南师大附中双语实验学校。

是日，长沙市天心区、株洲市石峰区、湘潭市岳塘区司法局签署全领域合作协议。

是日，天心区举行“逐梦新征程、共筑新高地”干部职工全民健身活动。

12 日，湖南省委书记、省人大常委会主任许达哲，毛伟明，省政协主席李微微，吴桂英等省市领导到正在建设中的天心区融城公园，参加义务植树活动。刘汇、黄滔等一同参加。

18 日，长沙市天心区、湘潭市岳塘区在长沙兴马洲渡口举行“同饮一江水共护一片绿”联合执法暨区域合作十大重点事项现场推进活动。

22日，湖南省教育厅党组书记、厅长蒋昌忠率队到天心区调研中小学校园建设工作。

23日，天心区委理论学习中心组在区政府三楼大会议室围绕“学史明理”主题开展党史学习教育第一次专题学习。在湖南第一师范学院刘汇领誓下，中心组成员重温入党誓词；刘汇上专题党课。

25日，天心区桂花坪街道办事处获评省级文明标兵单位，区纪委监委、坡子街街道办事处获评省级文明单位，红卫小学获评省级文明校园，文源街道金汇社区毛红兵家庭获评省级文明家庭。

26日，长沙天心区、株洲石峰区、湘潭岳塘区共同成立长株潭边界地区纠纷联合调解室在天心区南托司法所正式挂牌。新成立的调解室将实行三地司法部门负责人轮班制。

28日，长株潭融城半程马拉松赛暨绿心乡村生态旅游节在天心区暮云街道许兴村举行。

4月

2日，中共长沙市天心区五届纪委第六次全体会议召开。

8日，天心区召开政法队伍教育整顿查纠整改推进会。会上传达全国、省、市政法队伍教育整顿领导小组会议精神，部署查纠整改工作任务。

是日，天心区召开夜间经济发展政企座谈会。区委常委、区统战部部长刘向及相关部门负责人与五一商圈13位企业代表进行面对面答疑解惑。

9日，天心区举办文化惠民系列活动启动式暨2020年度天心区群众文艺“三十佳”（“十佳文艺团队”“十佳文艺精品”“十佳文艺人才”）表彰活动。天心区群文团队代表、文化志愿者、区文联会员代表300余人参加活动。

19日，天心区绿心区域工商注册前置核查系统在区政府服务大楼工商注册大厅正式投入使用。

20日，长株潭三市知识产权宣传周联合启动仪式在长沙天心文化广告产业园举行。

23日，长株潭人才协同发展研究院揭牌仪式在长沙天心区中国长沙人力资源服务产业园举行。

27日，中国电信集团有限公司湖南分公司与长沙天心经开区管委会在湘麓山庄举行中国电信天翼云中南数字产业园项目签约仪式。

28日，天心区委理论学习中心组围绕“学史增信”开展党史学习教育第二次专题学习。刘汇、黄涛、张界贻、肖雄伟先后围绕“学史增信”进行学习分享。

29日，长株潭消费节暨天心汽车消费节在黄兴南路步行街黄兴广场举行，以线上集卡送消费券和购车消费大抽奖等形式，开启“红五月”消费节促消费序幕。

5月

8日，天心区推进优化营商环境工作暨政企恳谈会在区政府三楼大会议室召开。

11日，天心区乡村振兴局挂牌成立。该局由原区扶贫开发办公室调整而成。

14日，中共中央宣传部举行“弘扬自强与助残精神，创造幸福美好生活”新时代残疾人事业领域党员代表中外记者见面会，天心区残疾人党员代表汤俊杰受邀参加，并回答中央广播电视台、海报新闻、红星新闻、《南方都市报》、《中国日报》等媒体记者提问。

18日，天心区五届人大常委会召开第33次会议，决定周志军任长沙市天心区人民政府代理区长。

18—19日，WGDC2021第十届全球地理信息开发者大会在天心区开幕。

19日，湖南省首家建筑行业智能建造企业——中湘智能建造有限公司揭牌成立，正式落户长沙天心经开区。

20日，天心区政府与远洋控股集团（中国）有限公司在北京签署战略合作协议，双方以天心区重点城市更新项目为开端，拓展深化合作，打造长沙城市新名片。刘汇等区领导、远洋集团执行总裁王洪辉出席签约仪式。

21日，天心区工商业联合会（商会）第六次会员代表大会在区政府三楼大会议室召开。选举产生区工商业联合会（总商会）第六届执委、常委和领导班子。区政协副主席彭元强当选区工商联（总商会）第六届执行委员会主席（会长）。

25日，中国共产党长沙市天心区第五届委员会第十二次全体会议在区政府南栋九楼会议室召开。

26日，天心区委理论学习中心组围绕“学史崇德”开展党史学习教育第三次专题学习。吴江、刘向围绕“学史崇德”进行书面发言，黄文先进行学习分享。

27 日，周志军在区政府常务会议室会见长沙市轨道交通集团有限公司副总经理曹前一行，双方围绕推进轨道交通建设等内容开展讨论交流。

6 月

1 日，周志军在第 26 次“区长企业接待日”先后接待北京百度网讯科技有限公司、湖南华科工程项目管理有限公司、湖南银雁信息技术有限公司、湖南红海人力资源有限公司等 5 家企业相关负责人，就各企业提出的携手打造智能网联应用场景、加强校企合作、整合政企资源加快灵活用工平台建设等问题进行研讨，对相关具体问题现场进行交办。

1—16 日，天心区首届“金融杯”男子篮球邀请赛在雅礼书院中学体育馆举行。

2 日，刘汇调研学校建设及高考考点相关工作。

4 日，毛伟明在天心区调研长沙城区交通疏堵保畅工作，在湘府路快速路隧道东往西出口，详细了解该路段交通流量变化情况，商讨畅通交通具体方案。

10 日，中国政府网发布《国务院关于公布第五批国家级非物质文化遗产代表性项目名录的通知》，辖区火宫殿臭豆腐制作技艺入选第五批国家级非物质文化遗产代表性项目名录。

是日，天心区委常委班子巡视整改专题民主生活会在区委常委会议室召开。刘汇主持会议。湖南省纪委监委、省委巡视组部分成员，全体区委常委参加。

11 日，“星梦想 · 心驿站”天心区青年人才综合服务中心暨文源街道“源圈”幸福空间党群服务中心、楼宇服务站（“两中心一服务站”）揭牌仪式在文源街道举行。

15 日，郑建新结合开展党史学习教育“我为群众办实事”实践活动，到天心区专题调研老旧小区改造工作。

17 日，长沙市天心区、株洲市芦淞区政务服务“跨域通办”合作签约仪式举行。企业开办、生育服务登记等 39 项政务服务事项实现“跨域通办”。

18 日，天心区经济运行暨“八个一批”重大项目建设攻坚工作会议在区政府三楼大会议室召开。围绕“双过半”目标，对下阶段重大项目攻坚行动进行再部署。

23 日，新韶山南路开工。该项目作为长株潭“三干两轨四连线”项目之一，对加快长株潭一体化进程，助推长沙南部片区经济发展有重大意义。

24 日，刘汇、周志军率队走访国家开发银行湖南省分行，与国家开发银行湖南省分行党委书记、行长袁建良，党委委员、副行长方磊等就城市规划建设、服务需求保障等方面进行座谈交流，就企业提出的诉求进行回复或交办。

25 日，天心区新村阳光志愿服务中心主任汤俊杰、天心区疾控中心副主任李琼获评“湖南省优秀共产党员”，长沙市天心区教育局党委获评“湖南省先进基层党组织”。

是日，天心区委理论学习中心组党史学习教育第四次专题学习暨市委宣讲团宣讲报告会在区政府三楼大会议室召开。研讨会上，周志军、于献、夏艳兰、曾卫国、周永顺、许波等分别围绕“学史力行”主题，结合实际，进行现场或书面学习交流。

是日，刘汇率队到辖区企业督查燃气领域、仓储场所安全生产工作，走访慰问老党员、优秀党员及退役军人代表。

28 日，天心区庆祝中国共产党成立 100 周年暨“两优一先”表彰大会在区政府三楼大会议室召开。

是月，天心区自 3 月组织开展庆祝中国共产党成立 100 周年 100 个红色小故事征文活动以来，收到稿件 300 余篇。经过初选、终评等评审流程，评选出优秀作品 30 篇。

是月，长沙天心经济开发区首支政府产业投资基金——湖南长沙天心区玖玥创业投资合伙企业（有限合伙）完成市场监管部门注册，并通过中国证券投资基金业协会备案，标志着该基金正式落地成立。

7 月

1 日，天心区“学党史，忆征程”党史知识竞赛总决赛举行。区直机关三队获一等奖，南托青春队、区教育系统一队获二等奖，区直机关一队、天心经开区代表队、区卫健系统队获三等奖。

是日，天心区副县级以上干部在区多功能视频会议室集中收看庆祝中国共产党成立100周年大会实况直播。

4日，国家统计局总经济师兼办公室主任毛盛勇到天心区调研夜间经济与文旅经济发展情况。走访太平老街、贾谊故居、文和友等热点地标。

5日，天心区在区政府三楼大会议室举行学习贯彻中共中央总书记习近平“七一”重要讲话精神研讨交流会暨学习贯彻习近平“七一”重要讲话精神专题读书班结业仪式。

是日，长沙南部片区开发工作对接会议在区政府常务会议室召开。周志军，长沙市城发集团党委书记、董事长邹特，城发集团董事长助理、先导控股董事、副总经理、机场迁建（南湖）公司执行董事陈德益，城发集团总经理助理、先导控股董事、总经理危建新共同就长沙南部片区开发定位和发展等相关工作进行研究。

6日，周志军在区政府常务会议室接待邵阳县委书记袁胜良一行，对接乡村振兴对口帮扶工作。

6—11日，“庆祝中国共产党成立100周年版画展”在长沙简牍博物馆开展，展出历史版画124幅。

8日，刘汇率队调度天心阁提质改造和黄兴南路步行街智慧街区建设工作。

10日，天心区召开全区负责干部会议，市委常委、市委组织部部长张宏益出席并宣布省委决定：吴新伟任中共长沙市天心区委书记；刘汇不再担任中共长沙市天心区委书记职务，另有任用。

13日，周志军、张建在区政府常务会议室接待海康威视总部负责人到天心考察。

21日，创建国家医学中心工作推进会议在区政府常务会议室召开。

22日，在区政府常务会议室召开区属国有企业AA+信用评级工作调度会议。

26日，中共天心区委五届十三次全体（扩大）会议在区政府三楼大会议室召开。

27日，吴新伟率队走访慰问驻长部队官兵，先后到长沙市消防救援支队、长沙市警备区与广大官兵座谈交流，并送上节日祝福。

29—30日，中共长沙市天心区第六次代表大会在机关南栋九楼会议室召开。

8月

1日，吴桂英到天心区督导检查疫情防控工作。

5日，吴新伟率队调研重点项目建设、督导疫情防控工作。

9日，郑建新一行督导检查天心区疫情防控工作。

11日，天心区工商联举行爱心企业疫情防控捐赠活动。区工商联会员单位、街道商会累计捐款捐物超过104.3万元。

是日，周志军在区政府常务会议室会见中国电建集团华中区域总部党工委书记、投资公司总经理蹇尚友一行。双方就进一步加强政企合作进行深入交流。

13日，天心区人民法院驻长沙市公安局交通警察支队天心大队诉源治理工作站挂牌成立。

17日，“2021年中国城区经济高质量发展白皮书暨2021赛迪百强区”榜单发布，天心区排名第60位。

18日，吴新伟在区委常委会议室主持召开现代化天心智慧电网建设“630攻坚”工作部署会议。国网长沙供电公司党委书记孟军，副总经理谌智，区领导厉波、张浩平、刘正文、罗孟怡、蔡逸参加。

23日，天心区委网络安全和信息化委员会第三次会议在区委常委会议室召开。

24日，暮坪湘江特大桥主桥水中首根桩基顺利开钻，标志着该项目正式转入实质性主体工程施工阶段。暮坪湘江特大桥项目东起河东暮云片区，线路全长1.83千米，其中主桥及涉水引桥共1067米，为干线公路兼顾城市交通功能，设计车速80千米/小时，双向6车道，跨湘江主桥段增设非机动车道及人行道，全宽42.5米。

27日，天心区渣土事务中心举行揭牌仪式。

30日，天心区安全生产事故警示约谈会议在区政府常务会议室召开。

31日，长沙市委第六巡察组专项巡察天心区委落实省委巡视整改情况工作动员会在机关三楼大会议室召开。会议传达中央、省市委关于巡视巡察工作特别是整改落实的有关要求，通报巡察任务、工作安排和工作要求。吴新伟主持会议。

9月

1日，周志军会见同景集团有限公司（简称“同景集团”）董事长吴先红、深圳市德思勤集团资产管理有限公司（简称“德思勤集团”）董事长龙固新一行，双方就南部片区开发、项目投资等进行座谈。长沙城市发展集团有限公司总经理助理、长沙先导投资控股集团有限公司董事、总经理危建新参加。

3日，天心区召开人武部党委第一书记任职大会，区委书记吴新伟任区人武部党委第一书记。长沙警备区司令员刘长进宣读任职命令，并为吴新伟颁发“任职证书”。

5—7日，吴新伟带队赴上海开展小分队精准招商活动，并随同长沙市党政代表团参加长沙市推进“三高四新”战略暨投资环境（上海）推介会，天心区2个世界500强项目（太平洋城市开发项目、平安健康保险湖南分公司项目）上会签约。

7日，涟源市政府考察团到天心区实地考察天心人才集团、中御建材黑石铺砂石货运站和天筑六建公司，双方就平台转型工作进行座谈。涟源市委副书记、代市长邓伟谋，天心区周志军等参加。

9日，天心区庆祝第37个教师节表彰大会在政府三楼大会议室召开。

10日，天心区摄影家协会秘书长张琼作品《采集核酸》入选长沙市“欢乐潇湘品质长沙”摄影展获奖作品。

13日，周志军主持召开全区乡村振兴及对口帮扶工作调度会议，听取相关工作情况汇报，就实施乡村振兴战略和对口帮扶邵阳县、龙山县洛塔乡工作进行具体部署。

14日，吴新伟率队走访辖区中国电科48所、湖南和立东升实业集团九玮置业有限公司，现场办公协调解决项目推进和企业发展过程中遇到的困难和问题。

是日，长沙福彩公益金重点资助项目——天心区社会福利中心投入运营。中心设计床位379张，其中养老床位329张、救助床位50张，入住中心共47人。

15日，天心区组织召开重点工作调度会议，对安全生产、蓝天保卫战、文明创建、信访稳定等工作进行集中统一调度。

18日，天心区“聚焦党代会奋进新征程”图片展开展。

是日，天心区学习贯彻区第六次党代会精神暨“‘一军三区’怎么干”主题演讲比赛总决赛举行。经过专家评委综合评分，冯小珊等2名选手获一等奖，林展兴等4名选手获二等奖，周密等6名选手获三等奖。

是日，天心区青年志愿者协会、天心区水滴志愿者协会、天心区先锋远征营、天心区崇善公益联盟等组织，以及辖区内高校等共280余名青年志愿者参与“保护湘江母亲河　河小青护河长清”新时代文明实践志愿服务。

27日，天心区太平街历史文化街区入选省文旅厅、省发改委公布的湖南省省级旅游休闲街区名单。

是日，区优化办公布第二批政府机关免费开放停车位清单，新增坡子街、青园等9个街道办事处等399个地面停车位。

28日，吴桂英调研长株潭一体化发展推进工作。

29日，首届长株潭广场舞比赛在天心区举行。天心区选送的节目《永远跟党走》获一等奖，《侗乡儿女总向党》《我爱你中国》获二等奖，《洞庭荷香》《时代步伐》《幸福中国一起走》获三等奖。

30日，长沙市重大项目集中开竣工天心区专场活动在爱尔总部大厦举行。吴新伟宣布此次总投资约93亿元的26个重大项目集中开竣工。周志军主持开竣工仪式。

10月

8日，天心区举行庆祝中华人民共和国成立72周年升国旗仪式。吴新伟、周志军、叶妙、于献、夏艳兰及全区副县级以上领导干部，各单位、各街道主要负责人，全体机关干部参加。周志军主持升国旗仪式。

9日，周志军现场调度长沙电机厂“异味扰民”问题。

12日，吴新伟率天心代表团赴深圳参加长沙市“三高四新”战略暨投资环境（深圳）推介会。共签约3个项目，总投资额20亿元。

19日，50余名新一届区人大代表到天心区法院开展“人大代表走进法院零距离监督”活动，调研视察法院工作。

21日，天心区乡村振兴项目合作框架协议签约仪式在区政府常务会议室举行。周志军、刘正文、肖盛辉，中国供销（海南）实业发展有限公司副总经理李法旺，中控延年健康发展有限公司总经理杨刚，华侨城创新投副总经理郭耕夫，中建城市发展（成都）有限公司常务副总经理蔡仲军等出席签约仪式。

是日，吴新伟在区委常委会议室主持召开新冠肺炎疫情防控工作会议，传达当日全市疫情防控工作相关会议精神，听取当前天心区疫情防控工作汇报，就做好下阶段具体工作进行再部署。

22—24日，长沙市天心区政协第六届委员会第一次会议在区政府三楼大会议室召开。

23—25日，长沙市天心区第六届人民代表大会第一次会议在省政府人民会堂召开。

28日，湖南省人民政府副省长陈文浩以省人大代表身份，到天心区参加省人大代表长沙市第二小组活动，围绕天心区绿心片区产业发展等开展调研。

是日，天心区民政局与湖南发展集团养老产业有限公司举行签约仪式，该区首个养老服务信息平台正式上线。

29日，黑石铺街道司法所获评“全国模范司法所”。

30日，由湖南中烟工业有限责任公司发起，天心区委、区政府、长沙益友公益促进会共建、共创、共享的白沙共享图书馆开馆。图书馆坐落在长沙白沙古井公园内，总面积约430平方米。市民可到此捐献、借阅书籍。

11月

1日，天心区“商汇天心”政企恳谈会在长沙首个“企业家日”召开。

2日，全区经济运行暨绩效考核工作推进会议在区政府常务会议室召开。

4—5日，吴新伟率队赴邵阳县调研乡村振兴对口帮扶工作，先后前往五峰铺镇新田村，瓦屋羊古油茶示范基地，天子湖国家湿地公园，湖南孚瓯科技有限公司就乡村振兴对口帮扶工作进行现场调研。

12日，中国少年先锋队天心区第一次代表大会召开，243名代表参加会议。

15日，长沙市委第六巡察组对天心区委落实省委巡视整改专项巡察情况反馈会在区政府三楼大会议室召开。

是日，天心区曲艺家协会成立。

16日，吴新伟以“四不两直”方式督查疫情防控工作，实地察看仰天湖小学、诺舟大药房侯家塘店、金盆岭街道天剑社区和桂花坪街道鑫远尚玺小区等地防疫措施落实情况。

17日，天心区下发《关于在深入实施“党建聚合力”工程中进一步提升党建融合度的工作方案（试行）》，推出提升党建融合度19条“硬”措施。

18日，吴新伟、周志军调研长株潭一体化工作。

23日，赛迪顾问发布“赛迪投资竞争力百强县（2021）”和“赛迪投资竞争力百强区（2021）”，在百强区榜单中，长沙天心区位列第43位。

26日，中国互联网协会发布2021年中国互联网成长型前20家企业名单，湖南微算互联信息技术有限公司上榜，为湖南唯一。

30日，天心区获第七届湖南艺术节长沙市第三届“群星奖”三金三银成绩。

12月

2日，总投资额200亿元的中国电信天翼云中南数字产业园、“天心数谷”一期、长沙总部基地云谷等三大数字产业项目在天心区集中开工。

3日，民政部正式确认天心区成功创建“全国社区治理和服务创新实验区”。

是日，天心区司法局获评“2016—2020年湖南省普法工作先进单位”。

4日，吴桂英到天心区调研城市有机更新工作，实地察看西文庙坪有机更新项目。

4—5日，吴新伟率队赴邵阳县调研乡村振兴对口帮扶工作，实地察看文旅开发、项目产业等发展情况。湖南省乡村振兴局副局长黎仁寅等出席指导，邵阳县委书记袁胜良等参加。

5日，长沙市雅礼书院中学建校100周年庆典大会举行。100年来，雅礼书院中学共培育出各类人才近10万名，先后被评为“全国科学教育实验基地”“湖南省普通高中新课程新教材实施省级示范校”，是省教育厅认定的“创新教育实验学校”。

8日，长沙市人大主任会议成员调研天心区推进长株潭一体化建设工作，实地考察大托解放垸片区、暮坪湘江特大桥、天心数谷、湖南大数据交易中心、融城体育小镇地块项目建设情况。

12 日，年度老字号嘉年华“百年长沙国潮品牌游园会”在坡子街火宫殿拉开序幕，42 家企业进行为期 3 天的现场展销。

13 日，吴新伟、周志军等区领导到中南林业科技大学走访中国工程院院士吴义强并座谈。

15 日，天心区曲艺家协会成立。

16 日，长沙市政协主席会议成员到天心区调研推进长株潭一体化建设工作。实地考察大托解放垸片区、暮坪湘江特大桥、天心数谷、湖南大数据交易中心、融城体育小镇地块项目建设情况。

是日，长沙市产投集团长体产业公司与天心区城投集团合作成立长株潭融城体育小镇项目公司，打造株潭一体化发展都市圈建设标杆性项目。

是日，由工信部中国电子信息产业发展研究院指导、中国软件评测中心主办的 2021 年数字政府服务能力暨第 20 届政府网站绩效评估结果发布，长沙市天心区政府门户网站（天心区公众信息网），以总分 87.9 的成绩在全国参评区县级政府网站中名列第 11 位，连续三年排名湖南省区县级政府网站第一名。

21 日，“魅力湘府，逐梦远航”首届天心区省府新区群众性文艺活动在湖南省音乐厅举行。

22 日，在长沙市第一届职业技能大赛中，天心区获 5 枚金牌、4 枚银牌、5 枚铜牌和本次大赛突出贡献奖。

23 日，石碑中学项目建设启动仪式在桂花坪街道举行。

24 日，天心区青园街道两新综合党委成立大会在中欣国际楼宇党群服务中心举行。这是长沙首个街道两新综合党委。

26 日，天心区启动低温雨雪冰冻灾害Ⅳ级应急响应，做好低温雨雪冰冻天气防范应对工作。

30 日，天心区工商业联合会获评 2020—2021 年度全国“五好”县级工商联、年度全国民营企业调查点工作先进示范单位、年度湖南省“五好”县级工商联。

是日，天心区获得长沙市第三届“群星奖”三金三银成绩。

是日，“冬之狂欢·乐享天心”购物消费节暨天心汽车消费节启幕。

概　览

自然环境

【区域位置】 天心区位于湖南省省会长沙市城区南部，前身为南区，得名于长沙城著名地标天心古阁。区域范围东以黄兴路、芙蓉中路、韶山路为界，与芙蓉区、雨花区交界，南至暮云，与湘潭昭山示范区毗邻；西临湘江，以湘江主航道中心线为界，与岳麓区隔江相望；北抵五一路，与开福区接壤。辖区137.34平方千米，湘江岸线天心段长32千米，具有滨江（湘江）、临洲（橘子洲）、望岳（岳麓山）的独特优势，是长沙"山水洲城"魅力的最佳展示区域。区政府机关驻地为湘府中路298号。（区档案馆）

【地质地貌】 天心区处于湘中丘陵向洞庭湖平原过渡地带，地域成南北长、东西窄的地理走向，南北20余千米。地形呈波状起伏，地势南北低、中部为丘陵地带，略高，由东向西略斜，西部地势平坦。由于长期风雨侵蚀，形成红土岗地，地质呈酸性。全区成土母质以板页岩风化物为主（占48.8%），其次为第四纪红土，沙砾岩则集中分布于桂花坪、青园等丘陵地带，土质肥沃的水稻土集中于大托铺街道临江的5个村。鹅洲和兴马洲为湘江上独立的沙洲，特别是京广线以西湖区湘江沉积扇上，适宜于多种农作物的生长。（区档案馆）

【水文气候】 天心区地处北部亚热带暖湿区域，具有四季分明、春温多变、夏秋多晴、严冬期短、暑热期长的典型内陆季风性湿润温和气候的特点。年平均气温17.2℃，冬季平均气温4.6℃，夏季平均气温29.5℃。年平均日照1730小时，年平均无霜期275天左右，年平均降水量1420毫米。区域内淡水资源丰富，防御自然灾害能力较强，发展经济条件十分便利。南部120平方千米的天心生态新城，山体植被保护良好，空气清新、环境宜人，是全国生态示范区。（区档案馆）

人口　民族

【人口】 2021年，天心区年末人口总户数20.44万户，户政人口数53.22万人，常住人口85.74万人，出生率6.87‰，死亡率3.80‰，人口自然增长率3.07‰，常住人口城镇化率99.1%。（区统计局）

【民族】 2021年，天心区域内的民族有汉族、土家族、苗族、侗族、回族、瑶族、满族、壮族、白族、蒙古族、彝族、布依族、朝鲜族、维吾尔族、畲族、仡佬族、土族、锡伯族、藏族、黎族、仫佬族、纳西族、傣族、达斡尔族、哈萨克族、水族、哈尼族、拉祜族、毛南族、傈僳族、羌族、高山族等40个，以汉族为主，人口较多的民族为土家族、苗族、侗族、回族、瑶族等。少数民族人口2.78万人，其中常住人口1.78万人。（区民宗局）

建置　区划

【中华民国时期】 1927年，国民党执政当局实行"五家挨户联法"，以五家为一联，二联为一牌，十牌为一甲。南区有47个团、区，团为军政合一建制，此建制延伸至1933年建市。1934年，长沙城内设4个区，城南区为第二区，6月成立第二区区公所，驻地朗公庙（今朗公街）。辖4个坊、15个保。1938年，长沙市废除区、坊、保、甲四级，改为镇、保、甲三级建置，城南区改为黄道镇、礼贤镇、天心镇。11月"文夕"大火后，长沙市政府裁撤，原范围归属长沙县管辖，城区分城南、城北两镇。1942年年初，恢复长沙市政府后，城区划为城东、城西、城南（镇址在鳌山庙）、城北、城中（镇址在火药局）5镇。1944年1月，镇、乡改区，长沙市划为东、南、西、北、会春、文艺、金盆、岳麓8区。抗日战争胜利后，城南恢复区建置，辖8个保。1947年2月，扩充为14个保、453个甲，后调整为292个甲。此建置直至长沙解放。

（区档案馆）

【中华人民共和国成立后】 1949年8月5日，长沙和平解放，市人民政府派军代表接管城南区警察分局及下设四、五、六分驻所。8月26日，成立城南区公安分局。27日，市接管国民政府城南区公所。9月，撤销旧区公所，成立城南区人民区公所，所址在下黎家坡。1950年6月，全区废除原3个公安分驻所、14个保、292个甲，按地域成立城南路、天心阁、西湖路、社坛街、灵官渡、楚湘街、织机街7个居民委员会。1950年9月，金盆区南大十字路（后更名为南大路）和裕南街2个居民委员会划归南区。1951年5月，南区织机街居民委员会划属东区，西湖路居民委员会划属西区。1952年，7个居民委员会均改为街道人民代表大会常务委员会办事处，次年改称街道办事处。1954年，区域调整。全区设南大路、新兴路、裕南街、天心阁、楚湘街、城南路、灵官渡7个街道办事处。1955年5月，城南区人民政府改称城南区人民委员会。1960年4月，区人民委员会撤销，成立长沙市妙高峰人民公社，驻地席草田7号，下辖8个分社（含1个农业分社）。1961年9月26日，妙高峰人民公社撤销，恢复城南区人民委员会。1968年9月，成立南区革命委员会，取代城南区人民委员会。1980年10月28日，撤销南区革命委员会，成立南区人民政府。1996年7月10日，南区更名为天心区，辖9街1镇、68个社区居委会、12个村委会。2012年7月10日，区委、区政府决定对部分街道行政区划调整：撤销坡子街街道、学院街街道、书院路街道，合并组建新的坡子街街道；将原金盆岭街道析置为金盆岭街道和赤岭路街道；将原新开铺街道析置为新开铺街道和文源街道；撤销大托镇，析置为黑石铺街道、大托铺街道和先锋街道。至此，天心区由原来的9街1镇调整为坡子街、城南路、裕南街、金盆岭、赤岭路、新开铺、文源、桂花坪、青园、黑石铺、大托铺、先锋12个街道办事处。2015年1月15日，长沙市政府决定将长沙县暮云街道和南托街道划入天心区，天心区所辖街道办事处由12个增至14个。2016年，根据全市统一部署，全区开展合并村工作。2021年年末，天心区有14个街道：坡子街、城南路、裕南街、金盆岭、赤岭路、新开铺、文源、桂花坪、青园、黑石铺、大托铺、先锋、暮云、南托，下辖88个社区、12个村。

（区民政局）

经济社会发展

【概况】 2021年，长沙市天心区实现地区生产总值1215.37亿元，比2020年增长7.8%。分产业看，第一产业实现增加值1.40亿元，下降5.4%；第二产业实现增加值374.24亿元，增长4.2%；第三产业实现增加值839.72亿元，增长9.5%。第一、二、三产业分别拉动GDP增长0个、1.3个和6.5个百分点，三次产业对地区GDP增长贡献率分别为-0.1%、16.5%和83.6%。第一、二、三产业增加值占地区生产总值的比重分别为0.1%、30.8%和69.1%。

【农业】 2021年，长沙市天心区实现农林牧渔业增加值1.47亿元，比2020年下降5.4%，其中农林牧渔服务业增加值0.06亿元，比2020年下降4.6%。全年粮食种植面积260公顷，总产量2324吨，其中稻谷种植面积250公顷，产量2038吨；蔬菜种植面积1040公顷，产量27495吨；生猪出栏0.52万头；家禽出笼5.51万羽。

【工业和建筑业】 2021年，长沙市天心区全部工业增加值比2020年增长5.5%，其中规模以上工业增加值增长5.3%。全区具有建筑业资质等级的独立核算企业63家，其中，特级5家、一级37家。全年完成建筑业总产值1442.95亿元，比2020年增长14.5%；实现建筑业增加值249.35亿元，增长3.6%。

【固定资产投资】 2021年，长沙市天心区完成全社会固定资产投资比2020年增长9.3%。全区计划总投资超过5000万元的在库项目（不含房地产开发）81个，完成投资占固定投资总额的57.8%。分产业看，第二产业完成投资比2020年下降8.1%，其中工业投资下降8.2%；第三产业完成投资比

2021年天心区行政区域情况一览表

表1

<table>
<tr><th rowspan="2">街道名称</th><th rowspan="2">单位合计（个）</th><th colspan="2">其中</th><th rowspan="2">社区居民委员会名称</th><th rowspan="2">村民委员会、管委会名称</th><th rowspan="2">面积（平方千米）</th></tr>
<tr><th>社区居民委员会（个）</th><th>村民委员会、管委会、经济合作社（个）</th></tr>
<tr><td>坡子街</td><td>12</td><td>12</td><td></td><td>八角亭 西牌楼 太平街 坡子街 登仁桥 文庙坪 碧湘 沙河 青山祠 创远 楚湘 西湖</td><td></td><td>2.60</td></tr>
<tr><td>城南路</td><td>8</td><td>8</td><td></td><td>白沙井 吴家坪 古道巷 燕子岭 天心阁 熙台岭 工农桥 城南中路</td><td></td><td>1.29</td></tr>
<tr><td>裕南街</td><td>11</td><td>11</td><td></td><td>杏花园 仰天湖 石子冲 裕南街 东电 宝塔山 长坡 向东南 东瓜山 南站 火把山</td><td></td><td rowspan="2">7.08</td></tr>
<tr><td>赤岭路</td><td>7</td><td>7</td><td></td><td>白沙花园 新丰 芙蓉南路 书院路 广厦新村 南大桥 猴子石</td><td></td></tr>
<tr><td>金盆岭</td><td>6</td><td>6</td><td></td><td>夏家冲 赤岭路 狮子山 黄土岭 涂新 天剑</td><td></td><td>4.86</td></tr>
<tr><td>新开铺</td><td>5</td><td>5</td><td></td><td>新天 豹子岭 木莲 桥头 新开铺</td><td></td><td rowspan="2">7.07</td></tr>
<tr><td>文　源</td><td>5</td><td>5</td><td></td><td>天鸿 状元坡 文源 梅岭 金汇</td><td></td></tr>
<tr><td>桂花坪</td><td>6</td><td>6</td><td></td><td>新园 桂庄 九峰苑 金桂 银桂苑 丹桂</td><td></td><td>5.75</td></tr>
<tr><td>青　园</td><td>5</td><td>5</td><td></td><td>青园 友谊 井湾子 湘园 康园</td><td></td><td>3.73</td></tr>
<tr><td>黑石铺</td><td>5</td><td>4</td><td>1</td><td>一力 黑石铺 创谷 铭安</td><td>披塘村</td><td>9.46</td></tr>
<tr><td>大托铺</td><td>4</td><td></td><td>4</td><td></td><td>黄合村 兴隆村 桂井村 大托新村</td><td>23.72</td></tr>
<tr><td>先　锋</td><td>5</td><td>4</td><td>1</td><td>南城 嘉和 新宇 尚双塘</td><td>新路村</td><td>7.73</td></tr>
<tr><td>南　托</td><td>9</td><td>6</td><td>3</td><td>牛角塘 融城 南托岭 南鑫 北塘 欣南</td><td>沿江村 牛角塘村 滨洲新村</td><td rowspan="2">64.05</td></tr>
<tr><td>暮　云</td><td>12</td><td>9</td><td>3</td><td>云塘 暮云 华月湖 花园岭 卢浮 丽发 怡海 弘高 高云</td><td>莲华村 许兴村 暮云新村</td></tr>
<tr><td>总　计</td><td>100</td><td>88</td><td>12</td><td></td><td></td><td>137.34</td></tr>
</table>

说明：数据来源为2020年度国土变更调查的初步数据，由湖南省第二测绘院提供

（资料来源：区民政局、区资规分局）

2020年增长18.4%。全年房地产开发投资比2020年增长26.1%；商品房销售面积132.91万平方米，比2020年增长10.2%，其中住宅销售面积114.96万平方米，比2020年增长20.0%；商品房销售额153.60亿元，比2020年增长20.5%，其中住宅销售额133.39亿元，比2020年增长39.6%。

【国内贸易、商务和招商引资】 2021年，长沙市天心区社会消费品零售总额463.03亿元，比2020年增长13.6%，占全市社会消费品零售总额比重为9.1%。按行业分，批发业实现零售总额43.76亿元，比2020年增长4.1%；零售业实现零售总额349.85亿元，比2020年增长14.4%；住宿业实现零售总额4.44亿元，比2020年增长15.7%；餐饮业实现零售总额64.98亿元，比2020年增长16.4%。限额以上批发和零售业单位商品零售额比2020年增长8.1%。分类别看，粮食、食品类零售额比2020年增长2.2%；服装、鞋帽、针纺织品类比2020年下降1.8%；化妆品类比2020年增长6.9%；家用电器和音像器材类比2020年增长18.2%；石油及制品类比2020年增长14.7%；汽车类增长17.3%。全年内外资招商项目（企业）209个，实际利用外资0.60亿美元，比2020年增长56.0%；实际到位省外境内资金247.45亿元，比2020年增长23.6%。

【教育和科学技术】 2021年，长沙市天心区全区拥有普通中学18所（含九年一贯制学校4所）、中等职业教育学校5所、普通小学53所（含教学点1个）、幼儿园160所。普通中学在校学生34748人，教职工3165人；中等职业教育学校在校学生5487人，教职工589人；普通小学在校学生57660人，教职工2942人；幼儿园入托儿童32374人，幼师5082人。全年实现高新技术产业增加值比2020年增长19.4%。专利授权3329件，增长39.9%，其中发明专利授权933件，比2020年增长70.0%。

【文化体育和卫生】 2021年，长沙市天心区全区共有非物质文化遗产项目资源31个，非遗展示中心1个，文化馆1个，公共图书馆12个（其中24小时自助图书馆3个），街道文化站14个，示范性街道综合文化站14个，示范性社区（村）综合文化服务中心96个。开展全民健身项目795项次，全区全民健身运动参加人数62万人次。全年发展社会体育指导员354人，年末拥有各级社会体育指导员3675人，健身辅导站14个，公共体育场地1155个。全区拥有医疗卫生机构507个，其中，疾控中心1个、妇幼保健所1个、社区卫生服务中心14个、社区卫生服务站62个、驻区企事业单位医疗机构34个。全年建立电子健康档案647018份，建档率达到97.2%。管理65岁以上常住居民50060人，高血压、糖尿病规范管理人数分别为19279人和11298人，慢性病规范化管理率均达75.0%以上。区级注册卫生技术人员8401人，比2020年增加459人，其中，医生3517人，比上年增加275人；护师护士4884人，比上年增加184人。

【环境保护和安全生产】 2021年，长沙市天心区全年环保共审批建设项目26件。全年空气质量优良率达到85.5%，优良天数为312天。全年各类生产安全事故死亡11人，其中，生产经营性道路交通事故死亡9人；铁路运输事故死亡1人；工矿商贸企业从业人员死亡0人；建筑施工行业死亡1人。亿元GDP各类安全事故死亡人数0.009人。

【人民生活和社会保障】 2021年，长沙市天心区全区年末人口总户数为20.44万户，户政人口数为53.22万人，常住人口85.74万人，出生率为6.87‰，死亡率为3.80‰，人口自然增长率为3.07‰，常住人口城镇化率为99.1%。城镇居民人均可支配收入66716元，比2020年增长7.1%，高于全市平均水平4571元。全区城市低保对象24559户次、34858人次，累计发放低保金、物价补贴、过节费等2107万元；农村低保对象4325户次、7841人次，累计发放低保金、物价补贴、过节费等434.48万元；申请廉租房及廉租房补贴140户。全年共发放城乡困难居民医疗救助金629.35万元，1893人次；特困供养3124户次、3189人次，供养资金318.27万元；发放优抚金3979.18万元，接待各类退役军人来信来访2400余人次；新建9个居家养老服务中心。（本栏撰稿 梁海龙）

中共天心区委员会

综　述

【概况】 2021年，中共天心区委团结带领区人大常委会、区政府、区政协“四大家”班子和全区人民，坚持习近平新时代中国特色社会主义思想，贯彻中共十九大和中共十九届五中、六中全会及省、市党代会精神，创新实干、担当作为，较好完成各项任务。截至年末，该区投资竞争力位列全国百强区榜单第43位，居全省首位。

政治建设　支持人大、政府、政协和检察院、法院依法依规履行职能，开展工作。完成区委、区人大常委会、区政府、区政协四套班子换届选举工作，选举产生新一届区委、区人大常委会、区政府、区政协领导班子。推进党史学习教育，区委理论中心组开展专题学习4次，赴韶山实地学习，区委书记带头讲专题党课，成立62人宣讲团开展党史理论微宣讲；开展“七个一百”活动，开设“党史我来讲”栏目，开展学教活动600余次，在省市刊物发表系列理论文章。开展“我为群众办实事”活动，搭建标准化“有事好商量”平台215个，对群众诉求做到“件件有落实，事事有回应”，年内，区网格化综合服务平台收集上报事项3.9万余条，处置率98.93%。实施“党建聚合力”工程，制定“1+2”工作方案，包括3项计划、11条举措；在三大片区和区存量（闲置）土地资源盘活工作指挥部成立临时党委，突出党建与中心工作相辅相成；出台党建惠企10条举措，支持非公企业与党同行、跟党创业；强化党员分类管理，抓实流动党员教育和服务，常态落实各类组织生活制度。

经济建设　围绕“八个一批”（即项目征拆一批、项目建设一批、闲置资源盘活一批、土地出让一批、楼宇去化一批、招商引资一批、开发销售一批、资源争取一批）项目攻坚行动统筹推进项目建设，总投资200亿元的天翼云中南数字产业园等三大数字产业项目开工，湖南大数据交易所、平安财富中心等产业项目竣工投产，新韶山南路、暮坪湘江特大桥等基础设施项目加快建设，国家医学中心、绿心中央公园、长沙奥体中心等重大项目成功落地，国际医学小镇、融城体育小镇加快规划布局，年内，该区重大项目累计完成投资424亿元。新引进“三类500强”（即世界500强、中国500强和民营500强三类企业在湖南新设和新增的投资项目）项目10个，居内五区第一；新注册世界500强企业2家（太平洋中部建设、平安健康险湖南分公司）；举办第十届全球地理信息开发者大会，引进企业1000余家。依托湖南地理信息产业园、人工智能产业园、软件产业园及中国长沙人力资源产业园等平台，“一主两特”（即以地理空间信息为特色的数字经济为主导，以人力资源服务、文化广告为特色的产业体系）产业发展壮大，全国软件企业50强分（子）公司落户数、全省软件企业50强上榜数居全省区县（市）首位；新增国家第三代半导体技术创新中心湖南分平台，全社会研究与试验发展（R&D）经费29亿元，占GDP比重2.6%，居内五区第二；微算互联获2021年中国互联网成长型企业前20强，系湖南省唯一上榜企业。该区亿元楼宇20栋、居全省首位，占长沙市40%。出台优化营商环境攻坚行动方案，建立分管区领导任“指标长”制度。承办全市“放管服”改革经验交流会并作典型发言。为企业争取专项支持资金1.5亿元，兑现奖补资金1.8亿元。

民生建设　强化网格化治理，明确每月28日为网格驻点日，30余位县级领导、500余名科级网格治理指导员进网格，推动基层治理水平提升。新增学位10200个、车位14824个、医疗床位462个、养老床位626张、厕位69个。打造“天颐”政府养老民生品牌，被评为“全国第三批养老服务示范活动示范单位”。推进文明典范城市创建工作，提质改造老旧小区60个，4个“五纵五横”【“五纵”为花侯路、车站路—开福大道、芙蓉路、湘江路、金星路—梅溪湖路—麓谷大道，“五横”为岳麓大道—三一大道、五一大道—枫林路（含八一路、韭菜园路）、湘府路、长沙大道、晚报大道—营盘路—咸嘉湖路】项目完成；“一江两岸”城市照明提质工程如期完工，六大城市更新项目启动。制定全域推进乡村振兴五年行动计划纲要及“1+6”专项行动方案，衔接各级财政推进乡村振兴补助资金728万元，铺排项目16个，18个市级美丽宜居村庄建设项目通过市级验收；完成农村自来水普及，惠及1448户4700人。开展对口帮扶工作，为区内监测对象和低保户购买防返贫保险，安排帮扶资金2500万元；“爱心天心”促成结对帮扶1013户。持续打好蓝天、碧水、净土、静音保卫战，该区空气优良率85.6%，排名全市第一；饮用水水源地水质考核达标率100%；创建市生态文明建设示范村1个。举办融城马拉松赛、长株潭共植“一棵树”植树节等系列活动。

作风建设　保持反腐高压态势，制作警示教育片《等你回家》，处置问题线索261条，党纪政务处分90人，其中科级以上领导干部11人；严防“四风”问题变异回潮，查处违反中央八项规定问题21起，党纪政务处分44人；抓好省委巡视、市委专项巡察相关工作，省委巡视反馈的50个问题整改完成率96%。抓好干部队伍建设，出台进一步激励干部担当作为干事创业若干措施，选派5名中青年干部赴邵阳、龙山对口帮扶，从基层一线、项目一线、经济一线提拔重用干部54人，占比49.54%。落实意识形态工作责任制，区委常委会专题研究意识形态工作6次，区委书记组织召开意识形态工作专题会议，通过述职评议、会议调度、专题培训促推落实；完善责任制实施方案，区属各党委（党组）均建立健全意识形态工作机制，形成横向到边、纵向到底的责任体系；对3个街道、9个区直单位开展两轮意识形态工作巡察，对14个街道、8个区直单位、1个园区开展意识形态工作督查，全面压实责任。

（本栏撰稿　张雨玲）

重要会议

【区委五届十一次全体（扩大）会议暨经济工作会议】　于2021年1月15日在天心区政府召开，就年内开启高质量建设“智慧天心、融城核心”新征程进行全面部署。区委书记刘汇，区委副书记、区长黄滔，区领导周志军、于献、夏艳兰，全区副县级以上领导干部，以及园区、区属各单位、街道主要负责人参加。会议明确，结合该区实际，紧盯智慧产业、智慧城市、智慧政务，在“融城”上下功夫，在“核心”上求实效，全力建设“智慧天心、融城核心”。同时，实施“北优南融、数字赋能、民生为本”三大战略，提升城区品质、产业能级和人民福祉。明确2021年的主要经济工作：主动对接引领长株潭一体化，打造高质量发展新引擎；建设人才强区，增强高质量发展新活力；稳住核心产业、发展新兴产业，巩固经济可持续、高质量新优势；推进项目建设，培育

2021年7月1日，天心区四大家班子成员和区直机关单位代表集中观看庆祝中国共产党成立100周年大会实况直播　（区委办供图）

高质量发展新动能；统筹城乡建设，提升高质量发展新格局；增进民生福祉，共享高质量发展新成果。（陈晓菁）

【区委五届十二次全会】 于2021年5月25日在政府南栋九楼会议室召开。区委常委、组织部部长张界贻宣读中国共产党长沙市天心区第五届委员会第十二次全体会议《关于召开中国共产党长沙市天心区第六次代表大会的决议（草案）》，区委副书记、代区长周志军主持会议并作《关于召开中国共产党长沙市天心区第六次代表大会的决议（草案）》的说明。全体区委委员、候补委员、纪委委员45人参会。（陈晓菁）

【庆祝中国共产党成立100周年暨“两优一先”表彰大会】 于2021年6月28日在天心区政府三楼大会议室召开。区委书记刘汇出席会议并讲话，区委副书记、代区长周志军主持会议。会上对易芳等100名天心区优秀共产党员、刘艳明等100名优秀党务工作者、坡子街街道文庙坪社区党委等80个先进基层党组织进行表彰，并对“光荣在党50年”纪念章获得者、“两优一先”代表进行现场颁奖。刘汇，周志军，区人大常委会党组书记、主任于献，区政协党组书记、主席夏艳兰，天心经开区工委书记吴江等区领导及受表彰人员240人参加。（葛东伟）

【区委五届十三次全体（扩大）会议】 于2021年7月26日在天心区政府三楼大会议室召开。会议听取中共长沙市天心区第六次代表大会筹备工作情况等报告和说明；审议通过《区第五届委员会报告（草案）》《区第五届纪律检查委员会工作报告（草案）》，讨论通过第六届区委委员、区委候补委员、区纪委委员候选人预备人选名单以及天心区出席中共长沙市第十四次代表大会代表候选人预备人选。区委书记吴新伟，区委副书记、代区长周志军，区人大常委会党组书记、主任于献，区政协党组书记、主席夏艳兰，天心经开区党工委书记吴江，全体区委委员、候补委员、区纪委委员，以及六届区委常委提名候选人、区政府副区长提名候选人、区法院院长提名候选人、区检察院检察长提名候选人、各街道党工委书记参加会议。（陈晓菁）

2021年6月28日，天心区庆祝中国共产党成立100周年暨“两优一先”表彰大会召开，图为优秀党务工作者代表领取证书（杨 威 摄）

【中共长沙市天心区第六次代表大会】 于2021年7月29—30日在区政府南栋九楼会议室召开。区委书记吴新伟代表中共长沙市天心区第五届委员会，向大会作题为《以“三高四新”战略为指引为加快建设“智慧天心、融城核心”不懈奋斗》的报告。区委副书记、代区长周志军主持大会。长沙市委派驻天心区党代会指导组、督导组到会进行指导和督导。天心区人大、区政府、区政协班子中的党外领导干部应邀出席大会。天心区离退休老领导代表；不是第六次党代会代表的第五届区委委员、候补委员、区纪委委员；党员县级领导干部；区属各单位主要负责人；民革、民盟、民建、民进、农工、致公、九三学社等民主党派天心区负责人和无党派代表人士等应邀列席会议。会议选举吴新伟为天心区委书记，周志军、叶妙（女）为区委副书记，吴新伟、周志军、叶妙（女）、厉波、刘向、许波、洪孟春、张建、张浩平、罗定豪为区委常委。会议表决通过天心区第六届纪律检查委员会第一次全会选举结果的报告，新一届区纪委第一次全会选举罗定豪为区纪委书记。（陈晓菁）

【区委常委会会议】 2021年，天心区委召开常委会会议30次。

1月7日，传达学习上级有关

文件精神，研究整治突出毒品问题三年行动方案，审议《长沙市公安局天心分局首届“中国人民警察节”庆祝活动方案（送审稿）》，研究长沙机床厂和古道巷（一、二期）项目招商等工作。

2月9日，审议区人大、区政协年度工作要点，研究部署年度全区重大项目投资计划、项目攻坚等有关工作。

2月22日，传达学习全市奋力实施“三高四新”战略、全面推进高质量发展大会精神，结合区情实际，安排部署后阶段工作。

3月5日，研究审议实施“三高四新”战略全面推进高质量发展系列工作方案及《关于进一步支持天心经开区改革创新发展的若干措施》。

3月19日，研究部署智慧教育工作、党史学习教育有关工作，审议《2021年天心区推进“四个十大”项目实施方案》。

3月25日，研究部署党风廉政建设、庆祝中国共产党成立100周年有关工作，以及2021长株潭融城半程马拉松赛暨绿心乡村生态旅游节相关工作。审议《中共长沙市天心区委常委会2021年工作要点》《中共长沙市天心区委全面深化改革委员会2021年工作要点》。

4月1日，审议研究相关事项。

4月16日，研究统计等工作。

5月14日，听取全区政法队伍教育整顿、乡村振兴和美丽“三园”建设、疫情防控、十六纵十六横道路和出入城口品质提升、老旧小区提质改造等工作情况汇报，审议有关文件。审议《天心区关于进一步激励干部担当作为干事创业的若干措施》《“打造红色引擎力推红色引领”基层党建“1+2”方案》等文件。

6月10日，传达学习《中共中央办公厅、国务院办公厅印发〈领导干部干预司法活动、插手具体案件处理的记录、通报和责任追究规定〉》等文件精神。研究其他事项。

6月23日，传达学习《中共长沙市人大常委会党组关于做好全市市县乡三级人民代表大会换届选举工作的意见》，研究相关工作。

6月30日，研究绩效考核、重点地块招商出让、智慧教育等工作。

7月5日，传达学习习近平总书记在庆祝中国共产党成立100周年大会上、在“七一勋章”颁授仪式上的重要讲话精神；研究省委巡视整改有关工作。

7月19日，研究加强基层治理体系和治理能力现代化建设等工作。

7月23日，研究区第六次党代会有关工作等。

7月25日，研究有关工作。

8月2日，研究相关事项。

8月13日，研究开展全区“大学习、大讨论、大比武”活动和疫情防控等工作。

8月24日，审议绩效考核及人大、政协“两会”筹备工作相关文件，听取区文联深化改革工作情况汇报。

9月14日，听取纪检监察工作情况及区属国有企业相关工作情况汇报。研究其他事项。

10月11日，研究文明创建、食品安全等工作。

10月15日，审议区人大常委会、区政府、区政协常委会工作报告，以及区属国有企业改革相关方案，研究乡村振兴对口帮扶工作。

10月29日，传达学习全市进一步深化作风建设严防“四风”问题变异回潮专项整治行动方案精神，研究部署专项整治行动。

11月3日，研究区委巡察工作，审议天心经开区行政许可权改革相关方案，听取“党建聚合力”打造融合党建品牌等情况汇报。

11月10日，审议三季度重点工作季度考核、9—10月份蓝天保卫战绩效考核及重大项目建设攻坚行动考评情况。

11月15日，研究部署学习宣传等工作。

11月22日，传达学习《中共中央关于党的百年奋斗重大成就和历史经验的决议》精神。听取区城市更新、林长制、区领导联系街道、服务企业等工作情况汇报。研究市委巡察反馈整改有关工作。

12月9日，研究审议《中共长沙市天心区委常委会工作规则》《关于贯彻落实“三重一大”事项集体决策制度的实施办法（试行）》《中共长沙市天心区委关于推进清廉天心建设的实施意见》等文件，听取其他工作情况汇报。

12月17日，审议“天心红”人才工程系列文件，研究其他工作。

12月22日，传达学习中央深改委第二十三次会议精神、习近平总书记关于党内法规制度建设的重要指示精神。研究其他事项。（陈晓菁）

区委办公室工作

【概况】 2021年，天心区委办公室学习贯彻习近平新时代中国特色社会主义思想，中共十九届六中全会、省第十二次党代会、市第十四次党代会精神，践行“五个坚持”，围绕区委中心工作和发展大局，发挥“指挥中心”“决策中枢”“参谋助手”作用，保障区委各项工作推进、落实。

【政策研究】 2021年，天心区区委政研室围绕区委谋划部署和中心工作，起草各类文稿、调研报告500余篇，内容涉及经济发展、社会民生、工作推进等各个方面；向湖南省委办公厅、长沙市委办公厅报送党委信息400余条、被采用220余条；做好涉区紧急信息处置与报送工作，无重大紧急信息迟报、漏报、瞒报现象。信息工作居省、市前列。

【督查督办】 2021年，天心区委办紧扣中央、省、市、区委决策部署开展督查督办，专项督查疫情防控、项目建设、长株潭一体化、暑期防范学生溺水、养老保险待遇核查“回头看”等工作，编辑《天心督查》26期。完成24次区委周工作要点和4次区委月工作要点责任分解及情况通报。深化整治“两个主义”（形式主义、官僚主义），查处5起12人。

【办文办会】 2021年，天心区委办印发主要文件191个，办理上级文件1607个，其中密件406个，领导批示件1225个。加强对全区重大会议活动统筹安排和组织协调，组织区委重要会议活动180次，为区第六次党代会、区“两会”顺利召开及区四大家班子以及“一委两院”主要负责人换届选举做好后勤保障、筹备服务工作。服务省、市党委视频会议44次。

【外事、台办工作】 2021年，天心区做好新冠病毒疫情常态化防控涉外工作，累计排查境外到区人员1273人次，确诊0人，疑似0人；对境外航班到区旅客实行酒店集中隔离管理，为外籍人士提供新冠疫苗接种服务293人。成立涉台审判法官工作室，妥善处理涉台求助及信访件5起；花之林总部成功落户，依托2家基地开展涉台教育，接待台湾新党前主席郁慕明到天心阁参观访问。

【接待工作】 2021年，天心区完成中央、省、市领导及北京市朝阳区、贵阳市白云区、太原市迎泽区等领导到区考察；推进长株潭一体化区域合作联席会议、全省重大项目集中开工仪式、庆祝中国共产党成立100周年焰火晚会、雅礼书院中学百年校庆等接待服务工作128次。做好区委总值班工作，落实重大节假日领导带班、区直部门轮流值班制度。接待来访群众16批33人次，按时办复网络问政留言信件592件，相关经验在人民网和省、市推介，并在专题研讨会上作交流发言。市委网络问政留言办理、红网网民留言办理工作获评优秀单位、先进单位。

【机关党建】 2021年，天心区区直机关有基层党支部（党委、总支）53个、党员1461名，较2020年增加18名。从性别结构看，女性612名，占42%。从年龄结构看，30岁以下的党员108名，占7%；31至40岁党员372名，占25%；41至50岁党员421名，占29%；51至60岁党员345名，占24%；61至70岁党员112名，占8%；71岁以上党员103名，占7%。从学历结构看，研究生学历党员258名，占18%；大学本科学历党员830名，占57%；大专学历党员232名，占16%；中专、高中学历党员141名，占9%。巩固深化党支部“五化”（支部设置标准化、组织生活正常化、管理服务精细化、工作制度体系化、阵地建设规范化）建设成果，优化基层党组织设置，开展党建督查，整改落实督查及巡视巡察中发现的党建方面问题。制定《关于加强和改进新时代全区机关党的建设的实施意见》。抓好“长沙智慧党建系统”推广运用，开展“业务工作党员项目负责制”行动。严把党员入口关，发展党员41名，确定入党积极分子33名，转正党员21名。组织开展“百年党史我来讲”“优秀主题党日案例观摩”“七个一”（即读一本好书分享会、看一部好片座谈会、举办一场党史知识竞赛、上一堂党史微宣讲课、开展一次文体活动、树一个身边的典型、为群众办一件实事）系列活动，在该区庆祝中国共产党成立100周年暨“两优一先”表彰大会上，何汶蔚、王珍、李兰萍、刘润秋、张雨玲、罗桂华被评为区级优秀党务工作者，庄永贵、彭莎、饶丽、李浩明、常晶婷被评为区级优秀共产党员，区人社局、区委编办、区信访局、区政府办、区城投公司等党支部被评为区级先进基层党组织。

【蓝天保卫战】 2021年，天心区推进“五治一提”，常态实施“六控十严禁”，建立日研判、周会商、旬调度、双月考核讲评机制，召开领导小组会议6次；运用第三方驻场服务、省超级站大数据平台应用和环境智能监测等手段，实时掌握态势，发布97次管控调度令；紧盯重点区域、重点时段、重点行业抓监管，常态开展“十大”专项整治行动。该区空气优良天数、优良率均排名全市第一。

【改革工作】 2021年，天心区每月对所有改革任务通过信息平台进行调度督促，年度44项改革任务全部完成，3项工作被上级改革简报推介，获评教育部网络学习空间应用普及活动优秀区域、2021年国家义务教育质量监测实施“县级优秀组织单位”，“就认这个理·走进暮云新村”获《人民日报》纸媒推介，老城区有机更新获央视《焦点访谈》专题报道，长株潭一体化引领区改革相关工作获省、市领导批示。

【规范管理】 2021年，天心区委办落实《重大行政决策程序暂行条例》，坚持依法科学决策。统筹完成区属80余个党委（党组）年度工作报告，规范外出和请销假审批工作。抓好规范性文件备案，向市委报备党内规范性文件20余个。严格做好机要保密工作，对近20家区直部门、街道开展保密检查，做好高考安全保密工作。配合做好湖南省委巡视、长沙市委专项巡察有关工作，做好相关问题整改。

（本栏撰稿　张雨玲）

组织工作

【概况】 2021年，天心区落实全国和省、市委组织部部长会议精神，抓好领导班子、干部队伍、基层党建、人才队伍、绩效考核、离退休干部和部门自身建设工作，为建设“智慧天心，融城核心”提供组织保障和人才支撑。获评全省关心下一代工作先进集体、市级文明标兵单位、《中国火炬》杂志宣传工作先进单位。3人被评为省、市级优秀党务工作者。

（张戍如）

【党组织及党员队伍现状】 截至2021年年末，长沙市天心区有基层党组织1211个，其中党委102个、总支41个、党支部1068个。城市街道14个，全部建立党工委；城市社区86个，建立党委54个、党总支20个、党支部665个；建制村12个，建立党委7个、党总支部7个。在全区769家非公企业中，建立基层党组织205个，其中，党委10个、党总支3个、党支部192个（联合党支部33个，覆盖企业163家）。

天心区有党员3.03万人，其中，女性党员占41%。35岁及以下的占20%；60岁以上的占45%。具有大学专科及以上学历的占57%；具有高中及以上学历的占80%。截至年末，组织关系在街道的党员2.37万人，占党员总数的78%，社区（居委会）委员中党员369人，街道干部中党员556人；60岁及以上的党员占53%；具有大学专科及以上学历的占50%。

2021年，该区发展党员576人，其中女性300人，占52%；35岁及以下的384人，占67%；具有高中及以上学历的559人，占97%。年内新发展的党员中，生产、工作第一线420人，占73%。

（葛东伟）

【基层党建】 2021年，天心区贯彻落实省委全面加强基层建设“1+5”文件【湖南省委出台的《关于全面加强基层建设的若干意见》及《规范乡镇（街道）职责权限实施方案》等5个配套文件】精神，从责任落实、组织建设、问题整改等方面加大力度，整体提升基层党建工作质量。建立党员领导干部基层党建联系点制度，区委常委会成员每人定点联系一个基层党组织，明确蹲点调研等9项联点任务。落实“基层党建工作基训营”制度，对新一届社区（村）“两委”成员，合作社党组织书记和村（居）务监督委员会主任开展履职培训；实施导师帮带制度，将183名新任社区（村）“两委”成员，街道年轻干部，基层工作经验相对不足的其他干部列为帮带对象，实施“一对一”精准帮带，帮助新任成员快速适岗。构建基层党建人才梯队，1名社区书记、1名优秀选调生通过择优比选，走上科级领导干部岗位；择优选聘12名专职党务工作者补充到街道党群服务中心，加强基层党建力量。抓好省委巡视反馈问题、述职基层党建查摆问题整改，针对农村党组织政治功能弱化问题，开展党员联系到户、民情走访到户、政策落实到户、产业对接到户、精准服务到户为主题的连心到户行动，2000余名支村两委、驻村选调生、基层党员、致富能手联系1.6万农户家庭；组织部部长带队调研集体经济发展和领军人才建设，安排乡村振兴专题培训，帮助农村“带头人”开阔视野、拓展思路。针对党组织覆盖和党建工作覆盖存在盲点问题，开展两新组织排查摸底，在软件、物流等行业协会中健全完善组织体系。开展党支部“五化”建设，新增15个基层党组织为市级示范化“五化”党支部。在白沙井社区、状元坡社区开展年老体弱党员分类管理专项试点，与中南林业科技大学联合开展天心区国有企业退休党员社会化管理工作调研，为省市党员分类管理工作提供借鉴。强化在职党员引导服务、流动党员兜底管理，通过优化党组织设置、优化积分管理机制，引导7200余名国有企业移交退休党员发挥作用。举办入党发展对象培训示范班5期，培训发展对象578人。开展农村发展党员违规违纪排查整顿工作，摸排各类问题线索135个，涉及67人，对认定为弄虚作假的2人不予承认党员身份。实施“党建聚合力”工程，构建党组织领导的共建共治共享城乡基层治理格局。打造“一线党旗红”、党建惠企业、“小切口党建”（以基层党组织为主体，以党建的方法解决群众身边停车难、充电难、买菜难等小问题）、“红星耀物业”、农村专业化党建等品牌，推动党建工作与中心工作、业务工作深度融合。健全四级党群服务中心体系，推动区、街道、社区、小区和楼宇、商圈、园区广泛建立党群服务中心。“红船映初心”等“不忘初心兴天心”党性教育基地，先后接待省纪委副书记许忠建、省委基层党建办主任龙稳铠等实地调研指导。“东电幸福家”等以便民服务为主旨的党群服务中心深受群众喜爱。开展科级干部进网入格“五百工程”，以党代表、小区党支部成员、科级网格治理指导员进驻履责为重点，落实“十个一”工作清单和小区党支部10项职责，年内解决群众问题3598个。 （葛东伟）

2021年11月17日，天心区召开全区党建工作推进会议，区委书记吴新伟向天心区长沙外滩、省府新区、暮云片区和区存量（闲置）土地资源盘活工作指挥部临时党委进行授牌 （杨 威 摄）

【“党旗耀天心”系列庆祝活动】 2021年，天心区以“党旗耀天心”为主题，开展系列庆祝活动400余场次。开展50年以上党龄党员摸底登记工作，发放“光荣在党50年”纪念章2925枚。深化“榜样”专题活动，开展“红色天心有力量”系列故事讲述；“七一”前夕，该区213名个人、87家单位分别获得优秀共产党员、优秀党务工作者、先进基层党组织称号，受到省委、市委、区委表彰。出台《关于在深入实施“党建聚合力”工程中进一步提升党建融合度的工作方案》，明确19条具体举措。落实党内激励关怀帮扶机制，走访慰问2344名优秀党员、老党员和困难党员群众，发放慰问帮扶专项资金131.68万元。专栏推出“我是党代表”等宣传视频。 （刘润秋）

【干部队伍建设】 2021年，天心区围绕区委、区政府中心工作，按照《2019—2022年天心区干部教育培训规划》《天心区新时代基层干部主题培训行动计划实施方案》，以党史学习教育活动为载体，开展培训16期，培训干部2760人次，其中部门单位主要负责人464人次，村（社区）党组织书记、乡村集体经济组织党组织负责人121人，两新党组织负责人402人次，入党积极分子等其他人员1773人次。选派5名中青年干部赴邵阳县、龙山县洛塔乡开展乡村振兴对口帮扶工作。5月，出台《天心区关于进一步激励干部担当作为干事创业的若干措施》，明确坚持政治标准、突出真抓实干、突出基层一线、突出项目建设、注重考察识别、注重培训提升、注重培养储备、注重政治激励、注重支持保障、注重考核兑现、注重人文关怀、注重营造氛围12条措施；改进干部推荐考察工作，针对不同层级、不同岗位考察对象，实行差异化考察，了解干部在重大任务、重大斗争、关键时刻具体表现、具体事例；优先使用在推动“三高四新”“一军三区”战略，推进高质量发展中创新实干的干部。截至年末，该区开展8次干部调整，涉及干部450人次，其中提拔重用干部109人次，调任公务员21人次，晋升职级101人次（在提拔重用的干部中，“80后”有77人，“85后”有38人，“90后”有7人），其中，从基层一线、项目一线、经济一线提拔重用干部54人，占总提拔重用干部的49.54%。落实区委《关于以政治建设为统领进一步加强科级领导班子和干部队伍建设的实施意见》，推进政治建设考察常态化制度化，对政治素质过硬、群众公认的干部加大提拔使用力度。发挥民主推荐作用，扩大选人用人视野，1月，该区面向区属各单位和“四大家”副县级以上干部，进行初始提名推荐，推荐副科职196人，一般干部236人，初始提名推荐结果贯穿全年干部人事调整始终。落实年轻干部刚性配备要求和常态化配备目标，探索年轻干部年度配备最低比例办法，截至年底，全区街道党政领导班子中35岁以下19人，35岁以下街道党政正职4人；10个部门配有35岁左右领导班子成员。针对省委巡视反馈的6个问题线索和省委选人用人专项检查反馈的22个问题线索，逐条梳理、明确责任，截至12月底，基本完成整改任务，建立健全有关选任制度，形成常态化、长效化选人用人体制机制。严格执行国家工作人员因私出国（境）、领导干部兼职审批、领导干部个人事项填报等干部监督制度，对苗头性、倾向性问题及时谈话提醒，年内，对2名领导干部进行提醒谈话，1名干部进行诫勉谈话。强化登记备案人员管理，新增登记备案人员70人。开展2021年度因私出国（境）证件专项清理“回头看”，对全区干部的备案情况、证件、出入境记录等全面核查，清理2016年8月15日至2021年8月15日5年的出国（境）记录1300余条。

（陈 坤）

【人才建设】 2021年，天心区坚持党管人才原则，12月28日出台《天心区领导干部联系服务院士及高层次人才实施办法（试行）》《天心区人才引进墩苗计划（2021—2023年）》《天心区重点特色产业人才分类认定实施办法（试行）》3个文件，围绕人才服务和发展两个内容，推进“天心红”人才工程，落实“访院士、聚谋士、引博士、崇名士、汇贤士”一系列人才工作行动。建立区委书记、区长领衔服务院士制度，走访服务辖区高校2名院士，聘请他们担任人才工程代言人；认定第一批特色产业人才10人。搭建人才聚集培养平台，举办全球地理信息开发者大会，10位特邀院士、10位全球青年科学家带来最新前沿科技；举办长株潭融城乡村创新创业训练营，携手株洲市石峰区、湘潭市岳塘区，培养一批有方向、懂规律、善经营的“农创客”；设立区青年人才服务中心，为9家高校和科研院所，100余个国家级、省部级重点实验室的青年创新创业人才开展服务，组织活动72场；兑现青年人才筑梦工程、“双软”认证企业人才奖补等2560万余元；开展“春风行动”“高校毕业生就业服务季”等活动，累积发布岗位9000余个。注重产业链人才链融合发展，区软件产业协会与中国长沙人力资源服务产业园共同签署协同发展合作框架协议，实现需求对接、宣

2021年12月13日，天心区委书记吴新伟，区委副书记、区长周志军一行走访中国工程院院士、中南林业科技大学党委副书记、林业工程学科带头人、教授吴义强

（杨 威 摄）

传推广和供需联盟三个方面协同发展；中国长沙人力资源服务产业园园区企业与长沙智能制造、金融、互联网等40余家头部企业建立合作，引进中高端人才200余人，服务各类人才100万人次。

（周璐璐）

【换届选举工作】 2021年，天心区配合长沙市委组织部先后对区委、区人大常委会、区政府、区政协“四大家”班子组成人员，检察院、法院“两长”等19名拟新提名人选考察对象进行考察；会同区纪委，对2名区纪委副书记、3名区纪委常委拟新提名人选考察对象进行考察。依法依规推进党代表、人大代表、政协委员选举工作，在充分协商、广泛征求意见的基础上，严格按照人选结构比例要求，经资源摸底、提名推荐、联合审查、考察等有关程序，完成243名区人大代表、208名区政协委员以及市人大代表提名推荐和考察工作。选举产生长沙市天心区第六届区委、区人大、区政府、区政协领导班子；完成98个社区（村）换届选举工作，731名新当选的“两委”成员中，大专学历以上占比92.61%，比上届提高13.71个百分点；平均年龄37.05岁，比上届下降4.15岁。

（葛东伟）

【两新组织工作】 2021年，天心区开展“深学党史强信念”主题活动，该区两新党组织党史学习教育实现全面覆盖。完善“基训营”成长机制，分级分类举办培训103期，培训4616人次，参学率实现100%。在鑫远国际等3座楼宇新建党群服务中心，打造15个党史学习实践点，开展“礼颂党情守初心”等学习交流活动120场次。启动“严修党性践使命”聚合力工程，推出党群先锋100个。创新发布《天心区优先支持设党组织非公企业发展的若干措施》，为83家企业提供“帮代办”服务，推动红海人力等26个设党组织非公企业进入天心区信贷“白名单”。成立全市首家两新综合党委，建成全省首批快递外卖小哥红色之家8个，打造两新党组织标杆建设点23家，获评省、市、区“两优一先”表彰对象61人，居长沙市各区县之首。

（刘润秋）

【公务员管理】 2021年，天心区开展津贴补贴清理、规范工作，对该区参公单位进行摸底汇总，完成参公单位重新认定。推进公务员职务与职级并行工作，分类别做好职级晋升人员摸底工作，年内职级晋升干部160余人次；出台职级晋升工作实施方案，使职级晋升工作有章可循。根据工作需要，年内完成16人的调任手续。年内区人民法院通过省考招录4人，并参与由市委组织部主持的初任培训。区内有50名干部参与年度清华长沙公务员远程学堂。

（易 彦）

【绩效考核工作】 2021年，天心区制定《2021年度市绩效考核工作目标责任分解表》，将市考核指标任务分解到各分管区领导和相关部门，加强指标调度、做好横向分析研判，对进度滞后或存在扣分风险的指标，每周由区领导进行调度；向分管区领导、责任单位下发提示函，区委督查室、区政府督查室、区绩效办共同做好督查整改。制定《长沙市天心区2021年度重点工作季度考核实施办法》，把经济工作、营商环境、城市管理、安全生产、文明创建、基层党建、市域社会治理7项重点工作纳入季度考核讲评，年内开展季度讲评3次，评选出84个（次）单位给予季度奖励，18个（次）季度指标完成情况较差的单位评定末位，进行通报批评。修订完善《长沙市天心区党政领导班子和领导干部绩效考核管理实施办法》，领导班子按类别，根据绩效得分高低，评定优秀、良好、一般、较差4个等次，并对直接评为优秀、限评优秀、定为一般或较差等次的作出相关限制性规定；承担市考任务指标责任单位以内五区平均分为标准，对高（低）于平均分的实行重加（扣）分；领导干部优秀比例由20%提高到25%，领导班子为优秀、一般、较差等次的，领导干部优秀比例相应提高或减少；将纳入考核的69个部门分经济管理、社会发展等6个类别，14个街道分成北部、南部进行考核。制定《天心区2021年度街道工作目标考核体系》《天心区2021年度绩效考核单位自身建设目标考核体系》《天心区2021年度绩效考核单位业务工作目标考核体系》。街道考核体系由全力争当“三高四新”战略主力军、全力打造“三区”、全力提升人民生活品质、全力加强自身建设、奖惩激励项、负面清单6个板块组成，共31大项指标；部门考核体系对标市考，突出区内重点、中心工作，对获国务院、省、市真抓实干奖的，或争取项目、资金、荣誉3类资源成效明显的，分别赋予2分的最高加分。调整区绩效考核领导小组成员，由区委书记任组长，区长任第一副组长，区委副书记、组织部部长、

纪委书记、常务副区长、区委办主任任副组长，相关单位主要负责人为成员，由组织部部长分管绩效考核工作。（王　上）

【老干部工作】 2021年，天心区共有离休干部46人，其中老干科直管离休干部17人、代管异地离休干部7人、接管省属破产企业离休干部20人、教育局管理离休干部1人、市监局管理离休干部1人。副县级以上退休干部91人。

政治待遇 组织集中学习8次，政情通报3次，及时向老干部传达中共十九大、十九届六中全会精神及习近平总书记“七一”重要讲话精神，发放《论中国共产党历史》《毛泽东、邓小平、江泽民、胡锦涛关于中国共产党历史论述摘编》《习近平新时代中国特色社会主义思想学习问答》《中国共产党简史》等学习资料500余套，使老干部及时了解中共政策方针，了解天心区发展现状，在政治上和中共中央保持一致。利用“三会一课”、主题党日等形式，组织老干部参观红色基地、观看红色影片，举办“银发先锋大课堂”，通过“学习强国”“微天心”“银龄e支部”等信息化平台建设网上“金色家园”。

生活待遇 出台《进一步规范区直机关离退休干部工作的指导意见》。7月，举办区直机关单位离退休干部工作推进会，明确专人做好老干部工作，确保“两项待遇”落实到位。整合资源，形成工作合力，组织部老干科与各单位之间、各单位与老干部之间联系更加紧密。全年发放离退休干部相关福利待遇548万余元，慰问离退休干部158人次，看望生病住院离退休干部27人、80岁以上过生日离退休干部18人。

离退休党建 把握“引领老干部一颗红心永向党”明确指向，开展“银发颂党恩·星辉映天心”庆祝建党百年主题活动，开展党史学习教育。把离退休支部纳入基层党建工作考核，每季度召开工委会议进行党建点评，将离退休支部带头人、老干部工作者纳入该区干部教育培训系统，举办离退休党支部书记培训班，推进党务工作者培训。长效常态推进离退休支部“五化”建设，有序推进26个有条件的社区、网格、小区老党员之家建设，打造市级示范点4个，打造省示范离退休干部党支部2个。“七一”期间8个先进基层离退休党组织、15名优秀个人获市、区表彰。

老年教育 继续实施老年教育“悦心”工程，以区老干部（老年）大学为轴心，27所社区老年大学、45个老年教育网络课堂站点、110余个老年兴趣班和团队为辐射，构建辖区老年人都能参与的老年教育学习网，打造“家门口的老年大学”。支持打造仰天湖社区老年教育网络课堂等5个市级、15个区级网络课堂站点和怡海社区老年大学等5个市级、12个区级老年教育基层教学点。

（廖　卉）

【关工委建设】 2021年，天心区围绕“学党史、跟党走”等主题教育活动，推进政治引领、育人铸魂、关爱助困、创新提质、基层建设“五大工程”和体系能力建设，高云社区“云享农场”劳动教育基地市级特色项目在该区典型示范，商圈、商会关工委组织建设逐步推进。年内，开展“八大故事”“百年百讲”“红色故事大讲堂”等宣讲活动，207名区级“五老”宣讲员共宣讲569场，受众25257人次。开展双助关爱活动，慰问和资助学生100余名，发慰问金、资助金45万元。暑假公益夏令营、老少书画展赛、“天心红孩子”表彰、“亲情五老关爱明天聚爱工读”等品牌活动，助力青少年成长成才。区关工委被评为全省关心下一代工作先进集体，《中国火炬》2021年第8期、第10期对该区关工委工作和“五老”进行专题推介报道。（王　蓉）

【“五老四教”活动】 2021年，天心区以“心·天心”五老志愿服务队为主导，“五老”金牌讲师团、青少年教育讲师团、“银杜鹃”指导团、区党史教育“五老”宣讲队、56支基层分队1600余名“五老红”骨干志愿者参与联动，开展“百讲星辉映天心”党史学习教育主题宣讲300余场，听众2万余人；“五老”（老干部、老战士、老专家、老教师、老劳模）下沉楼栋开展志愿服务活动1800余场。不断提升“百名五老共商百年大计”“八大故事宣讲”“银发星辉耀天心”等培训、宣讲、志愿服务品牌。（王　蓉）

【老干部大学“说、授、评”教研活动】 于2021年1月19日在天心区老干部大学举行。学校舞蹈教师张绍群对古典舞《锦瑟》进行现场授课，从综合舞姿、头眼练习、身韵形体等开展示范训练，让学员在音乐节奏中用呼吸表达美。市老干部大学教研室专家陈志丹、区老干部大学校长刘天固，区委组织部副部长、离退休干部工委书记、老干部局局长王希等参加。陈志丹就说课进行

专题培训。（王　蓉）

【社区（村）干部集中轮训】2021年3月23—24日，天心区基训营社区（村）书记示范班开展集中轮训。区委书记刘汇以“学史明理”为主题线上授党课；省、市党务、基层政权与民主治理等专家现场专题授课。社区、村、管委会、合作社党组织书记和村（居）务监督委员会主任260人参加，区委组织部、区委党校、区民政部门及社工组织湖南省湘民社区治理研究中心共同参与。（刘润秋）

【“线上线下党课”】 2021年3月23日，天心区委书记刘汇一行到湖南第一师范，重温入党誓词，参观毛泽东与第一师范纪念馆相关展厅，听取“第一师范与青年毛泽东”主题讲解，感悟红色基因传承下新时代天心人的初心使命。随后，刘汇结合党史学习教育，以“学习百年党史汲取奋进力量”为题，为中心组全体学员上党课，各社区、村、管委会、合作社书记组织党员干部在各分会场线上听党课。

（葛东伟）

【王成到天心区调研】 2021年5月6日，湖南省委常委、组织部部长王成到天心区就城市基层党建、两新组织党建、党史学习教育等工作进行调研。在芙蓉南路社区党群服务中心，王成与社区工作人员、党员志愿者、居民群众交流，询问网格化管理、社区治理、居家养老、志愿服务等工作情况。长沙市委常委、组织部部长张宏益陪同，天心区委书记刘汇，区委常委、组织部部长张界贻等参加。（葛东伟）

【湖南省委老干部局到天心区调研】 2021年5月10日，湖南省委组织部副部长、老干局局长龚健一行到天心区调研离退休干部工作。龚健一行实地调研金盆岭街道黄土岭社区“美在金秋”星电花园小区老党员之家阵地建设，听取星电花园退休一支部书记吕华锋关于退休党支部在参与小区物管、水表改造、青少年教育等作用发挥情况和退休三支部书记陈元善关于“金秋幸福家”社区老年大学开办情况汇报，就退休党员服务管理、党建活动进行交流探讨。在赤岭路街道广厦新村社区听取社区党委书记谭琳对“美在金秋”火车头老党员之家建设情况的介绍。长沙市委组织部副部长、老干局局长周海毅等市局领导，区委常委、组织部部长张界贻及老干局、金盆岭街道、赤岭路街道主要负责人参加调研。（葛东伟）

【长沙市天心区人才服务和发展中心】 于2021年11月9日经区委编委2021年第3次会议研究批准设立，主要职责为贯彻执行中央、省、市、区有关人才工作的方针政策，负责人才政策宣传、咨询、指导等保障服务工作；负责招才引智、人才认定、学习培训、创新创业扶持、人才跨地区合作等事务性工作；负责人才信息化建设工作；完成区委人才工作领导小组和区委组织部交办的其他公益性任务。（周璐璐）

【诗词书画创作采风活动】 2021年11月17日，天心区老干部书画协会组织协会成员以及下辖的《城南诗社》书画小组诗人、书画家，到长沙外滩建设协调领导小组暨天心区有机更新指挥部现场采风。采风团一行参观该区北城老旧城区有机更新成果展览，听取区城区人居环境改造的实施规划，为“天心之春”诗词书画活动提供创作素材。参加活动40人，创作诗词38首，并以书画形式表达诗意，其中评审出24幅作品，刊登在2022年省《书画精粹》杂志第一期，由杂志社总编王纲旋撰写的《我手写天心，笔墨寄丹

2021年5月6日，湖南省委常委、组织部部长王成（前中）调研天心区赤岭路街道芙蓉南路社区党群服务中心　（杨　威　摄）

心》文章，专题介绍天心区开展“天心之春”诗联书画主题创作活动情况。（廖　卉）

【天心区首批公示共享停车位开放】 2021年11月26日，天心区着眼小切口，聚焦城区停车难的问题，以区域化党建为平台，动员辖区74家单位共享78个停车场，并进一步将节假日、周末、夜间等时段空置的车位共12301个利用起来，为周边办事或回家无处停车的市民提供停车便利，满足市民出行需求，创新落实“党建聚合力”工程的“天心样板”。（刘润秋）

宣传工作

【党史学习教育】 2021年，天心区围绕中国共产党成立100周年，开展党史学习教育，组建区委党史学习教育领导小组，制定全区实施方案、活动安排，编印巡回指导工作手册，不定期进行专项督导；区委理论学习中心组开展4次专题学习，全区各部门开展学习活动600余次。开设党史学习教育专栏，在央媒刊播相关报道100余条，《就认这个理·走进暮云新村》获《人民日报》纸媒推介，湖南第一师范相关党史学教活动被央视《新闻联播》报道。把党史学习和“我为群众办实事”实践活动相融合，处理各类民生事项34671件。（杨晶璆）

【理论武装】 2021年，天心区坚持将专题学习习近平新时代中国特色社会主义思想、中共十九大精神和习近平总书记重要讲话精神作为各类各级会议第一议题，组织区委理论学习中心组集体学习18次；举办学习习近平“七一”重要讲话精神专题读书班，开展学习中共十九届六中全会精神学习研讨，在市委党校举办科级领导干部学习贯彻中共十九届五中全会精神培训班2期；举办“一军三区”（全力争当“三高四新”主力军，努力打造长株潭融城先行区、城市风貌特色区、生态宜居示范区）主题演讲比赛活动，成立市委、区委党校教员、干部和“五老”人员、社会热心人士组成的62人宣讲团，重点围绕中共中央总书记习近平“七一”重要讲话、中共十九届六中全会、湖南省第十二次党代会、长沙市第十四次党代会、区第六次党代会精神开展理论微宣讲；组织理论研究，区委《主动对接服务长株潭一体化发展》，区委理论学习中心组《在实施“三高四新”战略中贡献天心力量》，区委书记《让历史照亮未来以学习推动实干》《立跨越赶超之志聚创新实干之力为全面建设现代化

2021年度天心区委理论学习中心组学习活动一览表（摘录）

表2

日　期	主　要　内　容	地　点	主持人
3月23日	“学史明理”党史学习教育	湖南第一师范天心区机关	刘　汇
4月28日	“学史增信”党史学习教育	中国共产党长沙历史馆	刘　汇
5月26日	“学史崇德”党史学习教育	杨开慧故居	刘　汇
6月18日	面向“十四五”的智慧城市发展形势与推进策略	天心区机关	刘　汇
6月25日	“学史力行”党史学习教育	天心区机关	刘　汇
9月8日	学习贯彻习近平关于安全生产的系列重要论述精神	天心区机关	吴新伟
9月10日	学习领会习近平法治思想和中央全面依法治国工作会议精神	天心区机关	吴新伟
11月12日	学习习近平“七一”重要讲话、关于意识形态、对台工作、生态文明、推动长江经济带发展等重要论述；长沙市第十四次党代会精神等	天心区机关	吴新伟

（杨晶璆）

新长沙贡献“天心力量”》等理论文章在省、市刊物发表；注重学习成果转化，依托“爱心天心”工程，突出老、幼、残“三类”群体，聚焦学位、床位、车位、厕位、梯位“五位”建设，办好乡村振兴、长株潭一体化“八类”实事，区级重点推进为民实事项目 110 个。（杨晶璆）

【意识形态工作】 2021 年，天心区严格落实意识形态工作责任制，区委常委会专题研究意识形态工作6次，区委书记组织召开意识形态工作专题会议，通过组织述职评议、调度会议、专题培训，全面促推各项工作落实。修改完善《长沙市天心区党委（党组）意识形态工作责任制实施方案》，区属各党委（党组）均建立健全意识形态工作机制，编印《关于落实意识形态工作责任制的十个问题》，下发《天心区落实意识形态工作责任制任务清单》。落实主管主办和属地管理责任，明确区属党委（党组）主体责任、书记第一责任、分管负责人直接责任，以及其他领导“一岗双责”责任，形成横向到边、纵向到底责任体系。对 3 个街道、9 个区直单位开展 2 轮意识形态工作专项巡察，对 14 个街道、8 个区直单位、1 个园区开展意识形态工作专项督查，全面压实责任。召开意识形态工作联席会议，落实《2021 年全市意识形态风险隐患排查整治工作方案》，注重分析研判，加强隐患排查整治。年内，该区意识形态领域各类阵地无责任事件；针对省委巡视反馈 5 个方面 21 个问题、省专项督查反馈 3 个方面 11 个问题、市委巡察反馈 3 个问题、述职评议反馈 4 个问题均得到有效整改。（张立兵）

【新闻宣传】 2021 年，天心区在中央、省、市主流媒体开展宣传报道 2 万余条，其中，中央媒体刊（播）发报道 2000 余篇（条），中央电视台 42 条（含《新闻联播》刊发 9 条）。《美好天心》《天道酬勤心安若素》短视频分别获评“城市之光长沙魅力”短视频大赛二等奖、长沙新媒体年度影响力评选优秀新媒体产品；“微天心”公众号获评长沙市最具影响力政务微信。聚焦建党百年、落实“三高四新”战略等重大主题主线，推出“心之所向”、《实景交响诗·天心阁》等 32 个专题专栏和系列重头报道；策划推出《大城之南》长沙晚报封面特稿，从天心人文之厚、生态之美、产业之兴、人气之旺，诠释长沙城市魅力；新华社 3 次以内参形式聚焦天心区经济社会发展；《瞭望》《东方周刊》以一期 3 篇连版报道，集中推介天心区。围绕长株潭一体化，《人民日报》刊发《一盘棋规划深层次融合，长株潭迈向更高水平一体化》、新华社推出《“从各吹各的号”到“一体化发展”——中部地区高质量发展的“长株潭样本”》，报道天心区取得的成效；《湖南日报》《长沙晚报》分别以《大城之南战犹酣——看砥砺奋进的天心》《热战城南争当主力军打好主动仗》专版推介该区。聚焦“党建聚合力”工程，推出“红色天心有力量”系列视频，全网点击量破千万；疫情防控主题宣传片《天道酬勤心安若素》《天行健心飞翔》全媒体平台点播量超百万。（李　旦）

2021 年 4 月 14 日，天心区金盆岭街道黄土岭社区退休党员吕华锋（右一）到白沙南湖幼儿园，给师生讲述党史故事　（区委宣传部供图）

【文明创建】 2021 年，天心区围绕长沙创建全国文明典范城市目标，开展“百日奋战扮靓星城”、文明创建“卡脖子”问题整治行动，共清理整改辖区内公共绿化带 60 万余平方米、小区杂乱堆物 8000 余处、“僵尸车”530 台、河道垃圾 300 余吨、违规菜地 831 处、空中线缆 604 处，清除废线约 6.5 吨；以《文明创建每日快报》、《文明创建每日通报》、城管数字化管理平台为抓手，整改问题 3156 个。依托新时代文明实践三级阵地，策划开展“传承红色基因·童心向党”“就认这个理”微宣讲等活动 380 余场次；创新开展网格“五百”【下派五百名党员干部、建强五百个网格（小区）、推进五百件民生实事、帮扶五百户困难群众、培养树立五百个先进典型】工程，发动辖区文明单位开展联创共建志愿服务 340 余项；“雷锋志愿者在行动”志愿服务 300 余场，解决群众实际困难 1800 余个。9 月 27 日，该区召开文明创建工作重点单位督查讲评会，现场播放文明创建暗访片，结合季度测评和日常督察，对全区创建工作进行讲评和部署。表彰天心区第三届“十大道德模范”，出台“礼遇好人十条”，肖慧君获评“中国好人”，张建明当选第八届湖南省道德模范，5 人登上湖南好人榜，汤俊杰、陈均杰获评第六届长沙市道德模范。“文明四季”网络文明传播活动反响热烈，中小学“知书达礼”礼文化主题教育全域推进，获评省改革办基层改革案例和省教育厅重点课题，《“礼育”帮学生娃扣好“第一粒扣子”》被新华社《高管信息》刊登。12 月 29—31 日，中央文明办对长沙进行全国文明城市创建工作测评，天心区综合成绩排名全国第十名。（杨金杰）

《你好，长沙！天心篇》

（区委宣传部供图）

【庆祝中国共产党成立 100 周年系列活动】 2021 年，天心区开展庆祝中国共产党成立 100 周年系列活动。“百年党史我来讲”“迎建党百年，传红色基因”系列，打造“理论轻骑兵（辖区范围内经过基层推荐选拔，组建的一支理论微宣讲队伍）一线微宣讲”品牌，开展“‘一军三区’怎么干”主题演讲比赛等各类学习活动 600 余场次，区委组织部等 14 家优秀组织单位、冯小珊等 10 名“最美宣讲人”、何杰等 16 名“学习之星”受到表彰。天心区以 4 次专题学习为主轴，组织“一百个红色小故事征文”等活动。组织并指导全区农家书屋围绕庆祝中国共产党成立 100 周年，以“4·23”阅读日“六一”儿童节等为契机，开展“学党史品书香”红色阅读。开展“光影铸魂”电影党课、“湘观影”职工观影、“百年百剧颂党恩”活动，结合文化惠民工程和建党百年红色电影展，开展公益电影进农村、进社区、进校园、进企业、进工地、进机关等系列活动 1100 余场次。（杨晶璎）

【庆祝中国共产党成立 100 周年系列报道】 2021 年，天心区策划推出“心之所向”——天心故事系列报道，通过“四个一”（一系列报道、一系列短视频、一场主题摄影展、一本宣传册）全面展示天心区；央视《新闻联播》2 次分别以《奋斗百年路　启航新征程》《光影璀璨同庆百年华诞》为题报道天心区；“七一”当天在《长沙晚报》推出 4 个专版《把为民办实事贯穿始终》《热战城南争当主力军，打好主动仗》《党建聚合力民生更幸福》《“赤”续奋斗引蝶变“岭”先担当谱华章》；推出 14 分钟建党百年主题宣传片——《实景交响诗·天心阁》，以合唱团、交响乐实景演出 +VCR、MV 的形式，全面展示天心区的历史文化底蕴、现代都市的生活场景、网红天心的夜生活、产城融合的新发展以及长株潭一体化的天心担当。（李　旦）

【文化文产工作】 2021 年，天心区开展建功“三高四新”文创“百日竞赛”活动，年内新增文化类高新技术企业 3 家，有拟上市文化企业 4 家。湖南红网新媒体集团有限公司获评省级文化和科技融合示范基地。举办“庆祝建党 100 周年”系列文化活动 80 余场。组织开展 2021 长株潭融城半程马拉松赛，打造天心区乡村融城新名片。组织开展“百年风华正青春”100 个红色小故事征文。编撰《手可摘星辰——你好，长沙！（天心篇）》获市委宣传部主要领导批示。举办首届“天心阁杯”全国青少年书法绘画大赛、“长株潭三地”书法联展、天心区第三届美术作品展等活动，宣传、展示天心区文化风采。区书法家协会李正庚著作《先秦至唐书法教育制度研究》获评第七届

中国书法兰亭奖。（田 谧）

【新闻出版】 2021年，天心区完成出版物零售网上系统年检80余家，印刷企业网络年检13家；办理出版零售许可证21件；印刷企业换证13家；清理注册地与实际生产厂址不一致企业10家；版权登记新增5094件。强化宣传，组织企业和个人申报著作权登记补助，围绕第21个知识产权日，开展线上+线下系列版权宣传活动，“提升版权意识保护创新创作”版权宣传沙龙暨《觉醒年代》红色主题学习活动，现场摆放版权知识宣传板8块，面向各街道发放1000余份宣传小折页。

（任 婷）

【中央宣讲团走进天心区】 2021年12月1日，中央宣讲团在天心区政府三楼大会议室宣讲中共十九届六中全会精神。宣讲团回顾中国共产党百年奋斗历程，对全会精神进行阐述。区委常委、区人大常委会、区政府、区政协领导班子成员，天心经开区有关领导，区法检“两长”，区各单位负责人140余人参加会议。

（杨晶璆）

【学习贯彻中共十九届六中全会精神宣讲暨党史学习教育总结汇报会】 于2021年1月21日在天心区举行。汇报会分“汲取百年党史力量”“展现天心青春作为”“奋力续写时代华章”三个篇章，以“过去、现在、未来”为时间轴，通过《三大战役：伟大的战略决战》《一张电视机票的故事》《党建引领阳光征拆，公平公正赢民心》《我的驻乡初体验》等6个宣讲故事，以及《红色的背影》《一起让乡村变美》2个情景剧和朗诵《江山》，对天心区学习宣传贯彻中共十九届六中全会精神和党史学习教育两大主题进行阐释，展现该区广大党员干部至真至诚“学党史”、笃信笃行“悟思想”、用心用情“办实事”、唯干唯实“开新局”的风采面貌。天心区委书记吴新伟作总结讲话。湖南省委宣传部理论宣讲处处长柳行，长沙市委党校常务副校长吴德峰，及辖区相关高校领导，天心区领导以及天心区直部门、街道主要负责人和全区宣传思想文化系统干部参加。（杨晶璆）

【党史学习教育专题学习】 2021年3月23日，天心区委理论学习中心组围绕“学史明理”主题开展党史学习教育第一次专题学习。专题学习分两个阶段：第一阶段在湖南第一师范学院，区委理论学习中心组一行参观毛泽东与第一师范纪念馆相关展厅，听取“第一师范与青年毛泽东”主题讲解，并在区委书记刘汇的领誓下，重温入党誓词。第二阶段在区政府三楼大会议室开展集中学习，长沙市委党校教授陈果以“学史明理——中国共产党为什么能”为题进行专题辅导。区委副书记、区长黄滔等中心组成员，以及园区、区属单位、街道主要负责人参加。

4月28日，天心区委理论学习中心组围绕“学史增信”开展党史学习教育第二次专题学习。刘汇、黄滔等天心区委理论学习中心组成员，以及园区、区属单位、街道主要负责人参加。专题学习分两阶段：第一阶段在中国共产党长沙历史馆先后参观中共湘区委员会旧址和“长岛人歌动地诗”中国共产党长沙历史陈列，听取“中国共产党与长沙早期组织”主题讲解。第二阶段在该馆会议室召开理论学习集体研讨会，长沙市委巡回指导第二组组长邓禹斌就天心区前段的党史学习教育进行点评；刘汇、黄滔、张界贻、肖雄伟先后围绕“学史增信”进行学习分享。

5月26日，天心区委理论学习中心组围绕“学史崇德”开展党史学习教育第三次专题学习。专题学习分两阶段：第一阶段在缪伯英故居、杨开慧故居，区委理论学习中心组成员一行听取“缪

2021年3月23日，天心区委理论学习中心组（扩大）党史学习教育第一次专题学习举行（区委宣传部供图）

伯英——中共第一位女党员生平事迹介绍”和“杨开慧生平事迹介绍”。第二阶段在杨开慧故居会议室召开研讨会，天心经开区工委书记吴江，区委常委、统战部部长刘向进行书面发言，区委常委、政法委书记黄文先进行学习分享。长沙市委党史学习教育第二巡回指导组成员，天心区委理论学习中心组成员，以及天心区各街道党工委书记等参加。

6月25日，天心区委理论学习中心组在区政府三楼大会议室围绕“学史力行”开展党史学习教育第四次专题学习暨市委宣讲团宣讲报告会。党史学习教育市委专家宣讲团成员、市政协副秘书长张业军以《学习党史再创辉煌》为题授课；邓禹斌对天心区的党史学习教育进行点评；区委副书记、代区长周志军，区人大常委会党组书记、主任于献，区政协党组书记、主席夏艳兰，区领导曾卫国、周永顺、许波进行现场或书面学习交流。市委党史学习教育巡回指导第二组成员，区委理论学习中心组成员，全区副县级以

天心区2021年度“十佳文艺团队”“十佳文艺精品”“十佳文艺人才”一览表

表3

序号	获奖单位（或个人）	获奖节目	获奖名称
1	天心区江河艺术团	—	十佳文艺团队
2	天心区舞韵艺术团	—	十佳文艺团队
3	湖南省知青艺术团	—	十佳文艺团队
4	天心区阳光艺术团	—	十佳文艺团队
5	天心区贺龙友谊乐团	—	十佳文艺团队
6	天心区舞缘艺术团	—	十佳文艺团队
7	天心区南托艺术团	—	十佳文艺团队
8	天心区缘梦艺术团	—	十佳文艺团队
9	天心区丽爱天使艺术团	—	十佳文艺团队
10	天心区戏剧家协会	—	十佳文艺团队
11	天心区舞韵艺术团	舞蹈《相信这面旗》	十佳文艺精品
12	天心区阳光艺术团	舞蹈《我和我的祖国》	十佳文艺精品
13	天心区湘声喜剧社	相声《别偷懒》	十佳文艺精品
14	天心区丽爱天使艺术团	音乐合唱《祖国颂》	十佳文艺精品
15	文源街道柠檬丽都艺术团	二重唱《向你致敬》	十佳文艺精品
16	青园街道水电明珠艺术团	舞蹈《湖南人到》	十佳文艺精品
17	天心区舞缘艺术团	现代舞蹈《你有多美》	十佳文艺精品
18	天心之声艺术团	情景舞蹈《魅力长沙嗨起来》	十佳文艺精品
19	天心区喀秋莎艺术团	时装模特《戏说国潮》	十佳文艺精品
20	天心区星光艺术团	歌舞《爱我中华》	十佳文艺精品
21	陈小锋、杨星明、袁湘明、辛继泉、王道球、王志敏、陆晓云、蒋　勇、李晓梅、杨水怡	—	十佳文艺人才

（田　谧）

上领导干部，以及区直单位、街道主要负责人参加。（杨晶璎）

【央视专题报道天心区有机更新工作】 2021年5月25日，天心区融媒体中心协助拍摄的《城市更新生活更新》在中央电视台《焦点访谈》栏目播出。专题片通过该区实施老城区有机更新三年行动，依托现有山水脉络、城市文脉等独特资源，增强老城区的宜居性、持续性、生命力，让居民望得见山、看得见水、记得住乡愁，走出一条保护与发展的“双赢”之路。（李　旦）

【100个红色小故事征文】 2021年3—6月，天心区组织开展庆祝中国共产党成立100周年——“百年风华正青春”100个红色小故事征文活动，历时4个多月，收到稿件300余篇。经过初选、终评等评审流程，评选出30篇优秀作品。作品中既有《红叶的自白》《将军渡》《天心幽巷》等深挖天心区红色遗迹的作品，又有《我们将拿什么纪念那个时代》《天心恋歌》《毛泽东的尊师情》等讲述红色历史的美文；既有如《我那平凡的父亲上过战场》《老八路，您在哪里》《父亲的“见面礼”》等老一辈平凡的共产党人的感人故事，又有如《“经济卫士”刘芬》《七旬老党员以服务诠释初心》《社区有个“艺”书记》《砥砺奋进心向党，余热为民践初心》等新一代共产党人的先进事迹。（田　谧）

【文化惠民系列活动启动式暨年度群众文艺“三十佳”表彰活动】 于2021年4月9日在天心区举办。年内，该区围绕庆祝中国共产党成立100周年，组织开展“百年百剧颂党恩”“文化惠民专场演出”等近百场文化惠民活动，活动内容在传统送戏下乡的基础上，增加文艺、戏曲、曲艺等专场演出，并结合“非遗”展示、送书法等形式，直接将惠民活动送到各景区、各街道、社区等基层，送到百姓家门口。同时，对2020年度天心区“十佳文艺团队”“十佳文艺精品”“十佳文艺人才”进行表彰。（田　谧）

【汤俊杰受邀参加中宣部中外记者见面会】 2021年5月14日，中宣部举行“弘扬自强与助残精神，创造幸福美好生活”新时代残疾人事业领域党员代表中外记者见面会，天心区残疾人党员代表汤俊杰坐着轮椅受邀参加，并回答中央广播电视台、海报新闻、红星新闻、《南方都市报》、《中国日报》等媒体记者提问。（邹　颖）

【天心区文明单位（校园）与文明创建实践点联创共建工作培训】 于2021年6月11日在区政府三楼大会议室召开。长沙市文明办副主任丁德喜、汤文辉进行授课，天心区委常委、宣传部部长肖雄伟出席会议并作培训动员。12家参与联创共建的省市属文明单位、73家区属文明单位分管负责人，全区各街道分管负责创建工作、创建办负责人及69个实践点具体负责人190余人参加培训。（杨金杰）

【网络文明传播活动】 2021年，天心区开展“春节不返乡，爱心天心陪你过大年”“劳动最光荣大美长沙邀您共奋进”“文明四季”网传活动10余场，线上阅读量累计1900万、讨论量6万余次，线下参与人数10万余人，活动被中国文明网、湖南文明网、长沙文明网等主流媒体报道近50余篇次。（滕秋玲）

【天心区文学艺术界座谈会】 2021年12月24日，天心区文学艺术界座谈会在区人大常委会会议室召开。会议总结2021年工作，表彰先进文艺集体4个，对2022年工作进行部署，传达中共十九届六中全会、中国文联十一大、中国作协十大精神。天心区9个文艺家协会负责人和相关文艺家代表20余人参会。（田　谧）

统一战线

【概况】 2021年，天心区委统战部落实中央和省、市、区委关于统一战线系列重大决策部署，区委书记调研统战工作2次，主持召开区委统战工作领导小组会议2次，区委常委会研究党外代表人士政治安排等重点工作5次。围绕庆祝中国共产党成立100周年，组织“奋斗百年路、侨心跟党走”系列爱国活动，先后举办宣讲报告会、知识抢答赛、同心运动会等大型活动12次。承办省委统战部长株潭一体化发展统战部部长第一次联席会、市党外知识分子联谊会党史学习教育启动仪式。提名推荐区人大代表、区政协委员、市级代表委员人选362名；指导各民主党派区工委、区工商联完成换届调整工作；完善科级以上党外干部信息台账，该区43名党外干部开展常态化教育培养，选拔推荐优秀人才到核心岗位任职。开展基层协商民主29次，为基层工作者、困难群众捐款捐物价值200余万，完成“通道同心励志班”三年助学行动计划。该区工商联获评全国“五好”县级工商联、全国民营企业调查点工作先进示范单位、湖南省“五好”县级工商联。

【多党合作事业发展】 2021年，天心区召开党外人士座谈会4次，对该区“十四五”规划、政府工作报告等征求意见；围绕乡村振兴、基层治理、文旅融合、绿心保护开展调研活动28次，形成课题报告8篇；推进“五一·同心商圈”提质，年内，征集提案议案、社情民意207篇，开展特约人员监督活动42场；举办“关爱星星的孩子”“帮扶燕离家庭”等同心活动33场；打造区级“同心社区”9个，创建市级“同心社区”2个。启动人力资源产业园新的社会阶层人士实践创新基地建设，创新谋划“鱼跃湘江·生态星城”文旅招商活动和“富心讲堂”侨公益品牌活动，走访慰问老侨困侨93人次，化解涉侨信访矛盾问题5起，创建市级“侨胞之家”2个。

【服务非公经济发展】 2021年，天心区举办天心赢商学院10期，培训民营企业家1000余名；指导商事纠纷调解中心规范运行16个；开展银企对接、法律体检等惠企活动48场，为71家企业兑现“免申即享”惠企政策；落实“商汇天心”政企恳谈会问题交办，协调解决技术创新等困难问题49个。

【民族宗教工作】 2021年，天心区将民族宗教工作纳入基层网格管理，组织该区流动少数民族群众参加党史学习、法律普及、安全生产、规范经营等实践活动，创建市级民族团结进步创建示范单位1个。总结提炼的“三联三共”校地工作经验，获得《湖南民族宗教工作》专文推介。

【党外知识分子工作】 2021年，天心区党外知识分子联谊会围绕区委、区政府中心工作成立课题调研组，深入基层开展调查研究，形成《全面建设营商环境首善之区的调研报告》成果，为区委、区政府科学决策提供参考；充分调动理事中人大代表、政协委员的履职热情，引导他们关心民生实事，关注重点问题，关切时事热点，撰写提交社情民意和提案议案20余篇。

2021年4月30日，长沙市党外知识分子“学党史、守初心、担使命”主题教育活动在湖南第一师范举行（区委统战部供图）

【学习宣传培训】 2021年，天心区委理论中心组学习《中国共产党统一战线工作条例》等统战知识3次；发放学习读本800余册，分领域分层次举办各类培训4次，开展集中学习、专家授课、座谈研讨等学习活动32次；组织党外代表人士到通道转兵纪念馆、湖南党史陈列馆等地现场教学8次。年内，刊发各类稿件、理论文章124篇，《湖南日报》、“新湖南”、红网等省、市主流媒体多次对天心区统战工作进行宣传报道。组建新媒体专班，发布短视频、H5等宣传作品26个，点击量破5万次。做好中央统战部、中国侨联、中国台联、欧美同学会（中国留学人员联谊会）、致公党湖南省委员会、长沙市政协、鹤壁淇滨区政府到区考察调研工作，全方位讲好天心统战故事。

【招商资源推介活动在深圳举行】 2021年1月10—11日，天心区委常委、区委统战部部长刘向率队到深圳异地商会、企业开展“筑梦天心·商汇天心”招商资源推介活动。在中国（湖南）自由贸易试验区长沙片区推介会暨深圳市长沙商会2021年迎新春联谊会上，刘向从区域优势、文化底蕴、政策支持、招商资源等方面向商

2021 年 6 月 26 日，天心区统一战线“听党话·颂党恩·跟党走”党史知识抢答赛　　（区委统战部供图）

会会员企业宣传推介天心区，并与企业负责人现场答疑互动。刘向一行走访调研创业板上市企业深圳长亮科技有限公司，与企业负责人座谈交流，了解企业信息、经营现状、发展规划等情况，就企业长沙公司落地工作进行洽谈。

【海外华侨华人代表“商会天心”考察活动】 于 2021 年 2 月 2 日在天心区开展。来自美国、英国、澳大利亚、东南亚等国家和地区的海外华侨华人代表先后到天心软件产业园、长沙文化广告产业园创谷了解两园基本情况和创新发展成效；参观湖南麓星光电科技有限公司等 6 家企业，听取企业负责人对公司相关情况介绍，并就企业在发展中遇到的人才引进、技术研发、产业升级等问题进行交流探讨；天心区商务局、区城投在区有机更新项目指挥部和考察团进行座谈交流，推介该区招商资源，就考察团提出的投资疑惑进行现场解答。刘向，区政协副主席赵英华，天心经开区党工委委员、长沙文广园管委会主任谢巍陪同。

【天心区年度党派工作会议】 于 2021 年 3 月 17 日在区机关召开。刘向出席会议并讲话。会议传达全国“两会”精神，表彰年度参政议政优秀调研成果，听取各民主党派区工委、区知联会重要工作和重大活动安排，发放《2021 年天心区统战工作要点》，部署庆祝中国共产党建党 100 周年系列活动。各民主党派区工委、区知联会有关负责人参加。

【天心区统战（民宗）业务培训班】 于 2021 年 5 月 11 日在区机关举办。天心区委常委、统战部部长刘向作开班动员讲话，长沙市委统战部常务副部长刘映群对《中国共产党统一战线工作条例》进行解读；湖南省委统战部民宗处处长彭天忠联系基层工作实际，阐释宗教工作重要意义、基本理论、论断观点、方针政策、突出问题和主要要求；长沙市委党校科研处处长、教授李丽纯讲述《中国共产党百年历程及启示》。区委统战工作领导小组和区委民宗工作领导小组成员单位、各民主党派区工委、区工商联、区知联会、区新阶服务团、驻区高校、街道等统战工作相关负责人 90 余人参加培训。

【帮扶助学活动】 2021 年 6 月 4—5 日，天心区委统战部组织各民主党派区工委、区知联会、区工商联爱心人士代表赴通道县开展“天心·通道同心励志班”帮扶助学三年行动最后一次捐赠活动。捐赠文体用品价值 4.08 万元，智能手环、课外书籍、文具套装等爱心物资价值 1.42 万元，爱心助学金 5.1 万元。市委统战部常务副部长、二级巡视员刘映群，区领导刘向、彭元强参加。

【党史知识抢答赛】 2021 年 6 月 26 日，天心区统一战线组织开展“听党话、颂党恩、跟党走”党史知识抢答赛，庆祝中国共产党成立 100 周年。区领导刘向、彭元强，区统一战线各单位、党派、团体骨干成员及 12 支代表队伍参加。经过近 2 个小时的角逐，区知联会代表队、民进区工委代表队、区新的社会阶层人士服务团代表队分别获第一、第二、第三名。

【市知识分子联谊会到天心区调研】 2021 年 9 月 10 日，长沙市审计局局长、市知联会会长陈剑文率队到天心区调研。调研组先后在天心区星学园教育发展中心、湖南大唐先一科技有限公司、区党外人士之家进行考察，随后召开调研座谈会。天心区委副书记、区委统战部部长叶妙，长沙天心经济开发区、区委统战部、区知联会有关负责人参加。

【致公党市委到天心区调研】 2021 年 10 月 13 日，致公党长沙市委会主委、市公共资源交易中心主任黄锋带队到天心区调研，走访湖南学无界教育科技有限公司、长沙华中医卫科技中等职业学校等致公党党员企业，召开致公党区工委班子调整会议暨调研座谈会。

【政企恳谈会】 2021年11月1日，天心区举行“商汇天心”政企恳谈会。天心区委书记吴新伟到会并讲话。区委副书记、区长周志军，区委副书记、统战部部长叶妙，天心经开区工委书记吴江等区领导，区直相关单位主要负责人及40余名民营企业代表参加。恳谈会上，湖南微算互联信息技术有限公司CEO雷磊等7名企业代表围绕“如何服务‘智慧天心、融城核心’建设，助推天心经济社会高质量发展”发言。会上对长沙农村商业银行股份有限公司木莲支行、湖南汉坤实业有限公司董事长康望才等获评2021年天心区“诚信之星”先进企业、先进个人进行表彰和颁奖。

【“乡村振兴、爱心帮扶”活动】 2021年12月23—24日，天心区政协、区委统战部、区民主党派各工委、工商联及部分爱心企业负责人赴邵阳县开展“乡村振兴、爱心帮扶”活动。为居住九公桥镇敬老院的120位老人捐赠7万元爱心款，实地考察蓝印花布基地、孚瓯科技有限公司、红石生态科技园、社会福利院等邵阳县乡村振兴建设项目，并与邵阳县委统战部、县工商联进行座谈。邵阳县政协副主席、工商联主席唐志朴等参加。

（本栏撰稿　周　科）

网络建设

【概况】 2021年，天心区围绕区委、区政府中心工作，落实网络意识形态和网络安全工作责任制，获评湖南省舆情信息先进单位，长沙市网评工作、网络信息内容生态治理工作、网络舆情信息工作先进集体，“天心发布”蝉联长沙最具影响力政务微博。

【网络宣传】 2021年，天心区在中央、省、市主流网络媒体推出重点报道8800余篇；协办开展“共舞长江经济带、探源千年文脉”活动，20余家中央、省市网媒深度探访天心阁、西文庙坪文化地标；“小康天心的幸福密码”网络宣传活动阅读量破1.5亿次，被中央网信办、省委网信办官网、官微点赞推介。中国共产党成立100周年主题宣传活动“向党前行、天心有礼”“党旗下的荣光”等，相关话题登上微博同城热搜第二名，全网总阅读量2.4亿次。金盆岭街道侯利纯在“中国网事·感动中国”网络人物评选活动中当选。选送“天心发布”微博等区内6个项目在“2021长沙市新媒体年度影响力评选活动”中获奖。

【网络管理执法】 2021年，天心区组织开展“清朗”“历史虚无主义”等专项整治行动，处置违法违规信息、网站和新媒体账号35次。开展低俗户外网络直播整治，营造向上向善网络氛围。定期对全区政务网络平台开展常态化巡查工作，督促整改政治导向、内容建设、工作机制和政策执行等方面问题30余个，推进该区政务新媒体健康发展。

【网络安全宣传】 2021年，天心区组织开展年度国家网络安全宣传周湖南专场活动暨第七届“湖湘杯”网络安全技能大赛启动仪式。开展全区政务网站网络安全监测，修复漏洞4570个，该区150余家政务系统和平台纳入安全管理，处置网络安全事件13次。

【五一商圈直播乱象治理】 2021年8月31日，天心区对五一商圈不规范直播行为开展整治，编印《网络直播管理相关法规政策汇编》，邀请政府部门、直播平台、工会组织等代表30余人参加规范五一商圈直播秩序座谈会，构建线上线下联动整治体系，累计出动执法人员2000余人次，登记户外主播82人，现场主播签订“天心区户外网络直播自律承诺书”360余份，重点区域低俗直播现象得到有效遏制。

【走好新时代网上群众路线】 2021年，天心区践行新时代网上群众路线，建立健全问政平台网民留言办理工作机制。开设红网问政湖南、百姓呼声、华声在线投诉直通车等社情民意渠道，加强网上社情民意收集和交办反馈，年内共推动办理网民诉求500余件，重点解决一大批群众反映的“急难愁盼”问题，使互联网逐步成为了解群众、贴近群众、为群众排忧解难的新途径。

【天心区委网信委第三次会议】 2021年8月23日，天心区委书记、区委网络安全和信息化委员会主任吴新伟主持召开天心区委网络安全和信息化委员会第三次会议，传达学习中央、省委、市委网信工作有关会议精神，听取网信工作情况汇报，审议有关文件，部署下阶段工作。

【重点骨干企业网上宣传专题培训班】 2021年4月28日，天心区委网信办举办重点骨干企业网上宣传专题培训班。该区来自金融、建筑、商务等行业43家重点骨干企业60余人参加。培训班围绕网络舆情的防范和应对，结合具体企业案例进行专题授课，进一步提高企业自身新闻素养和舆情应对处置能力。

（本栏撰稿　石万红）

机构编制

【概况】 2021年，天心区聚焦经济社会高质量发展，强化机构编制和体制机制保障，明确步行街街区、属地街道在安全生产、市场监管、交通管理、城市管理、社会治安等方面职责分工，助推黄兴南路步行商业街创建国家级步行街。申请“区两型中心”更名为“区长株潭一体化发展事务中心”，为该区实施长株潭一体化发展夯实基础。争取省市核增中小学教职工编制939名、幼儿园教职工编制48名，使用编制313名；增设公办小学2所、公办幼儿园6所，为全区教育事业发展提供机构编制保障。聚焦“机构设置更科学合理，社会公共服务更健全完善”，优化整合城市管理、民政系统事业单位，强化事业单位的公益属性。

【园区体制改革】 2021年，天心区重新制定长沙天心经开区管委会（以下简称“天心经开区”）、长沙天心文化（广告）产业园“三定”规定，核增处级领导职数2名、科级领导职数5名；撤销内设机构“社会事务局”，新设置“行政审批服务局”，加挂“优化营商环境办公室”牌子。按照区委创新和支持园区发展的战略部署，支持天心经开区申请并获批全省相对集中行政许可权改革试点。推进园区统筹管理体制改革，园区管理实现“四园合一”【长沙天心经济开发区管理委员会、湖南省暮云经济开发区管理委员会整合升格为正处级长沙天心经济开发区管理委员会，长沙天心文化产业园管理委员会、长沙（国家）广告产业园管理委员会整合升格为副处级长沙天心文化（广告）产业园管理委员会。在2个园区现有机构编制框架不变的前提下，以园区整合发展为目标，对天心经开区、天心文化（广告）产业园实行统筹管理体制改革，实现一个机构运行、一套人马运转】，改革经验获有关领导和部门的肯定，《长沙通讯》2021年第5期以《全力推动园区改革　努力打造融合发展新示范》为题进行专题推荐，《长沙改革交流》2021年第8期进行专门报道。

【综合执法改革】 2021年，天心区贯彻落实省委1+5文件精神，探索街道综合执法改革。在暮云街道推行“一支队伍管执法”改革试点，街道建立与城管中队、市场监管等部门执法联动机制，明确人员配置和经费保障；收集并筛选14个街道需下放的109项行政执法事项上报市委编办，争取执法事权下放；在深入调研的基础上，协助市级出台《关于建立基层执法联动工作机制的通知》。

【事业单位登记管理】 2021年，天心区事业单位登记管理实行“全事项”“全流程”网上办理。年内，完成189家区属事业单位法人年度报告公示工作；完成党政机关、事业单位网站中文域名注册、续费工作。该区政务公益域名注册率100%，中央编办专门发文进行表扬。

【机构编制管理】 2021年，天心区修订完善《天心区机构编制审批和服务工作流程》《天心区事业单位登记管理流程》，出台《关于进一步规范区级议事协调机构有关事项的通知》。10月，全国第二次机构编制核查工作启动，根据省、市统一安排，组织机构编制核查，对305家机关事业单位“三定”规定、设立文件、机构编制调整文件进行全面清理，清理机构台账文件501个，更正系统台账信息52笔，审核更正人员信息764笔。加强机构编制管控，凡未经用编核准的，组织人事部门不予办理进人手续，人员不得纳入实名制管理，不得列入财政预算、工资统发和机关事业单位养老保险范围。机构编制工作情况、纪律要求执行情况和“三定”规定执行情况纳入巡察、审计等监督范围。

【统一社会信用代码管理】 2021年，天心区事业登记管理完成机构、机关、群团社会信用代码赋码46个，为2家机构办理颁发统一社会信用代码证书，1家机构进行撤销，6家机构变更地址，37家机构变更法人。

【机构编制核查工作业务培训会】 2021年11月10日，天心区在区政府北栋1227会议室召开机构编制核查工作业务培训会，部署机构编制核查工作任务，讲解核查步骤、填表说明、指标解释等。区委办、区人大、区政府、区政协、区卫生健康局、区市场监督管理局、区城市管理综合执法大队、区市政设施维护中心、区园林绿化维护中心、区市容环境卫生维护中心、南郊公园管理处、天心阁管理处等单位机构编制专干及区委编办机关干部参加。

（本栏撰稿　詹　莉）

2021 年 4 月 8 日，天心区委党校组织入党发展对象到新开铺街道桥头社区“红船映初心”主题馆参观学习　　（区委党校供图）

党校教育

【概况】　天心区委党校有班子成员 3 人，校长由区委副书记兼任，常务副校长 1 人，副校长 1 人，教育长 1 人。2021 年，天心区委党校被湖南省委党校、省行政学院定为法学教育基地，被省委统战部、省社会主义学院定为统一战线教学基地。

【党校培训】　2021 年，天心区坚持“党校姓党”，落实党校培训要求，聚焦理论武装和党性教育主业主课，发挥党校轮训培训党员干部的主渠道、主阵地作用，年内举办基层党组织书记、党务干部、纪检干部、青年干部、发展对象、残疾人工作者、社工、政协委员等各类培训班 19 期，培训学员 2982 人次。培训对象以科级领导干部、后备干部、青年干部和发展对象为重点；培训内容主体班次设置党性教育单元，把马列主义经典著作辅导、习近平系列讲话精神、十九大精神等内容作为党校教育的核心板块，把党章和党规党纪学习作为必修内容，强化党员宗旨意识、纪律意识。主体班培训中共理论教育和党性教育课占比 75%，党性教育

2021 年天心区委党校培训课程（部分）一览表

表 4

培训时间	培训地点	培训主要内容	参训单位
4 月	市委党校大报告厅	十九届五中全会相关（分两期）	全区各单位
4 月、6 月、10 月	区委党校、街道	党章等党性教育（共五期）	全区各单位党员、发展对象
6 月 9—10 日	区政府九楼	离退休干部工作	全区各单位
6 月 29—30 日	区政府三楼大会议室	《新修订行政处罚法解析》《新修订行政处罚法理解与适用》（分两期）	司法行政工作人员培训
9 月 8—10 日	浏阳 371 基地	残疾人相关业务和党性教育	全区残疾人工作者
9 月	区委党校教室（线上一期）	社会工作综合能力、社会工作实务课程及试题讲解（共四期）	全区初级、中级、高级社工师
10 月 9 日	区政府三楼大会议室	如何当好政协委员、如何撰写提案、如何撰写社情民意等	政协委员、政协机关干部

（资贞芳）

课占比26%。

【科研工作】 2021年，天心区委党校坚持科研工作服务决策、服务基层，区委、区政府领导带头做课题搞调研。年内，完成理论文章5篇，调研报告3篇，先后在《党政干部视野》、省委党校校刊等发表。其中，杨晶璆撰写的《厚植基层党组织根基激发高质量党建内生动力》文章获评湖南省委党校建校70周年理论征文三等奖、长沙市委党校“百年党史与长沙”主题征文三等奖；朱远红、陈晓菁撰写的《做好商圈精明增长、助推城市精明发展——关于提升五一商圈发展质量》调研报告、章建华撰写的《完善基层政府治理，深入解决信访矛盾——以长沙市天心区为例》文章获评省委党校系统理论研讨会论文二等奖。天心区委党校获评2021年长沙市党校系统科研工作先进单位。

【学校管理】 2021年，天心区委党校召开校委专题会议12次，研究议题涉及年度教学计划、意识形态工作、人员招聘、巡察整改、培训办班等方面。制定党校教师讲课等管理规定，严格执行承诺制、督查制、考核制，鼓励青年教师参加学历教育、业务学习，支持教职员工上讲台入社区，不断强化能力和素质建设。对于培训时间5天以上的主体班，设立考核考试环节，学员无故旷课2次或不参加讨论、活动等不得参加考试，取消结业资格。年内，主体班学员平均到课率98%，结业考试考核优良率100%。

（本栏撰稿　资贞芳）

档案史志

【概况】 2021年，长沙市天心区档案馆（中共天心区委党史研究室、天心区地方志编纂室）（简称“天心区档案馆”），贯彻落实各级档案工作会议精神，加强档案收集整理，提升馆藏利用，规范安全管理；参与庆祝中国共产党成立100周年系列活动，服务全区党史学习教育；开展辖区红色资源普查，完成《赤诚热土——天心区红色文化资源汇编》书籍编纂；完成年度《天心年鉴（2021）》编纂和《湖南年鉴（2021）》《长沙年鉴（2021）》组稿任务；参加档案、党史、地方志业务培训，提高档案、史志编研能力。完成上年度档案事业统计调查和“十三五”期间档案事业发展情况评估。

（李　强）

【档案接收征集】 2021年，天心区档案馆进馆民生档案742盒（2020年度婚姻档案、残疾人补办证档案和城镇奖扶、再生育档案等）；加强档案资源体系建设，建立艺术家档案征集机制，将反映天心历史记忆、红色档案作品和部分优秀书画作品收藏进馆，丰富馆藏种类，保存和延续天心区历史文化艺术。完成国企退休职工档案接转工作。

（石占福）

【档案查阅利用】 2021年，天心区定期查看“一网通办”信息平台，回应政府信息公开申请和“12345”市民热线的查档申请，及时准确提供档案利用服务，年内未发生泄密失密事故和泄露个人隐私问题。完善档案开放鉴定制度，在保证鉴定质量的基础上推进到期档案开放鉴定工作，提升档案利用服务水平和档案开放资源体系。升级“网络化服务”，开展预约查档、延时服务、受理委托，并运用电话沟通、微信视频等新媒体即时核实当事人查档需求及身份信息。推行“绿色服务”，建立查档窗口与区属部门、其他区县（市）档案馆查档窗口信息共享和查询对接，形成档案利用服务的“互通网络”。截至12月31日，接待各类现场查档及电话查询2452人次，免费提供复制件2211份。

（石占福）

【档案规范管理】 2021年，天心区档案馆落实《库房人员出入库登记》《库房管理制度》《档案查借阅登记》等制度，规范档案保管保护。完成部分纸质档案倒架工作，制作库房密集架精准标识和位置索引，达到档案和柜架精准对应。全面清点库房档案，摸清馆藏档案底数，更新《馆藏档案统计指南》，为数字化三期工程、国家档案事业统计年报工作提供准确数据支持。对档案管理系统数据与纸质档案进行全面核对，及时整改发现的问题，保证数据一致。对再生育和城镇奖扶档案数据进行专题迁移，共调整迁移数据5万余条。

（石占福）

【档案安全工作】 2021年，天心区落实档案库房“九防”（防火、防盗、防潮、防光、防鼠、防虫、防尘、防污染、防高温）措施，开展档案安全风险评估和隐患排查，对标《档案工作突发事件应急处置管理办法》《档案馆防治灾害工作指南》要求，调整档案安全工作领导小组成员，完善《天心区档案馆应对突发事件应急预案》和《保密安全工作应急预案》，开展应急演练，解决存在的隐患问题。安装档案库房温湿度自动控制系统。完成档案密集架、电源电线、灯光照明、除湿设备消毒柜等检查，对有安全隐患的装具设备进行维修和保养，放置防虫霉药片，提高档案虫霉防治能力。完成档案管理系统容灾升级工程，预防数字化系统故障风险，备份完成数字化Ⅰ、Ⅱ期数据，扩容服务器存储容量。

（石占福）

【党史和党史联络工作】 2021年，天心区委党史研究室贯彻“存史、资政、育人”要求，配合区委宣传部等单位举办“心之所向——天心区建党百年摄影图片展”，协办“百年党史我来讲——微宣讲比赛”和“百年风华正青春”——100个红色小故事主题征文活动。在革命遗迹遗址普查的基础上，编撰《赤诚热土——天心区红色文化资源汇编》，辑录在天心区（南区）工作、学习、生活过的历史人物61位，现存革命遗迹遗址、新设红色教育场馆17处，成书10万余字。整理上报天心区脱贫攻坚大事记，如实记录该区在脱贫攻坚中的做法与成果。开展党史知识“四进”（进机关、进社区、进学校、进企业）活动，向区教育战线赠送《中国共产党天心区历史（1949—2010）》100余套，向区属中小学校免费赠送红色文化读本2000余册；持续赠送《湘潮》杂志到区直机关单位、区属街道、区属各中小学校，普及党史知识。拓展区委党史联络组工作，参观新开铺街道桥头社区红船映初心展览、湘区丰碑展厅，召开党史联络组会议，商讨年度党史联络工作开展、交流资政文章撰写心得体会。发挥存史资政职能，年内，撰写《中国杰出的革命教育家——徐特立的教育理念和教育思想》《不忘初心砥砺前行——回顾天心（南）区党建70年》《初心如磐——我的入党那一天》等文章。

（李　强）

【地方志工作】 2021年，天心区公开出版发行《天心年鉴（2020）》，完成《天心年鉴（2021）》组稿、审校、编排及省、市年鉴天心区稿件的撰写。在区公众信息网开设“天心纪录”专栏，设置大事记、天心史志、地情文化、政策法规等栏目，开展网络宣传。年内，推送各类图文视频稿件21篇。

（李　强）

【《天心年鉴（2020）》公开出版】 2021年，由中共天心区委、天心区政府主办，天心区地方志编纂室编纂的《天心年鉴（2020）》由方志出版社公开出版，是该区年鉴系列丛书的第9卷。该书系统反映天心区2019年度自然、政治、经济、文化、社会等方面情况。全书设26个类目、126个分目、1217个条目；全书446页，79万余字，其中彩页30页，图片52张，正文插图173张，表格15个。

（李　强）

《天心年鉴（2020）》由方志出版社公开出版

（区档案馆供图）

天心区人民代表大会

综　述

【概况】　天心区人民代表大会常务委员会（简称“区人大常委会”）是天心区人民代表大会常设机构，对天心区人民代表大会负责并报告工作。长沙市天心区第六届人民代表大会常务委员会于2021年10月25日选举产生，设主任1名，副主任5名，委员27名。内设民族华侨外事委员会、监察和司法委员会（与法制委员会合署办公）、财政经济委员会（与预算工作委员会合署办公）、教育科学文化卫生委员会、环境与资源保护委员会、农业与农村委员会、社会建设委员会7个专门委员会，区人大常委会设办公室（加挂信访办牌子，下设人大代表服务中心）、选举任免联络工作委员会2个办事（工作）机构。全区14个街道均设立人大街道工委，配备人大街道工委正副主任和兼职委员。

本届人大代表243名，其中，女性代表103名，占代表总数的42.38%；非党代表90名，占总数的37.04%；一线工人、农民、专业技术人员代表136名，占总数的56%；党政干部代表57名，占总数的23.5%；连任代表87名，占总数的35.8%；坡子街街道22人、城南路街道17人、裕南街街道20人、金盆岭街道19人、赤岭路街道16人、新开铺街道18人、文源街道17人、青园街道21人、桂花坪街道15人、黑石铺街道15人、大托铺街道13人、先锋街道16人、南托街道16人、暮云街道18人。

【人大常委会建设】　2021年，天心区人大常委会制定关于加强和改进区人大代表工作的具体措施，促进人大工作依法有序高效运行，确保法定职权正确行使。坚持常委会会前学法制度，组织学习《中华人民共和国宪法》《中华人民共和国组织法》《中华人民共和国监督法》等法律法规，增强依法履职能力；开展“民法典学习100天”活动，引导人大代表、人大工作者积极参与，提升学习实效；注重业务知识学习，邀请专家讲授人大宣传、办文办会等课程，提升工作水平。用好人大网站、微信公众号等平台，传播人大声音，讲好人大故事。注重发挥常委会工作机构作用，通过月访、季评、年考核等方式，督促人大街道工委开展代表补选、联系选民、调研视察等活动，压实工作责任，形成该区人大工作合力。组织开展“献礼百年华诞、健康工作50年”健步走活动。区人大常委会成功创建“省级文明单位”。（本栏撰稿　李　珺）

重要会议

【天心区第六届人民代表大会第一次会议】　于2021年10月22—26日在湖南省人民政府人民会堂举行。大会听取和审查区人民政府代区长周志军作的《政府工作报告》、区第五届人民代表大会常务委员会主任于献作的《人大常委会工作报告》、区人民法院院长提名候选人周丹作的《长沙市天心区人民法院工作报告》、区人民检察院检察长提名候选人陈芳作的《长沙市天心区人民检察院工作报告》；审查区发展和改革局的《天心区2021年国民经济和社会发展计划执行情况与2022年国民经济和社会发展计划草案的报告》、区财政局的《天心区2021年预算执行情况与2022年预算草案的报告》。表决通过上述6个工作报告的决议。大会选举产生长沙市天心区第六届人民代表大会常务委员会主任、副主任、委员；天心区人民政府区长、副区长；天心区监察委员会主任，天心区人民法院院长，天心区人民检察院检察长和该区出席长沙市第十六届人民代表大会代表，表决通过天心区第六届人民代表大会专门委员会主任委员、副主任委员、委员名单。

【区人大常委会会议】 2021年，区人大常委会共召开常委会会议11次。

2月26日，区五届人大常委会召开第31次会议。审议通过《区五届人大常委会2021年工作要点（草案）》，听取区人民检察院入额检察官备案报告，表决相关人事任免事项。

4月29日，区五届人大常委会召开第32次会议。听取和审议区政府2020年天心区环境状况和环境保护目标完成情况报告、区政府乡村振兴工作情况报告，听取关于代表异动情况的报告，表决相关人事任免事项。

5月18日，区五届人大常委会召开第33次会议。听取和审议区政府人力资源和社会保障工作情况报告，补选长沙市第十五届人民代表大会代表，表决相关人事任免事项。

6月25日，区五届人大常委会召开第34次会议。学习《中共长沙市天心区委关于转发〈中共长沙市天心区人大常委会党组关于做好区人大换届选举有关工作的意见〉》，审议通过《长沙市天心区人大换届选举工作实施方案（草案）》，听取和审议区政府科技创新工作情况报告，表决相关人事任免事项。

8月5日，区五届人大常委会召开第35次会议。听取和审议“依法行政天心行”工作情况报告，审议代表异动情况，表决相关人事任免事项。

8月26日，区五届人大常委会召开第36次会议。听取和审议区审计局工作情况及2020年度区本级预算执行和其他财政收支审计工作报告、2020年度全区国有资产管理情况报告，审查批准2020年财政决算草案和2021年上半年预算执行情况报告，审议通过区六届人大一次会议筹备工作方案（草案），确认新一届人大代表资格，书面听取区人大主任会议关于选举委员会成员辞职情况报告，表决相关人事任免事项。

9月16日，区五届人大常委会召开第37次会议。听取和审议关于区五届人大七次会议代表议案建议批评意见办理的情况报告，初审区人大各专门委员会工作报告，书面审议区人大常委会办公室、联工委、各人大街道工委工作情况总结，审议代表异动情况。

9月30日，区五届人大常委会召开第38次会议。审议代表异动情况，表决相关人事任免事项。

10月15日，区五届人大常委会召开第39次会议。审议区六届人大一次会议备案资料、代表异动情况，初审区人大常委会工作报告（草案）、区六届人大一次会议主席团成员和秘书长建议名单（草案），审议决定区六届人大一次会议列席人员名单（草案），书面听取区人大法制委关于规范性文件备案审查工作情况报告。

11月25日，区六届人大常委会召开第1次会议。审查和批准2021年财政预算调整方案，书面听取和审议区政府落实人力资源和社会保障工作审议意见情况报告、区政府落实乡村振兴工作审议意见情况报告，表决相关人事任免事项。

12月16日，区六届人大常委会召开第2次会议。听取区人民检察院入额检察官备案报告，审议代表异动情况，听取和审议2020年区本级预算执行和其他财政收支审计查出问题整改落实情况报告。

【区人大常委会主任会议】 2021年，区人大常委会共召开主任会议28次。

1月22日，区五届人大常委会召开2021年第1次主任会议。初审2020年度人大街道工委考核情况，完善2021年人大街道工委考核办法。

2月7日，区五届人大常委会召开2021年第2次主任会议。听取区政府关于2021年区人大代表票决民生实事项目推进情况汇报、区政府关于2020年重大项目计划完成情况及2021年重大项目计划安排报告，听取区人大预算联网监督工作方案，听取区五届人大七次会议代表议案建议督办方案。

2月20日，区五届人大常委会召开2021年第3次主任会议，听取关于向区委报告人大工作情况。

2月23日，区五届人大常委会召开2021年第4次主任会议，初审区法院、区检察院人事任免情况。

3月11日，区五届人大常委会召开2021年第5次主任会议。传达学习湖南省委常委、长沙市委书记吴桂英调研天心区讲话精神、市人大常委会“常委会组成人员走访代表、代表联系群众”活动启动会议精神，听取研究区人大机关支部2021年党建、工会工作计划。

3月11日，区五届人大常委会召开2021年第6次主任会议。审议通过《关于加强和改进区人大代表工作具体措施（草案）》，初审“六行”工作方案，听取研究区人大2021年宣传工作、意识形态工作计划、2021年信访工作计划、2021年工会工作要点。

4月2日，区五届人大常委会召开2021年第7次主任会议。讨论研究区人大系统健步走工作方案、庆祝中国共产党成立100周年书画摄影展活动方案。

4月13日，区五届人大常委会召开2021年第8次主任会议。现场视察防汛备汛工作情况，听取区人民政府关于防汛备汛工作情况汇报。

4月26日，区五届人大常委会召开2021年第9次主任会议。初审常委会议题，审议《天心区人大常委会关于加强和改进区人大代表工作的具体措施》。

4月30日，区五届人大常委会召开2021年第10次主任会议。听取各委办关于民生实事票决工作推进情况汇报。

5月12日，区五届人大常委会召开2021年第11次主任会议。听取区法院关于优化法治化营商环境工作情况报告。

5月17日，区五届人大常委会召开2021年第12次主任会议。初审区人力资源和社会保障工作情况报告，听取代表补选及人事任免工作情况汇报。

6月17日，区五届人大常委会召开2021年第13次主任会议。初审区人大换届选举委员会名单、长沙市天心区人大常委会关于区人大换届选举工作实施方案，研究审议天心区六届人大代表名额分配方案。

6月23日，区五届人大常委会召开2021年第14次主任会议。初审人事任免及区政府科技创新工作情况报告。

6月30日，区五届人大常委会召开2021年第15次主任会议。审议选举委员会工作方案、换届选举指导组工作实施方案。

7月14日，区五届人大常委会召开2021年第16次主任会议。审议全区城市管理工作情况报告。

7月23日，区五届人大常委会召开2021年第17次主任会议。初审区五届人大工作纪实。

8月4日，区五届人大常委会召开2021年第18次主任会议。听取区六届人大代表候选人提名推荐建议人选情况及职务代表选举安排工作建议，初审常委会议题资料。

8月19日，区五届人大常委会召开2021年第19次主任会议。听取区人民政府及相关职能部门有关医疗保障工作情况汇报、区选举委员会组成人员辞去职务情况报告，初审区六届人大一次会议筹备工作方案（草案）及常委会议题资料，听取画册纪实工作情况汇报。

8月23日，区五届人大常委会召开2021年第20次主任会议。听取人事任免工作情况汇报。

9月14日，区五届人大常委会召开2021年第21次主任会议。听取区政府、区检察院关于区五届人大七次会议代表议案建议办理情况汇报，听取区人大常委会工作报告初稿起草情况。

9月23日，区五届人大常委会召开2021年第22次主任会议。听取区人大常委会工作报告第二稿起草情况及2021年区人大及“一府两院”工作报告（草案）征求人大代表意见方案。

9月29日，区五届人大常委会召开2021年第23次主任会议。听取人事任免工作情况汇报。

10月8日，区五届人大常委会召开2021年第24次主任会议。听取区人大常委会工作报告第四稿起草情况及大会秘书处各组工作情况汇报，听取区人大常委会关于加强对政府债务审查监督工作方案。

10月13日，区五届人大常委会召开2021年第25次主任会议。初审代表异动情况、区六届人大一次会议主席团成员和秘书长建议名单、区六届人大一次会议列席人员名单（草案）、大会筹备工作情况的报告、区六届人大一次会议备案资料，审议优秀代表建议评选情况，听取区人大常委会工作报告（草案）。

11月24日，区六届人大常委会召开第1次主任会议。初审区政府2021年财政预算调整报告及调查报告、区政府落实人力资源和社会保障工作情况报告、区政府落实乡村振兴情况报告，听取人事任免工作情况汇报。

12月15日，区六届人大常委会召开第2次主任会议。初审2020年区本级预算执行和其他财政收支审计查出问题整改落实情况报告及审查报告，听取人事任免工作情况汇报，研究2022年天心区人大常委会工作要点（草案）、天心区人大常委会街道工作委员会工作考核办法（草案）、2021年天心区人大常委会务虚会工作方案。

12月21日，区六届人大常委会召开第3次主任会议。专题调研区检察院法律监督工作情况。

（本栏撰稿　李　珺）

依法监督

【财经工作监督】 2021年，天心区人大常委会落实中央《关于人大预算审查监督重点向支出预算和政策拓展的指导意见》，对政府预算实施一般公共预算、政府性基金预算、国有资本经营预算、社会保险基金预算全口径审查，做到预算编制、执行、调整、决算等全过程监管，引导公共财政资金更多地投向民生领域，更好地支持供给侧结构性改革；推进预算公开，邀请人大代表参加预算审查工作，增强预算透明度。常委会听取审议全区国有资产管理情况报告，督促区政府摸清国有资产家底、提高经营效益、实现保值增值。加强对审计工作的监督与支持，推动健全问题线索移送、整改工作测评等机制，对审计查出问题单位的整改情况进行满意度测评，促使相关单位审计查出问题整改到位。

【司法工作监督】 2021年，天心区人大常委会关注司法改革，听取区人民检察院入额检察官备案报告，助推法检“两院”员额制改革顺利完成。以“依法行政天心行”活动为载体，采取现场检查、案卷评查、专家评议和听取报告等方式，对行政执法、行政复议、行政公益诉讼、公共法律服务体系建设等工作进行监督。落实“有件必备、有备必审”原则，坚持合法性、合理性两条标准，改进规范性文件备案审查工作，备案审查区政府规范性文件29件。推动污染防治，常委会听取审议环境状况和环境保护目标完成情况报告，开展环境保护法、大气污染防治法执法检查。深化司法监督，主任会议听取区法院关于优化法治化营商环境工作情况，专题调研区检察院法律监督工作情况。

【民生领域监督】 2021年，天心区人大常委会和主任会议听取审议区政府科技创新、乡村振兴、城市管理等工作报告，回应人民群众对美好生活需要，促进提升民生工作水平；听取和审议区政府人力资源和社会保障工作情况报告，督促区政府加强社会保障服务体系建设、兜牢民生底线；主任会议现场视察消防、防洪防汛排涝情况，督促区人民政府做好相关应对准备工作；发挥人民代表大会民主主渠道作用，开展民生实事项目人大代表票决制工作，经过“群众提、代表议、大会决、政府办”等程序，实施新增学位、老旧小区改造、农村安全饮水等10项民生实事项目。

（本栏撰稿　李　珺）

依法履职

【服务代表履职】 2021年，天心区人大常委会审议《天心区人大常委会关于加强和改进区人大代表工作的具体措施》，深化常委会联系代表、代表联系选民的“双联”工作，开展“代表走访月”活动，实现走访代表经常性和定期化；落实代表接待日制度，收集各类意见建议，逐一交办、监督落实。有序扩大代表政治参与，组织代表听取审议“一府两院”半年度工作情况通报，有计划邀请代表列席常委会、主任会议、执法检查、会前调研等。致力接通联系人民群众“最后一公里”，截至12月31日，建成街道“五星级”［硬件建设“五有”：固定场所、统一标牌、必要设施、学习资料、代表征求意见箱；接受监督“五公开”：代表信息、工作制度、年度计划、联系选民群众名单、履职情况；组织管理“五到位”：代表驻站（点）、人员配备、服务保障、台账管理、经费保障；活动组织“五定期”：学习交流、组织活动、接待群众、处理意见、述职评议］代表联络站14个，代表联络点22个。落实代表活动经费管理使用办法，保障代表依法履职。各人大街道工委围绕深化改革、复工复产、项目建设、垃圾分类、节能减排、老旧小区改造等主题，组织各类代表考察、调研活动，鼓励代表立足实际、建言献策、推动发展。

【落实代表建议】 2021年，天心区人大常委会坚持大会集中交办、常委会领导重点督办、人大各委室具体督办等工作机制，加大议案建议督办力度；通过网络、公示栏、办理见面会等方式，促进议案建议办理过程公开，提升办理水平。建立议案建议办理考评机制，采取听取审议办理情况报告和量化打分、分类排名等措施，落实承办单位办理责任，推动办理质量不断提高。年内，大会议案、代表建议办复率、代表见面率均为100%，代表满意率在95%以上，其中，《关于围绕“北优”战略，强基赋能，升级提档，助力打造闻名全国的时尚商圈的议案》，区委高度重视，区政府优化办理措施，更好地转化代表履职成果。

【人事任免】 2021年，天心区人大常委会坚持党管干部与人大依法选举任免相统一，不断完善任前法律考试、见面陈词、审议表决、颁发任命书、向宪法宣誓等程序，规范人事任免，增强任职人员宪法意识、责任意识和公仆意识。2021年，共任免人大和“一府一委两院”国家工作人员134人次。

任命：

李石江为长沙市天心区人民法院审判委员会委员；

姚倩为长沙市天心区人民法院审判员、民事审判第一庭副庭长；

谢炎上为长沙市天心区人民法院审判员、民事审判第二庭副庭长；

张志颂为长沙市天心区人民检察院检察委员会委员；

明敏为长沙市天心区人民检察院检察委员会委员；

罗延庆为长沙市天心区人民检察院检察委员会委员；

王渊为长沙市天心区人民检察院检察委员会委员；

綦小燕为长沙市天心区人民检察院检察员；

范宇为长沙市天心区人民检察院检察员；

童莎为长沙市天心区人大常委会办公室副主任；

邹义为长沙市天心区人大常委会黑石铺街道工作委员会副主任；

吴荣娥为长沙市天心区人大常委会大托铺街道工作委员会主任；

罗荣为长沙市天心区人民法院刑事审判庭庭长；

刘煜为长沙市天心区人民法院民事审判一庭庭长；

阳强强为长沙市天心区人民法院民事审判二庭庭长；

廖龙芝为长沙市天心区人民法院立案庭庭长；

彭星为长沙市天心区人民法院综合审判庭副庭长；

蒋维为长沙市天心区人民法院立案庭副庭长；

匡迪琪为长沙市天心区人民法院立案庭副庭长；

李佳为长沙市天心区人大常委会金盆岭街道工作委员会主任；

喻备为长沙市天心区人大常委会桂花坪街道工作委员会主任；

吴智钢为长沙市天心区人大常委会南托街道工作委员会主任；

范雪清为长沙市天心区人大常委会赤岭路街道工作委员会副主任；

李立志为长沙市天心区人大常委会先锋街道工作委员会副主任；

罗定豪为长沙市天心区监察委员会副主任；

盛春江为长沙市天心区监察委员会副主任；

陈芳为长沙市天心区人民检察院检察员、检察委员会委员、副检察长；

周丹为长沙市天心区人民法院审判员、审判委员会委员、副院长；

钟真为长沙市天心区人民法院审判员；

刘傲雪为长沙市天心区人大常委会选举任免联络工作委员会主任；

陈泽为长沙市天心区人大常委会预算工作委员会主任；

朱剑锋为长沙市天心区人大常委会暮云街道工作委员会主任；

钱芳为长沙市天心区监察委员会委员；

杨旭为长沙市天心区监察委员会委员；

钟慧余为长沙市天心区监察委员会委员；

邓继红为长沙市天心区人大常委会办公室主任；

罗朝晖为长沙市天心区人大常委会预算工作委员会副主任；

郭丹为长沙市天心区人大常委会大托铺街道工作委员会副主任。

决定：

接受曾卫国辞去长沙市天心区监察委员会主任职务；

罗定豪为长沙市天心区监察委员会代理主任；

接受袁征辞去长沙市天心区人民检察院检察长职务的请求，报长沙市天心区第六届人民代表大会第一次会议备案；

接受谭剑辉辞去长沙市天心区人民法院院长、审判委员会委员职务；

周丹为长沙市天心区人民法院代理院长；

陈芳为长沙市天心区人民检察院代理检察长。

决定任命：

蔡果时为长沙市天心区科学技术局局长；

彭克伦为长沙市天心区司法局局长；

刘婷为长沙市天心区统计局局长；

陈秋良为长沙市天心区民族宗教事务局局长；

丁洪为长沙市天心区人民政府办公室主任；

杨英为长沙市天心区发展和

改革局局长；

骆理为长沙市天心区财政局局长；

王文莉为长沙市天心区人力资源和社会保障局局长；

梁晓为长沙市天心区交通运输局局长；

彭明霞为长沙市天心区商务局局长；

张灵为长沙市天心区文化旅游体育局局长；

宋立湘为长沙市天心区卫生健康局局长；

张莹为长沙市天心区审计局局长；

颜日强为长沙市天心区市场监督管理局局长；

张伟为长沙市天心区教育局局长；

石宇峰为长沙市天心区工业和信息化局局长；

刘顺来为长沙市天心区民政局局长；

周雄为长沙市天心区住房和城乡建设局局长（人民防空办公室主任）；

冯学武为长沙市天心区农业农村局局长；

何东为长沙市天心区退役军人事务局局长；

邓欣为长沙市天心区应急管理局局长；

杨维君为长沙市天心区城市管理和综合执法局局长；

吴波勇为长沙市天心区行政审批服务局局长；

刘幸为长沙市天心区信访局局长；

肖四军为长沙市天心区医疗保障局局长；

黄根明为长沙市天心区城市人居环境局局长。

免去：

戎群的长沙市天心区人民法院审判委员会委员职务；

谢利红的长沙市天心区人民法院审判委员会委员职务；

董燕的长沙市天心区人民法院审判委员会委员职务；

胡四佳的长沙市天心区人民法院审判委员会委员职务；

李若兰的长沙市天心区人民法院审判员职务；

杨凯杰的长沙市天心区人民检察院检察员职务；

杨国清的长沙市天心区人民检察院检察员职务；

曹泽仁的长沙市天心区人大常委会赤岭路街道工作委员会副主任职务；

鲁意芝的长沙市天心区人大常委会桂花坪街道工作委员会主任职务；

黄毅的长沙市天心区人大常委会黑石铺街道工作委员会副主任职务；

郭建华的长沙市天心区人大常委会南托街道工作委员会主任职务；

罗荣的长沙市天心区人民法院立案庭庭长职务；

刘煜的长沙市天心区人民法院刑事审判庭庭长职务；

阳强强的长沙市天心区人民法院民事审判一庭庭长职务；

廖龙芝的长沙市天心区人民法院民事审判二庭庭长职务；

徐军强的长沙市天心区人民法院综合审判庭副庭长职务；

李俊才的长沙市天心区人民法院立案庭副庭长职务；

彭星的长沙市天心区人民法院立案庭副庭长职务；

刘灿辉的长沙市天心区人大环境与资源保护委员会副主任委员职务；

陈秋良的长沙市天心区人大常委会金盆岭街道工作委员会主任职务；

胡仕伟的长沙市天心区监察委员会副主任职务；

彭昂的长沙市天心区人大常委会大托铺街道工作委员会副主任职务；

彭雁的长沙市天心区监察委员会委员职务；

梁晓的长沙市天心区监察委员会委员职务；

唐吉娜的长沙市天心区人民法院审判委员会委员职务；

宋立湘的长沙市天心区人大常委会选举任免联络工作委员会主任职务；

邹仕斌的长沙市天心区人大常委会预算工作委员会主任职务；

孙辉的长沙市天心区人大常委会暮云街道工作委员会主任职务；

吴丹的长沙市天心区监察委员会委员职务；

贺喜的长沙市天心区人大常委会办公室主任职务；

周辉跃的长沙市天心区人民法院审判员职务。

决定免去：

彭元强的长沙市天心区科学技术局局长职务；

陈玉英的长沙市天心区司法局局长职务；

胡志坚的长沙市天心区统计局局长职务；

彭克伦的长沙市天心区民族宗教事务局局长职务；

肖向东的长沙市天心区人民政府副区长职务；

张磊的长沙市天心区文化旅游体育局局长职务；

洪孟春的长沙市天心区人民

政府副区长职务；

张建的长沙市天心区人民政府副区长职务；

李勇军的长沙市天心区人民政府办公室主任职务；

何海兵的长沙市天心区发展和改革局局长职务；

罗孟怡的长沙市天心区财政局局长职务；

贺红云的长沙市天心区人力资源和社会保障局局长职务；

李劲松的长沙市天心区住房和城乡建设局局长、长沙市天心区人民防空办公室主任职务；

陶曙山的长沙市天心区交通运输局局长职务；

李念奇的长沙市天心区商务局局长职务；

张长生的长沙市天心区卫生健康局局长职务；

邹展的长沙市天心区市场监督管理局局长职务；

丁洪的长沙市天心区审计局局长职务。

（本栏撰稿　李　珺）

2021 年天心区人大代表优秀议案、建议一览表

表 5

序号	代表姓名	优秀议案、建议名称
		优秀议案（1 件）
1	王征等 13 名	关于围绕“北优”战略，强基赋能，升级提档，助力打造闻名全国的时尚商圈的议案
		优秀建议（22 件）
1	晏荣祥 王　维	关于完善社区员额管理体系，提升社区治理能力建设的建议
2	唐　瑾	关于白沙路（城南路至人民路路段）增设斑马线的建议
3	魏建桂	关于加大对特色产业扶持力度，培育优质服务企业的建议
4	周中苏	关于成立由天心区政府主导、长沙市第三医院牵头的天心区区域城市医疗集团（天心区区域医疗中心）的建议
5	林伟明	关于完善物业服务企业服务质量、信用评价体系的建议
6	颜日强	关于加强土地开发中商业房屋销售风险管控的建议
7	娄　越	关于投保“防返贫保险”的建议
8	肖宗文	关于在社区建设医养结合养老机构的建议
9	罗崇光	关于数字经济背景下加强基层党政领导干部新素质能力提升的建议
10	田达兵	关于主动加大支持重点楼宇业委会成立促进楼宇经济可持续发展的建议
11	李迎军	关于加大预防未成年犯罪宣传和教育的建议

续表 5

序号	代表姓名	优秀议案、建议名称
12	唐香军	关于建立天心区失独群体暖心家园的建议
13	刘　菁	关于新开铺路段地下通道提质改造的建议
14	潘德辉	关于融城社区新增电梯应急电源的建议
15	陈　俊	关于湘江路天心段（自橘子洲大桥至湘府路大桥）进行绿波改造的建议
16	湛建平	关于改善军民融合信息不对称的建议
17	叶　辉	关于推动我区科技创新成果展示科普教育基地建设的建议
18	吴　智	关于解决我区 055 县道道路拥堵问题的建议
19	连　雯	关于进一步加强对小区物业公司考核及奖惩机制建立的建议
20	郭建华 刘　果	关于修建防汛物资运输会车点的建议
21	唐文刚	关于芙蓉路快改项目在暮云街道莲华村增设掉头点的建议
22	颜丽华 张海军 黄会文	关于尽快完善西塘冲路交通基础设施的建议

（资料来源：区人大常委会办公室）

天心区人民政府

综　述

【经济建设】 2021年是中国共产党成立100周年，也是“十四五”规划开局之年。天心区统筹推进疫情防控和经济社会发展，全年实现地区生产总值（GDP）1215.37亿元，比2020年增长7.8%；完成一般公共预算收入154.26亿元，比2020年增长9.0%，其中，地方一般公共预算收入67.19亿元，比2020年增长9.8%。

顶层设计　天心区先后出台贯彻落实“三高四新”战略三个三年行动计划、促进区域经济高质量发展奖励办法、优化招商引资工作若干意见、“两安”用地利用管理指导意见及乡村振兴五年行动方案。理顺体制机制，新成立存量（闲置）土地资源盘活工作指挥部，优化调整长沙外滩建设协调领导小组暨有机更新指挥部、省府新区建设协调领导小组暨湘府消费中心建设指挥部、暮云片区建设协调领导小组暨乡村振兴指挥部，构建“1+3”统筹联动工作体系。深化国企改革，研究制定市场化薪酬绩效体系，助推区属国有企业转型升级。加快推进“智慧天心”建设，打造“智慧天心”驾驶舱平台和智慧政务大厅“一站式”服务新名片。

融城发展　突出“一体化”“高质量”、落实“十同”要求，制定实施长株潭一体化发展五年行动方案，牵头与岳塘区、石峰区签署人社服务、司法行政、生态共治等合作框架协议，开设长株潭“跨域通办”专窗，举办全球地理信息开发者大会、长株潭千企万岗招聘月、融城马拉松赛、长株潭消费节、长株潭共植“一棵树”植树节等系列活动，省“三十大”标志工程——湖南大数据交易中心顺利封顶，新韶山南路、暮坪湘江特大桥等重点项目启动建设，国家医学中心、长沙奥体中心等一批重大项目成功落地，打造长株潭融城先行区迈出坚实步伐。

项目攻坚　开展项目建设、征地拆迁、闲置资源盘活、土地出让、楼宇去化、招商引资、开发销售、资源争取“八个一批”项目攻坚行动。铺排重大项目205个，完成投资300亿元以上，龙湖天街、五江国际商业广场等一批重点项目加快推进；牛角塘城中村改造二期、湖机棚改等31个项目清零，腾地239.2公顷；青苹果数据城、德胜001等一批闲置多年项目成功盘活，南城雅苑、南湖大厦B座等一批闲置多年土地启动建设；人才公寓、杜鹃公园安置地等地块挂牌出让；完成楼宇去化11万平方米；新引进百万税源企业100家，新增“四上”企业105家；房地产开发入市160万平方米、销售150万平方米；一批新基建项目完成建设，争取资金9.78亿元。

城乡建管　推进基础设施完善，湘江大道等4个“五纵五横”项目完成，“一江两岸”城市照明提质工程完工。启动下碧湘街片区、新开铺片区、黑石铺片区等6个城市更新项目，提质改造老旧小区60个，创建精美社区2个、精美街道3个。城乡供水一体化项目完成年度建设任务，与中国供销集团签订乡村振兴项目合作协议，打造美丽屋场18个。实行共享单车智慧运维实时调度，成立区级渣土事务中心，推动垃圾分类厢房建设，推进“百日奋战、扮靓星城”专项整治行动，维修路面2.3万平方米，更换老旧燃气管网8300米，更新绿植183万株。创建国家文明典范城市，志愿服务成为天心亮丽风景。

民生实事　开展“我为群众办实事”活动，完成区人大代表票决10件实事。城乡居民养老保险基数实现“17连调”，区社会福利中心运营，城镇新增就业10182

人，加装小区电梯200台，新增车位14824个。坚持教育优先发展，贯彻落实“双减”政策，完成师大附中双语等学校建设项目13个，新增学位8190个。严格落实常态化疫情防控措施，有力有效处置乾城嘉园小区输入性疫情。推进安全生产专项整治三年行动，突出抓好道路交通、仓储物流等各类安全，推进国家食品安全示范城市创建活动，未发生较大以上安全事故，社会大局和谐稳定。

（本栏撰稿　张婷韬）

重要会议

【天心区政府五届八次全体（扩大）会议】　于2021年1月22日在区政府南栋九楼会议室召开。会议对区《政府工作报告》主要目标任务进行责任分解，对长沙市《政府工作报告》涉及天心区的目标任务进行责任落实，明确牵头单位和责任单位，要求全区上下快速行动，拿出过硬措施，以最强执行力抓好落实，为全面完成年度目标任务打下坚实基础。天心区委副书记、区长黄滔，区委副书记、常务副区长周志军，天心经开区工委副书记、管委会主任，区领导王海军、洪孟春、黄会、许波、张建，以及园区、部门、街道行政主要负责人参加会议。

【天心区政府五届九次全体（扩大）会议】　于2021年10月20日在区政府南栋九楼会议室召开。会议审议通过2021年区《政府工作报告》，认为报告全面展示五年来本届政府及2021年取得的工作成绩，对未来五年及2022年的工作思路和举措也比较明确，紧扣区委安排部署，契合天心发展实际。区委副书记、代区长周志军，区领导厉波、张浩平、王海军、刘正文、郑州、王钰莹、肖盛辉，区人武部部长，以及区政府调研员、区属各单位及街道主要负责人参加会议。

【区政府常务会议】　2021年，长沙市天心区人民政府召开常务会议10次。

1月27日，区政府召开区第五届人民政府第46次常务会议，传达学习农业农村工作相关文件精神；传达学习《长沙市人民政府关于实施“三线一单”生态环境分区管控的意见》精神；传达学习《中共长沙市委办公厅长沙市人民政府办公厅关于印发〈贯彻落实省委书记许达哲在长沙市宣讲中共十九届五中全会精神报告会精神责任分工方案〉的通知》精神；审议《长沙市天心区2021年重大项目建设攻坚行动方案（送审稿）》；审议《长沙市天心区突发事件总体应急预案（送审稿）》，研究推进天心区基层应急能力建设工作；研究天心区落实耕地保护责任坚决制止耕地“非农化”以及土地管理“月清三地”问题整改工作；研究天心区农村宅基地改革与管理工作；研究签署湘雅五医院项目终止合作协议及合作备忘录工作。

2月8日，区政府召开区第五届人民政府第47次常务会议，传达学习国务院联防联控机制全国疫情防控工作电视电话会议精神和全省疫情防控工作电视电话会议精神，研究全区春节前后疫情防控工作；传达学习全国、全省安全生产电视电话会议和全省应急管理工作会议及有关安全生产文件精神，研究全区春节前后安全生产工作；研究2021年重大项目投资计划；研究天心区医疗保障工作。

3月2日，区政府召开区第五届人民政府第48次常务会议，传达学习《湖南省实施〈中华人民共和国中小企业促进法〉办法》精神；传达学习统计有关会议和文件精神，研究天心区统计工作；研究天心区扫黑除恶和禁毒工作；研究天心区2021年生态环境保护工作；研究天心区2021年河长制及禁捕退捕有关工作；审议天心区奋力实施“三高四新”战略全面推进高质量发展系列工作方案；审议《关于进一步支持天心经开区改革创新发展的若干措施（送审稿）》。

4月6日，区政府召开区第五届人民政府第49次常务会议，传达学习全国“两会”精神和贯彻落实全市奋力实施“三高四新”战略全面推进高质量发展大会精神，研究天心区奋力实施“三高四新”战略全面推进高质量发展系列工作；传达学习《长沙市人民政府关于印发长沙市居住公共服务设施配置规定的通知》和《长沙市人民政府办公厅关于规范住宅开发项目公共服务设施配置的意见》精神；研究天心区优化营商环境及“12345”政务热线工作；研究天心区统计工作；研究天心区疫情防控工作；研究天心区食品安全工作；研究推进长株潭一体化发展相关工作；研究《天心区大力支持软件产业发展十条措施》2020年度政策兑现工作；审议《天心区落实湖南省人大常委会土壤污染防治法执法检查指出问题整改方案（送审稿）》；审议《天心区全域推进乡村振兴五年行动计划纲要（2021—2025年）（送审稿）》；审议《关于加强绿心地区生态环境保护及监管工作的通知（送审稿）》；审议《关于印发〈天心区第二批政务服务“容缺办”事项清单〉的通知（送审稿）》。

5月27日，区政府召开区第五届人民政府第50次常务会议，传达学习国务院总理李克强在经济工作相关会议上的讲话精神；传达学习《中国共产党机构编制工作条例》精神；研究天心区行政复议体制改革工作；研究天心区打击治理电信网络诈骗新型犯罪工作；研究2021年区政府系统建议提案办理工作；研究天心区“密室逃脱”类场所专项整治工作；审议《关于印发〈天心经开区管委会区级赋权事项目录〉的通知（送审稿）》；研究天心区新冠肺炎疫情防控工作。

6月29日，区政府召开区第五届人民政府第51次常务会议，传达学习全省农村人居环境整治暨厕所革命现场推进会议精神及耒阳市源江山煤矿“11·29”重大透水责任事故相关文件精神；审议《长沙市天心区进一步深化“放管服”改革重点任务分解实施方案（送审稿）》《关于践行群众路线着力提升“12345”政务热线工作办理质效的十项措施（送审稿）》；审议《长沙市天心区2021年度大气（噪声）、水、土壤污染防治和农村生态环境保护行动计划（送审稿）》；审议《优化营商环境坚持久久为功——打造升级版“区长企业接待日”制度实施方案（送审稿）》；审议《长沙市天心区2021年真抓实干督查激励工作方案（送审稿）》；研究西文庙坪周边地块（A1~A5地块）棚改项目调整征收范围工作；研究天心区绩效考核工作。

8月13日，区政府召开区第五届人民政府第52次常务会议，审议《关于长沙市天心区2020年财政决算草案和2021年上半年预算执行情况的报告（送审稿）》《关于长沙市天心区2020年度国有资产管理情况的综合报告（送审稿）》；研究省委第八巡视组反馈意见中涉及区政府相关单位的问题整改工作；研究天心区养老工作；审议《关于进一步加强新形势下全区统计工作的通知（送审稿）》；审议《天心区2021年重点项目观摩拉练工作方案（送审稿）》；传达学习公平竞争审查工作相关会议和文件精神，审议《关于印发〈长沙市天心区食品安全监管事权清单〉的通知（送审稿）》。

10月12日，区政府召开区第五届人民政府第53次常务会议，传达学习习近平法治思想、中共中央国务院法治建设“一规划两纲要”精神；审议《政府工作报告（送审稿）》；审议《长沙市天心区“一军三区”财源建设工程实施方案（送审稿）》；研究天心区乡村振兴对口帮扶工作；审议国企改革相关文件；审议《长沙天心经开区相对集中行政许可权改革试点工作方案（送审稿）》。

11月25日，区政府召开区第六届人民政府第1次常务会议，传达学习社保基金相关文件精神；传达学习统计相关文件精神；研究市委第六巡察组专项巡察整改工作；审议《天心区关于进一步优化招商引资工作的若干意见（送审稿）》《2022年天心区精准招商“三派”工作方案（送审稿）》；研究赤岭路街道和青园街道新成立社区以及社区优化调整工作；审议《天心区“两安”用地及其他集体建设用地管理使用指导意见（送审稿）》；审议《关于2020年度区本级预算执行和其他财政收支审计查出问题整改情况的报告（送审稿）》。

12月23日，区政府召开区第六届人民政府第2次常务会议，传达学习《重大行政决策程序暂行条例》，审议《长沙市天心区人民政府重大行政决策程序实施办法（送审稿）》；审议《长沙市天心区一般生态环境问题（事件）责任追究办法（送审稿）》《长沙市天心区生态环境保护工作责任规定（送审稿）》；研究天心区2022年重大项目投资计划；审议《关于大力推进3岁以下婴幼儿照护服务发展的实施细则（送审稿）》；审议《长沙市天心区促进区域经济高质量发展奖励办法（送审稿）》；研究南湖新城Z11—F—03、Z11—F—06地块控规修改工作；审议《关于长沙市天心区2021年财政预算执行情况和2022年财政预算草案的报告（送审稿）》及研究天心区2022年财政预算安排。

【区政府区长办公会议】 2021年，长沙市天心区人民政府召开区长办公会议42次。

1月5日，研究下碧湘街片区城市更新工作。

1月5日，研究重点项目建设相关工作。

1月11日，研究2020年市对区审计项目整改工作。

1月11日，研究全区疫情防控工作。

1月12日，研究省委巡视组交办问题立行立改工作。

1月26日，研究西文庙坪周边地块棚改项目（A地块）相关工作；研究全区耕地占补平衡指标盘活相关工作；审议《天心区集体土地城市建筑垃圾消纳场设置管理办法（送审稿）》；研究区“一江两岸”景观照明项目工程变更工作；研究南郊公园管理处、天心阁管理处相关工作；研究南部片区处遗项目教育配套用地工作；研究教育有关工作。

1月26日，研究天心经开区相关工作。

2月3日，研究2021年全区重大项目投资计划；研究中交国际中心项目教育配套有关工作；审议《长沙市天心区人民政府关于〈长沙市人民政府关于湖南省水利水电机械施工有限公司反映有关问题的报告的回复意见（征求意见稿）〉的回复意见（送审稿）》；研究区人民政府与湖南省轻工盐业集团有限公司合作建设医院工作。

3月23日，研究教育有关工作。

3月24日，研究全区突出生态环境问题整改工作及迎接中央第二轮环保督察准备工作。

3月24日，研究公园移交相关工作。

3月30日，审议《天心区群众举报涉嫌非法集资线索奖励办法（送审稿）》《天心区防范化解涉众型非法经营活动稳定风险联席会议制度（送审稿）》；研究天心区服务企业工作；研究“爱心天心”帮扶工程有关工作；研究天心区解决停车难治理停车乱有关工作；研究湖南旺福投资有限公司、湖南福中福投资有限公司受绿心影响用地处遗有关工作；审议《暮云街道地质灾害治理紧急避险工程“以补代拨”的实施办法（试行）（送审稿）》；研究天凯东苑资金弥补支付及剩余房源有关工作；研究重新签订《新开铺路423号地块棚改项目合作协议》有关工作。

4月19日，研究天心区智慧城市建设工作。

5月8日，研究“一江两岸”城市照明提质项目相关工作。

5月11日，研究长沙机床厂及古道巷项目工作。

5月27日，研究长沙机床厂项目轨道交通工作。

5月28日，研究全区学校建设工作。

5月29日，研究大托精神病医院精神障碍患者资金补助相关工作；研究碧水湘街小区建设项目结算相关工作；研究暮云新村低洼田改造及梁场复垦有关工作；研究区环卫公共站厕拆迁还建相关工作；研究2021年天心区精致管理品质提升相关工作；研究有关项目建设及教育配套工作。

5月30日，研究九峰整村城改开发招商工作；研究区政务服务大楼提质改造工作。

6月1日，研究五江国际商业中心项目建设工作。

6月2日，研究东能华府项目交房和信访有关工作。

6月15日，研究长沙市新兴建筑安装公司相关工作。

6月18日，研究新开铺路423号地块棚改项目相关工作。

6月21日，研究2022年城镇老旧小区改造和2021年街区微改造计划相关工作。

6月25日，研究解决天心区依据长沙市人民政府令第103号实施的征拆项目遗留问题有关工作；研究天心区创建国家生态园林城市有关工作；研究机关办公用房调整有关工作；研究西湖安置区雨污分流改造项目有关事宜；研究新兰路（新电路—万家丽路）道路工程、双管子高排管涵改造工程（一标段）项目结算有关工作。

6月25日，研究教育有关工作。

7月16日，研究全区学校建设、学生防溺水和暑期安全教育管理工作；研究义务教育教师及公务员收入调整统计工作。

8月5日，研究湖南省天心房地产开发有限责任公司新增教育用地工作；研究圭白路（湘江南路—中意路）道路工程造价调整工作；审议《2020年度长沙市天心区财政预算执行和其他财政收支的审计结果报告（送审稿）》；研究区渣土事务中心成立有关工作；研究规范回填场管理有关工作；研究2021年天心区生活垃圾分类工作。

8月11日，研究天心区专职“雷锋志愿者”管理相关工作；审议《天心区2021年重点项目观摩拉练工作方案（送审稿）》。

8月27日，研究涉农道路安全隐患整治、无牌环卫车辆上路行驶问题整改及电动车管理工作；研究教育有关工作；研究圭白路低排涵排渍泵站及附属设施建设项目、周公塘排渍泵站建设项目推进工作；研究天心区2021年河长制工作；研究新城路（南湖路—湘江大道）道路工程建设相关工作；研究区人民政府与湖南省第六工程有限公司战略合作事宜；研究区属国有企业薪酬待遇及绩效考核工作。

9月6日，研究黑石铺片区、新开铺片区城市更新项目相关工作。

9月8日，研究天心区“精美长沙”建设相关工作。

9月9日，研究天心经开区集体土地征地拆迁补助资金结算问题；研究支持绿心工业退出片区厂房资产出租办学问题；研究南托港环境治理项目资金问题；研究天心经开区资金有关问题。

9月17日，研究天心区应对极端天气相应机制及预案工作；研究CZJW智能机器人项目落地相关工作；研究“智慧天心”建设推进工作；研究电力“630攻坚”配套路由项目建设工作。

10月8日，研究天心区老旧小区和危房改造、铁路沿线综合整治工作。

10月13日，研究长沙市太平街历史文化街区创建国家级旅游休闲街区工作；研究新路消防站建设及消防安全整治三年行动相关工作；研究天悦公司用地与定荣置业用地等面积置换工作。

10月29日，审议《关于2021年财政预算调整方案的报告（送审稿）》；研究教育有关工作；审议黑石铺片区、新开铺片区和狮子山片区城市更新城市体检及概念策划方案；研究丽江路过京广铁路涵洞拓改工程项目工程变更相关工作；研究区公安分局裕南街派出所办公用房调剂工作；研究区公安分局办公大楼维修改造相关工作。

11月11日，研究农村集体土地按期腾地奖资金管理使用工作；研究收购湖南金太阳酒店有限公司暮云宗地相关工作；研究全区林长制工作。

11月24日，研究民政相关工作；研究学校建设工作；研究新芙蓉家居广场项目用地规划调整新增教育用地有关工作；研究长沙体育融城小镇建设有关工作。

12月8日，研究区城投集团AA+信用评级工作；审议《天心区低温雨雪冰冻灾害天气应急工作方案（送审稿）》；审议《天心区出租厂房（仓库）安全管理“十个统一”指导意见（送审稿）》《天心区出租厂房（仓库）整治“十个一律”（送审稿）》。

12月14日，研究先锋片区城市更新工作。

12月22日，研究关于天心佳苑棚改安置房建设有关工作。

（本栏撰稿　张婷韬）

民生实事

【天心区十大民生项目建设】 2021年，天心区十大民生实事项目经区第五届人民代表大会第七次会议全体代表票决确定后，区政府及时组织相关部门和街道召开专题部署会，制定《2021年天心区人大代表票决民生实事项目实施方案》，逐个项目明确责任领导、责任单位、责任人以及季度目标和计划；实行周调度、月通报、季检查工作机制，区委副书记、区长周志军，区委常委、常务副区长厉波等政府领导多次召开会议听取工作进展，研究解决推进过程中存在的问题和困难，区政府督查室、区人社局、区绩效办、区统计局等部门邀请区人大代表，不定期开展督查检查。截至年末，十大民生实事项目全部顺利完成。

城镇老旧小区改造三年行动计划项目：列入计划的长郡中学老旧教师宿舍、五交化小区等14个老旧小区全部改造完成，涉及楼栋数37栋、居民1248户。教育供给和内涵发展优先提升项目：师大附中双语实验学校、湘府英才益清小学、许兴小学完成新建。电力科技园幼儿园、翡丽郡幼儿园等项目全面完成。完成国家级文广园研学基地建设，创建疯狂麦咭、嘟噜嘟噜动物园、幸福庄园、湖南省地质博物馆4个活动类基地。打造仰天湖社区、坡子街社区等10个社区四点半课堂。基层医疗卫生机构规范化和能力提升三年行动计划项目：完成社区卫生服务中心基本医疗设备标准化配套，培养全科医生10人，组织基层中医药规范化培训560人。农村自来水普及工程建设三年行动计划项目：完成暮云街道暮云新村、许兴村共计1448户农村居民自来水水表安装入户。“爱心天心”帮扶工程项目：实施文源“源圈·爱心零距离”、金盆岭“金福工程”等特色帮扶项目10个，打造金盆岭街道“暖心厨房”、远征驾校“爱心助残”等典型帮扶案例100个，落实结对帮扶困难群众1067户。健康天心建设项目：新建桥头社区长盛岚庭、欣南社区德泽苑等“社区智慧健身中心”22个，建设莲华村篮球场等全民健身设施场地10处，投放健身器材45处。做实家庭医生签约，新增65岁以上老人签约家庭医生4458人。既有多层住宅加装电梯项目：累计完成既有多层住宅电梯加装200台。城镇新增就业项目：完成新增城镇就业12360人。提升残疾儿童康复救助水平项目：为520名残疾儿童和孤独症儿童提供康复救助，残疾儿童康复有效率100%，家长满意率100%。文化惠民工程项目：组织文化惠民演出87场次，组织公益电影放映进社区1089场次，培训小区骨干文艺爱好者1000人次。

（本栏撰稿　张婷韬）

2021 年区人大代表民生实事票决项目完成情况表

表 6

序号	牵头单位	项目名称	2021 年主要任务	项目完成情况
1	区人居环境局	城镇老旧小区改造三年行动计划	完成长郡中学老旧教师宿舍、五交化小区、长郡宿舍、铜铝材宿舍（12 栋、13 栋）、轻化宿舍（周边 6 栋）、经贸局宿舍（新中路商住楼、雨花亭街道宿舍）、金盆岭街道宿舍、老红卫小学宿舍、由义巷宿舍、敦仁里宿舍（1 号、3 号）、燕子岭宿舍（10 栋、17 栋）、白沙路宿舍（185 号、241 号）、电位器厂、仰天湖 3 栋宿舍等 14 个项目的改造施工	长郡中学老旧教师宿舍 1 栋 14 户已完工 五交化小区 10 栋 300 户已完工 长郡宿舍 1 栋 28 户已完工 铜铝材宿舍（12 栋、13 栋）2 栋 82 户已完工 轻化宿舍（周边 6 栋）1 栋 42 户已完工 经贸局宿舍（新中路商住楼、雨花亭街道宿舍）3 栋 102 户已完工 金盆岭街道宿舍 1 栋 24 户已完工 老红卫小学宿舍 1 栋 12 户已完工 由义巷宿舍 1 栋 18 户已完工 敦仁里宿舍（1 号、3 号）2 栋 72 户已完工 燕子岭宿舍（10 栋、17 栋）2 栋 60 户已完工 白沙路宿舍（185 号、241 号）2 栋 71 户已完工 电位器厂 9 栋 381 户已完工 仰天湖 3 栋宿舍 1 栋 42 户已完工
2	区教育局 区民政局	教育供给和内涵发展优先提升计划	完成湘府英才益清校区一期工程、湖南师大附中双语实验学校、许兴小学建设；完成翡丽郡幼儿园、电力科技园幼儿园、恒泰芙蓉雅苑幼儿园、印江雅居幼儿园建设及装修； 拓展建设国家级文广园研学基地、美丽乡村劳动基地、公共资源公益活动基地； 打造 10 个社区四点半课堂，大力促进学生的个性发展、全面成长及兼顾课余照顾	湘府英才益清校区一期工程完成建设，新增学位 2160 个，2021 年秋季投入使用 湖南师大附中双语实验学校完成建设，新增学位 2520 个，2021 年秋季投入使用 许兴小学完成建设，新增学位 810 个，2022 年春季投入使用 翡丽郡幼儿园完成建设及装修，新增学位 342 个 电力科技园幼儿完成建设及装修，新增学位 342 个 印江雅居幼儿园完成建设及装修，新增学位 228 个 恒泰芙蓉雅苑幼儿园因开发商资金原因已停工，调整为天悦和苑幼儿园，天悦和苑幼儿园完成建设及装修，新增学位 342 个（另：完成丽发新城幼儿园等建设，总计新增园位 2736 个） 已完成国家级文广园研学基地建设（长沙创谷研学旅行基地），指导疯狂麦咭、嘟噜嘟噜动物园、幸福庄园、湖南省地质博物馆四个美丽乡村劳动、公共资源公益活动类基地创建，并成功创建成市级基地 打造社区四点半课堂 10 个

续表 6

序号	牵头单位	项目名称	2021 年主要任务	项目完成情况
3	区卫生健康局	基层医疗卫生机构规范化和能力提升三年行动计划	全区社区卫生服务中心医疗设备标准化配备到位，培养全科医生 10 人，组织基层中医药规范化培训 500 人	坚持“实用够用、填平补齐”的原则，全区社区卫生服务中心设施设备填平补齐，全部标准化配备到位 2021 年送培全科医生 10 名 通过上级医院转岗或进修培训、区级和单位业务培训、腾讯会议、掌上华医等线上线下形式，组织基层中医药规范化培训 560 人
4	区农业农村局	农村自来水普及工程建设三年行动计划	完成暮云街道暮云新村、许兴村共计约 1500 人农村自来水普及工程建设	完成暮云新村、许兴村共计 1448 户自来水水表安装到户
5	区民政局	“爱心天心”帮扶工程	实施 10 个特色帮扶项目，打造 100 个典型帮扶案例，结对帮扶 1000 户	落实了“十百千”计划，打造特色帮扶项目 10 个，收集典型帮扶案例 100 个，促成结对帮扶 1067 户；召开“爱心天心”帮扶工程总结表彰及工作部署会议，对 30 位爱心人士、40 家爱心单位、10 个爱心项目等先进典型进行表彰
6	区文旅体育局 区卫生健康局	健康天心建设	新建“社区智慧健身中心”10 个，投放健身器材 45 处，鼓励和引导社会资本参与建设羽毛球场、篮球场等全民健身设施场地 10 处。做实家庭医生签约，新增 65 岁以上老人签约家庭医生 3500 人	完成新建“社区智慧健身中心”22 个并顺利投入使用，全年在全区范围内投放健身器材 45 处，鼓励和引导社会资本完成建设羽毛球场、篮球场等全民健身设施场地 10 处 新增 65 岁以上老人完成家庭医生签约 4458 人
7	区住房城乡建设局	既有多层住宅加装电梯	完成既有多层住宅加装电梯 100 台	完成既有多层住宅加装电梯 200 台。其中坡子街 13 台、城南路 16 台、裕南街 19 台、金盆岭 30 台、赤岭路 20 台、文源 27 台、新开铺 18 台、青园 14 台、桂花坪 19 台、黑石铺 14 台、先锋 2 台、南托 8 台
8	区人社局	城镇新增就业项目	新增城镇就业 1.1 万人	实现城镇新增就业 12360 人
9	区残联	提升残疾儿童康复救助水平	为 400 名符合条件的残疾儿童提供康复救助	完成任务数 520 名，残疾儿童康复有效率及家长满意率均达到 100%
10	区文旅体育局 区版权局	文化惠民工程	组织文化惠民演出 20 场次，组织公益电影放映进社区 100 场次，培训小区骨干文艺爱好者 700 人次	全年开展文化惠民演出活动 87 场次 围绕庆祝中国共产党成立 100 年和党史学习教育主题，已开展公益电影放映 1089 场次，范围辐射到 14 个街道 开展文化公益培训三期，培训小区骨干文艺爱好者约 1000 人次

（资料来源：区政府办）

行政审批与政务服务

【概况】 2021年，天心区行政审批服务以优化营商环境为主线，以“放管服”改革为抓手，推进“一件事一次办”改革，率先推动长株潭政务服务“跨域通办”，创新打造天心智慧政务，加强行政效能监督。获评长沙市“深化放管服改革优化营商环境”创新实干奖，第三季度市域社会治理工作二等奖。改革经验在湖南省委办公厅《工作情况交流》、省政务管理服务局《政务管理服务工作》《长沙市“放管服”和“一件事一次办”改革情况通报》发表，重点工作被湖南新闻联播、“学习强国”等主流媒体报道36次。

【行政审批服务改革】 2021年，天心区规范梳理政务服务事项，根据《长沙市天心区政务服务事项动态管理办法》，每月动态调整权力清单，截至12月31日，该区依申请类审批事项1626项，依职权类审批事项2934项，公共服务事项778项；印发《长沙市天心区人民政府办公室关于承接市级下放部分经济社会管理权限的通知》，承接市级下放经济社会管理权限48项；落实园区赋权，根据“应放尽放、能放全放、急需先放、非必要取消”原则，印发《天心经开区管委会区级赋权事项目录》，向园区赋权79项；对2019年以来放权、赋权、取消的政务服务事项开展两次放权赋权“回头看”，督促放权赋权承接落实到位；梳理形成并公布《天心区第二批政务服务“容缺办”事项清单》(61项)，截至2021年年底，该区已有118项政务服务可“容缺办”；依据《长沙市告知承诺制证明事项目录》，会同区司法局全面梳理该区告知承诺制证明事项清单，在市目录清单的基础上新增5项，形成《天心区告知承诺制证明事项目录》，共18项，并在区政府门户网公布；落实《长沙市网上中介服务超市管理暂行办法》，联合区优化营商环境领导小组办公室、区财政局发文《关于规范政府委托类中介服务事项采购行为的通知》，该区中介超市平台发布公告101个，选取结束67个，合同备案55个，履约结束23个。

【政务服务】 2021年，天心区按照应进必进的原则，该区审批单位、事项和人员按要求进驻政务大厅，科学设置市场准入类、工程建设类、社会民生类“一件事一次办”综合窗，实行“前台综合受理、后台分类审批、综合窗口出件”的“综合窗”模式；2月，率先内五区建成长沙市不动产登记中心天心点，发挥政务大厅集中服务“排头兵”作用，实现群众办事只进“一扇门”；实施政务大厅提质改造，打造功能分区明显、配套设施完善、环境温馨舒适的政务服务大厅，提升群众办事体验感和满意度，11月11日，全市“放管服”改革经验交流会在该区召开；聚焦政务“网上办”，该区依申请类事项“网上可办率”99.26%，三级以上办理深度比率91.97%，全程网办比率73.15%，做到让数据跑路代替群众跑腿；创新推出“天心码上办”微信小程序，实现一“码”在手，全程通办；完善24小时自助服务厅无人值守智能工作台、智能文件柜、自助终端等智能化设备，所有窗口可办事项均能24小时自助办理，实现政务服务不打烊。截至年末，该区政务大厅日办件约1100件次。

【政务公开工作】 2021年，天心区加强政务公开阵地建设，拓展政务公开专区功能，开设政务公

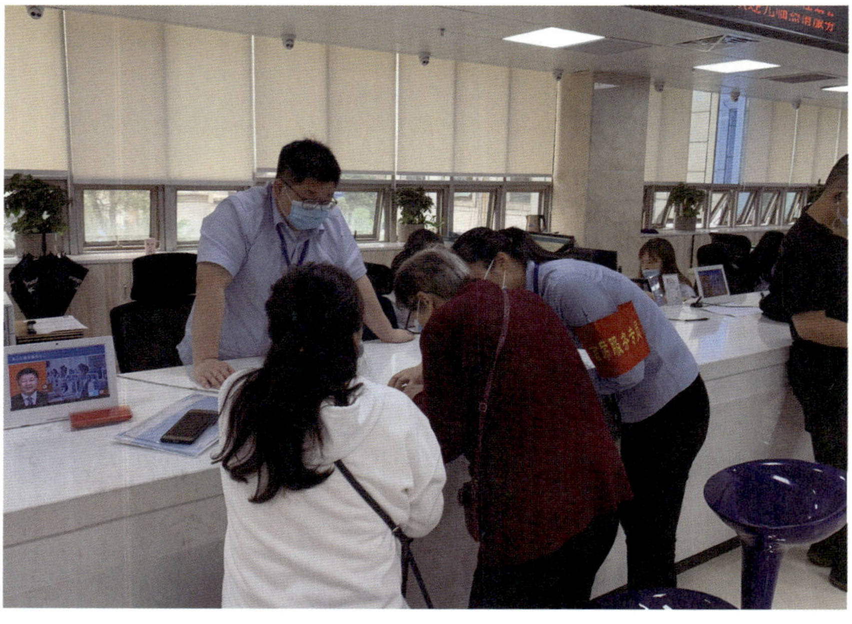

2021年，天心区组建10名首席服务专员志愿者队伍，随时开展志愿服务工作 （区行政审批局供图）

开窗口，配齐设备设施和人员；完善基层政务公开专栏，更新并发布天心区2021版基层政务公开事项目录，指导该区各相关单位做好公开内容的补充、修改和完善，确保公开专栏各领域公开信息与基层政务公开事项目录一致；做好政务公开第三方评估，牵头对该区政务公开工作进行全面自查和整改，督促该区各级各部门做好线上线下政务公开工作；畅通依申请公开受理渠道，更加注重加强与申请人的主动沟通，引导公众正确行使申请权和救济权；做好公开前文字和内容的审核把关，做到依法有据、严谨规范、慎重稳妥。2021年，该区共受理政府信息依申请公开126件，均按照规定程序和要求及时答复申请人。

【帮代办便民服务】 2021年，天心区推出“我为群众办实事”十项举措，区政务服务中心和人社、医保、不动产登记等窗口单位选派业务骨干，组建10名首席服务专员志愿者队伍。首席服务专员负责统筹现场志愿服务工作，受理群众投诉，服务专员负责提供专业的咨询、导办和帮代办等服务，大厅全体工作人员均为志愿者，根据工作职责随时开展志愿服务工作。设立“帮代办志愿服务站”，健全志愿服务帮代办工作机制，为企业群众提供全流程、无差别、精准无偿的优质服务，2021年累计“帮代办”2万余人次。创造性推出“新春送福”“企业服务包”等特色志愿服务活动，拉近与群众的距离，提高办事群众获得感、幸福感、品质感。

2021年11月11日，长沙市“放管服”和“一件事一次办”改革经验交流会在天心区召开

（区行政审批局供图）

【“12345”政务热线】 2021年，天心区本级政务服务大厅每个窗口配置1个评价器，实现“好差评”评价器对现有窗口全覆盖，窗口工作人员主动引导群众评价，群众评价率达到100%，以群众评价结果为标准持续改进服务，该区处理长沙市“12345”政务热线中心派发好差评数7件，差评核实及处置均在规定时限内完成；加强热线工作队伍建设和机制建设，出台《关于践行群众路线着力提升“12345”政务热线工作办理质效的十项措施》，年内，该区共签收“12345”政务热线工单69996件，办理市长信箱1265件，区长信箱556件，政协微建议10件，签收率、办结率均为100%，平均满意度为98.78%。

【“一件事一次办”改革】 2021年，天心区推动长株潭政务服务“跨域通办”，率先全市启动政务服务“跨域通办”，携手株洲市石峰区、芦淞区，湘潭市岳塘区签约合作协议，互设“跨域通办”专窗，线上设“跨域通办”专区，公布四批“跨域通办”事项清单，实现135个事项跨域办理，以“互联网+窗口”服务新模式，解决异地办事“多头跑、折返跑”问题；贯彻落实省三批“一件事一次办”事项涉区权限237件，在区政府门户网设置“一件事一次办”专栏，政务大厅设置“一件事一次办”综合窗4个，线上线下公布事项清单和办事指南，落实“一次告知、一次表单、一次联办、一次办好”；在各级政务服务大厅和便民服务点等渠道宣传推广“一件事一次办”小程序，引导办事群众注册和使用小程序。

【“放管服”改革经验交流会】 2021年11月11日，长沙市“放管服”和“一件事一次办”改革经验交流会在天心区召开。周志军代表天心区在会上进行经验交流发言，向全市推介天心区“放管服”改革“三化九办”经验。湖南省政府办公厅党组成员、省政务管理服务局局长周运平，长沙市常务副市长夏建平出席会议并讲话。

【长株潭政务服务合作签约】 2021年2月18日，长沙市天心区、株洲市石峰区、湘潭市岳塘区长株潭政务服务“跨域通办”合作协议签约仪式在天心区政务服务大厅二楼举行，第一批老年人优待证办理、生育服务登记等涉及人社、医保、卫健等领域的18个事项实现跨域办理。天心区委书记刘汇在“跨域通办”合作签约仪式上致辞。湖南省优化营商环境领导小组办公室主任陈永实，长沙市行政审批服务局党组书记、局长魏华松，市发改委党委委员、副主任易鹰，天心区委副书记、区长黄滔，区委副书记、常务副区长周志军；石峰区政府党组成员、副区长敬华兵；岳塘区委常委、常务副区长黄珂等参加。

【天心区率先试运行不动产登记】 2021年2月26日，长沙市不动产登记中心天心点率先启动试运行。即日起，不动产全业务下沉至天心区政务服务中心，天心区广大民众在家门口即可办理房产交易过户、房产抵押、税费及维修资金缴纳等事宜，为内五区全面开展登记工作奠定基础。

（本栏撰稿　熊双意）

信访工作

【概况】 2021年，天心区贯彻落实中央及省、市关于信访工作的决策部署，突出工作重点、健全工作机制、注重源头防控、着力化解积案。党政领导全面公开接访，接访安排表登报公示，确保每个工作日及重要节点党政领导坐班接访。区信访局获评长沙市“信访积案化解工作考核优秀单位”“信访‘三无’乡镇（街道）创建优秀组织单位”“信访工作基础业务规范单位”。区人民来访接待事务中心获评全市信访部门“人民满意窗口”创建示范单位，金盆岭等7个街道获评2021年度长沙市“三无乡镇（街道）”。

【积案化解专项工作】 2021年，天心区结合长沙市集中治理重复信访、化解信访积案专项工作，开展信访积案化解“百案攻坚”行动。区主要领导亲自调度，谋划部署，先后8次主持召开会议，分析全区信访工作形势，专题调度推进集中治理重复信访、化解信访积案专项工作。印发专项工作责任交办表，明确责任领导及责任人；每月编印《天心信访》，通报专项工作进展情况；定期向各责任单位主要负责人下达交办函、向包案责任人下达督办函，推动工作责任落到实处。区联席办会同区两办督查室分三组，对相关责任单位开展专题督查，及时通报督查中发现的问题，督导相关单位限期整改。截至12月31日，中央信访联席办交办天心区重复信访件第一批、第二批全部化解，办结率100%；市交办22件疑难复杂突出信访事项化解21件，化解率为95.45%；市交办第一批重复访和集体访，化解11件；区“百案攻坚”化解积案31件。

【领导接访下访】 2021年，天心区坚持领导公开接访制度，每个工作日均安排县级领导和相关部门公开接访，印发《区领导公开接待来访群众工作安排表》，并在《长沙晚报》上进行公示。区领导带头包案，持续下访督访。截至年末，县级领导下沉督访363次，接待到区上访群众493批1699人次，推动化解各类信访问题70余件。

【信访规范建设】 2021年，天心区以创建“人民满意窗口”为牵引，以窗口接待、来信办理、网上信访等基础业务为重点，推动业务办理规范化。推行首接首办责任制，对初访件及时办、规范办、跟踪办，确保“件件有着落，事事有回音”。探索“信访+网格”模式，通过信访工作网格化管理，把工作触角向社区、网格、家庭延伸。

【吴新伟接待来访群众】 2021年11月2日，天心区委书记吴新伟到区人民来访接待中心接待群众来访。接待信访群众12批，涉及拆迁安置补偿、集体经济组织成员身份认定、违章建筑拆除及噪声扰民等方面诉求。吴新伟面对面细心倾听，现场为群众解心结、释疑惑，协调交办实际问题。区领导刘向、许波、张浩平、欧阳伟沙参加。

【集中治理重复信访、化解信访积案专项工作推进会议】 于2021年5月12日在区政府三楼大会议室召开。会上，区委书记刘汇要求进一步提高站位、强化责任、统筹联动、攻坚克难，努力推动重复信访治理、信访积案化解专项工作取得新突破。区委副书记、区政府常务副区长周志军，区人大常委会党组书记、主任于献，区政协党组书记、主席夏艳兰，园区领导吴江，区领导曾卫国、黄文先、刘向、肖雄伟、许波、王海军、黄会、张建，以及区法检“两长”，区直相关单位、街道主要负责人参加。

（本栏撰稿 殷 婷）

“两型社会”建设

【概况】 2021年，天心区持续推进“两型社会”（环境友好型、资源节约型）建设，长株潭一体化、南部融城、生态绿心保护、两型社会创建、餐厨油烟净化治理等工作稳步开展。

【绿心保护监管】 2021年，天心区印发《关于加强绿心地区生态环境保护及监管工作的通知》，明确政府各职能部门责任分工，强化绿心保护合力。全力打好绿心保护“持久战”，开展常态化监管。联合暮云街道、南托街道每周进行1~2次绿心实地巡查，配合省、市定期开展绿心巡查；联合湘潭市岳塘经开区产业发展局、长沙市自然资源和规划局天心分局开展绿心地区巡查认定交流，推进长株潭城市群生态绿心共同维护和生态同建；及时掌握违规违法土地使用变化情况，3处（共7.2公顷）违法违规用地进行整改复绿；加强对新设101处界牌界桩绿心保护标识的使用和保护，完成智能化改造并通过验收。严格把好绿心地区项目准入关，规范绿心准入核查流程，截至12月31日，审查上报绿心项目17个；投入使用快速、精准、高效的绿心工商注册前置核查系统，出具绿心证明1608份，实现绿心地区市场主体“最多跑一次”的便民服务。

【绿心生态补偿修复】 2021年，天心区推进绿心地区生态修复项目申报，对7个申报项目开展现场踏勘和核查；完成暮云街道莲华村、西湖经济联合社、暮云新村高家冲组、长沙生态动物园4个生态修复及保护项目，暮云街道融城公园生态修复治理项目开工。拨付绿心地区生态补偿资金1003.93万元，其中2020年市级奖励性生态补偿资金361.89万元，2019年和2020年度区级基础性生态补偿资金共642.04万元；争取生态修复项目、绿道项目资金1195万元。加强对绿心区域渣土消纳与矿坑修复项目进行踏勘摸底，积极争取省级专项资金。

【餐厨油烟净化治理】 2021年，天心区完成辖区老旧小区居民家庭餐厨油烟治理的摸底工作，规划三年内完成5000户家庭餐厨油烟净化治理任务目标。完成2020年度餐厨油烟净化治理项目13559户安装任务的市、区级验收工作，拨付项目资金1686.68万元，其中市级补贴资金677.95万元，区级资金1008.73万元。加强餐厨油烟治理售后服务、废油回收督查管理，拨付2018年餐厨油烟净化综合治理项目质保金195.06万元。

【两型创建活动】 2021年，天心区召开2020年度该区“两型社会”示范单位评审会，26家单位积极申报创建，经综合考评，评选出区级示范单位15家；开展2021市级两型示范创建申报工作，获评市级示范单位2家，市级创建单位3家；打造华月湖等两型宣教基地，争取两型创建、两型宣教资金179万元。3月，承办2021长株潭融城半程马拉松赛暨绿心乡村生态旅游节；7月，举办“两型社会引领、共筑美丽天心”两型宣传月活动，加强绿心地区宣传推广，展示长株潭一体化融合发展新成果。截至年末，街道、社区举办各类两型主题活动50余场。

【南部融城工作】 2021年5月，天心区暮云片区控制性详细规划经长沙市城乡规划委员会审查并原则通过，后续将根据绿心中央公园总体城市设计对片区详细规划的用地规模、规划布局、空间管制、指标平衡等内容进行修改完善，加快成果入库。推进绿心地区重大项目导入，省奥体中心落户该区暮云街道许兴村；配合长株潭绿心中央公园总体城市设计工作，助推省图书馆新馆、电信天翼云中南数字产业园项目落地。实现历史处遗突破，采用“容量转移”“价值相等”“成本转换”“有偿收回”等方式，基本解决怡海星城、福中福、丽发新城用地置换问题；通过教育配套异地配建方式，基本解决致盛愿景教育配套问题。

【天心区两型宣传月活动】 于2021年7月23日在南托街道欣南社区启动。该活动主题为“两型社会引领、共筑美丽天心”，由区两型社会建设服务中心主办，南托街道欣南社区、辖区友谊之光公益发展中心承办，湖南省气象局、暮云街道华月湖社区协办。长沙市两型社会建设服务中心副主任李新华出席，区两型中心、南托街道、暮云街道负责人及欣南社区、华月湖社区、辖区两型社会组织、居民代表和志愿者300余人参加活动。

【长株潭绿心区域首次联合巡查】 2021年12月7日，天心区两型社会建设服务中心牵头组织开展天心区、岳塘区“规划同图、生态同建”——长株潭城市群生态绿心地区联合巡查交流活动。天心区两型中心，岳塘区经开区产业发展局，两区资规局分局、昭山镇、暮云街道、南托街道负责人及专干40余人参与联合巡查。

（本栏撰稿 王 康）

网格化综合服务

【概况】 2021年，天心区网格化综合服务平台收集上报各类事项40480条，受理事项38603个，处置事项38271个，处置率99.14%。其中群众通过“平安天心V”（V指依托微信公众号开发的小程序）、“便民天心”上报问题数量133个，已全部办结。截至年末，该区有200余条网格工作新闻报道在中央、省、市级媒体推广，区网格化综合管理平台典型案例获评年度湖南省政法系统智能化建设创新案例二等奖。长沙市文明办、株洲市芦淞区等单位先后到该区学习考察网格化工作。 （陈 智）

【网格制度建设】 2021年，天心区制定《关于进一步加强科级网格治理指导员管理考核，开展党建引领网格化治理“五百工程”的实施方案》《天心区网格化综合服务工作考核办法》，并于3月31日和4月12日印发。方案和办法明确网格管家、网格治理指导员、县级领导联网格职能职责，并对区属部门、街道、社区（村）、网格、副科职及以上领导干部进行季讲评、年考核，考核结果作为年度绩效考核、评先定等、调整任免重要依据。继续推行“网格吹哨，部门报到”机制，在该区统筹实行“定人、定时、定责”三定模式，每月28日为领导干部驻点日，县级领导联街道、科级领导干部联网格、社区干部进网格，区委督查室、区政府督查室、区网格中心组成督查组，对全区领导干部、社区（村）干部入网格履职情况进行督查。截至12月31日，该区共有415名科级领导干部在网格驻点日下沉网格，累计入网格服务群众3487次，其中入户走访1628次、慰问帮扶群众234人、为民办实事607件、参与网格活动562场。 （熊 琛）

【网格平台升级】 2021年，天心区将网格化管理服务与“智慧天心”建设深度融合，利用科技手段赋能基层社会治理。优化升级区网格化综合管理平台，实现全区各类信息全面掌握、网格力量实时调度、网格问题及时解决；区网格中心推出“便民天心”微信公众号，开发“网格通”“居民通”“物业通”等移动端应用，提高网格管家、网格治理指导员入户走访、问题上报等工作效率，居民群众用手机扫描“便民天心”二维码，矛盾纠纷、民生难题就可以智能分流到职能部门进行处理，还可以随时查看办理进度；利用网格化管理平台重点人员、特殊群体、关注对象、困难人员等分类信息，因户施策、因人施计，科学制订服务和帮扶计划，精准服务群众。重点做好网格平台人口数据更新和信息分类，并与小区、楼栋、房屋予以关联，实现“以房管人”“以房找人”。截至年末，该区网格总数435个，平台在册网格管家（社区工作人员）435人，网格治理指导员415人，网格员（楼栋长、单元长、志愿者等）395人。 （吕正明）

【网格品牌打造】 2021年，天心区结合自身特色，创新网格服务模式。金盆岭街道按照打造一个成熟一个的原则，推动网格阵地建设，解决民生问题；裕南街街道向东南社区推出“和管家”，组建居民自治小组，调解处置矛盾纠纷；先锋街道嘉和社区创新“红色物业”管理新模式，助推社区、业主、物业三方联动共治；黑石铺街道创谷社区推行“创谷晴雨”表，在网格内按照“晴雨”（“晴”代表网格工作开展较好，“雨”代表工作有不到位的地方，需进一步完善）进行精细化管理。按照“三零”、综治民调、禁毒民调、入户走访数等考核要求，年内共有56个社区（村）达到考核标准，获评网格化工作优秀社区（村），比2020年提升80.6%。

（严 伟 胡 玥）

【网格工作培训启动】 2021年1月13日，天心区街道网格工作培训在区网格中心指挥大厅启动。培训会上，区网格中心针对网格平台功能模块和新增功能，介绍平台工作重点、网格党建、网格数据、问题上报与处置、网格考核等内容。该区14个街道网格管家参加此次培训。

（吕正明 胡 玥）

【市委宣传部调研天心区网格化工作】 2021年2月5日，长沙市文明办、市委宣传部创建督查处、市创建办调研组到天心区考察文明创建网格化工作。在推进文明创建工作中，该区以435个子网格为主阵地，将文明创建相关内容纳入网格管家、网格志愿者的重点工作内容，通过网格化管理将重要点位和责任分工细化到各个社区网格内，推动职能部门向网格报到，文明创建活动在网格开展，城市管理难题在网格解决。在网格化管理平台指挥大厅，区网格中心工作人员现场模拟文明创建过程中发现问题，如何通过网格化管理快速反应及时解决。调研组对天心区网格化管理快速反应机制表示赞赏。

（严　伟）

【“管家式服务”助力城市环境整治】 2021年2月25日，天心区启动“奋战一个月环境大提质”城市品质提升行动，全区435个网格通过“管家式服务”助力城市环境整治。网格管家在网格巡查过程中通过走街串巷、进门入户、微信群宣传等方式，加大城市环境整治的宣传力度，引导居民做好环境卫生“门前三包”；围绕垃圾处理、占道经营、乱摆乱卖、“僵尸车”清理等方面针对性开展网格巡查，全面排查网格内环境状况，做到“全覆盖无死角”发现问题、第一时间上报问题、及时帮助协调解决问题。

（严　伟）

【网格化综合服务工作调度暨问题交办会】 于2021年5月20日在区政府九楼会议室召开，天心区委常委、组织部部长张界贻，区委常委、政法委书记黄文先出席会议并讲话，区直各部门、各街道分管负责人参加会议。会上宣读《关于进一步加强科级网格治理指导员管理考核，开展党建引领网格化治理“五百工程”的实施方案》《天心区网格化综合服务工作考核办法》，对涉及辖区老旧小区建设、基础设施和公共设施维护、物业矛盾纠纷等75个重点民生难题，以交办函形式转给区直各相关部门和街道，要求年底全部办结，纳入考核。

（熊　琛　严　伟）

【芦淞区到天心区考察网格化工作】 2021年11月4日，株洲市芦淞区一行5人到天心区学习考察网格化工作开展模式、运行机制及网格事项设置范围、问题处置、考核等相关工作。在天心区赤岭路街道芙蓉南路社区和新开铺街道木莲社区烂漫满屋网格，学习考察组了解网格化工作在社区和网格推进情况。社区通过党建引领，建立起覆盖道路和网格小区重点区域视频监控系统，实现360度监管和实时调度。通过“人在网中行、事在网中办”网格化管理，基本做到“小事不出网格、大事不出社区”，受到考察组好评。（吕　正　明高溧）

机关事务

【概况】 2021年，天心区机关事务中心以服务、管理、保障为工作主线，以“五心”（信心、细心、贴心、耐心、公心）服务理念助力机关事务标准化、品质化、特色化建设，在机关后勤保障各方面工作取得阶段性成效。安全生产零事故，助力消费采购扶贫50万余元。

【后勤服务社会化】 2021年，天心区参考长沙市模式，机关食堂通过非政府采购流程公开招标方式确定食材供货商，一月一考核，实施动态管理，确保食材供应最优、最鲜、最快；公车平台通过政府采购程序完成公务用车管理平台车辆社会化租赁服务项目招投标工作，实现公车服务提质；机关大院物业服务进一步明确标准、细化服务，公开招标采购深圳市锦峰物业公司服务；机关大院设施设备维保通过打捆公开招投标确定专业服务商，整合各方资源，创新合作机制，建立跨部门、跨系统、跨地区的技术共享与协同机制。

【用餐管理】 2021年，天心区严格落实食品配送、进出库登记和菜品留样制度，确保机关食堂膳食安全；开展“文明餐桌”“光盘行动”“最美就餐人随手拍活动”，形成良好的节约风尚。组织食堂工作人员到长沙市机关事务局学习，到星级餐饮酒店培训，提升就餐体验。全年保障机关干部职工就餐40万人次，平均每天早餐就餐人数约550人，中餐就餐人数约950人，用餐满意率88%。

【公车管理】 2021年，天心区遵循合规、节约原则，坚持机关公务用车实行定点保险、定点加油、定点维修制度、集中结算管理和公务用车平台信息化运行，严格机关车辆编制管理和一车一档管理。全年购置新车7台，平台本级派车7583台次，车辆维修及保养414台次，完成车辆续保109台次，车辆年检116台次，公务出行零失误。

【基建维修】 2021年，天心区完成区政务服务大楼装修改造项目、区委常委会会议室装修改造项目、区生态环境分局、区环保执法大队搬迁改造项目、区政府常务会议室改造项目。年内组织开展机关大院常态化小额零星维修工程112次，维修内容涵盖建筑结构、空调主机及管线、机电设备、室外基础设施等。

【会务服务】 2021年，天心区机关事务中心督促物业公司定期进行文明用语、会务礼仪培训；加强对物业公司的督导和协调，严格考核管理；会前做好设施设备精准调试，会中做好会务服务，着力提高会务保障服务质量。年内完成区委、区政府等单位及各类会务保障2287场次，确保各类会议正常召开。

【安全保卫】 2021年，天心区机关事务中心以人防、物防、技防安全为重点，加强安全维稳管理，年内，机关大院安全无事故。加强信访维稳管理，对群众上访事件做好劝阻和理性疏导。督促物业公司落实24小时值班制度，及时汇报突发事件和重要情况，做到治安实时防控。加强节假日及重大会议安保工作，强化日常安全巡查，定期开展安全隐患大排查。

【疫情防控】 2021年，天心区加强机关大院精准消杀，对楼地面、电梯轿厢、办公区域等公共区域多个部位进行擦拭、拖洗、喷洒消杀消毒交叉进行；南北栋大楼进出严格查验“两码”。机关食堂实行微信群提前订餐、错时错峰集体取餐、分散打餐就餐的供餐模式，同时按照区疫情防控工作预案，做到“八个到位”（人员健康卫生管理到位，场所环境、餐用具消毒管理到位，开展自查到位，原料采购管理到位，就餐安全防范措施到位，对重点部位、风险品种管理到位，加工操作行为规范管理到位，食品安全防控到位）。公务出行上，坚持车辆“小空间”和社会“大局面”相结合，每台公务车辆配备防疫暖心包，做到随车、随人使用；配合疫情防控转运密切接触者和次密切接触者至隔离酒店87台次，抗疫机场转运租车512台次，零星租车15次。为区防疫指挥部做好后勤保障工作，在餐饮安排、车辆租用、隔离场所改造、设备安装、围挡建造、数据报送、费用报账等方面，当好“大管家”。

【交通安全体验】 2021年4月17日，天心区机关事务中心公车平台开展中国共产党成立100周年暨交通安全体验活动，全体司勤人员通过参观国防教育馆、公共安全体验馆，学习汽车构造及交通知识，有效提高安全行车意识。

【绿色低碳出行】 2021年8月30日，天心区机关事务中心组织机关大院干部职工开展“绿色低碳出行”活动。当天，100余名干部职工采取步行、骑自行车或公共交通方式出行参与其中，践行节能降碳、绿色发展理念，绿色低碳出行生活方式。

（本栏撰稿　洪　波）

政协天心区委员会

综　述

【概况】　截至2021年年末，长沙市天心区政协第六届委员会设置委员学习联络委员会、提案委员会、经济科技和外事委员会、农业农村和人口资源环境委员会、文教卫体和文史委员会、社会法制和民族宗教委员会等6个专门委员会和办公室1个办事机构。共有委员208名，设27个界别。留任委员70名，占比33.65%；党内人选83名，占比39.9%，党外人选125名，占比60.1%；非公有制经济代表人士41名，占比19.71%；女性88名，占比42.3%；少数民族16名，占比7.7%；本科以上学历169名，占比81.25%；“80后”“90后”推荐人选88名，占比42.3%。

【学习培训】　2021年5月24—28日，天心区政协组织政协常委、各委员组组长、部分优秀委员赴新加坡国立大学苏州研究院开展综合素质提升培训学习。专题学习《新时代建言资政的主题、路径与方法》等课程，考察苏州工业园区展示中心、爱国主义教育基地等；10月9日，区政协联合区委党校在区治大院组织召开区政协第六届委员会委员培训会议。新一届政协委员和区政协全体机关干部参加。会议听取“如何当好政协委员”主题讲座，专题培训“如何撰写提案、社情民意”，学习《政协长沙市天心区委员会关于加强委员履职服务管理的暂行办法》。在6个分会场，委员们立足专委会特点，各抒己见，畅所欲言。留任委员进行履职心得分享，新委员作未来履职畅想。12月2日，区政协组织全体政协委员和政协机关干部近200人，在天心区政府三楼大会议室开展“委员赋能营”活动。区政协党组书记、主席张界贻主持。培训就中共百年奋斗重大成就、历史经验、重大意义、贯彻落实中共十九届六中全会精神作系统宣讲和深入解读。

【区政协第五届委员会总结大会】于2021年7月15日在区政府三楼大会议室举行。天心区委书记吴新伟，区人大常委会党组书记、主任于献，区政协党组书记、主席夏艳兰，区领导张界贻、曾卫国、黄文先、肖雄伟、许波、黎小玲、陈劲、赵英华、彭元强和区政协第五届全体委员、老委员咨询团成员、区政协机关全体工作人员参加。会议为赵礼发、李亮等21位委员颁发“明星委员”奖牌。

（本栏撰稿　任　湘　沈　幸）

2021年区政协开展“委员讲坛”活动情况表

表7

时间	主题	地点	备注
3月31日	新冠疫苗知多少	大托铺街道	第一期
4月28日	居家生活美学	都市花乡花卉园艺中心	第二期
4月30日	如何识别金融骗术	新开铺街道	第三期
5月21日	铭记党恩，不忘传承	暮云街道	第四期
6月17日	创业创新，向党前行	南托街道	第五期
7月25日	近视防控	神农大酒店	第六期
9月18日	小区物业治理探讨	芙蓉南路社区	第七期

（任　湘　沈　幸）

重要会议

【政协长沙市天心区第六届委员会第一次会议】 于2021年10月22—24日在区政府三楼大会议室举行。会议期间，天心区委书记吴新伟在会上讲话，区委副书记、区长周志军等区领导出席会议并参加分组讨论，与委员们共商天心区发展大计。会议协商区政府工作报告、区人民法院工作报告、区检察院工作报告以及其他报告。区政协委员针对天心区经济、政治、文化、社会和生态文明建设中的重大问题，积极协商议政，提出许多建设性的意见和建议。

大会通过《中国人民政治协商会议长沙市天心区第六届委员会常务委员会第一次会议关于五届常务委员会工作报告的决议》《中国人民政治协商会议长沙市天心区第六届委员会常务委员会第一次会议关于五届常务委员会提案工作情况报告的决议》《中国人民政治协商会议长沙市天心区第六届委员会常务委员会第一次会议政治决议》，听取政协长沙市天心区第六届委员会第一次会议提案征集工作情况的报告。会议选举张界贻为政协长沙市天心区第六届委员会主席，黄会、赵英华、蔡逸、秦超、王珊为政协长沙市天心区第六届委员会副主席，易媛媛为政协长沙市天心区第六届委员会秘书长；选举政协长沙市天心区第六届委员会常务委员34名。（任　湘）

【政协常委会议】 2021年，天心区政协召开常委会会议5次。

3月23日，政协长沙市天心区第五届委员会第22次会议在长沙天心经济开发区（简称“天心经开区”）召开。区政协党组书记、主席夏艳兰主持会议。区政协各委办正副主任、支部书记，非常委的委员组组长列席会议。区政府副区长黄会应邀参加会议第五项议程。会议审议通过《区政协2021年提案（重点提案）督办安排》；听取天心经开区基本情况及产业发展情况汇报；黄会就该区医美产业发展提出“融合发展”、“跨界发展”、进一步加强产业监管及行业自律等建议。

5月24日，政协长沙市天心区第五届委员会第23次会议在新加坡国立大学苏州研究院召开。传达学习近期有关会议精神，安排部署下阶段区政协工作，听取区委提名任免情况汇报。

7月27日，政协长沙市天心区第五届委员会第24次会议召开。会议就“发挥高校科技创新优势，促进产业发展”议题开展专题协商；进行人事任免。

9月29日，政协长沙市天心区第五届委员会第25次会议召开。会议原则通过区政协六届一次会议工作方案、第五届委员会常委会工作报告、第五届委员会常委会提案工作报告；审议通过第六届政协委员名单，六届一次会议委员分组名单及组长、副组长名单，委员入委名单及兼职副主任名单、提案审查委员会名单；听取区政府关于区政协五届五次会议以来提案办理情况报告；就《政府工作报告（征求意见稿）》提出相关建议，进行人事任免。

10月12日，政协长沙市天心区第五届委员会第26次会议召开。会议协商讨论第六届政协常务委员会组成人员建议名单；审议通过区政协六届一次会议主席团成员、秘书长、副秘书长、执行主席建议名单。

（任　湘　沈　幸）

【政协主席会议视察】 2021年，天心区政协召开主席会议视察2次。

4月29日，区政协主席会议成员及相关委办、委员代表视察坡子街街道和大托铺街道社区卫生服务中心；听取区卫健局工作情况汇报；就相关工作进行座谈交流。

11月25日，区政协主席会议成员及相关委办、委员代表视察天心区乡村振兴工作，并听取工作汇报。（任　湘）

政治协商

【概况】 2021年，政协长沙市天心区委员会践行习近平总书记关于加强和改进人民政协工作重要思想，围绕区委、区政府中心工作开展协商议政，年内共组织召开1次全体委员会议协商、1次常委会议政协商，2次主席会议视察、4项专题调研协商；15件重点提案办理协商。

【专题协商】 2021年，天心区政协常委会议重点围绕“发挥高校科技创新优势，促进产业发展”等工作开展专题协商，区政协常委苏剑作为调研小组代表作重点协商发言，提出从“加强组织领导，强化规划引领”“加快平台建设，完善服务体系”“创新合作模式，优化发展环境”三个方面推进产学研用一体化建议；委员吴娜、李亮、谭粮好、沈坚作补充协商发言。主席会议成员就“区基层卫生服务能力建设”“乡村振兴”进行视察走访。4月，区政协党组书记、主席夏艳兰带队实地考察坡子街街道和大托铺街道社区卫生服务中心，了解天心区基层卫生机构基础设施建设、医疗卫生救治保障、医务人员队伍建设、中医药健康服务、新冠肺炎疫情防控等具体情况；听取区卫健局情况汇报，并就相关工作进行座谈交流。11月，区政协党组书记、主席张界贻带队考察区乡村振兴工作。区政府副区长肖盛辉，区政协副主席黄会、赵英华、蔡逸、秦超、王珊及相关委办负责人，大托铺、南托、暮云3个街道工委书记，区政协委员代表及区农业农村局相关负责人参加。

【对口协商】 2021年5月14日，天心区政协经济科技和外事委组织开展“推动灵活用工平台发展”提案办理协商暨专委会对口协商，专委会调研小组一行考察蚂蚁天承科技有限公司，并召开对口协商会。会上，天心经开区相关负责人汇报提案办理工作情况和灵活用工平台当前工作情况；区人社局、区工信局相关负责人进行补充发言；与会人员与单位就推动灵活用工平台进一步发展开展座谈交流。区领导赵英华、刘正文，经济科技和外事委主任周文辉，调研小组成员，坡子街、大托铺政协委员组部分委员，天心经开区、区工信局、区人社局相关负责人参加。同日，区政协社会法制和民族宗教委主持召开“进一步发挥基层法律顾问作用”专题协商暨提案办理协商会议，实地考察暮云街道丽发社区公共法律服务点，并在先锋街道公共法律服务站与区司法局、区民政局相关负责人展开座谈交流。调研小组成员，赤岭路、先锋、南托3个街道委员组委员代表参加会议。7月15日，区政协提案委组织开展“建设AAAAA智慧社区，数字赋能基层服务”专题协商，委员组与社区、公司负责人就试点打造银桂苑社区智慧社区建设开展协商交流。区政协提案委、桂花坪政协委员组委员、银桂苑社区相关负责人、湖南天时地理职能科技有限公司相关负责人参加。年内，政协委员以14个智慧委员工作站和95个委员工作室为依托，组织相关利益群体开展协商对话100余场。

（本栏撰稿　任　湘）

提案工作

【概况】 2021年，天心区政协提出“精准深实”和“无调研不提案”的工作要求，开展“提案集中督办月”和委员提案同步评议等特色工作，建设区政协提案信息系统，为提案工作提质增效提供保障。年内征集提案101件，立案89件，合并同类提案后交办80件，其中重点提案15件。经32家承办单位认真办理，截至年末，所有提案均已办复，办复率100%，办结率100%，委员满意率100%。（贺路帆）

【重点提案办理】 2021年，天心区政协围绕区域和重点产业发展，提出《关于打造天心中部商圈，繁荣省府片区的建议》，区政府高度重视，组织召开专题研讨会，积极规划建设湘府消费中心，初步构建“一圈、一轴、四中心、多点”（一圈：新开铺商圈；一轴：新开铺路经济轴；四中心：东侧以天城国际广场为核心，西侧以长沙融创中心为核心，南侧以五江城市商业广场、九峰整村商业中心项目为核心，北侧以龙湖新姚天街为核心的省府四大商业中心阵容；多点：商务楼宇、小型商业和社区商业项目）的商业网点布局。其中，新开铺路经济轴17个待开发商业项目中，梦想天悦项目已开工建设。以天城国际广场、长沙融创中心、五江城市商业广场等项目为代表的省府东、南、西、北“四中心”建设和招商工作有序推进。提案办理助推该区经济发展。

（任　湘）

【社情民意信息工作】 2021年，天心区政协编审报送社情民意信息112条，其中邓静撰写的《革命文物保护利用存在的问题及建议》《多管齐下，提高统一战线应急动员能力的建议》《加快普惠型民生保险发展的建议》、李星治撰写的《新时代更好发挥党的统战法宝需要在四个方面着力》、游宇撰写的《推动中部地区高质量发展需要有明确的一体化发展目标》5条社情民意信息被全国政协采纳。区政协获评长沙市2021年度反映社情民意信息工作三等奖。（任　湘）

2021 年长沙市天心区政协优秀提案一览表

表 8

案号	主办单位	案　　由	提案人	委员组
1	五一商圈办公室	关于提质五一商圈，擦亮城市名片的建议	荆　健	坡子街
6	区司法局	关于支持我区律师行业发展的建议	游　宇	青　园
7	区委统战部	关于在天心区率先设立企业家节的建议	陈林希	金盆岭
8	区文旅体育局	关于促进跨区联动，进一步推动长株潭文旅融合的建议	唐　可	黑石铺
9	区商务局	关于打造中部网红经济第一强区的建议	彭燕燕	先　锋
10	区住建局	关于开放式老旧小区试点物业化管理的建议	任　健	城南路
24	区教育局	关于为我区青年教师提供廉租房房源的建议	周宏歌 王　婷	裕南街
45	区工信局	关于建设 AAAAA 智慧社区，数字赋能基层服务的建议	刘　洋	桂花坪
62	区行政审批局	关于提升政务中心服务水平的建议	肖君山	大托铺
74	区民政局	关于加强社会工作“社工 + 志愿者”队伍建设的建议	杨士泉	暮　云
77	天心经开区	关于打造“天心数谷”，助推南部片区高质量发展的建议	谢正豫	南　托

（任　湘）

2021 年长沙市天心区政协重点提案一览表

表 9

案号	主办单位	案　　由	提案人	委员组
1	五一商圈办公室	关于提质五一商圈，擦亮城市名片的建议	荆　健	坡子街
2	区商务局	关于打造天心中部商圈，繁荣省府片区的建议	吴智钢	新开铺
3	天心经开区	关于推动我区灵活用工平台发展的建议	王　蓉	大托铺
4	天心阁管理处	关于整合历史街区资源，提升天心阁品质的建议	王凯民	城南路
5	区工信局	关于推动我区新基建建设的建议	刘　婷 陈　瑶	桂花坪
6	区司法局	关于支持我区律师行业发展的建议	游　宇	青　园
7	区委统战部	关于在天心区率先设立企业家节的建议	陈林希	金盆岭
8	区文旅体育局	关于促进跨区联动，进一步推动长株潭文旅融合的建议	唐　可	黑石铺
9	区商务局	关于打造中部网红经济第一强区的建议	彭燕燕	先　锋
10	区住建局	关于开放式老旧小区试点物业化管理的建议	任　健	城南路
11	区农业农村局	关于加强农村环境长效治理，改善农村人居环境的建议	温　岚	文　源
12	区司法局	关于用好用活民法典，推进基层治理的建议	张　毅	赤岭路
13	区卫健局	关于试点建设公立早教托育样板机构的建议	甘元春	裕南街
14	区园林中心	关于将何绍基社区公园提质提档的建议	李春和	新开铺
15	区金融中心	关于加大宣传力度，谨防新型互联网金融“陷阱”的建议	许　彬	新开铺

（任　湘）

纪检监察

监督执纪

【政治监督】 2021年，天心区纪委监委督促该区各级党组织扛牢政治责任，推动党史学习教育走深走实；聚焦“一军三区”定位和“智慧天心、融城核心”建设，履行协助职责和监督专责，有效护航项目建设、惠民富民、乡村振兴、优化营商环境等重点工作落实落地；强化常态化疫情防控监督，督促整改各类问题472个；深化“洞庭清波”专项行动，监督推动港子河、南托港水环境综合治理，全面完成12项整治任务，顺利通过省市督查验收，迅速查处违规倾倒渣土非法卸土屡禁不止问题。

【惩治腐败】 2021年，天心区纪委监委处置问题线索272件，立案150件，结案137件，党纪政务处分100人，其中科级干部14人，留置19人，移送司法机关13人，挽回经济损失1078.26万元。协同开展政法系统教育整顿，重点查处长沙市公安局天心分局原副局长胡某某、第三治安管理大队原大队长邓某某和天心区人民法院执行局原副局长周某某等典型案件，召开政法系统教育整顿暨案件警示教育会议，区纪委监委获评全市扫黑除恶先进集体。深化以案促改促治促建，发出纪律检查建议书和监察建议书11份，开展重点人员回访教育24人次，推动建章立制60余项。

【专项整治】 2021年，天心区紧盯涉及民生和资金项目的重点领域、重点人员、重点环节强化监督，全年查处群众身边的腐败和作风问题25起，党纪政务处分35人。开展社保基金专项核查、“清廉医保”、巩固拓展脱贫攻坚成果同乡村振兴有效衔接、工程建设项目招投标、“四位”（学位、床位、车位、厕位）突出问题等各类专项整治。开展惠民惠农财政补贴资金“一卡通”问题专项监督检查，督促整改各类问题204个，追回资金10.45万元。完成“我为群众办实事，纪委请您来出题”事项3起。受理信访举报273件次，其中业务内83件次，该区纪检监察信访总量在全市各区县中最少。

【日常监督】 2021年，天心区出台《关于进一步规范和加强日常监督工作的意见》，各街道纪工委、各派驻纪检监察组通过谈心谈话、座谈走访、列席重要会议、排查廉政风险点等形式，督促被监督单位规范权力运行。将监督重点聚焦“一把手”和领导班子成员，组织508名科级以上领导干部签订廉洁从政承诺书，对新任职领导干部开展集体廉政谈话。发挥“室、组、街”联动协作优势，在疫情防控、作风督查、换届风气监督等工作中整合力量、提升效能。加大谈话函询力度，督促干部就谈话函询问题在民主生活会上作说明。坚持抓早抓小，运用四种形态批评教育帮助和处理326人次，其中第一种形态占比64.4%。 （本栏撰稿 李兴秋）

巡察工作

【概况】 2021年，天心区开展常规巡察12轮，机动式巡察1轮，村（社区）专项巡察2轮，完成五届区委对73个区属党组织、99个村（社区）党组织巡察全覆盖目标任务。启动六届区委第一轮巡察，督促立行立改问题11个，交办信访件5件，推动解决群众反映强烈的“急难愁盼”问题15个。截至12月31日，巡察移交线索5条，1人被留置，并被移送司法机关。

【六届区委首轮巡察】 2021年11月，天心区委常委会议对六届区委首轮巡察进行部署安排。区委5个巡察小组，先后对坡子街街道、大托铺街道、暮云街道、区人力资源和社会保障局、区住保局5家被巡察单位进行驻点巡察，巡察范围涵盖社保基金监管、车位、梯位、扶贫领域等突出问题，督促立行立改问题19个，交办信访件5件，推动解决群众反映强烈的“急难愁盼”问题15个。加强对“一把手”和领导班子的监督，将一把手的情况在巡察报告中单独列出。本轮巡查5个巡察小组均建立临时党支部，严格组织生活，增强巡察工作凝聚力和战斗力。

【巡视巡察整改】 2021年，天心区出台《巡察整改监督检查办法（试行）》《巡察质量评估办法（试行）》。聚焦湖南省委第八巡视组对巡察工作专项监督检查反馈的5个方面15个具体问题开展整改，完成整改任务的100%。针对省委巡察指导督导反馈的4个方面主要问题、3个方面意见建议，该区出台29项具体整改措施；对长沙市委专项巡察反馈涉及巡察的4个问题，制定6项整改措施；跟进监督巡视整改，成立4个督查组，深入全区44个整改任务牵头单位开展专项督查，截至年末，省委巡视、市委专项巡察移交问题线索处置率为100%，省委巡视反馈的50个问题完成整改48个，完成率96%，追责19人。组织开展巡察整改情况“回头看”，区纪委、区委巡察办成立6个督查组，深入34个区直部门、14个街道开展专项监督检查，督促整改问题957个，完善各类规章制度341项，退缴违纪违规资金55.73万元。

【队伍建设】 2021年，天心区抓实巡察干部理论学习和业务培训，邀请长沙市委巡察机构领导作专题业务辅导，开展6次内部业务技能交流，组织18名巡察机构专职干部参与巡视指导督导专题培训会，组织到津市、衡阳县开展学习交流，选派5名巡察骨干配合湖南省委巡视、长沙市委专项巡察，全面提升巡察干部履职能力。调优更新区委巡察工作人才库，新组建124名具有纪检监察、财务审计、党建党务、工程建设等业务背景的专业人才力量。区委首次授权1名区直单位正职担任区委巡察组组长。组织开展巡察“后评估”，落实从严从实加强全省纪检监察干部约束和监督负面清单“12个严禁”具体要求，做到“三防四慎”，永葆忠诚干净担当政治本色。

【区委巡察工作领导小组第三次会议】 于2021年6月24日在天心区召开。会议听取巡察整改监督检查情况汇报，讨论2021年区委巡察工作要点，研究省委第八巡视组对巡察工作专项检查反馈问题整改工作。区委常委、区纪委书记、区监察委主任、区委巡察工作领导小组组长曾卫国，区委常委、组织部部长张界贻出席会议。

【刘汇听取巡察工作情况汇报】 2021年4月7日，天心区委书记刘汇召开书记办公会议，专题听取五届区委第十二轮巡察工作情况汇报。区委副书记、区长黄滔，区委副书记、常务副区长周志军参加，曾卫国、张界贻列席会议。

（本栏撰稿　曾巧明）

党风廉政建设

【制度建设】 2021年，天心区研究制定《关于推进清廉天心建设的实施意见》，提出把清廉天心建设融入该区经济、政治、社会、文化和生态文明各个方面，以创建“清廉机关、清廉行业、清廉园区、清廉企业、清廉学校、清廉医院、清廉村居、清廉家庭”八个单元，实施“党建引廉”“清廉之声”“清廉共建”“数字助廉”“清廉标识”“清廉单元”六大示范行动等举措，重点抓好四大类十项主要任务。

【廉政教育宣传】 2021年，天心区以“凝聚两心兴天心”为抓手，夯实“家立方”廉洁教育项目，将党纪法规教育、案例警示教育、作风纪律教育相结合，营造风清气正良好氛围。以真实案件为题材，制作警示教育片《等你回家》《镜鉴》《警戒》，强化以案促改实效。截至年末，该区在《中国纪检监察报》、三湘风纪网、“清廉长沙”等媒体发布宣传报道90余篇。

【作风建设】 2021年，天心区贯彻落实市委办公厅、市政府办公厅《关于进一步深化作风建设严防“四风”问题变异回潮的方案》精神，召开全区纪检监察系统会议进行动员部署，将文件执行情况纳入六届区委首轮巡察和日常监督重要内容。围绕“十个严禁、十个一律”要求，成立换届纪

2021年11月12日，天心区纪委监委组织召开重点案件总结分享会暨清廉天心沙龙主题党日活动　（杨　威　摄）

律督查小组，对党代会、两会期间换届工作和村（社区）换届纪律进行巡回监督、驻会监督，确保换届风清气正。全年查处违反中央八项规定精神案件32起，党纪政务处分55人。精准把好廉政意见回复关，为3448人次和234家单位出具党风廉政审查意见。

【清廉天心沙龙】　2021年1月14日，天心区纪委监委举办学习贯彻长沙市第十四次党代会精神研讨班暨清廉天心沙龙，区委常委、区纪委书记、区监委代理主任罗定豪主持会议并讲话。市纪委常委陈强作贯彻落实党代会精神专题辅导报告；区纪委监委机关、派驻纪检监察组、巡察机构、街道纪工委6人结合各自工作实际和会议主题发言。全区纪检监察干部80余人参加。11月12日，天心区纪委监委组织召开重点案件总结分享会暨清廉天心沙龙主题党日活动。会上，来自专案组审查调查工作一线的11名纪检监察干部通过胡某某、邓某某、周某某3起案例分享自己在案件初核、审讯谈话、外围取证、案件审理等方面做法以及存在的不足和教训。活动邀请市纪委常委瞿浩等到场指导。区委常委、区纪委书记，区监察委员会主任罗定豪参加。

【清廉天心建设工作座谈会】　于2021年12月20日在天心区召开。区委书记吴新伟出席会议并讲话。区委副书记、区长周志军，区委副书记、统战部部长叶妙，区领导许波、张建、罗定豪及清廉天心建设成员单位、各街道党工委书记参加。会议对《关于推进“清廉天心”建设的实施意见》进行解读；坡子街街道、暮云街道、区直机关工委、区教育局、区卫健局负责人就如何建设清廉天心进行交流发言。

【胡卫兵到天心区督导疫情防控工作】　2021年8月8日，长沙市委常委、市纪委书记、市监委代理主任胡卫兵以“四不两直”方式到天心区督查疫情防控工作，并看望区纪委监委机关工作人员，与区纪委监委机关干部进行交流。胡卫兵要求区纪委监委工作融入天心区发展大局，推动党委决策部署落地生根。

（本栏撰稿　李兴秋）

重要会议

【中国共产党长沙市天心区五届纪委第六次全体会议】　于2021年4月2日在区机关召开。区委书记刘汇出席会议并讲话。区委副书记、区长黄滔主持会议，该区副县级以上领导干部，区直机关和垂管单位、街道党政负责人，全区纪检监察系统副科级以上干部、特约监察员（党风政风监督员）代表参加会议。会上，刘汇肯定天心区履行全面从严治党政治责任，党风廉政建设和反腐败斗争取得成效，强调要进一步强化政治担当、政治监督，注重标本兼治，加强基层末端治理，健全完善监督体系，抓好学习教育，推动巡视反馈问题整改落地见效。区委常委、区纪委书记、区监委主任曾卫国代表区纪委常委会作《推动纪检监察工作高质量发展，为建设“智慧天心、融城核心”提供坚实保障》的工作报告。会前，与会人员集中观看警示教育片《迷途——长沙典型贪腐案件警示录》。

（本栏撰稿　李兴秋）

民主党派

中国国民党革命委员会长沙市天心区工委

【概况】 2021年，民革天心区工委开展“不忘合作初心，继续携手前进”主题教育实践活动。4月18日，民革天心区工委组织召开2021年党员大会，传达学习全国“两会”精神和湖南省委常委、长沙市委书记吴桂英到天心区调研的讲话精神，集中学习民革长沙市委2021年工作要点和天心区委统战部2021年工作要点，对区委统战部2020年度党派调研成果和民革市委2020年抗疫先进个人及基层组织进行表彰。10月10日，天心三支部组织党员到宁乡石仑关重走青年毛泽东的游学之路，以游学之路为接入点，挖掘青年毛泽东探索大本大源的历程。11月7日，区工委组织召开工委第四季度工作会议，会议传达吴桂英“为全面建设现代化新长沙书写灿烂的文化篇章”的讲话精神，通报2021年重点工作开展、经费支出、组织建设等相关工作情况。所辖4个支部分别就各自工作开展情况进行汇报。工委党员中现任人大代表、政协委员对各自履职情况进行发言。11月28日，区工委集中传达学习中共十九届六中全会精神及湖南省第十二次党代会精神。

【参政议政】 2021年，民革天心区工委主动承接长沙市委“关于打造‘绿心数谷’加快推进长株潭一体化高质量发展”的课题。组织党员开展实地调研，调研报告《关于打造数字经济发展高地助推长株潭一体化高质量发展的路径探索》获评2021年天心区党派调研课题一等奖。区工委党员张玮撰写的《关于深化实施认罪认罚制度基础上应充分发挥律师的独特作用》的社情民意2021年被民革中央采纳。换届后工委有7名党员担任区政协委员，3名党员担任区人大代表，在天心区“两会”期间向大会提交政协提案9件。

【社会服务】 2021年，民革天心区工委打造“迎新春、送春联、献爱心”进社区、“920爱牙日公益活动”、“心系老兵，暖心相伴”关爱抗战老兵3个品牌，彰显同心正能量。开展“心系老兵，暖心相伴”关爱抗战老兵活动，为抗战老兵提供志愿贴心服务和经济援助，陪伴96岁高龄的抗战老兵柳元青在爱尔眼科医院做白内障手术术前检查，帮助骨折的柳元青转至中南大学湘雅第二附属医院急诊抢救病房进行手术。区工委广泛发动民革党员及社会各界力量，支持社区基层一线防疫工作，打好打赢这场疫情防控阻击战。8月8日，区工委到新开铺社区公共服务中心、文源社区公共服务中心等相关街道社区慰问一线抗疫工作人员，调集配送一批防疫紧缺物资和防暑用品。发动全区党员为防汛抗洪驰援河南捐款1.28万元。关注照顾工委资助的同学小文在校的学习、生活。

（本栏撰稿　周　科）

中国民主同盟长沙市天心区工委

【概况】 2021年，民盟天心区工委完成工委班子交接，民盟长沙市委于6月底任命新一届区工委班子成员，区工委召开班子扩大会议，进行班子分工，专项研讨工委五年工作规划。开展党史学习教育，每季度召开区工委扩大会议、支部会议，传达学习习近平总书记“七一”重要讲话、中共十九届六中全会以及省、市、区党代会精神，组队参加全区统一战线“听党话、颂党恩、跟党走”党史知识抢答赛，组织骨干盟员到重庆“民主之家”、湖南省党史陈列馆、湖南第一师范等地参观学习。推荐1名区人大代表、9名区政协委员人。

【参政议政】 2021年，民盟天心区工委广泛联系基层群众，关注和反映民生诉求，3篇社情民意分别被全国政协、湖南省政协和民盟中央采纳。召开区“两会”动员会，围绕事关民生和发展的问题，提交16条建议、提案，2篇建议被评为大会优秀建议。聚焦“智慧天心、融城核心”战略，着眼数字经济高质量发展，组织专门人员、集中智力资源、深入调查研究，撰写《关于建设天心区数字应用场景综合实验基地的可行性研究》，供区委决策参考。

【社会服务】 2021年，民盟天心区工委开展“烛光行动”，组织优秀盟员教师到花垣县雅酉镇下水村，宁乡市道林镇尹垅小学、邵阳县郦家坪镇中心小学等地，送教送培送文具。探索文庙坪同心社区创建工作，举办“月圆梦更圆、同心筑爱心”残疾人学烘焙、“同心同梦、爱满重阳”爱心义诊等活动。组织到新开铺街道木莲社区看望慰问一线防疫工作人员，捐赠口罩、消毒液、洗手液、饮料等物质。广泛发动盟员投身助学助困、安老助残、防疫救灾等社会公益活动。开展支部活动，学习盟史、盟章和统战知识，加强交流互动。参加民盟长沙市委第三届气排球赛、“初心杯”桥牌赛和区委统战部“同心羽毛球赛”“同心运动会”等比赛。

（本栏撰稿　周　科）

中国民主建国会长沙市天心区工委

【概况】 2021年，民建天心区工委把政治学习作为重中之重来抓，8月21日，召开工委班子（扩大）会议，传达学习习近平“七一”讲话精神和天心区第六次党代会上的报告；10月15日，区工委专题学习中共长沙市第十四届党代会精神；各支部多次举办专题学习会议。开展庆祝中国共产党成立100周年主题活动，3月13日，邀请中共长沙市委党校社会和文化教研部主任、湖南大学品牌形象研究所所长梁媛解读“文化自信”；5月16日，组织会员到长沙县杨开慧纪念馆、陈树湘烈士故居，开展庆祝中国共产党成立100周年系列活动之“缅怀革命先烈”中共党史学习教育；6月26日，举办“一台红歌颂党恩”活动。完成企业家联谊会的换届工作。通过党史快板歌的形式参与民建长沙市委学习中共中央总书记习近平“七一”重要讲话精神分享会。参与天心区统一战线“同心运动会”。摸底统计全区75周岁以上会员的名单，为开展定期不定期走访、慰问做准备。推进各支部会员之家建设和挂牌工作，除老年支部被批准不设立会员之家以外，其他支部会员之家建设均打造成功。

【参政议政】 2021年，民建天心区工委会员撰写社情民意10余篇，其中三支部江跃龙撰写的《双师型外聘老师报酬赋税过重现象亟待解决》被全国政协采用，获长沙市政协“优秀社情民意信息”一等奖；三支部肖超元、唐可参与撰写的《关于加大对村规民约合法性、规范性审查的建议》、三支部伍南撰写的《松材线虫病疫情防控问题须高度警惕》2篇社情民意被民建中央采纳，伍南的建议同时被市政协采纳；江跃龙撰写的《关于试行政府定期通报“基尼系数”制度、助推实现共同富裕的建议》《关于进一步完善住宅专项维修资金使用管理的几点建议》被湖南省政协采纳，刊登在“政协云”平台；五支部隆定军撰写的《关于高位推进长株潭绿心中央公园的建设的建议》以及江跃龙撰写的《规范野泳行为的几点建议》《社会应多关照“数字化弱势群体”老年人需求》被湖南民建研究院《每周社情》采用；三支部王德军撰写的《养老金资格认证应让数据多跑路，让老人少折腾》被市政协采纳。会员中的人大代表、政协委员均参与撰写提案、议案，江跃龙撰写的《以先进制造业和现代服务业深度融合，推动湖南智能制造高质量发展》的建议，收到“迎接党代会、谱写新篇章”建言献策活动办公室的感谢信。完成区委统战部的课题专题调研任务，由江跃龙作为执笔人报送《高质量发展天心现代物流业的调研报告》。

【社会服务】 2021年，民建天心区工委参与关爱失独家庭活动，让辖区这一孤独的群体被关注和关爱，吸引和带动越来越多的人和组织投身到社会服务事业中，起到示范作用。民建天心区工委以及各支部通过爱心捐赠、爱心慰问等形式为街道、社区一线的抗疫人员送上便携体温检测仪、消毒除菌的防疫应急物资、防暑物资等。开展捐资助学、爱心帮扶活动。区工委主委赵礼发被长沙市天心区“爱心天心”帮扶工作领导小组授予“爱心天心”帮扶工程爱心人士称号。

（本栏撰稿　周　科）

中国民主促进会长沙市天心区工委

【概况】 2021年，民进天心区工委完成民进长沙市委会2021年换届市委会员推荐工作以及区人大代表、政协委员换届推荐工作。天心区工委在民进长沙市委2020年度考核中获得综合考评一等奖；黄金利被评为民进全省履职能力建设先进个人；天心区工委一支部、女子学院支部被评为民进全市履职能力建设先进集体；陈铭、莫钦被评为民进全市履职能力建设先进个人。将中共党史学习教育贯穿2021年全年，4月，参加天心区统战部组织的“学史明理、学史增信、学史崇德、学史力行”主题中共党史学习教育活动；5月，到李维汉故居、李立三故居开展主题中共党史学习教育活动；6月，录制中国共产党成立100周年送祝福主题视频；6月26日，获得天心区统一战线“听党话、颂党恩、跟党走”党史知识抢答赛二等奖；8月，民进长沙市委“庆祝中国共产党成立100周年——多党合作·民进记忆”主题征稿活动中，民进天心区工委曹智慧获得特等奖，黄金利获得一等奖，范柏槐获三等奖；9月，民进长沙市委“学党史、颂党恩、跟党走”主题演讲比赛中，民进天心区工委获得一等奖。开展政治理论学习，结合“书香民进”读书活动，组织学习习近平《论中国共产党历史》、《习近平新时代中国特色社会主义思想学习问答》、中共中央总书记习近平“七一”重要讲话及在“七一勋章”颁授仪式上的讲话、《中国共产党统一战线工作条例》以及全国“两会”精神、中共十九届六中全会精神等。会员在党派和各自岗位上双岗建业，得到组织和所在单位的提拔重用：彭燕燕被提拔为天心区财政局总会计师、局班子成员，苏佳维为长沙市高新区湖南师大思沁学校学生发展处主任，唐芳芳被提拔为望城区电力公司五级职员，分管财务、后勤工作，左智唤被提拔为天鸿小学总务主任。彭燕燕《宁可一思进，莫在一思停》在《长沙民进》第二期选登，龚静《互联网资源与初中音乐教学的结合研究》发表在《中外交流》5期，龚静《初中音乐教学中民歌教学方法的创新与探索》发表在《花溪》，丁琪诗歌《狐狸岛》入选《2020湖南诗歌年选》，丁琪《五溪，鹤州》在2021年6月13日《长沙晚报》“端阳诗展”组诗选登，丁琪《我们都在大道上》组诗在《民主》2021年总第380期选登，丁琪诗歌《走向旺溪》入选《诗屋2020年选》，丁琪《我们都在大道上》组诗三首在2021总第123期《楚帆》杂志发表，丁琪诗歌《恋》获评2021“忘不了”全国微诗短视频大赛优秀奖，孙刚《浅析小学德育教育和安全管理》获省三等奖，《随班就读学生班级集体建设的实践研究》获市二等奖。参加区委统战部组织的“同心杯”羽毛球赛和区统一战线“同心运动会”。

【参政议政】 2021年，民进天心区工委组织会员进行“‘一军三区’怎么做”大讨论，开展《创新驱动长沙南部绿心产业发展助力长株潭一体化建设》统战课题和提案调研；“两会”期间，民进界别的代表、委员们撰写《外引内培，推进社区专职工作人员队伍建设》《深挖天心红色文化资源让“天心红”成为“中国红”》《实践“一军三区”战略创新大健康产业发展推进医学小镇建设》等建议、提案12篇。在区政协庆祝中国共产党成立100周年暨第五届委员会总结大会上，民进天心区工委黄金利、彭燕燕、莫跃飞获明星委员称号；区工委推荐并成功当选2名市政协委员，2名区人大代表(其中1名当选为人大常委，教科文卫委员)，7名区级政协委员（其中1名为望城区政协委员）；盛敏、谭凯、蔡巧芳等5人被选为区政协委组组长或副组长；因提案工作突出，盛敏、谭凯、蔡巧芳被区政协六届一次会议提案征集工作情况报告中点名表扬。彭燕燕的撰写的《先行一步创新探路打造中部网红经济第一强区》和《应对自贸区虹吸效应，抢抓区域经济发展新机遇》提案被采纳为区政协五届五次会议发言和专题协商发言稿和2021年度重点提案。10月在天心区“两会”中，向姗姗、黄金利作为新履职区人大代表接受“新湖南”、红网等媒体采访，莫跃飞、彭燕燕作为三届政协委员在红网《牢记使命、共谋发展——天心代表委员话履职》两会直播栏目中作履职分享。全年区工委组织会员撰写61篇社情民意，其中彭燕燕撰写的《以引进国内外名校，引领长沙中等教育跨越式发展的建议》和《推动医疗资源向基层下沉，以缓解看病难的建议》，董凰撰写的《深化改进中小学教师职称晋级制度的建议》被长沙市政协采纳；民进天心区工委湖南女子学院支部会员、湖南金州律师事务所律师莫钦反映的《关于差别化整治“氧化亚氮（笑气）”的建议》被民进中央采纳。区工委女子学院支部报送的《统一战线服务湖南自贸区建设优势分析及实现路径研究》被市委统战部选为2021年度统战政策理论研究立项课题。

【社会服务】 2021年春节前夕，民进天心区工委班子成员和各支部主委看望慰问党派老会员以及同心社区的困难群众；5月，区工委联合先锋小学举办“传国学经典，忆党史风华”校园文化节活动；6月，参加区委统战部组织的通道同心励志班的帮扶活动，捐赠4000元；7月，为困难群体送关怀发放篮球和羽毛球拍共400余个，奖品价值合计10万余元；8月，向同心联点白沙花园社区捐赠3000元抗疫物资、5000元慰问金，慰问一线抗疫工作人员，民进天心区爱心企业，工委委员、湖南湘杉教育科技有限公司（简称“湘杉教育”）总经理向姗姗率领其企业湘杉教育和彼一米森林儿童学院（简称“彼一米”）发起倡议，组织“同舟共济、驰援河南”募捐活动，募集款项20.82万元；9月30日，研究如何打造“青春里”同心社区教育实践基地相关事宜；11月，湖南女子学院支部到郴州市安仁县调研助力县域学校心理健康工作建设。

（本栏撰稿　周　科）

中国农工民主党长沙市天心区工委

【概况】 2021年，农工党天心区工委各支部完成基层组织改选，推选一批年青、有才干的基层组织负责人。农工党天心区工委多次组织学习活动，4月17日，天心区工委组织党员赴许光达故居、黄兴故居、湖南辛亥革命人物纪念馆参观学习；7月7日，组织学习习近平总书记“七一”重要讲话精神；8月31日，组织学习传达区第六次党代会精神；9月29日，组织开展“红船映天心，永远跟党走”学习教育活动；11月19日，组织学习传达中共十九届六中全会精神；11月20日，组织党员参加天心区委统战部“同心运动会”。4月17日，农工党天心区工委药业支部组织开展学习全国“两会”精神专题座谈会暨向“中国共产党成立100周年献礼”教育活动，到长沙龙喜博物馆开展推动乡村振兴产业发展学习交流讨论；5月15日，市中医院总支组织医院各民主党派成员到资兴市流华湾原资兴县苏维埃政府旧址，开展“走进苏维埃，精神永铭记”的学党史、感党恩的学习教育活动；6月3日，组织总支在职党员18人参加医院党外人士“永远跟党走，再创新辉煌”党史学习教育主题活动。

【社会服务】 2021年，农工党天心区工委中医院总支党员参加基层业务讲座、业务查房、业务培训等活动30余次，有2000人次基层医务人员接受培训；举行健康咨询和义诊活动22次，举办社区居民健康知识讲座11次，发放各类健康教育5000余份，受益群众1500余人。农工党党员李光焰向新化县枫林街道大水坪村捐赠医用口罩及防疫物资价值15万元，向新化县桑梓镇洪潮村卫生院捐赠医用药品价值10万元，向洞口县长塘瑶族乡捐赠防暑物资价值2万元，向张家界捐赠医用口罩、中药防疫包、二氧化氯泡腾片等防疫物资价值21.58万元；丁荣培、欧阳庆标、王菁、张维等各向赤岭路街道芙蓉南路社区捐赠党史书籍2套；欧阳庆标给金盆岭街道居民做核酸检测1200人，捐赠赤岭路街道抗疫医用口罩1.2万只，捐赠天心区文源街道状元坡社区抗疫医用口罩4000只。8月8日，区工委主委李光焰带队对赤岭路街道广厦新村社区走访慰问，捐赠医用防护药品及物资4.5万元，现金1万元；刘敏向赤岭路街道捐赠15箱84消毒液；张维组织南托商会向赤岭路街道捐赠蔬菜2吨。

【参政议政】 2021年，农工党天心区工委发动全体党员反映社情民意，帮助政府了解情况，协调关系，化解矛盾。开展乡村空间规划调研，撰写《关于加快沿江村村庄规划编制的建议》调研报告，并向区政协、区委统战部、农工党长沙市委提交提案10余件社情民意信息12条。在农工党中央2021年理论研究成果表彰评比活动中，农工党湖南省委会副主委、长沙市政协副主席龚振湘撰写的《不忘合作初心荣辱与共奏响新时代肝胆相照携手前进新篇章》和市委会专职副主委易介兵撰写的《国有企业和科研院所党外知识分子思想政治工作研究》等理论文章获三等奖，市委会机关三级调研员周锦民撰写的《统一战线参与乡村振兴战略实施研究》获一等奖，刘敏、市委会组织处长丁荣培作为天心区政协常委，向区政协提交提案《关于提高原民办教师工龄补贴标准的建议》《关于我区重点发展服务机器人产业的建议》。高智颖、周卫东等被推荐为长沙市政协委员，杨昕等被选举为长沙市人大代表，张维、郑英、饶俐、蒋亚辉、江映辉被推荐为天心区第六届政协委员。张维撰写的政协提案《关于加快推进土地流转集中连片的建议》，受到区政协和区政府重视，并组织专题调研；饶俐提交《关于减轻老年患者住院陪护难的建议》。

【爱岗敬业】 2021年，农工党天心区工委党员在不同行业、不同岗位，做好自身工作，展现农工党员风采。陈迎作为医院重症医学科副主任兼本部发热门诊主任，积极应对全国新冠疫情突发形势带来的高压防疫任务，排查近万黄码、红码就诊者及发热患者，未出现一例漏诊、误诊；何玉梅参加疫情防控的志愿服务，投身长沙县全员核酸采集紧急大行动。农工党党员吴小宁、李光焰获农工党中央脱贫攻坚工作全国先进个人称号；李光焰获共青团湖南省委、省青联“优秀青年”称号、长沙市优秀政协委员称号；党员王树江获长沙市优秀政协委员称号；党员冯杰经营的湖南善孝堂养老服务有限公司被评为长沙市龙头企业称号、长沙市“标杆引领先进基层党组织”称号等。退休党员时慧君参加国家优质服务基层行市级现场复核，参加长沙市三甲、二甲医院优秀病历评审。陈迎撰写论文多篇；参与湖南省自然基金《血清硫氧还原蛋白水平与脓毒症患者预后关系的前瞻性的队列研究》《成纤维生长因子19通过调控调节性T细胞分化保护脓毒症的作用和机制研究》结题研究；获得湖南省第一目击者救护培训师资并在院内、外培训学员600余人。高智颖获2021年度芙蓉区卫健局“优秀医师”称号。敖志坚、段菊屏、高智颖、贺选玲、李赵军、饶俐6人获2021年度医院“优秀医师”称号。郑英《诚信经营，为企业倍增行动保驾护航》获公司“庆百年、爱企业、献良策、做贡献”统战征文二等奖。张维获选长沙市首批新型职业农民高级职称。龙婕应邀参加在浙江富阳举办的农工党中央专委会新任委员工作交流会，受邀参加《天天向上》节目录制等活动。 （本栏撰稿　周　科）

中国致公党长沙市天心区工委

【概况】 2021年，致公党天心区工委组织召开支部党员代表大会，推选致公党长沙市第七次代表大会代表和推选委员，组织代表参会配合市委换届工作。6月中旬，完成工委班子换届工作，启用欧阳智、王柱、万强等一批年轻党员担当工委工作。6月21日，召开新一届班子第一次工作会议，就组织建设、参政议政、宣传、社会服务、侨海工作等进行责任分工。10月，原工委主委张磊因工作调动不能继续担任主委一职，经市委组织程序决定，由邓静当任工委主委。开展新党员的发展工作，考察、推荐发展新党员多名，来自科技、文化、医院、教育等多个行业。重视党员关爱关怀工作，通过18次走访深入了解党员学习、工作、生活状态。2月1日，区工委副主委王蓉带队到党员欧阳智企业进行走访；2月初，以新春问候为主题，白沙一支部主委万强带队走访慰问支部老党员谢国均、支部党员李丽；3月18日，城南一支部主委王蓉带队慰问老党员王棋南等；5月6日，城南二支部主委李旺带队走访党员贺利华工作的企业；7月1日，走访党员夏添所在企业阿里巴巴；10月13日，市委主委黄锋率队调研走访党员段雨汐所在的企业湖南学无界教育科技有限公司，党员陈强创办的长沙华中医卫科技中等职业学校等。党员冯彬入选长沙百名青商培养工程人选名单。白沙二支部打造“致公党员之家”，并被市委授牌。3月，参与市委组织的传达学习“两会”精神的会议；4月，安排党员参与区委统战部组织的2021年天心区统战（民宗）业务培训班学习；4月，在区工委指导下，城南二支部与株洲市株化支部结为友好支部，并进行第一次跨市联谊，双方对致公党史、乡村振兴等话题进行探讨和交流，现场创作书法作品，互赠留存纪念；城南一支部主委王蓉带队与宁乡经开区支部进行交流学习，走访宁乡经开区支部党员欧阳海金的企业；6月，组织党员参加区委统战部组织的“听党话、颂党恩、跟党走”天心区统一战线庆祝中国共产党成立100周年党史知识抢答赛活动，组织班子成员集中学习中共党史，进行中共党史教育；8月，举办工委党史学习分享会，通过思维导图的创新形式学习天心区

“十四五”规划；11月，组织开展传达学习中共十九届六中全会精神专题学习活动；11月，组织工委党员开展“学习党章·重温入党誓词”的主题活动，到田汉文化园进行参观学习。区工委羽毛球队参加区委统战部组织的统一战线“同心杯”羽毛球赛并获得冠军；联合岳麓区工委组织开展气排球友谊赛；参与市委体育专委会组织安排的气排球循环赛，组建天心工委气排球队。

【参政议政】 2021年，致公党天心区工委以支部为单位，围绕“乡村振兴”“自贸区建设”“长株潭一体化”等课题开展调研工作。4月，区工委与湖南农业大学继续教育学院联合组织乡村振兴主题调研活动，到省级美丽乡村示范村长沙县高桥镇金桥村进行考察学习，就美丽屋场建设、优秀家风传承、农村产业发展等课题与金桥村党总支书记史勇维进行交流。2021年湖南“两会”上，省人大代表，致公党员李丽提出“关于长沙市人行斑马线信号灯设置语音通行提示的建议”和“关于进一步完善长沙轨道交通无障碍设施的建议”，得到湖南省人大常委会党组书记、副主任刘莲玉牵头督办。通过致公党各级专业委员会平台推动党员参与参政议政工作。3月，经致公党中央主席会议研究决定，致公党市委常委、天心工委党员王静增补为致公党中央社会发展与服务委员会委员；天心工委党员周帅军增补为致公党中央经济委员会委员；天心工委党员王蓉增补为致公党中央文化委员会委员；天心工委党员王柱增补为致公党中央农业与农村委员会委员。

【社会服务】 2021年，致公党天心区依托党员李丽、万强所在的致公党精神助学基地开展社会服务，开展的“青柚课堂”性教育公益项目，走进13个（所）学校，9个社区，服务5569人次，“开绘啦”阅读点亮心灵公益项目培训50名志愿者，覆盖丰城小学、书院小学、仰天湖金峰小学、望麓园小学的20个班级，服务人次6064人。在多个社区开展家庭教育讲座，服务1650人次。3月，三医院支部主委邓洲子在大托铺街道桂井村御庭乡村文化公园开展“新冠疫苗知多少”主题讲堂活动，普及疫苗知识，5月19日在狮子山卫生服务站开展主题为“幸福家庭，关爱健康”的义诊活动；8月初，区工委派出党员参与湘园社区疫情防控，采购防暑物资为防疫人员“送清凉”；9月18日，区工委为湘园社区环卫工人、低保户、独居老人送去中秋慰问。 （本栏撰稿 周 科）

九三学社
长沙市天心区工委

【概况】 2021年，九三学社天心区工委发展人才新社员，完成新一届工委班子换届。开展社团活动，对青年社员的工作发展给予方向和帮助；开展多种形式交流学习等活动，增强社员间的凝聚力和集体荣誉感。区工委学习贯彻习近平总书记“七一”重要讲话精神会议，以及《中国共产党第十九届中央委员会第六次全体会议公报》《中共中央关于党的百年奋斗重大成就和历史经验的决议》和中国共产党长沙市第十四次代表大会精神。组织社员到郴州市汝城县，开展重温红色经典、传承爱国精神学习活动；举办“听党话·颂党恩·跟党走——赓续抗战精神砥砺复兴力量”主题观影活动；参加天心区统一战线“同心杯”羽毛球赛、“同心运动会”。

【参政议政】 2021年，九三学社天心区工委围绕规划重点，对社会热点问题进行分组调研，鼓励社员申报九三调研课题，开展调研活动，形成调研成果《对关于“双减”政策下天心区教育补位对策调研报告》。社员积极反映社情民意，撰写《关于如何打造“智慧天心”，提升百姓智慧感知的建议》《关于推进我区智慧旅游建设的建议》《关于加强对天心区健身行业监管的建议》《关于加强基层医疗对糖尿病患者的眼底普查建议》《关于加强对我区高层建筑外墙脱落维修监管的建议》《“双减”政策下关于引进培训机构优秀教师的建议》《金融创新有效赋能天心高质量发展的建议》《关于解决市区停车难问题的几点建议》等提案议案。政协天心区六届一次会议期间，区政协九三学社界别委员报送12份提案，涉及教育、大数据、智慧城市建设、城市管理等诸多领域。

【社会服务】 2021年，九三学社天心区工委完成“天心·通道同心励志班”三年帮扶助学行动，共捐赠50万元；向环卫工人赠送早餐、口罩、防寒手套和保温杯；向黄土岭社区一线防疫工作人员赠送医用口罩1万只及消毒洗手液、矿泉水等防疫物资。

（本栏撰稿 周 科）

群众团体

总工会

【概况】 长沙市天心区有14个街道工会联合会，1个园区工会联合会，1个农民工工会联合会，3个行业性工会联合会，13个战线工会，全区有基层工会组织7460家，其中规模以上企业工会164家，全区工会会员11万人。

2021年，天心区新建工会组织500家，发展会员7600余人；组织开展“十行状元、百优工匠”系列劳动竞赛、第二届“天心名优工匠”评选表彰活动等活动；做好困难职工解困脱困工作，实施精准分类帮扶；组织“天心工学堂”，开展党史学习教育系列活动，召开庆“五一”国际劳动节暨工会表彰授牌大会。

【工会组织建设】 2021年，天心区开展“八大群体”（货车司机、快递员、护工护理员、家政服务员、商场信息员、网约送餐员、房产中介员、保安员）调研摸底、建会入会，新建工会组织500家，发展会员7600余人。成立天心区货车运输行业工会联合会，是继天心区医疗康复行业护工、快递员入会的第三群体。完善“小三级”工会组织体系，完成基层工会组织规范化建设16家，指导5家企业工会创建市级模范职工之家。开展工会工作项目化推进、“活力工会”建设等创新性工作。开展1场非公企业开展集体协商专项调研指导工作培训会、1场工会干部培训会。加强工会干部队伍建设，强化社会化工会工作者管理。

【职工劳动竞赛】 2021年，天心区动员全区法人单位广泛开展劳动竞赛，组织电工、焊工、园艺设计等“十行状元、百优工匠”系列劳动竞赛暨选拔赛竞赛活动，组队参加市总工会组织的技能竞赛。区总工会推荐的区市政中心防涝排渍科排水队为省级工人先锋号，邮储银行长沙分行等2家单位、宋明星等4人、湖南红海人力资源有限公司后勤支撑中心等3个班组分别被评为长沙市“五一劳动奖状”先进单位、“五一劳动奖章”先进个人、“工人先锋号”班组。组织“中国梦·劳动美——永远跟党走奋进新征程”劳模工匠宣讲活动，邀请省级劳模刘珍、市级劳模何妙波作为代表，开展“劳模讲堂”活动。12个街道工会联合会组织劳模大讲堂。5月24—25日，组织全区各级劳动模范赴宁乡开展红色疗休养活动，为109位劳模发放慰问金6.5万元，组织60余名劳模集中体检。

【职工服务帮扶】 2021年，天心区对春节期间为1007名留长沙过年的职工发放“稳岗留工”特别慰问券20万元。做好工会经费支持扶贫消费，开展“两优一困送培训”活动，推进职工医疗互助、就业再就业、技能培训、心理咨询辅导等职工普惠服务，打造母婴关爱室和亲子关爱室。对疫情防控一线工作人员进行高温“送清凉”慰问活动，送去慰问物资及资金40万元，对全区一线医务人员发放慰问金43.2万元。落实协调劳动关系三方四家机制，联合区人社局开展工资集体协商“集中要约”行动，指导和监督全区1000余家企业签订工资集体协商，树立2家市级、14家区级企业工资集体协商推进典型。启动实施“八五”普法，引导广大职工学会用《中华人民共和国民法典》指引保护自身合法权益。在全区工会干部培训上开设法律专题讲座，深入基层工会普法，组织6场次“尊法守法·携手筑梦”法律讲座活动进楼宇、工地、企业。开展“一户一产业工人”培养工程工作，委托玉雅清濛培训学校、湖南新希望培训学校等培训机构，开展育婴员、养老护理员、家政服务员、焊工等技能培训，为参训、考试合格者颁发国家认证的资格证书。在基层工会宣传省总工会“求学圆梦行动”职工学历提升专项资金补贴，推动相关政策落实。深化劳动关系和谐企业（园区）创建，在全区创建10家户外劳动者服务站点，重点打造的中国建设银行芙蓉支行、文源街道户外劳动服务站点得到市总工会的肯定。

【职工素质引领】 2021年，天心区组织两季（100期）天心区产业工人网上学党史工运史——“天心工学堂”，近5000人次职工参与学习。加强“天心工会”职工微信平台日常运作。开展党史学习教育系列活动16次，活动内容涵盖党史知识竞赛、专题讲座、线上线下答题竞赛、参观红色教育基地、支部书记讲党史党课等。开展“学党史 探访党建先声地，铭信仰 续走革命新长征”“缅怀革命先烈，传承红色基因”祭奠英烈等学习教育活动。举办喜迎“建党100周年”职工短视频大赛和职工美术、书法、摄影竞赛。推进职工书屋建设，打造市级职工书屋示范点2家、区级职工书屋示范点10家。

【“文化惠职工·帮扶再提质”系列活动】 2021年元旦、春节期间，天心区总工会开展“文化惠职工·帮扶再提质”系列活动，为全区广大会员职工送出700份《湖南工人报》、240份《工人日报》，通过“天心工会”微信公众号开展为期20天网络有奖答题，为会员职工发放电影票1100张、图书券400张，邀请书法家手写春联，赠送给辖区2000名留长沙过年的会员职工。

【“五一”国际劳动节暨工会表彰授牌大会】 2021年4月30日，天心区2021年庆祝“五一”国际劳动节暨工会表彰授牌大会召开。区属各级劳模代表，区总工会第四届委员会委员、经审委员、女职工委员，各街道（园区）工会联合会和区属各战线工会主席及产业工人代表共200余人参加。长沙市总工会党组副书记、副主席匡涛涛，天心区委副书记、常务副区长周志军，区人大常委会副主任张少林等出席活动并为获得2019—2021年天心区工会系统“十佳工会组织”和“十佳工会工作者”颁奖，为6家天心区2021年“一户一产业工人”培训就业示范点授牌。区总工会党组成员、副主席曾松文现场宣读《关于2019—2021年天心区工会系统“双十佳”评选结果的通报》，区总工会党组成员、副主席何干才宣读《关于全区首批“一户一产业工人”培训就业示范点命名通报》，刘平平、夏利清、陈丽娜分别代表“十佳工会组织”“十佳工会工作者”“一户一产业工人培训就业示范点”发言。组织“中国梦·劳动美——永远跟党走奋进新征程”劳模工匠宣讲暨产业工人思想政治教育活动，邀请省级劳模刘珍、市级劳模何妙波作为代表，讲述为经济社会发展作贡献的真实故事。

【成立天心区货车运输行业工会联合会】 2021年7月25日，天心区货车运输行业工会联合会挂牌成立，苏旻昱任联合会主席。作为中南地区最大的钢铁物流集群，天心区黑石铺街道一力物流园区常驻货车就有500余辆，每天有1000余车次的运输需求，是长沙南部片区乃至长株潭运输量最集中、货车司机最集中的区域。联合会涵盖5家货车运输行业企业工会，按照联合制、代表制组成，下辖1家个体货车司机联合工会。2021年，组织两季（100期）天心区新就业形态劳动者网上学党史工运史——“天心工学堂”，近1000人次货车司机会员“打卡”学习；为货运司机会员发放防暑降温物资2万元，在“工会进万家·新就业形态劳动者温暖行动”服务月活动中，为300余名货运司机购买职工医疗互助，为困难货运司机发放米、油、口罩等物资100份，为8名困难货运司机发放慰问金3万元。

【“十行状元、百优工匠”竞赛】 2021年8月27—31日，天心区总工会联合区园林绿化维护中心工会、南郊公园工会，组织开展“十行状元、百优工匠”园艺设计项目集中培训。培训邀请中南林业科技大学风景园林学院陈月华、杨柳青2名教授，对园林树木修剪的基础知识、修剪的目的及园林应用、树木造型艺术等专业知识进行讲解，在南郊公园进行实操训练。通过理论考试及实操考核，选拔6名园艺设计项目选手，代表天心区参加市赛。8月31日，区总工会在晓光工匠学院举办天心区焊工技能竞赛暨长沙市“十行状元、百优工匠”竞赛选拔赛。湖南红海人力资源有限公司、中交一公局桥隧工程有限公司、湖南金龙给水设备有限公司等企业工会选送的吴蓓蕾、刘强、张广德、陈强、李斌、黄明辉分别获得金、银、铜奖及优秀选手奖，文源街道工会联合会获得优秀组织奖。9月10日，长沙市2021年“十行状元、百优工匠”职工职业技能竞赛各个行业（工种）决赛启动。代表天心区参赛的湖南红海人力资源有限公司的吴蓓蕾、刘强获得焊工奖；绿盟（湖南）网络安全技术有限公司的陈国获网络信息安全奖。

（本栏撰稿　杨　娴）

共青团

【概况】　中国共产主义青年团长沙市天心区委员会（简称“团区委”）有下级团组织642个，其中团委21个，团工委17个，团总支6个，团支部523个，有团员6476人。

2021年，团区委坚持以党建带团建，履行凝聚青年、组织动员青年、联系服务青年的基本职责，全年发展学校团员993名，团员推优入党23人，完成社区（村）团组织换届；开展“高举团旗跟党走勇当发展生力军”主题征文活动、沉浸式主题党日活动、青年大学习以奖促学促消费活动；青年社会组织投身防疫知识宣传、物资捐赠、心理咨询、社区治理等各项工作；开展研学天心系列活动、“缘分宅不住”天心专场线上联谊活动、“长青护”心理健康护航计划、长沙蓝·青少年垃圾分类公益志愿活动、主题助学活动、“青工匠”示范性培训宣讲等活动。在2021年度长沙共青团工作考核中，团区委排区（县）第一，获评“红旗单位”，在市对区“预防青少年犯罪”考评中获得考核满分。天心区新开铺街道桥头社区“青年之家”团校实践基地项目被评为长沙市“青年之家”创新项目展评大赛三等奖。

【共青团组织建设】　2021年，团天心区委作为26家国家级县域共青团改革试点之一，全面深化改革，坚持团要管团，从严治团，夯实团的政治基础、组织基础、群众基础。全年发展学校团员993名，在天心区青志协中发展社会领域团员11名，并将团员档案全部扫描录入智慧团建系统，全区无违规入团情况。推进“智慧团建”系统完善团员、团干、组织信息，做好全年团员清理工作及“学社衔接”等工作，“学社衔接”率100%。开展“推优入党”，全年团员推优入党23人。指导黑色经典等“两新”组织建立团组织，社会领域新增191家，增幅90.95%。推荐长沙市优秀共青团员2名，长沙市优秀共青团干部4名，长沙市五四红旗团委3个，长沙市五四红旗团支部（总支）2个。推进“青年之家”的建设，全年创建2个市级青年之家，共有“青年之家”32家，全区14个街道均有阵地覆盖。在赤岭路白沙花园社区建立团代表联络站。探索少先队员参与校外活动新途径，新增天心阁、南郊公园等6个少先队实践基地，在14个街道规范成立15家社区少工委。2021年1月，组织全区村（社区）团组织换届选举，完成社区（村）团组织换届和新一轮团干部培训。10月18—20日，天心区共青团干部2021年度党史学习教育暨创新与能力提升专题培训班开班，区属一级团组织相关负责人及部分青年文明号创建集体、青年岗位能手、非公企业代表参加。区委副书记、统战部部长叶妙出席并作动员讲话。为强化团教协作，推进学校共青团改革和少先队工作纵深推进，团区委11月与区教育局联合发布天团联发〔2021〕1号文件《关于成立共青团天心区教育工作委员会的通知》，正式成立教育团工委，按照工作职责下设“三部一室”，由办公室、组织部、宣传部、学校部组成。

【政治思想引领】　2021年，天心区团属微信号、视频号“青年天心”粉丝6万人，年均推送600余条；原创MG动画、视频《天心为什么这样红》《天心青年·奋斗最当时》等作品点击率破百万。天心区少先队辅导员代表队以团体总分第一名的成绩，获得长沙市2021年少先队辅导员风采大赛冠军；天心区《少年立志正当时》少先队活动课获评“2021全国优质少先队活动课”。开展青年大学习以奖促学促消费活动，全年学习人数5万余人次，“青年大学习”单期学习率218%。深化“向日葵”青少年信仰领航工程和“小树苗”红色基因传承行动，推选100名红色讲解员和100名红色宣讲员的活动。通过参观湖南革命场馆、红色教育基地，少先队员成为党史小小宣讲员，传播党史知识和红色文化。

【服务社会发展】　2021年，天心区吸收增补一批青年大学生和社会组织，夯实志愿服务队伍力量。新冠肺炎疫情期间，天心区青志协、青企协、小蜜蜂志愿者协会等20余家青年社会组织投身志愿服务工作，筹得防疫物资56万元，1万余名青年雷锋志愿开展志愿服务超10万余小时。深化“河小青护河长青”“文明天心青年行”“青聚力·公益100”等品牌项目内涵。组织动员辖区团员青年广泛参与志愿服务活动，涉及义务植树、护卫环保、法律咨询、公益公考培训等多个领域。

【服务青少年】 2021年，天心区深化青年突击队、青年文明号、青年岗位能手等“青”字号品牌项目时代内涵，推报省级青年岗位能手1名、市级青年岗位能手9名、青年文明号6家、“向上向善”好青年4名、长沙农村青年十佳“领头雁”4名，推评45名来自基层社区、教育、医疗、企业等一线领域青年获区级称号。开展100余期研学天心系列活动，通过科技教育、法治宣传、应急逃生技能培训、非遗手工课程、禁毒防艾、防性侵教育等内容，受众青少年人群1万余人，被《人民日报》、新华社等央媒报道7次，省、市级主流媒体报道53次，媒体转载150余次。开展“缘分宅不住”天心专场线上联谊活动，搭建单身青年互相认识了解的平台；开展“长青护”心理健康护航计划，举办中高考心理讲座4场；开展青年志愿者爱心护航高考活动；开展“筑牢禁毒防线守护无毒青春”禁毒宣传进高校活动。承办长沙市“从小学先锋长大做先锋”2021年少先队员红色故事演讲比赛，天心区3名学生获得演讲比赛中学组特等奖，15名学生获得演讲比赛小学组特等奖。7月16日起，团区委联合长沙市飞翔教育发展中心、长沙农商银行在坡子街社区、白沙井社区等15个社区持续开展长沙蓝·青少年垃圾分类公益志愿活动，辖区内500余名青少年参与。组织开展天心区第二十四届“芙蓉学子”大型公益活动、“湘窖·我的大学梦——2021公益助学活动”“圆梦行动”主题助学活动，资助辖区内6名困难学生圆梦大学。启动并实施“希望小屋”爱心帮扶项目，确定7户改造对象并对其居住环境进行改造。成立天心青年反电诈志愿队。开展2021年天心区“青工匠”示范性培训宣讲活动，湖南工程技师学院（筹）2000余名学生通过“线上＋线下”形式参与学习。

【天心区团组织换届选举】 2021年2月，天心区98个团组织换届选举工作完成。选举产生新一届基层团组织班子197人，平均年龄32岁，其中，“90后”80人，大托铺街道、文源街道等村（社区）团支部书记均由村（社区）书记担任。自换届工作启动以来，天心区成立全区村（社区）团组织换届选举工作领导小组，负责统筹协调、指导监督全区基层团组织换届选举工作，各街道团工委负责人发挥主体责任，对换届选举过程进行具体指导。下发《共青团天心区委关于结合全区村（居）“两委”换届选举开展村（社区）团组织集中换届工作指引的通知》；各街道团工委明确换届工作的流程性与时间点。团区委班子成员及工作人员深入挂点街道，指导统筹谋划、督促摸清底数、因地制宜、分类推进。该次换届选举，为村（社区）团支部队伍注入新鲜血液，有利于发挥社区团组织服务社会、服务青年、服务基层的职能作用。

【第一届“青聚力·公益100”志愿服务项目展】 2021年3月24日，天心区第一届“青聚力·公益100”志愿服务项目展暨“青春耀百年志愿新征程”学雷锋志愿服务活动在长沙市红网演播中心举行。天心区委常委、宣传部部长肖雄伟，来自天心区各团组织、青年之家相关负责人及长沙理工大学、中南林业科技大学、湖南开放大学（湖南网络工程职业学院）等高校志愿者在内的共280余人参加活动。团长沙市委基层工作部部长余晓玲、天心区文源街道工委书记许伟斌为14名雷锋星优秀青年志愿者颁发证书；来自社会组织、高校及政府机关的3位青年志愿者代表汤俊杰、宋易泽、谭巧分享自己的志愿故事。2021年天心区第一届“青聚力·公益100”志愿服务项目发布，其中来自高校“行走的环教课堂”等5个项目与天心区白沙井社区等5家“青年之家”负责人现场签订合作协议。“青聚力·公益100”志愿服务项目的发布，有利于让更多市民了解志愿服务、参与志愿服务。

【五四研学活动】 2021年4月29日，“青春耀百年天心我代言”天心区五四研学活动在天心阁举行。团长沙市委副书记周坤，天心区委副书记、常务副区长、区委党校校长周志军，区委常委、宣传部部长肖雄伟及近300名青少年参加。启动仪式结束后，举办青英汇第七期——“建功长株潭融城发展、共创新青年美好未来”主题沙龙活动，来自长株潭城市群的优秀青年企业家代表、社会组织代表、基层团队干部约40余人共话天心区融城发展。从天心阁到网红店超级文和友、千年学府第一师范，再到创业乐园——创谷·长沙天心文化（广告）产业园，团区委为青少年设计一条研学打卡线路，通过研学打卡，带领辖区青少年了解天心历史，感受时代变迁和发展历程。

【国家级县域共青团基层改革试点】 2021年5月，团中央下发中青发〔2021〕5号《关于扩大县域共青团基层组织改革试点的指导意见》，围绕改革团的工作力量选用机制、改革组织设置和运行机制、改革团员发展和教育管理机制、推动完善地方党的领导机制和支持保障四个方面，十个重点目标，34项具体举措进行改革。2021年6月，天心区被确立为全省26个国家级县域共青团基层组织改革试点之一。8月19日，天心区共青团改革（国家级）试点工作推进会召开，区委副书记、统战部部长叶妙出席会议并讲话。9月8日，天心区召开学校共青团工作推进会，团区委、区教育局相关负责人，辖区20所中小学负责人及团委书记、团干参会。10月15日，团省委基层组织建设部一级调研员易志姣一行到天心区督导县域共青团基层组织改革试点工作，团市委基层工作部、团天心区委有关负责人参加。

【天心区青年反电信网络诈骗志愿队成立】 2021年6月8日，长沙市天心区青年反电信网络诈骗志愿队成立仪式暨专题培训讲座顺利举行。团天心区委对反电信网络诈骗志愿队进行授旗。志愿队队长李文海表态发言。湖南省志愿服务联合会副会长杨士泉分享志愿服务工作心得，从“志愿者做什么、志愿服务中需要学习什么、如何做一名开心快乐的志愿者”3个维度进行讲解。长沙市公安局天心分局民警陈慧通过大数据对比、案例分析、有奖问答等方式，传授“如何用反电诈思维来反电诈”经验。天心青年反电信网络诈骗志愿队是长沙市第一支青年反电诈志愿队，有利于通过“线上＋线下”的方式守卫人民群众的财产安全。

2021年8月19日，天心区共青团改革（国家级）试点工作推进会召开
（团区委供图）

【天心区组织召开年轻干部座谈会】 2021年5月7日，天心区组织召开全区年轻干部座谈会。10名来自不同岗位的年轻干部围绕“一军三区”建设中年轻干部的担当作为进行交流发言。天心区委书记刘汇强调，要加强对共青团和青年工作的领导，加强对年轻干部的关心、指导和帮助，增强引领凝聚青年、组织动员青年、联系服务青年的能力，团结带领广大青年为“智慧天心、融城核心”建设贡献青春智慧、青春力量。

【“保护湘江母亲河河小青护河长清”志愿服务】 2021年9月18日，天心区开展“保护湘江母亲河河小青护河长清”新时代文明实践志愿服务。来自天心区青年志愿者协会、区水滴志愿者协会、区先锋远征营、区崇善公益联盟等组织，以及辖区内高校等共280余名青年志愿者参与。活动开始前，团天心区委对志愿者职责范围、注意事项等进行讲解，水滴志愿者协会进行垃圾分类知识普及。志愿者们沿着湘江河岸进行清理垃圾，以实际行动传递文明理念。

【创新与能力提升专题培训班】 2021年10月18—20日，天心区共青团干部2021年度党史学习教育暨创新与能力提升专题培训班开班。区属一级团组织相关负责人及部分青年文明号创建集体、青年岗位能手、非公企业代表参加。天心区委副书记、统战部部长叶妙出席并作动员讲话。团长沙市委副书记周坤、团天心区委书记周云分别对市、区党代会精神进行传达，团市委基层工作部副部长邓旺讲授团务课。培训安排学员到胡耀邦故居进行参观学习，实地观摩长沙市青年人才驿站芙蓉区站、浏阳市团代表联络站、浏阳市朝阳社区青年之家、芙蓉区德政园社区团支部、赤岭路街道白沙花园团代表联络站、天心区青年人才服务中心等团属阵地，与各单位团组织负责人围绕“党团队一体化”建设、团组织如何有效凝聚青年、积极引导青年参与社会治理创新等工作进行交流探讨。该次培训班，有利于发挥“党建带团建”工作优势，提升团干部政治理论水平和业务能力素养。

2021 年 11 月 12 日，中国少年先锋队长沙市天心区第一次代表大会召开

（团区委供图）

【天心区第一次少代会】 2021年11月12日，中国少年先锋队长沙市天心区第一次代表大会召开。团长沙市委副书记金甜，天心区政府党组成员、副区长王钰莹，区教育局党委书记、局长张伟，团区委书记周云以及全区 243 名代表参加会议。张伟向大会致开幕词，周云以《高举队旗跟党走同心聚力谱新篇——为建设“智慧天心融城核心”时刻准备着》为题向大会作工作报告。辖区中小学的少先队员代表向大会提交红领巾小提案，区科技局、区文旅体育局相关部门负责人就提案内容予以现场答复。大会选举产生中国少年先锋队天心区第一届少先队工作委员会，46 人当选为委员。会议邀请天心区委副书记、统战部部长叶妙任名誉主任，王钰莹当选区第一届少工委主任。

（本栏撰稿　李贞缜）

妇　联

【概况】 2021 年，天心区妇联履行保障妇女儿童权益职责，加强基层妇联组织建设，注重打造特色亮点工作，社区（村）妇联完成换届，开展妇联干部培训、“区级文明家庭”表彰、巾帼心向党建功“十四五”主题活动，参与“出手吧，姐姐”公益项目。桂花坪街道工委书记周钰沂获评全国“三八红旗手”。区妇联获 2021 年度湖南省妇联系统宣传舆论阵地建设表现突出单位、2016—2020 年全市普法工作先进集体称号。

【妇联基层组织建设】 2021 年，天心区 98 个社区（村）妇联与“两委”同步完成换届。对街道、社区（村）妇联主席、妇联干部开展培训。规范、丰富妇女儿童之家活动，推荐市级“示范妇女儿童之家”3 个，评选区级“示范妇女儿童之家”5 个。

【维护妇女儿童权益】 2021 年，天心区对《天心区妇女儿童发展规划（2016—2020 年）》指标开展监测，并进行终期评估。编制出台《天心区妇女儿童发展规划（2021—2025 年）》。受理调解 487 起，调解和好 225 对，和平离婚 262 对。全区各级妇联开展“建设法治天心巾帼在行动”普法宣传 50 余场。

【服务妇儿民生】 2021 年，天心区妇联联合崇善公益联盟针对单亲家庭开展“忘忧草”馨家园项目，开展权益维护、心理沙龙、家庭教育促进法讲座等活动 10 余场；助力“爱心天心帮扶”，发动 20 余名巾帼志愿者定期走访慰问帮扶对象；动员基层妇联组织和执委、巾帼志愿者、妇女群众在疫情防控、禁毒、垃圾分类、防溺水、安全生产等工作中发挥作用，开展宣传讲座、公益志愿服务等活动 200 余场。利用春节、“六一”儿童节对 33 名留守、困境儿童进行慰问；“六一”儿童节期间联合桂井小学举行校园心理剧展演，为 264 名学生们送上节日礼物；联合李丽心灵教育中心开展“青柚课堂”性教育讲座 61 场，覆盖 2880 人次。

【引领巾帼建功】 2021年，天心区推荐长沙市雅礼外国语学校英语组为市级“巾帼文明岗”，推荐广厦新村社区为市级“巾帼建功先进集体”，推荐广厦新村社区卫生服务站站长唐香军为市级“巾帼建功标兵”。联合湖南贝林母婴开展女性职业技能免费培训35场，累计培训1500余人次。

【推进家庭文明建设】 2021年，天心区妇联推荐市级文明家庭8户、市级最美家庭6户、市级五好家庭2户、市级绿色家庭2户；举办天心区“区级文明家庭”表彰暨“颂党恩传家风”家风家训宣传活动。推进家庭教育，全区各级妇联组织开展家庭教育讲座120余场；利用“天心女性”微信公众号对康姣、肖晓辉、刘珍、蒋苒、丁甜、刘婵等全国、省、市级先进个人，市、区级疫情防控“最美家庭”，基层妇联执委“微故事”等天心优秀女性、单位、家庭进行宣传。

【助推乡村振兴】 2021年，天心区妇联开展“户帮户亲帮亲”活动，为暮云街道、南托街道300余名建档立卡脱贫户女性每人捐赠1份价值100元的“湘女关爱保”；联合区农业农村局开展创建市级“最美庭院”工作，推荐山有舍为市级“巾帼示范休闲农庄”。联合区卫健局完成农村适龄妇女“两癌”免费检查1400人，完成率107%；申请中央级“两癌”救助名额2个（1万元/人），市级名额4个（3000元/人）；参与“出手吧，姐姐”公益项目。

【“巾帼心向党　建功‘十四五’”主题活动】 2021年“三八”国际妇女节期间，天心区妇联面向全区各街道和部门以及数字、金融、文化、公益、服务等行业邀请26名优秀女性代表，以“巾帼心向党建功‘十四五’”为主题，畅谈“十四五”期间，立足岗位工作，为建设“智慧天心融城核心”贡献巾帼力量。活动被拍摄成短视频，在红网、“天心女性”等媒体分批展播，先后有“新湖南”客户端、凤凰网等10余家媒体网络进行宣传报道。

【“出手吧，姐姐”公益项目】 2021年6—12月，天心区妇联参与“出手吧，姐姐”公益项目，在腾讯平台募集善款14.36万元，对区内“两癌”困境妇女、留守妇女，以及因疾病、残疾、失独、单亲等陷入困境的63名妇女进行帮扶慰问。区委副书记叶妙带队走访慰问文源街道“两癌”困境妇女陈某华，红网进行宣传报道。

【“区级文明家庭”表彰】 2021年6月17日，天心区“区级文明家庭”表彰暨“颂党恩传家风”家风家训宣传活动举行。区直各单位、各街道纪检专干，各街道分管妇联工作负责人、妇联专干以及区级文明家庭获奖代表等近百人参加会议。活动宣读《关于表彰天心区2020年“文明家庭”的通报》，区妇联主席孙咏华、区文明办副主任龚细梅为区级文明家

2021年10月14日，天心区2021年妇女干部培训班开班仪式举行　（区妇联供图）

庭颁发获奖证；家庭教育专家、全国德育教育先进个人、湖南省教育学会亲子教育委员会秘书长杨智钧开展家风家训专题讲座，对《湖南省家庭教育促进条例》进行解读。

【妇联干部培训班】 2021年10月14日，天心区2021年妇联干部培训班在政府南栋九楼会议室举办。全区妇联执委，各街道分管妇联工作领导，街道、战线、社区（村）妇联专干等130余人参加培训。天心区委副书记、统战部部长、区委党校校长叶妙出席开班仪式并作动员讲话。长沙市妇联党组书记、主席文方传达学习长沙市第十四次党代会精神，解读《2021—2030年中国妇女儿童发展纲要》和《湖南省家庭教育促进条例》，讲授如何做好当前妇联工作。培训邀请长沙市社科联副主席赵景利，天心区民宗局副局长徐卫星、区婚调委调解员邹美红等专家学者对家风建设、妇女维权、民族宗教知识等方面进行专题授课。

（本栏撰稿　焦　畅）

科　协

【概况】 2021年，天心区落实《全民科学素质行动计划纲要实施方案（2021—2025年）》，2021年天心区全国科普日线上科普宣传活动，被中国科协评为2021年全国科普日优秀活动承办上级活动长株潭科普大篷车联合巡展启动仪式；举办特色活动首届区科技工作者乒乓球赛、新时代文明实践科普志愿服务活动、全国科普日“六大联合”行动等；开展常态活动“天心科普大讲堂”进基层60场。选举出科协新一届领导机构，将科普经费列入同级财政预算，全年投入经费133.2万元。湖南爱尔眼科医院科普基地获评为省级科普教育基地，长沙市青少年眼健康科普教育实践基地获评为长沙市专业科普场馆（基地），文源街道文源社区等5个社区被评为市级科普社区。

【科协组织建设】 2021年，天心区科协完成换届选举工作。全区98个社区（村）全部成立科普小组；爱尔眼科长沙医院成立企业科协组织。截至2021年年底，全区有5个科普e站，12个科普社区，4个科普基地。注册1200余人的科技志愿者队伍，成立天心区科普教育学会、长沙爱尔眼科医院、长沙蓝天应急救援服务中心3支特色志愿者团队，开展志愿服务活动80余场次。注册成立近2.4万人的科普信息员队伍，全年支持街道科普经费31万元。针对企业科协、院士专家工作站、市级科普社区创建等内容开展上门服务培训11次。举荐湖南省林业科学院院长、湖南奇异生物科技有限公司技术总经理李昌珠，中电四十八所所长、湖南楚微半导体科技有限公司董事长龚杰洪获评长沙市优秀科技创新创业领军人才，长沙理工大学教授李传常获长沙市优秀杰出创新青年称号。

【“科普天心”品牌】 2021年，天心区科协开展“天心科普大讲堂”活动，打造“科普天心”品牌。科普大讲堂引进长沙爱尔眼科医院、湖南博风航空技术公司、湖南菁乐园教育科技公司等专业机构，引入中南大学教授刘小文，世界记忆大师刘建辰，持有航空驾照的教练万坤和爱尔眼科医院的彭真等专家进行授课。推出大疆无人机和大疆机甲机器人科普体验项目。2021年度“天心科普大讲堂”开展61场基层科普讲座（体验）活动，涵盖天心区12个街道，30个社区，22所中小学，累计参加活动人数7127人次。

【2021年全国科技工作者日活动】 2021年5月8日，天心区科技工作者乒乓球赛在长沙市体育训练竞赛管理中心举行。全区14个街道办事处、区教育局、区卫健局等17家单位共180名科技工作者参加。区科协组建天心区科技工作者队参加“长沙市第四届‘科技工作者杯’乒乓球赛”，获男子团体第五名。5月31日，天心区2021年全国科技工作者日主场活动暨新时代文明实践科普志愿服务活动在龙湾小学举行。长沙市科协党组成员、副主席夏立新，天心区委常委、宣传部部长肖雄伟出席。活动向天心区科普教育学会、长沙爱尔眼科医院、长沙蓝天应急救援服务中心3个优秀志愿者团队授旗。现场活动包括大疆机甲大师方阵编队表演等科技表演，以及轨道四驱车竞赛PK赛、陶瓷3D打印等科技体验等。

【2021年全国科普日活动】 2021年9月，天心区开展全国科普日活动，包括2021年长株潭三市“科普大篷车”联合巡展活动启动式、“发现天心科技之美——探秘重点实验室”科普宣传活动、园区企业联合行动、校园科普联合行动、科普阵地联合行动5个科普活动。9月14日，2021年长株潭

“科普大篷车”联合巡展启动仪式在长郡天心实验学校举行。湖南省科协副主席刘晓河、长沙市科协副主席夏立新、株洲市科协副主席管葵、湘潭市科协副主席易波等参加活动。科普大篷车带来陶瓷3D打印、激光雕刻机、机甲大师对抗体验赛、遥控模型汽车、无人机等各种科技体验活动，以及时光隧道长廊、《红色百年路 科普万里行》展报。心理咨询师周语坤带来“如何适应小升初”心理健康科普讲座。省、市领导参观肖宗文科技创客中心。开展“发现天心科技之美——探秘重点实验室”科普宣传活动，区科协联合辖区范围内的4个重点实验室通过5个系列短视频展播及线上科普研学H5进行集中宣传，系列视频以发现天心科技之美——探秘“重点实验室”天心区国家级、省级重点实验室宣传视频，总结各重点实验室的拳头项目成果，以及应用方向所能推动经济社会发展过程中的突出成效。开展园区企业联合行动，天心经开区联合园区企业搜集企业内拥有的科普资源和素材，通过线上展示等形式，面向大众展示园区科技创新实力，园区联合星辰在线推出《天心数谷数一数二》新媒体视频专题。开展校园科普联合行动，开展“智能时代·逐梦成长”天心区中小学生现场创意编程竞赛、“倡导绿色发展，服务生态建设”三个“一”节能环保评选活动，举办“校园科技节”、线上科创名师“科普大讲堂”，针对偏远薄弱学校开展送教到校“发明创新就在我们身边”等课程。开展科普阵地联合行动，天心区下辖各学校、社区，利用社区科普e站等各类科普教育场馆，开展科普展览科普宣传活动。

【天心区科协第三次代表大会】 2021年12月22日，天心区科协第三次代表大会召开。长沙市科协党组书记、副主席李范坤，天心区委书记吴新伟，区委副书记、统战部部长叶妙，区委常委、组织部部长张建等参加。会议听取和审议区科协第二届委员会工作报告。吴新伟勉励新一届科协代表要在促进高质量发展上作出新贡献，在提升全民科学素质上取得新成效，在服务广大科技人才上展现新作为，在加强科协组织建设上树立新形象。天心区科协第三届委员会增加优秀中青年科技人才、科技企业代表和基层科技工作者在委员会中的比例，从高校、科研院所、高新企业、医院、园区、街道、区直部门、学会等推选38名委员。经天心区科协第三届委员会第一次全体会议选举，杨倩当选区科协第三届委员会主席，谢小宁当选专职副主席，夏晓波、胡宏伟、肖祥武3人当选兼职副主席。

（本栏撰稿 刘晨凌）

2021年12月22日，天心区科学技术协会第三次代表大会召开

（区科协供图）

工商联

【概况】 2021年，长沙市天心区工商业联合会（简称“区工商联”）发挥桥梁纽带和助手作用，服务民营经济高质量发展。区工商联获评“全国工商联2021年度民营企业调查点工作先进示范单位”“2020—2021年度全国‘五好’县级工商联”“2021年度湖南省‘五好’县级工商联”称号。

【工商联组织建设】 2021年，天心区工商联（商会）完成换届选举工作，注册成立天心区青年企业家商会。13个街道商会均成立功能型商会党支部；15个商会均被市工商联评为“四好”商会，推荐4名会长和1名秘书长均被评为“优秀会长”和“优秀秘书长”。截至2021年年底，区工商联有16个商会，其中14个街道商会，1个行业商会（天心区汽车6S街区商会），1个青商会（天心区青年企业家商会）。

【招商引资】 2021年，天心区工商联（商会）引进长沙长亮数金科技有限公司签订入驻协议，落户天心区文源街道；到深圳参加中国（湖南）自由贸易试验区长沙片区推介会暨深圳市长沙商会2021年迎新春联谊会；邀请中联影视集团、海外华强代表、嘉兴湖南商会等企业和商会到天心区考察洽谈；走访湖南省温州商会、湖南省甘肃商会、湖南省浙江商会等异地商会；开展“引老乡、回故乡、建家乡”活动。

【扶贫帮困】 2021年，天心区工商联与区委统战部组织13名爱心企业家到通道侗族自治县开展天心“同心励志班”捐赠助学活动，一对一结对帮通道51名学生；在龙山县建立帮扶车间，为邵阳县九公桥敬老院捐款7万元；“七一”前向天心区赤岭路街道南大桥社区党员捐赠140套党史学习教育书籍；引导民营企业参与“万企帮万村”行动；发动民营企业家为郑州洪灾、长沙疫情进行爱心捐赠，筹集款项物资200万余元；定期对网格联点贫困人员进行走访慰问活动。

【优化营商环境】 2021年，天心区工商联畅通政企沟通渠道，建立健全帮扶企业工作联动机制。全年召开政企恳谈会4次，其中举办“商汇天心”政企恳谈会汽车6S街区专场，收集汽车行业企业14项意见建议；举办“商汇天心”政企恳谈会企业家活动日专场，收集问题建议35项意见建议；区工商联多方联动协调，将问题清单提请区政府督查室实施督办，于12月全部妥善解决。举办3次非公有制经济领域维权联工作例会，为参会企业现场答疑。组织开展天心区“诚信之星”评选活动。成立15个工商联（商会）系统商事调解中心，2021年纠纷调解率96%。

【服务经济社会】 2021年，天心区工商联开展“民企大走访·同心促发展”活动，实地走访民营企业、行业商协会60余家，发放《惠企政策操作指南》1000余本。推行宣传“免申即享”政策清单，政策兑现企业名单等，天心区“免申即享”惠企政策第一批兑现资金169万全部到账，71家企业成为首批享受“政策红利者”。组织200余家企业参加全国工商联开展的5期网络问卷调查工作，获评“全国工商联2021年度民营企业调查点工作先进示范单位”。联合区金融事务中心召开银企对接会6次，为企业解决融资6000万余元。用好“区长企业接待日”，为企业排忧解难。

【“诚信之星”评选活动】 2021年，天心区组织开展全区2021年“诚信之星”评比活动。通过宣传发动、单位推荐、部门联审、信用核查等环节，评选出长沙农村商业银行股份有限公司木莲支行、湖南搏海工程设计有限公司等10家“诚信之星”先进单位和湖南汉坤实业有限公司董事长康望才、长沙华远商业管理有限公司总经理荆健等8位“诚信之星”先进个人。

【天心赢商学院】 2021年，天心区工商联邀请业界专家学者、企业高管开展4期“天心赢商学院”民营领军人才培训，培训企业管理人员800余人次，提升天心企业的经营管理水平和创新发展能力。3月3日，“天心赢商学院”第一期“三高四新展现天心她力量”民营企业女企业家座谈会暨《民法典》专题讲座活动举办，邀请资深律师围绕资产处置、知识产权等热点话题，以及案例进行法律专业讲解。4月28日，“天心赢商学院”第二期全区重点骨干企业网上舆论引导专题培训班开班，以实际案例阐述媒体网络舆论总体态势、网络舆情易发领域及热点成因问题，指导服务区重点骨干企业做好相关工作。6月11日，“天心营商学院”第三期长沙市天心区2021年信用建设工作部署暨“天心赢商学院”信用建设专题培训会举办，信用体系建设领导小组各成员单位、区信用办、杭州湛联、绿盾征信及企业代表100余人参加会议，长沙市发改委信财处处长周天直进行专题辅导。7月22日，“天心赢商学院”第四期单一窗口业务培训会召开，邀请长沙电子口岸有限公司、中国信保湖南分公司进行“单一窗口”业务授课，相关部门、街道、辖区内外贸进出口企业100余人参加。11月28日，2021年“赢商学院·天心商会杯”羽毛球友谊赛举办，14个街道商会和汽车6S街区商会组成15只代表队共120余人参赛，最终先锋街道商会代表队获得冠军，新开铺街道商会、黑石铺街道商会获得二等奖，暮云街道商会、坡子街街道商会、金盆岭街道商会获得三等奖。

【“商汇天心”政企恳谈会】 2021年9月28日，天心区召开“商汇天心·优化营商环境”政企恳谈会。天心区委副书记、统战部部长叶妙，区直相关部门、街道分管负责人参加。与会企业家代表围绕汽车 6S 街区面临的困境，就如何进一步发展、宣传街区，拉动经济增长，优化区域营商环境发言。各区直部门负责人进行现场解答。叶妙表示，要以流程优化促办事的便利，以公正的监管促公正的竞争，以精心的服务促良性的发展。11 月 1 日，长沙首个“企业家日”，天心区“商汇天心”政企恳谈会召开。天心区委书记吴新伟，区委副书记、区长周志军，区直相关单位主要负责人和 40 余名民营企业代表参加。湖南微算互联信息技术有限公司 CEO 雷磊等 7 名企业代表围绕“如何服务‘智慧天心、融城核心’建设，助推天心经济社会高质量发展”进行讨论发言。吴新伟表示，天心区各级各部门将努力为企业发展营造良好环境。周志军表示，天心区政府将以政府服务的用心、倾心、真心，换取各企业家投资放心、经营舒心、发展安心。会议对获评 2021 年天心区“诚信之星”的先进单位和先进个人进行表彰和颁奖。

【天心区工商业联合会（商会）第六次会员代表大会】 2021 年 5 月 21 日，天心区工商业联合会（商会）第六次会员代表大会召开。长沙市政协副主席、市工商联主席彭继球，市委统战部副部长、市工商联党组书记何惠风，天心区委副书记、代区长周志军，区人大常委会党组书记、主任于献，区政协党组书记、主席夏艳兰等参加。会议听取并审议通过《长沙市天心区工商业联合会（总商会）第五届执行委员会工作报告》，选举产生长沙市天心区工商联（商会）第六届执委、常委和领导班子。天心区政协副主席彭元强当选区工商联（商会）第六届执行委员会主席（会长）。彭继球对换届后的工商联班子提出希望。周志军强调，做好新时期工商联工作，要服务好高质量发展，弘扬好企业家精神，营造好更浓厚氛围。会上颁发天心区第二届贴心商（协）会奖牌 6 个；“爱心天心”帮扶基金捐赠纪念奖牌 5 个。

（本栏撰稿　佘娇兰）

2021 年 5 月 21 日，天心区工商联（商会）第六次会员代表大会在区政府三楼大会议室召开

（区工商联供图）

法　治

政法委及综合治理

【概况】 2021年，天心区以建设“平安天心、法治天心”为工作主线，推进综治维稳、禁毒反邪、扫黑除恶、优化营商环境等重点工作，确保社会大局稳定。获评长沙市平安建设优秀区县、长沙市维稳红旗区县、长沙市国安红旗区县、长沙市反邪教红旗区县，连续17年获湖南省“平安县市区”称号。中央、省市媒体对该区政法、平安建设经验多次进行推介报道，扫黑除恶专项斗争、反邪教教育转化去存量工作得到中央政法委肯定。

（罗桂华）

【维护社会稳定】 2021年，天心区密切关注社会动态，排查各类不稳定因素，先后召开工作调度会议10余次，及时调处化解问题500余起。针对“爱之心”老年公寓等问题，明确领导包案调处；对牛角塘村统征地、燕子岭零星地块棚改、师大附中双语学校学区划分等12个项目进行风险评估，准予实施11个，不予实施1个；有效处置原畜牧农场村民等突发事件40余起。对各类重大活动提前制定预案，先后完成国际客运航班来长旅客接待、庆祝中国共产党成立100周年大型音乐焰火直播晚会等重大活动安保30余次。

（袁仕益）

【推进社会治理】 2021年，天心区推进“平安创建”工作，147个平安创建先进单位（集体、家庭）受到区委、区政府表彰。整合群防群治力量，管好用好区平安创建协会队伍，织密社会治安防控网，各协会均能多角度多层次多方式开展工作。出台《天心区综治宣传月“百千万工程”实施方案》，突出“平安天心”“法治天心”建设重点，形成持续集中、声势强大、线上线下同步推进的平安创建舆论氛围；将反电信诈骗工作纳入该区平安建设（综治工作）考评体系，开展反电信网络诈骗宣传活动。推进市域治理现代化试点工作，明确以五个“+”（网格+、服务+、协会+、课题+、AI+）为载体的市域社会治理路径，“协会+”“AI+”2个项目成为市级重点创新项目，系列经验做法被人民网、《长安》杂志、《法治日报》、《湖南日报》等中央、省级媒体多次推介；各街道社区根据自身特点，在繁华城区探索志愿服务群众自治模式，在老旧城区探索“单元长”楼栋自治模式和“院落式”居民自治模式，在村改居小区探索“八大员”和“六自工作法”居民自治模式，在物业小区探索“五共工作法”“多方议事厅”等工作模式，在纯农村地区探索三个“家门口”群众治理模式。召开表彰大会，对天心区见义勇为先进个人进行公开表彰，颁发证书、奖金，在全社会汇聚正能量。严厉打击涉邪违法犯罪人员，及时侦破涉邪案件，年内，抓获违法犯罪涉邪嫌疑人7人。

（周茂林　陈　畅）

【扫黑除恶】 2021年，天心区制定常态化推进扫黑除恶斗争工作联席会议制度，召开联席会议4次。接到涉黑涉恶线索8条，均已办结。打掉涉黑组织1个，涉恶集团3个。拟定《天心区刑事诉讼涉案财物处置办法》，进一步规范刑事诉讼涉案财物处置，保障国有资产不流失，年内，侦破涉黑涉恶团伙案件19件，已判决生效18件，查控财产809.89万元，全部处置到位，处置率100%。

（邓志强　杨　峰）

【禁毒工作】 2021年，天心区持续推进缉毒和重点吸毒人员管控工作，破获刑事案件75起，抓获毒品犯罪嫌疑人202人，移送起诉140人。对全区涉毒人员按高、中、低风险进行管控，强化动态管理和源头管控。开展禁毒攻坚行动、缉毒打击“大比武”行动和“秋季攻势”专项行动，全力做实社戒社康人员管控。完成公职人员涉毒检测。

（严　伟）

【执法监督】 2021年，天心区成立政法队伍教育整顿领导小组，由区委书记任组长，设立7个工作组及专班。深入政法各单位现场督导10余次，评查重点案件2800件，整改问题案件218件。清查涉法涉诉信访件857件，评查重点信访案件69件，发现违纪违法线索2条，全部移送天心区纪委监委。对905件案件开展法律监督专项检查。推进顽疾整治和建章立制，该区政法系统建立长效规章制度40个。依法协调处理辖区各政法机关请示案件，召开案件协调会9次，向市委政法委申请协调案件2件。（李高明）

【益阳市政法系统到天心学习交流基层治理】 2021年3月9日，天心区接待益阳市政法系统20余人到区调研学习。区工作人员向益阳同行演示以网格通为中枢系统的智慧管理系统，分享该区与中南林业科技大学合作部分课题研究成果，介绍天心区以“网格+、服务+、协会+、AI+、课题+”为载体落实长沙市域社会治理现代化试点任务相关经验。

（周茂林）

【平安建设推进会】 2021年4月28日，天心区在机关三楼会议室召开平安建设推进会。会议全面总结上年度辖区各行各业平安创建工作，安排部署2021年平安创建和反电信诈骗工作；表彰见义勇为先进个人罗治国、赵明桥、刘红才、杨良安4人，授予147个平安天心创建先进单位（集体、家庭）称号。区委常委、政法委书记黄文先出席会议并讲话，区公安分局党委副书记、政委罗晖主持会议。（周茂林）

【防范邪教宣传专场活动启动】 2021年9月23日，长沙市年度“百年华诞心向党远离邪教享安康”防范邪教宣传天心区专场活动在黄兴南路步行街黄兴广场启动。长沙市委政法委、市反邪教协会，天心区委政法委、区平安创建协会、区公安分局、坡子街街道工委等相关部门负责人和该区各街道居民代表300人参加活动。现场通过摆放展板、发放资料、文艺节目演出等多种形式，揭露邪教本质和严重危害，倡议大家抵制邪教。

（杨明灿　吴小文）

【反电信诈骗案庭审进校园】 2021年11月26日，天心区在中南林业科技大学组织开展反电信诈骗主题宣传暨“院长公开庭”活动。区委常委、区政法委书记刘向带领青年志愿者进行反电信诈骗宣誓，区人民法院模拟法庭对一起“在校大学生帮助信息网络犯罪活动罪案”进行公开开庭审理。活动现场设置反电信网络诈骗墙，LED屏滚动播放反电信诈骗和市域社会治理宣传视频，将真实案例制作成展板展示宣传，学生们驻足观看，并现场签名写下反诈承诺。（陈小妞　周茂林）

【政法系统教育整顿暨案件警示教育会议】 于2021年12月23日在区机关召开。长沙市纪委副书记秦国良等市领导到会指导，天心区领导罗定豪、欧阳伟沙，全区政法系统、区消防救援大队、区交警大队中层以上干部参加。区委常委、政法委书记刘向主持。会上播放警示教育片《警戒》，通报区公安分局原副局长胡某某、第三治安大队原大队长邓某某，区法院执行局原副局长周某某3起重点案件办理情况并展开案件剖析，用身边事教育身边人，要求全区政法干警引以为戒，强化廉洁执法司法意识，增强抵御腐败自觉性。（陈　畅）

公　安

【概况】 2021年，长沙市公安局天心分局（简称“天心区公安分局”）落实湖南省公安厅、长沙市公安局“12345”总体思路和该区区委、区政府决策部署，坚持政治建警、从严治警、暖警惠警、科学用警，打赢政治安全、县域警务、侦破打击、公共安全、服务发展“五大战役”，创造天心经济社会发展良好治安环境。年内，在中央、省、市各级媒体刊载稿件510篇。依托《守护解放西》系列专题片，深度挖掘公安民警辅警先进典型事迹，树立先进典型61人。

【维稳安保】 2021年，天心区公安分局配合省政府接待群众，保障省政府安全稳定有序。完成全国“两会”、省“两会”、党代会等各类警卫任务，确保重大特护期政治安全，在长沙市公安局作中国共产党成立100周年安保维稳经验发言。对“五一商圈”、天心阁、杜甫江阁等人流密集区域开展定点值守，截至年末，出动警力1.1万人次，维护元旦、“五一”、中秋、国庆等节点社会大局持续稳定平安。

【侦破打击】 2021年，天心区公安分局以打促防、以打促稳，全力挤压违法犯罪空间，侦破打击实现“两升一降”（破案数、刑拘数比上年上升，发案数比上年下降）良好态势。打击跨境突出犯罪专项查处案件数超过历年总和。

【扫黑除恶】 2021年，天心区公安分局深化“六清”（“线索清仓”“逃犯清零”“案件清结”“伞网清除”“黑财清底”“行业清源”）行动，“打伞破网”与“打财断血”纵深推进。核查涉黑涉恶举报线索6条，完成自查案件20件、线索600条，完成交办重点线索倒查2条，扫黑除恶专项排名全市第一。

【黄赌整治】 2021年，天心区公安分局对黄赌乱象坚持零容忍态度，打击涉黄违法犯罪专项排名长沙市第一名。检查辖区娱乐场所2500余家，责令关停场所20家，取缔6家。

【县域警务】 2021年，天心区公安分局深化县域警务，出台《2021年天心区社区（村）政治安全和社会稳定风险报告》，加强诉源治理，筑牢风险防控屏障，推动“八大机制”落地落细，助推“四区”警务风险防控落地见效。推进智慧安防建设，构建覆盖重点单位和行业系统的智慧化治安防控格局，年内建成已达标小区362个，“安防单位”81家，“平安校园”164所。

【护航经济发展】 2021年，天心区公安分局开展“四联四访”[“四联”即领导联基层、班子成员联项目（企业）、支部联社区、干部联群众，“四访”即领导大接访、项目大走访、案件大回访、干警大下访]、“服务‘三高四新’、建设平安湖南”实践活动，护航天心区经济发展。该分局各支部走访联系企业202家，收集意见建议52条，为企业解决问题31件，办理实事276件。开展“除虫护花”“铁拳行动”等专项行动，依托区级企业诉求“一站式”办理平台，帮助企业解决急难愁盼问题20余件。

2021年2月27日，天心区召开全区公安工作会议

（区公安分局供图）

【服务群众】 2021年，天心区公安分局接待来访来信100余人次，受理上级交办各类信访案件700余件，公安部、省、市部门交办疑难信访案件化解率94.44%，在全省信访会上作先进发言。推出11项“我为群众办实事”便利措施，为群众办实事1059件。办理各类户口业务6万人次、身份证业务5.7万人次、出国境业务4685人次，受理“网上全流程办理”户口业务2万笔，非工作时间接待及上门服务群众4000余人次。

【危险物品管控】 2021年，天心区公安分局联合相关部门开展消防演练6次、宣传15次，日常列管重点单位1620家，录入消防重点单位1368家，检查900家。启动危险物品管控专项整治，截至年末，排查易制爆危险化学品、剧毒化学品、民爆物品使用等单位52家，排查危险物品从业人员230人，签订安全管理责任书40余份。

【基层建设】 2021年，天心区公安分局落实湖南省公安厅关于派出所建设“三年行动计划”要求，完成暮云派出所项目建设，如期动工开建赤岭路派出所，推进裕南街派出所搬迁，提质完善新开铺派出所。截至年末，新购置执法执勤车33台、租赁18台，完

2021 年 6 月，天心区公安分局政工室干警到沙湖桥小学给师生们上反电诈课　　（区公安分局供图）

成公务用车北斗导航系统安装。发放民辅警被装 1 万余套，采购单警装备、齐眉棍、锥形筒，在全市率先完成首批派综平台移动终端配发，保障基层工作开展。推进民警在大数据时代下信息化应用、执法规范能力建设，组织开展反恐防暴、治安管理、政工党务、侦查业务、社区服务等培训 4163 人次。

【教育整顿】 2021 年，天心区公安分局坚持“自查从宽、被查从严”，按照“五必谈”“八项内容”“三个原则”开展政法系统教育整顿。在此期间谈心谈话 1600 余人次，组织民警自查填报。通过“七查”工作，评查并整改问题案件 600 件。排查顽瘴痼疾 151 起，出台规章制度 10 条；坚持开门整顿，召开 33 场民意座谈会，征集意见 127 条，全部整改到位。

【许显辉督导安保工作】 2021 年 2 月 11 日，湖南省政府副省长、公安厅厅长许显辉带队到天心区开展除夕、春节安保工作督导。许显辉一行前往太平街、火宫殿等公安执勤点实地检查，了解勤务部署、巡逻执勤、社会面管控等安保措施执行情况。省公安厅党委副书记、常务副厅长周赛保，警令部主任潘小松，长沙市副市长、市公安局党委书记、局长刘新良陪同。

【刘新良到天心开展调研】 2021 年 5 月 18 日，长沙市副市长、市公安局党委书记、局长刘新良一行赴天心区调研公安工作。在市公安局特警支队天心大队实地调研维稳安保应急处突、警用装备保障、基层基础建设等工作情况；在天心区公安分局实地参观党建活动中心，并召开座谈会，听取天心公安工作和队伍建设情况汇报。天心区委常委、政法委书记黄文先、市局领导及相关局属单位负责人参加调研。

【张敏到天心调研】 2021 年 10 月 29 日，长沙市委常委、政法委书记张敏带队到天心区调研护航“五一商圈”等工作。张敏一行先后前往坡子街派出所、该区夜间经济服务中心、省政府南门驻点实地考察。现场检查坡子街派出所疫情防控、治安管理、专项打处工作，了解疫情期间黄兴路步行街夜间经济情况，重点督查省政府巡逻防控、警力值守等相关工作。天心区委书记吴新伟，区委常委、政法委书记刘向，区委常委、区委办主任许波等陪同调研。　　（本栏撰稿　刘　震）

交通管理

【概况】 2021 年，天心区道路交通事故立案 113 起，比 2020 年降低 2.5%；死亡人数 29 起，与 2020 年同期持平，未发生较大及以上交通事故。年内纠正处理交通违法共 54 万余起，接待人民群众 15 万余人次，接处警情 7 万余起，调解处理交通事故 4 万余起。

【春运保安护畅工作】 2021 年，天心区以防事故、保畅通、优服务为出发点，春运期间开展辖区道路交通保安护畅系列工作。利用“两公布一提示”，向社会发布该区春运期间交通流预判情况以及分流绕行线路，公布辖区危险路段和事故多发点段，提示节日期间安全出行注意事项；加强与媒体联动，及时发布春运交通安保工作最新动态和交通管制措施。联合多部门，对辖区“两客一危一货”（公路客运、旅游客运、危化品运输车辆及重型货车）运输企业开展集中全面检查，督促运输企业落实安全主体责任；严禁不合格车辆、不合格驾驶人参加春运。春运期间，排查逾期未检验、未报废客运车辆 35 辆，逾期未审验、未换证、记满12分、酒驾、毒驾、驾驶证被依法暂扣或吊销等情形营运驾驶人12人。逐一对辖区内急弯陡坡、临水临崖、连续长下坡、桥隧相连、易结冰、团雾路段及近年事故多发路段进行核查，增设警示提示标志和安全防护设施。同时，以“平安春运·交警同行”为主题开展宣传活动，发放“春运期间致驾驶人的一封信”“一盔一带”“知风险会避险”等交通宣传资料3000余份；联合街道、社区和商铺使用电子显示屏滚动播放春运交通信息1000余次；参与交警总队和支队组织的“非必要不返乡，安心留长过大年”云返乡直播活动。1月31日至3月8日春运期间，天心区未发生一起严重交通事故。

【打击酒醉驾违法行为】 2021年，天心区交警大队维护辖区道路交通安全，从严打击酒醉驾违法行为，查处酒驾、醉驾交通违法行为2328起，其中醉驾783起，占比33.63%，交通肇事致人死亡逃逸案件无一案未查，无一人逃脱。深入辖区企业、社区、农村、工地等开展涉酒醉驾宣传教育活动，组织居民观看酒醉驾警示教育片300余场次，发放宣传资料10万余份，签订零酒驾承诺书8万余份，“进村入户”进行零酒驾宣传，走访关爱酒醉驾高风险家庭120余次。坡子街社区创建为“零酒驾社区”。

【“戴帽”专项整治】 2021年9—12月，天心区交警、城管、交通等执法力量和街道、社区志愿者联合在辖区范围开展摩托车、电动车戴盔整治专项整治。区住建局、各住宅小区物管部门在本小区门岗处设立劝导提示牌，安排人员对进出小区骑乘电摩不戴安全头盔人员进行劝导。截至12月31日，该区共查处电动车、摩托车各类违法行为6万余起。辖区电动车、摩托车骑乘人员安全头盔佩戴率由年初的30%提升至90%以上。

【交通安全咨询服务】 2021年3月4日，天心区交警大队九中队在桂花坪街道金桂社区开展交通安全咨询服务。现场解读《湖南省电动自行车管理办法》新规，强调“一盔一带”的重要性，提醒居民注意交通安全，遵守交通法律法规；向现场群众发放安全头盔50余顶、安全提示反光星型挂件200余个，致电动车驾驶人一封信500余份和交通安全“微倡议”。社区“金姐桂哥”志愿者们及市民500余人参加活动。

【安全守护行动】 2021年3月9日，天心区交警大队围绕辖区重点企业、重点学校“一盔一带”开展电动车整治教育活动。在一力物流园、长沙市动物园、友阿奥特莱斯，明德天心中心、湘府英才小学、青园小学门前醒目位置，悬挂、摆放“未佩戴安全头盔，不得进入学校或厂区”安全提示牌，形成以交警为首、学校企业负责人为辅的整治、劝导、教育小分队；对校园和企业周边开车不系安全带、电动车骑行不带头盔、闯灯越线等交通违法行为进行整治。同时设立湘府路五凌路口、新联路口、湘江路人民路口、天心区交警大队处罚办4个集中宣教点，确立“教育先行，处罚并重”模式。年内，共查获各类电动车违法11.74万起。民警结合警示教育视频对查获的电动车违法人员进行交通安全法律法规讲解，待考试合格后再接受处罚，学习率95%以上。

【交通噪声违法整治行动】 2021年4月24日，天心区交警大队深夜冒雨开展交通噪声违法整治行动。通过线索摸排，科学研判，精准打击，截至次日凌晨2时许，共查处涉嫌改装车辆12台。

【“五一”黄金周道路疏导保畅】 2021年4月30日至5月5日，天心区交警大队全警上路，在湘府路大桥、猴子石大桥、大托收费站周边等进出城高峰路口路段疏导保畅；在五一商圈、长沙市动物园、南郊公园等游客集中区域铺设大量警力，实行高密度巡逻管控；在湘江一桥、南湖路隧道、湘府路快速路、南二环等区域不间断巡逻管控，确保环线、高架、过江隧道不发生长时间、长距离交通拥堵。加大交通乱源管控力度，利用“鹰眼铁骑”，在城区主次干道、重要支路等禁停路段抓拍处罚，净化城区道路交通；对电动车不佩戴安全头盔、乱停、闯灯逆行及行人翻越护栏、机动车驾乘人员不系安全带等交通违法开展整治；强化“飙车炸街”噪声扰民等交通违法管控；开展酒醉驾违法行为专项整治，严防酒醉驾事故的发生。

【“守护蓝”行动】 2021年9月2日，天心区交警大队启动护学机制。上午7时15分，交警护学岗全面就岗到位，为校园交通安全保驾护航。开展“交通安全第一课”宣讲活动，区交警大队四中队湘府英才学校影音电教室，利用云教学的方式，向全校师生宣讲交通安全知识，其他学校师生通过教室电视云系统进行同步收看；三中队制作交通安全课件，向天心实验小学的孩子们传授交通安全自护知识；一中队民辅警给文庙坪小学全校师生介绍校园周边信号灯、标志、标线情况，对学生如何规避车辆视线盲区、骑行或乘坐交通工具时应注意的安全事项等内容细致讲述。联合区教育局发文，禁止不佩戴安全头盔的驾驶人、乘坐人驶入学校，同时对违反“一盔一带”要求的行为予以记录和通报。

（本栏撰稿　罗振杰）

检　察

【概况】 2021年，长沙市天心区人民检察院（简称“天心区检察院”）贯彻落实中央、省、市、区决策部署，对标《中共中央关于加强新时代检察机关法律监督工作的意见》要求，全面履行“四大检察”（刑事检察、民事检察、行政检察和公益诉讼检察）职能，为加快推进“一军三区”战略提供司法保障。获评湖南省检察机关常态化开展扫黑除恶先进集体、省检察机关信息工作表现突出集体，办理的“剥夺政治权利执行监督案”被评为全省刑事执行检察优秀案件。

【刑事检察】 2021年，天心区检察院依法惩治刑事犯罪，维护社会和谐稳定，共受理移送批准逮捕案件1195件2022人，批准逮捕901件1494人；受理移送审查起诉案件1823件2764人，依法提起公诉案件1389件2419人。严惩严重危害社会秩序犯罪，对侵犯公民人身权利犯罪批准逮捕69件78人，提起公诉67件85人。严惩涉“黄赌毒”犯罪，批准逮捕188件393人，提起公诉161件488人。参与打击整治非法开办贩卖电话卡、银行卡“断卡”专项行动，以涉嫌帮助信息网络犯罪活动罪批准逮捕118件248人，提起公诉145件351人。依法从快从严办理姚某等10人涉黑案件，发挥检察监督职能，对公安机关以参加黑社会性质组织罪移送审查起诉，依法追加诈骗罪、敲诈勒索罪、非法拘禁罪、介绍卖淫罪、侵犯公民个人信息罪5个罪名，向天心区法院提起公诉。构筑多元化化解社会矛盾合力，探索司法办案、信访风险评估、矛盾化解同步推进，邀请人民调解员化解刑事案件矛盾9件；坚持“应听证、尽听证”，在办案过程中同步开展公开听证38件次，以案释法；落实群众来信件件有回复，做到7日内程序回复、3个月内办理过程或结果答复。加强涉企案件刑事诉讼监督，落实“少捕慎诉”司法理念，对民营企业法定代表人、管理者依法不起诉83人；以开展第二期企业合规改革试点工作为契机，成立以检察长为组长的企业合规改革试点工作领导小组，制定试点实施方案和操作规程，强化企业刑事法律风险防控。加大知识产权司法保护力度，依法起诉涉嫌销售假冒注册商标等犯罪案件23件85人。批准逮捕各类破坏社会主义市场经济犯罪67件144人，起诉111件304人。妥善办理非法吸收公众存款、集资诈骗等涉众型经济犯罪115人。

【诉讼监督】 2021年，天心区检察院强化“两项监督”，监督公安机关立案21件，撤案1件，纠正漏补32人，纠正漏诉27人，向公安机关发出书面纠正违法通知书18份。加强刑事审判监督，向法院提出抗诉案件2件，发出纠正违法通知书21份。区检察院提起公诉的杨某等6人涉嫌诈骗罪一案，一审、重审先后判决多人无罪，该院2次提出抗诉，长沙市中级人民法院改判杨某等6人犯诈骗罪均被判处有期徒刑刑罚。推进羁押必要性审查，对轻微刑事犯罪不批准逮捕211人、不起诉283人。持续开展财产刑执行检察监督，清理2014年以来已判决生效涉财产刑的刑事案件4464件，涉及财产性判项总额8.63亿元。开展减刑、假释、暂予监外执行活动法律监督，对区法院作出暂予监外执行，发现存在未征得检察院同意、执行通知书未抄送检察院等情况，发出纠正违法通知书4份，监督11名暂予监外执行情形消失的罪犯收监执行。加强社区矫正检察监督，联合相关部门开展社区矫正法实施1周年专项监督，对执法中出现的问题发出纠正违法通知书23份、检察建议12份。开展判处剥夺政治权利罪犯执行检察监督，联合相关部门制定《关于加强和规范被剥夺政治权利罪犯监管工作的意见》，填补剥夺政治权利罪犯监管领域空白，该做法得到最高人民检察院充分肯定。

【公益诉讼检察】 2021年，天心区检察院常态化办理生态环境和资源保护、食品药品安全领域公益诉讼案件，立案34件；稳妥拓展公益诉讼案件范围，办理公

2021 年 9 月，天心区检察院开展校园周边食品安全专项监督活动

（区检察院供图）

共安全、未成年人保护、特殊群体权益保护等新领域案件 82 件，比 2020 年增长 55%。针对辖区内现制现售饮用水存在质量安全问题，召集 17 家售水企业开会，签订“现制现售饮用水卫生安全承诺书”，推动出台《2021 年天心区现制现售饮用水卫生安全监管指导意见》，完善现制现售饮用水管理体系。

【未成年人综合司法保护】 2021 年，天心区检察院联合九部门合力推进强制报告制度落地落实，以检察监督促进家庭、学校、社会、网络、政府、司法“六大保护”一体。依法打击侵害未成年人权益犯罪，共受理审查逮捕 55 件 76 人，受理审查起诉 69 件 89 人，附条件不起诉 27 人，相对不起诉 1 人。充分保障涉罪未成年人诉讼权利，主动为未成年犯罪嫌疑人申请法律援助 57 人次，开展社会调查和落实帮教 51 人次。持续用好未成年被害人“一站式”救助中心，开展亲职教育 18 人次，进行社会救助 5 人次。

【监督剥夺政治权利刑罚执行】 2021 年 2 月 9 日，天心区检察院围绕服务换届选举大局，立足刑事执行检察法律监督职能，开展专项检察监督。针对长沙市天心区公安机关在剥夺政治权利刑罚执行中存在的执法不规范问题，向公安机关发出检察建议。该检察建议获评全省优秀社会治理检察建议，并被湖南省检察院推荐上报至最高人民检察院。

【守护“舌尖上的安全”】 2021 年 9 月，天心区检察院与市场监督管理部门对辖区内 3 所中小学及校园周边开展食品安全专项监督活动。检察官实地查看学校食堂、小卖部、校外超市等场所，针对存在的问题向监管部门提出整改建议 5 条，用法治守护孩子们“舌尖上的安全”。

【侦查监督与协作配合办公室挂牌成立】 2021 年 12 月 8 日，长沙市天心区检察院、长沙市公安局天心分局侦查监督与协作配合办公室在长沙市公安局天心分局挂牌成立。该办公室主要职能是侦查监督与协作配合相关机制组织协调、监督协作、督促落实和咨询指导，为在办案实践中有效落地落实检察机关提前介入、立案监督、侦查活动监督等制度机制提供平台机制保障。天心区委常委、政法委书记刘向，区政府

2021 年 12 月 8 日，天心区检察院、天心区公安分局侦查监督与协作配合办公室挂牌成立

（区检察院供图）

副区长、区公安分局党委书记、局长欧阳伟沙与区检察院党组书记、检察长陈芳共同为侦查监督与协作配合办公室揭牌。区检察院、区公安分局部分班子领导、相关科室负责人等参加揭牌仪式。

（本栏撰稿　卿雅琴）

法　院

【概况】　2021 年，长沙市天心区人民法院（以下简称“天心区法院”）受理案件 28950 件，审结案件 27595 件，案件结收比 98.12%，位居全市法院第一名。审结案件同比上升 22.07%，员额法官年人均结案 424.5 件。审判执行综合绩效继续位居全省基层法院前列。

【刑事审判】　2021 年，天心区法院坚持宽严相济刑事政策，常态化开展扫黑除恶斗争，依法严惩职务犯罪，加强对粮食安全、能源资源安全、金融安全、生物安全等领域犯罪惩治和风险预防化解，审结各类刑事案件 1379 件 2231 人，其中判处 5 年以上有期徒刑 106 人。开展“司法护蕾”专项行动，审结侵害未成年人合法权益案件 57 件，保护被侵害未成年人 63 人，严惩侵害少年儿童身心健康犯罪分子 85 人，共青团中央和最高人民法院联合授予该院“全国青少年维权岗”称号。

【民商事审判】　2021 年，天心区法院审结民间借贷、金融借款等纠纷 2229 件，涉案金额 3.09 亿元，向金融机构发出司法建议 12 份。加大企业破产案件审判力度，受理破产清算案件 31 件。在全省法院系统首次创建“诚信企业白名单制度”，优化营商法治环境整体工作格局。截至年末，受理民商事案件 14991 件，审结 13825 件，结收比 96.31%。

【知识产权审判】　2021 年，天心区法院全面强化知识产权司法保护，共审结知识产权案件 1208 件。依法审结“文和友”“爱尔眼科”“长康”等商标侵权纠纷，判处各类侵权主体赔偿金额合计 6000 万余元；依法审结“大象映画”、金庸武侠小说著作权侵权系列纠纷，判处各类侵权主体赔偿金额近 1000 万元；依法审结“茶颜悦色”诉“茶颜观色”不正当竞争纠纷案件，判处侵权主体赔偿经济损失 170 万元。其中，“茶颜悦色”诉“茶颜观色”不正当竞争一案，在长沙市年度“以案释法”优秀案例征集评选活动中，获评 2021 年度十大典型司法案例。

【执行工作】　2021 年，天心区法院开展小额民生、金融借贷、涉农民工工资案件专项执行 26 次，执结案件 11456 件，执行到位金额 30.2 亿元。拓展执行广度，使用“总对总”“点对点”网络查控系统，查询 11456 名被执行人车辆、房屋、银行账户等信息，基本实现对被执行人主要财产形式和相关信息有效覆盖。与“易执行”在“今日头条”平台合作设立“曝光台”“悬赏令”，点击量 400 万余人次。

【多元化调解矛盾纠纷】　2021 年，天心区法院推进非诉讼纠纷解决机制，先后在诉讼服务中心设立 8 个调解工作室，包括专门类案调解室 5 个（劳动纠纷、金融保险纠纷、涉未成年人纠纷、物业纠纷、知识产权及涉外纠纷），另有律师调解工作室、公证机构调解工作室、特约调解员工作室。截至 12 月 31 日，成功调解各类纠纷 4434 件，其中 90% 以上案件当场履行完毕。

【诉源治理】　2021 年，天心区法院在辖区各街道、天心经济开发区设立诉源治理工作站，全面实现“横向到边”属地诉源治理全覆盖；在区金融事务中心、交警天心大队探索设立行业诉源治理工作站，构建“纵向到底”行业诉源治理新格局。南托人民法庭深度融入辖区诉源治理工作，指导司法所、人民调解组织开展调解 127 次。在全市其他区县法院收案数量大幅上升背景下，该法院收案数量比 2020 年下降 7%，呈现出收案数量下降、办案质量提升局面。诉源治理天心模式、天心经验在全省法院“一站式”建设督查会上得到推介。

【法治宣传】　2021 年，天心区法院推动官方新媒体与网络新平台深度合作，在《人民法院报》《法治日报》等中央媒体及省、市媒体发布稿件 200 余篇。开展“送法五进”活动 12 场次，法律答疑 500 余人次，发放普法资料 1200 余份。加强新媒体普法，官方微信公众号推出“以案说法”专栏 35 期，推文单篇阅读量突破 10 万，创下全省基层法院之最。与中广天择传媒合作，通过对本院 2200 余起案件跟踪记录，4380 小时纪实拍摄，打磨出《是这样的法官》纪录片，成为中国首档基层法院纪录片。

【无障碍环境建设和适老化改造】2021 年 10 月 13 日，全国政协副主席、民盟中央常务副主席陈晓光到天心区法院考察无障碍建设和适老化改造工作。陈晓光对该院无障碍建设和适老化改造工作高度肯定，建议借鉴推广。湖南省委常委、长沙市委书记吴桂英，省高院党组书记、院长田立文陪同考察，并分别就该项工作予以书面肯定。天心区委副书记、区长周志军，区委常委、政法委书记刘向，区人民法院院长周丹等参加考察。

（本栏撰稿 谢明生）

司法行政

【概况】 2021 年，天心区获评湖南省首批法治政府创建示范区，黑石铺司法所获评全国模范司法所，暮云街道丽发社区获评全国民主法治示范社区。该区司法局被评为全国人民调解宣传先进单位、湖南省 2016—2020 年普法工作先进单位、长沙市司法行政工作红旗单位。法律援助案件质量管理省级优秀，推送办理的行政复议案例获评长沙市“十大典型行政复议案例”。首创长株潭边界纠纷联合调解工作。天心区浩然法律服务所获评长沙市优秀基层法律服务所。 （李碧岚）

【法治政府建设】 2021 年，天心区按照《法治政府建设与责任落实督察工作规定》要求，开展相关督察，完成中央全面依法治国委员会办公室到湖南督察迎检，巩固湖南省法治政府建设示范区成效。落实重大行政决策程序，制定出台《天心区人民政府重大行政决策程序实施办法》，确保重大行政决策事项程序规范化、科学化、民主化。加强规范性文件审查，落实行政规范性文件制定程序，做到“有件必审、审查必严、有错必纠”，年内，制发规范性文件 12 件，报备率、及时率、规范率均为 100%。强化政府合同、议题审查，依法对涉及城市建设、招商引资、土地出让、国企转型、举债融资等领域涉法事务进行审查把关，截至年末，共审查区政府合同、文件及区政府常务会、区长办公会议题 347 份。落实行政执法三项制度，举办行政执法专题培训和法制审核人员培训，组织开展年度行政执法案卷评查工作，以评促改，提高行政执法能力和水平。制发《天心区行政复议体制改革实施方案》，挂牌成立天心区人民政府行政复议办公室，配齐配优行政复议工作人员，建立完善行政复议工作规则；在天心区区级公共法律服务中心增设行政复议接待窗口、行政复议调解室及行政复议听证室，完成行政复议体制改革和规范化建设。截至年末，共办理行政复议案件 108 件，办结 92 件；组织办理以区政府本级为被告（被申请人）的行政应诉（应复议）案件共计 121 件（含往年结转案件），其中行政应诉案件 106 件、行政应复议案件 15 件，审结 85 件，审结率 70.25%，无败诉情况。

（周 杨 余易沾）

【普法依法治理工作】 2021 年，天心区先后制定《2021 年全区普法依法治理工作要点》《2021 年天心区落实国家机关“谁执法谁普法”责任制工作要点》，出台《区委宣传部、区司法局关于开展法治宣传教育的第八个五年规划（2021—2025 年）》，公示“谁执法谁普法”责任清单，开展全区普法评议活动。推进领导干部、青少年、村（社区）工作人员等重点对象普法宣传，常态化开展普法专题活动，推动法治思维入脑入心；举办首届长株潭边界地区农村法治宣传活动，推动长株潭区域法律资源融合；依托“个十百千万”工程，开展反电信诈骗宣传月、青少年法治宣传周、宪法宣传周等主题宣传活动 270 余场次，参与群众 10 余万人次。推动天心区首家民法典公园开园。参与省市普法宣传活动，组织辖区 107 名法律明白人参与长沙市“快乐学法”乡村现场赛并获优秀组织奖。 （周雯轩）

【公共法律服务】 2021 年，天心区公共法律服务在辖区所有社区（村）法律顾问全域覆盖的基础上提质增效，探索开展长沙市市直律师事务所下放属地管理相关工作落实。面向长沙市招募公共法律服务志愿者 187 人，受理法律援助案件 576 件，提供免费法律咨询 10129 人次。各街道社区（村）法律顾问共计值班 8169 小时，参加工作会议 306 次，解答法律咨询 3974 人次，参与或独立调解纠纷 377 件，为社区（村）治理提供法律建议 435 条。开展法律服务行业突出问题专项治理、区属律师事务所综合素质提升系列活动，区属 24 家律师事务所、283 名执业律师完成 2020 年度检查考核。长沙公证处驻天心区公共法律服务中心公证窗口接待、办理公证事项 1065 件。

（许湘玲）

2021年6月2日，天心区人民政府行政复议办公室挂牌成立

（区司法局供图）

【人民调解】 2021年，天心区推进矛盾化解“枫桥化”，发挥人民调解群众性、民间性和自治性特点，以司法所为龙头，以社区（村）人民调解委员会为依托，以特色调解室为补充，抓好“基层点、联动链、网格面”三要素，形成“网格化管理”工作格局，成功调处各类矛盾纠纷1388起，涉及金额2192万余元，调解协议履行率98%。率先成立长沙市首个边界地区纠纷联合调解室：长株潭边界地区纠纷联合调解室，助推三区边界乡村法治化进程。（赵志芳）

【社区矫正和安置帮教】 2021年，天心区接收社区矫正对象365人，开展社会调查评估349起，在册社区矫正对象253人没有发生因监管不到位而导致脱管漏管。开展刑满释放人员安置帮教工作，共衔接帮教739人，衔接率和帮教率100%。推进社区矫正对象就业创业培训，为符合条件的社区矫正对象落实低保9人次。（李　欢）

【长沙市首个边界地区纠纷联合调解室成立】 2021年3月26日，天心区在南托司法所成立长株潭边界地区纠纷联合调解室并举行挂牌仪式。这是长沙市首个边界地区纠纷联合调解室，主要职能是及时有效化解长沙市天心区、株洲市石峰区、湘潭市岳塘区三地边界地区矛盾纠纷，维护边界地区平安稳定。石峰区司法局局长李文波、岳塘区司法局局长汤镜平、天心区司法局局长陈玉英参加挂牌仪式。（李碧岚）

【天心区人民政府行政复议办公室挂牌】 2021年6月2日，天心区人民政府行政复议办公室挂牌成立，专职从事行政复议与应诉工作。该办公室共有工作人员7名，其中行政复议专职办案人员4名均具备法律职业资格，辅助办案人员3名，办公地点设在区司法局。天心区政府副区长、区公安分局局长肖向东，天心区司法局党组书记、局长彭克伦等出席揭牌仪式。（周　杨）

【行政执法人员培训班举行】 2021年6月29—30日，天心区司法局联合区委党校举办2021年行政执法人员培训班。区委常委、政法委书记黄文先出席并讲话。全区各行政执法单位600余名行政执法人员参加培训。（余易沾）

军　事

人民武装

【概况】 2021年，天心区人民武装部（以下简称天心区人武部）开展党史学习教育和“传承红色基因、担当强军重任”主题教育；把备战打仗作为党委第一要务，带头研战议战谋战务战；全区完成应急、专业和特殊3类民兵力量编组；配合区委、区政府做好文明创建、应急处突、乡村振兴、疫情防控等工作，营造拥军优属、关心支持国防和军队建设的氛围。

【慰问立功受奖军人家属】 2021年，天心区关心关注现役军人家庭生活，做好“双拥”（地方拥军优属，军队拥政爱民）工作，让军人在部队安心服役、苦练本领、勇创佳绩。2月4日，区人武部政治委员和区退役军人事务局、先锋街道负责人一道，走访慰问先锋街道在部队立功受奖军人家属，送上节日的问候和祝福。

【基层武装部星级达标建设】 2021年，天心区人武部推进基层武装部星级达标建设。星级达标建设专项督导小组采取现地询问、查阅资料、电话抽问等方式，对全区各个街道武装部开展全面会审，对照六大类47项细则逐一列出问题清单，找出短板弱项，逐项督促指导，压实整改期限，并于10月中旬组织“回头看”检查。

【役前训练教育】 2021年春季征兵，是征兵工作“两征两退”（一年两次征兵两次退役）改革正式实行的第一年。天心区兵役机关为让预定新兵在思想上尽快适应部队要求，把坚定理念信念、铸牢军魂摆在役前训练首位，组织观看战斗影片《金刚川》，学习卫国戍边5位英雄事迹；到红色档案馆重温革命史，以革命传统教育、爱国主义教育等活动，引导他们在聆听红色故事中接受思想洗礼，在追忆峥嵘岁月中感悟信仰魅力。3月10日，天心区人武部邀请抗美援朝参战老兵谭桂秋结合自身的战斗经历，为参加役前训练的“准新兵”上一堂革命传统教育课。

【民兵抗洪抢险联合演练】 2021年5月，天心区人武部组织防汛抗洪骨干在兴马洲进行抗洪抢险军地联合演练。在汛期来临前，衔接地方有关部门，落实年度军事训练计划和修订战备方案，夯实应急应战的行动基础。5月21日，针对汛情突发状况进行抗洪抢险演练，辖区各民兵分队快速集结，根据应急预案参与防汛抗洪，检

2021年5月，天心区人武部联合南托街道组织防汛抗洪骨干在兴马洲进行抗洪抢险军地联合演练　　（天心区人武部供图）

验民兵分队应急应战能力。

【“军民同心，共筑国防”书画展】 2021年6月17日，天心区人武部在长沙简牍博物馆举办“军民同心，共筑国防”书画展活动。辖区居民群众和学生参与该次展览，征集书画作品120余篇幅，分为成人组书法、少儿组书法及少儿组绘画3类。书画展评选出的优秀作品将被天心区城南路街道国防教育室收藏陈列或展出，并举办书画作品集赠阅活动，推动国防教育进社区、小区、楼栋。

【“四严四整”专题组织生活会】 2021年7月1日，天心区人武部在湖南省红色档案馆，结合“七一”党团活动召开“四严四整”专题组织生活会。区人武部党支部书记传达学习军委国防动员部、省军区和警备区“四严四整”教育整训动员部署会议精神，全体党员逐一轮流发言，开展自我剖析。5月27日，军委国防动员部召开国防动员系统“四严四整”教育整训动员部署大会。天心区人武部党委第一时间召开专题推进会，聚焦主责主业，积极担当作为。

【烈士纪念活动】 2021年9月30日，“传承英烈志，奋进新征程”——“9·30”烈士纪念活动暨国防教育基地授牌仪式在湖南革命陵园举行。天心区基干民兵代表、人武部机关全体人员等参加，向烈士敬献花篮、寄托哀思，并进行党课教育。活动现场，湖南革命陵园被授予“湖南省全民国防教育基地”称号，天心区委常委、宣传部部长洪孟春宣读授牌批文，湖南革命陵园管理处主任蔡喜华介绍基地情况，长沙警备区副司令员为湖南革命陵园授牌。湖南革命陵园地处长沙市天心区湘江边的金盆岭上，1977年开建，1983年正式对外开放，截至2021年9月底，安葬110余位烈士遗骨。湖南革命陵园精心保护烈士纪念设施，同时采取开辟公众号、互联网网站、开展志愿者主题活动等方式，宣传弘扬烈士精神。2021年，湖南革命陵园采用云祭扫方式，首次尝试用互联网直播形式传播红色文化、传承英烈精神，吸引上万人在线观看和线上祭扫。

【预建党组织培训会议】 2021年11月，天心区人武部召开第四季度民兵干部大会暨预建党组织培训会议。会议向全体党员干部发放编印的《中共十九届六中全会精神学习资料汇编》，并形成电子汇编稿发送至全区专武干部、基干民兵手中，在会上对中共十九届六中全会精神进行讨论。

（本栏撰稿　柳馨娴）

2021年9月30日，“传承英烈志，奋进新征程”——“9·30”烈士纪念活动暨国防教育基地授牌仪式在湖南革命陵园举行

（天心区人武部供图）

人民防空

【概况】 2021年，天心区完成两轮警报器巡查、维护，对存在隐患的警报设施加装安全护栏，完成“11·1”全省人防警报器试鸣；对全区结建及早期人防工程开展2轮巡查，配合长沙市人防办完成新竣工人防工程的验收、登记和挂牌工作；在4个社区4所学校组织8场人防国防宣传教育及人防疏散演练活动。

（王 沪）

【人防工程巡查排查】 2021年春节前夕，天心区人防办组织相关工作人员对全区结建人防工程开展防火防化隐患排查整治。2月24日，对易受渍重点人防工程进行巡查排查工作；年底，对全区存在限期整改问题的人防工程管理单位开展回访检查工作。

（李 珂 王 沪）

【人防宣传“五进”活动】 2021年4月23日，天心区2021年人防宣传“五进”活动启动仪式在金盆岭街道涂新社区广场启动。街道、社区工作人员、社区居民100余人参加。6月25日，区人防办以“铸盾百年华诞共建平安人防”为主题，走进在赤岭路街道书院路社区开展人防宣传教育活动，工作人员现场讲解应急知识，组织有奖问答竞赛活动，分发宣传资料，宣传人民防空法律法规、防灾减灾知识。7月23日，区人防办以“学人防知识建安全社区”为主题，在赤岭路街道南大桥社区开展人防培训活动，社区80余名居民参加，邀请湖南大平安安全科技有限公司专业人员讲解人防警报的辨识，传授如何佩戴防毒面具、穿戴防化服等技能，介绍家庭应急知识和减轻灾害的重要方法，以及家庭应急准备的基本常识。9月26日，区人防办到桂花坪小学开展人防知识宣传活动，向学校赠送人防应急柜、《人防小博士》图书，现场讲解人防科普知识宣传展板，播放《人防小卫士》动画片，邀请人防专家讲授人防知识课。10月20日，天心区“学人防知识，建安全社区”主题宣传活动在青园街道友谊社区举行，区人防办工作人员讲解如何区分防空警报的3种信号等人防知识内容，演示防护面具的正确使用方法及具体操作步骤，以及遇到身边有人心跳、呼吸骤停等情况下的应急处置办法。11月9日，天心区人防宣传教育进校园暨防空应急疏散演练活动在明德启南中学举行。1000余人参加应急疏散演练，在区人防办工作人员指导下模拟空袭来临进行人防应急疏散演练。

（李 珂 王 沪）

【“5·12”防灾减灾日宣传】 2021年5月13日，在第13个全国防灾减灾日之际，天心区“5·12”防灾减灾日宣传暨人防疏散演练活动在天心区梨塘小学举行。该次活动通过传授防空防灾技能，摆放人防工程基础知识等宣传展板，悬挂宣传横幅，发放人防知识手册，观看《人防小卫士》科普宣传片等方式普及人民防空基本知识，增强广大师生的国防观念和防空防灾意识，有效提升防空防灾能力。 （李 珂）

【2021年防空警报试鸣】 2021年10月29日，天心区2021年人防警报维护工作总结暨“11·1”人防警报试鸣工作培训、部署会召开。全区50余家警报器维管单位负责人参加。区人防办通报2021年人防警报器巡查巡检工作情况，部署下阶段工作任务。区人防办技术人员重点对警报试鸣操作规程进行专题讲解，对防空警报器的日常维护管理和防空警报试鸣相关技术工作进行指导和说明。区人防办要求各单位做细做实防空警报试鸣工作，做好宣传告知，确保防空警报试鸣工作任务顺利完成。10月30日，天心区“11·1”全省防空警报试鸣日“铸就护民盾共建新人防——庆祝中国人民防空成立70周年”主题宣传演练活动在湖南省广播电视大学校园内举行。该次演练活动采取情景模拟的方式，结合“11·1”湖南省防空警报试鸣信号，演示防空警报信号辨识、早期疏散人员集结、居民疏散掩蔽等防空应急疏散科目。长沙市人防办和天心区人防办现场给社区和学校赠送一批实用的人防应急物资和人防知识手册，号召民众主动储备人防应急物资，学习国防人防知识，积极参与支持人防建设。11月1日，分布在天心区、岳麓区、雨花区等长沙市范围内的固定警报器同时进行防空警报试鸣，在持续19分钟的试鸣时间中，预先警报（三长声）、空袭警报（连续短声）、解除警报（一长声）三种警报信号依次鸣响。

（王 沪）

城市建设与管理

自然资源和规划

【概况】 2021年，长沙市天心区推进全区国土空间规划和村庄规划，助力长株潭一体化发展；推进耕地占补平衡工作和生态修复，设施农用地上图入库排名全市第一；推进房地一体确权登记工作，完成各项土地确权工作；开展土地和规划执法，落实执法动态查巡，有序推进全区批而未供、闲置土地、违法用地问题整改处置、批后监管等工作；以"重大项目建设攻坚行动日"为抓手，推进集体土地征地补偿安置工作；围绕民生问题，做好临时用地审批、临时建设工程、公房"四原"危房翻建、城市个人住宅危房翻建、村民住宅安置房（多层）建设、既有多层住宅增设电梯规划备案等重点工作。长沙市自然资源和规划局天心区分局（简称"区资规分局"），是长沙市自然资源和规划局的正科级派出机构，主要负责天心区空间规划、耕地保护、土地确权登记、自然资源开发利用等工作。

【规划引领】 2021年，天心区开展新一轮国土空间规划、南部片区控制性详细规划编制，对接优化城镇开发边界，争取城镇建设用地指标，核减耕地和基本农田。开展大托铺街道、暮云街道、南托街道村庄规划编制工作，推进"多规合一"村庄规划编制工作。参与暮云四片控规修编，配合区南部办落实"两安"用地、社保融资用地缺口和解决长沙县遗留问题等相关工作。推进新韶山南路、暮坪湘江特大桥等重点项目用地手续办理进程，加快推进长株潭一体化发展工作，做好国家医学中心、奥体中心等国家、省、市重点项目落户天心区南部片区的相关服务工作。研讨融体小镇划入邻园片区、绿心中央公园总体设计核心区范围以及绿心三区边界优化等问题。

【保障土地要素】 2021年，天心区推进耕地占补平衡工作，经补划，全区耕地面积1543.79公顷，永久基本农田（现状＋核实整改补划＋即可恢复＋工程恢复）面积为989.25公顷，均达到天心区政府2018年与长沙市政府签订的耕地保有量1304公顷、永久基本农田保护任务977公顷的责任状要求。矿山生态修复工作及地质灾害防范工作有序进行。完成设施农业用地上图入库的项目25个，上图入库的面积8.87公顷，完成比例195.72%。

【确权发证】 2021年，天心区编印《农村宅基地房地一体确权登记发证文件及技术问答》白皮书，积极宣传，做好政策解释工作，通过开展六方联审的方式加快房地一体办证速度。加强土地确权工作，推动解决土地历史遗留问题。

【执法监管】 2021年，天心区资规分局联合区检察院发布《关于进一步协作推进执法机制的意见》。天心区实现2021年武汉局和省级自然资源例行督察无违法用地、前三季度自然资源部卫片零违法的成绩。2020年省级例行督察反馈天心区15个问题图斑全部完成；2020年2月以来，省自然资源厅下达月清三地任务涉及天心区违法用地图斑37宗，完成销号28宗。2021年，区资规分局办理土地违法案件3宗，收缴罚款5.93万元，退还土地1.29公顷，没收违法建筑面积10681.3平方米。

【闲置土地处置】 2021年，天心区开展"八个一批"项目攻坚闲置土地盘活和全区闲置（存量）土地清理摸排，逐宗约谈项目建设单位，建立项目档案，制定“一宗一策”盘活方案。湖南省自然资源厅下发的审计整改任务、摘帽行动、执法行动的闲置土地处置任务全部完成，实现清零；省自然资源厅例行督查闲置土地处置到位6宗，处置到位宗数比85.7%；部增存挂钩闲置土地处置完成26宗，完成宗数比78.79%，面积比59.61，完成2021年下发全部项目的开工巡查任务，完成部分历年项目的竣工巡查任务。

2021年12月9日，湖南省自然资源厅党组书记、厅长、省自然资源总督察陈仲伯（右五）一行调研橘郡礼顿山、融源及第府办证化解工作，向业主颁发产权证

（金 杰 摄）

【批后监管】 2021年，天心区资规分局优化网格化巡查、批后项目片区划分管理制度，受理放线31次，实施竣工检查22处，联合验收出具内审意见22次，到位率均为100%。向城管部门移送违法建设案件14件，向长沙市支队报送专报4次。配合城管部门日常违法建设查处，出具规划专业咨询意见98份，涉及违法建筑面积约16.97万平方米。

【征地拆迁】 2021年，天心区实施征拆的项目66个，新启动22个项目，拆迁腾地78.05公顷，完成私房补偿299栋，拆除合法房屋面积约6万平方米，拆除集体企业19家。审核发布《征收土地方案公告》《征地补偿安置方案征求意见公告》等公告59个，依法及时送达“限期腾地告知书”10份、“限期腾地决定书”9份、“限期腾地催告书”8份，完成法院强制执行4户。推动新韶山南路、暮坪湘江特大桥等项目征地拆迁及用地手续办理工作，促进项目建设落地。区资规分局成功创建市级“青年文明号”。

【化解房地产办证问题】 2021年，天心区资规分局通过排查，收集到排查线索71条，纳入2021年考核的化解项目共38个。11月26日，天心区完成集中化解房地产办证信访问题目标任务，化解率100%。9月3日，长沙市自然资源和规划局党组书记、局长冯意刚带队到橘郡礼顿山小区现场调研化解办证工作，归整问题、多次调度、提出对策、化解困难，重点解决项目消防整改、地籍调查、协调相关部门完善人防验收、规划竣工核实等问题，于9月30日完成所有住户不动产权首次登记。11月26日，橘郡礼顿山化解项目发证仪式在天心区橘郡礼顿山小区举行。长沙市委党史学习教育办第六巡回指导组组长赵建军，冯意刚，天心区委常委、副区长张浩平等出席仪式，并为业主代表送上不动产权证。12月9日，湖南省自然资源厅党组书记、厅长、省自然资源总督察陈仲伯，长沙市政府副市长周志凯，冯意刚等一行调研天心区橘郡礼顿山、融源及第府办证化解工作，向业主颁发产权证。

【地质灾害防治】 2021年，天心区资规分局加强地质灾害专题宣讲，加强动态巡查工作，对接各地质灾害点所涉及街道，建立地质灾害联络微信群；针对隐患较大的暮云街道黄土塘地质灾害隐患点，对隐患点进行24小时实时监测，在恶劣天气及时将附近村民进行疏散。

【服务民生】 2021年，天心区资规审批临时建设项目10个，总建筑面积18347.87平方米；审批农民安置房项目1个，总建筑面积16.08万平方米；审批公房按四原翻建项目1个，建筑面积484.18平方米；审批城市个人住宅危房翻建项目17个，总建筑面积3069.59平方米。既有多层住宅加装电梯规划备案132台。全年处理“12345”热线电话及群众诉求电话310件，办结率100%，回访满意率97%；办理依申请政府信息公开37宗；承办市、区两级人大建议、政协提案，区人大代表发言30件（主办3件），均按照时间节点和工作要求落实完成。

【长沙市不动产登记中心天心点试运行】 2021年2月26日，长沙市不动产登记中心天心点试运行，标志着不动产登记全业务下沉至区政务服务中心，天心区市民在天心区政务服务中心即可办理房产交易过户、房产抵押、税费及维修资金缴纳等事宜。长沙市不动产登记中心选择天心区作为不动产登记下沉第一站，组织税务、住建和天心区行政审批服务局等有关部门，全面梳理登记下沉服务事项，统筹调配窗口和工作人员，打通市、区两级政务服务平台，在天心区率先推行登记服务下沉工作。

【送证下乡活动】 2021年12月29日，天心区农村宅基地和集体建设用地房地一体确权登记首证颁发仪式暨送证下乡活动在大托铺街道桂井村村委会举行。大托铺街道桂井村10户村民拿到了属于自己的不动产权证书，并向长沙市自然资源规划局天心区分局及长沙市不动产登记中心送上锦旗。自2019年启动农村宅基地和集体建设用地房地一体确权登记工作，截至2021年年底，全区农村宅基地房地一体调查测量全部完成，共调查宗地11390宗，六方联审1186宗，外业调查成果通过自检、市级复检；权籍数据建库成果初步建成，具备规模化发证条件。（本栏撰稿 谭 巧）

房屋征收管理

【概况】 2021年，天心区铺排攻坚项目29个，其中结算项目18个，扫尾项目5个，新启动项目6个。长郡天心中学建设项目、白沙路道路建设项目等12个项目完成项目结算，湖南机床厂及周边地块棚改项目、西文庙坪周边地块棚户区改造项目等扫尾项目加快推进，南湖小学改扩建工程项目、燕子岭项目等新启动项目基本实现签约腾地。长沙市天心区城市房屋征收和补偿管理办公室（简称“区征收办”）被评为长沙市城市房屋征收工作突出单位。

（代 旭）

【项目结算】 2021年，天心区长郡天心中学建设项目、白沙路道路建设项目、市轨道交通3号线一期工程书院路站项目、长熔电器棚改项目、西文庙坪周边地块棚改项目（B1地块）、古道巷棚改项目二期、文津巷周边零星地块项目、富通路周边零星地块棚改项目长机项目（长铸地块）等12个项目，完成项目结算。

（代 旭）

【扫尾项目】 2021年，天心区湖南机床厂及周边地块棚改项目于5月31日清零腾地，历时11个月，完成项目征收任务，于7月22日完成项目结算；西文庙坪周边地块棚户区改造项目（A1~A5地块）根据历史文化街区保护和城市有机更新工作的需要，将未签约的对象调整出征收范围，区政府于7月13日发布调整征收范围决定公告；碧湘街周边地块棚户区改造项目（二期）除天符宫（不可移动文物）、航道管理局未拆除外，完成清零腾地；南湖片鼓风机厂棚改项目签约率99%。

（代 旭）

【新启动项目】 2021年，天心区南湖小学改扩建工程项目于6月4日发布征收决定公告，涉及被征收对象24户，于9月30日实现

2021年12月29日，天心区举行农村宅基地房地一体权籍确权登记发证送证下乡活动（谭 巧 摄）

清零腾地；燕子岭项目于1月22日发布征收决定公告，涉及19户（私房17户、单位2家），完成签约腾房；新开铺423地块棚改项目于6月23日发布征收决定公告，首日签约604户，签约率88.6%；西文庙坪B2地块（二期）项目于9月3日发布征收决定公告，剩1家单位未签约；湖南省电力线路器材厂零星地块棚改项目和长沙市铝制品厂零星地块棚改项目于10月23日发布三公告征收决定公告，24小时内实现签约清零。

（代　旭）

【燕子岭零星地块棚改项目】 2021年1月7日，燕子岭零星地块棚改项目发布项目房屋征收补偿方案征求意见情况及根据公众意见修改情况的公告；1月22日，发布项目房屋征收决定。该项目由天心区城南路街道办事处承担房屋征收与补偿的具体工作，征收范围属城南路街道辖区，东邻燕子岭巷，西邻阳光城檀府项目，南邻白沙路，北邻长沙市移动大厦。

（代　旭）

【南湖小学改扩建工程项目】 2021年2月26日，天心区发布南湖小学改扩建工程项目征收范围公告，启动征收工作；3月31日，发布房屋征收补偿方案征求意见公告；5月13日，发布项目房屋征收补偿方案征求意见情况及根据公众意见修改情况的公告；6月4日，发布项目房屋征收决定。项目由裕南街街道办事处承担房屋征收与补偿的具体工作，征收范围属裕南街街道辖区，具体范围为书院路193号001栋24户。

（代　旭）

【新开铺路423号地块棚改项目】 新开铺路423号地块棚改项目（S1、S2、S3地块）是原湖南长青机器厂（1103厂）生活区，总占地面积约4.74公顷，涉及征收房屋33栋685户。2021年6月23日，天心区发布新开铺423地块项目征收决定公告，6月27日启动集中签约，实现首日签约608户，私房签约率90%，截至9月23日，项目于3个月内实现签约清零。项目征收旨在改善老旧小区居民的生活条件，提升城市品位，由天心区新开铺街道办事处具体负责实施。征收范围及对象：位于新开铺路与新天路交会处，东邻克拉美丽山庄、南邻克拉美丽山庄和新天村、西邻新开铺路、北邻新天村，分S1、S2、S3地块同步实施。征收对象为S3地块红线范围内原湖南长青机械厂生活小区第14栋、15栋、16栋、17栋、18栋、21栋、22栋、24栋、25栋、26栋、27栋、28栋、29栋、68栋、73栋的房屋及附属设施（以土地调查红线确定的范围为准）。

（代　旭　骆兰莎）

【西文庙坪周边地块棚户区改造项目B2地块（二期）】 2021年1月22日，天心区发布该项目征收范围公告，启动征收工作；4月7日，发布房屋征收补偿方案征求意见公告；6月16日，发布项目房屋征收补偿方案征求意见情况及根据公众意见修改情况的公告；9月3日，发布项目房屋征收决定。项目由坡子街街道办事处承担房屋征收与补偿的具体工作，征收范围属坡子街街道辖区，东至长郡中学围墙、学院巷，南至西湖路，西至古潭街、学宫门正街、下黎家坡，北至人民西路（以土地调查红线确定的范围为），该次启动红线范围内西文庙坪5号、6号、7号，修文街79号及部分单位房屋的征收工作。（代　旭）

【湖南省电力线路器材厂和长沙市铝制品厂零星地块棚户区改造项目】 2021年4月16日，天心区政府副区长王海军调度湖南省电力线材厂、长沙市铝制品厂棚改项目，听取项目推进情况汇报并对项目现场进行实地察看，对下一步工作做出整体安排部署。6月23日，天心区发布该2个项目征收范围公告，启动征收工作；7月27日，发布房屋征收补偿方案征求意见公告；8月27日，发布项目房屋征收补偿方案征求意见情况及根据公众意见修改情况的公告；10月21日，天心区征收办组织召开湖南省电力线材厂、长沙市铝制品厂棚改项目社会稳定风险评估报告论证会，该2个项目社会稳定风险评估初步意见经参会相关部门、街道认真论证并予以修订之后，原则上一致同意通过；10月27日发布项目房屋征收决定；10月28日上午启动签约，用时3小时2个项目共52户全部签约清零。项目由新开铺街道办事处承担房屋征收与补偿的具体工作。该次棚改的湖南省电力线路器材厂和长沙市铝制品厂宿舍区房屋是20世纪六七十年代建成的砖木结构，长期以来缺少监管和维护，部分房屋已被打上“危房”标记。为改善居民居住条件、消除安全隐患，该棚改项目成功立项。

（代　旭　骆兰莎）

征地管理

【概况】 2021年，天心区征地服务中心发布《征收土地方案公告》2个，发布《土地征收启动公告》22个，完成项目社会稳定风险评估方案，报送长沙市自然资源和规划局及市征地办进行备案。全年集体土地实施征拆的103号令项目有66个，腾地78.05公顷，完成私房补偿299栋。

【征地安置】 2021年，天心区征地服务中心对省府新区和暮云片区103号令征拆项目中的被征地农民进行安置，纯货币化安置1600人，支付安置资金约4亿元。

【新韶山南路项目】 2021年3月，天心区新韶山南路项目启动征拆，2个月内完成121户签约清零，实现腾地面积53.33公顷。新韶山南路项目，位于暮云街道高云经济联合社、西湖村、莲华村、许兴村境内，全长约6.7千米。

（本栏撰稿 曹向梅）

住房和建设管理

【概况】 2021年，天心区商品房供应面积164.79万平方米，成交面积151.71万平方米；建筑业总产值1442.8亿元，比2020年增长14.5%，占GDP的比重近20%，建筑业入库税收14.63亿元，占全区税收的10.55%；区政府投资建筑工程项目25个，中标额约4亿元；全区在建房监管项目20个，其中竣工待验收4个，竣工验收备案5个，停工4个，在建7个，工程受监率100%、合格率100%、竣工验收及备案率100%。

（谢羽桉）

【行政审批】 2021年，天心区住建局开展区域范围内与权属内的建设项目设计审查工作，完成市政项目方案设计审查及审批20个，初步设计审查16个。规范天心区施工图审查管理工作，完成线上施工图审查项目193个。核发“城镇污水排入排水管网许可证”19份。承办建设工程消防验收备案项目119个，其中验收项目43个，备案项目76个。对天心区重点企业文和友集团总部、文和友海信广场店等多次走访，做好消防验审工作的服务。

（谢羽桉）

【物业管理】 2021年，天心区推动党建指导与行业监管相结合，推动成立党组织领导下的业主委员会，指导新成立、换届、变更业委会43个。重点指导87个小区开展住宅小区物业管理和服务标准化建设。受理使用物业维修资金申请项目267个，办结137个，拨付维修资金1559万元；调处物业矛盾纠纷、办理“12345”物业热线工单、来信来访件等共570件。开展物业管理区别消防安全、文明创建、垃圾分类等工作，督导物业管理项目116个。开展“最美物业人”评选、“平安物业（项目）”创建活动，评选出10名天心区“最美物业人”，创建8个“平安物业（项目）”。

（谢羽桉）

【建筑领域安全生产】 2021年，天心区开展建筑领域打非治违工作，组织项目约谈10次，立案调查25起，结案25起，罚款123.99万元。开展建筑施工领域安全风险隐患排查整治工作，重点对项目现场危大工程、混凝土搅拌站进行安全隐患排查整治，开展专项督导检查10次，下发质量安全隐患整改通知126份，起重机械设备限制使用书20份，局部停工18份，停工7份，不良行为告知书9份，约谈突出隐患项目6个。开展预拌混凝土、危大工程和重大危险源管控、脚手架模板支撑系统、建筑起重机械设备、外架防护、吊篮作业、现场消防工程、防高坠、高温季节安全生产、雨季汛期施工安全、冬季施工安全措施落实、施工现场扬尘防治、建筑工地围挡等专项整治工作，进行“强监督、遏事故，百日攻坚”“安全生产大排查、大整治”“安全生产百日大会战”“安全生产月”“质量活动月”等行动。 （谢羽桉）

【既有住宅加装电梯】 2021年，天心区对五方责任主体齐全的加装电梯项目，在市、区两级财政共同补贴10万元的基础上，天心区额外补贴1万元，即项目可领取共11万元的补贴。对辖区内既有多层住宅5711个的单元（含已加装）做初步摸排，摸排出“适合加装且业主加装意愿强烈”的单元236个、“较适合加装且业主加装意愿强烈”的单元186个，并按照摸底情况给各街道分解任务指标。宣发、张贴加装电梯宣传资料1.2万余份，组织入户宣传，组织小区业主集中座谈解难释疑，邀请加装企业座谈讨论，约谈警示重点企业。截至2021年年底，完成既有多层住宅增设电梯联合备案共200台。 （谢羽桉）

【房屋安全】 2021年，天心区有行政排危23户，出具房屋安全鉴定报告备案27件，处理投诉230件，下发整改通知18份。

（谢羽桉）

【停车场建设管理】 2021年，天心区完成32个停车场建设，泊位数为1.48万个。通过新建停车场及道路两侧施划停车泊位，新增禁停标识标牌等措施，完成坡子街周边（太平路路段）、西湖路周边（西湖路—西文庙坪）、南托岭安置区周边、井湾子社区友谊路（电位器厂宿舍周边）和殷家冲路（殷家冲路—新城路段）5个重难点区域治理。10月19日，召开停车场接入全市统一智慧平台工作动员会。 （谢羽桉）

2021年，天心区完成32个停车场建设，图为新建天心区电力市场北侧停车场

（区住建局供图）

【住房保障】 2021年，天心区实物配租371户，其中低保户83户，低收入194户，征收户57户，重大疾病18户，残疾人24户，退伍军人3户，刑满释放人员4户。由于受全市房源统筹系统库存房源使用殆尽的影响，截至2021年年底，轮候对象353户。区住建局向市住建局住房管理处争取公租房房源，在区内排查空置户、死亡户、腾退不符资格的保障对象，优选保障排队轮候对象中特困户，重大疾病及被征收对象的房源配租。2021年，市属产权公租房非定向配租收缴租金2680户，应收租金为280.99万元，实收租金267.48万元，收缴率95%；定向配租公租房（龙骧巴士）收缴14.71万元。合计收取租金金额为282.19万元。区属产权公租房应收租金67.61万元，实收租金金额为66.49万元，收缴率98%。新增审批租赁补贴资格13户，实现租赁补贴实时保障211户，共发放保障金额162.8万余元；新增实物配租资格267户；新增经济适用房购房资格24户，经济适用房货币补贴5户；退出公租房保障异动审批189户；完成“半边户”资格确认97户。截至2021年年底，筹集租赁住房项目30个，6979套。

（谢羽桉）

【水环境治理】 2021年，天心区加强黑臭水一体化处理设备日常运维管理，完成南托港2#支流污水接驳至伊莱克斯大道西延段问题，推进南托港问题整治，完成1#支流设备运维管理、河道清淤、河底硬化、生态护坡等工作。天心区住建局配合长沙市住建局制定《港子河流域综合治理整治方案》，印发《港子河流域综合治理任务清单》。截至2021年年底，港子河入江口水质基本达标。

（谢羽桉）

【扬尘治理】 2021年，天心区规模以上工地安装监测设备，做到线上线下同频同步，指导项目配齐配足工地除尘设施，提高扬尘防治能力。建立网格化监管体系，对工作不力、问题反复出现的项目责任单位，纳入建筑市场诚信体系。区住建局出动巡查执法约1500人次，其中夜间巡查执法100人次，巡查督办辖区建筑工地和混凝土搅拌站60余个，督促整改问题130余项，下发整改通知92份、停工停产通知2份。

（谢羽桉）

【“精美长沙”建设】 2021年，天心区完成“精美建筑”“精美街道”“精美社区”“精美环境”“精美生活”五类示范项目均不少于2个。其中精美建筑有石人学校、爱尔眼科、大数据交易中心；精美街道有新姚路、芙蓉南路、湘江大道提质改造；精美环境有融城绿地广场、官桥湖美丽幸福河流建设项目；精美生活有黄兴路步行街改造、贺龙体育中心及侯家塘周边景观亮化提质工程、天心阁古城墙其他保护性设施建设工程。精美生活（既有小区品质提升）有12个小区报区政府审定并上报。在申报“精美街道”湘江大道提质改造示范项目过程中，2次请市级技术及咨询单位到现场指导工作，截至2021年年底，该工程完工。（谢羽桉）

【打造BIM技术应用示范区】2021年，天心区推动智慧城市建设，打造BIM技术应用示范区。BIM技术将工程项目以三维数字模型呈现，有利于加快建设进度，且具有建造虚拟化、成本透明化、质量可追溯、管理精细化等优点。BIM技术运用至湖南大数据中心、印湘江、湖南师大附中双语实验学校、招商华发等天心区多个重大项目。2021年1月，长沙比盟云信息科技有限公司与湖南省交水建集团尚上市政建设开发公司签订BIM战略合作协议，双方表示BIM技术将运用于市政建设前期设计阶段、招投标阶段、实施阶段、后期运营阶段全过程。比盟云信息科技获得中国公路学会“交通BIM工程创新奖”二等奖，成为湖南省首个在交通BIM工程获奖的项目。天心区政府2次组织召开BIM技术专题会议，推行工程建设应用BIM技术，打造BIM技术应用示范区。（谢羽桉）

【安全生产专项检查】2021年2月1—9日，天心区住建局对人员密集型场所消防安全隐患开展大排查大整治行动，深入全区重点建筑工地、宾馆、酒店、商场、电影院、KTV、酒吧等10家公共场所，重点查看各单位(场所)的消防隐患，对查出的消防隐患当场指导施工方进行整改，下发责令整改通知书。3月12日，区住建局到长坡二街现场进行边坡隐患情况核查。经过勘察，查明渗水原因，要求黄土岭社区、长坡社区督促荣悦台物业将排水沟进行清理并修缮，解决护坡渗水的安全隐患问题。6月9日，区住建局对芙蓉南路快速化改造工程排水系统进行现场检查，对因该工程施工对芙蓉南路沿线雨污水管线进行的迁改、破坏等问题进行现场交办，确保芙蓉南路排水系统运行正常，防范内涝问题。

（谢羽桉　康思涛　吴承休）

【“密室逃脱”类娱乐场所消防调研培训】2021年2月24日，天心区住建局组织区文旅体育局、区应急管理局、区消防救援大队、坡子街街道办事处、黄兴南路步行商业街管委会、黄兴南路步行商业街物业管理有限公司和省住建厅消防验收专家库5位专家对“长藤鬼校”等3家娱乐场所进行消防技术现场调研，就该类场所定性、平面布置、安全疏散、装饰装修材料的使用、消防设施设备等方面进行研讨。4月2日，区住建局召开“密室逃脱”类娱乐场所消防行政审批服务会。坡子街街道、城南路街道、辖区40余家“密室逃脱”类娱乐场所负责人参加会议。经前期摸底，天心区密室逃脱类娱乐场所有50个，其中坡子街街道48个，城南路街道2个。区住建局就“密室逃脱”类场所消防行政许可及执法进行政策宣讲。城南路、坡子街2个街道对商家的安全生产及经营规范作出工作部署。“长藤鬼校”“困境大陆”2家商家代表在会上表态发言。人人居安消防安全有限公司负责人对参会人员进行消防安全常识及政策的培训。

（谢羽桉）

2021年3月11日，天心区召开既有多层住宅增设电梯前期调查培训大会

（区住建局供图）

【既有住宅加装电梯工作会议】2021年3月11日，天心区住建局组织各街道、社区和湖南省建筑科学研究院有限责任公司召开既有多层住宅增设电梯前期调查培训动员会，并到各个街道进行现

2021年12月21日，天心区召开第31次区长企业接待日暨建筑业高质量发展专场会　（区住建局供图）

场示范指导。6月8日，区住建局组织召开既有多层住宅增设电梯工作调度会议。会议听取区住建局对市级增设电梯的最新文件进行解读，对全省既有多层住宅加装电梯工作现场推进会议精神进行传达。与会单位对2021年电梯工作情况进行汇报。　（谢羽桉）

【**天心区地铁站点周边新增2个即停即走停靠点**】　2021年7月，天心区地铁1号线侯家塘站和3号线灵官渡站新增2个即停即走停靠点。该2个站点在原人行道的位置，改建港湾式即停即走停靠点，标牌显示停车时间“限时3分钟”，设有2个停车泊位，泊位内清晰地喷有“接送车”字样。天心区通过在具备条件的长沙市地铁站点规范设置即停即走停靠点，系统解决私家车辆、网约车、出租车等交通工具与地铁的接驳问题，方便市民群众乘坐地铁等公共交通。　（董　固）

【**建筑工地疫情防控**】　2021年8月1日，天心区住建局召开天心区建筑工地新冠肺炎防疫工作会议。会上，区住建局成立区住建局建筑工地新冠肺炎疫情防控工作领导小组。自8月1日起，区住建局对全区建筑工地进行巡查、督查，组织全局70余人检查在建工地89个，要求项目进行中高风险地区旅居史和异常人员防疫排查，建立项目从业人员健康管理台账；严格执行建筑工地封闭管理，进出项目实行实名登记管理，出入人员佩戴口罩、测量体温并查验健康码等。对辖区内楼盘营销中心、建筑业企业下达新型冠状病毒肺炎疫情防控工作通知。8月2—3日，区住建局巡查天城国际、龙湖春江天曜、中建钰和城、北辰中央公园、京盛和府等18个项目营销中心，了解项目疫情防控工作排查情况。　（谢羽桉）

【**建筑业高质量发展专场会**】　2021年12月21日，天心区召开第31次区长企业接待日暨建筑业高质量发展专场会。天心区委副书记、区长周志军，区政府副区长张浩平、刘正文，长沙市住建局行业处处长孔祥海，区住建局等14个相关部门负责人、坡子街街道等6个街道负责人，省、区行业协会及10家建筑企业代表参会。区住建局局长周雄对天心区建筑企业经营发展情况进行汇报，行业协会、各参会建筑企业针对天心区建筑业高质量发展分别进行提出意见建议，孔祥海就推动天心区建筑业高质量发展提出意见。周志军区长表示，天心区将持续优化营商环境，加大服务企业力度，提高服务企业效率。　（谢羽桉）

公共工程建设

【**概况**】　长沙市天心区公共工程建设中心（简称“区公建中心”）主要承担区政府投资项目（工业园区项目、水利项目及城管、市政、环卫、园林等市城管系统下达的建设任务除外）的组织实施和代建管理工作。2021年，区公共工程建设中心实施建设项目25个，完成项目建设16个，完成投资约3.5亿元，全年争取各类资金1061万元。新建西路桥项目被评为2021年度长沙市市政优良工程。

【**项目管理**】　2021年，天心区公共工程建设中心完成立项21个，完成测量30个，组织地勘6个，办理红线5个、工程规划许可证5个、方案设计12个、可研批复6个、初步设计8个、初步设计批复8个、施工图设计13个、施工图设计审查11个。签订项目合同41个。完成项目结算26个，结算

天心区新姚南路人行天桥（区公建中心供图）

二审14个，结算一审5个，结算报审项目22个。完成1个截污改造工程及相应排口管理权和6个整体项目移交，有9个项目交通设施、7个项目环卫、3个项目市政、9个项目路灯实现单项移交。

【市政道路项目建设】 2021年，天心区完成白兰路、蓝天路、工程北路、青园前路、园艺路、新姚路人行天桥、桂花坪路西段、金桂路、枫香路西段等10个市政道路项目建设，完成丽江路4号涵洞顶进施工，一批断头路、瓶颈路实现建成通车。完成万家丽路和芙蓉南路莲华大桥段电力埋管工程项目建设。完成青园小学梓枫校区二期、许兴小学2所学校建设，共增加学位43个班。完成暮云派出所、省政府周边应急处置中心等项目建设。新启动黄土岭路等6个项目建设。

【白兰路一期道路工程】 天心区白兰路一期（芙蓉南路—紫薇路）道路工程是一条城市支路，为天心区重大工程，项目位于天心区新开铺街道，道路长130余米，路幅宽20米，双向四车道，项目总投资约2000万元（包括二期建设）。主要内容包括道路工程、交通工程、排水工程、照明工程、景观工程。该项目于2020年10月进场施工，至2021年12月完成建设。项目建成后方便爱尔眼科公司及周边群众出行，与莲花山巷连接，打通该区域交通微循环，方便周边居民通行。

【新姚南路人行天桥项目】 天心区新姚南路人行天桥项目位于天心区新姚南路与宜春路交叉口处（湘府英才小学北侧），该主桥为钢桁架结构，总长为48.4米，桥面总宽4米；两端梯道宽2.8米。主要内容包括人行天桥桥梁工程以及配套的交通、绿化、排水等工程。

【金桂路、枫香路道路工程】 天心区金桂路、枫香路道路工程位于天心区新开铺街道，为天心区重大工程项目，其中金桂路长300米，路幅宽度20米，枫香路长620米，路幅宽度20米。主要内容包括道路工程、交通工程、排水工程、照明工程、景观工程。该2个道路工程项目于2021年8月完成建设。

【许兴小学项目】 天心区许兴小学位于天心区芙蓉南路以东，规划暮石路以北，许兴村范围内。净用地面积为15586.16平方米，总建筑面积为7293.05平方米。规划学位18个班，主要建设内容包括1#教学综合楼、2#食堂、3#门卫、风雨连廊、地下室和辅助建筑及室外运动场地、绿化、围墙、室外给排水、室外供配电、广场、道路等相关室外配套工程建设。该项目的实施有利于弥补区域义务教育阶段教育资源的不足，提

天心区许兴小学项目（区公建中心供图）

升区域内整体教育水平。

【万家丽路和芙蓉南路莲华大桥段电力埋管工程】 天心区万家丽路（芙蓉路—港子河路）电力埋管工程，为天心变配套路由，长度约1000米，110千伏电力埋管9孔，10千伏电力埋管24孔，主要保障天心区南部片区供电能力。芙蓉大道（南二线—新村变）莲花大桥段电力埋管工程，为新村变配套路由，长度约200米，110千伏电力埋管8孔，10千伏电力埋管24孔，主要保障天心区暮云南部片区供电。该2个工程项目于2021年完成建设。

【青园小学梓枫校区二期工程】天心区青园小学梓枫校区二期工程为天心区重大工程，项目位于桂花坪街道，建筑面积约4000平方米，项目总投资约1400万元。主要内容包括教学楼土建工程、装饰工程、安装工程、水电及消防工程和室外附属工程。该项目于2020年10月进场施工，至2021年7月完成建设。项目建成后新增25个班级，有利于解决周边小区学生就学难的问题。

【蓝天路、工程北路道路工程】 天心区蓝天路（工程北路—天月路）道路工程、工程北路（披塘路—蓝天路）道路工程分别是长沙市天心区生态新城南片及天心环保工业园片控制性详细规划中的东西向、南北向的城市支路，地处天心区黑石铺街道。蓝天路（工程北路—天月路）道路工程全长160米，宽18米，工程北路（披塘路—蓝天路）道路工程长298.4米，宽37米，设计车速均为30千米/小时，主要建设内容有路基工程、排水工程、路面工程、绿化工程、亮化工程及交通设施工程等。该2个道路工程项目均于2021年3月开工，于8月竣工通车投入使用。该2段道路是2021年9月开学的益清小学、大唐印象幼儿园的进出通道，道路的修建，有利于疏导该地区交通及确保道路两厢单位和居民的进出。

【暮云派出所项目】 天心区暮云派出所项目总建筑面积4941平方米，其中地上面积3600平方米，地下1341平方米，容积率0.89，建筑密度27.74%，绿地率45.14%，总投资约3486万元。

（本栏撰稿　刘　望）

城市建设投资开发

【概况】 长沙天心城市建设投资开发集团有限公司（简称“天心城投集团”）主要负责天心区范围内片区城市更新和土地整理开发、文化、体育、旅游产业项目投资开发、城中村改造和社保安置、棚户区改造和老城区有机更新以及天心区政府授权的重大项目建设。集团旗下包含母公司长沙天心城市建设投资开发集团有限公司，4家子公司分别为长沙顺之安棚户区改造投资有限公司、长沙天悦投资有限责任公司、长沙天泰投资有限责任公司、长沙市天心城市更新投资建设运营有限公司，代管长沙市天心棚改投资有限责任公司。

2021年，天心区西文庙坪周边地块棚改项目配套改造工程四期实现竣工验收；天悦19号地按照市政府会议精神有偿划拨给湖南开放大学；推进长沙奥体中心暨融城体育小镇建设及片区开发和西文庙坪片区有机更新。天心城投集团获全省优秀内部审计项目“一等奖”、长沙市优秀内部审计项目“一等奖”。

【深化改革】 2021年，天心城投集团编制公司“十四五”发展规划，明确“总资产500亿元、投资300亿元、营业收入150亿元”，构建城市建设、城市更新、城市运营、产业投资的“3+N”业务体系经营目标。优化公司架构，进行竞聘上岗、双向选岗以及市场化薪酬改革，实现新一轮人岗匹配。

【产业投资】 2021年，天心城投集团拓展产业投资，推进城市建设运营。12月16日，与长沙市产投集团长体产业公司签订合作协议，合资组建长沙融城体育小镇投资建设有限公司，共同推进长沙奥体中心暨融城体育小镇建设及片区开发。以文化为“魂”，以旅游为载体，以商业为引擎，与中建信和签订意向合作协议，将西文庙坪片区打造成湖南城市老城区有机更新的典范、湖湘文化的特色街区。

【民生实事】 2021年，天心城投集团累计投入农民社保安置资金约8.45亿元，安置743人，为5603人缴纳社保；被征地农民安置房项目天悦和苑二期基本完成建设，配建新路二小启动土方外运、完成EPC招标挂网；棚改配建商品房天心佳苑项目启动实施。

【融资化债】 2021年，天心城投集团扩宽融资渠道、强化融资手段，年综合平均利率较2020年下降 0.19%。集团 AA+ 主体评级方案通过天心区委、区政府会议审议，12 月 31 日，完成长沙天心城市发展集团有限公司工商注册、股权划转、注册资金拨付以及部分资产资源注入。

【调研部署】 2021 年 5 月 24 日，天心区委副书记、代区长周志军带队调研天心城投集团，就构建科学高效的运行体系，加快土地出让及信用评级，强化招商运营，做好土地文章及片区开发等工作进行研讨和部署。8 月 18 日，区委副书记、区长周志军率队专题调研区属国有企业信用评级工作，听取区属国企关于 AA+ 主体信用评级工作情况的汇报，就相关具体问题进行研究。12 月 6 日，周志军带队调研天心城投集团，要求城投要加快转型升级，实现“城投时代”向“城发时代”、“经营土地”向“经营城市”的转变，深化拓宽空间范围、产业链条和金融业态。12 月 8 日，周志军主持召开区长办公会议，研究天心城投集团 AA+ 信用评级工作。会议强调，要厘清区城投、区国资公司业务边界，形成优势互补、资源互通、共同发展的良性循环，确保工作实效。

【天心城市更新投资建设运营有限公司成立】 2021 年 7 月 29 日，长沙市天心城市更新投资建设运营有限公司成立。该公司主要经营旧城区改造建设；以自有资产进行基础设施投资、实业投资；停车场运营管理；商业综合体管理服务；产业园区及配套设施项目的建设与管理；房地产开发经营；房地产租赁经营；储备土地前期开发及配套建设等。2021 年，天心区启动黑石铺片区、九峰片区、狮子山片区、先锋片区 4 个城市更新项目，其中，黑石铺片区完成城市体检及策划方案，更新及发改立项，纳入市级第二批次更新项目。九峰片区与中国电建就投资合作协议达成一致。

【西文庙坪片区有机更新】 2021 年 9 月 18 日，西文庙坪周边地块棚改项目配套改造工程四期实现竣工验收，标志着太平街、古道巷（三期）、火宫殿（二期）和西文庙坪片区有机更新改造完成项目建设任务，被中央电视台《焦点访谈》栏目以“城市更新、生活更新”为主题进行报道。

【项目招商】 2021 年 10 月 16 日，天心城投集团党委书记、董事长张勇刚带队到河北省雄安新区考察调研电建智汇城项目，与中国电建河北雄安建发公司进行座谈交流。11 月 12—15 日，张勇刚带队到广州市、珠海市、深圳市开展精准招商活动，先后走访考察海伦堡地产集团有限公司、中交城市投资控股有限公司、珠海华发集团有限公司、深业集团有限公司等公司，宣传推介公司项目，与相关企业进行交流。

（本栏撰稿　刘决溪）

国资经营

【概况】 长沙市天心国资经营集团有限公司（简称“天心国资集团”）于 2019 年 10 月 15 日成立，公司经营范围包括：不动产开发、经营及配套建设；土地管理服务；实业投资；高科技产业投资；股权投资；项目投资；创业投资；产业投资；能源投资；文化旅游产业投资与管理；生态农业旅游投资；休闲农业项目开发经营；医疗领域投资；养老产业策划、咨询；资本管理；资产管理（不含代客理财）；融资租赁服务；自营和代理各类商品及技术的进出口，但国家限定公司经营或禁止进出口的商品和技术除外；贸易代理；物业管理；酒店管理；商业管理；企业总部管理；会议及展览服务；生态保护及环境治理业务服务；土地整理及复垦；停车场运营管理；国有资产经营管理等。

2021 年，天心国资集团总资产规模突破百亿目标，净资产规模 64 亿元，完成营业收入 43.4 亿元、净利润 2 亿元，资产出租率超过 85%，经营性资产回款 6300 万余元，上缴财政资金 8 亿元。

【资产管理】 湖南天心资产运营管理有限公司（简称“天心资产运营公司”）于 2020 年成立，为长沙市天心国资集团旗下全资子公司，持有包括土地、商业、办公、住宅、工业、广告牌等不同类型资产 2901 处，总面积约 71 万平方米。该公司主要负责创谷园区资产、政府划转资产、政府划拨土地资产的全面运营与管理，通过市场化运作，整合现有资源，盘活不良资产，投资优质产业，提升资产效益与规模，实现资产增值保值。

【天心人才】 湖南省天心人才集团有限公司于 2019 年成立，是由湖南人才市场有限公司与长沙市天心国资经营集团有限公司共同投资成立的一家人力资源服务企业。该公司主营业务有人力资源服务（劳务派遣服务、招聘测评服务、社会保险服务、人力资源服务外包、管理咨询），档案管理服务（档案整理、档案数字化、档案物理托管、档案管理咨询），培训管理服务（职业技能培训、创业就业培训、企业内训），灵活用工服务（薪税服务、财税筹划共享用工）。

【天心供应链】 湖南天心供应链有限公司注册资金5000万元，是长沙市天心区国资经营集团有限公司控股，与民营供应链执行团队合资成立的供应链平台，致力于打造一个规模庞大、机制灵活、工作务实、办事高效且富有特色的混合所有制公司。该公司主要面向于行业供应链垂直体系下的中小型企业，为其量身打造富有专属性的供应链贸易融资方案。依托行业中大型企业的强信用背景，打造托盘销售的产品，面向在供销体系下的小企业客户，主要解决小企业被大企业拖账期的难题。2021年，公司完成销售收入超20亿元。

【天鑫嘉业】 长沙天鑫嘉业控股有限公司（简称“天鑫嘉业”）由长沙市天心国资经营集团下属子公司和深圳嘉业实业集团下属子公司于2021年7月合资成立。天鑫嘉业整合两大集团的先进管理经验和资源，实现优势互补，以专业的服务提高企业供应链效益，推动企业供应链创新，构筑企业核心竞争力，给平台创造营收，拉动当地产值，协助产业落地。长沙天鑫嘉业供应链有限公司（简称“天鑫嘉业供应链公司”），属于天鑫嘉业控股公司的全资子公司，成立于2021年7月。2021年度完成销售收入10亿元。

【天心农投】 湖南天心农业发展投资集团有限公司（简称“天心农投”）是由天心国资集团于2020年8月出资成立的农业农村发展投资平台公司，为天心国资集团全资控股子公司，作为天心区政府生态修复及农业农村项目市场化投资实施主体。公司定位为生态资源修复、农用土地改良、农业产业资源整合、现代农业服务和农业产业投资发展的综合服务商。公司目标为落实乡村振兴战略，在城乡统筹、城乡一体、产城互动、生态宜居、和谐发展的新型城镇化建设模式下，推动“适宜居住、适宜生产、适宜创业、适宜休闲”的美丽乡村建设，带动天心区涉农产业的规模发展，推进辖区农民精准致富增收；以市场为导向，根据大托、南托、暮云3个涉农街道的自然环境和政策资源，对区内“三农”资源全面整合，依托3个街道实际土地情况，统筹规划、设计、重点落实可操作性强的涉农产业项目，发展具备特色的现代种植业产业、休闲文旅服务产业、农产品加工贸易产业，构建“三产联动、多业融合”的经济业态，实现农发投自身经营持续发展。该公司利用近郊农业优势，发展花卉苗木业务；2021年10月，与中国供销、中控延年集团签订战略合作协议，计划将暮云片区打造成新型田园综合体、网红生态艺术小镇。

【中御建材】 湖南中御建材有限公司（简称“中御建材”）在天心环保建材产业园黑石铺砂石转运站的基础上成立，为全封闭式的钢结构料场、设备安装等一体化环保标准化砂石基地。该基地日转运量5000吨，场内可存放砂石2.5万吨，实现每年约183万吨的吞吐量，年产值6亿元。依托黑石铺砂石转运基地，开展购销业务，并利用铁路物流运输优势，与南方建材等10余家需求方签订供货合同协议日均销售量1.5万吨。基地标准化厂房建设完成主体施工，并投入使用。

【天筑六建】 湖南天筑六建混凝土有限公司（简称“天筑六建”）于2020年7月由湖南天心建材集团有限公司与湖南省第六工程有限公司共同出资成立。该公司主要经营混凝土制造；生产混凝土预制件；生产砂浆；干混砂浆的生产；普通砂浆销售；湿拌砂浆销售；建筑工程机械与设备经营租赁等。项目一期位于天心区南托街道牛角塘村，总占地面积约4.77公顷，投资建设4条240型预拌混凝土生产线和1条砂浆生产线，2021年8月投产，混凝土年产量约200万立方米，砂浆年产量约30万吨。

【天晖医疗】 长沙天晖医疗投资有限责任公司（简称“天晖医疗”）于2013年12月经天心区政府批准注册成立，注册资金人民币5000万元，经营范围为医疗投资、医院建设及管理。公司以“服务社会，经营城市”为企业宗旨，以“务实、奉献、担当、超越”为企业精神，是一家按现代企业制度建立、规范运作的投资、开发型企业。

【晟威信息】 湖南晟威信息科技有限公司（简称“晟威信息”）于2020年12月28日成立，是天心城投集团在智慧城市及新基建板块的市场化经营平台和科技创新型公司。该公司融合天心城投集团和威胜集团的资源优势与技术优势，依托大数据、云计算、物联网、人工智能等高新技术基础，致力于为智慧用电、智慧消防、智慧能源、光伏能源、智慧路灯、新能源充电桩等领域提供综合应用解决方案。

【天宸智城】 湖南天宸智慧城市建设发展有限公司（简称“天宸智城”）系两方合资公司，其中湖南天心资产运营管理有限公司持股51%，湖南拓合传媒有限公司持股49%，共同出资成立合资公司的方式进行合作，并以合资公司名义对大黄兴路商圈（包括但不限于步行街广场、坡子街、解放西路、西文庙坪、太平街等天心区范围街区）进行智慧化提质改造，对大黄兴路商圈互动联屏媒体资源进行运行及组织策划执行大型活动。该公司致力于探索出成熟的智慧城市改造与运营机制，成为“城市媒体资源运营商”，构建三大核心板块和能力，即智慧城市建设、地标媒体定制、品牌智慧传播。

【天裕资产】 湖南天裕资产经营有限公司（简称“天裕资产”）于2021年2月23日成立，系长沙市天心国资经营集团有限公司控股公司，致力于整合长沙市及湖南省内的资产和资源，成为省内不良资产管理领域的知名企业。公司主要业务有金融机构不良资产收购与经营；非金融企业债权收购；困境企业重组或重整投资；不良资产收购配资业务等。

【国懿保理】 深圳市国懿商业保理有限公司（简称“国懿保理”）于2018年1月成立，系长沙市天心国资经营集团有限公司控股子公司。国懿保理有良好的资金渠道，成熟的业务模式，服务于以国企、央企为核心的上、下游，致力于为实体经济领域的中小企业提供中、短期融资。

【新能源新基建项目】 2020年11月，天心国资子公司湖南天心新基建发展投资集团有限公司与威胜集团子公司北京胜顶智控科技有限公司签订合作协议，致力于“推动智慧消防用电综合治理，建设安全保障型智慧城市”，全面启动新能源、新基建项目合作与建设。截至2021年年底，建有电动汽车充电站2个，充电桩33个。

【城市更新项目】 2021年，天心区新开铺片区城市更新单元体检范围面积393公顷，北侧为南二环，西邻湘江南路，东至芙蓉南路与新姚北路，南达友谊路。体检范围涉及新开铺街道、赤岭路街道2个街道。从社区单元来看，包括整个新开铺街道新天社区，以及赤岭路街道新开管委会，新开铺街道新开铺社区、豹子岭社区、桥头社区、新天村、石人村，文源街道金汇社区、天鸿社区的部分区域。2021年，该项目取得市、区立项批复，确定实施主体，举办项目招商推介会，比选中建信和、葛洲坝、中铁一局等意向合作企业，细化片区概念规划方案。

【天筑六建混凝土搅拌站试机生产】 2021年1月24日，天筑六建公司混凝土搅拌站试机生产。天心区委副书记、常务副区长周志军，湖南省第六工程有限公司党委书记、董事长陈光乐及南托街道、区国资公司、各参建单位负责人参加开机活动。天心国资集团与湖南省建六公司合作成立天筑六建公司，推行绿色、环保发展理念，高起点、高标准对混凝土站场进行定位，历时7个多月，项目顺利开机试生产。天筑六建混凝土搅拌站配备4条240式预拌混凝土生产线和2条干混砂浆生产线，预计年产能170万立方米。

【集团主体信用等级被评为AA级】 2021年6月29日，经国内权威评级机构上海新世纪资信评估投资服务有限公司出具的信用评级结果通知书评定，长沙市天心国资经营集团有限公司主体信用等级被评为AA级，评级展望为稳定。该次AA信用评级是天心国资集团在成立1年半的时间内取得的阶段性成果，标志着天心国资集团在企业信用建设、获得社会信用评价方面取得实质性成绩。

【考察交流】 2021年8月19日，天心国资集团监事长吴佳波带领产业运营部、资产公司、晟威公司相关人员到湖南威胜科技园考察学习。威胜信息与天心国资集团相关负责人就智慧城市和新基建板块的合作进行座谈。10月，天心国资集团党委书记、董事长何竞一行到山东省大熊集团进行考察交流，了解大熊集团有限公司情况，研讨天心人才集团控股子公司湖南爱薪保科技有限公司合作事宜。

【两周年暨合作伙伴大会】 2021年12月7日，天心国资集团举行两周年暨合作伙伴大会。湖南国资公司党委书记、董事长胡新保，中国农业发展银行湖南省分行党委委员、副行长王华，水电八局党委委员、副总经理肖军，省第六工程公司党委书记、董事长陈光乐，中建信和党委书记、董事长张金玉，长沙市国资委党委委员、副主任杨能武，市城发集团党委副书记、董事、总经理潘青，天心区委副书记、区长周志军等出席活动。周志军对天心国资集团提出要求。天心国资集团与各合作伙伴签署2022年度战略合作协议，涉及城市更新、城市运营服务、建材环保、人力资源、综合能源、金融贸易等项目。

（本栏撰稿　颜益阳）

城市管理和行政执法

【概况】 2021年，天心区城管执法工作把握“四精五有”（“四精”，即精准规划、精美建设、精致管理、精明增长；“五有”，即有颜值、有气质、有内涵、有格调、有品位）工作标准，紧扣品质长沙建设新常态要求，推进城市管理品质提升行动。开展“百日奋战扮靓星城”整治行动；完成第二轮中央环保督察交办问题9个，推进餐饮单位油烟净化设备升级；开展垃圾分类主题宣传，推进垃圾分类示范社区创建和源头分类；推进“十六纵十六横”城市道路及出入城口品质提升项目建设；成立天心区渣土事务中心，建立天心区渣土工作联席会议工作制度。长沙市天心区城市管理和综合执法局（简称“区城管执法局”）是主管全区城市管理的政府工作部门，下设区智慧城管指挥中心、区渣土事务中心2个直属事业单位。（李　攀）

【精细化管理】 2021年，天心区开展“百日奋战扮靓星城”整治行动，对全区主次干道、商业街区、背街小巷、地下通道、人行天桥、公共垃圾站、公共厕所等进行全覆盖清洗，整治“城市家具”不洁等问题1000余处，绿化带清理除杂17.3万平方米，处置陈年卫生死角、裸露垃圾、垃圾围池等问题2000余处，查处垃圾乱倒、乱摆摊担等典型案件63起，规范整治施工围挡420处，对未按规定围挡、擅自破路占路行为处罚6起，整治路灯照明问题58处，拆除各类户外广告169处、违规横幅125条、违规导视牌和围挡广告30余处，整治违法停车12522辆、违规菜地831处、“僵尸车”530辆、共享单车乱象3600余起。（李　攀）

【污染防治】 2021年，天心区完成第二轮中央环保督察交办问题9个，整改率100%。全区餐饮单位油烟净化设备安装完成率100%。对区内全部大中型餐饮门店的油烟净化设备、排放设备和台账记录等情况进行检查；委托第三方专业检测机构对全区重点餐饮单位进行油烟检测130余次。办理餐饮油烟超排案件24起，处罚12.8万元；办理焚烧垃圾类案件101起，处罚金额6万元；办理渣土类行政处罚案件787起，处罚金额205.7万元。对绿地缺失地块和清理积存垃圾、违规种菜后的裸土进行复绿13万平方米。

（李　攀）

【拆控违工作】 2021年，天心区拆除历史违法建设172处11.03万平方米，拆除新建违法建设42处6359平方米。制定《天心区违法建设专项整改实施方案》。对长沙市控违办交办的数字化采集住宅小区违建问题进行处置，共处置9期95处。（李　攀）

【垃圾分类】 2021年，天心区组建首届垃圾分类宣讲团，开展垃圾分类主题宣传活动903次、党员活动848次、志愿者活动926次，主流媒体宣传334次。推进居民源头分类，狮子山社区成为天心区首个正式投入使用垃圾设施厢房的社区。全区投入建成垃圾投放厢房57个。区城管执法局督查督办垃圾分类相关问题812处。

（李　攀）

【城管项目建设】 2021年，长沙市“十六纵十六横”城市道路及出入城口品质提升项目中，涉及天心区的有10条路，其中解放西路、西湖路、城南路、黄兴南路完成提质建设，蔡锷路、芙蓉南路、新姚路、南湖路、书香路、韶山路完成各项建设任务。完成“一江两岸”城市照明提质一期、二期项目，完成37栋联动楼宇、24栋常规楼宇、1处绿化山体亮化建设。完善贺龙体育中心及侯家塘周边景观亮化实施。对中国光大银行、恒力卡瑞尔、中国银行（财政部湖南监管局）、有色宿舍等楼宇建筑亮化。（李　攀）

【行政审批】 2021年，天心区城管执法局办理各类行政审批事项906件，制定《天心区集体土地城市建筑垃圾消纳场设置管理办法》和《关于进一步规范回填场管理有关事项的通知》，规范审批流程。对200米内小型水电气外线工程审批实行承诺备案制，由供水、供电、供气企业做出承诺，1个工作日内经区城管执法局核实备案后即可施工，并免收城市道路占用费，办理环节由4个精简为2个，效率提高50%。

（李　攀）

【燃气行业监管】 2021年，天心区城管执法局印制发放燃气安全宣传手册2万余份。定期组织街道、社区检查三级液化气站联合相关部门查处2家黑气站点，办理燃气案件9起，罚款14.78万元。统筹调度城南路街道配合新奥燃气抓好城南路片区（省财政厅、工农桥、白马庙、省农行等）铸铁管网整改工作，全区所有老旧铸铁管网改造全部清零。

（李　攀）

【渣土管理】 2021年，天心区制定下发《天心区渣土运输交通安全“十五个一律”》《天心区建筑垃圾运输企业管理考核办法》等行业管理制度，对渣土企业进行排名制。数字化平台实行24小时不间断监控，确保渣土管理全覆盖。建立天心区渣土工作联席会议工作制度，由城管渣土中队、公安、交警、交运、城管公安等相关职能部门开展联合执法，重点查处渣土运输车辆违反道路交通法规以及超限超载等行为。

（李　攀）

【垃圾分类培训】 2021年1月7日，天心区生活垃圾分类执法管理工作培训会议召开，就垃圾分类执法过程中常见的“一般程序”执法等内容作出专题培训。天心区城管执法局副局长段应定，区城管执法大队副大队长黄丽、法制科副科长阳志彪，各街道城管办主任、垃圾分类专干及社区（含城中村）城管专干参加。会议由段应定主持并作动员讲话。阳志彪讲解生活垃圾分类执法依据、执法案例及执法取证三联单操作方法。6月18日，天心区在全区范围内组织开展“我为群众办实事垃圾分类我来讲”垃圾分类知识专业培训。天心区首届宣讲员团队、区城管执法大队普法队员、32个拟创示范社区书记、区垃分办等人员参加培训。培训邀请湖南省城乡建设行业协会环卫中心主任蒋能慧、长沙市城管执法局固废管理处处长钟庭、天心区暮云街道卢浮社区书记艾爱云、岳麓区湘腾琴岛小区党支部书记段芝兰等，分别从“生活垃圾分类形势、政策和关键点”“长沙市生活垃圾分类实践及今年工作重点”“磊鑫佳苑‘五定一督’（“五定”即：定点，每栋合理布置一个垃圾桶位；定时，根据居民日常生活规律在7:00—9:00和18:30—20:30放置垃圾桶进行投放，其他时间均由物业撤离垃圾桶，实行无垃圾桶管理；定区域，根据小区户数分布，将小区划分为两个区域，各设一名区域长；定志愿者，目前“管得宽”垃圾分类志愿者有42名成员；定岗，在每个定点岗位设置党员先锋岗，由一名党员作为组长，每五人为一组，每栋每天安排1人轮流担任“垃圾管家”，进行垃圾分类指导；“一督”即“督源头”，通过监控对垃圾未定点投放等情况进行“溯源”，由各栋垃圾分类督导员进行识别，再由社区及物业工作人员上门劝导）先进经验”“湘腾琴岛撤桶并点优秀经验”“垃圾分类宣讲实践与探索”“如何创建公共机构示范单位”6个方面进行讲授和指导。

（李　攀）

【安全生产“打非治违”三年行动会议】 2021年1月13日，天心区安全生产和打非治违部署会召开。会议就1月13日关于国务院、省、市、区召开的岁末年初全国安全防范工作紧急视频会议及相关文件进行传达学习，就“宁乡1·7事故”及“山东金矿事故”等事故案例进行分析，对企业安全生产管理问题进行通报。2月5日，天心区燃气安全生产专业委员会（天心区城市管理和综合执法局）组织燃气企业召开节前燃气安全工作会，就节日期间的燃气供应和安全管理进行部署和要求。会议传达学习2021年1月23日全国、全省、全市安全生产电视电话会议，传达学习全区安全生产工作调度会及《长沙市天心区进一步做好安全宣传“五进”工作方案》，提出“三有”要求：要有人（管理员、安全员、配送员、应急员），要有心（真心、操心、小心、细心），要有声（吆喝声、呵斥声、宣传声）。各燃气企业就节假日期间值班、巡查、防疫、应急等方面表态发言。（李　攀）

【“百日奋战扮靓星城”市容环境整治工作会议】 2021年4月21日，天心区城市管理和综合执法局组织召开“百日奋战扮靓星城”市容环境整治工作部署会。会议由区城管执法局局长杨维君主持，区城管执法局、区城管执法大队中层以上干部和行动专班工作人员等50余人参加会议。杨维君对前期“奋战一个月　环境大提质”城市品质工作进行总结。区城管执法局副局长李贵勇就“百日奋战扮靓星城”市容环境整治工作任务进行分工和部署。4月25日，天心区组织召开“百日奋战扮靓星城”市容环境整治动员暨五一期间市容保障部署会。天心区政府副区长洪孟春、相关部门负责人、各街道分管负责人、“百日奋战扮靓星城”市容环境整治专班等近100人参会。区城管执法局负责人汇报“百日奋战扮靓星城”市容环境整治方案，就“五一”期间市容保障工作作出部署。洪孟春要求，各部门在行动站位上认识要高、在部署工作中责任要明、在处置过程中行动要快、在发动宣传上氛围要浓、在整治过程中措施要实、在成果展示中效果要好。该次城市品质提升行动自2月25日开展以来，相关牵头部门及街道对城区违规菜地、违停“僵尸车”、重点区域陈年垃圾等，用1个月时间进行集中整治，整治显性效果凸显。5月6日，湘府路片区市容环境整治提升专项行动部署会召开。洪孟春传达5月6日全市“百日奋战扮靓星城”调度会议精神，参会单位分别就湘府路周边园林绿化、环卫保洁、市容秩序、小区管理等工作情况进行汇报，对下一步湘府路片区市容环境如何整治提出建议。洪孟春提出，要以湘府路为轴线，东西南北“三横六纵”道路为范围开展整治行动，要精选4条道路为示范道路，其他道路以补绿、添花、整容、增亮、保洁等10项工作为主要整治任务，提升湘府路片区市容环境。5月25日，区政府副区长王海军、洪孟春主持召开天心区“百日奋战扮靓星城”施工围挡专项整治工作调度会召开。天心区各街道、贺龙体育馆等相关单位及五矿置业、长沙医学院、轨道公司等20余家社会单位参会。王海军、洪孟春分别对围挡整治工作提出要求。会议传达长沙市施工围挡整治调度会议精神，通报天心区不合格围挡情况及存在的主要问题，宣读《长沙市天心区“百日奋战扮靓星城”施工围挡专项整治工作方案》。（李　攀）

2021年2月25日，天心区“奋战一个月　环境大提质”城市品质提升行动部署会议召开（区城管局供图）

【垃圾分类宣讲员选拔赛】 2021年5月18日，天心区“我为群众办实事——垃圾分类我来讲”宣讲员选拔赛初赛举行。天心区城管执法局副局长段应定、区城管执法大队副大队长黄丽、区文明办何小舟、团区委龚乐梅、区垃分办相关工作人员担任评委和嘉宾。宣讲员就垃圾分类的目的、意义进行演说。来自天悦幼儿园和幼幼幼儿园的宣讲员阐述园区对孩子们垃圾分类的技能的培养、垃圾分类知识的教育、垃圾分类体制的完善等方面；来自街道和社区的宣讲员宣讲垃圾分类工作及垃圾分类知识；来自志愿者协会的宣讲员阐述垃圾分类的形成和开展垃圾分类相关工作的重要性。6月2日，天心区“我为群众办实事·垃圾分类我来讲”公益宣讲员选拔赛决赛在天心区湘府文化公园举行。该次活动共收到来自政府机关、街道社区、社会组织100余人报名，40人通过线上答题+个人视频展示的预选进入初赛，其中20人进入决赛。20名参赛选手从垃圾分类多角度出发就为什么要垃圾分类、什么是垃圾分类、如何垃圾分类进行讲解，最终评选出特等奖1名，一等奖3名，二等奖6名，三等奖10名，由他们组成天心区首批垃圾分类公益宣讲团。（李　攀）

【推行适配型垃圾桶】 2021年5月底，天心区在全市率先为小散门店提供适配型垃圾桶，为近1000家小散餐饮门店提供适配型垃圾桶，实现归店摆放。对于实无条件归店的门店将由街道社区择址设置集中投放点，解决餐厨垃圾桶乱象问题。天心区多措并举推进餐厨垃圾桶归店摆放，为小散门店提供适配型垃圾桶，推行日产日清“投一换一”，建立区、街道、门店、收运公司四方联动机制。（李　攀）

【天心区渣土事务中心成立】 2021年8月27日，天心区渣土事务中心举行成立仪式。仪式由天心区城管执法局党组书记、局长杨维君主持。长沙市渣土事务中心党委书记、主任毛著，天心区政府党组成员郑州等出席并揭牌。区城管执法局、区城管执法大队、区环卫维护中心、区渣土事务中心、区渣土执法中队共60余人参加。郑州对渣土事务中心提出要求。为理顺渣土管理体制，经区委编办研究，将区市容环境卫生维护中心渣土监管等行政职能移交至区城管执法局，设立长沙市天心区渣土事务中心，为区城管执法局所属公益一类事业单位，在区环卫维护中心、区市政维护中心、区园林维护中心双向择优选择12名干部。（汪　献）

2021年8月27日，天心区渣土事务中心成立　　（区城管局供图）

环境卫生维护

【概况】 2021年，长沙市天心区市容环境卫生维护中心（简称“区环卫维护中心”）作业主次干道124条、面积710.96万平方米，清运垃圾37.5万吨（含餐厨垃圾，区城管外包服务），清除“牛皮癣”45.6万张，维护公共垃圾站127座、公共厕所133座，湘江天心段32.5千米河滩。提前对保障线路进行大清洗，确保维护标准提质提档，开展“马路办公”，完成省党代会、文明典范城市创建、重大项目开工仪式、中非论坛、“蓝天保卫战”、铲雪除冰等保障任务。

【“百日奋战扮靓星城”行动】 2021年，天心区环卫维护中心开展“百日奋战扮靓星城”市容环境卫生提升专项行动，推进八大专项整治行动、重点区域专项整治行动，共出动11.22万人次，大小水车6666台次、机扫车2772台次、护栏清洗车264台次、清理绿化带垃圾700余车（手推保洁车），清理“牛皮癣”1.38万余处，清理打捞河道垃圾460余吨。

【市容专项整治】 2021年，天心区环卫维护中心开展蓝天保卫战、“百日奋战扮靓星城”行动、垃圾分类、河道卫生整治、绿化带专项整治、“牛皮癣”专项整治等行动。出动清扫员15万余人次，对城乡接合部道路及入城口进行卫生清扫，清理卫生死角1600处，清运裸露生活垃圾及绿化带白色垃圾3200余吨；清除“牛皮癣”3万余张；新增水车1台、机扫车1台、清洗机2台、清扫机1台。

【垃圾分类】 2021年，天心区环卫维护中心按照“定时、定点、定人、定车”的模式进行垃圾分类收运。加大厨余和其他垃圾收集、分拣、运输力度，对生活垃圾进站严格把关，对居民生活垃圾分类不彻底的进行文明劝导及二次分类，加强守站人员的培训和管理，助推垃圾分类有序纵深开展。截至2021年12月，倾倒垃圾36.16万吨，其中其他垃圾28.39万吨，年度厨余占比21.49%。

【蓝天保卫战】 2021年，天心区环卫维护中心在避开上下班高峰期的基础上，对重点主次干道坚持1个小时降尘1次，根据臭氧浓度情况实时调度，按30分钟1次的降尘频率，加大对全区主次干道洒水降尘力度，抑制扬尘污染。

【站厕改建】 2021年，天心区环卫公共设施建设项目总投资近1300万元，包括4座公共垃圾站、5座装配式公厕建设，新增6台新能源环卫作业车辆。对太平街4座厕所（太傅里公厕、新胜村公厕、“非遗”厕所和贾谊故居厕所）进行提质改造，对公厕内隔断、门及第三卫生间内母婴设施进行更换，增设残疾人扶手、无障碍设施及卷纸等设施，从外观、设备等方面提升建设、改造标准，服务太平历史文化街区打造国家级旅游景区，提升五一商圈服务功能。

【大扫除活动】 2021 年 1 月 22 日，天心区环卫维护中心组织近 400 名环卫工人深入城区各主、次干道，细致排查绿化带卫生死角，展开清理工作，利用火钳、垃圾夹等工具对绿化带内、围挡后、树坑下的各类废弃物进行全面清除。2 月 9 日，区环卫维护中心开展“洁净长沙扮靓星城迎新春市容环境秩序大扫除”活动。出动清扫员、清洗员、驾驶员 1500 余人次，组织大小水车 68 台次、机扫车 34 台次，对全区 680 万余平方米主次干道尤其是芙蓉中路、省政府、贺龙广场、步行街、农贸市场周边及城郊接合部等重点区域路面进行全面清扫清洗，同时组织人员加强对卫生死角、暗沟暗渠和绿化带内的垃圾进行地毯式排查清除，对环卫设施设备进行清洗擦拭，对公交站台、站厕、地下通道等公共区域进行全面冲洗，全方位地消除积尘盲区。

【“奋战一个月　环境大提质”市容品质提升行动】 2021 年 3 月 2 日，天心区环卫维护中心召开“奋战一个月、环境大提质”城市品质提升行动工作部署会议，下发《天心区“街净巷洁”市容环境提升行动工作方案》，要求以“十大专项整治”为重点，持续开展大清理、大清洗行动，着力解决城市环境卫生方面存在的突出问题。3 月 3 日，天心区环卫维护中心将新购入的高效清洗剂投入使用，对路面顽固污渍进行大清洗，使路面洁净度得到显著提升。3 月 1—15 日，区环卫维护中心组织坡子街环卫所全体人员、设备对黄兴南路步行街、湘江风光带以及辖区内的 58 座站厕进行大清洗、大清洁、大清扫、大清理。3 月 19 日，区环卫维护中心组织环卫工人对 107 国道上垃圾箱周边大量裸露垃圾进行清理。4 月 1 日，区环卫维护中心组织各环卫所开展落叶清理行动。

2021 年 4 月 14 日，天心区环卫维护中心引入的 2 台纯电动小型清洗机在黄兴路步行街启用　（区环卫维护中心供图）

【纯电动小型清洗机启用】 2021 年 4 月 14 日，2 台纯电动小型清洗机在天心区黄兴路步行街启用。为助力“夜间经济”，突出景区化管理，打造全市乃至全省窗口，天心区环卫维护中心在黄兴路步行街启用 2 台纯电动“冲洗扫”一体化清洗机，可实现路面冲洗作业、路沿边角冲洗作业、矮墙护栏垃圾桶冲洗作业、手持喷枪高压冲洗定点清污作业，提升清洗效果。

【“百日奋战扮靓星城”市容环境提升专项行动】 2021 年 4 月 30 日，天心区环卫维护中心召开“百日奋战扮靓星城”市容环境提升专项行动动员暨五一期间工作部署会议。区环卫维护中心党委副书记陈赛宏宣读《天心区环卫维护中心“百日奋战扮靓星城”市容环境提升专项行动工作方案》，对前期工作进行总结，对下一步行动进行部署；坡子街和先锋环卫所所长分别表态发言；区环卫维护中心党委书记、主任蒯建红作动员报告；区城管执法局党组书记、局长杨维君，区委宣传部副部长、区文明办主任杨英从城市管理和文明创建的角度对环卫工作提出意见。区政府副区长洪孟春对“百日奋战扮靓星城”市容环境提升专项行动提出要求。5 月 1—4 日，区环卫维护中心日均出动 1700 余人、水车 101 台次、机扫车 42 台次，对全区 115 条主次干道、“城市家具”进行全覆盖清洗，对商业街区展开精细化清理清洗，日均组织清理绿化带垃圾 15 车（手推保洁车），清理“牛皮癣”600 余处、清理打捞河道垃圾近 9 吨，每日对辖区内 128 座垃圾站和 128 座公共厕所进行全面清洗。6月4日，区环卫维护中心召开“百日奋战扮靓星城”市容环境整治工作调度会，对“百日奋战扮靓星城”城市品质提升行动调度、布置。6月21日，新开铺环卫所环卫工人配合水车，用油污清洗剂、地刷、扫帚等对豹子岭生鲜市场及周边进行“地毯式”清洗和冲刷。6月23日，坡子街环卫所出动人员20人次、水车4台次为脸谱广场上的“城市家具”雕塑进行清洗；组织10余名环卫工人和1台垃圾收集车，对辖区内河滩环境卫生开展集中清理。6月24日，黑石铺环卫所对黑石铺农贸市场周边开展环境卫生整治“大扫除”行动。6月25日，赤岭环卫所出动10余名环卫工人对浦沅立交桥下绿化带、花坛散落的生活垃圾和装修垃圾进行“地毯式”清理。7月1日，区环卫维护中心对湘江风光带进行全面精细化清洗，对绿化带内隐藏的垃圾进行清理；裕南街环卫所组织人员、设备对天心区谢家冲桥下路面被大量黄泥污染进行清洗。7月27日，坡子街环卫所调派3台水车，20余名环卫工人，对湘江风光带“城市家具”包括座椅、直饮水机、长廊、信步亭及城市浮雕，采用水冲、刷洗、擦拭等不同方式进行精细化清洗。

【环卫工人节表彰大会】 2021年10月21日，天心区举行庆祝湖南省第二十六届环卫工人节表彰大会。天心区政府党组成员郑州，长沙市城市管理和综合执法局市容环卫管理处副处长张志波，天心区城市管理和综合执法局党组书记、局长杨维君，区环卫维护中心干部、一线环卫工人代表等共80余人参会。大会对工作成绩突出的47名一线先进个人、16名优秀中层干部和6个先进集体进行表彰。 （本栏撰稿　蒙　静）

2021年10月21日，天心区举行庆祝湖南省第二十六届环卫工人节表彰大会 （区环卫维护中心供图）

市政设施维护

【概况】 长沙市天心区市政设施维护中心（简称“区市政维护中心”）主要负责承担全区13条主干道、73条次干道、83条支路、386条背街小巷的市政道路和排水设施，13个高排涵通江口、无物业小区约6600座化粪池的日常维护管理及城区防涝排渍工作，实施市政道路、地下排水管网等提质改造任务。2021年，区市政维护中心维护维修沥青路面约2.34万平方米、人行道约1.19万平方米等；做好13个高排管涵的巡查维护及中央环保督察，落实蓝天保卫战工作要求；完成小型堵点改造67处，实行重要易渍堵点的“一点一策”精准施策，出动防汛应急处置39次，出动人员3700余人次，车辆、设备约930台次，未出现长时间、大面积积水现象；修复、更换市政井盖井座2400个次，修复、安装防坠网5140个次，对新姚北路沿线等2处安全护栏修复；做好辖区内自来水、燃气等管线的应急抢修报备、施工监管及挖掘破坏后的恢复工作，共实施管线抢修89处，其中供水抢修82处、燃气抢修7处。天心区市政维护中心防涝排渍科排水队被授予2021年“湖南省工人先锋号”称号。

【防涝排渍】 2021年，天心区市政维护中心查勘、疏通排水管网约520千米，完成小型堵点改造67处。针对雀园东路、嘉和社区、西湖路、先锋路、南湖路隧道周边等重要易渍点，实行“一点一策”精准施策。汛期共开展防汛应急处置39次，出动人员3700余人次，车辆、设备约930台次。在各轮强降雨过程中，天心区城区范围内未出现长时间、大面积积水现象。

【市政道路维护】 2021年，天心区市政维护中心完成湘府路书香路口东南角空坪隙地、玉泉寺周边道路、书香路鑫运尚玺西门等处人行道的提质；开展无障碍设施整治，分两批次排查处置无障碍设施问题131处；对芙蓉南路莲花村路段西侧人行道实施抢修，整治面积700平方米；开展道路裂缝病害集中整治，对新姚路—芙蓉南路、湘府路—友谊路口、新姚南路—芙蓉南路、友谊路口—湘府路路口道路裂缝进行灌缝整治，处置面积约6000平方米。

【设施安全运行】 2021年，天心区市政维护中心加强对井盖井座安全运行的监控，通过安装防坠网、更换四防井盖井座等，消除井盖设施安全隐患。全年更换、修复市政井盖井座2400个次，修复、更换安装防坠网5140个次，协调督促各管线单位处理沉陷、缺失、破损井盖井座问题约60处。加强对路面坑洞安全隐患的排查，对芙蓉路竹塘西路交汇处等塌陷点，及时采取措施进行应急处置或修复；实施湘江南路两侧防护设施、新姚北路沿线护栏设施的整治修复；通过新开铺路（中意路—三环线）段排水项目整改、南湖港排口管网检测清淤、星城荣域小区排水管道塌陷改造、中南大学铁道学院校区排水管网扩容改造、港子河月塘路箱涵截管及环保路口箱涵截污管清淤、环保西路城南堂至果子园路污水管网改造、林大路湘翰御舍小区东侧塌陷的污水管道整治等10余项提质项目的实施，提升市政排水设施的安全运行能力；针对湘府路高排涵箱涵顶部2处沉塌点，对接市、区相关单位，督促责任主体进行及时修复整治。

【市政民生项目】 2021年，天心区市政维护中心实施湘江大道（五一路—湘府路大桥）提质改造工程，通过车行道、人行道及猴子石广场、海信广场、椿桥公园、望江公园等景观节点的提质，打造湘江东岸亮丽风景线；于9月底前完成赤岭路提质改造；实施蔡锷路、新姚路、南湖路、雀园路（绕城高速大托收费站周边）提质改造，其中蔡锷路、新姚路、南湖路均完工；实施龙潭湾、上新市街、线材厂对面3个铁路沿线环境整治项目等。加快圭白路及周公塘排渍泵站建设项目的前期各项手续办理，其中圭白路排渍泵站于12月进场施工。

【市政24小时服务】 2021年，天心区市政维护中心设立市政24小时服务热线，随时接收群众的情况反映和意见，及时有效处置。全年受理、处置“110”市民热线736条，受理“12345”工单2135条，办结1149条，“12345”市民服务热线及110平台处置满意率均为99%以上。群众反映的排污沟堵塞、人行道破损、化粪池外溢等问题得到及时解决。

【常态维护】 2021年，天心区市政维护中心维护维修沥青路面约2.34万平方米、人行道约1.19万平方米；查看、疏通排水管网约520千米，清掏雨水箅子约2.14万个次，清掏明沟约18.2千米，更换、修复井盖约2400套，检查、修复补装防坠网约5140套；受理、处置数字化案卷12115条，完成11975条，无超时、返工，结案率、按期结案率均为100%。对由区市政维护中心负责管辖的13个通江高排管涵，按照每周不少于3次的巡查频率，加强日常巡查与维护管理；于汛前、汛中、汛后对高排管涵密封井进行检查，并做好中央环保督察工作，受理案件9起，其中主办案件1起，协办案件8起，结案率、按期结案率均为100%；对中心城区铺设沥青等作业严格执行错峰生产，采取道路快速养护施工方式，采用全封闭式沥青混合料保温车等新型设备，保证施工快捷、材料清洁环保，最大程度减少对环境的影响。

【湘江路提质改造工程】 2021年，天心区开展湘江路提质改造工程，对湘江路的五一路至湘府路段的9.1千米实施路面、绿化隔离带以及人行道，全方位的道路空间品质升级。五一路至南湖路口路灯改造共177盏，五一路—猴子石桥下路灯改造共312盏，海信广场、汇源大厦、红辣椒广场等几个广场附近都安装景观灯带，方便这些路段的市民夜间出行。

【赤岭路提质改造工程】 2021年1月11日，天心区启动赤岭路（书院南路—芙蓉中路）提质改造工作，改造工作主要对既有道路进行路面改造以及沿线提质改造。赤岭路车行道路面局部出现外观较差、平缘石破损、车行道上井盖下沉，人行道板断裂及破旧等情况。整个提质改造起于长沙理工大学金盆岭校区南侧，西起书院南路，东至芙蓉中路，全长约1.3千米，总体呈东西走向，为连接东西主干路重要的城市次干道。天心区市政设施维护中心对人行道重新更换盲道板、麻石板，对平石、缘石和锁边石视情况进行更换和清洗，对局部车行道进行拓宽，对现有无法迁移的古树树根与路面接触位置加装预制混凝土板，将现状古树继续更好地保护起来。3月12日，赤岭路提质改造工程启动，进入施工阶段。

【“奋战一个月　环境大提质”市政品质提升行动】 2021年2月26日，天心区市政“奋战一个月　环境大提质”城市品质提升行动工作部署会议召开。区市政维护中心副主任于新丽传达天心区文明委、城管委关于天心区“奋战一个月　环境大提质”市政品质提升行动的会议精神及文件要求，并作相关安排部署。区市政维护中心业务考核科、巡查维护科、防涝排渍科、路政科、督查科科长，各巡查维护所所长分别表态发言。区市政设施维护中心主任罗建民总结发言。从3月1—31日，区市政维护中心开展市政设施提升专项行动，着力解决市政设施维护管理方面存在的突出问题，形成常态化市政设施维护管理长效机制。区市政维护中心维护维修车行道约1932平方米，修复人行道约157.92平方米，侧平石约115.4套米，安装障碍球20余个，障碍杆（柱）150余根；查看泄水井污水井530余个，清掏泄水井460余个，补装修复防坠网220余个，疏通泄水井管道3000余米，疏通化粪池管道2700余米，疏通化粪池260余个。开展全区无障碍设施清查及整治工作，对书香路（杉木冲路—湘府路）北段、312植树节周边环境等人行道、出入口路面进行集中整治；对湘府路书香路口东南角空坪隙地整治；对鑫运尚玺西门入口南侧人行道进行提质改造；对玉泉寺周边道路白改黑整治。加强路政管理及巡检，着重对省府及重点商业街周边道路（如坡子街、解放西路、人民路、新姚路、书香路、湘府路等路段）加强巡检，处理违章占道、开挖事件10余起，对辖区内30余处施工围挡进行批后监管，对3起超期围挡下达续办手续通知书，对不规范的10余处围挡进行跟踪指导，并督促整改到位。

（本栏撰稿　余诗漾）

2021年，天心区园林绿化维护中心完成芙蓉大道快速化改造绿化恢复、新建项目　（区园林绿化维护中心供图）

园林建设与绿化

【概况】 2021年，天心区完成芙蓉大道快速化改造绿化恢复、新建工程，建成融城公园，完成湘府文化公园、省府景观轴公园和“十六纵十六横”韶山路、书香路提质改造项目。长沙市天心区园林绿化维护中心（简称“区园林绿化维护中心”）顺利完成湘府文化公园和海棠公园的交接工作；加强重点区域补栽补种，通过开展专项行动，保障辖区绿化环境良好；组织开展全民义务植树活动；完成后备古树资源普查，辖区15棵后备古树名木完成认证、挂牌工作；完成新增绿地17.8公顷。　（王佳龙）

【绿化工程建设】 2021年，天心区完成芙蓉大道快速化改造绿化恢复、新建工程；建成融城公园；结合创建“人民满意公园”活动，完成湘府文化公园、省府景观轴公园提质改造；完成湘府文化公园北门等4个节点位置的喜迎建党百年园林街景布置工作，完成韶山路、书香路提质改造项目。

（王佳龙）

【绿化维护管理】 2021年，天心区园林绿化维护中心配合区城管执法局受理临时占用绿地申请和砍伐移植城市树木手续48例，处理交通汽车肇事损坏绿化行为27件，受理社区居民死危险树木砍伐报告45份，处置社区紧急危树事件68例，处理死危树287株，处理数字化平台案卷4198件，处置率100%。补栽乔木480余株、灌木11.5万株、草花及小苗102万盆，草皮、地被5.2万平方米；

修剪乔木、灌木6万余株，修剪绿篱及草皮232.2万平方米，除杂273.7万平方米，清运园林绿化类垃圾2388车。修复各类园林景观设施4317处，开展抗旱保苗浇水作业5000余车次。（王佳龙）

【芙蓉大道快速化改造绿化恢复及新建工程】 芙蓉大道快速化改造绿化恢复、新建项目施工范围为长沙段K3+700~K16+520，包含涉铁段4.5千米及非涉铁段8.32千米，总长12.82千米。项目于2020年11月开工，2021年12月29日竣工。项目共栽植乔木1133株、亚乔木1639株、灌木球3909株、柱子6786株、地被19870平方米、毛球7129平方米，铺设草毯37302平方米，栽植时花5307平方米，回填种植土29948米，安装树池箅子847个，放置景石443吨。（王佳龙）

【融城公园】 融城公园项目位于天心区芙蓉南路、环保西路和中意二路、港子河合围地带，于2021年5月上旬开工，10月中旬完工。项目建设总面积约2.5万平方米，其中植树区约6000平方米，栽植香樟、桂花、红叶李、山茶、梅花、樱花、海棠等750株。公园入口放置泰山景石，园内主要道路部分用彩色混凝土、两侧铺鹅卵石，次要道路部分用深灰色透水砖，两侧铺设红色透水砖，园路用曲线将园区划分为各具特色的园林景观区域。（王佳龙）

【市容环境卫生提升专项行动】 2021年，天心区园林绿化维护中心加强公共绿化带清洗、清理，做好行道树、绿化带等叶面降尘作业，适时开展补栽补种，将缺株断带、黄土裸露、病虫害等问题处置到位。累计进行叶面除尘20万平方米，补栽补种球苗2.01万株、面积3400平方米，修剪绿植1000余株，打草除杂5.45万平方米，修缮绿化设施33处。

（王佳龙）

【“奋战一个月　环境大提质”绿化品质提升行动】 2021年，天心区园林绿化维护中心以重点区域园林绿化整治为抓手，重点实施增花添彩、除杂修整、修剪补植、设施修缮、冲洗保洁、应急处置等内容，提升城区园林绿化品质，改善市民居住环境。针对辖区中央驻长单位、省直单位周边以及湘府路、湘江大道、芙蓉路等主次干道、铁路沿线、重要商圈、主要公园广场，开展绿化管养维护工作。补栽乔木34株，补栽、更换时令花卉5.55万株，补栽小苗37780株，清理除杂16.5万平方米，打草、修剪约10万平方米，设施维修215处，降尘浇水185车，病虫害防治面积约15.1万平方米，公共区域消杀面积10万平方米。（王佳龙）

【“百日奋战扮靓星城”市容环境整治】 2021年，天心区园林绿化维护中心对湘府路各路口花坛进行提质改造，运用四季海棠、金边吊兰、美人蕉、一串红、鸡冠花、万寿菊、三色堇、蒲葵、变叶木等时令花卉打造园林花境。通过重新规划设计，采用孔雀草、一串红等时令花卉，更换芙蓉南路沿线重点路口过季草花，更换时令花卉12万余盆。（王佳龙）

【无障碍设施整治】 2021年，天心区园林绿化维护中心采取“体验式”摸排方法对湘江风光带沿线、湘府文化公园、海棠公园无障碍设施情况进行全面摸底排查，重点修复无障碍卫生间、通道、扶手等无障碍设施。区园林中心共对10处无障碍出入口、轮椅坡道进行整改，增设无障碍厕所1处，安装无障碍标识15处。

（王佳龙）

【后备古树资源普查】 2021年，天心区园林绿化维护中心安排专业勘测人员参加后备古树资源普查培训。经实地走访、现场勘查，对古树后备资源进行全面普查。鉴定符合后备古树树龄要求的共15棵，主要分布于长沙市天心阁、湖南省第一师范学院、青园街道刘家冲路满庭芳小区、中南林业科技大学、暮云街道沿江村丰城7组。邀请专家组对天心区普查数据进行审查并上报区政府进行认定，完成后备古树资源挂牌。

（王佳龙）

【全民义务植树活动】 2021年3月12日，湖南省委书记、省人大常委会主任许达哲，省委副书记、省长毛伟明，省政协主席李微微等省领导及长株潭三市干群代表160余人，到天心区园林绿化维护中心负责建设的融城公园（建设中），参加义务植树活动，共栽植桂花、红梅、垂丝海棠等树种约500株。许达哲邀请长株潭三市负责人共同栽种一棵桂花树。省领导乌兰、黄兰香、谢建辉、张剑飞、张宏森、李殿勋、姚来英、王成、吴桂英等一同参加。

（王佳龙　谢玉丽）

【园艺设计培训班】 2021年8月27日，天心区园艺设计（花木造型）培训班开班。天心区近40名绿化业务骨干参加培训。培训班邀请中南林业科技大学教授陈月华专题讲解“园林树木修剪基础知识”“园林树木修剪的目的及园林应用”“树木造型艺术”等内容。8月30—31日，天心区园艺设计（花木造型）培训班在南郊公园进行实际操作培训。

（王佳龙）

【秋季重要节会花卉布置】 2021年9月23日，天心区完成第二届中国—非洲经贸博览会和中国共产党长沙市第十四次代表大会等秋季重要节会花卉布置。该次花卉布置重点打造3条花化彩花路段，7个鲜花布置节点。其中芙蓉路、湘江大道、湘府路增花2.4万平方米，栽植矮牵牛、长春花、孔雀草、鸡冠花等花卉150万株；在湘江大道猴子石广场设置党代会主题花雕1处；在湘府文化公园北门设置中非经博会主题花雕1处；在黄兴雕塑、南门口、天心阁西门、南郊公园南门、南湖路、省政府北门等处增设7处鲜花布置节点，栽植孔雀草、鸡冠花、千日红等花卉10万株。

（王佳龙）

【庆祝中国共产党成立100周年园林街景布置】 2021年6月25日，天心区完成庆祝中国共产党成立100周年园林街景布置工作，通过组景和造型设计，以花为名，向中国共产党成立100周年献礼。天心区园林绿化维护中心结合“美好生活·花靓星城”主题，在湘府文化公园北门、省府中轴线南广场、省府东门、省人才广场摆放4座绿化雕塑，摆放鲜花及绿植5万余盆，面积约480平方米。绿雕利用党建元素，运用3D建模塑形的手法，选择一串红、太阳花、孔雀草、鸡冠花、月季等鲜花搭配，突出鲜明主题，展现花卉美感。（王佳龙）

【湘府文化公园提质改造工程】 2021年9月下旬，天心区启动湘府文化公园提质改造工程，于12月中旬完成竣工验收。天心区将湘府文化公园创建为人民满意公园。区园林绿化维护中心对湘府文化公园、省府景观中轴线公园绿化、道路、水系进行提质，对公园入口、广场区域绿化重点改造，对地被、灌木球进行重新梳理，更换公园内长势不佳的主景大树，提质面积约9000平方米；在湘府文化公园北广场增设花境，铺装沥青路面约4000平方米、透水混凝土游道约300平方米、塑胶地面约880平方米；通过更换人行栈道塑木地板、修复水循环系统、修复景观小品及附属设施，提升城市公园绿化景观品质。（王佳龙）

【绿化建设项目议事协调机制】 2021年12月22日，天心区绿化委员会印发《关于印发〈天心区绿化建设项目议事协调机制〉的通知》，明确天心区绿化委员会办公室（区园林绿化维护中心）具体负责日常工作。议事协调机制主要负责天心区范围内绿化建设

2021年，位于湘府文化公园北广场的庆祝中国共产党成立100周年园林街景　（区园林绿化维护中心供图）

工程项目（含分项工程），对承担政府投资绿化建设项目任务实施部门和单位的管理。区绿委办按照工作流程，协调绿化建设工作，组织绿化过度化问题整改督查，避免重复绿化、过度绿化等问题发生。（王佳龙）

步行商业街管理

【概况】 黄兴南路步行商业街（简称“步行街”）是一条百年老街，位于长沙最繁华的“五一商圈”，是长沙3000年历史的政治、文化和经济中心。步行街全长1154米，街面宽23~46米，黄兴广场面积近1万平方米，是集购物、休闲、娱乐、餐饮、文化及旅游等多项功能于一体的综合性商业街，被业内誉为“三湘第一街”。截至2021年年底，经营户近1000家，容纳就业1万余人。2021年，游客流量6011万余人次，营业额65亿余元。步行街在不断发展的同时带动周边各具特色的商业娱乐街区、小巷的发展，同时也成为社区文娱活动、品牌宣传推介活动、政府公益活动的重要场所。以“网红打卡”“夜间经济”“时尚活力”等高频热词长期出现在中央、省、市媒体的宣传报道中。2021年，步行街被中国政府网选为《〈优化营商环境条例〉实施情况第三方评估发现的部分创新举措》，被中国城市夜间经济发展峰会组委会评为2021CNEF夜间消费“夜莺奖”，被文旅部评为首批国家级夜间文化和旅游消费集聚区，被长沙市文旅局评为长沙市十佳夜间经济集聚区。

2021年，黄兴南路步行街获评2021CNEF夜间消费“夜莺奖”（步行街供图）

【社会经济效益】 2021年，长沙黄兴南路步行商业街各显示屏播放社会主义核心价值观、防邪禁毒、安全生产等公益广告50余批次，发放宣传资料1万余份，配合举办大型公益活动30余场；街区打造“夜间经济”“网红打卡地”等形象标签，在中央电视台、“学习强国”平台、《湖南日报》等省级以上媒体获得宣传报道；全年街区举办大小商业活动50余场，各类公共资源收益345万元。

【示范创建工作】 2021年，天心区成立由区委书记任组长、区长任第一副组长的天心区创建全国示范步行街工作领导小组，办公室设在步行街管理服务中心，协调统筹工作。区委制定《关于进一步理顺黄兴路文旅商务区管理体制的工作方案》，理顺重点区域管理体制，厘清重点部门职责分工，为商圈进一步发展提供体制机制保障，为成功创建全国示范步行街提供助力。

【黄兴路步行街智慧街区上线】 2021年10月，由天心区政府和长沙移动联合打造的长沙首条智慧步行街管理平台——黄兴南路文旅商务区智慧管理平台（简称“黄兴路步行街智慧街区”）上线，融合大数据分析、智慧物联网设备、5G基站定位、5G消息触达等多项核心能力，日均为20万户商户和消费者提供安全便捷优质服务；街区城市管理、设施设备运行、安全生产等基层工作效率提升10%以上。这是长沙首次将5G技术应用于商业街区管理，全面助力商业步行街实现数字化

2021年10月，黄兴南路文旅商务区智慧管理平台上线（步行街供图）

转型。黄兴路步行街智慧街区项目融合移动大数据、智慧物联网设备、5G 基站定位、5G 消息触达等多项核心能力，向步行街管委会提供结合用户位置信息和大数据的客流监测及洞察应用。

【夜间经济服务】 2021 年，天心区夜间经济服务中心实行“夜间管家”、部门轮班驻点制度，整合城管、市监、应急、街道等相关部门，成立“隐患查纠队”“纠纷调解队”“打击整治队”，每日 20:00 至次日凌晨 2:00，开展驻点办公、巡查办公，为街区商户和游客服务，打造“营商环境最佳”街区。2021 年，区夜间经济服务中心受理、化解各类纠纷 20 余起，为市民游客提供帮助、救助 100 余次。

【创建全国示范步行街工作会议】 2021 年 9 月 27 日，天心区委副书记、代区长周志军主持召开黄兴南路步行街创建全国示范步行街工作会议。会前，周志军一行全程察看黄兴南路步行街创建工作的进展情况，就相关具体事宜与责任部门、设计单位负责人进行探讨。会议听取黄兴南路步行街管理服务中心、设计单位关于创建全国示范步行街工作情况及提质改造方案编制情况的汇报，就创建相关具体事项进行研究部署。周志军强调，要将黄兴南路步行街打造成全国一流、中部领先的示范步行街；要精准规划、精美建设、精致管理，将其打造成精美街区；要突出新业态、新经济、新表达，将其打造成现代街区；要结合智慧天心建设，在智慧化、数字化方面着力，在构建营商环境等方面体现智慧特色，将其打造成智慧街区。

（本栏撰稿　陆　地）

交通运输

【概况】 2021 年，天心区把握交通先行定位，紧扣“大交通”和“高质量”两个关键，坚持“突出重点、强化措施、创新机制、真抓实干”的整体思路，推出交通运输领域危险驾驶 VR 体验、机动车维修企业集中实景培训等安全教育新模式，成立长沙市首家货运企业工会联合会，构建长株潭一体化治超新机制，打造天心交运新品牌。办理车辆年审相关业务 4500 余起，办理经营业户许可 120 余例。

【农村公路建设】 2021 年，天心区完成农村公路新建改建 12 千米、大中修 10 千米、项目库安保工程建设 7 千米；启动 2022 年新改建农村公路 20 千米建设项目，实现天心区农村公路成环成网成片。

【农村公路养护】 2021 年，天心区农村公路建设养护信息化管理平台建立，实现公路电子地图数据和属性数据的 GPS 外业采集、内页属性处理、查询、定位、汇总、项目管理等一系列功能，实现工单流程化、管理智能化，为交通管理部门管理农村公路基础设施数据提供智能化解决方案。坚持把预防性、经常性和及时性养护作为养护工作的重点，实行不间断巡查、经常性报告制度。

【公共交通出行】 2021 年，天心区通过小区摸排、代表委员建议提案、“为民办实事”实践活动、“12345”市民热线诉求等多种途径，了解群众需求，为其排忧解难。2021 年，新增公交站点 4 个、优化调整公交线路 3 条、升级改迁站台 4 对。

【交通运输宣教】 2021 年，天心区广泛开展交运宣传进企业、进校园、进楼栋等活动，联合湖南省水运事务中心深入湘江沿线中小学开展水上安全宣传进校园

2021 年 4 月 19 日，天心区交运局联合长沙市城市公共交通事务中心相关科室，现场解决书香路—黑石铺路口公交站（仰天湖实验学校门口）迁移事宜
（区交运局供图）

活动，3000 余名师生参加活动；开展交通领域顽瘴痼疾宣传活动 8 场，覆盖辖区 8 个社区、35 家运输企业，发放宣传资料 5 万余份。开展富有行业特色的行业安全教育系列活动，联合牵手远征驾校开展交通安全 VR 体验系列培训活动，对全区 1200 名客货运企业司机开展轮训。组织辖区重点道路运输企业和货运源头企业负责人召开重点时段、节点安全宣教会。区交通运输局撰写新闻报道 62 篇，被中央、省、市、区媒体采纳 45 篇，其中，中央媒体人民网 1 篇，省级媒体“新湖南”4 篇，市级媒体“掌上长沙”App、“智慧长沙”App、红网、《三湘都市报》共 17 篇。

【交通运输监管】 2021 年，天心区组织辖区机动车维修企业负责人开展“严把质量关紧绷安全弦”的系列培训活动，79 家维修企业 300 余人参加培训；按照“岗前训导、岗前检查、岗中防范”等日常工作模式，统一全区机动车维修企业日常自我监管模式和安全操作规程；天心区交通运输局与湘潭市岳塘区交通运输局于 3 月制定治超联席会议、治超平台信息共享机制，建立“长株潭一体化”联合执法微信群，开展联合执法。截至 2021 年年底，开展治超专项整治行动 60 次，查扣超限超载车辆 143 台，卸载货物 2591 吨。对辖区“两客一危一校”车辆（道路班车客运车辆、旅游包车客运车辆、危险品运输车辆、校车运输车辆）、物流运输、机动车维修企业、货运源头企业等运输企业，反复逐一上门开展日常安全大排查，开展日常巡查 36 次，检查企业 135 家，签订安全责任状 30 份，下达责令整改通知书 14 份，移交违法线索 8 批次，吊销道路运输证 1 本。对农村公路安全隐患进行动态排查，加强农村公路安全基础设施维护。排查整改辖区企业各类安全隐患 25 起，处置公路安全险段 35 处。兴马洲渡口实行区、街、村三级管理模式，辖区街道和村每天派安全员实行跟班作业；区交通运输局督促安全渡运和安全生产制度落实情况。开展非法船只及渔船专项整治行动，对兴马洲渡口附近野泳、玩摩托艇等行为，及时进行制止和劝离，消除渡船航行水域安全隐患。对兴马洲渡口启动改建工作，争取上级资金，改善渡口设施和渡运条件。推进铁路沿线安全环境整治，完成省整治办交办栅栏缺口封闭任务 3 处，公铁并行防护栏新建及移交任务 2 处；协调相关单位完成铁路沿线动态隐患 10 处。将辖区年吞吐量达 20 万吨左右的货运源头企业称重平台数据接入市、区治超平台，实行 24 小时监控，发现车辆超载出入，立即予以处置。截至 2021 年年底，天心区有 10 家重点货运源头企业实现信息化管控，开展顽瘴痼疾联合整治行动 52 次，完成交通顽瘴痼疾整治 126 处。

【VR 情景模拟系列安全培训】 2021 年 2 月 26 日，天心区 2021 年度运输企业 VR 情景模拟系列安全培训活动举行。该次培训活动主题为“VR 体验记心上，织密安全防护网”，有 105 名驾驶员参加培训，涵盖天心区长途客运、旅游客运、危货运输、渣土混凝土运输、校车等重点运输行业。远征驾校校长张建明讲授交通安全知识课；全体驾驶员参观驾校党建展示厅，了解张建明知青岁月和远征驾校的创业史、发展史。驾驶员分组进行危险驾驶 VR 体验、安全知识模拟答题、民生直通座谈、观看交通安全警示片、实操演练等场景培训。

2021 年 7 月 31 日，天心区交通运输局工作人员深入辖区九峰公交站场开展疫情防控宣传，提醒公交车驾驶员做好防护

（区交运局供图）

【农村公路调研】 2021年3月4日，天心区交通运输局携手湘潭市岳塘区交通运输局，对天心区暮云街道与湘潭市岳塘区接壤处农村公路提质提档工作进行现场调研。天心区交通运输局副局长王志明带队，对两地居民日常出行需求、周边产业发展规划、农村公路现状等进行了解，计划通过对天心—岳塘农村公路一体化建设，为两地农业农村产业融合发展创造便利的交通条件。3月19日，湖南省交通运输厅运输处处长刘明进带队考察天心区交通执法大队交通运输综合行政执法改革、区农村公路建设和路网优化情况，召开座谈交流会。参与人员为天心区建好“四好”农村公路，实现长株潭交通设施无缝衔接等方面献策献言。3月23日，长沙市交通运输局副局长杨忠文一行对天心区农村公路建设进行调研，重点考察暮云街道美丽公路网建设情况。杨忠文现场察看芙蓉南路与暮石路的连接顺畅情况、风雨廊桥与官桥湖等景点旅游路建设情况，听取天心区交通运输局局长陶曙山、暮云街道办事处副主任谢灿英工作汇报，指出要加强公路路网建设，盘活天心特有的绿心旅游资源。6月24日，省交通运输厅农村公路管理处四级调研员陈林带队到天心区暮云街道许兴村，就天心区高质量推进交通基础设施建设、对标长株潭一体化发展需求进行现场调研。其间，专业摄制组拍摄许兴村的村组道路。10月26日，省交通运输厅考核组到天心区开展农村公路养护管理路况检测。考核组先后到牛冻路牛角塘至新开铺路段、中黄路以及桐梓坡路107国道路口至莲云公路路段等地，实地察看道路路况、考察沿线乡村环境、车流畅通情况，运用专业仪器实地检测农村公路11.8千米，听取天心区交通运输局创建“四好农村路”示范工作的情况汇报。11月19日，区交通运输局党组书记、局长梁晓带队对全区农村公路网重点路段排查，逐村逐路展开调查测量和轨迹录入，对2022年拟建农村公路建设项目列出工作台账。天心区有3个涉农街道（南托街道、暮云街道、大托铺街道）、12个行政村，区交通运输局2022年拟建农村公路28条，共计45千米。该次调研的重点：有效路面宽度达到4.5米，数据库内农村公路；与乡村振兴及美丽屋场建设相结合；避开已有建设规划，避免重复建设。

美丽农村公路——许兴村　　（区交运局供图）

（本栏撰稿　王　珍）

生态环境保护

综　述

【概况】 2021年，天心区推进生态环境保护工作，抓源头治理，打好污染防治攻坚战，全区空气质量稳步提升，全年实现环境空气质量优良天数314天，优良率85.5%，比2020年上升1.3个百分点；重点流域水质稳定达标，7个国、省、市考断面及饮用水水源地水质达标率100%；噪声投诉数由2020年216件减至89件。天心区被评为“长沙市蓝天保卫战三年行动优秀单位”，大托铺街道创建为长沙市生态文明建设示范村。

【污染防治】 2021年，天心区完善空气质量监测体系，实现空气质量数据日发布；狠抓大气污染防治巡查监管，推进专项整治行动，完成蓝天办调度令巡查97次，出动人员450余人次。强化入河排口监管，完成湘江天心段128个排口信息台账建设；建立协同巡查机制，开展水污染防治巡查264次；建立水质长效监测机制，形成天心区排污口监管图册；推进南部片区污水管网建，完成2021年绿心退出片区9个地块雨污分流改造项目。加强社会生活、工业生产噪声治理，创建桂花坪街道九峰苑社区噪声控制示范区；推进农村环境整治，完成生活污水治理3555户，受益人口14030人。

【生态环境保护委员会全会】2021年3月2日，天心区召开2021年第一季度生态环境保护委员会全会暨省级环保督察“回头看”问题整改专题会议。天心区委副书记、区长黄滔主持会议并讲话，区领导周志军、黄文先、王海军、洪孟春、肖向东、黄会、许波、张建，以及园区、区属相关单位、各街道主要负责人参加会议。会议传达湖南省生态环境保护督察“回头看”情况反馈电视会议精神，听取天心区环委会办公室关于省生态环境保护督察“回头看”整改情况的汇报，以及区住建局、区农业农村局、区城管执法局、天心经开区关于省级环保督察有关问题整改情况的汇报，就下阶段各项重点工作暨迎接中央环保督察工作进行研究部署。会议审议并原则通过《长沙市天心区贯彻落实湖南省生态环境保护督察“回头看”及城乡环境基础建设专项督察反馈意见整改方案》。

9月8日，天心区2021年第三季度生态环境保护委员会全会召开。天心区委副书记、代区长周志军，区领导厉波、许波、王海军，区政府党组成员郑州、肖盛辉，以及园区、区直相关单位、街道主要负责人参加。会议传达学习市级污染防治会议精神，听取全区污染防治攻坚战和突出生态环境问题整改工作情况汇报，对下阶段各项重点工作进行研究部署。会议要求，各相关单位要重点加强黑臭水体治理、断面水质考核、环境执法办案和生态赔偿工作，全面完成省污染防治攻坚战“夏季攻势”任务、区污染防治和生态环境保护重点项目、突出环境问题整改任务、市对区绩效考核任务。

12月23日，天心区2021年第四季度生态环境保护委员会全会召开。区委副书记、区长周志军主持会议并讲话。会议审议并原则通过《长沙市天心区一般生态环境问题（事件）责任追究办法》《长沙市天心区生态环境保护工作责任规定》。会议强调，要积极应对冬季特护期，盯死盯牢重点行业、重点领域、重点部位、重点时段；紧盯中央、省生态环保督察及“回头看”信访交办问题和反馈意见、上级挂牌督办问题、群众反映强烈的突出环境问题等，确保整改到位；全面落实领导责任、部门责任、街道属地责任和企业主体责任，加强现场督查、考核评估、跟踪问效。

2021 年 3 月 15 日，湖南省委常委、长沙市委书记吴桂英（右三）到天心区空气环境监测超级站调研环境监测核心业务体系建设运行情况

（区生态环境分局供图）

【长沙市生态环保工作推进会在天心区召开】 2021 年 3 月 15 日，湖南省委常委、长沙市委书记吴桂英调研全市生态环保工作并主持召开工作推进会。湖南省生态环境厅党组书记、厅长邓立佳；长沙市委副书记、市长、湖南湘江新区党工委书记郑建新，市领导夏建平、谭勇、曹再兴、李蔚、朱东铁；天心区领导刘汇、黄滔、许波参加。吴桂英到原长沙铬盐厂、苏托垸污水处理厂，督导生态环境问题整改工作；到天心区空气环境监测超级站，调研环境监测核心业务体系建设运行情况。吴桂英指出，要加快污染治理项目进度，提高污水收集率，提升应对污染防治工作的精准度和有效性。吴桂英在推进会上强调，要深入贯彻新发展理念，推动长沙生态文明建设再上新台阶；要坚持目标导向，列出任务清单，狠抓工作落实；坚持问题导向，治痛点、攻难点、疏堵点；坚持效果导向，建立标本兼治的常态长效机制；加大科技支撑，提升信息化技术、智慧化管理水平；加强长期跟进，主动自查自纠、加强跟踪督办。

【迎接中央第二轮环保督察】2021 年 3 月 17 日，天心区突出生态环境问题和环保督察转办信访件整改工作暨迎接中央第二轮环保督察有关准备工作调度会议召开。天心区政府副区长许波主持会议并讲话，园区、区属相关单位、各街道分管负责人参加会议。会议听取天心区环委会办公室关于全区突出生态环境问题和环保督察转办信访件整改及迎接中央第二轮环保督察有关工作情况的汇报，以及天心经开区、区两型办、区城管执法局、区农业农村局、区住建局、区生态环境天心执法大队、相关街道关于生态环境信访投诉问题整改情况的汇报，就下阶段各项重点工作暨迎接中央第二轮环保督察工作进行研究部署。会议传达长沙市政府相关会议精神，明确区级中央第二轮环保督察关于牵头处理垃圾、噪声、污水、渣土等问题的职能部门。4 月 12 日，天心区召开关于第二轮中央环境保护督察工作专题调度会。区委书记刘汇，区委副书记、区长黄滔，区委副书记、区政府常务副区长周志军，以及区属相关部门、街道主要负责人参加。会议听取区配合环保督察工作协调联络组关于配合中央第二轮生态环保督察工作开展情况的汇报，以及相关牵头单位就前 5 批信访交办件办理情况的汇报，就下阶段各项具体工作进行研究部署。会议要求，要以严肃的问责抓好整改工作，坚决打好生态环境保护的主动仗、攻坚战，解决好生态环境问题。4 月 23 日，天心区配合第二轮中央生态环境保护督察工作调度会召开。会议传达省、市有关会议精神，听取相关牵头单位配合中央第二轮生态环保督察工作开展情况汇报，就下阶段各项具体工作进行研究部署。刘汇强调，要加强周期性区域巡查和安全生产监管，加强宣传引导；加强工作调度与自查自纠力度，确保整改工作取得实际成效；紧盯重点领域和区域，做好联防联控与统筹协同。（本栏撰稿　周娟艳）

环保审批与政务服务

【优化营商环境】 2021 年，长沙市生态环境局天心分局接受办事咨询 300 余次，批准环评项目 26 件，批准核发各类许可证共 635 件，实现登记表网上备案 131 件。

受理各类环境信访投诉295起；完成2021年天心区盾构土环保处置及资源化利用项目问题整改，办结天心区5轮中央、省级环保督察转办信访件503件。

【现场督查督办环保问题】 2021年4月8日，天心区委副书记、区长黄滔带队到天心区丁家垅城中村拆迁地块、兴威帕克水岸小区，就中央环保督察组交办的第一批问题进行现场督办。在丁家垅城中村拆迁地块现场，针对交办件反映的“环卫垃圾车在丁家垅组拆点空地倾倒垃圾及附近环卫车停放点异味影响居民生活”，黄滔要求全面加强对垃圾车的清洁工作，合理调整垃圾车的停放位置；在兴威帕克水岸小区，针对交办件反映的“附近开关厂排放带有塑料气味气体”问题，黄滔要求改善引起气味排放的油漆喷涂工艺，确保排放符合国家标准。4月17日，黄滔带队就省生态环境警示片（2021）披露的“天心区洁绿环保渣土消纳场发现大量干化污泥未进行处置，扬尘污染和生态环境”问题进行现场督办，检查指导突出生态环境问题整改工作。4月19日，天心区委书记刘汇实地察看港子河公园、南托港1号支流及入江口，了解截污纳管等设施运行、清淤疏浚、岸线整治和水体末端修复处理等情况。刘汇指出，相关单位要全面落实河长制要求，加强日常巡查维护，确保一体化设备高效正常运行，做好河道日常保洁工作，不断巩固和提升治污成果。4月23日，黄滔带队就中央生态环境保护督察“一公司办公楼的中央空调风冷机噪声严重扰民”问题进行现场督办。11月8日，区政府副区长刘瑜带队现场调研港子河入湘江口自动监测站近期水质情况、暮云污水处理厂应急排口张家坝泵站溢流情况、港子河公园河段积水抽排及河道清洗进度、月塘路箱涵溢流、渗漏问题整改进度，对区生态环境分局、区农业农村局、区住建局等责任单位提出要求。

【噪声污染生态环境损害赔偿案现场验收】 2021年12月16日，长沙市生态环境局天心分局组织召开湖南力鼎工贸有限公司噪声污染生态环境损害赔偿案现场验收。通过现场勘查，湖南力鼎工贸有限公司噪声超标点位处隔声屏建设完毕，该单位厂界及敏感点噪声均已达到国家规定排放标准。验收组一致通过验收，标志着长沙市首起涉噪声污染生态损害赔偿案件办理成功。2021年9月，长沙市生态环境保护综合行政执法局天心执法大队对湖南力鼎工贸有限公司开展执法检查，该单位曾因噪声扰民多次被周边居民投诉，经第三方检测公司检测后该单位厂界噪声超过国家标准。鉴于湖南力鼎工贸有限公司噪声污染已损害环境健康，且对周边居民生活造成影响，11月，长沙市生态环境保护综合行政执法局天心执法大队将案件移送至长沙市生态环境局天心分局，启动生态环境损害赔偿程序。通过磋商，湖南力鼎工贸有限公司签订生态环境损害赔偿协议，开展隔音屏建设工作。12月13日，隔音屏建设完成。

（本栏撰稿　周娟艳）

生态环境管理

【环境监管】 2021年，天心区开展生态环境损害赔偿工作，完成长沙市首例噪声生态损害赔偿案件办理；开展危险废物规范化管理巡查工作，累计完成230家企业危险废物申报登记工作，核对企业危险废物台账，落实危废管理工作；统筹抓好企业安全生产和应急监管工作，突发环境事

2021年4月23日，天心区委副书记、区长黄滔（左二）现场督办中央环保督察交办问题整改工作　（生态环境分局供图）

件应急预案备案企业共35家，开展应急检查16次。

【环保宣传教育】 2021年，天心区开展“六五”环境日、低碳节能宣传活动，宣传月期间共制作发放宣传展板、宣传折页、公益传单等1.4万余份，开展入户宣讲、知识讲座、参观污水处理厂等各类宣传活动60余场次，各类媒体活动稿件24篇；围绕生态环境质量改善、环保督察等领域策划推出日常报道、主题报道、专题报道，全年在区级以上发表新闻媒体报道85篇，市级以上新闻媒体新闻报道37篇。

【环境保护宣传月活动】 2021年6月4日，“六五”环境保护日来临之际，天心区环境保护宣传月启动仪式暨铜铺街小学第十二届“绿色狂欢节”在坡子街火宫殿举行，拉开2021年天心区环境保护宣传月的序幕。来自天心区铜铺街小学的学生代表分享种植心得，号召大家共同树立绿色环保理念，增强“人与自然和谐共处”的意识。活动通过播放环保科普视频、互动答题、摆放展板、发放环保宣传手册、开展党史微宣讲等多种形式，向群众普及环境保护和绿色发展理念。6月，天心区围绕“人与自然和谐共生”主题，开展环保知识培训会议、教育基地参观、户外公益宣传、环保志愿者“五进”等系列环境保护宣传活动，将环保法律法规和知识送进机关、企业、社区、乡村、家庭，营造保护环境、爱护自然的社会氛围。

（本栏撰稿　周娟艳）

2021年6月4日，长沙市天心区环境保护宣传月启动仪式暨铜铺街小学第十二届“绿色狂欢节”在坡子街火宫殿举行　（区生态环境分局供图）

大气污染防治

【蓝天保卫战】 2021年，天心区实现环境空气质量优良天数314天，优良率85.5%，$PM_{2.5}$浓度为39.4微克/立方米，排名第3；臭氧浓度为146微克/立方米；重污染天数4天（未超过5天）。区委、区政府主要负责人定期研究部署蓝天保卫战工作，召开领导小组会议6次。运用第三方驻场服务、省超级站大数据平台应用和环境智能监测等方式，实时掌握区域空气质量数据及发展态势，强化会商调度，找出影响空气质量的关键因子，及时预警预。发布97次管控调度令（一级响应）。紧盯重点区域、重点时段、重点行业抓监管，常态化开展“十大”专项整治行动。针对机动车尾气、企业VOCs排放污染等突出问题，重点开展湘府路隧道治理、高排车管控、VOCs在线监控等工作，最大限度减少大气污染物排放，共交办整改问题427个，办理行政处罚案件473起。（周娟艳）

【蓝天保卫战工作领导小组会议】 2021年2月2日，天心区蓝天保卫战工作领导小组第一次会议召开。区委书记刘汇，区委副书记、区长黄滔，区委副书记、常务副区长周志军，区领导侯向宇、王海军、洪孟春、肖向东、许波、孙志余，及区直相关单位、街道主要负责人参加。会议听取2020年蓝天保卫战工作报告及区公安分局、区生态环境分局等单位工作情况汇报，邀请大气污染防治专家就当前蓝天保卫战作形势分析及后段管控建议，对2021年蓝天保卫战工作进行总体部署。2020年天心区空气质量优良天数309天，优良率84.4%，优良天数比2019年增加31天，优良率同比提升8个百分点，全年未出现重度污染天，空气质量各项指标均优于市对区考核要求，年度考核成绩排名内五区第一。会议对2020年蓝天保卫战工作成绩予以肯定。会议要求，全区上下坚定践行习近平生态文明思想，按照中共十九届五中全会关于深入打好污染防治攻坚战的部署要求，凝心聚力、久久为功，持续发力深入打好蓝天保卫持久战；各级各部门要深度聚焦工地扬尘、挥发性有机物污染、车辆管控、餐饮油烟等蓝天保卫战问题和短板，紧盯目标抓落实、紧盯责任抓落实、紧盯氛围抓落实，全力以赴打好打赢蓝天保卫战，确保圆满完成全年各项目标任务。

4月1日，天心区蓝天保卫战工作领导小组第二次会议于召开。刘汇参加会议并强调，全区上下要继续坚定践行习近平生态文明思想，按照深入打好污染防治攻坚战的部署要求，凝心聚力、久久为功、持续发力，确保开好局、走在前，打好打赢蓝天保卫战。区领导周志军、王海军、洪孟春、许波，以及区直相关单位、街道主要负责人参加。截至3月30日，天心区空气质量优良天数、优良率、$PM_{2.5}$浓度3项指标均排名全市并列第一。会议听取相关牵头部门工作情况汇报，通报1—2月蓝天保卫战工作绩效考核结果，对下阶段工作进行安排部署。会议要求，全区上下要进一步聚焦影响突出的问题和短板，突出整治重点，落实“六控十严禁”要求，抓好源头管控和深度治理，抓好重点行业、企业、区域的专项整治、治理，抓好重点时段的巡查管控；要强化科技支撑，充分利用各类资源，进行科学有效的指导，提升污染防治的科学性和精准度；要深化协同联动，坚持本地治污与区域共治相协同，进一步深化定期会商、联动执法、联合检查、信息共享的联动工作机制。

2021年4月1日，天心区蓝天保卫战工作领导小组第二次会议召开

（区生态环境分局供图）

5月24日，天心区2021年蓝天保卫战工作领导小组第三次会议暨第二轮中央生态环境保护督察工作调度会召开。天心区委副书记、代区长周志军，区领导许波、王海军、洪孟春、肖向东，以及区直相关部门、街道主要负责人参加。会议听取全区蓝天保卫战工作、中央环保督察信访问题办理情况的汇报及华澜环保对当前全区蓝天保卫战形势的分析，通报3—4月蓝天保卫战工作绩效考核结果，就下阶段工作进行部署。周志军指出，各级各部门要突出精准治污、科学治污、依法治污，抓好重点源头，紧盯重点路段、厂区、工地等区域，解决好环保督察、臭氧治理、非道路移动机械整治等重点问题。

7月9日，天心区蓝天保卫战工作领导小组第四次会议召开。刘汇、周志军、许波、王海军，以及区直相关单位、街道主要负责人参加。截至7月6日，天心区空气优良天数167天，比全市优良天数多8天，优良率89.3%，优良天数、优良率均在全市排名第一。会议放映天心区蓝天保卫战工作暗访片，听取专业机构对当前蓝天保卫战工作形势的分析及后段工作建议和全区蓝天保卫战工作报告，通报5—6月蓝天保卫战工作绩效考核结果，并就下阶段工作进行部署。会上，会议要求，全区各级各部门要认清新的形势，树立更高目标，努力在“新三年”蓝天保卫战中创造好成绩；要抓重点求突破，在“六控十严禁”基础上，全力做好治臭氧、控颗粒、管点位等重点工作，强化科技手段，加大执法检查力度，逐步实现从“点上治标”向“全面治本”转变；要抓保障聚合力，严格落实部门、属地、主体责任，强化督导，发挥好考核“指挥棒”作用，同时，要进一步加强生态文明宣传教育，发动广大群众积极参与，不断增强全民生态环保意识。“蓝天保卫战既是绿色发展工程，也是民生民心工程，更是重要底线工作。”

（贵　峰）

经济综合管理

宏观经济管理（发展和改革）

【概况】 2021年，天心区实现地区生产总值（GDP）1215.37亿元，比2020年增长7.8%。分产业看，第一产业实现增加值1.40亿元，比2020年下降5.4%；第二产业实现增加值374.24亿元，比2020年增长4.2%；第三产业实现增加值839.72亿元，比2020年增长9.5%。第一、二、三产业分别拉动GDP增长0个、1.3个和6.5个百分点，三次产业对GDP增长贡献率分别为–0.1%、16.5%和83.6%。第一、二、三产业增加值占地区生产总值的比重分别为0.1%、30.8%和69.1%。全年完成全社会固定资产投资比2020年增长9.3%。该区计划总投资超过5000万元的在库项目（不含房地产开发）81个，完成投资占固定投资总额的57.8%。分产业看，第二产业完成投资比2020年下降8.1%，其中工业投资比2020年下降8.2%；第三产业完成投资比2020年增长18.4%。

【重大项目建设】 2021年，天心区有市级重大项目97个，完成投资316亿元，占年度计划的158%，其中30个新建项目上半年实现开工，50个以上项目实现竣工；有区级重大项目205个，完成投资370亿元，占年度计划的121.8%，其中167个项目开复工，100个项目实现竣工。牵头组织编制推进十大产业项目、十大社会民生项目、十大基础设施项目、十大征地拆迁项目实施方案，相关联点区领导下沉项目一线指挥调度，有效推动一批重大项目签约落地、一批新建项目顺利启动、一批重点项目加快推进。做好项目入库工作，截至12月31日，该区重大项目累计新增入库200个，入库总投资约380亿元。

【投资管理】 2021年，天心区政府投资项目审批坚持现场调查、多级校审，年内，共办理企业投资项目备案85件，涉及投资金额约127.81亿元；完成项目立项102件，涉及投资额约2.03亿元；批复项目可行性研究报告14项，涉及投资额约8亿元；完成初步设计概算审查10个，涉及投资额约4.23亿元，审减投资2553.81万元；回复项目建设相关意见70件。出台《关于贯彻“三高四新”战略加快项目审批相关工作的通知》（天发改〔2021〕68号）文件，进一步简化50万以下小额政府项目审批程序（不再审批项目立项），立项、可行性研究报告、概算审查等申报材料及审批成果实现标准化、模板化。7—12月，可研评审、概算审查服务均在中介超市委托采购，完成采购18项。落实省委巡视组关于招投标领域相关问题整改工作，出台《天心区建设工程招标投标监督管理暂行办法》，牵头组织开展全区政府投资项目超概算专项清查。

【能源监督管理】 2021年，天心区完成155家公共机构能源消耗统计和评审，开展办公场所室内温控检查10次，2家重点用能单位节能监察，完成市对区政府的“双控”考核工作。组织开展辖区公共机构节能和垃圾分类业务培训2次，创建市级公共机构节约型示范单位20家。完成18家创建区级年度节能专项资金拨付工作。开展塑料污染治理、长江保护法宣导和蓝天保卫战“控煤”工作，市级核查和区级“巡查”共计50余次，走访部门、企业100余次，巡查门店经营户近1000家；新闻报道6篇，发放各类宣传单5000份，“禁塑”核查全市排名一类，燃煤污染治理“动态清零”。制定《天心区油气长输管道突发事件应急预案》和《安全生产三年行动计划》，先后组织安全检查40余次，年内，没有发生输油管道和新能源汽车用电安全事故。

【价格管理服务】 2021年，天心区规范有关收费行为，核准（备案）中小学伙食费收费标准6起、公办幼儿园保教费伙食费收费标准2起、普惠性民办幼儿园伙食费收费标准25起、商品住宅小区前期物业服务收费标准5起、政府指导价停车场停车服务收费标准33起。做好价格监测，增设粮油食品价格监测点2个：大润发超市、豹子岭生鲜市场，新设居民服务价格监测点3个：赏识培训学校美丽校区、智山培训学校、泽杰弘仕培训学校明德校区，上报《粮油食品采价表》277期、《湖南长沙疫情时期相关药品价格应急监测报表》91期、《居民服务价格监测报表》1期。开展价格认证，截至年末，共受理完成刑事、民事、行政、经济案件价格认定业务497例，金额595.19万元；受理完成涉纪物品价格评估3例，金额合计57.08万元。受理回复“12345”政务热线工单等价格收费咨询（投诉）185件，每件咨询（投诉）均在规定时间内予以回复。开展重要节假日前后市场物价、中小学收费、转供电主体落实转供电价格政策等情况检查，确保有关价格收费政策落到实处。

【重大项目集中开工】 2021年，天心区根据省、市工作安排，共组织重大项目集中开竣工活动4次，集中开竣工项目53个，总投资约350亿元。天翼云、天心数谷一期等一批投资体量大、带动效应好的项目实现开工，湖南大数据交易所、爱尔总部大厦、平安财富中心等一批产业项目实现竣工。

【重大项目观摩讲评】 2021年3月26日，天心区委书记刘汇率区委、区政府、区人大、区政协“四大家”班子成员，天心经开区党工委书记吴江，区直相关单位及街道主要负责人到区重大项目建设现场，对项目推进情况进行视察和讲评。观摩团先后到鼓风机周边地块棚改项目、福天藏郡雅苑三期、天心区十二号农民社保用地等项目现场，了解各项目进展、服务保障以及建设生产中所遇难题等情况，并就相关问题进行现场交办。随后，在区机关召开项目攻坚工作讲评调度会，157个项目完成双月度目标，31个项目超序时完成任务。

【政企恳谈会】 2021年5月8日，天心区推进优化营商环境工作暨政企恳谈会在区政府三楼大会议室召开。区委书记刘汇，区委副书记、区政府常务副区长周志军，天心经开区工委书记吴江，区领导黄文先、刘向、许波、王海军、张建以及区直相关部门、街道主要负责人、辖区110家重点企业代表参加会议。该区就优化营商环境工作听取意见，并向企业家们承诺将全力打造全省优化营商环境“首善之区”。

【社会信用体系建设】 2021年6月2日，由天心区发改局、区市场监管局、坡子街街道办事处主办，绿盾征信负责承办的“百行诚信面对面”网络直播访谈天心区专场开播。直播以问答红包等形式与网友进行互动，以该区诚信文化建设、品牌诚信故事与直播间广大网友进行分享，近20万网友参与。

（本栏撰稿　刘弘成）

审计监督

【概况】 2021年，天心区完成审计项目24个，查出违规及损失浪费资金984万元，管理不规范资金8.85亿元，非金额计量问题

2021年9月30日，长沙市重大项目集中开竣工活动（天心区分会场）在爱尔总部大厦项目现场举行　　（杨　威　摄）

177 个，移送相关部门案件线索 4 起。报送审计要情和专报 3 份，促进审计整改落实成果资金 2432 万元，被审计单位采纳审计建议 62 条，财政资金使用绩效得到提升、权力运行不断规范。该区 2019 年度区级财政预算执行及其他财政收支情况审计项目，获审计署优秀项目二等奖；推选天心城投集团实施关于天泰公司 2020 年财务收支审计项目获 2021 年度省优秀内审项目一等奖。

【财政审计】 2021 年，天心区利用现有数据对 81 个预算单位实行部门预算编制、执行及财务收支情况审计，通过多层次数据关联及处理，筛查疑点 1200 余个，涉及预算编制、执行、采购、固定资产管理等方方面面；经过深入调查了解，结合传统审计方法，在数据覆盖不到的地方进行现场抽查，点面结合，实现一级预算单位审计全覆盖。通过审计，规范资金使用，盘活资金 1.87 亿元。督促区财政局进一步加强预算管理和综合管理，提高预算执行率及资金使用绩效。促进财政体制改革、规范财政管理、防范财政风险。在促进重大政策措施落实、提升公共投资绩效、保障民生事业发展等方面加强创新，从制度机制层面提出对策建议，推动系统问题解决。

【经济责任审计】 2021 年，天心区对赤岭路街道、黑石铺街道、区残联、区科技局、区民政局、区工信局、区农业农村局等 7 个单位 26 位领导干部开展经济责任审计，出具报告、结果报告 20 余份，其中，区残联经济责任审计、区科技局经济责任审计、区民政局经济责任审计、区工信局经济责任审计采用专项资金审计与经济责任审计同时进行的审计方式。探索街道办事处经济责任审计与所属集体经济组织领导干部经济责任审计统筹融合、相互衔接的嵌入式审计组织方式，提高审计工作效率。

【政府投资审计】 2021 年，天心区对城管、教育、老旧小区提质等 3 个政府投资重点建设领域的招投标、合同签订、工程开工、隐蔽工程施工、项目变更签证、工程结算等进行全过程跟踪审计，提出推动机制体制改革等建议，被审计单位根据建议出台《天心区学校建设设计要求及实施标准》《天心区学校改造标准及使用年限》等制度，保障项目资金使用效率最大化。试点教育项目和城管项目阶段性跟踪审计，改事后审计为事前介入、事中跟踪，对建设项目实施过程的合法性、真实性、规范性进行跟踪审计监督，有效避免建设项目事后审计虽然能查出问题，但取证难度大、整改难度大、挽回损失难度大的难题，在监督财政资金管理使用、防止损失浪费、提高资金使用效益等方面发挥审计作用。

【专项资金审计】 2021 年，天心区进行居民低保、残疾人两项补贴、高龄补贴、居家养老、社会组织培育等民政类资金重点调查，涉及残疾人康复专项资金、就业就学救助专项、其他残疾人事业等残疾人专项资金；科普类经费、知识产权补助、科技发展与研发补助或奖励等科技类专项资金；县区本级专项资金投入以及企业承担的改造建设资金等工信类专项资金。通过审计，促使被审计相关单位出台一系列政策，规范惠企惠民资金使用，实现以审计整改倒逼工作规范的目的。

【内审工作】 2021 年，天心区定期开展内部审计工作走访和实地座谈调研，收集内审工作面临的实际困难，集中研判分析，共同解决难题。借助市内部审计协会等平台，采取现场指导、业务交流、集中学习、走访调研、项目评优以及以审代训等方式，有计划地组织内部审计人员参加相关业务培训。年内，有 26 名内审人员参加市内审协会业务培训，同时与市内审协会联合举办业务培训，开启长沙市送教上门活动的第一站。

【区委审计委员会第六次会议】 2021 年 8 月 19 日，天心区委书记、区委审计委员会主任吴新伟主持召开区委审计委员会第六次全体会议。会议学习习近平总书记关于审计工作的重要讲话精神及省、市审计委员会第六次会议精神，听取天心区审计工作情况汇报，审议通过《关于 2020 年度区级预算执行和其他财政收支情况审计报告》，部署下阶段审计工作。（本栏撰稿　易姮君）

统　计

【概况】 2021 年，天心区统计局致力于“以高水平统计服务高质量发展”目标，夯实基层基础，开展数据监测，创新推进统计宣传，不断深化统计服务，该区统计工作规范化、精细化水平不断提高。

【统计调查与普查】 2021年，天心区组织实施常规统计调查，年内完成基本单位、核算、工业、重点服务业、消费、投资等国民经济领域，以及人口就业、社会科技、能源资源环境等领域统计调查工作；完成采购经理指数调查、月度劳动力调查、城乡一体化住户调查。完成第七次全国人口普查长表2.8万户、8.7万人的行业、职业编码审核和改错；完成区人口普查公报的撰写、业务审核、行政审批，并于6月10日对外公开发布：该区常住人口836157人，年平均增长率为5.81%，共有家庭户265255户，集体户37071户，家庭户的户均人口2.44人，总人口性别比（以女性为100，男性对女性的比例）为100.82。区第七次全国人口普查工作获评省级先进单位受到表彰。

【经济运行监测】 2021年，天心区紧扣区委、区政府中心工作，持续跟踪监测全区经济运行走势，定期召开统计数据讲评，精准分析经济波动情况，及早对倾向性、苗头性问题发出预警。编印《天心区统计系统经济形势分析材料汇编》，对经济运行态势作出客观分析研判，重点是工业、投资、服务业、劳动工资和消费市场调研分析，各职能部门形成统计信息共享机制。开展专题调研分析，全年撰写GDP主要测算指标、“四上”企业入规情况、“网红天心”消费、天心区“强省会”战略支撑性、短板产业等分析材料40余篇，其中13篇被长沙市统计局官方网站采用。

【数据开发利用】 2021年，天心区发布《天心经济运行快报》《2020年天心区国民经济和社会发展统计公报》《2020年统计提要》《2019统计年鉴》，新增统计产品《天心一套表调查单位统计分析报告》，创新推出《天心高质量发展统计服务手册》《天心区统计工作指南》等统计工具书。

【依法统计】 2021年，天心区印发《统计法律法规知识读本》200余本、《统计法律法规规章小册子》2000余份、《统计违纪违法典型案例》200余本，发至园区、街道及相关区直部门，增强依法统计意识。组织全局干部进行统计业务和统计法律法规考试6次、街道测试3次。制定《统计执法“双随机”检查办法》《2021年统计执法检查工作方案》，7月26—29日，市、区统计局对辖区内10家“四上”联网直报单位开展统计执法“双随机”工作，在执法过程中严格遵守行政执法三项制度，落实执法信息公开、执法全过程记录及重大执法决定法制审核工作要求，建立执法检查档案，完善执法检查文书。

【统计基层基础建设】 2021年，天心区出台《关于进一步加强新形势下全区统计工作的通知》，下发《2021年天心区统计基层基础工作季度评估细则》，金盆岭街道成为统计基层基础建设新示范，作为全市两个点之一接受全市流动观摩。裕南街街道成为省统计局规范化建设联点街道，大托铺街道成为市统计局处室联点街道；在全市街道目标管理评估中，金盆岭街道获得综合考评一类单位，新开铺、文源、坡子街、南托4个街道获得综合考评二类单位。召开全区统计基层基础工作暨经济战线业务培训会议，对在统计工作中业务突出的专干和连续从事统计工作10年以上的工作人员予以表彰奖励。举办重点企业座谈会，邀请全区近200家重点企业负责人或者统计员进行交流。每季邀请业务专家和行业精英举行专题讲座，4名年轻干部通过统计师考试。夯实统计基层基础，对企业统计数据质量开展全面排查，核实企业的真实性、数

2021年5月15日，天心区统计基层基础暨经济战线业务培训会议召开
（区统计局供图）

据的匹配性、指标的准确性，督促企业建立健全统计台账，完善“一套表”调查单位档案，核查覆盖全部“四上”单位。7月26—30日，区委督查室、区政府督查室、区统计局对天心经开区、区直相关部门和各街道开展贯彻落实统计督察工作规定和统计基层基础工作专项督查，将督查情况通报至各单位，存在问题的单位要求限期整改。

【统计宣传】 2021年，天心区以区政府门户网站为主阵地，综合运用户外宣传、报纸杂志、网络新兴媒体等平台，开展有力度、有深度的统计主题宣传。聚焦“9·20”统计开放日、“12·4”国家宪法日、“12·8”统计法颁布纪念日等重要时间节点，制作动漫、微视频、图解、漫画等符合新媒体传播特点的统计法治宣传作品10余个，《天心经济运行快报》12期，法治征文24篇，宣传统计法律法规。区统计局政务信息公开网，落实信息发布“三审制”，规范统计数据的发布与解读，做到信息发布零差错。

【天心区“中国统计开放日”系列活动】 2021年9月18日，天心区启动第十二届“中国统计开放日”系列活动，制作第十二届“中国统计开放日”宣传片，邀请辖区优质企业负责人及资深统计员参加“统计开放日”活动；9月23日，在桂花坪街道金桂社区开展区第十二届“统计开放日”主会场活动，邀请31家重点企业座谈，参观“心中的梁家河”学员教育中心；天心经开区及其他街道分别在人流密集区设立分会场，开展宣传活动。

（本栏撰稿　戴　娟）

2021年9月18日，天心区启动第十二届“统计开放日”系列活动

（区统计局供图）

应急管理

【概况】 2021年，天心区安全生产形势总体稳定，未发生较大及以上生产安全事故。1—12月，发生一般生产安全事故12起，死亡11人，受伤1人，直接经济损失1626.75万元，与内五区比，事故起数、伤亡人数均最少，但比2020年同期，除受伤人数与2020年持平外，事故起数、死亡人数、直接经济损失均呈上升态势。

【安全基层基础建设】 2021年，天心区委、区人大常委会、区政府、区政协“四大家”班子换届，机关人事发生较大变动，天心区及时调整区安全委员会组成人员及成员单位，在原有10个专业委员会基础上，新增危险废物安全生产和商贸物流安全2个专业委员会。引导企业标准化创建，年内创建二级标准化企业1家、三级标准化企业36家、标准化班组企业10家、标准化班组15个。1月29日、8月30日，天心区委副书记、常务副区长（代区长）周志军2次组织召开安全生产警示约谈会，约谈对象包括发生过生产安全事故的、受行政处罚的、重点企业负责人，以及属地街道和相关部门，直面问题谈整改措施，压实安全生产主体责任。2129家生产经营单位自主开展安全班前会，将企业安全生产主体责任落实到企业、班组、岗位。实行生产经营单位内部人员举报奖励制度，兑现举报奖励2000元。组织义务红袖章巡防员656名，每晚在334个片区（楼宇、物业小区、街巷）巡夜防火，“铁脚板网格员”435名，巡查社区角落，织密安全防控网。

【安全风险管控】 2021年，天心区委、区政府专题研究安全生产和应急管理工作12次，区安委会、区消安委会召开例会7次。聚焦消防、道路交通、建筑工地、仓储物流场所、电动自行车、危化品等重点行业（领域），对安全隐患进行系统排查，整改国务院安委办交办问题1处、省安委办交办问题1处、市级挂牌重点隐患7

处、区级挂牌重点隐患9处。出台《出租厂房（仓库）安全管理“十个统一”指导意见》等，推进仓储物流场所整治，拆除2家1.68万平方米，转产转型14家2.2万平方米，整改完善73家31.67万平方米。排查“多合一”场所1719家，整治970家。加强新材料新业态风险治理，排查电商网点596个，社区日间照料中心49个，校外托管培训机构349个，客运接驳站11个，发现隐患547处，整改502处。对全区1949栋高层建筑消防安全情况进行摸排，督促整改火灾隐患552处，其中立案重大火灾隐患6个、销案5个。

2021年4月29日，长沙市委常委、统战部部长谭小平（左二）带队到天心区检查安全生产工作（杨 威 摄）

【安全执法整治】 2021年，天心区加强专项执法和联动执法，办理安全生产“行刑衔接”案件11起，查处肖某某非法使用氢气案、张某非法储存危险化学品案、某密室擅自使用被查封场所案、某公司未办理消防设计审查擅自开工建设案等大案要案；查处非法储存危化品案4起，查扣危化品32吨，罚款21.61万元。落实新《中华人民共和国安全生产法》，按照《密室逃脱类场所火灾风险指南（试行）》《密室逃脱类场所火灾风险检查指引（试行）》，开展对新兴行业、领域安全生产管理、检查和执法，辖区42家密室逃脱场所查封16家、拘留2人。开展岁末年初安全生产百日大会战，查处胡某挖破燃气管道案，查扣超限超载车辆19台、卸载货物200余吨。查处行政处罚不落实“一会三卡”企业28家、不编制应急预案或不进行应急演练企业16家。检查生产经营单位7014家次，责令限期改正2244个，罚款1200起1133.47万元（不含交警大队执法）、查封128家次、行政拘留65人。

【灾害天气应急处置】 2021年8月17—18日，天心区遭遇短时极端强降雨，南湖路附近降雨量78.2毫米/小时。该区根据气象预报，提前印发《长沙市天心防汛气象预警应急响应机制》，1088个应急云广播不间断播放预警信息、应急知识；强降雨来临时，迅速在道路设卡禁行；开启强排系统，抽取南湖路隧道积水，未发生人员伤亡事故。12月26—28日，长沙迎来低温雨雪冰冻灾害天气，该区提前印发《天心区低温雨雪冰冻灾害应急预案》等，在全市率先启动低温雨雪冰冻灾害Ⅳ级应急响应。

【安全生产宣传教育培训】 2021年，天心区坚持送法随行，免费向企业赠送《中华人民共和国安全生产法》《湖南省生产经营单位安全生产主体责任规定》等5万余册；开展《中华人民共和国安全生产法》普法培训200余场次、培训教育3万余人；组建安全宣教“红帽子讲师团”，安全培训5000余人；“红马甲志愿者”，开展安全生产大排查志愿服务活动，开展宣传教育4500人次，排查整治安全隐患142条。

【防汛抗旱工作调度会议】 于2021年4月2日在区委常委会会议室召开。会议听取区农业农村局、区市政中心关于全区防汛抗旱和城区防涝排渍工作情况汇报，就防汛抗旱工作进行全面部署。区委书记刘汇，区委副书记、区长黄滔，区领导王海军、洪孟春、许波，以及区防汛抗旱指挥部成员单位、街道、万亩堤垸管理单位主要负责人参加会议。

【安全生产工作会议】 2021年4月21日，天心区召开年度安全生产工作会议。会议听取全区道路交通安全、消防安全、建筑施工安全专项整治三年行动工作报告，通报2020年安全生产目标管理考核情况，颁发年度安全生产先进单位奖牌，并向各街道办事处下达2021年安全生产目标管理责任状。长沙市安委办主任、应急管理局局长胡春山，天心区委副书记、区长黄滔，区委副书记、区政府常务副区长周志军，区领导许波、王海军、洪孟春、肖向东、张建，以及区直相关单位、街道主要负责人参加。

【谭小平带队到天心区检查安全生产工作】 2021年4月29日，长沙市委常委、统战部部长谭小平带队到天心区检查安全生产工作。在黄兴南路步行商业街、国金街等地，谭小平一行了解安保措施和消防设备维护等情况；随机走进一家门店，谭小平询问店员灭火器使用方法和紧急逃生知识；要求随行部门和辖区负责人进一步完善应急标识标牌，对人流密集重点区域加强安全生产精细化管理。谭小平随后到玉泉寺进行安全检查。区领导刘汇、刘向、许波陪同。

【防灾减灾宣传走进学校】 2021年5月12日，天心区在长郡外国语实验中学举行“5·12”全国防灾减灾日宣传教育活动。学生们开展应急演练，进行防灾减灾知识现场抢答，听取专家关于小汽车起火、电动车火灾常见火灾预防和心肺复苏知识讲课；区应急蓝天救援服务中心现场演示防踩踏预警和自救方法；获“2020年全国综合减灾示范社区”和“2020年湖南省综合减灾示范社区”的先进社区接受授牌。区应急管理局、区委宣传部、区卫健委、区市场监管局、区农业农村局、区消防救援大队、黑石铺街道等单位和长郡外国语实验中学师生800余人参加。

【安全宣传咨询日活动】 2021年6月16日，天心区年度安全宣传咨询日活动在贺龙体育馆南门举行。现场人员在“天心区履行安全生产责任签名墙”上签名并进行安全承诺；安全宣传教育片《生命重于泰山》向现场观众展示交通安全、溺水施救、粉尘爆炸等事故案例和安全知识；工作人员解答现场观众关于面对安全问题如何正确处理和逃生问题。活动第二阶段，湖南威亨国际应急技术服务有限公司获得“长沙市全民安全素质教育基地”授牌；现场观众对安全常识进行抢答、并对安全生产微视频中出现的隐患问题进行“找茬”；区安全生产体验培训中心进行安全情景模拟及案例分享。活动现场除宣传展板、宣传册及咨询台外，还有大型应急救援装备、应急救援设备、模拟地震装备展示。长沙市应急管理局党委委员、副局长段建军，区政府副区长洪孟春出席活动。

【刘汇督查安全生产工作】 2021年6月25日，天心区委书记刘汇到辖区企业督查燃气领域、仓储场所安全生产工作。在长沙鑫能先锋村加气站、湖南中烟长沙卷烟厂大托铺库房，刘汇实地察看产品生产运输流程、安全生产措施落实、消防设施运行、作业人员是否安全规范操作等情况；在视频监控室，看视频、听介绍，向企业负责人了解值班备勤、应急处突等情况，对发现的问题进行现场交办。区领导张界贻、许波、张建及相关街道、部门负责人参加。

【天心区安委会年度第三次会议暨仓储物流场所整治调度会】 于2021年7月13日召开。会议听取全区仓储物流场所整治工作、商贸流通（尤其是仓储物流场所）行业规划和安全监管工作情况汇报，通报上半年安全生产工作情况，并对下阶段安全生产重点工作进行部署。天心区委副书记、代区长周志军，区政府领导洪孟春、张建及区直相关部门、街道主要负责人参加。

2021年5月12日，天心区在长郡外国语实验中学举行“5·12”全国防灾减灾日宣传教育活动

（区应急管理局供图）

【吴新伟督查安全生产疫情防控工作】 2021年12月24日，天心区委书记吴新伟率队督查辖区安全生产、疫情防控、信访稳定、文明创建、城市管理等工作。在湖南有色大厦宿舍区，吴新伟向企业负责人询问了解当前燃气降压改造工作最新进展以及燃气设施安全运行、安全设施配备、安全隐患排查等情况；在太平老街、解放西路、坡子街、步行街等地，吴新伟一行察看市容环境、消防设施、文明行为，并就发现的具体问题进行现场交办，要求限期整改落实；在王府井、象牙红KTV（本色店）等商场和文娱场所，吴新伟对消防设施运行、疫情防控举措落实，文明创建工作开展等情况进行检查，听取各场所负责人相关工作情况汇报；到正在进行工程扫尾的省府指挥中心，了解建设进度与功能作用。区委副书记、统战部部长叶妙，区领导刘向、许波、洪孟春、刘正文、郑州等参加。

（本栏撰稿　黄　慓）

消防救援

【概况】 2021年，天心区消防救援立足“全灾种、大应急、大救援”，围绕“夯实基础、破解难题、推动转型”主基调，消防救援及时有效。截至2021年年底，全区接警出动1888次，出动车辆2847辆次，出动人员18178人次，抢救被困人员28人，疏散被困人员118人，抢救财产价值969万元。区消防救援大队获评“湖南省先进基层党组织”“长沙市拥政爱民模范单位”。办理长沙市天心区异乐岛室内娱乐活动工作室行政处罚案获评消防救援局20个消防优秀执法案例，万梁文获湖南省消防监督执法比武竞赛建筑消防设施操作第二名，刘运芳、陈南竹立三等功。

【防火救援与监督】 2021年，天心区落实《消防安全责任制实施办法》，先后4次召开专题会议部署消防工作。区委、区人大常委会、区政府、区政协“四大家”领导带队督导消防安全50余次。7月28日，区消防安全委员会下发《关于加快全区范围内推进智慧消防巡查系统建设工作的指导意见》，截至12月31日，湖南省科学技术馆，恒泰物流等近40家企业单位已安装使用智慧消防巡查系统，通过互联网，实现实时上报采集的巡检数据。投入100万余元委托专业消防评估机构分析评估辖区消防安全形势、火灾防控工作、公共消防基础设施建设，为预防消防安全风险决策提供科学依据。年内，区消防救援大队检查单位2382家，督促整改火灾隐患和违法行为2106处、下发处罚决定书332份，责令“三停”32家，临时查封113家，罚款461.61万元。“6·5”南塘仓储有限公司仓库火灾事故发生后，全体消防指战员第一时间赶到现场，在最短时间控制火势，并迅速成立调查组，南托街道办事处、辖区派出所、南鑫社区协同配合，先后对工地、仓储等场所开展火灾原因调查，约谈在建工地、仓储物流负责人。

【战训业务】 2021年，天心区消防救援大队开展体能普考3次，修订各类预案227份。成立大队疫情防控机动队，紧盯涉疫医院、集中隔离点酒店，逐一制定突发火灾及应急救援灾情处置预案14份，全力做好应急处置工作。根据主要灾害事故特点，对辖区高层建筑、城市大型综合体、人员密集场所、公众聚集场所等场所开展大型综合实战演习5次，提升协同作战能力。与辖区各微型消防站、志愿者消防队开展联勤联训，定期检查考评，大队业务骨干现场指导培训，提升救援人员技战术水平。全市消防救援队伍上半年队列会操比武中，大托铺消防救援站获专职队第二名，周运哲获百米负重干部组第一名，胡坤获60米肩梯登楼操第一名，徐浩获400米救人疏散物资组专职消防员第一名。3月，付银、常大千、王超军进入长沙市专职消防员后备人才库，并进入实习阶段，2名国家队消防员刘峰、刘曙考入消防学院。

【消防基础建设】 2021年，天心区消防救援大队按照建强原有、补全短缺的原则，推进城市公共消防基础设施建设。暮云中心消防站建设全面完成，开展驻兵集训执勤；新路消防站列入区政府重大建设项目，主体建设完工。加强市政消防设施建设，协同供水部门对市政消火栓全面排查，登记在册，建立常态化维护保养机制。

【专项整治】 2021年，天心区开展群租房、大型城市综合体、密室逃脱类游戏场所、多合一、重大火灾隐患、电动自行车消防安全专项整治行动14次，查出12家密室逃脱类场所52条隐患，采取临时查封措施；15家大型商业综合体全面“体检式”消防安全检查，发现隐患808条。10月，央视新闻频道对该区密室逃脱整治工作进行专题报道。

【消防宣传教育】 2021年，天心区消防救援大队与省、市电视台相关栏目合作，报道灭火救援和消防整治等工作，曝光火灾隐患4次；协调利用场所楼宇视频和社会单位LED电子显示屏及消防官方微博、微信、移动互联网平台定期滚动播放消防安全知识提示语；依托“消防宣传进万家”活动，利用应急云广播、宣传栏、电子屏，根据火灾防控的季节特点，滚动播放预警信息、火灾案例、消防常识；每周消防车辆下社区消防安全知识宣传96次；区科普教育馆消防宣传阵地接待参观体验群众1.3万人，发放宣传资料8万份。通过购买消防服务完成街道消防安全普训工作，对党政领导干部、行业部门负责人、消防安全重点单位负责人、微型消防站站长等“七类人员”及社会单位和居民分级、分期、分批进行消防安全培训，举办培训班100次，教育人数3万人。

【消防安全专项整治行动】 2021年，天心区消防救援大队推进消防安全专项整治三年行动，先后开展实施打通消防生命通道工程、六类消防安全治理、整治老旧场所及新材料新业态等突出风险、打牢乡村地区火灾防控基础、加强重点行业消防安全管理、分级分类督促单位消防安全主体责任落实、实施消防信息化管理能力提升工程、实施消防安全素质提升工程等28项具体工作，通过专项行动开展，消防安全水平有效提升，消防安全环境有所改善。

【毛伟明到天心区走访慰问】 2021年2月8日，湖南省委副书记、省长毛伟明到天心消防救援大队慰问春节期间奋战在工作一线的消防救援指战员及其家属。省政府副省长陈飞，省政府秘书长王群，省应急管理厅党委书记、厅长李大剑，省消防救援总队总队长高宁宇、政治委员李浩，长沙市委常委、常务副市长夏建平，天心区领导刘汇、黄滔等参加。

（本栏撰稿　李　凯）

2021年2月8日，湖南省委副书记、省长毛伟明（中）到天心区消防救援大队慰问一线的消防救援指战员　（区消防救援大队供图）

市场监督管理

【概况】 2021年，天心区新办市场主体2.37万户，比2020年有所下降；区登记市场主体存量12.32万户，比2020年增长0.93%。截至年末，该区实现食品安全、特种设备安全、药械化安全零事故，无重大舆情和非法上访事件；获评市绩效考核、区绩效考核一等奖；6月，成功创建湖南省食品安全示范区。

【商事登记制度改革】 2021年，天心区持续深化商事登记制度改革，降低准入门槛，推进“证照分离”，全面推行“一网通办”措施，推行“准入即准营”，提升企业注销便利度。开辟绿色通道为企业提供住所托管、融资服务、市场对接、运营配套、创业指导等一体化服务，支持各大园区的招商引资。推进行业综合许可登记改革，发展电子商务服务。完成湖南省一体化平台1248个权限事项“三化”梳理。

【质量标准监察】 2021年，天心区开展“质量月”系列活动，举办“聚焦标准建设提升服务质量”主题培训班，指导企业开展“质量诊断”活动。加强认证认可、计量器具监管，检查验收17家检测机构和10家质量管理体系认证企业，强制检定备案43家单位353台计量器具。加强标准化建设，培育省级标准化试点企业4家，帮扶茶颜悦色等4家单位申报2021年省级标准化试点。

【市场公平竞争维护】 2021年，天心区完善公平竞争审查联席会议制度和议事程序，开展公平竞争审查和监管执法工作。推进"互联网+监管""互联网+政务服务"系统平台运行，纳入省级平台采用双随机监管方式的13个部门51项2000余个抽检任务均按计划完成，公示率100%，其中列入经营异常名录并对外公示的企业80家，未发现其他违法情形；截至6月30日，有3.68万户企业、49户农民专业合作社、1.6万户个体户按时报送年报，按时报送年报率分别为87.69%、91.84%、28.9%；加大信用体系建设，依法将失联企业和未按照规定公示年报的企业及时列入经营异常名录，年内，列入年度经营异常名录并对外公示的有5745户，其中通过登记住所无法联系417户，未按照规定公示年报5328户；通过审核并完成信用修复对外公示的市场主体达48家。

【知识产权保护】 2021年，天心区完善知识产权补助实施办法，注重产权培育和中小微企业知识产权托管，对参与托管的51家中小微企业进行评审，发放托管补助15.1万元；帮助企业进行知识产权质押融资，其中大唐先一完成1笔1000万元的专利质押融资，麓星光电与湖南大学完成2000万余元的专利转让；推动知识产权公共服务建设，完成知识产权体检30户、企业贯标3户、企业专利预警2户。开展知识产权保护巡查，打击侵犯知识产权和制售假冒专利商品行为。查办专利不规范案件70件，查处假冒专利案件2件，办理专利纠纷裁决4件，办理商标侵权案27件。查获李世文涉嫌侵犯国际知名品牌注册商标专用权案，被评为"湖南省2021年度打击侵犯知识产权和制假售假伪冒商品典型案例"。开展农村假冒伪劣食品专项整治，查办一批农村食品违法案例。开展打击走私"国门利剑2021"行动，出动执法人员2000余人次，检查进口食品销售门店300余家、成品油经营场所30余家、汽车4S店和二手汽车交易市场50余家、各类企业、门店70余家，依法查获走私烟草等物品。

【维护消费者权益】 2021年，天心区开展"霸王条款"整治，严厉打击利用合同格式条款侵害消费者合法权益行为；畅通投诉举报渠道，加强消费信用监管，推行消费投诉警示公示制度。推进消费维权服务站建设，新增"12315"国家平台ODR企业（Online Dispute Resolution企业，是指在辖区市场监督管理部门指导监督下，通过全国"12315"互联网平台提供消费纠纷在线解决服务的企业）5家。全年受理消费投诉、举报工单共计26755件，按期办结率100%，为消费者挽回直接经济损失近1200万元。

【特种设备监管】 2021年，天心区建立特种设备智慧监管系统，对监管对象实行风险分级、分类监管。不断压实特种设备主体责任，邀请专家专场授课，举办全区电梯应急救援演练，开展节假日、年关守护专项行动和大型游乐设施、起重机械安全装置、电梯鼓式制动器隐患安全排查。开展"百日会战"专项整治，排查整改电梯1070台。

【价格监督执法】 2021年，天心区抓好民生领域、疫情防控重点物品、重点时段价格监管，加强医药、教育、物业管理和房地产交易等领域的价格监管。开展涉企收费治理专项行动，规范行业协会商会收费；推进转供电大排查大整治行动，检查转供电主体269家，退还终端用户164.95万元。开展医疗服务价格重点治理工作，出动103人次，检查44家（上年已检查的1家）医疗服务机构医疗服务价格执行情况，对未在显著位置按要求明码标价的3家医疗机构进行约谈，并责令改正，对发现的价格欺诈行为，严厉查处，立案办结1起，罚没入库5万元。开展农贸市场及周边环境整治，积极创建诚信市场和培育文明集市，扫把塘农贸市场获评省级"诚信市场示范点"。

【打击传销】 2021年，天心区保持打击传销高压态势，召开两次联席工作会议，完善"网格化"监管体系和考核指标；清查流动人口近20万人，清查出租屋4000余间。开展打击传销执法行动66次，捣毁传销窝点47个，劝返遣散传销人员120人，录入信息系统传销人员120人，查封出租屋47间；公安机关受案2起，刑拘5人，移诉9人，逮捕5人，法院判决案件5起，判决22人。

【食药安全监管执法】 2021年，天心区建立食品安全长效监管机制，对监管对象实行风险分级、分类监管，实现产品信息去向可查，逆向可溯；围绕"特殊食品示范店、示范街""放心餐厅""餐饮示范店"创建，"湘菜管"执法检查现场直播活动和"湘冷链"推广使用现场观摩等活动，夯实食品安全基础；强化网络订餐平台和入网餐饮单位监管，推广“食安封签”、推进“吹哨骑手”监督做法，推进标准化外卖配送站点管理；强化抽样检验，按规定完成食品相关产品定量检测2710批次，快速检测44055批次；加强“湘冷链”追溯系统推广运用，落实索取“一单一证两报告”要求，“湘冷链”系统注册企业404家。给辖区内各药店安装天心区大数据防疫系统，药品零售企业对购买“退热、止咳、抗生素、抗病毒”四类药品的顾客相关信息登记上报32万余条。开展守护校园食品安全“护苗”行动、“特殊药品、食品”“经营环节重点品种食品”“放心肉”“网络餐饮网剑”等食品药品安全专项整治行动27起。上报药品不良反应256例，医疗器械不良事件96例，化妆品不良反应42例，查办食品药品案件392起。

【其他监管】 2021年，天心区落实意识形态领域户外广告信息发布责任制，有效监管辖区广告行业经营单位8000余家；开展电子商务平台“网剑”专项行动和违法违规商业营销宣传集中整治行动等21次，查办广告案件38起。打击防范电信（网络）诈骗犯罪，加强对部分融资担保、典当及非持牌公司的核查，受理冒用他人身份证注册公司案件151起，撤销冒用他人身份信息取得公司登记33家。6月，该区市场监管局与湘潭市岳塘区市场监管局签订“天心区岳塘区市场监管执法合作备忘录”，7月9日，双方在两区行政交界处开展首次联合执法行动，取缔无证无照食用油生产加工小作坊1个。推进“长江禁捕打非断链”专项行动。完成道路交通顽瘴痼疾集中整治和蓝天保卫战“三级执法、两级巡查”工作，办结中央环保督察案件10起。

2021年，天心区组织开展“湘冷链”推广使用现场观摩活动

（区市场监管局供图）

【天心区召开食品生产企业约谈会】 2021年5月21日，天心区在区市场监管局六楼会议室召开年度食品生产环节食品安全暨集体约谈会。会上为获评2020年度长沙市天心区食品安全示范创建优秀单位的长沙新世纪油脂有限公司、长沙市天心区柏家河甘泉饮用水厂2家企业授牌，接受17家生产企业及5家小作坊签订的“长沙市天心区食品生产企业食品安全及安全生产承诺书”。辖区食品生产企业负责人、生产管理厂长、食品安全管理员及食品生产小作坊负责人60余人参加会议。

【天心区与岳塘区签订合作备忘录】 2021年6月18日，长沙市天心区市场监管局与湘潭市岳塘区市场监管局在岳塘区市场监管局会议室签订“天心区岳塘区市场监管执法合作备忘录”，明确工作目标、主要任务、合作措施等事项，建立联席会议、信息共享、联合执法、办案协作、案件线索移送五项制度。两局在天心、岳塘两区相邻区域开展打击市场监管领域违法行为联合执法行动，主要领域为涉安、涉农产品、无证无照食品生产加工黑窝点和长江禁渔，并在巩固前期工作成果的基础上，建立两区市场监管领域执法合作长效机制。

【天心区年度食品安全宣传周启动仪式】 于2021年6月25日在保利国际广场举行。宣传周围绕“尚俭崇信守护阳光下的盘中餐”主题进行，现场辖区柏家河路甘泉饮用水厂等10名企业代表集体宣读“承诺书”，播放长沙食品安全视频，金盆岭街道志愿者们演绎“食安卫士”舞台剧，组织食品安全知识有奖问答等活动。

长沙新闻频道王靖轩主持启动仪式，天心区政府副区长洪孟春等领导及现场市民160人参加启动仪式。

【辖区金融及重点企业食品安全工作座谈会】 2021年10月18日，天心区召开驻区央直、省直、金融单位及重点企业食品安全工作座谈会。长沙市政协副主席、市市场监管局局长张庆和，天心区委副书记、代区长周志军等区领导及相关部门、街道负责人，40家驻区单位和企业代表参加会议。北京银行、茶颜悦色、国家统计局湖南调查总队、省政府机关事务局、长沙水业集团、长沙肯德基公司、湖南建工集团、长沙理工大学云塘校区8家驻区单位和企业代表围绕食品安全、示范创建工作进行交流发言。

2021年10月18日，天心区召开驻区央直、省直、金融单位及重点企业食品安全工作座谈会 （区市场监管局供图）

【长沙市首个特殊食品经营“示范街”揭牌】 2021年12月8日，天心区特殊食品经营“示范街”揭牌仪式在青园街道迎新路举行。这是长沙市首个以规范专区专柜销售为重点，涵盖药店、母婴店、超市等多种类型的特殊食品经营场所，通过创建特殊食品经营示范街、示范店，规范经营环境，设置醒目的专区专柜，标示准确的提示牌和警示用语，能让消费者直观上更容易区分特殊食品与普通食品，便于消费者正确、合理地去选购特殊食品。长沙市市场监督管理局局长张庆和、天心区政府副区长郑州等领导及相关单位负责人参加。

（本栏撰稿　任咏梅）

农业 林业 水利

综 述

【概况】 截至2021年年底，天心区农业人口5.7万人，有暮云、南托、大托铺、黑石铺、先锋5个涉农街道，12个行政村、26个集体经济合作社（联合社）；耕地面积1543.79公顷，永久基本农田面积为989.25公顷，主要分布在大托铺、南托、暮云3个街道。天心区完成2021年度粮食播种任务200公顷。林地面积1836.4公顷，水产养殖水面170公顷。畜禽养殖户4200户（均为散户）；生猪存栏6500头，家禽9.5万羽，牛羊1700头（只），家犬900只（不含城区）；动物诊疗机构29家，冷库1座；农业企业128家，农业专业合作社52家，其中省级龙头企业4家、市级龙头企业2家、境外省级现代农业特色产业园（省级示范园）2个、涉农网络信息企业2家，省级四星生态农庄3家，省级示范家庭农场1家。全区有南托垸和解放垸2个万亩堤垸，官桥湖垸1个千亩堤垸以及1个江心洲岛；防洪设施湘江一线大堤32.05千米，其中港子河以北湘江一线大堤22.56千米，达到防御100年一遇洪水标准，南托垸湘江一线大堤9.49千米，达到防御50年一遇洪水标准；小（2）型水库1座、涵闸62个、泵站17处。全区农业生产逐渐向蔬菜、瓜果、花卉苗木种植、水产养殖等休闲农业方向发展。

（周绍平）

【巩固拓展脱贫攻坚成果】 2021年，天心区运用全国防返贫监测信息系统、湖南省防返贫监测与帮扶管理平台，加强与各行业部门的沟通与联系，定期更新民政、人社、教育、应急管理、卫健、医保、住建、残联、公安等部门数据，重点排查脱贫不稳定户、边缘户、严重困难户及特殊群体的家庭，标识监测户24户56人，其中脱贫户20户49人。为区内监测对象和低保户购买防返贫保险。2021年中央、省级、区级财政衔接推进乡村振兴补助资金（以下简称衔接资金）728万元，铺排16个巩固拓展脱贫攻坚成果同乡村振兴有效衔接项目，涉及产业发展、农村基础设施、生活条件改善（农村自来水改造）、教育扶贫（“雨露计划”）、健康扶贫5类。为区内符合条件脱贫户家庭子女发放“雨露计划”教育补助。指导街道、村（社区）对2017年以来扶贫项目资产进行分类核查。开展对口邵阳县、龙山县洛塔乡帮扶工作，出台《长沙市天心区对口帮扶邵阳县乡村振兴工作实施方案（2021—2025年）》《长沙市天心区对口帮扶龙山县洛塔乡乡村振兴工作实施方案（2021—2025年）》，明确五年帮扶工作目标和任务。截至2021年年底，已拨付邵阳县帮扶资金1500万元，龙山洛塔乡1450万元，主要在产业、就业、人才协作等方面加强合作，促进对口帮扶地区乡村振兴。（周绍平）

【线上+线下消费扶贫展销活动】 2021年1月26—29日，天心区在区机关大院举办线上+线下消费扶贫展销活动。该次活动以促进扶贫产品稳定销售为重点，实现城市“米袋子、菜篮子、果盘子”有效供给和促进贫困地区扶贫产业健康发展，推广扶贫产品和贫困地区特色产品，帮助对口地区扶贫产品及优质特色农产品宣传、展示、销售。活动采取线上+线下的形式，消费者不需要到现场，登录微信进入“掌上通道”“山里先生”等微信小程序，就可以购买对口帮扶各地扶贫产品。（周绍平）

【天心区乡村振兴局挂牌成立】 2021年5月11日，长沙市天心区乡村振兴局挂牌成立。天心区政府副区长洪孟春为区乡村振兴局揭牌。调整设立区乡村振兴局，是巩固脱贫攻坚成果同乡村振兴有效衔接的重要举措，为天心区统筹推进乡村振兴战略、打造乡村振兴标杆区、加快推进农业农村现代化提供有力的体制机制保障。新成立的区乡村振兴局，在全面推进乡村振兴中，推动产业振兴、文化振兴、人才振兴、生态振兴、组织振兴。

（周绍平）

【乡村振兴战略合作框架协议签约】 2021年7月19日，天心区农业农村局与长沙银行银德支行召开全面推进乡村振兴战略合作框架协议签约会仪式。天心区政府副区长洪孟春、长沙银行副行长张曼分别致辞。此次框架协议的签订有利于推动天心区农业农村现代化建设和城乡一体化发展，提高农业农村工作管理科学化、信息化、规范化水平。

（陈　文）

农　业

【耕地保护及粮食生产】 2021年，天心区开展耕地质量等级调查评价工作，摸清全区耕地土壤质量性状，建立天心区耕地质量数据库，制定《天心区耕地质量等级调查评价实施方案》。开展受污染耕地安全利用工作，完成1426.67公顷入户调查任务，建立健全天心区到农户、到丘块的受污染耕地安全利用工作台账；完成集中推进206.67公顷农艺治理措施。完成2021年度粮食生产任务200公顷。做好抛荒耕地复耕复种，复垦50.36公顷。排查塑料大棚967个，面积共95.71公顷。重点对2018—2019年排查的26个“大棚房”问题（9处）整改情况进行核查，未出现“大棚房”问题反弹情况。（周绍平）

【农业产业】 2021年，天心区依托长株潭绿心中央公园、长沙奥体中心等重大项目，加快“文旅、农旅融合”。培育山有舍民宿、王捌院子、湘江里老街渔村等特色民宿餐饮休闲产业。引进发展西湖农场、友邦园林、辣木面条等多个农业品牌，组织开展“2021年长株潭融城半程马拉松赛暨绿心乡村生态旅游节”“大托小镇生态休闲美食消费节”等节会活动。探索用科技为农业发展赋能，培育菜菜农业、益农信息社等多家基于互联网的新型农业产业模式，与中南林业科技大学袁德义团队合作，在西湖经济联合社实施木本粮油种植科技示范项目，打造“种苗科技谷”，建立茶油、锥栗和无花果等种植资源、品种选育和试验示范基地。推进农村“三块地”改革（农村土地征收、集体经营性建设用地入市、宅基地管理制度改革），全区流转耕地627.8公顷。（周绍平）

【农机安全生产】 2021年，天心区通过查阅牌证管理系统、调阅档案资料等方式，梳理2017年以来牌证注销变型拖拉机情况并建立基础台账，完成全区注销未报废变型拖拉机的实体报废分解任务。完成变型拖拉机清零任务。与区交警部门、相关街道在区重点地带（一力物流、钢材市场、蓝天路等地）开展联合执法50余次，严厉打击无牌无证、假牌假证、逾期不检验、擅自改装改型等违法违规行为20余起。

（周绍平）

【农产品质量安全】 2021年，天心区开展农产品定性监测6012批次，合格率均为100%。市级对天心区蔬菜水果、畜禽及其产品、水产品抽检160批次，合格率均为100%。加大对农业投入品经营门店专项检查，巡查181家次，出动监管人员382人次。

（周绍平）

【动物防疫】 2021年，天心区下发《关于加强我区生猪违法违规调运监管的通知》，开展整治行动，检查车辆174台，未发现违规调运情况。强制免疫牲畜1.98万头次、家禽18万羽次，占应免数的100%。下发《关于开展冬春动物疫病防控“集中攻坚行动”的通知》，完成禽流感采样100份，采样工作按质按量完成。完成5个涉农街道共监测采样家禽血样100份，牲畜血样454份。及时掌握疫情的免疫动态，涉农街道排查生猪养殖户24510户次，排查存栏生猪14.96万头次。督促指导畜禽养殖场（户）、活禽交易市场、无害化处理暂存点等场所开展“大清洗、大消毒”等防控排查工作，下发消毒药品7.5吨，降低动物疫情发生的风险。（周绍平）

【渔业工作】 2021年，天心区开展水产品检测131批次；省、市对天心区例行监测水产品42批次，上述所有检测结果均为合格，合格率为100%。开展水产养殖用药减量行动，发放《水产养殖用药明白纸》600份，2021年兽药使用量3.04吨，较2020年兽药使用量3.25吨，同期相比减少6.2%。对全区4座小（2）型以上水库和湘江一级水源保护区树立永久性“禁止投肥养殖”公示牌10块。加大对水面养殖发包方、承包方督查力度，约束和规范天然水域养殖行为。科学查漏补缺、完善渔业数据统计，提高渔业数据报送的准确性、及时性和可追溯性。

（周绍平）

【禁捕退捕工作】 2021年，天心区推动长江“十年禁捕”行动，与湘潭市岳塘区共同开展“十年禁捕”联合执法。开展和参加区域禁捕、劝导多竿垂钓、一级饮用水源保护禁钓等各类联合执法21次。区公安分局立案查办禁捕涉刑案件5起，抓获嫌疑人5名，移交检察院、法院审理，法院判决1起。办理生态环境损害赔偿案件2起。建立禁捕网格化管理体系，明确各级网格责任人，加强辖区内禁捕监管巡查，确保及时发现处置非法捕捞行为。开展监督巡查500余次，出动车辆、船艇430余次，人员1150余人次，巡查里程1.2万余千米，收缴清理违法渔具95件，劝离多竿垂钓3830余人次。

（周绍平）

【打击非法捕捞联合执法行动】 2021年3月18日，长沙市天心区、湘潭市岳塘区2021年度联合执法暨区域合作十大重点事项现场推进活动举行。随着天心区委书记刘汇宣布，6艘执法船从天心区兴马洲渡口驶出，开启长株潭融城禁捕执法宣传联合巡查专项行动。该次联合执法双方在重点区域、重点时段开展联合巡查监管工作，及时移交非法捕捞等线索。4月15日，长沙市农业综合行政执法局联合湘潭市农业综合行政执法支队、岳麓区农业农村局和天心区农业农村局开展打击非法捕捞零点行动。该次行动，两市共出动执法人员16人，执法船艇3艘，无人机1台，巡查禁捕水域100余千米。夜间巡查，借助无人机红外探测功能，发现1起利用遥控船进行垂钓和1起放网捕鱼行为，共收缴遥控船1个，钓竿4根，网具500米。7月6日晚，天心区河长办联合公安、渔政、环保、环保执法大队、大托铺街道、新开铺街道共20余人开展一级饮用水源保护区联合巡查执法。巡查执法中，由公安、环保等相关部门对垂钓行为进行查处，对垂钓群众进行普法宣传。截至9月6日，湘江天心段实现“四清”（清船、清网、清江、清湖）、“四无”（无渔船、无渔具、无渔民、无捕捞生产），涉渔“三无”（无船籍港、无船名号、无船舶证书）船舶完成清零。天心区禁捕办组织相关部门、街道对辖区水域开展禁捕、垂钓等巡查81次，巡查人员168余人，出动车辆30台次，出动巡逻艇54次，巡查路程1983千米。巡查过程中，收缴违规网具10条，遥控船1条；宣传“长江保护法”和“十年禁捕”政策法规，发放宣传资料800份。

（周绍平）

【农业产业发展政企座谈会】 2021年5月12日，长沙市现代农业高质量高水平发展若干政策宣讲暨天心区农业产业发展政企座谈会。天心区相关区直部门、街道分管负责人、农村经济合作社联合社理事长及农林企业代表等80余人参加会议。会议对《长沙市建设乡村振兴示范市推进现代农业高质量发展若干政策实施细则》《长沙市建设乡村振兴示范市推进现代特色农业高水平发展若干政策实施细则》从支持设施农业发展、支持农业规模发展等八个方面进行解读，鼓励符合条件的企业积极申报。南托街道等重点涉农街道分别围绕街道资源现状、产业规划、重点项目招商情况等向参会企业代表作产业项目资源推介。湖南北欧投资管理有限公司、莱莱农业等企业代表就企业存在的问题和困难发言。天心区农业农村局党组书记、局长冯学武强调，将着力优化农业领域营商环境，通过加强政企间、企业间交流，帮助企业实现优势资源互补。

（周绍平）

【现代农业产业园项目合作框架协议签约】 2021年10月21日，中国供销（天心区）现代农业产业园项目合作框架协议签约。天心区委副书记、代区长周志军，中国供销（海南）实业发展有限公司副总经理李法旺，中控延年健康发展有限公司总经理杨刚，华侨城创新投副总经理郭耕夫，中建城市发展（成都）有限公司常务副总经理蔡仲军等出席签约仪式。中国供销（天心区）现代农业产业园项目选址于天心区暮云片区许兴村、莲华村及暮云新村，东接新韶山南路，南靠昭山，西至芙蓉南路，北至万家丽路，总占地约305.73公顷，计划总投资约20亿元，在进行全域土地综合整治的同时，建设一个高效种植园区。项目定位为打造成长株潭区域三产融合示范区，重点打造成绿色农业发展样板区、智慧农业总部集聚区、乡村振兴创新发展区。周志军表示，双方将力争

项目早日开工、早日建成、早日达效，将该项目打造成乡村振兴中部地区样板，形成全省乃至全国示范效应。 （陈 文）

农 村

【农村人居环境】 2021年，天心区制定出台《2021年天心区美丽宜居村庄建设方案》，投入2771万元，重点建设18个美丽宜居村庄，16个通过市级验收。结合美丽宜居村庄创建工作，优化农村人居环境，西湖经济联合社通过市级绿化美化村庄创建验收。依托暮云官桥湖撇洪渠“美丽幸福河”，打造1个市级小微水体管护示范片区。参照《天心区乡村振兴项目以奖代补实施办法》，引导村民自觉筹工筹劳，筹资筹料314万余元，义务筹劳8100余工日，捐地（腾地）4.24公顷。推进厕所革命，新（改）建三格式化粪池任务完成，覆盖率100%。实施城乡供水一体化改造工程，完成暮云街道2个村1448户农村自来水改造项目。清理整治农村环境突出问题，推进垃圾分类减量常态化，开展耕地抛荒复耕复种、农业污染防治、生活污水治理等，在春耕生产等重要时节加大秸秆禁烧宣传力度，未发生一起焚烧秸秆现象，联合街道处理农业污染投诉件14起，开展拖拉机顽瘴痼疾专项整治行动30次。

（周绍平）

【农村人才培养】 2021年，天心区12个行政村党组织全部升格为党委（党总支），完成村“两委”换届工作，推广党群服务中心建设模式，实现“一门式”基层公共服务100%全覆盖。落实村党组织书记县级备案管理，推行“导师帮带制”，实现新任村干部有1名导师结对帮带。建立健全面向社区（村）党组织书记直接比选科级领导班子成员常态化机制和村级后备力量培养选拔制度，加强基层人才扶植培养，实施“乡村工匠”培育工程，认定2名高级新型职业农民、1名中级新型职业农民、1名乡村振兴领军人才。

（周绍平）

【村级集体经济】 2021年，天心区研究制定《天心区农村集体经济组织管理办法（试行）》，谋划村级集体经济组织发展的顶层设计，通过政策、资金、项目支持为新型集体经济发展壮大提供支撑，围绕“土地合作型”“资源开发型”“物业经营型”“乡村服务型”的发展目标，系统性推动全区新型村级集体经济组织发展。发展观光、休闲和特色农业产业，盘活闲置资源，近80%的村集体经济年收入超过50万元，其中年收入超1000万元的村4个。

（周绍平）

【农村宅基地建房审批管理业务培训】 2021年9月28日，农村宅基地建房审批管理业务培训举办。天心区农业农村局暮云、南托、大托铺街道宅基地工作分管领导，农办主任、专干及各村主要负责人等参加。天心区农业农村局严鹏解读《天心区农村宅基地建房审批管理实施细则》，雨花区跳马镇农办主任刘硷介绍相关实践经验，长沙市农经服务站马海潮辅导授课；马海潮、天心区农业农村局尹文钊、区资规分局周晓、区住建局董固、区城管执法大队杨柳进行现场答疑。 （陈 文）

林 业

【森林资源保护】 2021年，天心区加强森林火灾防控，在秋冬季火险易发时节，安排人员对进山路口要道驻点、守卡、巡查。通过张贴“禁火令”，开展“打击野外违规用火”“防灾减灾宣传日”“文明清明，文明祭扫”等系列宣传活动。连续6年全区没有发生森林火灾事故。召开专题会议部署相关工作，拟定区级松材线虫病防治工作方案。利用无人机巡察和人工巡察等方式，对全区林木病虫害情况进行立体式实时监测。全年巡林排查发现枯树松木11棵，全部清理并送检，没有发现松材线虫病疫情。发现森林卫片图斑15处，涉及面积6.73公顷，全部整改到位并销号。发现森林卫片图斑17处，经现场调查取证，其中4处涉嫌违法，面积4.87公顷，配合市林业执法部门做好整改销号工作。

（周绍平）

【林地管理】 2021年，天心区对林木采伐和林地使用进行严格审批，办理永久使用林地4起，面积15.8公顷，临时占用林地1起，面积0.78公顷，办理林木采伐证14本，采伐面积43.14公顷，采伐蓄积1712.2立方米，出材量865.8立方米，采伐指标在全年额定范围内。对全区公益林分布进行调查摸底，提请调整省级公益林面积59.92公顷，调整市级生态公益林653.53公顷，落实生态公益林补偿资金的发放工作。对辖区内友邦园林等花卉苗木经营主体进行政策扶持和技术指导，该企业代表天心区参加湖南省花卉苗木博览会并取得室内展区银奖。鼓励引导村民和农业经营主体发展林下种植，带动农民增收，加强与中南林业科技大学等高校对接，探索科研苗木种植基地在天心区布局。启动人工造林13.33公顷、补造修复2.33公顷，抚育修复10.07公顷、新造油茶20公顷。

（周绍平）

【野生动物保护】 2021年，天心区依法整治非法捕猎和经营利用野生动物及其产品的违法行为。普及《中华人民共和国野生动物保护法》《中华人民共和国动物防疫法》等法规知识，加大执法检查力度，设立举报救助电话，救助野生动物10余只并将其放归大自然。（周绍平）

【林长制工作】 2021年，天心区编制出台《天心区全面推行林长制的实施方案》和《长沙市天心区林长令制度》等12项制度，明确天心区2021—2035年林长制工作的工作重点和各阶段目标。建立区委书记、区长任区级林长的区、街道、村三级林长制工作体系，在区农业农村局和12个涉林街道设立林长办，区财政每年安排20万元作为林长制工作经费，聘用6名专职护林员从事森林巡防保护相关工作。将全区划分为城市片区、大托片区、暮云片区3个责任区域，通过明确“一长三员”职责，层层压实工作责任，建立“责任网格化、巡护常态化、监管全域化”的基层管护监管体系。（周绍平）

水　利

【防汛抗旱】 2021年，天心区及时根据雨情水情发展形势进行安排部署，累计组织11次全区调度会。落实以行政首长负责制为核心的防汛责任体系，突出落实水库、堤防、重点堤垸等“三个责任人”制度。开办防汛业务培训；组建专业人才储备库；落实防汛资金、备足各类物资；检修各类软、硬件，确保正常运行；完善预报、预警、预演、预案。部署城区内涝应急处置等3次实战演练；更新完善年度防汛应急预案、水库调度方案；突出强降雨天气防范应对，统筹做好山洪地质灾害防御、水库山塘防守、城区易渍点排渍排涝、群众疏散转移安置等工作。（周绍平）

【水利工程项目建设】 2021年，天心区抓好防洪减灾、灌溉设施改造、河湖治理等重点工程，实施水利项目11个，全年总投资4800万元。确定官桥湖美丽幸福河流建设项目、兴马洲防汛通道抢险平台工程、窑湾寺涵闸出水口崩岸治理工程、南托港2号支流生态补水渠道修复工程等水利建设任务，所有项目均完成。配合区市政设施维护中心完成圭白路低排涵排渍泵站及附属设施建设项目相关手续。实施城乡供水一体化改造工程，完成自来水管道铺设6万余米，按期顺利完成暮云街道2个村1448户农村自来水建设，剩余4个村自来水建设前期设计工作基本完成。（周绍平）

【河长制工作】 2021年，天心区下发《湘江（天心段）2021年度综合治理任务清单》及《湘江（天心段）流域综合治理三年行动计划（2021—2023年）》，各级河长累计巡河2077人次，交办并解决问题40个，累计开展各类执法行动24次。印发《长沙市天心区河长制2021年“洞庭清波”专项行动实施方案》。定期组织各部门及街道对湘江天心段饮用水源地保护区开展联合巡查，发现问题及时解决，对涉水企业进行全范围摸排、动态监管、不定期巡查、严格执法，对非法垂钓、游泳行为进行严厉打击，全年开展执法整治行动16次，出动执法人员980余人次，出动车辆、船艇400余次，巡查里程8000余千米，收缴违规网具89条，劝阻违规垂钓3578人次，收缴违法渔具75件；配合公安机关办理涉刑案件立案3起，抓获犯罪嫌疑人3名。投入800万余元，完成南托港、港子河、双管子河的年度清淤工作；投入500万余元开展官桥湖美丽幸福河流建设、水文化广场建设及小微水体整治工作；投入600万余元开展“一江四河”（湘江天心段、港子河、双管子河、南托港、官桥湖撇洪渠）及小微水体保洁工作。

（周绍平）

【城乡供水一体化工程项目】 2021年2月5日，天心区政府副区长洪孟春组织召开天心区城乡供水一体化工作调度。长沙供水有限公司党委副书记、总经理欧阳林等长沙供水公司相关部门负责人以及区直有关部门相关责任人参加会议。会议强调，要全力推进城乡供水一体化建设，共同推进项目建设进度。3月2日，长沙市水利局、天心区政府、长沙市水业集团在暮云街道举行天心区城乡供水一体化工程项目启动仪式。长沙市水利局党组书记、局长曹彪，天心区委副书记、区长黄滔，长沙市水业集团党委书记、董事长谢文辉，长沙供水有限公司党委书记、董事长金凯军出席。启动仪式上，天心区政府与长沙供水有限公司成功签订“天心区城乡供水一体化工程建设项目合作协议”，暮云街道、中南水务工程有限公司分别表态发言，黄滔致辞讲话，曹彪宣布项目启动。截至2021年10月25日，所有施工区域全部进场施工，其中，芙蓉南路、107国道及暮石路主管全部铺设完成，入户支管及水表箱共计完成约930户，水表安装完成通水约800户。（周绍平）

【防汛工作培训班】 2021年3月23日，天心区2021年防汛工作培训班举办。区应急管理局、区资规分局、区市政中心、区防办、各街道或所属村（社区）及水管单位技术人员等共120余人参加培训。区农业农村局局长、区防办主任冯学武作动员讲话。长沙市水利局副调研员肖志海，区防办张志刚、易文运，区城区防办高小兵分别就防汛抢险知识、防汛预案、防汛巡堤查险知识、城区防汛知识为学员授课。

（周绍平）

【河长制工作专题培训班】 2021年9月26日，天心区河长制工作专题培训班举办。天心区河委会副主任肖乾军主持，河长制成员单位工作人员、副河长单位河长制工作人员、各街道分管负责人、河长办工作人员、街道民间河长、各涉水村、社区河长制工作人员等80余人参加培训。区河长办工作人员就巡河工作流程，如巡河中要看河长公示牌、水质、非法占用河道、非法采砂、非法矮围，“四乱”等破坏水生态环境行为，巡河后如何整理巡河记录、上报问题等方面进行讲解；通过下发的资料学习乡（镇）村两级河长、河道专管员、河道保洁员工作职责，并重点学习长沙市河长制智能管理信息系统手机App的使用等相关河长制业务知识。

（陈　文）

工业 信息化

综 述

【概况】 2021年，天心区争取上级帮扶资金8077.53万元，引进软件企业15家，全国软件企业50强分（子）公司落户数、全省软件企业50强上榜数均居全省区县（市）首位；打造一批智能制造试点示范企业，加强智能制造服务体系和服务能力建设，将发展中小企业纳入全区经济和社会发展规划；打造"区长企业接待日"品牌，开展区领导联系走访企业活动；稳步推进电网建设，协调做好重点项目保障工作；加强数据资源归集和数据资源共享，推进破除"数据孤岛""信息壁垒"，释放数据要素价值；结合经济发展、城市管理、社会治理实际需求，推动智慧应用场景建设。截至2021年年底，全区培育省级专精特新"小巨人"企业3家，"专精特新"中小企业核心服务机构2家，市级工业和信息化类小巨人企业16家，科技型中小企业入库229家，高新技术企业255家，瞪羚企业7家，A股上市公司9家。

（阳利平）

工 业

【产业发展】 2021年，天心区制定出台《长沙市天心区全力打造国家重要先进制造业高地——数字经济三年行动计划（2021—2023年）》；完成《天心区大力支持软件产业按照十条措施》政策兑现工作，惠及软件企业39家，区级扶持资金617.67万元；指导10批次64个企业（项目）申报上级工业发展专项、技改贴息、小巨人企业等惠企政策，涉及补贴资金2000万余元。引进盈高科技、长亮科技、中湘智能制造等软件企业15家，引进计划总投资120亿元的中国电信天翼云中南数字产业园项目；依托湖南地理信息产业园、人工智能产业园、软件产业园及国家级中国长沙人力资源产业园等产业平台，全国软件企业50强分（子）公司落户数、全省软件企业50强上榜数均居全省区（县、市）首位。鼓励日大彩印等一批工业企业实施智能化改造；加快培育华商智能等一批智能制造系统解决方案供应商；组织企业参加2021年长沙国际工程机械展览会。开展第十届全国减轻企业负担政策宣传周活动，为中小企业减负、赋能、护航。

【企业服务】 2021年，天心区出台《优化营商环境坚持久久为功——打造升级版"区长企业接待日"制度实施方案》，举办10次"区长企业接待日"活动，包括软件企业专场、"智慧天心大家谈"主题专场、软件企业20强表彰专场、新能源汽车专场。梳理最新的惠企政策和资讯，通过短信云平台、网络媒体、微信等渠道推送至企业，发送政策短信4500余条，推送每周政策荟萃39期，为74家企业送达专属政策包。

【项目建设】 2021年，天心区制定《天心区2021年电网项目建设"630攻坚"责任事项清单》，推进天心110千伏变电站项目、九峰110千伏输变电工程、芙蓉大道电力埋管和书院路电力埋管工程、万家丽路电力埋管和湘江大道电力埋管等工程，完成富绿新村等11个专变居民小区的配电设施改造。协调重点项目电力杆迁工作，协调做好电力和通信保障工作，做好重点节点的安全用电排查工作。

【国企改制】 2021年，天心区开展国有企业退休人员社会化管理移交，与中央企业签订125份协议，完成14950名退休人员、4618

名党员的接管工作；与湖南省属企业签订30份协议，完成约8008名退休人员、2239名党员接管，签约率均为100%。组织11个企业职工生活小区实施物业改造，完成施工并已验收的有7家（4家央企、2家省企、1家市企）。

【电力“专改公”工作会议】 2021年3月30日，天心区为做好2021年第一批11个改造小区电力“专改公”民生实事工程，组织创远景园、中域蓉城2个小区召开电力“专改公”进场启动会，城南路街道、坡子街街道、相关社区、国网长沙天心区支公司、施工单位、小区业主委员会、业主代表和物业公司参加会议。针对居民提出的不同问题，长沙供电公司天心支公司相关负责人分别进行讲解。会议要求，街道、社区、物业要做好工程改造的配合工作，对改造小区进行摸底、调查、宣传并收集好相关资料，精心组织施工，把民生工程办好办实。4月14日，天心区组织国网长沙供电公司营销部、国网长沙供电公司天心支公司、设计单位以及各电力“专改公”小区施工单位，召开2021年天心区电力“专改公”进场施工交流会，强调施工标准、流程，严格按照文件执行。9月9日，2021年已建住宅小区电力“专改公”工作调度会召开，就做好电力“专改公”宣传工作及完成小区的资料收集等工作进行部署。天心区涉及电力“专改公”的10个街道、16个社区相关人员参会。

【政企恳谈会】 2021年5月8日，天心区推进优化营商环境工作暨政企恳谈会召开。天心区委

2021年7月1日，天心区第27次区长企业接待日“智慧天心大家谈”座谈会召开 （区工信局供图）

2021年5月8日，天心区推进优化营商环境工作暨政企恳谈会召开，表彰2020年度“综合纳税100强”企业 （区工信局供图）

2021年11月18日，2021年天心区减轻企业负担政策宣传周活动举行 （区工信局供图）

书记刘汇，区委副书记、区政府常务副区长周志军，天心经开区工委书记吴江，区领导黄文先、刘向、许波、王海军、张建，以及区直相关部门、街道主要负责人和辖区110家重点企业代表参加。会议表示，打造全省优化营商环境“首善之区”是2021年天心区全年工作的战略重点，已纳入打造内陆地区改革开放高地三年行动计划，将重点实施长株潭营商环境一体化先行先试行动、优化政务服务攻坚行动、法治化营商环境攻坚行动、亲清政商关系巩固行动、指标协同推进行动。现代投资股份有限公司、长沙王府井百货有限公司、绿盟（湖南）网络安全技术有限公司等企业代表先后发言，就天心区如何进一步优化营商环境，加快企业发展进行交流。会议对天心区2020年度“综合纳税100强”企业进行表彰，20家企业代表现场上台领取奖牌。刘汇希望各企业以更大的力度参与区域重点工作，以更宽的视野提升创新创造能力，以更强的担当履行社会责任，当好天心高质量发展的参与者、监督员、宣传员。周志军表示，天心区将更大力度深化“放管服”改革，更深层次推动惠企政策落地，保护企业家合法权益，激发市场主体活力，打造全省营商环境首善之区。

【减轻企业负担政策宣传周活动】 2021年11月18日，天心区举行首场减轻企业负担政策宣传周活动，区税务局专家针对惠企政策、减负降费措施等内容为在场的近百名各领域行业企业家代表进行解读。该次活动以减轻企业制度性交易成本、夯实惠企减负政策落地为目的，通过集中宣讲的形式，打通企业获取惠企政策渠道，优化营商环境，是天心区政府为优化营商环境，为中小企业减负、赋能、护航，营造更具活力市场环境的有力举措。

（本栏撰稿　阳利平）

天心区2020年度“综合纳税100强”企业一览表

表10

序号	纳税户名称	行业	序号	纳税户名称	行业
1	国家开发银行湖南省分行	金融业	12	长沙橘韵投资有限公司	房地产业
2	华融湘江银行股份有限公司	金融业	13	长沙南湖广场置业有限公司	房地产业
3	北京银行股份有限公司长沙分行	金融业	14	湖南发展高新置业有限公司	房地产业
4	长沙农村商业银行股份有限公司	金融业	15	中信证券股份有限公司湖南分公司	金融业
5	湖南鑫远投资集团有限公司	房地产业	16	长沙新力鸿房地产开发有限公司	房地产业
6	湖南省第六工程有限公司	建筑业	17	现代投资股份有限公司	居民服务、修理和其他服务业
7	中国进出口银行湖南省分行	金融业	18	中国邮政储蓄银行股份有限公司长沙市分行	金融业
8	中国光大银行股份有限公司长沙分行	金融业	19	渤海银行股份有限公司长沙分行	金融业
9	国网湖南省电力有限公司长沙供电分公司	电力、热力、燃气及水生产和供应业	20	长沙世纪御景房地产有限公司	房地产业
10	国网湖南省电力有限公司	电力、热力、燃气及水生产和供应业	21	湖南高新创业投资集团有限公司	金融业
11	湖南建工集团有限公司	建筑业	22	湖南中建信和置业有限公司	房地产业

续表 10

序号	纳税户名称	行业	序号	纳税户名称	行业
23	中国建设银行股份有限公司长沙芙蓉支行	金融业	45	湖南省送变电工程有限公司	建筑业
24	湖南兴荣投资有限公司	房地产业	46	中国银行股份有限公司长沙市天心支行	金融业
25	中国建设银行股份有限公司长沙天心支行	金融业	47	保利（湖南）投资有限公司	居民服务、修理和其他服务业
26	湖南万科和顺置业有限公司	房地产业	48	中国电力财务有限公司湖南分公司	金融业
27	长沙农村商业银行股份有限公司天心支行	金融业	49	长沙市芙蓉实业有限公司	房地产业
28	湖南福天桦郡置业有限公司	房地产业	50	湖南北山建设集团股份有限公司	建筑业
29	长沙三兆实业开发有限公司	房地产业	51	长沙金蕾置业发展有限公司	房地产业
30	长沙供水有限公司	电力、热力、燃气及水生产和供应业	52	长沙汇丰置业有限公司	房地产业
31	湖南省交通科学研究院有限公司	科学研究和技术服务业	53	五矿建设（湖南）嘉和日盛房地产开发有限公司	房地产业
32	长沙广悦置业有限公司	房地产业	54	湖南高新创投财富管理有限公司	租赁和商务服务业
33	爱尔眼科医院集团股份有限公司	卫生和社会工作	55	湖南正昊置业发展有限公司	房地产业
34	湖南省湘天建设工程有限公司	建筑业	56	湘财证券股份有限公司	金融业
35	中国水利水电第八工程局有限公司	建筑业	57	国泰君安证券股份有限公司长沙芙蓉中路证券营业部	金融业
36	湖南星浩医药物流有限公司	批发和零售业	58	长沙王府井百货有限责任公司	批发和零售业
37	湖南华菱钢铁集团财务有限公司	金融业	59	湖南长大建设集团股份有限公司	建筑业
38	湖南省农村信用社联合社	金融业	60	湖南沐阳医药有限公司	批发和零售业
39	中华联合财产保险股份有限公司长沙中心支公司	金融业	61	长沙至盛电子科技有限公司	批发和零售业
40	湖南长盛房产物业有限公司	房地产业	62	湖南一力股份有限公司	交通运输、仓储和邮政业
41	湖南省第二工程有限公司	建筑业	63	湖南盈富置业有限公司	房地产业
42	招商证券股份有限公司长沙芙蓉中路证券营业部	金融业	64	长沙弘石房地产开发有限公司	房地产业
43	湖南红海人力资源有限公司	租赁和商务服务业	65	长沙市湘能农电服务有限公司	建筑业
44	湖南天城置业发展有限公司	房地产业	66	华泰证券股份有限公司湖南分公司	金融业

续表 10

序号	纳税户名称	行业	序号	纳税户名称	行业
67	中国大地财产保险股份有限公司长沙中心支公司	金融业	84	长沙银行股份有限公司汇融支行	金融业
68	中交一公局桥隧工程有限公司	建筑业	85	创辉达设计股份有限公司	科学研究和技术服务业
69	湖南园艺建筑集团有限公司	建筑业	86	湖南众特汽车销售服务有限公司	批发和零售业
70	长沙市卓越康华房地产开发有限公司	房地产业	87	湖南中拓建工物流有限公司	交通运输、仓储和邮政业
71	湖南友谊阿波罗商业股份有限公司春天百货分公司	批发和零售业	88	中国大地财产保险股份有限公司湖南分公司	金融业
72	湖南中钢物资贸易有限公司	批发和零售业	89	湖南恒华机械化施工有限公司	建筑业
73	湖南大唐先一科技有限公司	科学研究和技术服务业	90	湖南悦海医药物流有限公司	批发和零售业
74	湖南华菱钢铁股份有限公司	批发和零售业	91	湖南南托建筑股份有限公司	建筑业
75	国金证券股份有限公司长沙芙蓉中路证券营业部	金融业	92	湖南黑金时代煤炭销售有限公司	批发和零售业
76	长沙肯德基有限公司	住宿和餐饮业	93	湖南建工交通建设有限公司	建筑业
77	湖南中建信和芙蓉置业有限公司	房地产业	94	湖南轨道交通控股集团有限公司	租赁和商务服务业
78	中国农业银行股份有限公司长沙天心区支行	金融业	95	湖南星电集团星电勘测设计监理有限公司	科学研究和技术服务业
79	长安电力华中发电有限公司	租赁和商务服务业	96	湖南华美汽车销售服务有限公司	批发和零售业
80	湖南怡海三湘房地产开发有限公司	房地产业	97	中航建筑工程有限公司	建筑业
81	湖南省农业信贷融资担保有限公司	金融业	98	湖南学海置业有限公司	房地产业
82	英大泰和财产保险股份有限公司湖南分公司	金融业	99	湖南楚湘建设工程集团有限公司	建筑业
83	长沙银行股份有限公司南城支行	金融业	100	湖南华杰工程咨询有限公司	租赁和商务服务业

（资料来源：区工信局）

信息化

【数据资源管理】 2021年，天心区收集区级自建政务系统数据表234张，字段共4118个，电子证照的目录数为66个；在长沙市数据资源管理平台上线主干业务68个，编目信息资源63个，信息项约1022项；编目数据资源24个，数据项约433个；完成市市监局和市数据局的对接；推广使用“互联网+政务服务”一体化平台，与市级对接，按月提供“互联网+政务服务”一体化平台的办件数据；推广使用RPA机器人，减少二次录入工作量。

【网络网站安全管理】 2021年，天心区完成长沙市网信办组织的网络安全攻防演练和湖南省网信办组织的“湖湘杯”网络安全攻防演练活动的重要信息系统安全防护任务；开展网络资产安全自查和现场检查，发现和加固安全风险点160个；为全区电子政务网络线路故障处理75次（其中汇聚点故障3次，接入级故障72次），新建网络节点7个，线路迁移3次等。

【区长企业接待日软件企业专场】 2021年2月1日，天心区第二十三次“区长企业接待日”软件企业专场举行。天心区委副书记、区长黄滔，天心经开区党工委书记吴江，以及湖南省工信厅、长沙市工信局、长沙市数据资源管理局相关负责人，天心区65家软件企业负责人参加。针对湖南东方至远科技有限公司、湖南微算互联信息技术有限公司等10家企业代表提出的诉求和建议，黄滔与省、市、区相关负责人现场进行回复，就企业提出的支持发展转型、人才引进、技术研发、平台建设等具体问题进行研究和现场交办，并对省、市、区相关软件产业发展政策进行解读。黄滔表示，天心区将发挥天心区的空间优势和产业优势，更加注重数字引领、平台集聚、产业升级和生态营造，将天心区打造成为全省数字经济发展高地。

2021年7月19日，2021“创客中国”中小微企业创新创业大赛天心分赛决赛暨颁奖典礼举行（区工信局供图）

【数字经济三年行动计划】 2021年3月7日，天心区出台《长沙市天心区全力打造国家重要先进制造业高地——数字经济三年行动计划（2021—2023年）》。该计划提出发展目标为：力争到2023年，天心区数字经济实现“两倍增一突破”发展目标（规模以上数字经济相关企业达到300家，规模以上数字经济企业营业收入达到100亿元，在全国软件和信息技术服务业、互联网百强企业榜单中实现零的突破）；聚焦数字基础设施建设行动、数字产业化提升行动、产业数字化转型行动、“数字天心”建设行动、产业生态体系优化行动“五大行动”，实施24大项具体工作任务，为长沙打造国家重要先进制造业高地贡献“天心力量”。

【中小微企业创新创业大赛】 2021年7月19日，2021“创客中国”中小微企业创新创业大赛天心分赛决赛暨颁奖典礼举行。来自天心区的50余个创新创业项目，通过1个月的项目征集、线上初评、赛前辅导、决赛路演，最终14个项目入围决赛。该次决赛分企业组与创客组，湖南林科达农林技术服务有限公司带来森防管家——智慧林业解决方案、湖南大唐先一科技有限公司带来电力监控系统网络安全态势感知系统、长沙计支宝信息科技有限公司带来计支宝云平台等，项目涉及信息技术、人工智能、新能源、文化创意等多个领域。经过比赛，企业组的计支宝云平台项目获评一等奖，企业组的森防管家——智慧林业解决方案项目获评二等奖，企业组的电力监控系统网络安全态势感知系统项目、森林灾害信息化防控系统研发与推广应用项目获评三等奖，创客组的重钢别墅项目获得一等奖，创客组的基于新型护栏的公路“零排放+智慧化”融合解决方案项目获评二等奖。决赛中产生的企业组前4名和创客组前2名代表天心区参加长沙市的比赛。7月30日，2021年“创客中国”创新创业大赛长沙赛区复赛举行。由天心区推荐的计支宝云平台项目、森防管家——智慧林业解决方案项目入选企业组项目（共20个），重钢别墅项目、基于新型护栏的公路“零排放+智慧化”融合解决方案项目入选创客组项目（共10个），并代表长沙市参加2021年“创客中国”中小微企业创新创业大赛湖南省决赛。

【数字应用场景发布会】 2021年11月17日，天心区举行“智慧天心”数字应用场景发布会，现场发布数字应用场景26个，其中土流集团有限公司的全国农村产权交易数字化服务平台、湖南大唐先一科技有限公司的工业大数据关键技术研究及其在智慧电厂的智能化应用、湖南中智微医科技有限公司的基于5G的人工智能中医诊疗平台获评工信部2021年大数据产业发展试点及卫健委5G+医疗健康应用试点示范项目，7个获评2021年湖南省“数字新基建”100个标志性项目，6个入选首届长沙市新型智慧城市典型应用和解决方案，10个为天心区重点打造智慧应用场景。

【新型智慧城市“十四五”区域规划评审会】 2021年12月10日，《长沙市天心区新型智慧城市“十四五”区域规划（2021—2025年）》评审会召开，邀请5名专家对规划文本进行评审。天心区政府副区长刘正文，区工信局以及规划编制单位长沙市天心阁大数据研究院参加会议。编制单位汇报规划文本编制情况，与会专家审阅相关文档，对天心区的新型智慧城市建设提出意见建议。经质询、讨论，专家组同意通过《长沙市天心区新型智慧城市“十四五”区域规划（2021—2025年）》评审。刘正文强调，要推进数字经济与各行各业的融合，推动产业数字化、数字产业化，以智慧城市建设赋能行业发展。“智慧天心”将按建设“可感、可视、可控、可治、可续”的“城市治理示范区、惠民服务样板区、数字经济创新区”规划目标，明确路线图、时间表、任务书，建设成为“全省领先、全国一流”的新型智慧城市样板和标杆。

（本栏撰稿　阳利平）

商务　服务业

商　务

【概况】　2021年，长沙市天心区商务工作主动适应经济发展新常态，突出抓好招商引资，巩固提升商贸流通，助推区域经济持续健康发展。区商务局获得“2021年度全省商务工作（外贸）先进单位”“2021全市创新实干奖（提升消费能级）、全市商务工作（成品油）先进单位”等称号。在“2021年中国城市夜经济影响力排行榜”中，天心区进入全国20强区县榜单，并排名第一。

（廖惠民）

【招商引资】　2021年，天心区引进百万税源企业93家，比2020年增长75.5%。其中，税收超过5000万元企业2家、税收1000万～5000万元企业6家、税收200万～1000万元企业36家。湖南大力电力建设集团天心分公司、湖南省公路设计有限公司、长沙旭日人力资源管理有限公司、湖南柠柠麒餐饮管理有限公司、湖南果呀呀食品有限公司等企业落户天心区。开展小分队招商38次（园区23次），与远洋集团、太平洋建设集团签订战略合作协议。联合国资公司组织新开铺片区城市更新精准招商会，参与深圳长沙商会10周年庆典暨招商推介会、2021中国民营企业500强峰会以及北京、上海、深圳等长沙投资环境系列推介会，天心产业新城等多个项目在会上签约。天心区接待或走访企业540余家（含园区287批次），统计有效招商信息263条。新闻稿《天心区四个“凝集”加速“犇”跑，吹响招商擂台号角》获《长沙政情参阅》采纳。　（廖惠民）

【促消费节会】　2021年，天心区商务局联合区内重点企业王府井百货、海信广场、悦方IDMALL、春天百货、友阿奥特莱斯以及汽车6S街区等共同开展拥抱“她经济”、“春之起航约惠天心”、“融城韶华悦惠天心”长株潭消费节暨天心汽车消费节、“冬之狂欢·乐享天心”购物消费节暨天心汽车消费节、“秋之韵味　嗨购天心”美食购物消费节启动仪式等多场促消费活动。　（廖惠民）

【安全生产】　2021年，天心区完成10家加油站的三次回收设备安装改造。摸底、整治全区158家仓储物流企业，配合出台《天心区仓储物流场所整治工作方案》，编制《天心区现代物流“十四五”发展规划》，完成规划编制工作方案的制定。　（廖惠民）

【重大项目招商】　2021年，中国电信天翼云中南数字产业园项目落户天心区，实现投资百亿元产业项目零的突破。湖南城发智慧维通科技有限公司、湖南省食用油控股集团有限公司、中湘智能建造有限公司等一批国企子公司，湖南爱众供应链、湖南一起坚持科技有限公司等重点外贸项目，以及湖南之子乐业数字网络科技、湖南柠柠麒餐饮管理有限公司等优质税源企业落户天心区。南湖24号地块北、北塘村地块、楠竹冲地块、杜鹃公园地块、人才公寓地块5个重点地块顺利出让，闲置土地资源盘活取得有效进展。1—7月，天心区新引进“三类”500强项目12个，新引进百万税源企业58家，比2020年增长52.6%。全年引进外商直接投资5959万美元，完成外贸进出口额17.99亿美元。　（廖惠民）

【天心夜经济】　2021年，天心区太平老街、黄兴南路步行街、坡子街、解放西路酒吧一条街等商业“金名片”，文和友、茶颜悦色等“网红打卡地”彰显着天心特色及夜间魅力。3月3日，国务院发展研究中心对《优化营商环境条例》实施情况开展第三方评估，评估报告指出：长沙市天心区专门成立夜间经济服务中心，对五一商圈的20余条商业街、2万余个商业网点提供主动服务、靠前服务。《中国城市夜经济影响力报告》于2021年首次增加中国城市夜经济候选城市（区、县）推介环节，在大数据分析、实地调研、专家评定等基础上，遴选出30个候选城市和60个候选区县，面向社会推介接受公众投票。公众投票得分在评价总指标中占比50%。长沙市天心区在60个候选区县中脱颖而出，获2021年夜经济影响力20强区县第一。

（廖惠民）

【天心区招商引资工作讲评会】 2021年1月29日，天心区招商引资工作讲评会召开。天心区委副书记、区长黄滔，全区招商职能相关单位、街道主要负责人等参加会议。区政府副区长张建报告全区2020年招商工作推进情况并布置2021年招商工作重点。区委副书记、常务副区长周志军对区商务局、金盆岭街道等10个获得全区2020年优秀招商项目及先进招商街道进行通报表扬，从夯实招商基础、营造招商生态、提升招商本领3个方面对2021年招商引资工作提出要求。天心经开区、青园街道分别从产业链招商、总部经济招引等角度作为获奖单位代表作典型发言。黄滔强调，要在聚焦总部经济、上市企业、数字经济等区域特色产业精准招商上下功夫；要强化园区主阵地、区直相关单位一把手带头招商、街道属地负责合力招商的工作职责；要优化政务环境、市场环境、政策环境；要创新招商方式，打好中介招商、以商招商、以情招商、资源招商组合拳。

（廖惠民）

【拥抱“她经济”“春之起航·约惠天心”系列活动】 2021年3月8日，天心区拥抱“她经济”“春之起航·约惠天心”系列活动在长沙海信广场启动。该次消费活动，天心区联合辖区内海信广场、王府井、春天百货、友阿奥特莱斯、悦方IDMALL、盘子女人坊、VOV女装、潮宏基珠宝、阿玛尼等商场及品牌方，推出系列消费活动，关注女性消费、刺激女性消费。长沙海信广场商场借助“女人花”主题，聚焦女性生活和工作场景，推出化妆品、女包、珠宝、女装、内衣等品类的女性专属优惠，同时以“花”元素，将商场打造成主题式卖场，为女性消费者营造出更精致、时尚的购物环境。

（廖惠民）

【天心汽车消费节】 2021年4月29日，“融城韶华悦惠天心”长株潭消费节暨天心汽车消费节在黄兴南路步行街黄兴广场启动。启动仪式上，王府井、友阿奥特莱斯、易裕和等14位商家代表共同宣读《天心区夜间经济商家联盟诚信经营文明经营倡议》，宣告天心区夜间经济商家联盟正式成立。该联盟按街道分设14个分

2021年4月29日，在长株潭消费节暨天心汽车消费节上，14位商家代表共同宣读《天心区夜间经济商家联盟诚信经营文明经营倡议》，宣告天心区夜间经济商家联盟成立

（杨　威　摄）

会，实行轮值会长制，旨在引导联盟成员商家规范发展，助力繁荣发展夜间经济。该次活动从4月29日至5月16日，结合“五一”假日聚餐、文化旅游、度假休闲等元素，组织辖区各大商贸企业开展形式多样的“促消费惠民生”活动。该次消费节推出“券”你来消费和购车消费大抽奖2个主题活动。自4月29日启动汽车消费节以来，截至5月17日，19天累计销售汽车1527台，合计销售金额约2.31亿元。其中奥迪、一汽丰田、沃尔沃、长安增长明显，每天日均签单6.7台，合计增长近50%。12月30日，天心汽车消费节启幕。该次活动为期8天，秉持“政府搭台、企业唱戏、百姓受惠”的宗旨，开展一系列促消费主题活动。雀园路方向感汽车6S街区30余家主流销售车企、100余款车型进行促销，提供总计30万元的购车补贴，包括红旗、沃尔沃、路虎、奥迪等中高端品牌，丰田、大众、标致等日常家用车品牌，蔚来、比亚迪等新能源汽车品牌。（廖惠民）

【湘府消费中心建设】 2021年4月18日，天心区举办湘府消费中心建设研讨会。会议介绍湘府消费中心的规划思路，邀请来自中南大学、湖南工商大学等高等院校专家学者以及人大代表、政协委员、商家代表进行研讨，对构建消费中心促消费提质升级、打通长株潭南北融城等有效路径提出意见建议。湘府消费中心以省府为中心，东至万芙北路，西至湘江大道，南至绕城高速，北至南二环，形成“一圈、一轴、四中心、多点”的商业网点布局，促进省府片区商业发展。（廖惠民）

【天心区与远洋集团签署战略合作协议】 2021年5月20日，天心区政府与远洋控股集团（中国）有限公司在北京市签署战略合作协议。天心区委书记刘汇，远洋集团执行总裁王洪辉等出席签约仪式。协议约定，天心区与远洋集团将本着“资源共享、优势互补、互惠互利、合作发展”的原则，共同发挥各自优势与战略协同效应，推进在城市中心区城市更新、高端商业街区、文化商业街区、高品质集中商业、片区综合开发投资等项目和领域的合作，推动城市发展方式、市民生活方式的变革及城市空间的品质提升。刘汇表示，全区各级各部门将营造一流的营商环境，为企业提供优质高效的政务服务。王洪辉表示，远洋集团将发挥自身的资源优势和运营经验，助力天心区产业升级。（廖惠民）

【天心区与太平洋建设集团签署战略合作协议】 2021年6月26日，天心区政府与太平洋建设集团有限公司在江苏省淮安市签署合作框架协议。天心区委副书记、代区长周志军，庄严智库理事长、太平洋建设创始人严介和等出席签约仪式。协议约定，天心区与太平洋建设集团将本着“资源共享、优势互补、互惠互利、合作发展”的原则，共同发挥各自领域优势，依法依规在道路交通、市政工程、城市建设等各领域开展广泛合作。周志军表示，太平洋建设集团是以基础设施投资与建设为核心的建筑企业，期待双方后续合作为区域发展注入更多活力。严介和表示，太平洋建设集团将发挥自身的资源优势和运营经验，为天心区的城市建设和经济社会发展做出贡献。（廖惠民）

【黄兴南路步行街创建全国示范步行街工作会议】 2021年9月27日，天心区委副书记、代区长周志军主持召开黄兴南路步行街创建全国示范步行街工作会议。区领导厉波、张建，区政府党组成员刘正文、郑州，以及区直相关部门、街道主要负责人参加。

2021年5月20日，天心区政府与远洋控股集团（中国）有限公司在北京市签署战略合作协议　（杨　威　摄）

会议听取黄兴南路步行街管理服务中心、设计单位关于创建全国示范步行街工作情况及提质改造方案编制情况的汇报，就创建相关具体事项进行研究部署。周志军强调，要将黄兴南路步行街打造成全国一流、中部领先的示范步行街，将其打造成精美街区、现代街区、智慧街区，要以打造区域性国际消费中心为目标，分步骤推进五一商圈提质建设。天心区主动争取国家、省、市商务部门的支持，明确“千年湖湘，烟火长沙”主题，推动KKV、调色师、X11等潮牌以及肯德基、盘子女人坊、小米等知名品牌在步行街选址，引导新入驻商户做好门店招牌、门头、装饰设计，培育新的网红消费场所。

（廖惠民）

【美食购物消费节】 2021年10月1日，“秋之韵味　嗨购天心”美食购物消费节启动仪式在天心区火宫殿举行。该次活动分为红包大派送、公益特卖、“十一”大放“价”、民生宣传4个部分，为期1个月。红包大派送由支付宝(中国)网络技术有限公司为小微商户提供数字化转型技术服务，通过红包码为消费者和商户无偿提供2亿元资金，预计带动10亿级消费次数，助力湖南商家数字化转型升级。公益特卖是通过挑选特色农产品，邀请多位县长当营业员，促销农产品，助力乡村振兴。十一大放“价”由天心区大型商超共同参与，为消费者提供让利促销活动。民生大宣传是由湖南广电品牌民生栏目《帮女郎》采访制作5分钟左右的专题节目8～10期，在宣传月内定时播出，节目内容主要是为商家讲好产品故事，为商家品牌点赞。

（廖惠民）

现代服务业

【概况】 2021年，长沙市天心区推动现代服务业产业协同发展，全区在库规模以上服务业企业200家，完成营业收入298亿元，比2020年增长21.4%；其中规上其他营利性服务业企业147家，完成营业收入155亿元，比2020年增长28%。全年新增规模以上服务业企业25家。省级服务业“双百工程”纳入天心区重点服务业项目1个、重点服务业企业4家；市级服务业“三百工程”纳入天心区重点服务业项目7个、重点服务业企业9家、重点楼宇14栋。

（黄　巍　刘柏屹　兰　菲）

【重点楼宇培育】 2021年，天心区有亿元楼宇数量20栋，年税收超过10亿元的楼宇2栋，分别为国家开发银行湖南省分行办公楼和鑫远杰座。设计制作楼宇招商宣传画册、宣传视频、H5和《长沙市天心区2019—2020惠企政策》，与《湖南日报》等媒体合作推出楼宇专题报道，更新《天心区招商引资白皮书（2021年）》。新建湖南广播电视大学终身教育大楼楼宇服务站。启动老旧商务楼宇提质提档，助力华菱商务、新时空大厦、供水大厦、悦方IDMALL等楼宇实现改造升级。

（李　伟　黄　强）

【楼宇招商】 2021年，天心区引进中国电信、太平洋建设、平安健康、湖南华邦、湖南城发、中湘智能、大力电力等一批世界500强、总部企业落户，全年引进企业443家，去化面积13.4万平方米。引进百万以上重点税源企业80余家，新增楼宇税收1.69亿元。推进商务楼宇建设，华融湘江银行总部大楼、平安财富中心、爱尔大厦、天城国际广场、1123文化创意园、青苹果数据城一期等一批重点楼宇成功封顶。五矿商业广场、南湖大厦、五江商业广场等一批重点楼宇项目进行建设。

（李　伟　黄　强）

【服务业集聚区建设】 2021年，湖南人工智能产业园顺利通过第三批市级现代服务业示范集聚区复核抽查，中国长沙人力资源产业园成功通过第三批省级服务业示范集聚区复核检查。

（刘柏屹　兰　菲）

【产业协同发展活动】 2021年11月26日，天心区现代服务业产业协同发展活动在汇景环球中心举行。天心区委常委、常务副区长厉波，天心经开区管委会副主任陈宇，湖南红网新媒体集团、湖南安博人云科技有限公司、华融湘江银行等70余家企业代表参加活动。活动现场视频展示并发布《天心区现代服务业“十四五”发展规划》，公布《天心区驻区银行联系服务商务楼宇工作方案》，天心区软件产业协会与中国长沙人力资源服务产业园共同签署协同发展合作框架协议。

（刘柏屹　兰　菲）

财政 税务 金融

财 政

【概况】 长沙市天心区财政局主要负责本区财政收支预算及执行、财税政策制定、国有资产管理、财政检查监督、财政投资评审和承担政府采购监管等各项工作，下设 8 个职能科室和 4 个直属二级机构，分别是：办公室、预算国库科、行财科、经建科、街道财政管理科、金融债务科、国资管理科、监督检查科，国库集中支付中心、财政事务中心、财政评审中心、财源建设协调事务中心。

2021 年，天心区财政局被湖南省财政厅授予县级乡镇财政管理工作先进单位和预算绩效管理工作先进单位称号，被长沙市财政局授予国有企业经济效益月度快报工作先进单位称号。

（周　佳　钟　志）

【财政收支】 2021 年，天心区完成地方一般公共预算收入 671928 万元，为调整预算的 100.2%，比 2020 年同口径增长 9.8%。其中税收收入 462123 万元，为调整预算的 102.7%，比 2020 年同口径增长 9.6%；非税收入 209805 万元，为调整预算的 95.0%，比 2020 年增长 10.2%。年内，完成一般公共预算支出 769797 万元，比 2020 年增加 89323 万元，增长 13.1%，其中市级专项支出 97817 万元、2020 年结转项目支出（上级）12553 万元、本级财力支出 659427 万元，为调整预算的 97.2%。

（闵家喜　张喜盛）

【税收征管】 2021 年，天心区实施“一军三区”财源建设工程，推动市场主体帮扶、产业项目培训等财源养护工作常态化、制度化，截至 12 月 31 日，引进百万税源企业 93 家。充分利用综合治税系统，重点抓好股权转让等一次性税收和房土两税清算，加强对税收风险点排查和监控，加强欠税管理，积极堵漏增收，做到颗粒归仓。（闵家喜）

【支持经济发展】 2021 年，天心区贯彻落实减税降费政策和中小企业贷款贴息政策，帮助企业共渡难关为企业去压力、添活力。充分发挥专项扶持资金的作用，主动对接省、市财政部门，积极组织和支持辖区优质企业做好智能制造、工业技改、省移动互联网等 32 项专项资金申报，获得上级资金约 1 亿元。助力区内政策完善，年内，对促进天心区建筑业高质量发展实施办法、商务局重点招商引资政策、湘天建设政策支持等 27 项征求意见政策进行建议及意见回复，促进区域繁荣发展。执行财政资金直达机制，确保资金直达使用单位、直接惠企利民，直达资金 2.82 亿元；深入实施国企改革三年行动，制定区属国有企业市场化薪酬绩效体系，进一步健全现代企业制度，国资集团实现主体信用 AA 评级、区属国有企业综合实力稳步提升。

（闵家喜　张喜盛　占智琰）

【民生运转保障】 2021 年，天心区涉及民生的支出占比持续保持在 80% 以上，实现城乡居民养老保险基数“17 连调”，发放惠民惠农补贴 32.34 万人次，通过“一卡通”累计发放补贴资金 2.26 亿元。支持加装小区电梯 200 台，推动提质改造老旧小区 60 个。投入疫情防控资金 5800 万元，有效保障输入性疫情处置和常态化疫情防控工作开展。

（张喜盛　刘　昱　师　懿）

【财政管理】 2021 年，天心区坚持过紧日子，严控“三公”经费，“三公”经费较年初预算下降 43.8%，强化“三保”运行监控，确保“三保”支出在预算安排和库款调度顺序优先。加大结转结余资金的清理力度，盘活存量资金。科学编制年度预算，实现预算管理一体化系统全面上线，推动“四本预算”全面发展，建立绩效考核与预算安排挂钩的机制，强化预算绩效评价结果运用，2021年重点绩效评价项目压减资金778.16万元。实现国库全流程电子支付，全面提升资金支付效率。加强阳光政府采购，提升市场主体的获得感、幸福感。

（张喜盛　张志华）

【政府采购“闭环”监督机制】 2021年，天心区针对政府采购管理过程中财政内部管理主体单一化的特性，通过加强财政各部门之间的协调配合、各科室业务之间交流合作与信息共享等方式，解决政府采购监督过程中各部门之间信息不共享、不畅通的制约束缚，探索建立一套部门联合、信息共享的“闭环”监督的政府采购监督制约机制。该机制从采购人采购计划申报的预算资金、资产配置标准审批开始到采购项目履约验收支付环节结束，对有无政府采购预算、有无资产配置计划，采购预算是否虚高、履约验收是否合法合规进行重点把关，全方位提升财政各部门对政府采购工作的监督管理。通过“闭环”监督，年内累计实施闭环项目113个，预算单位申报政府采购计划金额13036.8万元，核减金额565.19万元，缓解财政支出压力、降低政府采购成本、提高政府采购效益。

（罗亚鹏　黎腊梅）

税　务

【概况】 2021年，天心区有纳税人49297户，其中一般纳税人11236户，小规模纳税人38061户，包含个体纳税人14261户，年收入规模近140亿元。税源以金融业、房地产、批发零售业为主。金融业税收占比40.1%；房地产业税收占比18.45%；建筑业税收占比11.82%；批发零售业税收占比11.04%；其他行业税收占比18.59%。（毛耀华）

【组织收入】 2021年，长沙市天心区税务局严守组织收入纪律，深化税收经济分析，提高税收预测准确率，共组织入库税收收入139.94亿元，比2020年增长8.9

2021年天心区地方一般公共预算收入决算表

表11　（单位：万元）

预算科目	决算数	决算数为调整预算数比率	决算数较2020年增长
一、税收收入	462123	102.7%	9.6%
增值税	242836	—	9.3%
企业所得税	70284	—	−0.2%
个人所得税	29635	—	7.6%
房产税	25727	—	17.3%
印花税	13217	—	22.8%
土地增值税	78995	—	35.1%
耕地占用税	1475	—	−85.2%
其他税收收入	−46	—	−128.4%
二、非税收入	209805	95.0%	10.2%
专项收入	1751	—	−19.6%
行政事业性收费收入	9033	—	34.0%
罚没收入	6009	—	26.2%
国有资本经营收入	30	—	
国有资源（资产）有偿使用收入	152364	—	−6.7%
其他收入	40618	—	203.1%

（资料来源：区财政局）

亿元，增幅 6.82%；入库市区两级收入 78.69 亿元，比 2020 年增长 6.32 亿元，增幅 8.74%，有力服务天心区经济发展。（齐　健）

【社保非税征管职责划转平稳有序】 2021 年，长沙市天心区税务局坚持稳字当头、整体谋划、分级组织、分步实施的原则，实现了“有序划转、平稳过渡”的目标。全年共入库各项社保费 152.6 亿元，入库非税收入项目 63.71 亿元，税收、社保、非税“三驾马车”并驾齐驱，协同发展。（刘　军）

【便民办税】 2021 年，长沙市天心区税务局在全市率先探索组建“大一所”，办税服务厅合并为 3 个实体厅，进行人员统一管理，业务统一规范，打造可以全天候、随时看、服务优的形象办税服务厅。组建天心税务“吉哥服务站”，打造快板宣传队、飞鸽传书骑行团、“云税直播间”，引入青年志愿者导税服务机制，实现主动迎接服务。探索建立全省系统首个“微企云税服务中心”，线上线下为兼职财务会计提供及时、高效、优质的拓展服务。（罗　姝）

【减税降费】 2021 年，长沙市天心区税务局聚焦辖区纳税人缴费人的需求和难题，精准服务，确保国家减税降费红利应享尽享。所属期全局新增减税降费 10.13 亿元。全年办理留抵退税 2.57 亿元，比 2020 年增长 82.26%，办理出口退（免）税 2.94 亿元，四季度制造业中小微企业缓税政策为 768 户次延缓“五税两费”【企业所得税、个人所得税（代扣代缴除外）、国内增值税、国内消费税及附征的城市维护建设税、教育费附加、地方教育费附加】2719 万元。（齐　健）

【税收宣传】 2021 年，长沙市天心区税务局举办天心区税务局第 30 个全国税收宣传月启动仪式，与立足长株潭一体化建设，积极探索“云税视频”“远程办税”新模式，打造银税微厅，持续推出系列惠民举措，让纳税人、缴费人切实体验到网上办税快易点，便民办税更贴心，增强宣传实效。（任先鸿）

2021 年 7 月 30 日，天心区税务局举行全市首家“税务服务站”——“吉哥服务站”启动仪式 （区税务局供图）

【“吉哥服务站”启动仪式】 2021 年 7 月 30 日，长沙市天心区税务局在区局办税服务厅前坪举行全市首家“税务服务站”——“吉哥服务站”启动仪式。区税务局党委书记、局长熊玲致词。市税务局党委副书记、副局长李连卿为“吉哥服务站”授旗。吉哥带领队员作服务承诺，并现场自编自导自演长沙快板宣传便民办税春风活动。市税务局党委委员、副局长钱秀芳，市税务局党委委员、总经济师黄艳，区财源中心负责人等参加揭牌仪式。（罗　钱）

【“云税直播间”开播】 2021 年 5 月 7 日，长沙市天心区税务局联合株洲市石峰区税务局、湘潭市岳塘区税务局打造的“云税直播间”开播。这是三地税务部门推行“非接触式”办税缴费服务，探索纳税人培训的新方式。直播时可以线上提问，支持回放，使纳税人知晓政策，学会操作，助力税收政策落实落细。（罗　钱）

【税企恳谈会】 2021 年 7 月 15 日，长沙市天心区税务局在局机关召开税企恳谈会，税务人员与 120 位纳税人代表，面对面座谈交流，听取意见。恳谈会共收到涉税问题和建议 20 条，天心区税务局相关部门负责人现场逐一进行解答。（罗　钱）

金　融

【概况】 2021年，天心区发挥区域金融聚集优势，提升服务水平，防范区域金融风险，展示金融服务实体职能，金融业完成全口径税收49.81亿元，占全部税收比重为35.93%。年内，获评长沙市信用建设优秀单位。

【引商招商】 2021年，天心区主动协调服务驻区金融机构搬迁选址工作。重点为中国农业发展银行湖南省分行、长沙农商银行、国金证券股份有限公司等机构物色办公场地；协调世界500强平安健康险湖南分公司、平安养老险湖南分公司、华夏银行长沙分行及大家财产保险迁入，推动企业入驻进程；指导湖南发展集团湘发小额贷款有限公司、湖南省农业信贷融资担保有限公司长沙市分公司入驻，丰富该区金融体系。

【营商环境】 2021年，天心区接待走访金融机构100余批次，协调解决长沙农村商业银行、中国农业发展银行湖南省分行等驻区机构招牌悬挂、周边环境、疫苗接种、业务对接、人才招引、政策咨询等问题，解决企业实际困难。

【企业上市】 2021年，天心区开展拟上市企业阶梯培育工作，协调解决辖区企业在上市过程中遇到的困难和问题。湖南保利天创物业发展有限公司、湖南同云医疗科技有限公司、湖南天心种业股份有限公司等13家公司入围湖南省上市后备企业库；华光源海国际物流集团股份有限公司、湖南金铠文化传播有限责任公司、湖南亚文传媒股份有限公司等16家公司入围长沙市上市后备企业资源库；华光源海国际物流集团股份有限公司、创辉达设计股份有限公司为该区重点保障拟上市企业。组织创辉达设计股份有限公司、华光源海国际物流集团股份有限公司等10家拟上市企业参加市级舆情工作培训，组织15家拟上市企业及华升股份等上市企业参加市级安全生产培训。

【融资服务】 2021年，天心区对企业融资需求展开摸底，组织银企对接会、“百名行长进百企”、政金企座谈会、金融服务进楼宇等银企对接活动13场，为266家企业推荐融资方案；引导驻区金融机构为区内1600余家企业放款249亿元，为255家企业办理无还本续贷12.93亿元，352家企业17.59亿元贷款给予展期，有效缓解企业融资难题，降低企业过桥资金成本；拓宽企业融资渠道，截至年末，该区共有132家企业进入年度区域信贷“白名单”，其中新增“白名单”企业21家；发挥小微企业信贷风险补偿基金作用，长沙天心经济开发区8家企业通过长沙市小微企业信贷风险补偿基金（银行—园区）获批贷款1950万元，延期2家企业840万元风补贷款。1—12月长沙市小微企业信贷风险补偿基金（银行—园区）项目支持银行向天心区683家企业投放信用贷款8.89亿元。

【数字经济建设】 2021年，天心区通过微信公众号、金融知识在线答题、线下设点等形式，宣传普及数字人民币知识，组织发动该区80余个部门及街道申报开通数字人民币对公钱包和个人钱包，并参与长沙市数字人民币红包活动；协调试点银行在五一商圈、友阿奥特莱斯、天虹百货等场景推广数字人民币，重点打造太平街、步行街等特色商业街。长沙市数字人民币试点工作领导小组办公室印发《关于加快推进数字人民币商圈试点工作的通知》一文中，推介“天心模式”，要求其他区县市借鉴。

【防化金融风险】 2021年，天心区建立《天心区防范化解涉众型非法经营活动稳定风险联席会议制度》，实行防范和处置非法集资工作月通报，在内五区率先出台《长沙市天心区举报涉嫌非法集资线索奖励办法》；组织开展元旦、春节集中宣传，以及“3·15”保护投资者合法权益，防范金融风险，我们在行动、“投教‘520’告白音乐节”、“集中宣传月”等防范非法集资集中宣教活动1000余场次；截至年末，该区共排查风险企业16828家，组织公安、市监等部门对10余家企业进行风险处置，清退资金229万余元；建立健全风险预警提示制度，年内，发布湖南民华研学旅行有限公司、湖南秋之韵生物技术有限公司、湖南六步溪康旅文化集团有限公司等多家非法集资企业风险提示函；重点关注历史遗留问题，切实做好集资参与人员稳定工作。天心区法院、长沙市公安局天心分局等部门，完成长沙“邦家案”集资参与人信息登记900余人，其中线下登记600余人。

【长沙天心区首届“金融杯”男子篮球邀请赛】 2022年6月1日，长沙市天心区首届“金融杯”男子篮球邀请赛在雅礼书院中学体育馆开幕。天心区委书记刘汇出席活动并宣布赛事开幕，区委副书记、代区长周志军为赛事致辞。本届比赛共有 17 支队伍参赛，其中 16 支来自辖区金融系统单位，另外 1 支为天心区机关干部代表队伍。

【天心区举报涉嫌非法集资线索奖励办法发布】 2022 年 6 月 25 日，天心区在中海环宇城举办“学法用法护小家防非处非靠大家”防范非法集资集中宣传活动，发布《长沙市天心区举报涉嫌非法集资线索奖励办法》，鼓励社会各界积极参与防范和处置非法集资工作，及时发现举报非法集资案件线索，经核查属实且认定符合条件的，将给予 1000 元至 10 万元不等的奖励。

（本栏撰稿 彭林仁）

长沙农商银行天心支行

【概况】 2021 年，长沙农商银行天心支行围绕“拓面控险、提质增效”八字方针，经营管理工作有序开展，转型发展向高质量台阶迈进。截至年底，各项存款余额 78.8 亿元，比年初净增 7.2 亿元，增幅为 10.05%；各项贷款余额为 61.53 亿元，比年初净增 8.19 亿元，增幅为 15.35%；法人贷款客户净增 218 户，比 2020 年增长 113%；不良贷款率为 0.89%，当年现金清收 643.46 万元。

【银行金融服务】 2021 年，长沙农商银行天心支行服务天心区地方经济发展，贯彻落实“‘三高四新’千企行”行动，聚焦小微企业发展，依托天心区政府、长沙市科技局等平台，成功进入高新技术企业信贷风险补偿资金池范围，发放科技企业贷款 30 余户，累计用信约 8400 万元；成功落地云中科技银票业务 1000 万元，支持天心城投集团成功发债 3000 万元，持续助力辖内实体经济拓宽融资渠道，降低融资成本。做好社保核查工作，按照“全量排查，见人见卡”原则，先后开展了 11 轮社保卡排查工作，按时保质完成天心区政府、区人力资源和社会保障局下发的 73317 张社保卡的核查任务（含辖区内 58589 张社保卡）。深入社区携手地方抗疫，先后向赤岭路、金盆岭等社区捐赠约 3 万元的各类防疫物资；资助辖内 5 名困难学生，发放助学资金 2.5 万元。

【区域普惠金融】 2021 年，长沙农商银行天心支行开展“党建共创、金融普惠”“普惠万家行”行动和 5050 项目，深入辖内社区、商圈、企业开展网格化走访服务，与村社和商圈管理单位签订战略合作协议，增强银社关系，深化银商合作。截至年末，发放普惠型小微企业贷款 28.88 亿元，新增零售贷款 1540 户，存款客户数增长 11136 户，增幅 7.16%。开展“反洗钱、反电诈、远离非法集资”宣传等活动 60 余次，累计参与 6300 余人次。

【风险防控】 2021 年，长沙农商银行天心支行完善员工教育培训体系和内控案防机制，定期召开“压不良、控风险”专题调度会，不定期开展信贷专项检查，加强运营管理和安全保生产工作，实现全年“零案件、零事故”目标。注重不良资产的清收，采取“一户一策”“按户施策”的方针，加强不良贷款清理盘底和函证工作，通过现金清收、贷款盘活、诉讼清收的方式加大清收力度。

【银行网点建设】 2021 年，长沙农商银行天心支行对营业网点和离行式自助行进行优化布局，完成湘府支行新网点选址工作，新网点设置在天心区湘府中路 258 号。截至年末，天心支行 12 家营业网点，10 家网点覆盖天心区 6 个街道，2 家网点设置在雨花区辖内。（本栏撰稿 雷云丹）

长沙农商银行湘江支行

【概况】 截至 2021 年年末，长沙农商银行湘江支行各项存款余额为 72.21 亿元，比年初净增 8.6 亿元，增幅为 13.6%；各项贷款余额为 62.14 亿元，比年初净增 7.3 亿元，增幅为 13.3%；法人贷款客户 694 户，个人贷款客户 7669 户；当年到期贷款收回率 99.25%，不良贷款余额 6383 万元，不良贷款率为 1.05%。获评长沙农商银行年度 5050 项目优秀一级战队，所辖营业部被评为优秀二级战队。

【银行金融服务】 2021 年，长沙农商银行湘江支行坚持“立足天心，服务天心”定位，不断改进服务手段，拓展普惠性金融，支持天心区经济建设。通过农户联保、农户信用贷款等形式发放农户贷款 10.1 亿元，其中发放农户小额贷款 1469 户，贷款余额 1.1 亿元；关注一力物流、泰华物流等钢材贸易市场的发展，对钢贸市场内近700家商户整体授信14亿元，投放贷款10亿元左右。专业贷款占贷款总量的比重为21%。1—12月，完成“三高四新”千企行的拓优计划92户，实现国际结算业务量1.24亿元左右；发放“三高四新”园区贷款合计6000万元左右。截至年末，中小企业贷款占湘江支行贷款总量的比重达49.7%，贷款余额21.24亿元。组织湘府机电市场和天心经开区银企对接会、建筑行业和钢贸行业客户答谢会，促进银政、银企良性互动。

【区域网格化服务】 2021年，长沙农商银行湘江支行完成11个整村授信项目、1个整圈授信项目，包括先锋支行新宇社区、南托支行暮云商会、营业部披塘村、西湖支行高云社区、城南支行新港片区、机场支行南城社区等，累计实现入户走访6683户、信息录入2435户，累计对2202名客户成功授信，1079名客户成功用信。制定金融“村官”工作方案，明确18名客户经理作为金融“村官”对辖区阵地32个街道社区进行责任派驻。截至年末，天心区街道社区（村级经济合作社）在湘江支行开立账户22个，6个经济合作社累计获得1.31亿元授信。

【强化风险管控】 2021年，长沙农商银行湘江支行注重案防教育，倡导“合规创造价值”的文化理念。构建风险管理体系，重点优化信贷审批流程，完善贷款三查、票据审查、账户管理、轮岗轮调等制度约束，开展信贷、柜台、票据等领域的重点风险排查，加强对员工行为的控制，树立健康的行业风尚。多措并举推进反电诈工作，开展防范非法集资宣传月、反假币宣传、安全用卡等多项宣传活动，加强公众服务。严格按照湖南省农村信用社联合社、长沙农商银行，以及天心区人民政府、区人力资源和社会保障局“全量排查、见人见卡”的要求，逐卡找寻持卡人，湘江支行2522张待排查社保卡全部核查，提升社保卡管理水平。

【银行网点建设】 2021年，长沙农商银行湘江支行下辖二级支行南托、西湖、黄合，做好原有Q惠邻金融便利店机具升级更换工作，为当地居民提供助农取款、转账汇款、余额查询、生活缴费、扫码支付、信用卡还款等服务。下辖南托支行获“湖南省工人先锋号”称号，是全省唯一一家获此称号的银行业金融机构，下辖营业部获评共青团“2021年度长沙市青年文明号”称号。

（本栏撰稿　钟翠婷）

教育 科学技术

教 育

【概况】 2021年，天心区有直属学校57所，其中九年一贯制学校3所、中学6所（初中5所、高中1所）、小学48所。另有行业子校3所。区属中小学在校学生69345人，其中高中1728人、初中13607人、小学54010人。全区有公办及民办注册幼儿园160所，其中直属幼儿园43所、企事业单位幼儿园8所、民办幼儿园109所，入园幼儿32374人。全区有区属民办小学1所、市管民办中学2所、市直属中学3所；民办教育培训学校78所。全区有区属教师4293人，其中在职教师2616人，离退休教师1677人。

2021年，天心区成功创建全国智能研修平台应用试点工作试验区，获评教育部网络学习空间应用普及活动优秀区，“双减”经验获省政府2021年重点工作大督查典型经验通报表扬，“智慧教育”案例获教育部“信息技术与教育教学深度融合示范案例”及“全省基础教育信息化应用优秀案例”，“智慧体育”案例被评为全省基础教育信息化应用优秀案例。在全市校园安全暨中小学心理健康教育工作会议、师德师风建设推进会议、支教工作会议上作典型经验发言。教育考试工作连续5年被评为市级考试工作优秀。区教育局党委获评“湖南省先进基层党组织”，系全省区县教育局党委中唯一获此称号的单位。天心区教育高质量发展获省领导肯定并做推介批示。新华社、《人民日报》、《湖南日报》、《湖南教育快讯》、《长沙教育》等推介天心区教育经验。天心区在市教育局绩效考核中连续四年获一等奖。

（文　琼）

【学校建设】 2021年，天心区加强学位保障，投入7.88亿元铺排学校建设项目13个。新建师大附中双语实验学校、仰天湖实验学校、湘府英才益清小学3所学校；改扩建青园井岗小学、青园梓枫小学二期2所学校；暑假提质改造项目33个，涉及学校、幼儿园71所，新增学位9360个。新建中建钰和城、天悦和苑、电力科技园、鑫远翡丽郡、梦想天悦、丽发新城、印江雅居7个幼儿园，新增园位2736个。全区公办和普惠性民办园幼儿数占总数的93.49%，列内五区第一。与13个开发项目签订义务教育设施配套或幼儿园移交协议，新增教育用地6.3公顷，节约建设资金9730

2021年3月22日，湖南省教育厅党组书记、厅长蒋昌忠（右二）率队到天心区调研中小学校园建设工作　　（区教育局供图）

万元。3 月 22 日，湖南省教育厅党组书记、厅长蒋昌忠率队到天心区调研中小学校园建设工作。调研组一行先后到长郡外国语实验中学、湘府英才小学实地调研，在随后召开的座谈会上，蒋昌忠强调天心区委区政府要紧抓“长株潭一体化发展”的良好契机，立足“十四五”发展规划，把握“融城核心”这一区位优势，高位布局天心教育的发展，确保高效服务“三高四新”战略，办好人民满意的教育。（文 琼）

【党的建设】 2021 年，天心区围绕中国共产党成立 100 周年推进党史学习教育，组建党史学习教育讲师团，策划“七个一”主题活动，组织开展书记赛党课、天心红辅荟、党史学习挑战赛等活动 200 余场，引导师生感党恩、跟党走。完成智慧教育、学校建设等“5 件民生实事”，天心区教育局获市“党史学习教育”主题作品征集优秀组织奖，西湖小学、青园万芙校区、青园友谊校区、披塘小学、仰天湖金峰小学获评市百堂优秀思政微课的学校。新成立党支部 4 个，派驻党建指导员 51 名，为 62 名“光荣在党 50 年”教师颁发纪念章，13 个基层党组织获评市、区级先进基层党组织，128 人获评市、区级称号。推进“党建+”融合创新，被评为全区两新领域“融合党建”标杆建设项目实施单位。天心区教育局党委获“湖南省先进基层党组织”称号。（文 琼）

【教育教学】 2021 年，天心区聚焦“一体两翼”行动德育，开展天心少年颂党恩、天心少年寻访百年等主题教育，推进“榜样的力量”天心道德模范、最美志愿者宣讲进校园活动，丰富思想教育内涵。“礼”教育课题立项为省委宣传部思想政治工作重点课题。区教育局获得省“红心向党”主题教育先进集体、长沙市德育案例和劳动教育特色项目一等奖，在长沙市辅导员风采大赛中获团体特等奖。推进“体艺 2+1”项目（通过学校组织的课内外体育教育和艺术教育活动，让每个学生在九年义务教育阶段能够掌握 2 项体育活动技能和 1 项艺术特长），建立“智慧体育”监测平台，实现学生体育运动和健康体质的实时监测。在长沙市第十届运动会上，天心区青少年获 71 块金牌，破 4 项运动会纪录。天心区被评为全国青少年校园足球试点区。重视学生身心健康发展，“三位一体”志愿服务工作经验在市级会议推介，10 节心理微课推送到教育部参与“能者为师”特色课程推介。精准推进“五项管理”（手机、睡眠、读物、作业、体质管理），取得阶段性成效。毕业年级体艺项目达标率 80% 以上，学生视力不良率比 2020 年下降 0.5%，被评为全市首批青少年近视防控试点区。全区中考合格率 91.2%，高于长沙市平均水平。本科上线率 58.31%，较 2020 年提高 6.81 个百分点，雅礼书院中学创建为湖南省普通高中新课程新教材实施示范校、湖南省创新教育实验学校。（文 琼）

【教师队伍建设】 2021 年，天心区选派 1300 名中小学教师参加国培、省培以及学科各类培训，新成立 27 个区级名师工作室，认定市区级卓越教师 130 名、骨干教师 958 名。公开招聘有编制教师 305 人、免费师范生 15 人，其中，分 2 次招聘名优特类教师 125 人。全区教师在编率较 2020 年提升 3 个百分点，队伍结构整体优化。30 名教师参加“三区支教”，支教工作在长沙市支教工作会作经验介绍。开展教师有序轮岗，年内，50 名校长、57 名教师，共 107 人参与交流，提拔重用优秀年轻干部 33 名。提高教师待遇，将通过考核的 80 名编外合同制教师转聘为备案制教师，成立天心区教育公共服务中心，核定编制 10 人。重视师德常态督查，查处违纪违规行为 12 起，退缴费用 6 万元，作为区县代表在长沙市教育系统全面从严治党会议推介经验。（文 琼）

【教育事业发展水平】 2021 年，天心区公办和普惠性民办园幼儿数占总数的 93.49%。推进教育惠民和基层减负，科学做好课后服务、送教上门、贫困学生建档立卡资助等工作，开设黄土岭小学特教班，提高留守儿童、特殊儿童的教育关爱水平。坚持智慧引领，投入 1500 万元建设“智慧教育”试点项目 20 个，仰天湖金峰小学创建为教育部网络空间应用优秀学校，明德天心中学、仰天湖桂花坪小学创建为长沙市未来学校，雅礼外国语学校、西湖小学创建为长沙市网络空间应用优秀学校。设立农村智慧校园项目，建设城市农村学校网络联校，3 所农村学校交互式多媒体教室覆盖率 100%。（文 琼）

【教育评价改革】 2021 年，天心区制定《深化新时代教育评价改革总体方案》部门工作安排和重点举措清单、负面清单。教育评价改革试点项目“树立正确用人导向”“学生习惯培养评价”等研究初现成果，经验文章在《湖南教育快讯》《长沙教育》等专刊推介。成立工作专班，出台落实“双减”工作重点任务清单，探索基于大数据支撑下的分层作业、弹性作业和个性化作业，减轻作业负担。出台《天心区课后服务实施方案》，开设80余门类课程，指导建设17个学校劳动教育基地、4个研学实践营地，充分满足学生个性发展需要，课后服务实现五个100%目标（中小学校100%开展，有需求的学生100%参与，教师100%参加，学生午餐100%落实，力争家长学生100%满意）。精准分类治理培训机构，学科类培训机构压减率为77.2%，压减后正常开办的培训机构均开设监管账户。培训机构资金监管工作接受教育部、人社部、银保监局调研获好评，“校外监管”经验在长沙市委办公厅简报推介。

（文　琼）

2021年11月10日，仰天湖实验学校以定格动画为载体，融合全学科，全面提升学生的美育素养　（区教育局供图）

【智慧教育系统建设】　2021年，天心区围绕《加强融合应用推进智慧教育行动计划(2020—2022年)》，持续推进“智能教室、智慧校园、智慧学区”三个层次的智慧教育系统建设。投入1500万元建设“智慧教育”试点项目20个。建设千兆主干的教育城域网，开通天心智慧教育云平台，实现多媒体教学设备全覆盖，师生网络空间100%开通，信息技术与学校管理、教育教学、师生发展深度融合。通过智慧校园建设，该区逐步构建教育服务供给方式以及教育治理新模式，通过微课大赛、同构异构教学展示、智慧课堂教学竞赛等活动，深入研究基于信息技术的新型教育教学模式，取得成功经验。仰天湖金峰小学创建为教育部网络空间应用优秀学校，明德天心中学、仰天湖桂花坪小学创建为长沙市未来学校，雅礼外国语学校、西湖小学创建为长沙市网络空间应用优秀学校。

（文　琼）

【社区教育】　2021年，天心区探索社区教育项目运行，出台“社区教育精品建设单位”工作方案，搭建市民互动式、体验式终身学习平台，缓解市民群众的精神文化和学习需求与教育供给不平衡不充分之间的矛盾。打造首个区级社区教育精品建设单位——楚湘社区学习中心，将“社区教育精品建设单位”建设成惠民工程，缓解市民群众的精神文化和学习需求与教育供给不平衡不充分之间的矛盾。培育终身教育学习活动品牌，关注社区教育传统需求主体——老年人学习群体，引领中青年群体的学习需求导向，构建适应社会发展需求的终身学习体系，“百位名师打造百堂优课——社区教育双百工程”终身学习活动品牌被评为2021年湖南省终身学习品牌项目。

（彭　昱）

【天心区获评湖南省2020年度真抓实干表彰激励奖】　2021年1月26日，湖南省人民政府办公厅印发《关于对2020年度真抓实干成效明显地区予以表扬激励的通报》(湘政办发〔2021〕1号)，对年度推动高质量发展、深化“放管服”改革、打好三大攻坚战、推动创新引领开放崛起、保障和改善民生等重点工作真抓实干、取得明显成效的市州、县市区和园区予以通报表扬。天心区获评第二十项统筹推进义务教育优质均衡发展成效明显的市、县（市、区）。天心区“办人民满意教育”工作在省政府年度重点工作综合大督查中受到通报表扬。

（彭　昱）

【天心区与师大附中合作办学】　2021年3月11日，天心区政府与湖南师大附属中学签订合作办学协议，创办湖南师大附中双语实验学校。该校位于天心区枫香路和书香路交会处东南角，学校占地面积约5.53公顷，办学规模54个班，其中小学部36个班、初中部18个班，可提供学位2520个，为公办九年一贯制学校，由湖南师范大学附中选派教学和管理团队负责教育教学管理。（彭　昱）

2021年3月9日，长沙市雅礼外国语学校获评长沙足协优秀足球团队（区教育局供图）

【长沙市雅礼外国语学校获长沙足协优秀足球团队称号】 2021年3月9日，长沙市足球协会发布公告，表彰2020年年度优秀个人、优秀足球学校等，长沙市雅礼外国语学校获评2021年度湖南省青少年校园足球工作优秀学校。长沙雅礼外国语学校在2020年中国初中足球锦标赛中获冠军。（彭　昱）

【天心区举行少先队辅导员党史宣讲比赛】 2021年4月10日，天心区少先队辅导员党史宣讲比赛在青园教育集团梓枫校区举行，全区各中小学的少工委主任、大（中）队辅导员、团委书记、德育主任100余人观摩学习。46名辅导员结合历史图片、视频资料、音乐等辅助方式，围绕中国共产党发展历程、党史事件和人物等讲好党史故事，并进行提炼、拓展、提升，有自己的见解和思想，使教师进一步学好党史、讲好党史，引导中小学生了解党、热爱党，传承红色基因。（彭　昱）

【国家级信息化教学试验区工作推进会召开】 2021年5月25日，天心区举行“基于教学改革、融合信息技术的新型教与学模式”国家级信息化教学实验区工作推进会，对进一步推进信息化教学实验区工作进行部署。会上，教育部国家级信息化教学实验区专家组秘书处主任黄蒙为天心区实验区授牌，区年度“智慧校园”项目试点学校获授牌。区政府副区长黄会及区教育系统各学校负责人、教研员共200余人参加会议。（彭　昱）

【天心区第四届名师工作室获授牌】 2021年5月21日，天心区在仰天湖桂花坪小学举行第四届名师工作室授牌仪式，龙朝东中学管理工作室、刘菲菲小学名校长工作室等25个名师工作室获授牌。各名师工作室首席名师、顾问、团队成员、联络员和学员200余人参加授牌仪式。本届名师工作室数量上比上届增加4个，并新增名园长、研究性学习、创新教育、中小学心理健康等名称，基本涵盖各学科，共有学员700余人。（彭　昱）

【雅礼书院学生奥赛获奖】 2021年7月24—30日，第三十八届全国青少年信息学奥林匹克竞赛在浙江省余姚市举行，共有全国各地450余名信息学选手参加比赛。雅礼书院中学1901班学生陈紫阳代表湖南省参赛，获得银牌，并签约清华大学强基计划最优惠条约。（彭　昱）

【雅礼书院中学成为省普高新课程新教材实施示范学校】 2021年8月17日，湖南省教育厅公布湖南省普通高中新课程新教材实施示范校名单，长沙市雅礼书院中学榜上有名。该校针对新高考“3+1+2”（“3”即语文、数学、外语3门必考科目；“1”即从物理或历史科目中选择1门首选科目；“2”即从思想政治、地理、化学、生物学中选择2门再选科目）模式要求与实际情况，不断改进教学组织管理，形成适合校情的走班方式。采用行政班上课方式，由学生自主“四选二”采用走班制上课方式，满足新高考的所有选科组合；通过健全综合评价、探索增值评价、强化过程评价、改进结果评价等方面的改革，适应新课程新高考的要求。

学校开设创造发明、创意设计、人工智能、创客、机器人教育、创新实践等系列特色课程。

（彭 昱）

【天心区表彰454名教师】 2021年9月9日，天心区举行庆祝第37个教师节表彰大会，表彰“十佳魅力教师”“十佳师德标兵”“十佳教育管理工作者”“优秀支教教师”“优秀校聘教师”“优秀思政教师”“班主任30年坚守奖”“优秀班主任”“优秀教育工作者”“从教30年教师”10个奖项、454名教师；设置尊师重教先进单位奖项，对天心区委办、区委政法委、区政府办、区卫生健康局、新开铺街道办事处、黑石铺街道办事处等5个区直部门及街道进行表彰。湖南省教育厅党组书记、厅长、省委教育工委书记蒋昌忠，天心区委书记吴新伟，区委副书记、代区长周志军，区委副书记、区委统战部部长、区委教育工作领导小组组长叶妙，长沙市教育局副局长缪雅琴，区领导谭文敏、王钰莹、黎小玲，以及相关区直部门、街道、学校、幼儿园主要负责人和受表彰代表参加。

（彭 昱）

【3所新建中小学投入使用】2021年秋季，天心区仰天湖实验学校、湖南师大附中双语实验学校、湘府英才益清小学3所新建学校同时开学，迎接新生。仰天湖实验学校，九年一贯制公办学校，位于书香路与黑石铺路交界处，占地面积5.67公顷，办学规模为66个班级，可提供学位2160个；湖南师大附中双语实验学校，九年一贯制公办学校，位于枫香路和书香路交会处东南角，占地面积约5.53公顷，办学规模54个班，可提供学位2520个；湘府英才益清小学，六年制小学，位于老甫冲路与工程路交会处，学校占地约3.53公顷，办学规模48个班，可提供学位2160个。湘府英才益清小学是长沙市10所“高尔夫运动进小学”试点学校之一，被认定为年度区“智慧教育”创新项目试点学校。

（彭 昱）

【4所新建幼儿园开园】 2021年3月28日，天心区白沙雅颂居幼儿园开园，园址为新韶西路398号，办园规模9个教学班，收托幼儿300余名。9月14日，天心区白沙卢浮原著幼儿园开园，园址为天心区暮云街道港子河路295号，办园规模9个教学班，收托幼儿300余名。9月15日，天心区大唐印象幼儿园开园，园址为天心区芙蓉南路二段252号大唐印象小区内，办园规模为12个教学班级。9月16日，天心区福天藏郡幼儿园开园，园址为芙蓉南路四段107号，办园规模15个教学班级。

（彭 昱）

【雅礼书院中学揭牌湖南省创新教育实验学校】 2021年11月26日，天心区在长沙市雅礼书院中学举行湖南省创新教育实验学校揭牌仪式。此项目为湖南省教育厅首次认定的创新教育实验学校。湖南省教育厅党组成员、副厅长王玉清，长沙市政府副市长刘明理，天心区委副书记、统战部部长、区委教育工作领导小组组长叶妙，长沙市教育局党组成员、副局长缪雅琴，雅礼中学校长刘维朝，天心区政府党组成员、副区长王钰莹等省、市、区相关负责人及天心区教育局全体班子成员出席揭牌仪式。 （彭 昱）

【天心区中小学心理健康动态评估】 于2021年11月17日启动。通过心理测评软件，从心理症状、心理能量、心理健康的消极和积极影响因素等多方面具体指标，对学生心理健康状况进行调查，测评完成后系统自动生成心理报告，建立心理档案。天心区通过构建学生心理健康状况动态评估体系及心理危机预警和干预联动机制，加强中小学生心理危机预防和干预，提高学校心理健康教育工作的科学性和针对性。各学校建立心理辅导室，中小学心理健康教育开课率100%。

（彭 昱）

【长株潭教研交流暨长沙市优秀教育科研成果展示推广活动】 于2021年12月10日在天心区湘府英才小学举行。来自长株潭三地的300余名教育工作者，围绕“教研引领，创新发展”进行充分交流，并分享、推广部分优秀教育科研成果。活动分开幕式、成果展示推广、天心区案例展示、专家讲座、观摩学习展板5个环节。此次活动由长沙市教育局主办，长沙市教育科学研究院、天心区教育局承办，区教育科学研究中心、区教育学会、湘府英才小学协办。湖南省教育科学研究院规划所所长黄龙威，长沙市教育局副局长缪雅琴，市教育科学研究院院长孙智明，市教育科学研究院党委书记胡志豪，湘潭市教育科学研究院长周大明，怀化市教育科学研究院院长王华中，株洲市教育科学研究院副院长丁文平等出席活动。 （彭 昱）

【石碑中学建设启动】 2021年12月23日，长沙市天心区石碑中学(暂用名)项目建设启动仪式在天心区桂花坪街道举行。石碑中学建设项目位于天心区桂花坪街道桂花坪路与刘家冲路交汇处西南角，规划净用地5.49公顷，总建筑面积约6.5万平方米，石碑中学项目建设的启动，推进了长沙南部新城片区域教育优质均衡发展。长沙市政府副市长刘明理，长沙市教育局副局长缪雅琴，天心区委书记吴新伟，区委副书记、区长周志军，区领导许波、张建、张浩平、王钰莹，区直相关部门、街道主要负责人及部分中小学校书记、校长参加项目启动仪式。

（彭　昱）

【校外培训监管】 2021年，天心区规范化推进校外监管。加强民办培训学校资金监管，天心区105家学科类机构，继续从事义务教育阶段学科类培训机构26家，申请转型48家，停止办学26家，注销5家。在长沙银行开设监管账户75家，64家已将预收款487万余元存入监管账户。加强部门联合执法和专项督查，对6家有证机构违规办学行为、4家无证机构进行行政处罚，实施动态监管。

（文　琼）

科学技术

【概况】 2021年，天心区贯彻落实“三高四新”战略，抢抓融城产业转型机遇，着力建设具有核心竞争力的科技创新高地，科技创新在高质量发展中支撑作用逐渐凸显。1—12月，该区实现高新技术产业增加值438亿元，高新技术产业增加值占GDP的比重达到36%；完成技术贸易合同交易登记额50.45亿元，居内五区第二，占GDP比重4.2%，比2020年增长23.72%；完成全社会R&D投入27.34亿元（其中规模以上企业16.73亿元，高校6.26亿元，科研院所3.18亿元，国防科工及其他企事业单位1.17亿元），比2020年增长4.47%，占GDP比重2.44%，居内五区第二（其中，规上企业R&D投入16.73亿元，总量居内五区第三；规上工业企业中有研发活动企业占比从35%提高到47.5%）。

2021年度天心区新认定高新技术企业一览表

表12

序号	企业名称	序号	企业名称
1	湖南交建勘测设计咨询有限公司	10	湖南埃格环保科技有限公司
2	湖南水建工程有限公司	11	湖南六建装饰设计工程有限责任公司
3	湖南林阳建设工程有限责任公司	12	湖南坤都科技工程有限公司
4	湖南建工集团工程设计研究院有限公司	13	湖南六建机电安装有限责任公司
5	湖南地春土地信息咨询有限公司	14	湖南医云智享医疗科技有限公司
6	湖南中荣信谊网络有限公司	15	湖南铁元素建筑科技有限公司
7	长沙中天电子设计开发有限公司	16	湖南致新锐辰信息技术有限公司
8	中国水利水电第八工程局有限公司	17	龙腾国信工程咨询有限公司
9	湖南省第二工程有限公司	18	湖南化工地质工程勘察院有限责任公司

续表 12

序号	企业名称	序号	企业名称
19	湖南科信检测有限公司	41	长沙鸿尚电梯装潢有限公司
20	永信和瑞工程咨询有限公司	42	湖南未来桥科技有限公司
21	长沙水泽环保科技有限公司	43	湖南金恒德装饰工程集团有限公司
22	湖南交通国际经济工程合作有限公司	44	湖南杰众环保科技有限公司
23	湖南省机械工业设计研究院有限公司	45	湖南省实淳新能源有限公司
24	中南建设集团有限公司	46	长沙市厚坊信息科技有限公司
25	湖南天心种业股份有限公司	47	湖南乾云汇创信息科技有限公司
26	湖南志娜能源管理有限公司	48	长沙燕飞利仕信息科技有限公司
27	湖南达威信息工程有限公司	49	湖南华深电气工程有限公司
28	湖南林科达信息科技有限公司	50	湖南力行自动化设备有限公司
29	前行技术有限公司	51	湖南云守望智能科技有限公司
30	长沙拓正交通科技有限公司	52	长沙静态交通投资运营有限公司
31	湖南省一建园林建设有限公司	53	湖南顺通电力科技有限公司
32	湖南建工集团有限公司	54	长沙锐思粮食机械有限公司
33	湖南潇湘华迈实业发展有限公司	55	湖南省交通建设质量监督检测有限公司
34	湖南发展集团股份有限公司	56	湖南洁绿环保科技有限公司
35	中南水务科技有限公司	57	长沙华思信息科技有限公司
36	湖南中智信息科技有限公司	58	湖南金盛水务工程有限公司
37	长沙希嘉机电科技有限公司	59	湖南国开电气有限公司
38	长沙长理交通科技有限公司	60	长沙美登机电工程有限公司
39	长沙喜马拉雅音乐喷泉设备有限公司	61	湖南宏力新能源科技有限公司
40	湖南高德联创环境管理有限公司	62	长沙江天金辉电力开发有限责任公司

续表 12

序号	企业名称	序号	企业名称
63	湖南兆丰新能源技术有限公司	85	湖南三正电子商务有限公司
64	湖南鑫卫医药电子商务科技发展有限公司	86	长沙章鱼软件科技有限公司
65	长沙瑞远汽车科技有限公司	87	湖南星环智控科技有限公司
66	湖南云桥网安科技有限公司	88	湖南华信通信息网络技术有限公司
67	湖南网众盛景数字传媒有限公司	89	湖南金铠文化传播有限责任公司
68	长沙震和机电安装有限公司	90	海勒威尔（长沙）电子科技有限公司
69	中合慧景规划设计有限公司	91	湖南广义节能装备有限公司
70	亿海兰特科技发展（长沙）有限公司	92	湖南楚地恒大检测有限公司
71	湖南网泰科技发展有限公司	93	湖南中冶信息技术有限公司
72	湖南大唐先一科技有限公司	94	长沙腾龙包装有限公司
73	湖南蔬东坡科技有限公司	95	长沙市云研网络科技有限公司
74	湖南友良电子科技有限公司	96	明创慧远（长沙）矿山设计研究院有限公司
75	湖南蓝队网络科技有限公司	97	湖南坤诚检测技术有限公司
76	长沙天冰冷饮有限公司	98	长沙特盾环保科技有限公司
77	长沙计支宝信息科技有限公司	99	长沙都邦信息科技服务有限责任公司
78	湖南特诺盟电子科技有限公司	100	湖南松广德新能源科技有限公司
79	湖南华富海辉教育技术有限公司	101	湖南新风向科技有限公司
80	长沙谷雨信息科技有限公司	102	长沙锦绣氚信息科技有限公司
81	湖南省京湘电力开发有限公司	103	湖南优车新能源有限公司
82	长沙铭准信息科技有限公司	104	湖南天驰智信信息科技有限责任公司
83	湖南悦海医药物流有限公司	105	湖南圆点信息科技有限公司
84	长沙麦粒软件开发有限公司	106	长沙东方电控设备有限公司

续表 12

序号	企业名称	序号	企业名称
107	湖南远景经纬空间信息技术有限公司	115	湖南数据云地理信息技术有限公司
108	长沙文程科技信息咨询有限公司	116	湖南金龙给水设备有限公司
109	湖南省第二测绘院	117	湖南云盟科技有限公司
110	湖南威晟文化科技有限公司	118	湖南汉坤实业有限公司
111	湖南烁科热工智能装备有限公司	119	创辉达设计股份有限公司
112	湖南车友互联信息技术有限公司	120	湖南亚文传媒股份有限公司
113	湖南省骏北科技有限公司	121	湖南天湘和信息科技有限公司
114	长沙盈捷信息技术有限公司		

（资料来源：区科技局）

【高新技术企业】 2021年，天心区推进梯队培育机制，培育高新技术企业。对到期高企进行走访摸排，分析研判发展状况和存在问题，帮助解决实际困难，确保重新申报高企不流失；发挥科技企业孵化器和众创空间服务平台载体作用，加大科技型中小企业的孵化和培育，全区科技型中小企业入库315家，同比增长105.88%；对标高新技术企业认定条件，以“双优双提”活动为抓手，利用线上线下相结合方式，加强政策宣讲、培训辅导，提高申报效率。年内，开展培训（沙龙）18期，直播1场，覆盖14个街道，共150余家企业财务或技术主管及以上负责人200余人参加，跟踪走访服务企业100余家。截至年末，新认定高新技术企业78家，有效高企314家。每万家企业法人中高企130.24家，居内五区第一；规上企业中高企90家，占比40%，居内五区第二；通过专业园区和产业平台，招引高企4家。

【科技平台建设】 2021年，天心区新增省级科创平台2个（中国电子科技集团公司第四十八研究所、爱尔眼科医院集团股份有限公司）、省级文化与科技融合示范基地1个（湖南红网新媒体集团有限公司）、市级技术转移转化基地2个、省级众创空间1家（湖南省恰到好处创业服务有限公司），培育省级新型研发机构1个（湖南微算互联信息技术有限公司），国家第三代半导体技术创新中心（湖南）落户天心区。

【科技成果转化】 2021年，天心区以提高企业自主创新为核心，以服务产业发展为主线，促进科技成果转移转化。通过天心区科创联盟搭建起政产学研信息互通、资源共享的桥梁和纽带，实地走访企业200余家，收集企业需求200余条，发布高校科技成果2000余项，促进校企协作、资源共享。组织开展长株潭三市—长沙理工大学科技成果转化及金融服务对接活动，来自长沙理工大学的“AI法律智能机器人”“满足一致性要求的原料药研制”“光充储系统关键技术”等12个项目与企业成功签约，签约金额6285万元，推动高校科技成果、人才向本地优势产业转移转化。长沙理工大学、中南林业科技大学先后被授予“长沙市技术转移转化基地”称号；全年共推荐申报市级技术及产品开发项目33个，3家（个）入选市级创新创意产品；

验收推荐科技计划项目77个，其中68个已受理入库。持续重点关注技术含量高的企业单位以及高校、科研院所，指导开展技术贸易合同备案登记，2021年全区完成技术贸易合同交易登记额50.45亿元，居内五区第二，占GDP比重4.2%，比2020年增长23.72%。

【科技政策出台】 2021年，天心区推进科技创新“提质增效”，打造高效率协同的创新生态系统，激发激活科技创新动能。制定《天心区全力打造具有核心竞争力的科技创新高地三年行动计划（2021—2023年）》及《任务分解表》和《2021年重点工作目标安排表》，将每项工作落实到具体的责任领导和责任人，定期开展考核和调度，为科技创新工作开展提供组织保障。

【“双创”活动】 2021年，天心区以湖南省创新创业大赛为契机，组织辖区17家企业参赛，亿海兰特科技发展（长沙）有限公司、湖南林科达信息科技有限公司获优秀奖。开展“创办和改善你的企业”（SYB课程）创业培训两期共112课时；举办创业路演、科技人才交流会等各类创新创业活动8场。

【国家第三代半导体技术创新中心（湖南）落户天心】 2021年11月19日，国家第三代半导体技术创新中心（湖南）揭牌仪式在长沙市启动，湖南省政府副省长陈飞揭牌。此牌最终落户天心区中国电子科技集团公司第四十八研究所。该所着力于瞄准第三代半导体装备前沿技术和产业关键技术，重点针对光电子、射频微波、电力电子等领域第三代半导体器件的重大需求，以第三代半导体核心装备为突破口，突破关键核心技术，构建具有湖南优势和特色的第三代半导体的协同创新生态和全产业的产业生态。同时建成国内一流的第三代半导体装备技术创新平台，打造第三代半导体装备自主创新高地，建设第三代半导体装备成果转化和产业孵化平台，并实现以装备为特色的第三代半导体产业集群。

【科技创新激励】 2021年，天心区有300余家高新企业和科技型中小企业获得所得税减免和加计扣除。90家企业获得省、市级研发经费奖补2533万元，110家企业获得市级高企研发奖补1554万元，其他各类补助资金1074万元。区财政对该区高新技术企业、研发投入重点贡献企业、省级及以上研发平台、技贸合同重点贡献等进行奖补资金近500万元。

（本栏撰稿　龙灼尧）

2021年度天心区新增科技创新平台一览表

表13

序号	平台名称	运营公司	级别	年份
1	国家第三代半导体技术创新中心（湖南）	中国电子科技集团公司第四十八研究所	国家级	2021
2	高性能智能传感器及检测系统湖南省重点实验室	中国电子科技集团公司第四十八研究所	省　级	2021
3	湖南省眼视光工程技术研究中心	爱尔眼科医院集团股份有限公司	省　级	2021
4	恰到好处众创空间	湖南省恰到好处创业服务有限公司	省　级	2021

（资料来源：区科技局）

文化　旅游　体育

综　述

【概况】 长沙市天心区文化旅游体育局（简称区文旅体育局），内设办公室、体育科、文化科、旅游科、市场科（行政审批和政务服务科）5个科室，图书馆、文化馆、文化遗产管理所3个二级机构，负责本级政府社会文化、群众文化、文物、“非遗”、文化市场管理和旅游、体育等工作。截至2021年年底，天心区有各类文化经营场所164家，其中，网吧121家、娱乐场所24家，游艺娱乐场所11家，演出场所3家，文艺表演团体5家；A级景区3家、星级酒店5家、旅行社43家、旅行分社6家、旅行社营业网点70余家；高危体育经营场所32家；区级图书馆、文化馆、非遗展示中心各1个，街道综合文化站14个（示范性9个）、标准化村（社区）综合文化服务中心98个、社区图书分馆7个。各类公共文化场所坚持全年免费开放。

2021年，天心区促进长株潭一体化发展，牵头组织2021年度长株潭融城半程马拉松赛暨绿心乡村生态旅游节；长沙市五一商圈成功获评“国家级夜间文化和旅游消费集聚区”，太平老街获评“国家级旅游休闲街区及省级旅游休闲街区”；推进惠民工程，文化惠民系列活动、新建“社区智慧健身中心”等民生项目广泛铺开，推出“百年百剧颂党恩”——2021年天心区戏曲专场演出等文化精品；广泛实施全民阅读工程，形成总分馆服务体系，开展线上灯谜活动、“征百个微视频·讲百年党史故事”微宣讲比赛等多种活动；开展文艺演出、阅读推广、非遗传承等志愿服务；加强历史文化保护传承，实行辖区内文物安全巡查常态化管理，参与有机更新范围内历史文化的挖掘与植入及历史街区和文物建筑的保护与修缮工作。区文旅体育局被评为长沙市扫黄打非先进单位、长沙市体育工作优秀集体。

（刘爱维）

文　化

【文旅融合一体化建设】 2021年，天心区打造3个公共文化机构文旅融合示范点：火宫殿、天心阁、天心区非物质文化遗产保护展示中心，开展各类文化活动和优质旅游咨询服务。助力长沙文和友城市记忆文化体验旅游区（超级文和友）创建AAAA级旅游景区并已完成现场评定，通过深化国家文化消费试点，引导扩大文旅消费。组织辖区内星级酒店申报2021年“平安酒店”创建；推荐长沙市步行商业街等26家单位申报文化和旅游消费品牌创建扶持项目。天心区文旅体育局主要负责人受邀在全省旅游资源开发工作培训班上作太平老街创建经验交流。参加湖南省机场集团主办的“乘风湘见寻味长沙”2021年夏航季推介直播、长沙市文旅广电局主办的2021长沙文旅产品（项目）北京推介会及2021长沙文化旅游（广州）推介会等活动，通过跨界直播、现场推介的方式，向网友推介天心区的游玩攻略；在《长沙晚报》以《不夜天心·惬意时光》为题，报道天心区推动文旅复苏及夜经济发展，宣传辖区内美食美景及历史文化资源。

（邹盈盈）

【文化惠民】 2021年，天心区开展文化惠民进社区系列活动87场，有序完成新建“社区智慧健身中心”22个、健身步道4千米、小型球场1个，投放健身器材45处、建设全民健身设施场地10个、建设标准化村（社区）综合文化服务中心5个，培训小区骨干文艺爱好者700人次等各类市、区人大代表票决民生实事项目。紧扣中国共产党成立100周年主题，组织参加“欢乐潇湘·品质长沙——颂歌向党”群众合唱比赛、第七届湖南艺术节“三湘群星奖”等系列群众文化活动（其中，湘声喜剧社作品《最湖南》获该艺术节曲艺类优秀作品奖，阳光艺术团作品《山涧十八洞》获该艺术节舞蹈类优秀作品奖）、长沙市杜鹃花艺术节（南城花鼓戏剧团打造的花鼓戏《红军名将张子清》获该艺术节优秀剧目二等奖）；开展“百年百剧颂党恩”——2021年天心区戏曲专场演出；天一美术馆、区青年创作基地等文化阵地的落地为优秀文艺作品创作提供良好环境。（邹盈盈　肖雅琴）

2021年12月15日，天心区阳光艺术团舞蹈《山涧十八洞》参加第七届湖南艺术节长沙市第三届“群星奖”评选，被评为舞蹈类金奖

（区文旅体育局供图）

【全民阅读】 2021年，天心区图书馆新建尚双塘、南托岭2个社区分馆，形成包含1个区级总馆、8个社区分馆、3个24小时自助图书馆、11个流动服务点的总分馆服务体系。区总分馆2021年共接待读者35万余人次，持证读者1.7万余人次、书刊流通31万余人次。面向各类读者开展“竞猜灯谜赢话费天心陪您过大年”线上灯谜活动、“春日·阅读正当时”世界读书日系列活动、“征百个微视频·讲百年党史故事”微宣讲比赛、“百年荣光‘星’火湘传”党史知识竞赛、书香天心“阅动力护地球”生态文学读书分享会等，累计吸引市民读者近30万人次。（刘爱维）

【公益志愿文化服务】 2021年，天心区开展文艺演出、阅读推广、非遗传承等志愿服务。完成2021年春、夏、秋季免费文化公益培训工作，开设古琴、舞蹈、声乐、主持、硬笔书法等多个班级，培训学员近1000人次；利用寒暑假时间，针对青少年儿童开展各项阅读主题活动70余场，活动惠及青少年儿童2500余人；举办非遗展示体验活动30余场，开展非遗进校园活动1期。推进公益培训进校园、进社区，吸收优秀的少、中、老年学员。（刘爱维）

【文物保护】 2021年，天心区在全区范围内开展革命文物展陈、民办博物馆摸底统计，并率先安装智能巡更系统，实行辖区内文物安全巡查常态化管理；完成第六批区级非物质文化遗产代表性项目普查及确定、公布，第七批市级非遗项目申报工作。区文旅体育局参与有机更新范围内历史文化的挖掘与植入及历史街区和文物建筑的保护与修缮工作，对10处保存状况欠佳的不可移动文物进行全面维护；配合开展古道巷项目地下文物调查勘探工作，完成古道巷及长机地块攻坚工作任务。通过革命文物普查，发现辖区范围内有1处红色文化遗址——熙台岭，为中共特科湖南工作站的一个情报联络机构。天心阁管理处完成天心阁安防消防整改工程，开展天心阁古阁楼及崇烈亭文物维修工程的前期的勘探设计，并形成相关文案资料。指导湖南第一师范学院完成旧址消防项目设计方案的编制，并上报至长沙市文化旅游广电局。区文管所所长文亮被国家文物局授予2021年度全国“最美文物安全守护人”称号。（刘爱维）

【扫黄打非】 2021年，天心区在全区范围开展打击非法储存销售出版物行为专项整治、有害出版物流入市场清查整治等一系列行动，查堵相关非法宣传品；推荐金桂社区、桥头社区为2021年长沙市级“扫黄打非”进基层示范点，指导2个社区发挥示范作用，依托社区幼儿园和小学，开展“扫黄打非”进校园网络安全教育进课堂专题讲座和“护苗网络安全”教育活动。（刘爱维）

【文化场所专项整治】 2021年，天心区开展校园周边文化市场专项整治行动，督促互联网企业严格履行自身法律义务和社会责任，严格落实信息安全管理制度，开展自查自纠活动，主动清理淫秽色情信息和链接，确保全区文化市场平安有序、健康发展；完成中央生态环境保护督察领导小组转办案件，处理中央第六生态环境保护督察组转办的2个举报问题，5月联合街道对辖区内文化娱乐场所进行逐一检查，要求各场所注意控制音量，不超时营业，不要对附近居民产生噪声污染；落实境外卫星电视地面接收设施专项整治工作，制定《区文旅体育局开展境外卫星电视地面接收设施专项整治工作方案》，印发2000份宣传单下放到用户，组织各街道文化站长进行关于卫星整治方面的培训。（刘爱维）

【文化市场安全生产】 2021年，天心区文旅体育局市场科出动检查4000余人次，检查场所1600余家次。加强日常安全生产督导宣传，指导企业开展安全事故应急演练和培训；开展2021年推动安全生产专项整治三年行动暨文旅体行业安全生产培训启动仪式；组织各街道辖区内的文旅体经营场所负责人开展培训安全生产、禁毒知识和消防实操演练；联合区消防救援大队、区市场监督管理局、区应急管理局、区住建局、坡子街街道和街道派出所开展整治行动，先后关停长藤鬼校密室、梦魇域界鬼屋、有点方密室等11家问题场所。（刘爱维）

【文化市场疫情防控】 2021年，天心区广泛宣传动员各场所接种疫苗，5月以来，先后2次在3个卫生服务中心组织经营场所工作人员3000余人接种疫苗。7月和8月，先后2次组织分成巡查、宣传等6个小组，到全区网吧、KTV、酒吧、影院、电玩等文娱场所和宾馆、酒店、民宿、旅行社、景区等200余家门店开展地毯式巡查，对不按要求落实的场所采取相应措施。（刘爱维）

2021年，天心区文化馆举办少儿美术夏季公益培训班

（区文旅体育局供图）

【标准化村（社区）综合文化服务中心创建】 2021年，天心区打造南托街道欣南社区、坡子街街道青山祠社区、黑石铺街道披塘村、赤岭路街道广厦新村社区及先锋街道尚双塘社区5个村（社区）标准化村（社区）综合文化服务中心，在建设面积、功能布局、活动开展、场地开放管理、特色品牌创建上进行指导其顺利通过市级验收。（邹盈盈）

【“百年百剧颂党恩”戏曲巡演】 2021年，天心区在湖南省文化馆、湘江剧场、火宫殿老戏台等地开展百年百剧颂党恩——2021年天心区戏曲专场演出，演出京剧、湘剧、花鼓戏、越剧等100余个经典戏曲剧目（其中坡子街火宫殿千年古戏台有60场戏曲惠民演出活动），惠及群众10万余人。演出邀请长沙市花鼓戏保护传承中心、长沙市湘剧保护传承中心等专业院团演出《蓝桥会》《思凡》《毛国金打铁》等经典花鼓戏剧目。3月22日，该戏曲专场演出在天心区坡子街火宫殿启幕。

（邹盈盈）

【公益艺术培训】 2021年，天心区文化馆启动2021年春季、夏季、秋季免费公益培训工作，开设古琴、舞蹈、声乐、主持、硬笔书法等多个班级。为拓宽培训渠道，天心区文化馆与湖南省文化馆、长沙市群艺馆、各学校以及社区开展联合办学，培训学员近1000人次。（肖雅琴）

【线上猜灯谜活动】 2021年2月11—18日，天心区图书馆运用互联网+的模式，举办“竞猜灯谜赢话费天心陪您过大年”线上灯谜活动，为市民送去5万元话费福利。活动设置种类繁多的灯谜，包括趣味性的物谜、人物谜，以及诗词文化类、绿色环保类、党建文化类等谜题。该活动历时7天，吸引近5000人参与，点击量22万次。（陈　佳）

【“非遗”传承体验活动】 2021年，天心区依托天心“非遗”保护展示中心，利用寒暑假、中秋国庆节等假期，举行“非遗”传承体验及展示活动30余场，参加活动人数500余人次。其中，开展“非遗”进校园活动1期，共4门课程，包括长沙棕叶编、面塑、皮影戏、剪纸等项目，培训学员300人。邀请“非遗”专家对全年的重点工作给予建设性意见，对第七批市级代表性传承人、第六批区级代表性传承人等进行“非遗”传承工作的业务知识指导。（文　亮）

【“非遗”保护工作】 2021年，天心区对“非遗”保护名录开展10次调查，整理出一刀剪、掐丝珐琅工艺画制作技艺、龙王出巡等一批待申报“非遗”项目。4月，沙利文小吃、核雕等4项区级代表性“非遗”名录被纳入市级第七批非物质文化遗产名录。10月，通过走访、考察、资料收集、专家评审等，公布4名第四批区级“非遗”代表性传承人，并向长沙市文化旅游广电局推选金杵面塑文化有限公司为第二批长沙市示范性非物质文化遗产传习所。（文　亮）

2021年9月8日，天心区第四批非遗代表性传承人专家评审会议在天心非遗保护展示中心召开（区文旅体育局供图）

【党史系列活动】 2021年3—6月，天心区图书馆举办多场红色专题活动，庆祝中国共产党成立100周年。3月28日，在暮云街道许兴村开展“穿越光影重温经典”天心区图书馆庆祝中国共产党成立100周年之红色专题图书展，展示《狼牙山五壮士》《红色娘子军》《洪湖赤卫队》《51号兵站》等红色主题海报、杂志及连环画700余册次，活动吸引近2000人观看。自3月起，筹备“征百个微视频·讲百年党史故事”微宣讲比赛活动，活动分为宣讲板块和抖音网络评选板块，在抖音网络评选板块，#书香天心#抖音话题点击量7.1万次；宣讲板块活动从海选到初赛，历时3个多月，收到近100位选手投稿，8位选手进入决赛，活动决赛于2021年6月10日举行。5月9—28日，承办长沙市图书馆统一部署的“百年荣光‘星’火湘传”党史知识竞赛，竞赛采用现场答题形式，帮助市民了解党史和国史知识，近500人参与活动。（陈　佳）

天心区非物质文化遗产项目一览表

表14

序号	级　别	项目名称	项目类别	公布时间	批　次	项目保护单位
1	国家级	湘　剧	传统戏剧Ⅳ	2008年	第二批	长沙市湘剧保护传承中心
2	国家级	庙会（火宫殿庙会）	民俗Ⅹ	2008年	第二批	长沙饮食集团长沙火宫殿有限公司
3	省　级	火宫殿八大传统小吃制作技艺	传统技艺Ⅷ	2009年	第二批	长沙饮食集团长沙火宫殿有限公司

续表 14

序号	级　别	项目名称	项目类别	公布时间	批　次	项目保护单位
4	省　级	粽编（长沙棕叶编）	传统技艺Ⅷ	2012 年	第三批	长沙市天心区文化馆
5	省　级	长沙玉和醋传统酿醋技艺	传统技艺Ⅷ	2012 年	第三批	长沙玉和酿造有限公司
6	省　级	巫家拳	传统体育游艺与杂技Ⅶ	2016 年	第四批	长沙市天心区文化馆
7	市　级	长沙杨裕兴鸡蛋面制作技艺	传统技艺Ⅷ	2009 年	第二批	长沙饮食集团杨裕兴有限公司
8	市　级	子午棍	传统体育游艺与杂技Ⅶ	2013 年	第三批	长沙市天心区文化馆
9	市　级	太乙游龙拳	传统体育游艺与杂技Ⅶ	2016 年	第五批	长沙市太乙游龙拳武学研究会
10	市　级	天心手工杆秤制作	传统技艺Ⅷ	2016 年	第五批	长沙市天心区文志飞老秤店
11	市　级	南一门老料法饼制作技艺	传统技艺Ⅷ	2018 年	第六批	湖南省南一门南北特食品有限公司
12	区　级	民间手工编织技艺	传统技艺Ⅷ	2008 年	第一批	长沙市天心区文化馆
13	区　级	古　琴	传统音乐Ⅱ	2015 年	第二批	长沙市天心区文化馆
14	区　级	包爷庙庙会	民俗Ⅹ	2015 年	第二批	长沙市天心区文化馆
15	区　级	欧氏手工钩编	传统技艺Ⅷ	2015 年	第二批	天心区欧氏手工针织工作室
16	区　级	朱氏采耳术	传统技艺Ⅷ	2015 年	第二批	长沙市为为采耳文化有限公司
17	区　级	天心区元宵民间歌舞	传统舞蹈Ⅲ	2015 年	第二批	星光艺术团
18	区　级	罗成核雕制作技艺	传统技艺Ⅷ	2017 年	第三批	长沙市天心区罗成核艺工作室
19	区　级	金杵面塑制作技艺	传统技艺Ⅷ	2017 年	第三批	长沙市金杵面塑文化有限公司
20	区　级	白沙古井传说	民间文学Ⅰ	2017 年	第三批	长沙市天心区城南路街道白沙井社区
21	区　级	杨氏甜酒酿制技艺	传统技艺Ⅷ	2017 年	第三批	长沙市天心区木易爹小吃店
22	区　级	植物染色手工技艺	传统技艺Ⅷ	2017 年	第四批	湖南省庆萱茶艺师培训学校
23	区　级	雷　琴	传统音乐Ⅱ	2017 年	第四批	长沙市天心区文化馆
24	区　级	脸谱绘制	传统美术	2017 年	第四批	长沙市天心区文化馆
25	区　级	长沙大鼓	传统音乐Ⅱ	2017 年	第四批	长沙市天心区文化馆
26	区　级	周记米粉制作技艺	传统技艺Ⅷ	2017 年	第四批	长沙市天心区城南路街道天心阁社区
27	区　级	德园包点制作技艺	传统技艺Ⅷ	2018 年	第五批	湖南纪平德企业管理有限公司

（资料来源：区文旅体育局）

【天心区文化惠民启动式】 2021年4月9日，庆祝中国共产党成立100周年——2021年天心区文化惠民启动式暨2020年度天心区群众文艺“十佳文艺团队”“十佳文艺精品”“十佳文艺人才”表彰活动在湖南省文化馆群星剧场举行。湖南省文化馆党委副书记梁向东，长沙市群众艺术馆副馆长马芳，天心区政协党组成员、副主席黎小玲以及区委宣传部、区文旅体育局、各街道相关负责人，天心区群文团队代表、文化志愿者、区文联会员代表300余人参加活动。活动以节目表演、“三十佳”颁奖穿插形式进行，现场除湖南省杂技团杂技《月亮》，湖南省歌舞剧团《红歌联唱》、器乐演奏《可爱的一朵玫瑰花》等专业院团演出的节目外，还有该次获奖作品《戏说国潮》《别偷懒》的展演。 （刘爱维）

【“湖湘少年中华颂”活动】 2021年4月11日，由湖南省文化馆主办，天心区文化馆、语声俱来青少年艺术团承办的“湖湘少年中华颂”活动在湖南省文化馆群星剧场举行。活动融合朗诵、京剧、歌舞、合唱等众多形式对红色经典诗词歌赋进行演绎，上演诗歌朗诵《鲜红的党旗》、快板朗诵《中华英雄》、戏曲《京剧联唱》、合唱《红星伴我成长》、红剧表演《永远的九岁》等节目。该次活动被选入“学习强国”平台进行报道和宣传，并被新华社、《三湘都市报》、《长沙晚报》等30余家媒体转载。 （肖雅琴）

【世界读书日系列活动】 2021年4月23日世界读书日期间，天心区图书馆以“春日·阅读正当时”为主题，在世界读书日启动系列活动，线上以读带讲举办“征百个微视频·讲百年党史故事”讲故事比赛，线下以“阅读，一个都不能少”为主题，开展馆校共建活动、春季少儿周末公益课等。举办“阅读，一个都不能少”馆校共建活动，分别于4月20日、4月23日、6月25日到天心区青园中信小学、天心区实验小学、长郡外国语实验中学第一附属小学3所区属小学，给近6000名学生们赠送免押金的读者证、名师讲座及流动图书车借阅服务，并向学校授予“和阅联盟校”或“青苗计划实践基地”牌匾。 （陈 佳）

【生态文学阅读分享会活动】 2021年7—12月，天心区图书馆联合天心区作家协会、长沙市仰天湖中建小学、长沙市雅礼融城学校等多家单位举办书香天心“阅动力·护地球”生态文学阅读分享会，共开展活动近40场，广泛传播生态文明理念。其中，区图书馆联合区作家协会在区图书馆湘府文化公园分馆开展12场“生机盎然”的活动，分享的阅读书目有韩少功的《山南水北》等本土文学著作、梭罗的《瓦尔登湖》等世界文学名著、胡东林的《山林笔记》等大自然的笔录，湖南省作家协会副主席龚旭东、资深环保工作者黄亮斌、《长沙晚报》高级编辑申芙蓉、湖南女子大学教授张闻骥等对图书进行解读。 （陈 佳）

【公益课堂】 2021年4—6月，天心区图书馆举办以“圈圈故事会”“阳光周末”为主题的少儿活动，通过情境教学加愉悦的课堂体验，活动惠及青少年学生600余名；分别到金盆岭街道狮子山社区、赤岭路社区等社区开展“E课堂之智能手机课”公益课堂，帮助中老年读者体验现代移动互联网生活。 （陈 佳）

【天心区文旅体行业安全生产培训启动仪式】 2021年5月20日，天心区2021年推动安全生产专项整治三年行动暨文旅体行业安全生产培训启动仪式。天心区

2021年3月13日，天心区文化馆志愿者协会举行“我是雷锋家乡人，湖湘文化送春风”文化惠民演出活动 （天心区文化馆供图）

文旅体育局相关负责人及干部，辖区内文化、旅游、体育企业的安全生产负责人等共 300 余人参加。启动仪式上，2020 年区级平安文化娱乐场所代表，湖南璀彩璨然文化发展有限公司负责人王佳作题为“因为梦想，所以璨然”的主题分享；各经营场所依次上台递交 2021 年度文旅体行业安全生产承诺书；天心区文旅体育局相关负责人对 2021 年安全生产、疫情防控、意识形态、文明创建、禁毒宣传、平安建设等工作进行部署并提出要求。（陈　佳）

【暑期社会实践系列活动】 2021 年 7—8 月，天心区图书馆利用暑假时间，针对青少年儿童开展各项主题活动 70 余场，包括“书香沁人墨韵天心”少儿硬笔书法培训、“笔画缤纷乐绘童年”少儿美术培训、“善待地球绿动未来”环保主题活动、小小志愿者、公益电影放映等活动，活动惠及青少年儿童 2500 余名。（陈　佳）

【尚双塘分馆、南托岭分馆开馆】 2021 年 12 月，长沙市图书馆天心区尚双塘分馆、长沙市图书馆天心区南托岭分馆 2 个分馆建成对外开放。天心区图书馆派专人对书架设计、位置摆放、功能分区、借还操作系统员工培训等工作进行指导。（陈　佳）

旅　游

【旅游工作】 2021 年，天心区旅游总收入 117.51 亿元，比 2020 年增长 14.73%，过夜游接待收入 65.31 亿元，比 2020 年增长 0.11%；一日游收入 52.14 亿元，比 2020 年增长 40.21%；旅游总人数 1112.04 万人次，比 2020 年增长 45.84%。国庆长假期间，辖区 3 家等级景区接待游客 13.2 万人次，比 2020 年增长 23%，实现旅游总收入约 925 万元，比 2020 年增长 14%；成功申报国家级夜间文旅消费集聚区的五一商圈，累计客流量 645 万人次。区文旅体育局推荐长沙市步行商业街等 10 家单位成功申报文化和旅游消费品牌创建扶持项目，获得扶持资金 80 万元；组织辖区内星级酒店申报 2021 年“平安酒店”创建工作，助力长沙文和友城市记忆文化体验旅游区（超级文和友）创建 AAAA 级旅游景区。

【2021 年春节文化和旅游假日市场】 2021 年春节 7 天假期，天心区纳入监测的 3 家 A 级景区累计接待游客 16 万人次。其中长沙生态动物园、天心阁在做好常态化疫情防控前提下，着力扩大优秀文化和旅游产品、服务供给特别是线上产品、服务供给，举办文化和旅游消费活动，活跃春节期间文化和旅游消费市场。截至 2 月 17 日，累计发放文化和旅游惠民补贴 98.51 万元（含门票优惠及减免），惠及消费者 3.04 万人次。春节期间，天心区未接到旅游投诉，且无涉旅舆情事件。春节期间，长沙生态动物园及天心阁累计举办 13 场文化和旅游消费活动，均为线下活动，参与人次 4.15 万人次，带动消费金额 80 万元。天心阁景区首次夜间免费开放。火宫殿里的庙会民俗、超级文和友、茶颜悦色、“长沙老口子味”的街巷等成为热门之地。

【绿心乡村生态旅游节】 2021 年 3 月，2021 长株潭融城半程马拉松赛暨绿心乡村生态旅游节举行。长沙市天心区联合株洲市石峰区、湘潭市岳塘区的文旅主管部门及文旅企业，设计推出“长株潭绿心生态之旅”“长株工业之旅”“长株潭都市休闲之旅”“长株潭绿色乡村休闲之旅”“长株潭研学之旅”“长株潭红色之旅”“长株工业之旅”7 条精品旅游线路；绘制 3 个区文旅交通和消费美食地图手册；在活动现场设计布置 3 个区优质旅游资源展示步道，展示长株潭特色文创产品、农产品及非物质文化遗产、红色图书、

2021 年 9 月 27 日，天心区太平街获评首批湖南省省级旅游休闲街区
（郑　孟　摄）

精品旅游线路等文旅特色资源；组织专业队伍深度挖掘天心区南部片区文旅故事，采取全时段、三区域、各种媒体同步覆盖宣传。该次活动有利于促进长株潭一体化中3个区文旅深度融合，是长株潭城市群周末休闲度假区的重要探索。

【参加文旅产品推介会】 2021年4—7月，天心区参加湖南省机场集团主办的“乘风湘见，寻味长沙”2021年夏航季推介直播，长沙市文旅广电局主办的2021长沙文旅产品（项目）北京推介会及2021长沙文化旅游（广州）推介会等活动，通过跨界直播、现场推介的方式，向网友推介天心区的游玩攻略，邀请大家到天心阁、湖南第一师范、贾谊故居品读古天心灿烂的历史文化，看一场“橘洲焰火”，听一场“湘味相声”，品臭豆腐、糖油粑粑、冬瓜山烧烤等地道长沙美味，用美食和美景发出“来到天心，天天开心”的邀请。

【太平街获评省级旅游休闲街区】 2021年9月27日，长沙市天心区太平街获评首批省级旅游休闲街区。7月，天心区按照文化和旅游部办公厅、国家发展改革委办公厅发布《关于开展旅游休闲街区有关工作的通知》（办资源发〔2021〕82号）及《旅游休闲街区等级划分》等文件要求，开展旅游休闲街区有关工作。8月23日，太平街历史文化街区主街区及其两侧延伸巷完成省级旅游休闲街区验收。

【五一商圈获评首批国家级夜间文化和旅游消费集聚区】 2021年11月5日，在天心区的推动下，长沙市五一商圈获评“国家级夜间文化和旅游消费集聚区”。作为首批入选的文旅消费集群，长沙市五一商圈具备范围明确、业态集聚度高、公共服务完善、品牌知名度较高、市场秩序规范良好、政策环境良好等特点。

（本栏撰稿　刘爱维）

• 南郊公园 •

【概况】 长沙市南郊公园地处长沙市天心区南二环442号，是青年毛泽东第一次指挥军事战斗并取得胜利的地方。公园总面积约32.93公顷，是长沙城区离湘江最近的综合性山体公园，享有“湘江东岸绿色明珠”之称号。公园处湘江之畔、南郊之巅，远眺岳麓，俯览橘洲，成为长沙市一处集休闲、游赏、娱乐为一体的综合性城市公园。公园经过提质改造后拉通西向游步道，开设东门、西门，年接待游客220万人次。

2021年，南郊公园坚持“公园姓公、公益第一”的宗旨开展“百日奋战、扮靓星城”活动，抓好疫情防控、公园管理、项目建设，确保园区环境优美、秩序优良、服务优质和安全稳定。打造首胜广场、儿童友好型公园，为周边中小学、高校、企业搭建研学、团建平台，服务长株潭一体化融城战略，展示长株潭市民文化发展的成就。

【公园日常管理】 2021年，长沙市南郊公园更换故障路灯120余盏，修复石桌石椅和健身器材15余处，修复破损路面15处，修复更换公共厕所设施设备30余处，更换108个垃圾桶。在东门出入口处修建无障碍通道，为市民游客出入提供便利，解决无障碍通行只能由公园南门出入的情况。投入资金4万元对园内无障碍设施进行全面摸排整改，并于9月28日前全部整改到位，共完成坡道整改7处29米，安装不锈钢护栏1处20米，厕所换门6张，制作张贴无障碍标识及通道标识8处，制作更换导览图2处。在母婴室新添置轮椅和助听器，联系市红十字会在南门游客通道旁安装1台除颤仪。推行领导干部“天天巡园制”，公园3名副职领导每个月28日分别到网格小区开展网格管理工作。重新更换制作公益广告宣传100余块。及时回应和办理“12345”热线及市长信箱投诉共103起，处理率100%、满意率100%。抓好森林消防安全、游乐设施安全、食品卫生安全、新冠疫情防控4个焦点问题防控。发动全园干部职工及经营户参与“平安公园”创建活动，采取治安联防布控、车辆入园管理、防火防灾处置、流动摊贩打击、禁毒管理等措施，及时整治安全隐患和管理漏洞。召开综治工作会议、安全生产专题会议4次，组织安全生产综合检查8次，及时下达整改通知单6份，全部督促整改。组织消防讲座和消防演练各1次，园内增设减速、禁停、降音等提示牌17块，制作南郊公园消防设施编码布置图1张。新增黑松口至南门前坪2个消防栓，5个微型消防站。

【园容园貌维护】 2021年，长沙市南郊公园对公园南门前门区、前门区汀步、漫竹湖绿带、黑松花坛、公园东配电间附近及科普乐园厕所前坪进行绿化改造；定期对园内杜鹃、红花檵木、红枫、紫薇等灌木进行整形修剪，对模纹板块、绿篱进行定期修剪、除杂；对托管地带植物进行整形修剪、打草、除杂；对园内树木进行排查，发现有枯死树、病虫树、存在安全隐患树木，及时报告，必要时进行清理；对前门区、漫竹湖边、粉单竹景区内的竹类进行经常性清理，及时清除病虫枝、死竹、倒竹；根据天气情况，进行植物的中耕、施肥及病虫害防治。全年重点节假日对公园南门黑松花坛、公园南门前坪进行花卉布置，共摆花1.3万余盆；聘请专业技术机构对全园白蚁和加拿大一枝黄花进行综合治理，每周对公园进行2次巡查，发现白蚁、加拿大一枝黄花及时处理，分别于6月和9月对全园白蚁进行2次大整治，完成白蚁挖大巢45巢，副巢182巢，加拿大一枝黄花2车，对公园内绿化树木全面施药；对园内松材线虫病侵害植株进行统计，聘请专业技术公司对病死松类进行清理和无害化处理，对其他松类植物进行打孔注药，预防松材线虫病。

【公园工程项目】 2021年，长沙市南郊公园抓好重点工程项目扫尾工作。湘府文化公园后续建设工程政府审批概算为2.19亿元，到位资金1.28亿元（含工程款及其他费用），已竣工验收并对外开放。完成施工结算市财评中心二审评审工作。南郊公园抢险修复工程，财务决算审定金额为2969.27万元，已支付2666万元。

【“三大行动”“五大整治”】 2021年，长沙市南郊公园开展为期100天的“三大行动”（“城市窗口”洁净行动、“洁净家园”创建行动、“裸露垃圾”歼灭行动）、“五大整治”（施工围挡整治、路灯照明整治、广告招牌整治、违法停车整治、违规菜地整治），对全园进行枯枝败叶、卫生死角、僵尸车等进行清理。对消防通道路障进行修复，增加消防通道禁停网格标线划线4处。组织义务劳动20次，解决黄土裸露4处、清理卫生死角30处、清理黑臭下水2处、消灭垃圾区2处。

【首胜广场投入使用】 2021年，长沙市南郊公园首胜广场完成建设并投入使用。南郊公园以城市“五纵五横”交通大动脉提质改造为契机，挖掘青年毛泽东在猴子石处指挥第一次军事战斗并取得胜利的红色典故资料，打造首胜广场，并宣传和利用首胜广场开展红色教育和研学活动。同时连通首战首胜广场至公园沿湘江小游道，打通最后20米距离，方便游客从首胜广场进出公园。6月23日，天心区组织区直单位、行业系统和街道的100名新党员代表在南郊公园首胜广场集中开展入党宣誓仪式。

【儿童友好型公园打造】 2021年，长沙市南郊公园致力于生态友好、环境友好、设施友好、活动友好，打造亲子萌宠中心、亲子恐龙自然教育中心、亲子鸟语科普中心、亲子自由派团建中心、亲子游泳中心、亲子传统文化传承中心、亲子森林驿站、亲子红色首战景点8个亲子项目，让青少年儿童在绿水青山中接受自然教育，培养青少年儿童创造性思维和人与自然光和谐共生的理念。

【服务长株潭一体化融城战略】 2021年，长沙市南郊公园策划创办长株潭亲子群众文化大舞台，来自长沙、株洲、湘潭三地的市民群众自编自导自演，向现场观众展示《歌唱祖国》《我和我的祖国》《保卫黄河》《祖国颂》等节目，时间持续近2个小时。“永远跟党走——长株潭亲子群众文化大舞台”大型公益文化品牌首演当天新媒体浏览量突破13万余人次。

2021年，长沙市南郊公园首胜广场　　（南郊公园供图）

【研学、团建平台搭建】 2021年，长沙市南郊公园利用公园天然林相植被优势，为周边中小学、高校、企业提供研学、实践、团建等活动场所，在保护环境、植树造林和植物科普等方面做出特色。“3·12”植树节，南郊公园联合天心区赤岭街道书院路社区及“智慧出行”开展植树节活动，在公园托管地带种植30棵红叶石楠；与中南林业大学合作共建，为中南林业大学的师生提供教学实习基地，为职工群众及市民开展花艺培训和植物科普；支持、配合街道、社区及社会公益组织在园内开展各类公益活动，开展学雷锋和志愿者服务活动。

（本栏撰稿　易　畅）

• 天心阁 •

【概况】 天心阁景区坐落于长沙城市中心，东邻天心路，西接蔡锷南路，南起城南路，北抵人民路。天心阁景区占地面积30390.18平方米，其中建筑面积4033平方米；道路面积7494平方米；水面面积396平方米；绿化面积23108平方米，绿化覆盖面积30602平方米，绿化率60.8%，绿化覆盖率91%。景区是以天心阁和古城墙为主体景观的历史名胜，古城墙于2013年3月公布为全国重点文物保护单位，天心阁于1993年4月公布为湖南省文物保护单位，崇烈亭于2014年3月公布为长沙市文物保护单位。2005年天心阁景区被国家旅游局公布为国家AAAA级旅游景区，2006年8月加入中国文物古迹学会历史文化名楼保护专业委员会。

2021年，天心阁景区丰富文化展陈内容，推进导视导览建设，春节期间实行首次夜间免费开放，开展“点亮蓝灯筑梦未来”、“风车摇曳见证童心”、“我们的节日·中秋”之“天心月圆”等主题活动。（熊　坚）

【景区建设】 2021年，天心阁景区被确立为全市重点红色旅游景区；长沙市文旅融合示范点“天心阁旅游咨询服务中心”通过验收，并投入使用；与阿里巴巴集团支付宝合作，开发小程序入驻景区，实现游客线上预约入园。

（周　惠）

2021年4月13日至6月1日，天心阁景区开展“风车摇曳见证童心”风车展

（天心阁管理处供图）

【天心阁文化展陈项目】 2021年，为擦亮天心古阁名片，挖掘文化内涵与价值，天心阁景区将多年来天心阁历史脉络不清、定位不准、展示内容不实的问题进行全面梳理，通过多次现场踏勘、专家专题论证，对诗词、楹联、文字说明、讲解词等进行勘误。设计“楚天胜境”（主阁）、“溯史兴怀”（北拱）、“壮志潇湘”（南屏）3个展区，通过艺术图版、创作浮雕、软膜灯箱、互动触摸屏、二维码等多手段丰富天心阁文化展陈。（熊　坚）

【天心阁导视导览建设】 2021年，天心阁管理处以服务功能为基准点完善景区导视导览，提炼天心阁主题文化符号，科学设置符合功能、融于环境、个性独特的游园导览导视系统，更换全园导览、景点说明牌等21处、碑面2处，新增宣传栏6处、提示牌108处，更换全园垃圾桶39处。

（熊　坚）

【定湘门建设项目】 2021年，天心阁管理处在景区崇烈广场西侧修建连接天心阁与甘棠址的便门——定湘门。该项目打通公园与县正街通道，给老城区百姓带来便利，为游客体验古城长沙的风土人情带来便利。

（熊　坚）

【天心阁景区首次夜间免费开放】 2021年2月5日晚，长沙天心阁景区首次夜间免费对游客开放。为迎接传统春节，该景区用2000个大红灯笼以及300余组小灯、

1000余面彩旗，对古城墙和天心阁进行装扮。从腊月二十四（2月5日）至正月十五（2月26日），该景区每晚18:30至22:00免费对游客开放。元宵节当天，天心阁景区开展非物质文化遗产展演、猜灯谜品汤圆等活动。

（周　惠）

【天心阁景区“五一”假期主题活动】　2021年4月13日起至五一假期期间，天心阁景区以“风车摇曳见证童心”为主题，用风车装扮天心阁景区。为致敬工匠精神，天心阁景区开展“唯物能语见证匠心”的“非遗”活动，在景区内搭建展示区域，邀请粽叶编、核雕、面塑、毛线钩编等非遗项目的传承人到现场进行技艺展演，从原料、工具、成品等多方位向市民进行零距离展示。

（周　惠）

【2021长沙时装周首秀在天心阁景区启幕】　2021年3月19日，由长沙市天心阁管理处、长沙王府井百货共同打造的2021长沙时装周首秀在天心阁景区启幕。开幕秀将湖南经典花鼓戏《刘海砍樵》穿插于流行电子乐中，其间伴有流行舞蹈；睿锦尚品潮奢集合店、高级女装品牌Edition、密扇2021春夏系列等进行展示。2021年是长沙时装周的第8个年头，作为“春之起航·约惠天心”系列活动，着力挖掘长沙城市文化特色，追求个性和精致感，结合时装走秀成为引领潮流的推广者。

（周　惠）

【关爱孤独症儿童成长活动在天心阁景区举行】　2021年4月2日是第14个世界孤独症关注日，“点亮蓝灯筑梦未来”——关爱孤独症儿童成长活动在天心阁景区举行。当晚，天心阁与中国18大历史文化名楼共同点亮蓝灯，号召全社会关注、关爱、理解孤独症儿童，汇爱前行，为孤独症儿童健康、平等发展提供更有利条件。除开展“点亮蓝灯”活动外，天心阁景区还组织“有爱不孤单免费游古阁”活动，呼吁更多人参与到关爱孤独症儿童的行列。

（周　惠）

【天心阁旅游合作座谈会】　2021年7月22日，2021年天心阁旅游合作座谈会暨旅行社集中签约活动在天心阁景区举行。天心阁管理处邀请橄榄枝、湘辉等10余家旅行社代表，探讨长沙旅游市场变化。天心阁景区就新调整的旅游团队门票销售政策进行介绍，旅行社与会代表表示支持，并签订合作协议。签约结束后，各旅行社代表到景区参观。

（熊　坚）

【首届“天心阁杯”全国青少年书画大赛】　2021年7—10月，首届“天心阁杯”全国青少年书画大赛举行。活动由天心区书法协会承办，天心阁管理处协办，旨在鼓励和引导青少年继承中华民族优秀文化，弘扬社会主义先进文化。作品要求，书法作品内容以中华优秀传统名篇、古典诗词、楹联或能体现时代风貌的诗文为宜，绘画作品内容突出红色文化、传统文化、社会主义先进文化的主题。该活动于7月1日发布征稿启事，8月25日截止征稿，9月初开始评审工作，分初评、复评、终评3个阶段，10月结束评审工作。该次活动共收到海内外投稿作品5826件，其中绘画作品1030件、书法作品4796件，来自海外作品109件。评出300件优秀作品，其中书法220件，美术80件，海外作品获奖7件。根据组织工作和获奖情况，评出优秀组织机构22个、优秀指导教师37人；根据网络投票情况，评出网络人气奖40名。

（熊　坚）

【“天心月圆”天心阁游园活动】　2021年9月16日，“我们的节日·中秋”之“天心月圆”天心阁游园活动在天心阁景区举行。活动通过节目展演和市民游园，在实现文化惠民的同时，让传统文化精髓在天心阁融入时代语境，包括汉服秀场、传统民艺、非遗戏剧、园林市集、古风游戏、传统民俗等节目展演。活动邀请天心区城南路街道的“光荣在党50年”老党员代表、各级道德模范、长沙好人、优秀志愿者等先进模范代表共同游园赏月；汉文化爱好者们演绎古代祈福礼仪；上演舞蹈《丽人行》、木偶剧《月光仙子》、群体快板《趣说长沙》等节目。（周　惠）

体　育

【全民健身】　2021年，天心区建成22个社区智慧健身中心、45处全民健身工程点，1条健身步道，投放健身器材45处、二代智能健身器材8处，鼓励和引导社会资本参与建设羽毛球场篮球场等全民健身设施场地10处，提质改造暮云街道莲华村篮球场成标准的社区多功能运动站场。在全市体育工作会上通报表扬天心区文旅体育局、天心区老年人体育协会，以及何春晖、刘志坚等5人为2017—2021年度长沙市体育工作优秀集体和优秀个人。完成2021长沙市《国家体育锻炼标准》测试组织工作，选拔400人参加测试。

（刘志坚）

【体育赛事】 2021年3月，天心区与株洲市石峰区、湘潭市岳塘区三区联动，举办2021长株潭融城半程马拉松赛暨绿心乡村生态旅游节。4—11月，天心区组成代表团参加长沙市第十届运动会区县组、老年组、青少年组3个组别的比赛并取得优异成绩。区县组团体总分位列第一，共5枚金牌，其中乒乓球项目3枚，网球项目2枚；老年组共2枚金牌，其中门球1枚，棋牌类1枚；青少年组金牌共65枚，其中冰雪轮滑项目6枚，定向越野1枚，乒乓球6枚，攀岩2枚，射击1枚，体操2枚，田径9枚，武术8枚，游泳21枚，皮划艇、赛艇1枚，跆拳道1枚，跳绳1枚，摔跤1枚，棋类3枚，网球2枚。

（刘志坚）

【社会组织、民办非企业体育】 2021年，天心区指导成立太极拳、围棋协会2家，健美操俱乐部1家，指导做好年审、登记管理等业务指导和行业监管工作，确保社会体育俱乐部规范有序发展。

（刘志坚）

【社会体育指导员工作】 2021年，天心区完成排舞、气排球、太极拳3个社会体育指导员培训项目，授课老师均由国家级社会体育指导员担任。培训时间从3月1日至6月4日，总培训周期3个月，由北至南设立4个培训点，共开设24个培训班，分别在区机关、城南路街道、桂花坪街道、先锋街道相关场地开展培训，培训对象涵盖机关及全区各街道社区，新发展三级社会体育指导员400余人。（刘志坚）

【体育调查】 2021年，天心区顺利开展长沙市体育统计调查工作，完成录入新增体育场地127处，完成体育产业统计调查法人及个体户共345家。

（刘志坚）

【全民健身系列活动】 2021年3月11日，天心区“逐梦新征程共筑新高地”2021年干部职工全民健身活动举行。全区61个单位，共88支队伍，1800余名干部职工参赛。比赛以收集“福卡”拼“福”字+完成挑战项目相结合的形式进行。6月2日，在湘府文化公园举办“我要上全运”暨湖南省第二届社区趣味运动会天心区选拔赛。辖区内14个街道选拔出的14支社区代表队，100余名社区居民参赛。6月1日，天心区首届“金融杯”男子篮球邀请赛在天心区雅礼书院中学开赛。天心区金融系统单位的16支代表队和天心区机关干部代表共17支队伍，进行为期10天共44场比赛。9月29日，组织参加2021首届长株潭广场舞比赛。天心区选送6支队伍参加比赛，获得1个一等奖、2个二等奖、3个三等奖。

（刘志坚）

【2021长株潭融城半程马拉松赛】 2021年3月28日，2021长株潭融城半程马拉松赛举行，3000名选手参加比赛。该次马拉松赛由长沙市天心区人民政府、株洲市石峰区人民政府、湘潭市岳塘区人民政府主办，作为推进长株潭一体化发展文旅体先行的系列活动之一，旨在通过体育搭台、文旅唱戏的形式，展示长株潭一体化融合发展新成果。该次活动设半程马拉松赛、融城方阵欢乐跑2个项目，半程马拉松赛起终点均设在天心区暮云街道许兴村村委会，全长约21.1千米，融城方阵欢乐跑全程约5千米。参赛选手安振以1小时6分22秒的成绩获得半程马拉松赛男子组冠军，杨冰洋以1小时17分29秒的成绩获得半程马拉松赛女子组冠军。（刘志坚　郭梦婷）

【暑期免费游泳场馆开放】 2021年7月19日至8月27日，由政府购买服务的位于天心区的华驰体育中信新城小区游泳池、金贝体育白沙世纪佳园游泳池2家游泳场馆，实行免费开放。由于疫情原因，8月1日暂停开放，截至8月1日服务中小学生5000余人。根据疫情变化，及时摸排相关人员，统一组织高危体育场馆开展疫苗接种，开展安全生产培训，开展“四不两直”下点检查，完成需换证场馆的换证前检查。

（刘志坚）

卫生医疗

卫生行政

【概况】 2021年，天心区拥有医疗卫生机构507个，其中疾控中心1个、妇幼保健所1个、社区卫生服务中心14个、社区卫生服务站62个和村卫生室13个、驻区企事业单位医疗机构34个。区级注册卫生技术人员8401人，比2020年增加459人，其中医生3517人，比2020年增加275人；护师护士4884人，比2020年增加184人。街道社区卫生服务中心有医护人员754人（11家公办中心医护人员572人），其中初级职称206人，中级职称220人，副高及以上职称12人。全年建立电子健康档案647018份，建档率97.2%。

【基层卫生】 2021年，天心区全面落实区级基层医疗卫生机构规范化建设和能力提升三年行动方案（2020—2022年），推进大托铺中心建设、坡子街中心选址改建、黑石铺中心“一院两址”提质改造，对8家村卫生室进行升级。累计投入1000万余元，为11个公办中心添置DR、彩超等“六大件”医疗设备，全区基层医疗机构均完成标准化配备，服务能力得到有效提升。全面夯实“家庭医生”签约服务，与长沙市三医院组建“医联体”助推家庭医生签约服务，由市第三医院选派20名副高及以上职称的医生，带教社区医生，提升基层服务能力。深入实施“人才兴卫”战略，实行基层医护人员档案管理全覆盖，建立后备人才库，招聘35名专业技术人员。

【卫生行政】 2021年，天心区在医疗机构设置上，按照方便群众、优化配置、合理布局原则，实行“阳光审批”，全年依法新增注册医疗机构35家（中医备案制8家），依法注销医疗机构13家。行政许可医疗机构变更注册204家、医生护士分别变更注册767人次、1427人次，并录入信用平台。妥善处理来访医患纠纷194起。

【计生及健康扶助】 2021年，天心区全面落实计划生育奖励扶助政策，为辖区1626名特扶对象提供关怀服务，核定独生子女保健费、城市低保、农村奖扶、计生家庭特扶等多项扶助共11812人，发放奖扶资金2551.83万元。计划生育协会发挥政府与计生家庭之间桥梁纽带作用，给全区特扶对象发放重病大病住院护理补贴32.2万元，购买特殊家庭综合保险27.39万元，聚焦生育关怀与家庭健康。

【开展爱国卫生运动】 2021年，天心区开展全方位、多角度爱国卫生运动月健康宣传教育活动，在湘府文化公园进行“共建优美环境，共享健康生活”爱卫月主题宣传活动与知识竞赛活动。街道社区广泛开展“送健康，送服务”健康讲师团知识课堂活动，卫生环境大扫除活动。累计发放宣传手册2.8万份，纪念品500余个，各类消杀药品8箱。

【计生协会暖心活动】 2021年，天心区计划生育协会启动“暖心家园”项目，与该区20余名特扶家庭代表展开“面对面”交流对话，成立赤岭路街道“暖心家园”工作室，为失独家庭打造爱心港湾。组织特扶家庭开展端午、中秋、重阳等节日集体慰问活动3次，走访探望、心理疏导活动5次，户外爬山、踏秋活动2次，惠及对象100余人。“5·29”会员宣传活动日期间，区计生协开展“学党史、践初心，金福关爱暖民心”活动，组织辖区各街道、社区先后开展主题宣传服务活动10余次。

【天心区红十字会开展“三献”工作】 2021年，天心区无偿献血3652人次，获评长沙市无偿献血工作先进区。自愿办理遗体（器官）捐献登记的有1063人，有1位志愿者身故后捐献遗体器官。开展“三献”（无偿献血、捐献造血干细胞、捐献人体器官组织）宣传走进湖南广播电视大学活动，参加人员200余人；组织志愿者给造血干细胞捐献者、遗体器官捐献者陪伴服务22次。

2021年8月19日，天心区庆祝第四届中国医师节暨“最美医师”表彰会举行
（区卫健局供图）

【“最美医师”座谈会】 2021年8月19日，天心区召开庆祝第四届中国医师节暨“最美医师”代表座谈会。会议由区卫健局党组成员曾怡伯主持，区卫健局党组成员、副局长刘旭峰宣读本年度天心区“最美医师”表彰通报，共表彰最美医师30名，并现场颁发荣誉证书。徐樱、付蕾蕾、刘薇、王兰、宁效兴5名“最美医师”代表作表态发言。

【无烟党政机关建设推进会】2021年10月11日，天心区文明办、区卫健局、区机关事务中心、区爱卫办在区机关事务中心二楼多功能视频会议室组织召开该区无烟党政机关建设推进会。区党政机关、事业单位控烟专干，街道分管负责人和专干100余人参加会议。会议倡导党政机关和领导干部在控烟工作中发挥示范引领作用。 （本栏撰稿 符凤姣）

卫生监管

【概况】 2021年，天心区开展卫生计生监督检查专项执法行动，办理各类行政处罚案卷79起，其中一般程序66起，简易程序13起。一般程序中，公共场所类案件30起，饮用水及二次供水案件3起，消毒产品类案件1起，传染病类案件2起，医疗执业类案件22起，职业卫生类1起，放射诊疗类7起，共罚没51.37万元。办结大要案4起，大要案办理数为区卫监局成立以来最多年份。行政处罚案件七个工作日内在该区政务网进行公示。截至12月31日，共接到投诉146起，立案25起，每起投诉均及时处理，回复率及满意率均达100%。做好信用建设工作，对行政处罚满三个月的当事人引导其进行信用修复，信用修复率60%。新闻作品《天心卫监：抽检现制现售饮用水设备》被湖南省卫监局评为“蓝盾新闻奖——十佳新闻作品”。

【监督执法体系建设】 2021年，天心区结合三级监督执法网络体系建设和日常综合监督工作需要，制订年度学习培训计划，组织业务学习10余次，培训人员300人次；先后选派30余人（次）参加湖南省卫健委、长沙市卫健委、市卫计综合监督执法局和天心区司法局组织的信息化建设、医疗执业卫生、公共场所、稽查工作、行政执法能力等专业培训；对社区协管工作开展4次指导或考核。全面落实《行政执法公示制度》《行政执法全过程记录制度》《重大行政处罚案件集体审理制度》，规范执法行为，提高执法质量，促进严格规范公正执法。

【卫生行政许可工作】 2021年，天心区受理发放公共场所许可证969家；饮用水51家，其中分质供水20家，二次供水31家；放射诊疗许可29家。落实“最多跑一次”“一件事一次办”政务服务事项工作，优化卫生许可证办理流程，为群众减负。

【医疗执业监督】 2021年，天心区开展医疗机构医疗欺诈违规违法行为专项整治行动，共发现医疗机构医疗欺诈等违规违法行为线索8条，立案12起，结案12起，结案率100%，罚款2.07万元，吊销“医疗机构执业许可证”1本，处罚医务人员4人。开展口腔医疗

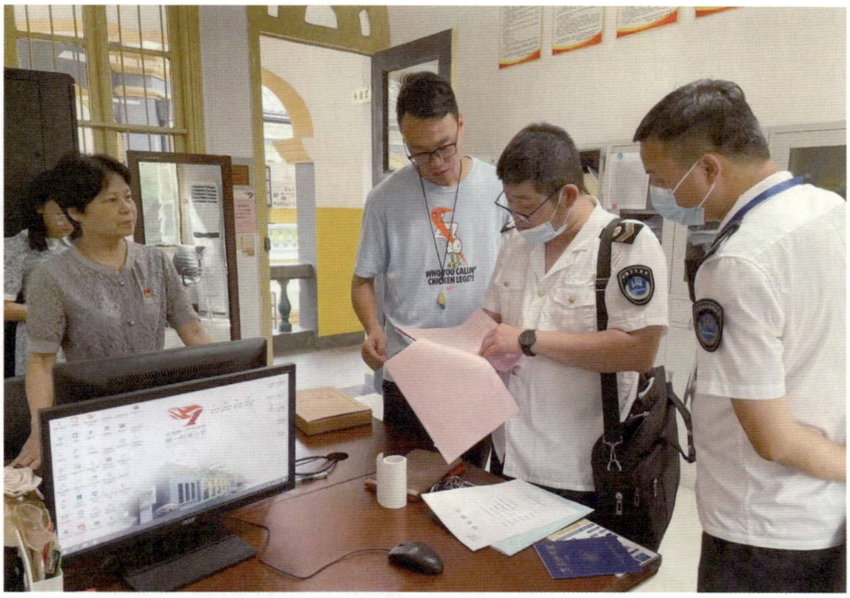

2021年9月13日，天心区卫监局对区内中小学校开展秋季学校卫生监督专项检查工作（区卫健局供图）

机构、医疗美容机构和体检机构以及打击非法行医等专项执法检查，共检查医疗美容机构26家，生活美容机构40余家，查处违法行为2起，罚款17.75万元，没收违法所得2.47万元，没收药品50余千克；检查口腔机构50余家，立案7起，罚款1.92万元；检查体检机构7家，立案1家，罚款900元。

【传染病防治监督】 2021年，天心区按照《中华人民共和国传染病防治法》属地管理原则和新冠肺炎防控相关要求，对辖区医疗机构疫情期间传染病防控工作进行专项检查，检查内容包括发热门诊、预检分诊点设置执行是否到位，消毒、医疗废物、废水处置是否合规等，重点检查医疗机构新冠肺炎疫情防控落实情况和医疗废物处置情况，共计检查900余家次医疗机构。结合新冠肺炎疫情专项检查开展医疗废物专项检查活动，出动卫生监督员200余人次，对400余家医疗机构进行专项检查，共查处违法行为2起，罚款3800元。

【职业病防治监督】 2021年，天心区对有职业病危害因素的企业进行全面摸底排查，建立职业病危害因素企业本底，累计出动监督员162人次，检查企业75家次。加大对作业场所的监督检查力度，及时查处违法违规行为，职业卫生结案4起（含简易程序），罚款1万元；处置3例疑似职业病报告，出动监督员核实相关资料、现场检查。严格落实“谁执法、谁普法”要求，结合第19个《中华人民共和国职业病防治法》宣传周活动，围绕“共创健康中国，共享职业健康”主题在长沙长利电气有限公司进行《中华人民共和国职业病防治法》宣讲活动，现场采用宣讲、观看视频、有奖知识问答、发放宣传资料等方式，宣传职业病防治和职业健康知识，吸引大批职工观看、学习，提高用人单位和劳动者职业病防治法律意识。

【公共场所卫生监督】 2021年，天心区开展辖区各类公共场所的疫情防控专项执法检查工作，出动执法人员680人次，执法车辆150车次，监督检查公共场所等单位302店次，重点检查疫情防控措施以及公共用具消毒情况，书写执法文书160套。开展爱卫、游泳场所、住宿场所、美容美发以及控烟等方面专项执法检查，对严重违法的公共场所进行行政处罚，共计立案查处35起（含简易程序），罚款8.61万元，其中办理控烟类案件3起，对在公共场所吸烟个人进行处罚。

【学校卫生监督】 2021年，天心区开展春秋两季传染病防控监督检查专项活动，对学校传染病防控情况、学校生活饮用水情况和学校环境卫生进行督导检查，监督覆盖率100%。开展校园周边环境专项整治活动，共出动卫生监督执法人员340人次，对校园周边的医疗机构、公共场所进行认真排查，监督检查校园周边医疗机构80家次、公共场所单位等120家次，未发现校园周边的医疗机构违规宣传、非法行医和违规公共场所。保障“三考”（高考、中考、学考）安全，6月3—20日，在长郡中学、明德中学、长郡湘府中学3个高考考点、7个中考、3个学考考点学校，现场督导考点做好突发性公共卫生事件应急预案、传染病防控管理、生活饮用水卫生等制度落实，重点落实学生宿舍、食堂、考室等人员密集重点场所的环境整治与消毒工作。开展天心区托幼机构校外培训机构学校采光照明双随机抽检工作，共抽检15家机构，对不合格单位下发卫生监督意见书，将抽检结果通报区教育局并向社会公布信息。

【生活饮用水及二次供水监督】2021年，天心区对辖区二次供水单位进行监督检查，共计出动执法人员310余人次，对141家二次供水单位进行监督检查，书写执法文书66套，责令整改22家。对3家无证供水单位立案处罚，罚款共计6000元。结合学校卫生专项检查，对辖区学校分质供水单位进行监督检查，出动执法人员170余人次，对85家分质供水单位进行监督检查，书写执法文书85套，责令整改12家，监督检查覆盖率100%。同时，结合三级监督网络，安排辖区地段协管员上门巡查，全年出动协管员380余人次，巡查生活饮用水单位380余家次。

【食品安全工作】 2021年，天心区有集中式餐饮具消毒产品生产企业4家。年内对4家餐饮具集中消毒服务单位现场监督20次，书写卫生监督文书14份，感官检查产品42套，均未发现明显异常；按《食品安全国家标准消毒餐（饮）具》（GB 14934—2016）要求，委托天心区疾控和第三方检测公司对4家企业监督抽检7次共35个单品，实验室结果均为合格，及时将检测结果在区官网进行公示。根据《湖南省2021—2023年食品安全标准跟踪评价工作方案》要求，做好食品安全标准跟踪评价工作，组织辖区内4家餐饮具集中消毒服务单位负责人先后学习《食品安全国家标准消毒餐（饮）具》（GB 14934—2016）以及填写粮食及粮食制品线上及线下纸质问卷，同步完成常态评论；10月组织辖区内2家餐饮具集中消毒服务单位企业负责人填写《食品安全国家标准消毒餐（饮）具》跟踪评价问卷调查表。

【双随机工作】 2021年，天心区实行“双随机”抽查机制，提高随机抽查在检查工作中的比重，完成全年国家“双随机”抽检162家单位的监督检测工作，对存在问题的19家单位进行立案查处，并及时录入信息系统。本年度“双随机”抽查抽检结果公示于天心区政府官网，接受群众监督。

【现制现售饮用水卫生安全】2021年，天心区对辖区内现制现售饮用水情况进行专项摸底，排查相关经营单位17家。区卫监局邀请辖区内17家现制现售饮用水经营单位负责人共同学习研讨《天心区现制现售饮用水卫生安全监管指导意见》，并对相关经营单位进行学习培训。6月2—8日抽检辖区内现制现售饮用水供水点26处，合格率93%，对抽检不合格2家供水单位进行约谈，责令停止供水，立即整改，经重新检测合格后方可供水。

【“智慧卫监”】 2021年，天心区加快推进长沙智慧卫监综合管理平台的使用，加大对硬件设施设备的采购资金投入，投资资金69860元，采购55寸液晶拼接智慧大屏、高清解码器、智慧大屏控制电脑、智慧指挥中心会议音响、智慧指挥中心会议功放、智慧指挥中心会议手持式无线话筒、智慧指挥中心会议安装机柜、无线便携打印机等设备，成立智慧卫监综合管理指挥中心，保障本级平台运行的日常专项经费，全面推进对医疗卫生机构、学校、公共场所、职业卫生相关企业等监管对象实行全行业、全方位、全过程的“互联网＋监管”。同时组织卫生监督员积极参加培训，确保监督员能够熟悉使用该平台，提升执法信息化建设能力。

【集中式餐饮具消毒整治】 2021年，天心区共有集中式餐饮具消毒产品生产企业4家。根据《关于做好中央第六生态环境保护督察组交办环境问题查处整改工作的通知》要求，按照《长沙市餐饮具集中消毒服务机构卫生规范》分别对转交处理的3家集中式餐饮具消毒产品生产企业进行监督检查，结合国家卫生健康委、市场监管总局联合印发第3号公告中《食品安全国家标准餐（饮）具集中消毒卫生规范》（GB 31651—2021），建议集中式餐饮具消毒产品生产企业结合本企业实际情况自主进行提质改造，对生产厂房设计、功能布局调整，做到去渣、粗洗和精洗、消毒分离，消除厂区异味、噪声、污水污染。截至年末，完成提质改造企业1家。

【集中约谈采光照明检测不合格教育机构】 2021年，天心区卫监局委托第三方检测机构对天心区大中小学、托幼机构及校外培训机构进行采光、照明等项目检测。10月19日，天心区对本次检测中不合格的5家大中小学、9家托幼机构、6家校外培训机构进行集中约谈。要求被约谈单位针对检测中发现的采光、照明等问题，认真查找存在的原因，深切分析此次检测结果，针对问题抓整改，切实提升天心区儿童青少年近视防控工作水平。

（本栏撰稿　李慧珊）

疾病预防控制

【概况】 2021年，天心区疾病预防控制中心（简称“区疾控中心”）以建设“健康天心”为主线，以新冠肺炎疫情防控为重点，努力提高疾病防控水平，不断增强突发公共卫生事件的应急处置能力，巩固“国家慢性病综合防控示范区”“县级甲等疾控中心”建设成果。故事宣讲《抗疫长征路》获评长沙市疾控系统文艺党课展演一等奖，肿瘤登记工作获得“国家肿瘤随访登记项目工作进步奖”。

【疫情监管】 2021年，天心区派出专业技术人员对辖区医疗机构、社区卫生服务中心的传染病及突发公共卫生事件管理、疫情网络直报、结核病防治等工作进行专项指导，共计64家次。每月对辖区传染病疫情进行专题分析、风险评估，并将结果向上级部门和29家疫情网络直报单位进行通报；完成传染病疫情漏报调查，漏报调查医疗单位覆盖率100%。安排专人24小时值班，负责传染病预警信号的查看和相关信息的分析、核实与处理。截至12月31日共处理预警信息218条，及时处理率大于99%。全年该区发生乙类传染病14种1388例，报告发病率16.99/万；丙类传染病5种3601例，报告发病率53.83/万；无甲类传染病发生。传染病及时报告率99.8%，及时审核率100%，无重卡，身份证填写完整率100%。

【重点传染病防控】 2021年，天心区开展禽流感环境监测，无阳性发现；8月27日，长沙市中心医院报告该区一例人感染H9N2流感病例，经调查处置，确定感染来源为邵阳市邵阳县，对患者及密切接触者开展2轮流感标本检测和健康监测，对患者家庭环境开展流感标本检测和消毒处置，经过最长潜伏期，无续发病例出现，已结案。5—10月对霍乱外环境疫源检索，完成外环境样90份，1—12月辖区医疗机构腹泻患者登记检索572人，无阳性发现。辖区医疗机构腹泻患者登记检索540人，无阳性发现。2021年，天心区手足口病发病1357例，无重症病例，无死亡病例；每月采集散发手足口病病例相关标本送市CDC进行病原学检测，累计采样55例。

【新冠肺炎疫情处置】 2021年，天心区共报告境外输入新冠肺炎病例9例，无症状感染者7例，本地病例1例，无症状感染者1例。截至年末累计管控新冠肺炎密接、次密接和入境接机2778人，其中管控新冠肺炎密切接触者1177人（含包机密接653人），管控次密切接触者1269人；收到新冠疫情接触者协查函件1000余份，累计采样检测153万余份。定期监测冷链食品和作业环境新型冠状病毒污染状况和相关从业人员感染情况，对辖区超市、农贸市场、冷库、文娱场所进行循环监测，共采集样品10803份，检测结果均为阴性。1月7日、1月28日、2月18日、11月25日共接送境外回国包机4趟，对境外输入的新冠肺炎确诊病例及无症状感染者开展流行病学调查17次，接送旅客864人次。7月30日至8月1日，天心区报告1例本地新冠肺炎确诊病例，1例无症状感染者。根据长沙市、天心区两级疫情防控专家研判论证，按照科学划定、精准管控工作原则，8月1日赤岭路街道乾城嘉园小区1期被调整为中风险地区。8月15日9时，天心区赤岭路街道乾城嘉园小区1期由中风险区调整为低风险地区，封闭管控区域解除封闭管理。

【突发公共卫生事件处置】 2021年，天心区及时处理新冠肺炎疫情、新冠肺炎密接追踪、重点场

2021年8月3日，天心区委书记吴新伟（左一）督导检查疫情防控工作

（区卫健局供图）

所新冠病毒采样监测、肺结核聚集性疫情事件、手足口疫情等突发公共卫生事件，出动机动队200余次，共800余人次，各起事件均处理及时果断妥当，疫情得到有效控制。严格按照学校、社区卫生服务中心、区疾控三级处置原则，做好学校和托幼机构聚集性疫情风险排查和疫情分级处置工作，年内未发生大的暴发疫情和突发公共卫生事件。

【结核病防治】 2021年，天心区辖区医疗机构报告肺结核疫情84例，管理肺结核患者数296人，辖区肺结核报告病例的总体到位率95.67%，定点医疗机构肺结核患者病原学检测阳性率50.54%，病原学阳性患者的耐药筛查率93.75%，耐多药患者的治疗率100%，基层普通肺结核患者规范管理率92.08%，普通肺结核患者成功治疗率92.08%，肺结核患者开展HIV筛查率99%，均达到上级要求。65岁及以上老年人、糖尿病患者的结核病筛查人次数达75613人次。

【艾滋病防治】 2021年，天心区对辖区艾滋病户籍患者实施50元/月电话补助，发放18.92万元，支付患者治疗补助16.28万元。对辖区强制戒毒人群、自愿咨询检测人群共采样检测3097份，初筛阳性11例。截至12月31日，辖区共报告新发现HIV/AIDS病例63例。累计现住址为辖区范围的存活HIV及艾滋病病例784例。患者随访率、配偶检测率、治疗率，结核检查率指标均达到上级要求。

【艾滋病防治宣传】 2021年，天心区第34个“世界艾滋病日”，宣传活动主题为“生命至上、终结艾滋、健康平等”。为做好艾滋病防治宣传，天心区疾控中心携手辖区各街道、基层医疗卫生机构、医院、学校开展形式多样的艾滋病主题宣传活动，并于12月1—31日对途经辖区的180台公交车投放艾滋病防治宣传知识。

【慢性非传染性疾病防治】 2021年，天心区在国家严重精神障碍信息系统有在册患者2651例，在册率为3.98‰；在管患者2621例，管理率98.87%；规范管理患者2607例，规范管理率98.34%；规律服药人数2303例，规律服药率为86.87%；面访人数2611例，面访率98.49%。共收集肿瘤新发病例876例，发病率为168.4/10万；收集肿瘤死亡病例570人，死亡率为110.0/10万。共完成防癌风险评估问卷1083份，完成临床筛查693例；完成城市癌症早诊早专项随访25760人；上消化道癌专项随访1230人。

【健康教育与健康促进】 2021年，天心区健康宣传主要以线上宣传为主线下为辅，先后结合宣传日组织“3·24”结核病宣传日、“4·15”全国肿瘤宣传周、4月25日至5月1日职业病宣传周和5月31日世界无烟日等线上知识有奖问答活动，全年共制作发放宣传折页33万份，接受健康教育宣传人员4.9万人次；全区共组织大小讲座142场，受益人员近8380人。组织基层健康教育工作人员培训2次，培训人数205人次，业务指导2次。下发宣传视频资料和宣传折页，定期更换固定宣传栏，湖南省卫生健康委员会对健康促进区建设工作验收合格。

【地方病防控】 2021年，天心区开展血吸虫病防治，春秋两季对以黑石铺滩为重点的湘江东岸沿岸河滩、兴马洲沿江河滩及沿江一带垸内沟渠、农田、涵闸等进行螺情调查，共调查197万平方米，其中垸内210万平方米，垸外1055.50万平方米，调查框数4920框，未发现死、活钉螺；制作氯硝柳胺缓释球并投放于黑石铺滩进行药物灭蚴，灭蚴面积10万平方米；开展血防宣传活动及日常宣教活动；落实急感防控工作，年内共排查和登记180人（当地165人，外地15人），未发现疑似“急感”病例，无一例急血病例报告；对疫区学校的学生发放《血吸虫病连环画》及不下河游泳协议书各1份；对7个学校185名学生进行血防知识测试，及格人数179人，血防知识知晓率为96.76%；对361名本地居民进行血检，2名居民进行粪检，结果均为阴性；化疗15人，无不良反应报告；按照监测方案要求，对273名流动人群进行监测。开展碘缺乏病防治，采集200名8~10岁儿童尿样、家中盐样，100名早、中、晚期孕妇尿样及家中盐样进行盐碘、尿碘含量检测，检测结果为非碘盐率3.67%、碘盐覆盖率96.33%、碘盐合格率94.46%、合格碘盐食用率91.00%；5月15日开展第28个“防治碘缺乏病日”宣传活动。开展疟疾防控，辖区各医疗机构以不同形式开展以“防止输入再传播，巩固消除疟疾成果”为主题的“全国疟疾日”宣传活动。截至年末，共完成不明原因发热患者疟原虫镜检24例，镜检结果全部为阴性；对3张阴性血片进行复核，阴性血片复检符合率100%。

【免疫规划】 2021年，天心区共有预防接种点31个，共开展8轮预防接种培训，培训预防接种人员952人，医疗救治人员253人，均通过培训考核、资质注册。印发《天心区关于分阶段做好各类人群新冠病毒疫苗接种工作的通知》；对辖区内接种点接种医生进行三段式培训，保障新冠疫苗接种人员需求；面向各类人群开展多种形式宣传工作，提高辖区新冠疫苗接种意愿；分社区、单位进行详细摸底动员推动新冠接种；提供多种接种服务；设立疾控新冠接种工作专班，落实该区疫苗调拨分配、对接协调、AEFI监测、完善工作方案制度；收集比对上报数据表格；定点定期业务指导、督促任务进度推进等工作。截至年末，该区新冠接种第一剂接种816412人，接种率97.66%。累计报告完成新冠疫苗接种185.38万剂次（其中基础免疫172.90万剂次，加强免疫124829剂次）。12岁及以上人群第一剂接种进度111.53%，全程接种率97.45%，18岁及以上人群加强针接种占比46.86%。辖区共下发免疫规划疫苗144407支，注射器242500支，销售非免规疫苗1474385支，其中包括新冠疫苗1170973支。儿童免疫规划类疫苗接种153419剂次。

【卫生监测】 2021年，天心区设置生活饮用水监测点25个，完成158份生活饮用水的采样监测任务，包括城市管网末梢水、自建水厂出厂水及末梢水、二次供水、学校饮用水、农村分散式供水、学校直饮水等，监测合格145份，合格率91.8%，不合格水样均为农村分散式供水。共采集监测食品样品150份，其中本地种植的大米样品20份，3份合格，合格率15%。蔬菜样品30份，13份合格，合格率43.3%。稻谷样品20份，4份合格，合格率20%。市售大米样品20份，合格率100%。甜品及现制饮料样品30份，合格率100%。另采集学校食品、蜜饯、粽子、月饼、鲜湿米粉等30份样品已送往市疾控食安科。学校食品、粽子、月饼、鲜湿米粉合格率100%，蜜饯4份合格，合格率80%。结果按照要求在规定的时间内上报国家系统。

【实验室标准化建设】 2021年，天心区完成县级疾控中心标准化建设工作，区疾控中心完成年度省政府重点民生实事“疾控中心标准化建设”项目，区疾病预防控制中心建设面积、仪器装备和检验检测能力均达到疾控中心标准化建设中区县级A类标准。所缺A类仪器通过招标到位，能够开展完成所有A类项目。累计完成投资166万元，购买仪器设备34台，其中，空气微生物采样器（4台），干热灭菌器（2台），CO_2培养箱（1台），恒温水浴箱（1台），尿素测定仪（1台），水样采样箱（2台），声级计（1台），照度仪（1台），激光测距仪（2台），脊柱侧弯测量仪（2台），流量校准仪（1台），标准声源校准仪（1台），声级校准器（1台），WBGT指数仪（1台），皂膜流量计（1台），α、β表面沾污测量仪、X/γ射线巡测仪（1套）（含：环境级、防护级），低温冰箱-40℃（1台），均质器（1台），1/1000电子天平（1台），1/100电子天平（1台），手持式采样定位记录器（1台），多道移液器（12通道1套），电磁力搅拌器（1台），核酸提取仪（2台），全自动细菌鉴定仪（1台），实验室现有A类设备86台。12月6日，完成实验室标准化建设项目。

【职业病防控】 2021年，天心区利用网络、电视、广播、宣传资料等多种形式，加大对《中华人民共和国职业病防治法》等相关法律、法规及职业病防治知识的宣传力度。截至12月31日，存活并居住在天心区的尘肺病患者共25例，经核实满足尘肺病救助

2021年9月27日，长沙市卫健委到天心区疾控中心督导实验室标准化建设工作

（区卫健局供图）

条件的病例为0人。8月，该区制定辖区职业病危害现状调查实施方案，成立专项工作领导小组，收集各部门本底资料，组织各街道办事处及社区卫生服务中心开展相关业务培训，完成企业现场调查145家，已上报至“工作场所职业病危害因素监测系统”。根据《长沙市2020年工作场所职业病危害因素监测工作方案》要求，完成20家企业职业病危害因素监测及正式报告数据上报工作；在市疾控指导下完成3家企业监测及典型报告数据上报工作。完成53家医疗卫生机构医用辐射防护监测调查及2家非医疗机构放射性危害因素监测。根据《2021年长沙市医院消毒与感染控制项目监测工作方案》要求，该区设置2个监测点医院。开展医用隔帘微生物污染情况及医疗机构直饮水卫生质量专项调查，共采集30份医用B超探头和10份医疗机构直饮水。

【开展核酸检测应急演练】 2021年2月2日，天心区举行“应对新冠肺炎疫情人群核酸检测”应急演练，确保应急状态下快速、高效、规范开展大规模人员核酸采样工作。活动由区防控指挥部主办，区卫健局、黑石铺街道办事处、区疾控中心承办，区公安分局、区教育局、区民政局、区应急管理局、各街道办事处分管负责人、各街道社区卫生服务中心负责人、机动队160人参加。长沙市疾控中心专家进行了现场点评。

【天心区推进新冠疫苗接种工作会议】 2021年3月26日，天心区召开推进新冠疫苗接种工作会议，天心区政府副区长黄会出席会议，区委督查室、区卫健局、区疾控中心、各街道办事处、各街道社区卫生中心主要负责人及分管干部参加会议。会议传达省、市推进新冠疫苗接种工作最新要求，下发接种方案，并从接种点设置、疫苗供应调配、人员组织发动、督查指导等方面对该区疫苗接种工作进行再部署再强调。

（本栏撰稿　谢　萍）

妇幼保健

【概况】 2021年，天心区全力保障妇女儿童生命安全与健康，全区助产机构活产数1800人，户籍活产数3509人，孕产妇死亡率为0，5岁以下儿童死亡率2.56‰，婴儿死亡率为1.71‰；出生缺陷发生率为77.22/万。区妇幼开展的关爱“两癌”贫困妇女爱心项目获评“爱心天心”帮扶工程爱心项目。

【母婴安全】 2021年，天心区完善母婴安全保障协调机制，加强质量管理，落实责任，提升危急重症救治水平。3月，长沙市三医院儿科新病房启用，总面积扩增至1196平方米，为原来病房的2.5倍，改善就诊环境，提升救护能力。6月，邀请市妇幼新生儿科主任龚晓琴在长沙市三医院开展区级危重新生儿救治中心复评指导，为有效降低新生儿死亡率打下基础。9月，开展对长沙市三医院区级危重孕产妇救治中心评估工作。10月，与市妇幼保健院联合共建，共同举办天心区医疗机构新生儿复苏培训班，提高辖区助产机构医务人员新生儿急救能力，提升新生儿安全和健康保障。定期开展半年度一次的危重孕产妇评审和急救演练工作，结合产科质量检查开展助产机构产科门诊规范化建设，提高全区产科质量、高危妊娠管理等服务能力。

【“两癌”检查及产前筛查】 2021年，天心区落实省、市重点民生实事项目，为1400名农村适龄妇女和城镇低保妇女进行“两癌”（宫颈癌、乳腺癌）检查，目标人群覆盖率107.69%，发现宫颈癌前病变11例，宫颈原位腺癌1例，宫颈浸润癌1例，未发现乳腺癌患者；为7674名适龄妇女进行“两癌”检查，目标人群覆盖率109.63%，发现宫颈癌前病变75例，宫颈癌6例（宫颈原位腺癌3例，宫颈微小浸润癌1例、宫颈浸润癌2例），发现乳腺其他恶性肿瘤2例，乳腺浸润性导管癌1例。宫颈癌及乳腺癌早诊率均分别为97.53%和100%，阳性对象均进行治疗及随访，治疗及随访率均为100%。为5421名孕产妇进行免费产前筛查，目标人群覆盖率为100.39%。完成产前诊断1360人，产前诊断率99.49%，风险人群妊娠结局追访1459人，追访率96.18%，因确诊染色体异常疾病终止妊娠6人。

【妇幼公共卫生服务】 2021年，天心区加强孕产妇及儿童健康管理。辖区孕产妇保健覆盖率100%，孕产妇保健系统管理率97.01%，早孕建册率94.28%，产后访视率97.63%；0~6岁户籍儿童333452人，3岁以下儿童系统管理率93.65%，7岁以下儿童健康管理率96.58%，新生儿访视率99.33%。依托“妇记通”微信小程序开展入园体检，截至12月31

日，区妇幼门诊共进行儿童入园体检11889人次，托幼机构工作人员体检5218人次。改革婚前医学检查模式，派专人到婚登窗口进行宣传，确保婚姻登记人员底子清，政策宣传到位，对未进行婚检的人员进行一次电话随访。全区开展免费计划生育手术453例，计划生育手术并发症发生率为0；围绝经期免费取环213人，目标人群覆盖率114.51%；开展爱心助孕义诊2次，共为199个不孕不育家庭提供优惠援助；免费发放避孕套466059只、口服避孕药365盒，外用避孕药812盒，宫内节育器310套，惠及71688人。依托“妇记通”微信小程序开展入园体检，截至12月31日，区妇幼门诊共进行儿童入园体检11889人次，托幼机构工作人员体检5218人次。改革婚前医学检查模式，派专人到婚登窗口进行宣传，确保婚登人员底子清，政策宣传到位，对未进行婚检的人员进行一次电话随访。

【出生医学证明管理】 2021年，天心区5家助产医院和区妇幼所进一步规范“出生医学证明”管理和发放，明确责任科室和责任人，建立出生医学证明管理和签发人员终身责任追究制度。年内机构活产数1800人，发放有效“出生医学证明”1915份，首次签发1731份，首次签发率96.17%，废证3张，废证率0.16%。

【妇幼卫生信息管理】 2021年，天心区健全妇幼健康信息管理制度，规范信息资料上报、接收、审核、反馈登记程序。充分利用例会进行妇幼信息资料上报、反馈，确保出生、死亡信息及时沟通交换，减少漏报、错报；区妇幼卫生信息将日常工作中各项各类报表、常规报表会审、例会培训参加情况纳入考核和通报，及时发现问题，限期整改；严格落实信息系统安全措施，信息安全责任到人，确保数据和信息的安全。

【出生缺陷综合防治】 2021年，天心区以预防为重心，不断健全三级出生缺陷综合防治体系。深入实施婚前医学检查、孕前优生健康检查、血清学产前筛查、NIPT检测、新生儿疾病筛查等妇幼公共卫生服务项目，坚持做好专项培训、定期质控督导、阳性病例随访追踪等工作，该区完成孕前优生健康检查2062人，目标人群覆盖率103.1%；完成免费婚前医学检查4380人，婚检率81.5%；孕产妇叶酸服用率98.81%，依从率98.54%；艾滋病、梅毒和乙肝孕期检测率100%，孕早中期检测率99.56%。无艾滋病感染孕产妇，梅毒感染孕产妇所生儿童接受预防治疗率100%，乙肝感染孕产妇所生新生儿乙肝免疫球蛋白注射率100%。完成辖区新生儿多种遗传代谢病筛查5950人，发现初筛阳性儿童381例，确诊先天性甲低3例，G-6PD21例，新生儿串联质谱遗传代谢性疾病2例，先天性肾上腺皮质增生症1例；完成新生儿遗传性耳聋基因检测5939人，发现初筛阳性儿童301人。

【关爱重点特殊人群】 2021年，天心区对病情危重的孕产妇、家庭贫困“两癌”患者以及残障儿童等重点特殊人群给予持续关注关爱，定期走访慰问，为他们送去温暖关怀。对10名“两癌”贫困阳性对象，拨付1万元经费，并在春节前进行上门走访慰问；为天心区家嘉康复训练中心的孩子提供免费入园体检，依托“党建手拉手，保健心连心”联合结对共建活动，联合长沙市妇幼保健院开展医教结合培训，系统化提升该机构教师的康复训练能力，让特殊儿童接受到更优质更专业的康复服务。

【孕产妇疫情防控】 2021年，天心区对全区7000孕产妇进行全面摸底和排查，其中8月份对排查出的9位黄码及隔离孕产妇进行全程随访，10月份将165位育龄女性密接和次密接进行逐一排查，对排查出的3位黄码孕产妇进行全程随访，保障孕产妇床位、药品、物资、后勤足量供应，接诊工作流程规范，确保出现紧急情况时孕产妇的及时诊治和应急防控等工作到位。

【“妇记通”微信小程序】 2021年8月16日，天心区推出“妇记通”微信小程序开展儿童入园体检和托幼机构工作人员体检。为长沙市首家推行线上预约、在线支付和远程领取结果的区级妇幼保健机构，实现动态控制门诊量，避免人群聚集，有效落实疫情防控要求，并减少家长和教师的跑路次数，缩短体检时长，方便群众。（本栏撰稿　刘　姣）

社会生活

人力资源和社会保障

【概况】 2021年，长沙市天心区坚持民生为本，优就业、扩社保、保权益、激活力，城镇新增就业12360人，城镇登记失业率1.42%，审核发放各类就业补助资金6847万余元，开展政府补贴性技能培训68463人次，开展“春风行动”“民营企业招聘月”“金秋招聘月”“稳岗送春风，温暖长株潭”招聘月活动等线上线下招聘活动；全区养老保险覆盖率98%以上，社保业务单位网上办理率80%以上；根治欠薪线索平台核处率保持95%以上，协调处理农民工工资拖欠15起，为劳动者挽回经济损失2300万余元；面向社会公开招聘教师180人，招聘区直机关编外合同制人员136人。2021年，湖南省人社厅专门发函对天心区人社工作予以表扬激励；稳岗就业工作在全省电视电话会议上作经验交流；就业创业工作作为唯一区（县）代表湖南省参加第三届全国创业就业服务展示交流活动，获评“城市创业优秀展示项目”。长沙市天心区人力资源和社会保障局（简称“区人社局”）先后获评长沙市国有企业退休人员社会化管理服务工作优秀单位、长沙市普法工作先进集体、天心区先进基层党组织。“春风行动”“创新创业训练营”“我为群众办实事”等多项工作在《人民日报》、湖南新闻联播、湖南经视、“新湖南”客户端、红网时刻等媒体进行报道。

【就业培训】 2021年，天心区城镇新增就业完成12360人，城镇登记失业率1.42%，失业人员再就业12342人，就业困难人员再就业3455人，新增农村劳动力转移就业350人，新增就业见习人员154人，零就业家庭100%动态清零。围绕高校毕业生、乡村劳动者、就业困难人员等群体，区人社局组织“春风行动”“民营企业招聘月”“2021届长沙高校毕业生就业服务季”“金秋招聘月”等线上线下招聘活动29场，发布招工岗位12万余个。落实惠民惠企政策，审核发放各类就业补助资金6847万余元。开展困难人员帮扶，深化“311”就业服务，办理就业失业登记19631人次，其中困难认定1895人。援企招工到通道县县溪镇、洛塔乡阿亏村等出行不畅的乡镇和村组，50余家企业提供5000余岗位。做好扶贫车间、扶

2021年6月和9月，长沙市天心区联合株洲市石峰区、湘潭市岳塘区，举办2021年长株潭一体化乡村创新创业训练营2期

（区人社局供图）

贫基地服务工作，促进脱贫人口稳岗就业。推动21个省级充分就业社区（村）创建点工作。组织电子商务师、计算机操作员等政府补贴性技能培训68463人次；新增1家市级创业孵化基地；联合株洲市石峰区、湘潭市岳塘区，举办2021年长株潭一体化乡村创新创业训练营2期，培训72人。联合湘潭市岳塘区举办2021年度首期联合职业技能培训班，培训母婴行业学员34人。牵头组建天心区职业技能大赛代表队参加长沙市第一届职业技能大赛，取得5枚金牌、4枚银牌、5枚铜牌，获评大赛“突出贡献奖”。

2021年11月20日，天心区职业技能大赛代表队参加长沙市第一届职业技能大赛，获大赛“突出贡献奖”　　（区人社局供图）

【社会保障】 2021年，天心区养老保险覆盖率98%以上。城乡居民养老保险基数实现“17连调”，达到每人每月228元，失业保险金标准提高到1530元/月。在全市率先探索“询办分离”的服务模式，增设咨询窗口，推广业务“指尖”办理，每周点对点短信告知新参保单位参保流程。每月组织街道、社区工作人员跟班学习轮训。指导社区做好国有企业常态化移交工作，天心区3个工作典型入选《我为群众办实事长沙人社在行动》专题片，在长沙新闻频道进行播放。完成原试点机关养老保险退费工作，做好被征地农民社会保障对象摸底和纳入工作，推进社保系统统筹改革，社保业务办理全面切换到省级社保信息系统。开展社保基金管理防风险堵漏洞专项行动，推进养老保险待遇核查“回头看”工作，核查29.68万人、42.5万张社保卡。常态化抓好日常防控，运用基金监管软件发现预警信息核查完成率100%。

【劳动权益维护】 2021年，天心区收到劳动人事争议纠纷案件申请924起，其中立案受理816起，结案878起，其中调解结案573起，调撤率61%，为劳动者挽回经济损失2300万余元。指导全区14个街道的劳动争议基层调解平台建设，发放最新版基层调解庭庭徽及调解员实用手册。开展公益律师结对帮扶，推进“一站式”多元化调解平台，联合成立综合诉源治理工作站和劳动纠纷调解室。成立根治拖欠农民工工资工作领导小组，建立联点承包街道、项目工作机制，动态排查在建项目70家，核缴77家在建项目农民工工资保证金5028万元，处理全国互联网欠薪平台线索1074条，核处率保持95%以上。协调处理农民工工资拖欠15起，涉及工资金额1389万元。接待投诉纠纷1018起，协调处理矛盾550余起，立案调查468起，涉及金额2100万余元。开展《保障农民工工资支付条例》一周年系列宣传活动，为辖区在建项目“送法上门”，在黄兴路步行街进行设点宣传，向劳动者发放1000余本《保障农民工工资支付条例》和2000余册宣传手册。开展“重点企业‘一对一’帮扶”活动，为天心区爱尔眼科、土流网等用工密集型企业上门提供答疑解惑服务，收集和解决企业在规范用工、和谐用工方面的问题100余个。

【人事人才】 2021年，天心区面向社会公开招聘教师180人，其中名优特骨干教师120人。指导34家单位招聘区直机关编外合同制人员136名。受理各类人才窗口申报376起，个人手机App申报3451起，互联网PC端申报3095起。发放高校毕业生租房和生活补贴2180.6万元，留学归国人员租房和生活补贴213.05万元，职业技能晋级奖励25.5万元，制造业企业专业技术人才职称晋级奖励463.3万元。完成2021年度高级职称申报形式审查230余人，中级工程师网上审查2800余人，初中级职称认定1064人。举办2021年“长沙人才政策”宣讲解读暨专业技术职称评审培训会和湖南省环境治理行业协会人才政策宣讲会。

【民生实事】 2021年，天心区人力资源和社会保障局牵头负责全区省市区民生实事项目建设的推进，完成省市22个项目27项指标。在区人大的指导下，天心区人大代表票决“十大”民生实事项目取得成效，完成农村自来水普及工程、城镇老旧小区改造等项目，解决一大批群众急难愁盼的问题。

【人社服务合作】 2021年2月9日，长沙市天心区人社局、湘潭市岳塘区人社局举行人社服务合作现场签约仪式，开启两区人社服务合作“一体化”新篇章。天心区与岳塘区在就业信息互享、技能培训互补、社保业务互通、创新创业互联等方面促进双方人社互动，全面提升人社服务水平，构建人社服务一体化合作新格局，助推长株潭一体化发展。

【“春风行动”招聘会】 2021年2月18日，天心区举办2021年度“春风行动”援企招工出发仪式，到湘西土家族苗族自治州龙山县和怀化市通道侗族自治县开展新春招聘会；同日，由长沙市天心区发起，联合株洲市石峰区、湘潭市岳塘区共同举办的“稳岗送春风，温暖长株潭”三市千企万岗招聘月活动启动仪式在长沙天心文化（广告）产业园举行。该次招聘月活动分批开设长沙市天心区、湘潭市岳塘区、株洲市石峰区、怀化市通道县、湘西州龙山县等专场招聘会，截至3月底，开展线上线下招聘活动16场。其中，联合石峰区、岳塘区开展“稳岗送春风、温暖长株潭”三市联合招聘会线上、线下各3场，组织1311家企业提供岗位8.6万余个，吸引6万余名求职群众，达成求职意向2552人。

【职业技能培训班】 2021年3月22日，长沙市天心区、湘潭市岳塘区2021年度首期联合职业技能培训班开班。该次培训班持续至3月31日，34名学员参加。该次培训班课程为初级保健按摩师实操课和线上理论直播课，课程以中医基础、保健按摩和小儿保健按摩为主，学员培训全部免费。

【2021年长株潭一体化创新创业训练营】 2021年6月7日，2021长株潭乡村创新创业训练营开营仪式暨2020天心区“点亮万家灯火”就业创业训练营结业典礼举行。训练营于6月和9月分两期举行，自6月7日起，第一期共36名优秀乡村创业带头人进行7天集训+90天陪跑辅导的创新创业能力全面提升。该次训练营是首次由长沙市天心区携手株洲市石峰区、湘潭市岳塘区共同举办，是拓展长株潭就业创业公共服务一体化发展的新尝试，共有来自3个地区的90余名学员报名参训，通过笔试面试，最终确定36名学员参加第一期培训营。该次训练营聚焦农业生产经营人才、农村二、三产业发展人才的培养，重点吸纳3个区范围内村委成员、村集体经济负责人、返乡农民工、返乡下乡大学生、退捕渔民、退役军人中有立足乡村创业愿望的群体，以及农产电商、民宿民居、农庄农家乐、“非遗”文创等涉农乡村中小微企业、初创企业或创业团队负责人。在训练营的实地集训和游学课程安排中，结合长株潭一体化发展实际，在天心区暮云街道西湖村、岳塘区昭山示范区马安村等地区挖掘乡村创业实例，开展因地制宜的现场教学。9月10日，2021年长株潭一体化创新创业训练营第二期开营仪式暨2021长株潭融城乡村创新创业训练营第一期结业典礼举行。长

2021年2月18日，长沙市天心区联合株洲市石峰区、湘潭市岳塘区启动“稳岗送春风　温暖长株潭”招聘月活动　　（区人社局供图）

沙市人社局、长沙市天心区、株洲市石峰区、湘潭市岳塘区的相关负责人和第一期训练营学员代表、第二期训练营新学员等参加活动。

【“长沙人才政策”宣讲】 2021年7月23日，天心区举办“长沙人才政策”宣讲暨专业技术职称评审培训，300余家企事业单位，以及湖南发展集团、汉坤建筑、湘坪建材、烁科热工、中燃百江、微算互联、土流集团、计支宝信息科技等34家规模以上工业企业、软件企业高管及负责人参加。会上，对长沙人才新政、高层次人才分类认定目录等政策进行解读，就专业技术职称评审申报政策作培训。会议现场，来自德国卓伯根家居中国区总监、湖南卓尔金桥贸易公司总经理徐东平等16位高层次人才代表，职业技能晋级奖励、制造业职称晋级奖励获得者代表被授予天心区人才代表证书。

【诉源治理工作站挂牌成立】2021年8月13日，天心区人民法院驻长沙市公安局交通警察支队天心大队诉源治理工作站挂牌成立。该工作站是长沙地区首个驻交警大队诉源治理工作站，能够满足道路交通纠纷对多元化司法的要求，推动全区诉源治理工作深入开展。天心区委常委、政法委书记刘向，区法院党组书记、院长提名人选周丹，区司法局、区金融事务中心、区交警大队相关负责人及辖区3家保险公司代表参加挂牌仪式并就诉源治理工作开展座谈。

【天心区劳动纠纷调解中心成立】 2021年9月17日，天心劳动纠纷调解中心成立。该中心由区人社局相关工作人员、公益律师和工会代表共同组建。调解中心开展宣传引导、诉前调解、法律咨询等工作，充分发挥调解职能作用，推动社会矛盾纠纷多元化解机制建设，维护职工合法权益。

【行业协会人才政策宣讲】 2021年11月23日，由天心区人社局主办，湖南省环境治理行业协会和天心区青年人才综合服务中心承办的湖南省环境治理行业协会人才政策宣讲专场，在天心区文源街道青年人才综合服务中心举办。该次培训由区人社局党组书记、局长王文莉主持，是天心区首次针对行业协会组织的专场培训，湖南省环境治理行业协会50余家大中型企业代表参会。会上，长沙市委组织部高层次人才服务中心副主任付坤围绕长沙的发展态势、长沙的人才环境以及惠企惠才政策展开介绍和解读，让企业、行业协会更深入了解人才环境和人才政策，为政府和企业之间搭建平台。

【根治欠薪冬季专项行动】 2021年11月，天心区全面启动根治欠薪冬季专项行动，对全区55个在建项目进行地毯式摸排。通过实地走访、随机抽查、查阅资料、开展座谈等多种形式，对在建项目分账制、农民工工资专户、农民工工资保证金、实名制管理、农民工工资银行代发等多项制度落实情况进行督查检查，现场指导纠正责任单位在落实《保障农民工工资支付条例》过程中存在的问题，对有工资拖欠预警信息及欠薪隐患的相关单位负责人和劳资人员进行现场约谈。

（本栏撰稿　李　康）

民政事务

【概况】 2021年，长沙市天心区民政工作践行“民政为民、民政爱民”理念，围绕“一军三区”战略定位，统筹抓好疫情防控和民政事业，及时足额发放低保金2541.49万元，救助流浪乞讨人员1205人，实施“爱心天心”帮扶工程，落实“十百千”（打造十个以上帮扶项目品牌，遴选一百个帮扶典型案例，结对帮扶一千户以上困难群众）计划，《中国社会报》头版头条给予专题推介；发放高龄津贴2001.93万元，残疾人“两项补贴”（困难残疾人生活补贴和重度残疾人护理补贴）1009.31万元；新注册登记社会组织51家，注销25家；建成社区15分钟服务圈44个，推进基层公共服务“一门式”全覆盖；举办“天心社工节”，推广“禾计划”社工线上服务小程序。民政部发文确认天心区成功创建全国社区治理和服务创新实验区，成功创建省级社区治理和服务创新实验区并被省民政厅评定“优秀”；打造“天颐”政府养老民生品牌；建设升级版社工站。大托铺街道兴隆村村规民约获评湖南省第二批优秀村规民约；坡子街街道八角亭社区“四驱联动”社区工作法获评湖南省第四批优秀社区工作法。

【民生保障】 2021年，天心区及时足额发放低保金2541.49万元，特困供养金318.27万元，临时救助金42.73万元，发放2021春节慰问金782万元。常态化开展“夏季送清凉”“寒冬送温暖”救助行动，救助流浪乞讨人员1205人，资票返乡127人。连续2年将特殊困难群体帮扶纳入全区十大民生实事项目。实施“爱心天心”帮扶工程，建立困难群体需求清单和爱心力量资源清单，推动社会爱心力量结对认领和结对帮扶困难群众，打造“源圈”“金福”工程特色帮扶品牌。对30位爱心人士、40家爱心单位和10个爱心项目进行表彰激励。打造特色帮扶项目10个，收集典型帮扶案例100个，结对帮扶1067户，落实“十百千”计划。

【社区治理】 2021年，天心区推进全国社区治理和服务创新实验区建设，建成社区15分钟服务圈44个，举办“三治融合·社区治理创新天心经验推介会”，通过民政部终期验收，验收成果被省民政厅评为“优秀”。对各社区实行统一规范管理，建立完善“一站式”服务大厅。推行社区工作人员走动式工作法，实现服务下沉。加大“三项清单”的落地，推动社区减负增效。提升社区员额人员管理规范化、信息化水平。印发《关于进一步规范管理社区办公服务用房的规定》《社区办公服务用房配套流程》《社区办公服务用房配套协议》，对全区所有项目配套的社区办公用房面积、位置等进行逐级审批，严格把关。累计把关审批项目配套社区办公服务用房9处，配套面积10428.22平方米。新设立赤岭路街道猴子石社区、青园街道康园社区，优化调整赤岭路、青园、先锋3个街道社区区域范围。会同区委组织部，指导完成村居“两委”换届。

【社会工作】 2021年，天心区探索具有天心特色的升级版社工站建设模式，将社工站打造成为民生服务平台、社区治理平台和人才培育平台。成立天心区社会工作协会，连续12年举办“天心社工节”，开展社工人才实务技能培训12场。推广“禾计划”社工线上服务小程序，线上线下融合，及时响应需求。入户探访3200余次，开展个案414个、小组工作171个、社区活动195场，累计服务群众8万余人次。

2021年8月31日，天心区新开铺街道社工站工作人员上门走访群众
（区民政局供图）

【社会福利】 2021年，天心区发放高龄津贴2001.93万元，残疾人“两项补贴”1009.31万元、孤儿及事实无人抚养儿童基本生活费82.78万元、惠民殡葬补助38.11万元。宣传落实《中华人民共和国民法典》《中华人民共和国未成年人保护法》，加强社区（村）儿童主任队伍建设，指导桂井村创建市级示范儿童之家，举行全区未成年人保护工作培训班。

【养老服务】 2021年，天心区实施养老品牌化战略，创新智慧养老新模式，推动养老服务高质量发展，打造“天颐”养老民生品牌，升级“白沙路养老服务示范街区”。区社会福利中心运营，率先成立天心区养老行业协会，发布全省首张“养老服务地图”，上线养老服务综合信息平台，实施“天颐”养老服务项目8个，建设社区养老服务设施12家，新增养老床位467张，区政府出台《关于加快发展养老服务业的实施意见》，提出18条养老服务业发展措施，推进长株潭养老服务同享。

【社会组织】 2021年，天心区新注册登记社会组织51家，注销25家，截至年底，该区核准登记社会组织427家，备案906家。天心区第六批8家社会组织如期出壳，落实“双减”政策，完成对在市场监管局登记的营利性培训机构，变更为在民政登记的非营利性培训机构15家。

【婚登服务】 2021年，天心区落实结婚登记全市通办，办理婚姻登记4428对，婚姻调解服务成功调和335对，保持并提升AAAAA级婚登窗口水平。

【“爱心天心”帮扶工程】 2021年，天心区打造特色帮扶项目10个，收集典型帮扶案例100个，促成结对帮扶1018户，政府和社会累计投入各类帮扶资金5379万元。自帮扶工程实施以来，天心区探索打造文源街道“源圈”、金盆岭街道“金福工程”、裕南街道“裕见爱”、新开铺街道“新连心”、青园街道“青园益+”、南托街道“暖南”、团区委“爱心助学、情暖童心”、远征驾校“爱心助残”、鑫远集团“鑫远心灯”等特色帮扶品牌，涌现“感动中国人物”李丽、“中国好人”“最美志愿者”杨士泉、爱心助残及见义勇为人物汤俊杰、“全国助残先进个人”张建明等爱心人士，以及国内首家助残公益驾校远征驾校、“让更多人心灵富有”李丽心灵教育中心、专注于爱心志愿服务小蜜蜂义工协会等爱心单位。4月9日，天心区“爱心天心”帮扶工程总结表彰及工作部署会议。长沙市民政局党委书记、局长陈昌佳，天心区委副书记、区长黄滔等，以及各街道、社区（村）、区直单位和受表彰企事业单位负责人240余人参加会议。会议表彰包括30位爱心人士、40家爱心单位和10个爱心项目等先进典型，对2021年全面实施“爱心天心”帮扶工程，打造困难帮扶“天心样板”进行部署。

【天心区社会福利中心运营】 长沙福彩公益金重点资助项目——天心区社会福利中心于2021年投入运营，是天心区集养老、救助一体化的大型公益性社会福利机构，由天心区人民政府投资，采取政府建设、企业经营的方式，由华润置地有限公司中标运营。项目总投资约2245.78万元，占地面积8021平方米，建筑面积18714平方米，设计床位379张，其中养老床位329张，救助床位50张。该中心承担全区养老机构的示范引领、专业培训、服务创新和品牌推广等职能，配有专业医师1名、药剂师1名、护士4名，护理员12名，后勤15人，与湖南省中医药附属医院、长沙市第三医院、长沙市中心医院、长沙市融城医院，大托铺街道卫生服务中心形成联动，做到“小病不出中心，大病直送医院”，并定期邀请心理医师对院内老人进行“一对一”的心理疏导。2月10日，湖南省民政厅党组书记、厅长曹忠平带队到天心区社会福利中心走访慰问特困老人和员工，为中心的39位特困老人送上新春礼包。

2021年10月14日，天心区社会福利中心为入住老人举办102岁生日会 （区民政局供图）

【白沙路养老服务街区】 2021年，天心区发挥白沙路周边养老机构聚集的优势，结合区域历史文化资源优势和养老服务需求，将“白沙路养老服务一条街”提质升级为“白沙路养老服务街区”。该街区依托区安心养老综合信息平台，整合白沙路两厢坡子街、城南路、裕南街和金盆岭4个街道的养老资源、特色和亮点，为辖区老年人提供“身边、床边、周边”居家社区养老服务。编制发布全省首张白沙路养老服务示范街区地图，整合4个街道的养老资源，推动养老服务供需对接，为周边老年人提供家门口的养老服务，将“白沙路养老服务街区”建设成为城市养老模式创新实验基地、养老服务特色项目试点街区、线上线下融合互通的虚拟养老院。

【“天颐”养老服务项目】 2021年，天心区实施“天颐”养老服务项目8个。分别为“天颐·心享天伦”家庭养老床位项目，养老机构在失能、部分失能老年人家中，设置家庭养老床位，按照普通养老机构的服务标准提供养老服务，对建立家庭养老床位的服务机构按政策标准给予相对应的运营补贴；“天颐·古井人家”适老化改造项目，天心区慈善会设立专项资助慈善项目，对低收入失能半失能老人、80岁以上独居失能半失能老人、百岁老人进行适老化信息化改造，给予每户1000~2000元资助；“天颐·湘府邻伴”困难老人巡访项目，建立特殊困难老年人定期巡访制度，委托专业机构采取上门探视、电话询问、视频视讯、邻里互助等方式，定期对80岁及以上的独居空巢孤寡老人、与重度残疾子女共同居住的老人进行巡访；“天颐·彩虹尚南”志愿助老项目，利用社工“禾计划”App，线上线下征集老年人养老服务需求，引导社工机构、志愿者、专业社工深入社区和养老机构，为老年人提供情感倾诉、心理疏导、生活关怀和排忧解难等志愿服务；“天颐·暖心厨房”老人助餐项目，鼓励和支持有条件的养老服务机构和企事业单位开办老年餐厅，以有偿、低偿等方式，为社区空巢、高龄、失独等老年人提供助餐送餐服务；“天颐·城南书苑”老年课堂项目，支持专业机构和社会组织面向社区老年人开办老年大学、老年课堂、文化传承活动，结合老年人精神文化需求，开展文旅、娱乐、艺术、非学历教育活动；“天颐·融城康养”养老服务协同项目，加快天心养老产业与医疗、生态、旅游等产业融合步伐，在长株潭三市融城的前沿阵地发展“医疗+养老”“生态+休闲”“康养+地产”等产业融合新模式，引进一批健康养老产业示范项目，打造辐射长株潭的健康养老产业实验区；“天颐·爱心帮扶”困难老人帮扶项目，以重病低保、困难残疾、孤寡独居、特扶家庭等特殊困难老年人为重点，以资金帮扶、物资帮扶、服务帮扶为基本，与特殊困难老人开展结对认领、结对帮扶，为老年人提供基础、多元、个性帮扶。

【民政部到天心区调研】 2021年4月20日，民政部社会组织管理局管理三处副处长俞惠中带领调研组一行到天心区调研培育发展社区社会组织工作，实地察看暮云街道云塘社区社会组织、区社会组织孵化培育基地。湖南省民政厅社会组织管理局局长朱志明、长沙市民政局社会组织管理局局长何朝飞、天心区政府副区长洪孟春等陪同。座谈会上，区民政局副局长陈晖汇报天心区在培育发展社区社会组织方面的特色亮点工作，介绍天心区通过社区协同治理，重点培育居民领袖、建设枢纽型社区社会组织、加强社区人才建设等经验做法。朱志明对社区社会组织培育孵化、运营及发展方向提出指导性意见。俞惠中表示，各级民政部门要明确培育发展导向，制定培育发展规划，完善培育发展机制，落实培育发展资金。4月28日，民政部《乡镇论坛》杂志社社长陈日发一行到天心区调研社区治理、养老服务工作。

2021年9月29日，天心区创建全国社区治理和服务创新实验区结项评估视频会议召开　（区民政局供图）

【天心区创建全国社区治理和服务创新实验区结项验收】 2021年9月29日，民政部专家组与天心区召开全国社区治理和服务创新实验区结项评估视频会议，对天心区创建全国社区治理和服务创新实验区结项进行验收。会议现场，播放《新时代社区治理和服务创新的“天心之路”》宣传片，天心区委副书记、统战部部长叶妙表态发言，区领导刘瑜作总体情况汇报，区民政局相关负责人分别汇报白沙路养老服务示范街区建设、社工站建设成果。全国社区治理和服务创新实验区评估组组长田毅鹏肯定天心区创建工作紧扣实验主题、做亮实验案例，突出天心特色，建议继续总结提炼实验成果，将以社工站为载体的社会服务融入“15 分钟生活圈”。天心区以创建实验区为契机，在白沙路两厢街以及辐射覆盖的坡子街、城南路、裕南街和金盆岭 4 个街道范围内，提质打造白沙路养老服务示范街区，引进巴普、葆真堂、康乃馨、湖南发展等多家品牌养老机构入驻，实施“心享天伦”家庭养老床位、“古井人家”适老化改造、“暖心厨房”老年助餐等一批具有天心特色的创新养老特色项目。天心区将社工站建设作为打造“15 分钟便民服务圈”的重点，在全省成立首个区级社会工作局和区级社会工作协会，出台《天心区社会工作专业人才队伍建设中长期规划》；打造解决群众“急难愁盼”问题的服务平台、推进社区治理体系建设的综合平台、培育志愿组织和志愿领袖的实践平台。

【“三治融合 · 社区治理创新”天心经验推介会】 2021 年 8 月 27 日，天心区“三治融合·社区治理创新”天心经验推介会召开。湖南省民政厅、长沙市民政局相关负责人，湖南省部分市州民政局基政科及区县民政局负责人、社区治理示范创建单位代表，部分专家学者及天心区、街道相关领导及社区负责人参加。湖南省建行乡村金融部相关负责人就打通乡村金融服务、助力农村治理、促进乡村振兴作经验发言。与会领导及专家为湖南省“三治融合 · 治理创新”主题征文获奖单位及个人进行颁奖。推介会上，省民政厅基政处处长廖剑波肯定天心社区治理工作成效显著。通过该次推介会，有利于为各方创造交流平台，为全省共同推进新时代社区治理和服务创新提供理论支撑、强大动力和实践指引。

【首届高级社会工作师考前公益培训班】 2021 年 9 月 23—24 日，天心区首届高级社会工作师考前公益培训班举办，来自全区各行业的首批 17 名中级社工师参加培训。培训班邀请深圳大学法学院社会学系教授李晓凤进行授课，结合《高级社会工作师考试大纲》，为参训学员量身打造培训内容。通过此次培训班，有利于帮助学员查漏补缺，提升应考能力，增强考试信心。

【陈晓光到天心区调研养老及适老化改造工作】 2021 年 10 月 13 日，全国政协副主席、民盟中央常务副主席陈晓光带领部分全国政协委员到天心区裕南街巴普护理院调研养老及适老化改造工作，湖南省政协主席李微微、长沙市政协主席文树勋等陪同。陈晓光一行观看《天心区适老化改造服务清单》，以及“适老化改造”“智能化建设”和“家庭床位服务”的成果展示，对天心区养老工作及适老化改造工作给予肯定。

【天心区养老服务信息平台上线运营】 2021 年 10 月 28 日，天心区民政局和湖南发展集团养老产业有限公司举行签约仪式，宣布天心区首个养老服务信息平台——天心区安心养老综合服务信息平台正式上线。该平台具有数据展示、视频监督、呼叫服务等功能，接入“安联网”系统，能够对辖区所有养老机构安全运营情况实施全程监控和实时预警，提高养老领域信息化水平和监管效能。截至 2021 年 10 月底，该平台录入全区 58696 名老人的信息数据，实时监控辖区内 81 家养老机构和居家养老服务中心。该平台的上线运营，有利于实现辖区内老年群体全人群覆盖、全天候响应、全方位服务、全过程监督，让广大老年群体能够享受到更便捷、更舒心、更专业的服务。

【天心区第十二届社工节】 2021 年 12 月 17 日，“天心沃土育青禾 · 行稳致远结硕果——天心区第十二届社工节”主题活动在天心区桂花坪街道金桂社区举行。湖南省民政厅慈善社工处处长杨柯，长沙市民政局副局长何飞，天

2021 年 10 月 28 日，天心区养老服务信息平台签约

（区民政局供图）

心区各街镇、社工站、社会组织的社工代表以及区社工协会会员等参加活动。活动现场，播放天心社工站发展和重要时刻的艺术沙画，社工合唱、愿景朗诵等节目，社工分享、“禾计划智服务”小程序（湖南省民政厅打造的基层社工站线上服务平台，全省在天心区率先试点）试点经验等展示天心区社区治理和服务创新工作成果，现场10名优秀社工接受颁奖并合影留念。该届社工节将社工宣传与优秀表彰结合在一起，搭建政府、行业协会、社会组织、线上平台等不同领域间共同探讨、科学研究的有效桥梁。

（本栏撰稿　仇玉瑜）

民族宗教事务

【概况】　2021年，长沙市天心区推进民族团结进步，依法管理宗教事务，促进全区宗教和顺、社会和谐、民族和睦。针对区、街、社区，分层分级分类举办民族宗教政策法规培训班，全年累计培训500余人次，实现民宗工作领导小组成员单位、全区妇联干部队伍、驻区高校、社区（村）和网格员全覆盖。贯彻落实长沙市委统战部《驻长高校与当地党委政府民族宗教工作联席会议制度》，创新推出“三联三共”工作机制，抓实校地民宗工作，加强驻区高校与当地党委政府的协同联动。天心区网格化管理和校地联盟的相关经验做法先后被市委统战部和省民宗委专文推介。

【民族工作】　2021年，天心区结合“民族团结进步宣传月”活动，在全区开展民族团结进步宣传活动。开展民族团结进步创建“七进”活动，玉泉寺、白沙井社区分别完成全省、全市民族团结进步创建示范单位验收授牌，裕南街社区成功创建长沙市民族团结进步示范单位。开展天心区首届少数民族文明诚信规范经营示范店、民族团结好邻居暨优秀民宗干部评选表彰活动，鼓励少数民族在天心团结邻里、诚信经营。协调应急、市监、城管等区直部门对100余名流动少数民族群众开展政策法规培训并赠送消防器材。联合新疆驻湘工作组开展“党史学习教育和政策法规大宣讲”活动。

【宗教工作】　2021年，天心区严把宗教活动场所人员进出关和大型宗教活动审批关，每月排查场所消防安全、活动安全情况。联合区直有关部门开展“安全生产月”活动，组织安全知识培训和消防应急演练，推进宗教活动场所消防专项整治，完成场所微型消防站标准化建设工作。指导民间信仰场所包爷庙完成漏水修缮工作。将宗教工作纳入基层党建和意识形态工作述职评议，建立领域内突发事件应急预案、举报奖励办法、分析研判等五项工作机制，促进意识形态责任落实到位。

【湖南省民宗委调研天心区】
2021年1月28日，湖南省民宗委党组副书记、副主任赵仁秀带队到长沙市天心区玉泉寺检查调研疫情防控和安全生产工作。赵仁秀实地察看玉泉寺落实新冠肺炎疫情防控的各项举措，检查寺院消防栓、灭火器等安全设施设备，肯定2020年玉泉寺在严格落实“两个暂停”，抓实安全生产，深化“五进五好”和民族团结进步示范寺院创建等工作。5月20日，赵仁秀带队调研天心区玉泉寺民族团结进步创建工作。赵仁秀一行到玉泉寺，代表湖南省民族宗教事务委员会向玉泉寺授予“湖南省民族团结进步示范宗教场所”奖牌。实地察看玉泉寺民族团结进步创建工作展示、阵地建设等情况，询问玉泉寺开展民族团结进步创建所做工作，听取玉泉寺民族团结进步创建工作情况汇报，对玉泉寺开展民族团结进步创建所做工作给予肯定。

【“优秀民宗工作者”评选活动】
自2021年1月6日开始，天心区民宗局在全区流动少数民族群众经商门店、全区流动少数民族群众和全区民宗工作者中开展“文明诚信规范经营示范店”“民族团结好邻居”暨“优秀民宗工作者”评选活动。活动期间，经过各街道和社区积极推荐，征询天心区市场监管局、区城管执法局等部门的意见和建议，对评选的优秀人员进行表彰，颁发荣誉证书。

【市民宗局调研督查天心区】
2021年3月25日，长沙市民宗局局长罗伟一行到天心区调研。罗伟一行实地察看玉泉寺民族团结进步创建工作情况，召开座谈会，与天心区民宗局、玉泉寺主要负责人进行座谈，了解玉泉寺民族团结进步创建工作的部署安排。罗伟肯定玉泉寺在民族团结进步创建进宗教活动场所所做工作。5月26日，市民宗局党组成员、副局长何水军率队对天心区宗教场所平安建设进行调研，为获得2020年度长沙市宗教活动场所平安建设“红旗单位”的玉泉寺和“先进单位”的城南堂授牌。何水军强调玉泉寺、城南堂要在宗教场所规范化管理建设上发挥示范引领作用。7月31日，市民宗局党组书记、局长李佑明，副局长王自书督查长沙市玉泉寺疫情防控工作。李佑明一行对场所内人员防护、活动管控、应急处置等一系列疫情防控工作展开实地检查，听取玉泉寺负责人法师坚愿关于场所的基本情况和疫情防控情况的介绍，提出要加强宗教活动场所教职人员管理，确保宗教活动场所防控工作到位。9月13日，市民宗局宗教处处长何武军一行到天心区宗教活动场所检查指导“五进五好”、安全生产等工作开展情况，实地察看玉泉寺、清真寺、城南堂以“国好·法大”为主题的“五进五好”实践活动开展及场所周边安全环境、消防器材配备等情况，强调各场所要持续开展好“五进五好”教育实践活动。10月27日，市民宗局党组成员、副局长张晓鸣一行到天心区实地验收民族团结进步示范社区创建工作，实地查看裕南街街道裕南街社区，了解裕南街民族团结进步示范创建工作开展情况并及时提出意见和建议，强调要着力强化主线宣传，积极搭建平台载体，突出完善服务保障。

【天心区民宗领域安全生产专项整治三年行动推进会】 2021年3月29日，天心区民宗局在长沙市玉泉寺组织开展宗教领域安全生产专项整治三年行动推进会暨消防安全培训。区民宗局全体人员，辖区内各宗教场所负责人、安全管理员及相关责任街道统战（民宗）专干参加。区民宗局传达学习国家、省、市和区关于安全生产工作的指示精神，对民宗领域安全生产专项整治三年行动提出要求，向宗教（民间信仰）活动场所印发民宗领域《安全生产检查登记簿》。湖南顺防安消防咨询服务中心的教官结合宗教场所特点及身边的火灾事故案例进行消防安全专题讲座。邀请区消防救援大队组织安全警示教育，开展灭火器、消防栓和消防水枪等消防器材操作使用教学。组织全体参会人员进行模拟火场逃生演练。通过该次活动，有利于提升参训人员的安全素养及自防自救能力，夯实全区宗教领域安全生产基础。

【享受民族优惠政策考生资格审核】 自2021年3月15日至4月16日，天心区民宗局派专人在天心区政务服务大厅集中办理2021年湖南省普通高校招生享受民族优惠政策考生资格审核事项，为98名考生办理审核，全程零差错。

【民族宗教业务培训班】 2021年5月11日，天心区2021年统战（民宗）业务培训班举办。天心区委常委、统战部部长刘向作开班动员讲话，区委统战工作领导小组和天心区民宗工作领导小组成员单位、驻区高校、街道统战（民宗）工作相关负责人等90余人参加培训。长沙市委统战部常务副部长刘映群对《中国共产党统一战线工作条例》进行解读；湖南省委统战部民宗处处长彭天忠阐释宗教工作的重要意义、基本理论、论断观点、方针政策、突出问题和主要要求；市委党校科研处处长、教授李丽纯讲述《中国共产党百年历程及启示》。9月9日，全区民族宗教业务知识培训班暨“民族团结进步宣传月”“民族宗教政策法规学习月”启动仪式举行。天心区民宗工作领导小组成员单位、各街道分管负责人及专干、社区（村）主要负责人和驻长沙市天心区高校分管负责人等150余人参加培训。区民宗局组织全体培训人员在“民族团结进步宣传月”“民族宗教政策法规学习月”启动签名墙上签名。培训班邀请湖南省民宗委监督检查处处长钟扬、省民宗委政策法规处副处长周琼，分别就落实中央民族工作会议精神，铸牢中华民族共同体意识和新修订的《湖南省宗教事务条例》进行解读和讲授。

【全区民族宗教工作会议】 2021年9月3日，天心区组织召开全区民族宗教工作会议，天心区委副书记、统战部部长叶妙出席会议并讲话。区委统战部、区民宗局、各街道民宗工作负责人参加会议。会上，传达学习中央民族工作会议精神，听取全区及各街道民宗工作情况汇报，对下步工作进行部署。叶妙强调，政治站位要更高，业务能力要更精，工作推进要更实，责任落地要更严。

【天心区宗教活动场所“五进五好”活动】 2021年，天心区指导宗教活动场所开展“五进五好”活动。组织开展“宗教政策法规学习月”活动，将学习新修订的《湖南省宗教事务条例》等政策法规有效覆盖到各宗教活动场所，并制作民族宗教政策法规展板在各主要宗教场所巡展。10月1日，在玉泉寺、清真寺、城南堂等主要宗教活动场所举行升旗仪式。用社会主义核心价值观引领、中华优秀文化浸润，把“国好·法大”的主题教育的学习成效转化为践行宗教中国化的实际行动。

【宗教活动场所微型消防站完成验收】 2021年11月3日，天心区6个宗教（民间信仰）活动场所完成微型消防站建设验收工作。为确保宗教场所消防安全，预防和减少火灾事故发生，天心区民宗局在区内6个宗教（民间信仰）活动场所建立微型消防站，要求各宗教活动场所主要负责人兼任微型消防站站长，定期开展基本技能训练和消防救灾演练，熟悉本场所内重点火灾防范点位情况，做到有效处置初期火灾，发挥微型消防站救早、灭小作用。

（本栏撰稿　罗　兰）

退役军人事务

【概况】 2021年，长沙市天心区退役军人事务工作以“让退役军人成为全社会尊重的人，让军人成为全社会尊崇的职业”为目标，14个街道退役军人服务站100%创建全国示范型服务站。全区退役军人事务服务保障建立健全，拥军优属全面推进，安置就业成熟完备。（胡典香）

【优抚褒扬】 2021年，天心区有“三属”（烈士遗属、因公牺牲军人遗属、病故军人遗属）、烈士子女、老复员军人、带病回乡退伍军人、伤残军人、60周岁以上农村籍退役士兵等重点优抚对象千余人，全年按时足额发放各类抚恤补助金、医疗救助、价格临时补贴、病故军人一次性抚恤金、义务兵家庭优待金。（毛　敏）

【双拥工作】 2021年春节、“八一”建军节等节日，天心区委、区政府主要负责人带队走访慰问驻区部队单位，组织各街道开展对退役军人和其他优抚对象慰问，并发放慰问金。开展双拥创建，打造裕南街街道长坡社区、黑石铺街道一力社区、金盆岭街道涂新社区、青园中信小学和军魂国防教育基地5个双拥示范点，在全区设置双拥大型户外宣传标语，投放电子显示屏公益广告10余条。（毛　敏）

【移交安置】 2021年，天心区完成转业干部、随军随调家属、退役士兵安置工作。开展返乡季“一站式”服务工作，在服务中心设立窗口，为退役士兵开展一站式服务，办理报到登记、档案接收、党组织和户口关系转移等各种手续，宣讲国家相关优惠政策。依法保障退役军人退役后相关待遇的落实，及时发放退役士兵地方一次性经济补助和转业士官待安置期间生活费，完成转业士官待安置期间的社保接续工作。（周冬云）

【就业创业】 2021年，天心区利用退役军人就业创业信息系统，畅通信息渠道，促进供需有效对接。结合2021年退役军人返乡报到，组织退役军人开展适应性培训，专门开设就业创业指导课程，通过专家宣讲政策、分析就业创业形势，邀请就业创业成功的退役军人传授经验，请优质企业现场宣讲企业文化和用工岗位的情况，招聘企业现场与部分退役军人达成用工意向。依托“天心区退役军人就业创业群”，确保新冠肺炎疫情防控时期招聘工作不断档。组织军创企业参加退役军人创业创新大赛，湖南中邦瑞达建设有限公司获得湖南省第二届退役军人创业创新大赛“传统产业及生活服务”组一等奖，湖南实醇新能源有限公司被评为全省“新兴产业”组三等奖、“网络最佳人气奖”。（周冬云）

【军休服务】 2021年，天心区按政策接收军队移交地方退休士

2021年6月25日，天心区委书记刘汇（前右）走访慰问退役军人代表罗振明（前左）（区退役军人事务局供图）

官，按政策及时足额发放军休干部、无军籍职工退休费及各项福利待遇。春节、“八一”期间慰问军休干部和困难无军籍职工。10月，组织军休干部到中国共产党长沙历史馆参观学习。11月，组织军休职工开展文体活动。

（刘　茜）

【服务体系建设】　2021年，天心区完成14个街道退役军人服务站示范型服务中心（站）的创建，创建率100%；完成14个300人以上社区服务站、5个兵支书社区服务站的示范型服务中心（站）的创建工作。在坡子街街道退役军人服务站打造红色服务站。

（陈潇潇）

【“1+1+1”保障模式】　2021年，天心区退役军人事务局探索“1+1+1”（国家医保＋政府救助＋商业保险）保障模式，形成国家医保兜底，以《天心区优抚对象医疗保障实施细则》进行政府救助为辅，商业保险为补充的优抚对象三级医疗保障体系，确保重点优抚对象得到充分的医疗保障。

（毛　敏）

【“学、讲、寻、承”党史学习教育】　2021年，天心区退役军人事务系统通过走好“学、讲、寻、承”（即“学”红色文化、“讲”红色故事、“寻”红色足迹、“承”红色基因）四步，推动党史学习教育走深走实。“学”红色文化，区退役军人事务系统围绕四个专题组织学习研讨，通过认真阅读、分享交流，重温中国共产党人的初心和使命；“讲”红色故事，邀请辖区内抗战老兵开展红色故事进校园宣讲活动，分享初心故事；“寻”红色足迹，开展清明祭扫烈士墓活动，到烈士墓前寄托哀思，到军史馆聆听革命烈士的相关事迹；“承”红色基因，为退役军人（军属）提供就业岗位，截至4月22日，提供岗位600个。

（胡典香）

【老兵永远跟党走】　自2021年3月始，天心区以中国共产党成立100周年为契机，在天心区开展“老兵永远跟党走”之“七个一”（即听一个战斗故事、进一次校园、来一次“红色追光之旅”、表一个承诺、上一堂党课、说一句心里话、写一幅书法作品）系列活动。区退役军人事务局开展“致敬老兵学党史、不忘初心跟党走”主题党日活动，退役军人党员代表做出承诺；先锋街道嘉和社区开展党史学习教育宣讲活动，宣讲人讲述革命先烈事迹，嘉和社区60余名退役军人参加；文源街道开展“读红书学党史笔墨传情颂党恩”主题活动，状元红诗词书画苑的老兵现场书写红色诗词书法作品。4月19日，天心区文源街道组织开展“倾听革命故事，传承红色基因”红色故事进校园宣讲活动，93岁的革命老兵曾广琦分享亲身经历的抗美援朝的故事，井岗小学60余名师生参加，少先队员们向来自各社区的11位革命老兵献“礼”。4月20日，天心区先锋街道组织退役军人参加“学党史知党恩跟党走”的“红色追光之旅”。5月23日，银桂苑社区开展“心里有话对党说，老兵永远跟党走”退役军人征文演讲比赛活动，社区退役军人参加。5月27日，一等功臣、参战老兵罗振明为天心区退役军人事务系统工作人员讲述亲身经历的战斗故事。该“七个一”系列活动被退役军人事务部官网报道。

（胡典香）

【退役军人返乡欢迎仪式暨座谈会】　2021年7月27日，天心区退役军人返乡欢迎仪式暨座谈会召开。天心区退役军人事务局局长何东致辞；区退役军人事务局安置科科长周冬云讲解退役安置政策，现场解答退役士兵们提出的问题；退役士兵们分享各自的退役感想。区退役军人服务中心

2021年12月31日，天心区退役军人事务局在湖南革命陵园举行长沙市天心区烈士骸骨集中安葬仪式　　（区退役军人事务局供图）

工作人员为退役士兵办理党组织关系转接手续、开具落户介绍信、社保接续等“一站式”窗口服务，长沙银行工作人员为退役士兵办理专属军人银行卡。

（胡典香）

【退役士兵适应性培训暨现场招聘会】 2021年9月29日，天心区在军魂培训基地举办退役军人适应性培训暨现场招聘会，该区2021年秋季退役士兵参加。培训内容包括政策解读、就业服务、创业指导等，邀请市退役军人事务局士兵移交安置处和就业创业处相关负责人，针对退役军人如何就业创业、个人职业规划等，多方面帮助退役军人科学地进行退役后职业规划和设计；现场设立就业创业、职业介绍、求职登记等政策咨询台，现场解答各种疑问和相关扶持政策，为退役军人提供学习机会和交流平台；邀请长沙格力暖通制冷设备有限公司、麦德龙商业集团有限公司、湖南军珲教育发展有限公司、比亚迪股份有限公司等10余家企业到培训基地进行现场招聘，提供电子信息、教育培训、消防维保、营销等100余个岗位，部分退役军人与用工企业达成初步就业意向。 （胡典香）

【烈士骨骸集中安葬仪式】 2021年12月31日，天心区烈士骨骸集中安葬仪式在湖南革命陵园举行。该次安葬的艾万元等革命烈士为优秀飞行员，20世纪50—60年代，他们在长沙某机场执行紧急任务的过程中发生空难，牺牲时平均年龄25岁，最小的年龄20岁。长沙市及天心区退役军人事务局相关负责人、烈士遗属、学校师生、礼仪官兵等参加仪式。仪式中，礼兵手捧8位烈士的骨灰盒进入现场，乐队奏《思念曲》，奏唱中华人民共和国国歌；为烈士默哀；区退役军人事务局局长何东宣读烈士事迹，区政府二级调研员于德海致辞，沙湖桥小学少先队员献唱，参加仪式的人员依次献花寄托哀思。

（胡典香）

【《退役军人保障法》普法宣传活动】 2021年9月29日，天心区退役军人事务局和赤岭路街道南大桥社区联合组织《中华人民共和国退役军人保障法》普法宣传活动。活动现场，工作人员通过摆放宣传展板、悬挂条幅、发放宣传资料、现场答题、提供法律咨询等方式，向在场群众宣传普及《中华人民共和国退役军人保障法》，讲解退役安置、教育培训、就业创业、抚恤优待、褒扬奖励、服务管理等保障政策。

（胡典香）

残疾人事务

【概况】 长沙市天心区残疾人联合会（简称“区残联”）是全区各类残疾人的统一组织，是将残疾人自身代表组织、社会福利和事业管理机构融为一体的残疾人事业团体，主要负责残疾人康复服务、教育就业、扶贫救助、权益维护、文化宣传等工作，推动有关残疾人和残疾人事业的法规及政策的制定和实施；承担区政府残疾人工作委员会的日常工作。

2021年，区残联在世界自闭症日、全国助残日、国际残疾人日等期间举办“我与党旗合影”“爱心助残拍全家福”“同心向党共享发展”“永远跟党走”等活动10余场次，参与人数1000余人次；在暮云新村阳光志愿服务中心成立长株潭片区第一个农村志愿者助残基地。

【组织宣传】 2021年，天心区残疾人专职委员汤俊杰代表湖南省残疾人党员参加中宣部中外记者见面会，分享他自强自立的故事；党贾被评为全国残疾人工作（专职委员）先进个人；专职委员彭波、邓健飙、莫其佳参加市残联动态调查知识竞赛获二等奖；专职委员周莉、褚松获十佳基层残疾人工作者；全国残疾人基本服务状况调查涌现陈建平、彭江、李顺、李涵等一批优秀调查员。新冠肺炎疫情防控期间，专职委员同社区人员奋战在一线，守护群众安全。人民网、新华网、新华社、中央人民政府网、“新湖南”客户端等27家媒体网站宣传报道无障碍改造工作45次。其中9月14日，新华社采用英文报道的方式链接全球连线视频，报道天心区残疾人家庭无障碍改造、湘府文化公园、辖区地铁等公共场所无障碍的状况。

【民生实事】 2021年，天心区“残疾儿童康复”和“困难残疾人家庭无障碍改造”纳入湖南省重点民生实事工程项目。区残联完成520名0~17岁残疾儿童康复训练，完成率201%。残疾儿童康复有效率100%，家长满意率100%。“困难残疾人家庭无障碍改造”完成52户，完成率130%。验收满意率100%。该两项工作均被省残联评为“优秀”等次。

【残疾人康复】 2021年，天心区实施“光明关爱”低弱视力项目，帮助65例白内障患者、29例胬肉患者、7例眼底泪道青光眼患者免费实施复明手术。实施“辅具适配进家庭”项目，投入资金36万余元，为357户残疾人配发辅具689件。实施“助听”项目，帮助37名听力残疾人配发助听器。实施“义肢助残”项目，帮助8名截肢患者免费安装假肢，2021年4月，中国残联《中国残疾人》杂志第四期辅具故事栏目报道区残联撰写的《假肢就是伙伴和战友》文章。

【残疾人教育就业】 2021年，天心区为218名残疾学生及残疾人家庭子女发放就学救助金81.08万元；全区249家企事业用人单位安置542名残疾人稳定就业；超额完成30名培训任务，任务完成率116%；帮助5名残疾人申请省、市创业扶持补贴6.92万元；为57名困难个体工商户、种养殖户发放就业救助金5.7万元；为35名残疾人个体工商户和灵活就业困难残疾人发放养老保险补贴7.35万元。暮云街道残疾人李杰参加第四届全省残疾人岗位能手职业技能竞赛“宠物美容护理”项目大赛获一等奖，参加全国比赛获第五名。

【残疾人权益维护】 2021年，天心区实施残疾人医疗救助兜底帮扶，救助残疾人435人，发放救助金94万余元。为全区3059名一、二级重度残疾人及原建档立卡残疾人购买意外伤害保险，77名专职委员购买意外伤残、意外住院及意外身故保险；实施残疾人机动车燃油补贴工作，为135名残疾人机动车车主发放燃油补贴3.51万元。

【无障碍环境建设】 2021年，天心区政府出台《天心区无障碍环境建设工作方案》，将无障碍环境建设纳入文明创建必检工作。区机关大院、区政务中心设无障碍停车位，优化启用无障碍卫生间；区法院创建全省首个“无障碍法院”，12月9日，接待全省残联系统新任理事长现场观摩学习；辖区各企事业单位、公园、公共场所都在新建、新增或者改建无障碍设施。

【残疾人家庭无障碍改造】 2021年，湖南省政府将“困难残疾人家庭无障碍改造”列为重点民生实事工程，天心区需完成40户残疾人家庭无障碍改造任务，涉及地面、房门、卧室、卫生间、厨房及室内外环境改造。该次改造根据对象的实际情况和个人需求，设计适合残疾人家庭的改造方案，对肢体残疾人家庭重点修建坡道、安装楼梯扶手、坐便器等，对聋哑残疾人家庭重点安装闪光门铃，对盲人家庭重点安装语音门铃、防溢报警器等，做到“一户一策”，做到困难残疾人家庭改造全免费。截至2021年9月14日，天心区完成52户残疾人家庭改造，任务完成率130%。该项工作的开展，有利于改善残疾人“生活、起居、出行”状态，让“爱心天心”更有温度。

【“四帮四促”活动】 2021年，天心区开展“四帮四促”（残联组织联村、干部职工联户，帮理思路促振兴、帮抓增收促致富、帮解难题促和谐、帮建阵地促发展）活动，结对帮扶沿江村10户困难残疾人家庭解决一批“急难愁盼”问题；对口帮扶邵阳县残联工作稳步推进，湖南青苹果数据中心有限公司、天心区小蜜蜂志愿者协会等5家单位主动联系，对接帮扶邵阳县残疾人。

【全国助残日活动】 2021年5月19日，第31个全国助残日暨“爱心天心”帮扶志愿服务项目启动仪式在天心区暮云街道新村阳光志愿服务中心举行。该次活动由新村阳光志愿者协会承办，得到湖南三号鲜生农业科技有限公司、长沙县星沙鹏友酒业商行等企业的支持。活动现场开展“我为群众办实事”之义务理发活动；暮云新村建档立卡残疾户周高明为新村阳光志愿服务中心送上一面锦旗。启动仪式结束后，开展“学党史、感党恩、跟党走”励志榜样故事分享活动，邀请残疾人分享榜样故事。

【残疾人工作者培训班】 2021年9月8—10日，由天心区委党校、区残联联合举办的天心区残疾人工作者培训班在湖南省七三一办公室开班。天心区街道残联副理事长、社区（村）残疾人专职委员、区委党校、区残联工作人员等130人参加培训。开班仪式由天心区委党校副校长章建华主持，区残联党组书记、理事长夏继明作开班动员讲话，就“中国共产党的历史使命与价值”进行专题授课。培训邀请天心区纪委驻卫健局纪检组王婕妤进行专题授课，结合一些民生违纪违法案例进行廉政教育；长沙市委党校教务处处长金庭碧作党史专题课授课；湖南天地人律师事务所律师杨东藩讲授残疾人劳动权益保障知识；区“五老”金牌讲师李快云讲授“幸福生活哪里来，全靠党的好领导”。区残联副理事长郑跃晖就2021年全国持证残疾人基本状况调查工作进行工作部署；各业务线专干就调查持证残疾人基本信息、住房、教育、就业、社会保障、基本医疗与康复、无障碍、文化体育等方面的基本状况和服务需求，以及全区所有社区（村）的残疾人服务和残疾人工作情况相关内容进行讲解；区残联各分管领导及业务线专干就残疾人政策法规知识、残疾人康复政策、组织宣传、教育就业、残疾人证办理、公文写作等知识进行讲解。

【屠友松等上榜长沙市“善行四十佳”】 2021年11月26日，2021年长沙市新时代学雷锋扶残助残“善行四十佳”颁奖典礼举行，天心区暮云街道暮云新村残疾人屠友松获评十佳自强模范、天心区赤岭路街道广厦新村社区残疾人专职委员周莉、青园街道井湾子社区褚松获评十佳基层残疾人工作者、天心区梨塘小学教研主任夏群英获评十佳爱心个人、湖南青苹果数据有限公司获评十佳爱心机构。

【“12·3”国际残疾人日活动】 2021年12月8日，2021年天心区“12·3”国际残疾人日“12·4”国家宪法日“宪法宣传周”暨新时代文明实践志愿服务主题活动举行。该活动由天心区委宣传部（区文明办）、区残联、区司法局承办，天心区新村阳光志愿者服务中心、新村阳光新时代文明实践基地协办。获全国优秀残疾人工作者党贾、长沙市道德模范先进汤俊杰、长沙善行四十佳“十佳基层残疾人工作者”褚松等先进残疾人代表发出倡议。区残联印制普法宣传展板及业务法规政策宣传资料现场发放给村民。

【残疾人“法治大讲堂”】 2021年12月17日，天心区残联联合区司法局在区市场监督管理局六楼会议室举办残疾人“法治大讲堂”暨“新时代学雷锋志愿助残”专题培训班。来自全区残联系统的街道残联副理事长、社区（村）残疾人专职委员和区司法局各司法所司专干120余人参加培训。培训邀请全国法律援助工作先进个人、湖南省司法厅法律援助中心副主任徐巧丽，从残疾人法律援助工作入题，以案例和法律法规相结合的方式进行授课。学雷锋志愿者助残培训邀请湖南省残联组人部副部长唐绍国，就助残志愿者基本知识及应该具备的心理素质、特殊人群心理特征及其应对，新时期助残工作、志愿精神和残疾人观等进行授课。培训班邀请相关专家就“残疾人权益保障及家庭无障碍改造”等课题进行讲解。参加培训的工作人员对残疾人法治学习、无障碍改造等工作有更深入的理解。

（本栏撰稿　张　琼）

医疗保障

【概况】 2021年，长沙市天心区医疗保障服务工作在优化统筹管理、扩大待遇保障、提升经办服务等方面着力，推进全区医疗保障事业的平稳顺利发展。天心区医疗保障工作列入区人大票决事项、列入全区“十四五”规划、列入政府工作报告，成为民生重要一环。区医疗保障局有50%的工作人员为医学专业，累计开展业务培训2000余人次；梳理简化经办流程，提升服务质量，居民满意率稳定在98%以上；结合“爱心天心”帮扶工程，打造“与你医微”天心医保品牌。为新冠肺炎疫情防控提供有力资金支撑，区级上解的核酸检测费用97.34万元，接种新冠疫苗费用5396.4万元。“新湖南”客户端、“掌上长沙”客户端报道天心区各项医保工作6次，“学习强国”采纳信息3条。

【医保参保待遇保障】 2021年，天心区职工医保、城乡居民医保和生育保险分别参保32.46万人次、15.44万人次、29.86万人次，参保率稳定在95%以上。建成以职工医保和城乡居民医保为主体，生育保险、大病互助、大病保险、公务员医疗补助、离休人员医疗统筹为补充的全民医保制度。天心区落实“两病”（高血压、糖尿病）门诊用药保障，解决特殊门诊购药需求。“两病”门诊高血压、糖尿病就诊患者分别为3823人和1410人，分别支付53.8万元和33.2万元。将扩大特门服务定点药店范围纳入年度为民办实事项目，提前完成全区特殊门诊药店全覆盖。落实国家药品集中带量采购和使用等改革政策，开展五批次国药集采，大幅度降低医保目录药品价格，减轻就医负担。

【医疗救助和医疗帮扶】 2021年，天心区巩固精准扶贫成果，衔接健康扶贫与乡村振兴战略。为全区972名建档立卡脱贫人口建立城乡医保关系，“一站式信息化结算”512人次，医疗总费用为533.77万元，报销497.63万元；城乡困难居民医疗救助1264人次，支出501.59万元；医疗帮扶140人，支出59.58万元；精神障碍患者救助6026人次，支出142.3万元。组织开展医保政策、医疗救助和健康扶贫政策专项培训430余人次，探索建立长效机制，联合社会力量湖南育航体育发展有限公司和长沙控球部落有限公司投身医疗帮扶工作，解决困难户因病致贫的问题。

【全区医疗保障工作】 2021年6月21日，天心区召开全区医疗保障工作会议，就全区医保电子凭证推广应用和医保政策宣传及医疗帮扶工作进行安排部署。区政府副区长黄会、区政府副调研员陈庆海、韩昌喜，区医疗保障局班子成员及科室负责人、各街道分管负责人及专干参加会议。区医疗保障局分管负责人传达上级医保电子凭证推广应用通知精神，通报全区医保电子凭证推广应用开展情况，就全区医保政策宣传和医疗帮扶工作进行安排部署；腾讯公司、阿里巴巴业务专员就医保电子凭证在微信和支付宝上的申领、激活、使用进行培训介绍；区医疗保障局局长肖四军通报全区医疗保障工作情况并就下阶段重点工作进行安排部署，对医保工作难点进行答疑和指导；各街道分管负责人就医保工作进行交流发言。

【医保基金安全】 2021年，天心区建立健全协议医疗服务考核评价机制和动态的准入退出机制，有263家医药机构签订定点医疗机构服务协议。对辖区内协议定点医药机构做到检查覆盖率100%和违规行为处理率100%，追回违约违规费用120.75万元，其中智能审核平台拒付违规费用53.08万元；2021年引入第三方监管机构湖南泰阳科技信息有限公司，依托大数据分析，开展对9家住院协议医疗机构的现场检查。自2021年8月起，天心区在全区范围内开展医保基金全面整治行动。对全区15家协议定点医院医疗服务行为规范问题进行全面审查，针对其中7家医院存在的违反医疗服务价格政策、串换项目、过度医疗3项问题，追回违规金额1万余元。追缴死亡人员超期享受医保待遇75名，追款14.46万元。

2021年6月21日，天心区召开全区医疗保障工作会议

（区医保局供图）

【医保经办服务】 2021年，天心区优化医保经办服务，“12345”市民热线回复处理满意率100%。加快推进长株潭一体化进程，实现试点医保业务“跨域通办”。提升天心区医保智能审核效能，提高居民群众对医疗保障政策的知晓率与基层医保经办的满意度，推广医保电子凭证，推动湖南省医疗保障信息平台长沙上线。推进异地就医直接结算，异地联网就医直接结算1371人，现场办理异地安置就医652人；办理异地就医、生育等费用审核2416笔，支出780.55万元。

【医保宣传培训】 2021年，天心区开展医保宣传进机关、进企业、进医院、进社区的医保“微服务”，进机关单位11家、企业39家、医院10家、社区（村）32个，举办培训班84次，培训2656人次，发放宣传资料3万余份。

【打击欺诈骗保】 2021年，天心区政府开展打击欺诈骗保套保挪用贪占医保基金集中整治工作，打造“清廉医保”。区医疗保障局成立工作领导小组，将医保基金监管作为核心工作任务，引入第三方监管机构湖南泰阳科技信息公司，依托数据分析，研判全区医保基金监管形势，防止医保基金出现“跑、冒、滴、漏”。4月9日，天心区打击欺诈骗保工作部署会暨《医疗保障基金使用监督管理条例》（以下简称《条例》）政策培训会召开。全区定点医药机构主要负责人、医保科长30余人参加。区医疗保障局党组成员、副局长何上元组织学习“关于开展打击欺诈骗保专项整治行动”的相关监管文件。各定点医药机构负责人代表对此次打击欺诈骗保专项行动及自查自纠落实情况表态发言。区医疗保障局综合监管科负责人组织对《条例》进行政策解读。区医疗保障局党组书记、局长肖四军强调，要对自查自纠中发现的违规问题积极整改，对于涉嫌违法的问题主动投案。8月31日，天心区政府办印发《长沙市天心区打击欺诈骗保套保挪用贪占医保基金集中整治工作方案》，建立协调机制，配套出台12个子方案。9月2日，天心区开展打击欺诈骗保套保挪用贪占医保基金集中整治暨“清廉医保”专项监督检查工作部署会召开。天心区委副书记、代区长周志军，区领导罗定豪、张长生、王钰莹，区直相关部门主要负责人，以及各街道主要负责人、纪工委书记参加。会议就开展集中整治行动及专项监督检查工作进行部署，并要求以零容忍态度严厉打击欺诈骗保、套保或挪用贪占各类医疗保障资金的违法行为，维护医保基金安全。

2021年9月2日，天心区召开欺诈骗保整治工作部署会

（区医保局供图）

【门诊用药保障和健康管理专项行动工作会议】 2021年5月8日，天心区城乡居民高血压、糖尿病门诊用药保障和健康管理专项行动工作会议召开，辖区14个街道卫生服务中心和58个社区卫生服务站负责人参会。会议要求，在2021年年底前，实现天心区纳入卫生健康部门“两病”规范化管理中的城乡居民参保人员全部按政策享受待遇。区医疗保障局副局长何上元从当前“两病”医保政策，就如何做好天心区“两病”患者数据统计，如何扩大政策受益三个方面进行讲解。截至2021年4月底，天心区享受普通门诊统筹“两病”用药的城乡居民参保高血压患者80606人次，基金支付43.48万元，糖尿病患者2092人次，基金支付14.1万元；享受“两病”专项保障政策用药的城乡居民参保高血压患者5042人次，基金支付25.8万元，糖尿病患者2409人次，基金支付17.63万元。　（本栏撰稿　邹　芳）

人居环境管理

【概况】 长沙市天心区城市人居环境局牵头承担长沙外滩建设协调小组暨天心区有机更新指挥部办公室、区城市更新工作领导小组办公室、区棚改办、区老旧小区改造办、区铁路沿线综合整治办、区危房改造办、区城改办、下碧湘街片区更新办等办公室的统筹协调工作。2021年，天心区24个老旧小区改造项目，5个完工、18个基本完成、1个在建，启动2022年负责实施的老旧小区改造项目的初步设计和立项等工作；铁路沿线综合整治完成总任务的70%；36处危房全部开工；街区微改造2个完工、7个扫尾；片区城市更新铺排项目7个，规划总面积约2400公顷、总投资约904亿元。处理“12345”市民热线工单近100单。办理棚改补贴460户。在全市2021年人居环境线工作通报中被长沙市城市人居环境局评为该年度棚户区改造工作突出单位、主城区铁路沿线人居环境提升工作突出单位、城镇老旧小区改造工作突出单位、老城区有机更新工作突出单位、“一圈两场三道”建设工作突出单位。

【片区城市更新】 2021年，天心区铺排城市更新项目7个，总投资约904亿元。其中纳入全市首批的下碧湘街片区的碧湘街二期完成杆线迁移和结算资料准备；待征收的S9和油脂厂地块完成前期手续办理；楚湘社区改造工程进

场施工。纳入全市第二批的黑石铺片区、新开铺片区完成长沙市更新立项和发改立项；狮子山、九峰、天心数谷、先锋4个片区进行方案深化等前期工作。

【老旧小区改造】 2021年，天心区铺排老旧小区改造项目24个，涉及60个小区、224栋居民楼、8694户居民，建筑面积约66.24万平方米，总投资约1.85亿元。全年有5个项目完工，18个项目基本完成。编制天心区老旧小区改造操作手册，启动2022年老旧小区改造项目的摸底调查和初步设计等工作。

【棚户区改造】 2021年，天心区辖区的省计划棚改任务数为338户，于10月份完成。市级统筹项目“四项任务”为扫尾清零1个、项目结算12个、资金回笼4个、开工建设2个，完成扫尾清零和开工建设任务，完成项目结算5个、资金回笼2个。完成棚补审批460户以及5个项目的棚改安置补贴结算。

【危旧房屋改造】 2021年，天心区危旧房屋改造计划开工36处（其中纳入市民生实事任务28处全部开工）。需加固改造的13处完成加固8处，5处进行改造；需原址重建的12处完成10处；计划纳入棚改征收的11处倒地3处，4处搬离，4处签订协议及进行搬迁。

【街区微改造】 2021年，天心区铺排街区微改造项目10个，总投资约650万元。全年2个项目完工，7个项目基本完成。

【铁路沿线人居环境提升】 京广铁路贯穿天心区辖区，途经赤岭路街道、文源街道、新开铺街道、黑石铺街道、大托铺街道、南托街道和暮云街道，铁路沿线周边多为老旧建筑聚集区及城中村改造区域。从2021年下半年开始，天心区推进铁路沿线人居环境提升工作，从生态修复环境、违法建筑拆除、配套设施改善、老旧建筑更新等不同维度发力，共铺排项目13个。截至2021年年底，完成工作总量的70%，其中，大托铺沿线违章拆除及覆绿、黑石货运站违章拆除等6个项目全面完成施工，下新市街、新天小区后方、中铁二十五局路段整治3个项目进行施工。

【青山祠片区老旧小区提质改造项目】 长沙市天心区坡子街街道青山祠片区老旧小区改造划分为青山祠戏剧街片、妙高峰片、劳动广场片、一师范校区、一师范宿舍片、中意宿舍片、大椿桥片7个小片区，共涉及居民2512户、房屋58栋、面积18.27万平方米。其中，一师范校区为保留

2021年，提质改造前（下图）后（上图）的天心区青山祠片区一角

（区人居环境局供图）

区；劳动广场片为征拆区；青山祠戏剧街片、妙高峰片、一师范宿舍片前期通过历史步道建设等改造，基本完成基础类改造，并结合历史文化元素进行挖掘和升级，该次改造主要进行查漏补缺；中意宿舍片、大椿桥片为该次重点改造区域，辖区大部分来自中意电器集团、红旗织布厂、金属文具厂、湖南电梯厂、长沙市铜铝厂等破产改制企业宿舍楼，项目预计总投资5000万元。2021年1月18日，取得立项批复，启动实施，并推进可研、初设、概算编制等工作。6月，作为长沙市试点社区之一，天心区坡子街街道青山祠社区启动老旧小区改造，58栋房屋，2512户居民，18.27万平方米面积纳入改造。青山祠社区党委通过党建聚合力，调动党员群众参与积极性，摸索出一套协同自治、共治共享的老旧小区改造模式。6月15日，长沙市委副书记、市长、湖南湘江新区党工委书记郑建新到天心区调研青山祠片区老旧小区改造工作。郑建新强调，要将城镇老旧小区改造作为全面消除安全隐患、加快补齐人居环境短板的重大民生工程。7月8日，长沙市城镇老旧小区改造工作领导小组办公室牵头组织召开专题会议，研究部署青山祠片区管线改造相关事宜。8月18日，长沙市人居环境局组织召开会议，市电力公司、天心区城市人居环境局、坡子街街道、青山祠社区、设计单位、施工单位、监理单位参会，会议对青山祠片区文化挖掘进行要求，管线改造方案基本达成共识。10月15日，项目排水工程基本完工。12月17日，天心区委常委、副区长张浩平组织对青山祠片区项目进行现场督察，对项目的进度形象、质量安全等事项进行强调，对项目收尾工作提出要求。青山祠社区老旧小区改造通过开裂修复、路面修整、架空线规整、管网改造等解决难点问题，增设运动健身游乐区，亮化公共区域绿化景，挖掘新增停车位，强化大椿桥夏夜、烟火集市、南沙井景观等老旧小区“人文内涵”。以政府补贴和居民缴费相结合的方式引进专业物业公司进行区域化物业管理服务。社区党委在传统管理模式上引入智慧化手段探索老旧小区治理新模式，在公共区域增设视频监控设施，小区设置生活垃圾分类智能厢房，单元设置智能门禁系统，组建文明劝导、垃圾分类、矛盾协调、安全巡查4支党员志愿服务队，配合社区、会同物业围绕居民投诉热点、社区治理难点开展主动巡查、接单服务，解决老旧小区改造后的长效管理问题。

【下碧湘街片区城市更新项目】2021年，作为长沙市首批8个重点片区城市更新项目之一、“十四五”期间城市更新“一线二带”（一线：京广沿线综合整治；二带：湘江风光带、潇湘风光带空间形态的风貌保护和设施提质）重要工程的重点项目，天心区下碧湘街片区城市更新项目启动。项目位于天心区坡子街街道，依托五一商圈、滨江商务带的地理位置优势，打造集金融总部办公、历史文化街区、滨江休闲商业中心等多功能、高复合于一体的长沙新地标。碧湘街棚改项目东起书院路，南起劳动路，西至湘江大道，北至城南西路（西湖路），分两期实施。项目包含西湖社区、楚湘社区、创远社区3个社区，总规划范围总面积约32.8万平方米。按照“留、改、拆、补、建”的更新方式，规划范围内保留建筑面积约30.74万平方米、老旧小区改造建筑面积约17.06万平方米，拟征拆建筑面积约4.1万平方米，留改拆比例约为59%、33%、8%。2021年2月，长沙市城市人居环境局局长周飞带队调研天心区下碧湘街片等项目，听取城市更新工作汇报，就具体问题进行研究，提出后续工作要求和目标。4月21日，天心区委副书记、常务副区长周志军主持召开下碧湘街城市更新项目工作对接会议。长沙市城发集团党委副书记、总经理潘青，天心区相关负责人厉波、张浩平，长沙市城发集团、天心区直相关单位、街道主要负责人参加。会议听取下碧湘街城市更新项目实施方案汇报，就项目推进等工作进行研讨，对下阶段工作进行部署。

【黑石铺片区城市更新项目】2021年，长沙市城市人居环境局公布《长沙市城市更新专项规划（2021—2035）》，提出天心区黑石铺片区更新方式以综合整治、生态修复为主，通过更新形成省级行政中心和生态居住园，打造以居住和市政服务为主的集生活、休闲于一体的生态新城、综合型社区，与生态示范区连成一体的片区。黑石铺片区城市更新项目位于天心区黑石铺街道，北至湘府路，西至湘江南路，东至芙蓉南路，南至三环线、雀园路以及黑石路，总面积约660.93公顷。项目以肉联厂文创产业街区为载体构建文化中心，采取静态保护、文化演绎、活力注入三大策略，对肉联厂工业遗址和铁路遗址进行保护与利用，打造以人文互动体验、创意休闲娱乐、设计创客产业为主要功能的文化创意园。片区重大项目有仰天湖实验学校、湘府英才益清小学、九峰村城改项目等。其中，2所学校预计总办学规模为114个班，可提供学位近5000个。仰天湖实验学校小学部、湘府英才益清小学于2021年9月1日开学。九峰村城改项目涵盖医疗、商业、零售商业、住宅等业态，总面积22.67余公顷，规划打造成设施完善、特色突出、商业氛围浓郁、人居环境优良、都市文化聚集的现代城市功能区。

【新开铺片区城市更新项目】 新开铺片区城市更新项目位于天心区赤岭路和新开铺街道，北侧为南二环、西邻湘江南路，东至芙蓉南路与新姚北路，南达友谊路，面积为393公顷。该项目按照“政府主导、市场运作、多方筹措、自求平衡”的原则，采取“一、二、三级联动开发”的模式实施。新开铺更新片区规划成为新开铺商圈的核心区域，定位为南城滨江高品质复合型商圈，拟打造购物、餐饮、休闲娱乐等多功能复合的商业中心，文化创意、总部金融等多产业融合的商务集群。

【麻园塘城市更新单元（旧城改建）项目】 天心区麻园塘城市更新单元（旧城改建）项目北起新建西路，南至水竹街，东邻芙蓉中路，西接通用时代东侧规划路，总面积23.63公顷。项目打造为绿色完整居住社区典范，实施TOD开发，激活地块潜力，带动单元及片区的整体效益提升。

【九峰片区城市更新项目】 天心区九峰片区城市更新项目东邻芙蓉南路，西至新开铺路，南起长沙绕城高速，北邻黑石路，总面积213.67公顷。项目定位为行政办公、生活居住、商贸等多功能相结合的综合性社区，配套部分商贸功能，集都市商业板块、生态绿谷板块、智慧教育板块、智慧社区板块于一体。

【先锋片区城市更新项目】 天心区先锋片区城市更新项目北起长沙绕城高速、南至梨塘村、西邻某机场、东至月塘村、云塘村，总面积724.73公顷。项目定位为“融城核心·创智新城”，打造新城活力中心、科技创新高地、现代宜居家园。2021年9月14日，天心区委副书记、代区长周志军带队调研先锋街道片区城市更新工作。周志军一行先后到先锋街道新路村机场四组、柴房老味、大托“城外城”建材市场调研集体土地收回处置等情况，召开座谈会听取先锋街道片区更新工作和土地资源摸底情况的汇报，就片区更新工作进行研究。12月14日，区委副书记、区长周志军主持召开先锋片区城市更新工作调度会议，听取先锋片区城市更新工作情况汇报，研究难点问题解决办法，就下阶段各项工作进行部署。

【狮子山片区城市更新项目】 天心区狮子山片区城市更新项目西邻书院路，北接劳动西路与白沙路，东达芙蓉中路，南至黄土岭路，总面积258.26公顷。项目依托周边网红经济节点，培育片区文化艺术氛围着力发展文化创意、时光旅行、音乐节庆、职业技能培训、体育服务等现代服务业，形成年轻人和原住民和谐相处的智慧社区。

【楚湘社区改造工程】 楚湘社区改造工程位于天心区坡子街街道，改造范围北起裕农街，南至劳动路，东起书院路，西至湘江中路，总投资6728.61万元。楚湘社区改造涉及楼栋32栋，约1500户，建筑面积约9.6万平方米，主要分基础类、完善类、提升类3个方面进行改造。建设内容包括拆除违建和临建、水电设施改造、小区环境改造、房屋公共部分修缮、道路和停车设施、安防和便民设施、环境景观整治、建筑外墙整治、无障碍改造、智慧门禁、智慧停车道闸系统、配套设施等。2021年，楚湘社区改造工程完成初步设计审查和进场施工。

【全区老旧小区和危房改造铁路沿线综合整治工作调度会议】 2021年10月8日，天心区委副书记、代区长周志军主持召开全区老旧小区和危房改造、铁路沿线综合整治工作调度会议。会议要求，各相关单位要统筹解决好资金保障、工作落实、责任分工三个问题；要把握好政策窗口期，争取上级各方面的支持；要盘活资源，探索后期科学运营模式；要压实牵头单位、属地、部门和企业责任，快速突破重点难点堵点。

（本栏撰稿　李慧媛）

园区建设

长沙天心经开区

【概况】 2021年，长沙天心经济开发区有3个国家级平台（国家文化产业示范园、国家广告产业园、中国长沙人力资源服务产业园），3个省级平台（湖南地理信息产业园、湖南人工智能产业园、湖南大数据交易所），集聚地质、测绘、能源、气象、建筑、通信六大数据中心，构建“天、空、地”一体化大数据产业生态格局，初步形成以大数据（含地理信息）为主导产业，人力资源服务和文化广告为特色的“一主两特”产业体系。全力推进长沙第五谷“天心数谷”建设，打造长株潭数字经济发展示范区。中共长沙天心经济开发区工作委员会下设纪委监委、企业党委。长沙天心经济开发区管理委员会内设办公室、招商合作局、产业促进局、规划建设局、财政局、经济发展局、行政审批服务局（优化营商环境办公室）7个部门，下设人力园管理服务中心、文广园管理服务中心2个产业平台服务机构和长沙融城经济发展集团有限公司。

【园区经济】 2021年，长沙天心经济开发区完成全口径税收11.83亿元，比2020年增长40.83%；完成技工贸总收入450亿元，增速25%；完成规模以上服务业企业营业收入247.4亿元，增速30.35%；完成规模工业总产值9.5亿元，增速18%；规模工业增加值增速3.9%；完成高新技术产值150.77亿，增速11.3%；外贸进出口额2.54亿美元，比2020年增长26.5%。

【产业支撑】 2021年，长沙天心经济开发区强化政策保障支撑，推动省自然资源厅出台支持地理信息产业发展政策；争取省、市政府出台绿心地区产业发展等政策；园区出台《长沙天心经济开发区推动区域经济高质量发展的若干政策》《长沙天心经开区创建“五好”（规划定位好、创新平台好、产业项目好、体制机制好、发展形象好）园区推动新发展阶段园区高质量发展实施方案（2021—2025）》等系列文件，全面支持企业发展。组建长沙融城经济发展集团有限公司，完成AA主体评级；设立总规模2亿元的天心玖玥数谷产业投资基金，已投资5家数字经济企业7200万元。推行“知识产权领航企业培育计划”，为20家企业定制知识产权后端服务。天心数谷片区纳入长沙城市更新项目库。暮云东、西、南三片及起步区控规和调区扩区工作稳步推进；绿心工业退出片区腾出产业用地200公顷，其中融发集团收储收购绿退土地94.71公顷、完成产权过户67.41公顷。

【企业培育】 2021年，长沙天心经济开发区推动企业“入规、升高、上市、扩面”（制造业企业在设备、技能等方面进行的智能化转型升级），新增规模以上企业18家，高新技术企业57家，新增4家企业纳入湖南省上市后备企业资源库，新增扩面企业2家。推进科技创新，企业获得知识产权质押融资1000万元，投入企业科技创新扶持资金461万元，实现技术贸易合同交易额28亿余元，增速233%。长沙人力资源创新中心获评省、市众创空间及市级创新孵化基地，湖南微算互联信息技术有限公司入选2021年中国互联网成长型企业前20强，为湖南省唯一上榜企业；湖南麓星光电科技有限公司突破“卡脖子”技术的5G红外薄膜技术应用产品实现量产，创辉达设计股份有限公司等6家企业上榜“2021年湖南软件和信息技术服务业企业50强”。

【招商引资】 2021年，长沙天心经济开发区完善招商政策，强化亩均效益，开展全员招商、节会招商、小分队招商、以商招商，接待、走访客商400余批次。举办2021第十届全球地理信息开发者大会，现场签约项目20个。抢抓央企和国有龙头企业调整布局的机遇，推动省地质院所属单位、国家电网供应商集聚园区，13家地质企业新增年产值40亿元。加速“天空地一体化”数据资源集聚，自然资源湖南省卫星应用技术中心、高分气象卫星应用中心建成，湖南能源大数据中心入驻。年内，新引进中湘智建、科锐国际、湖南思极等企业2000家，其中新引进世界500强项目3个。

【数字经济】 2021年，长沙天心经济开发区在全市率先打造长沙天心软件产业园，新增软件业企业121家。以大数据交易所建设为引领，加速汇集数据资源，集聚能源等6大省部级数据中心，吸聚数字经济企业约6000家，形成集数据采集、加工、储存、开发应用等产业生态链。推动5G建设发展，与长沙理工大学、百度云手机等5家企事业单位合作建设5G创新应用示范区。全方位支持企业做大做强，成功推广“酷哇智慧环卫”等20个应用场景项目落地。肯耐珂萨是HCMSaaS行业唯一获评年度“新基建”产业独角兽（人工智能）企业，绿盟科技入选工信部年度物联网关键技术与平台创新类示范项目，“V零工平台”蚂蚁天承实现高速发展，长沙人力资源创新中心等3家入选长沙市众创空间。

【项目建设】 2021年，长沙天心经济开发区新增产业投资项目103个，实际投资115.3亿元。总投资120亿元的全省投资最大的新基建项目——中国电信天翼云中南数字产业园项目实现当年签约、当年开工；中部唯一、全国领先的新型大数据交易所实现当年开工、当年投产；“天心数谷”一期、软件产业园二期等项目加快建设。金色阳光物流园二期投产，与湖南科技职业学院合作的产教融合基地投入运营。全年铺排22条道路，其中，提质改造道路竣工6条，建成通车11条。

【营商环境】 2021年，长沙天心经济开发区推进“放管服”改革，率先全市开展相对集中行政许可权改革试点，深化“园区事园区办”，承接行政审批事项111项。推进“一件事一次办”，设立综合窗和“一件事一次办”专窗，年内办理各类事项406件。推行惠企政策“免申即享”，推进双公示工作。“12345”政务热线办结率100%，回访满意率95.98%。推行全员联点服务企业机制，走访企业500余家，协调解决产销对接等各类问题204件。召开银企对接会4次，为企业融资到位8亿元；兑现企业政策资金3717万元；为10家企业提供风险补偿基金2850万元。新开3条园区通勤巴士线路，解决企业员工通勤“最后一公里”问题。依托“橘洲大讲堂”等开展培训活动12场，与3所高校达成人才交流合作意向，为中国中车股份有限公司、中联重科股份有限公司、三一集团有限公司、中国航发南方工业有限公司等重点企业，提供人才标准制定、人才培养、人才测评、数字化培训等数智化人力资源服务累计5000余人次。5人被认定为长沙市高层次人才。发挥国家商标局长沙商标受理窗口功能，年内受理商标业务9885件，排名居全国商标受理窗口前三。获全省“五好园区”优化营商环境评价第一名。

【长株潭人才一体化协同发展】 2021年，长沙天心经济开发区建立长株潭人才一体化发展联席会议机制，成立长株潭人才协同发展研究院，发布湖南省大学生就业状况白皮书，加入长株潭人力资源服务产业园联盟。依托中国长沙人力资源产业园的优势，成功举办“稳岗送春风，温暖长株潭”三市千企万岗招聘月等活动3场次，吸引长株潭3000余家企业参与，发布岗位数超6.4万个，求职人数超2万人，简历总投递次数近2.3万次，获央视新闻等主流媒体报道；建立9个海外人才工作站，为长株潭地区引进高层次人才416名；联合长沙市企业上市服务中心开展重点拟上市企业中高端人才招聘线上活动专场，32家重点拟上市企业招聘人才650人。承办长株潭三市知识产权周活动。推进与昭山文创园合作，形成合作框架。

【风险防控】 2021年，长沙天心经济开发区坚持常态化疫情防控，扎牢“外防输入、内防反弹、人物同防”的篱笆。成立20个工作组，覆盖全园区所有平台和企业。组织全园企业员工接种疫苗，接种率94.46%。开展“安全生产专项整治三年行动”，妥善解决历史遗留问题，积极建设平安园区，全年未发生安全生产事故和重大群体性事件。完成中央环保督察反馈涉园5项问题整改，做好水、大气污染治理。截至12月31日，覆盖绿网面积10.6万平方米。

【园区改革】 2021年，长沙天心经济开发区推行“小管委、大公司”改革，3月9日，园区整合3家直属公司，将原“湖南天南实业有限公司”更名成立长沙融城经济发展集团有限公司，注册资本10亿元。融发集团本部设“三部一室”，下设直属全资子公司4家：湖南天环经济开发有限责任公司主要职能为对外投资及产业基金，湖南天祥置业有限责任公司主要职能为地产项目开发建设，湖南天长置业有限责任公司主要职能为市政工程建设，湖南天新资产经营管理有限公司主要职能为国有资产运营管理。截至12月31日，融发集团完成AA主体信用评级和43家企业94.67公顷土地收储收购；参与成立天心区首支政府产业投资资金，投资企业涵盖大数据、芯片等高新技术产业行业；新建、续建及提质改造天心经济开发区道路建设工程30余条；全力推动“天心数谷”片区开发、湖南大数据交易中心及融发菁英汇项目建设。

【中国长沙人力资源服务产业园】 规划总面积约24.33公顷，总建筑面积约18.62万平方米，按照“四中心一研究院”（人才大数据中心、国际人才交流中心、产业链服务中心、创新孵化中心，长株潭人才协同发展研究院）的功能布局建设，搭建“全国首家人力资源服务产业园创新中心、人才职业发展主题社区、一站式企业服务中心、院校合作基地、省级行业协会、专业化运营平台”六大功能性平台。2021年，中国长沙人力资源服务产业园有入驻企业258家、入驻率91%，其中大中华地区人力资源服务品牌100强机构入驻16家。集聚湖南人才市场、株洲钻石人力、湖南湘楚人力等本土知名人力资源服务机构，引入湖南省人力资源服务协会、湖南省人力资源管理学会两大行业机构，初步形成集人事代理业务、劳务派遣服务、人力资源服务外包、人才招聘服务、高级人才寻访、培训开发、管理咨询、人才测评、互联网+人力资源的人力资源链式产业生态。截至年末，主园区年产值45亿元，税收突破1亿元。

【湖南建工BIM大数据产业入驻天心】 2021年2月3日，“易匠通”专业用工服务平台发布会暨湖南建工BIM大数据产业入驻签约仪式在长沙天心经济开发区举办。湖南省住建厅党组成员、总工程师易继红，中国建设银行湖南省分行行长文爱华，湖南建工集团董事长蔡典维，天心区委书记刘汇出席仪式并讲话。湖南建工集团总经理李湘波，天心区委副书记、区长黄滔，天心经开区党工委书记吴江，株洲市渌口区副区长刘文军等领导参加活动。

【重大项目集中开工】 2021年3月1日，天心区重大项目集中开工仪式在长沙天心经开区软件产业园杰峰基地二期项目工地举行。长沙市委常委、统战部部长谭小平宣布11个重大项目集中开工，天心区委副书记、区长黄滔致辞。区领导于献、夏艳兰、周志军、刘向、侯向宇、王海军、许波、吴江等出席开工仪式。

【吴桂英到天心区调研】 2021年3月10日，湖南省委常委、省政府副省长、长沙市委书记吴桂英到天心区调研经济社会发展情况。在天心软件产业园，吴桂英一行先后走访欧比特宇航科技公

2021年2月3日，“易匠通”专业用工服务平台发布会暨BIM大数据产业入驻园区签约仪式在长沙天心经开区举行　（天心经开区供图）

司、湖南天湘和信息科技有限公司，了解前沿地理空间信息技术，鼓励企业抢抓数字经济机遇，融入更多应用场景，助力智慧城市建设；在新韶山南路延长线现场，吴桂英要求倒排工期、自我加压，推动项目尽快开工。区领导刘汇等陪同。

【区政协到园区调研】 2021年3月23日，天心区政协党组书记、主席夏艳兰率区政协常委等一行60人到长沙天心经济开发区进行专题调研。调研组先后考察天心文化广告产业园、湖南山猫吉咪传媒股份有限公司、长沙人力资源产业园、湖南安博人云科技有限公司、天心软件产业园和欧比特宇航科技公司。调研组对产业园发展现状、产业结构、企业生产经营等方面进行了解，就园区高质量发展建言献策。

【信息技术发展与应用高峰论坛举办】 2021年3月31日，由中国地理信息产业协会、中国遥感应用协会、中南大学地球科学与信息物理学院指导，北京东方至远科技股份有限公司、湖南东方至远科技有限公司联合主办的“天空地一体化信息技术发展与应用高峰论坛”在长沙天心经开区软件产业园举办。在主旨报告环节，中国自然资源航空物探遥感中心副主任孙承志、国防科技大学电子科学学院教授雷琳、中南大学地球科学与信息物理学院副院长李志伟、清华大学中国城市研究院新城建中心执行主任吴永兴、湖南大学土木工程学院副院长周云等专家学者作报告。湖南东方至远科技有限公司联合行业专家探索遥感技术与“天空”“地面”技术融合，实现天、空、地一体化优势互补，提升自然资源信息智能化提取技术，为自然灾害风险普查、地质灾害监测预警、城市设施风险排查和应急减灾救援等领域提供全方位的综合解决方案。

【王文铎到园区调研】 2021年4月6日，人力资源和社会保障部全国人才流动中心党委书记王文铎一行到天心区中国长沙人力资源服务产业园调研。湖南省人力资源和社会保障厅就业服务中心主任、党委书记周光明，流动管理处处长陈荣鑫，天心经开区党工委书记吴江，经开区党工委委员、副主任刘正文等领导陪同调研。

【长株潭三市知识产权宣传周联合启动仪式】 于2021年4月20日在长沙举行。本次宣传主题为“强化知识产权区域协作，护航长株潭一体化发展”。湖南省市场监督管理局党组成员、知识产权局局长段志雄出席并讲话，长沙市人大常委会副主任张智勇、株洲市人大常委会副主任朱振湘、湘潭市政府副市长董巍分别致辞。长沙市政府副秘书长王体泽发布2021年长株潭三市知识产权宣传周活动系列安排。长沙市知识产权局、株洲市市场监督管理局、湘潭市市场监督管理局及天心区委、区政府、天心经开区主要负责人，长株潭三市相关部门负责人，省级以上园区知识产权管理机构负责人，知识产权相关专家及嘉宾，有关高校、企业、机构代表等180余人参加活动。

【长株潭人才协同发展研究院成立】 2021年4月23日，长株潭人才协同发展研究院揭牌仪式在长沙天心区中国长沙人力资源服务产业园举行。湖南省委组织部人才办主任谢忠阳，长沙市委常委、组织部部长张宏益，市委组织部副部长、人社局党委书记、局长张白云，株洲市委组织部副部长廖文辉，湘潭市委组织部副部长苏和平，天心区刘汇、黄滔、吴江等出席活动。研究院成立后，定期发布省、市新兴优势产业链人力资源分析报告、人力资源服务业发展白皮书等研究报告，为全省实施“三高四新”战略提供决策依据。在随后召开的长株潭人才一体化发展联席会议上，商议通过《长株潭人才一体化发展联席会议制度》，明确联席会议每季度召开，采取轮值承办方式。活动期间，长株潭人才协同发展研究院发布首批研究成果，同时长沙、株洲、湘潭三市在贺龙体育场举办联合招聘活动。

【百亿级数字新基建项目落户天心】 2021年4月27日，中国电信集团有限公司湖南分公司与长沙天心经开区管委会在湘麓山庄举行中国电信天翼云中南数字产业园项目签约仪式。该项目是电信集团在湖南投资最大的数字新基建标志性项目。建设规划总用地约20公顷，计划总投资120亿元，总建筑面积28万平方米，拟新建22栋单体建筑，容纳服务器40万台；项目采取“分期开发、同步设计、高标准建设”模式，分2期开发，其中一期投资约60亿元，建筑面积约14万平方米，配备标准IDC机柜1.6万个。长沙市委副书记、市长、湖南湘江新区党工委书记郑建新出席仪式并讲话，中国电信集团公司副总经理刘桂清视频连线讲话，长沙市委常委、市委统战部部长谭小平，天心区委书记刘汇等出席。

【第十届全球地理信息开发者大会】 于2021年5月18—19日在天心区召开。通过聚焦未来城市、未来交通、实景三维、商业航天等领域，邀请包括中国科学院院士、中国工程院院士李德仁在内的10余名院士专家，以及300余家企业从技术创新、应用创新、资本创新等多维视角展开深入交流探讨。大会以“更智能、更泛在、更融合”为主题，由湖南省自然资源厅、长沙市人民政府、泰伯网共同主办，中共长沙市天心区委员会、长沙市天心区人民政府、长沙天心经济开发区管理委员会承办。开幕式上，中国测绘学会、天心区政府、天心经开区和泰伯网发布四方合作战略。天心区政府、天心经开区与企业代表现场集中签约20个重大合作项目，涵盖时空大数据、地理信息、商业航天、人工智能、自动驾驶、产业互联网等领域。大会发布《2021地理空间产业趋势报告》和《2021湖南地理信息科技创新白皮书》两大报告，还颁发年度最佳口碑产品、年度最具影响力品牌、年度创新应用案例三项奖励，以及十年最受欢迎演讲嘉宾和十年最受关注科技企业。会上，天心经开区推介“天心数谷”数字经济产业发展情况：天心区依托湖南地理信息产业园、长沙大数据（地理信息）产业链的优势，打造长沙第五谷——天心数谷；通过抢抓长株潭一体化机遇，不断朝着新基建、软件和信息技术、人工智能、人力资源、金融服务、文化创意等高智力、高价值行业方向迈进。截至会议召开时，“天心数谷”初具雏形，聚集地理信息企业200余家，其中全国百强企业12家，形成“天空地”一体化产业格局。

【吴新伟调研园区工作】 2021年7月14日，天心区委书记吴新伟调研天心经开区经济社会发展情况。吴新伟一行先后实地考察中国电信天翼云中南数字产业园、天心数谷项目，了解项目规划、建设进展等情况，要求相关负责人进一步提供优质高效服务，确保项目按期稳步推进。

2021年5月18—19日，WGDC2021第十届全球地理信息开发者大会在天心区召开　（天心经开区供图）

【湖南大数据交易中心投入试运营】 湖南大数据交易中心是以全国卫星遥感、导航、定位和测绘等地理空间数据为基础，整合湖南和长沙的政务数据、通信运营商数据、互联网数据的数据资源交易场所。是继贵州、陕西、北京、上海之后全国第五家、中部第一家新型大数据交易所，湖南省数字新基建100个标志性项目之一。2020年7月，项目在天心经开区启动建设，总建筑面积4.5万平方米（其中地下室1.3万平方米），地上12层，地下2层，总投资约3.2亿元，2021年12月建成并投入试运营。

【数字产业项目集中开工】 2021年12月2日，中国电信天翼云中南数字产业园、“天心数谷”一期、长沙总部基地云谷等三大数字产业项目在天心区集中开工。湖南省委常委、长沙市委书记吴桂英在主会场（中国电信天翼云中南数字产业园项目现场）宣布集中开工。长沙市委副书记、市长、湖南湘江新区党工委书记郑建新出席并讲话。中国电信集团有限公司党组副书记邵广禄以视频连线方式致辞。天心区委书记吴新伟等参加。

（本栏撰稿　陈晓宇）

街　道

坡子街街道

【概况】 长沙市天心区坡子街街道位于天心区最北端，北依五一大道，与开福区接壤，南至白沙路，与天心区裕南街街道毗邻，东邻黄兴中路、黄兴南路步行商业街，经南门口至劳动广场，西靠湘江，与岳麓区隔江相望。截至2021年年底，街道辖区面积1.94平方千米，常住人口4.8万人，下辖太平街、西牌楼、八角亭、坡子街、文庙坪、登仁桥、楚湘、碧湘、创远、西湖、沙河和青山祠12个社区居委会。

2021年，坡子街街道推进经济发展、城市管理、社会治理、民生保障等发展，完成财政税收16.06亿元，固定资产投资15.38亿元，新增“四上”企业19家，新增高新技术企业2家；碧湘二期扫尾项目全面清零腾地，在劳动广场网格试点垃圾分类工作，开展“百日攻坚、扮靓星城”专项整治行动；加强隐患排查、监督检查，开展综治宣传月、国家安全宣传活动，构建“四级联动”社会治安防控体系。街道及社区获湖南省省级旅游休闲街区、省级文明单位、2020年度长沙市十佳夜间经济集聚区等市级以上称号14项。

【街域经济】 2021年，天心区坡子街街道完成财政税收16.06亿元，固定资产投资15.38亿元，社会消费品零售总额20.94亿元（除集团分解），规模以上服务业营收11.76亿元，规模以上其他服务业营收5.75亿元，软件企业营收2632万元，新增“四上”企业19家，新增高新技术企业2家，重新认定1家，引进百万税源企业8家，世界500强企业2家，楼宇去化14853平方米。茶颜悦色旗舰店、湖南高新创业投资集团办公区域改造、湖南发展资产管理集团办公区域改造3个市级重大项目完成年度建设目标。街道班子成员带队对40家重点企业走访150余次，协调解决企业问题近90个。召开网红经济座谈会、夜间消费思想荟沙龙、拥抱“她”时代约“汇”坡子街交流会等活动，搭平台、优服务，促进夜经济、网红经济、“她经济”、商圈经济融合。

【城建城管】 2021年，天心区坡子街街道碧湘二期扫尾项目全面清零腾地，西文庙坪A地块顺利发布调整征收范围公告，8个结算项目顺利完成预期任务。2021年，累计处理数字化案卷11360余个，拆违42处，拆除违建745平方米。办结“12345”市民热线工单2772单。全街35个网格内设116个巡防点，配齐人员力量，24小时动态巡逻，可视化、全天候、无空档对市容乱象进行精准打击。在劳动广场网格试点垃圾分类工作，打造首个“全民实施垃圾分类”示范网格。推进“百日攻坚、扮靓星城”专项整治行动，清理卫生死角、陈年垃圾820处，转运垃圾360车，处理违规广告招牌横幅80处，“牛皮癣”1800处，围挡整治24处，拆除垃圾围池2处。完成电梯加装13台，申报创建精美小区2个，打造华远隆玺、王府井等物业示范创建小区8处，在下河街立体停车场新增车位80个，提质青山祠片区、楚湘片区老旧小区改造项目。发放禁燃限放等各类环保宣传资料6000余份，宣传板及警示牌80余块，环保知识讲座及世界环境日等宣传活动3次。对近年来4次环保督察反馈的50余条案卷进行逐一复查，按时保质保量完成中央环保督察和“回头看”反馈问题整改。蓝天保卫战双月考核获得二等以上名次4次。

【社会事业】 2021年，天心区坡子街街道推进春节慰问、社保低保、高龄补贴、计生奖扶、住房保障等各项惠民政策的落实落地，聚焦群众“急愁难盼”问题，开展“我为群众办实事”活动，收集、解决问题300余个。抓好常态化疫情防控，全年累计核查大数据19082条，累计“四包一”人员450人，累计进行核酸检测6.15万人次，推进新冠疫苗接种工作，共接种一、二、三针疫苗94331万针。

【综合治理】 2021年，天心区坡子街街道加强隐患排查、监督检查，做出现场检查记录238次，下达执法文书238份，执法处罚单位24家，总计罚款21998元。通过购买服务方式聘请第三方机构对辖区生产经营单位进行监管。顺利完成鑫和物业、锦绣中环隐患验收销案。化解信访积案13期。推进综治宣传月、国家安全宣传活动，张贴宣传海报4万余张，宣传资料6万余份，扫黑除恶入户摸排7000余处，“国家反诈中心”App下载19926次，全年戒毒康复执行率100%、在指定媒体发稿10余篇，“一盔一戴”累计发放宣传册1650本，微信、微博3820条。成立“西牌楼社区志愿服务联盟”，以“一核三环”工作做法，探索市域社会治理新模式。构建群众力量分片布防、专业力量动态巡防、单位力量联动设防、科技力量无死角视防“四级联动”社会治安防控体系，健全各类突发事件处置联动机制，更加快速高效精准地处置各类事件。

【党建工作】 2021年，天心区坡子街街道深入实施党建聚合力工程，抓牢基层组织建设、党务工作者素质提升、党员教育管理三大关键，开展党史学习教育、建党100周年、“青年荟”素质提升系列活动，“有事好商量”推进基层自治，“一门式”紧贴群众需求。开展以党工委理论学习中心组为龙头的全街党员学习教育、群众文化活动400余次，宣传报道400余篇，“两优一先”“最美”表彰203名（家）。开展餐饮费报账、“一卡通”“清廉医保”“四位”问题清理排查，零容忍正风肃纪开展作风考勤15次，纪律督查18次，配合六届区委第一轮巡查工作。深化拓展“洞庭清波”专项行动，对辖区内各个排污口进行监督检查，推动构建长效机制，为“守护好一江碧水”、推动长治久清提供坚强保障。组织人大代表座谈活动3次、走访活动4次和代表接待日活动8次，提出高质量建议8件。引导支持政协委员参与基层协商，提交提案9篇、社情民意2篇，开展调研视察活动1次。

【“不同，和而不同”总部旗舰店】 该项目由茶颜悦色和果呀呀2个品牌联合打造，项目位于长沙坡子街复建历史文化遗迹鸿记钱庄和苏州会馆处，整体用地面积1152平方米，建筑面积2561平方米。“不同，和而不同”总部旗舰店紧邻华远华中心和北京银行长沙分行，激活该片区域的潜在商机。茶颜悦色、果呀呀2个网红品牌携手共建“网红品牌命运共同体”，有利于实现优势互补、提高综合竞争力，为辖区众多其他品牌的发展升级提供示范效应。

【长沙外滩片区2020年工作总结暨2021年重大项目攻坚部署会】 2021年2月23日，天心区委副书记、区长黄滔主持召开长沙外滩片区2020年工作总结暨2021年重大项目攻坚部署会。区领导黄文先、刘向、黄会、杨权参加会议。会上，刘向对长沙外滩片区2020年工作进行总结，对2021年长沙外滩片区重大项目攻坚进行安排部署。黄滔强调，2021年，长沙外滩片区上下要抓紧推动土地盘活和出让，在项目建设、有机更新过程中，要始终以“四精五有”为标准，注重建设品质，强化精品意识，彰显城市客厅的独特魅力。2020年，外滩片区铺排征拆项目20个，实现签约1311户，其中劳动广场、太平街地块、火宫殿一期、古道巷（三期）S3地块、西文庙坪B1、B2(一期)、太平街地块（有机更新片区）、广播电视大学8个项目实现清零扫尾；新建西路、南湖路狮子山、广播电视大学、古道巷（三期）S3地块、太平街地块、殷家冲零星地块、石人冲水库公园、城南西路8个项目完成结算。征收工作获评全市突出单位荣誉称号。

【坡子街街道与建设路街道合作签约】 2021年6月4日，长沙市天心区坡子街街道与湘潭市岳塘区建设路街道合作签约仪式举行，助力长株潭融城一体化。建设路街道和坡子街街道都位于湘江沿岸，在社会治理、城市管理、街区定位等方面有多个相似共通之处。双方将以促进两街经济繁荣、社会进步为目标，坚持政府主导“搭台”，社会各界“唱戏”，充分发挥两街资源特色和优势，达成合作，实现数据互通、资源互享、项目互建、文旅互融、工作互学、人员互派。

【坡子街街道庆祝中国共产党成立100周年表彰活动】 2021年6月28日，天心区坡子街街道庆祝中国共产党成立100周年暨“两优一先”“最美系列”表彰活动在湘江剧院举行，坡子街街道党员群众、驻街部门、辖区单位代表等参加活动。坡子街街道为216名老党员颁发“光荣在党50年”纪念章，对70名优秀共产党员、30名优秀党务工作者、10个先进基层党组织以及10项“最美”系列个人、团队和家庭进行表彰。

【“夜间消费思想荟”主题沙龙活动】 2021年7月16日，由长沙市中小企业服务中心主办、天心区坡子街街道办事处协办的“夜间消费思想荟”主题沙龙活动在坡子街街道举行。该次活动是中国城市夜间经济发展峰会的“夜间消费思想荟”长沙场第2期，服务对象主要为餐饮业品牌，老街鱼嘴巴、湖南盟重烧烤餐饮公司、喜茶等近40家餐饮企业的创始人、核心高管、投资人参加活动。长沙市商务局商贸流通处处长张增辉表示，希望餐饮企业继续努力，打响餐饮湘军的名气。长沙区别品牌管理有限公司创始人邱文君、七七地摊火锅创始人肖勇、洞氮胡记联合创始人刘刚分别以打造爆款、品牌传播因子梳理与创造以及洞氮胡记的成长之路各抒己见。坡子街街道餐饮门店火热，“深夜食堂”遍布，集“夜食、夜游、夜娱、夜宿”于一体的标志性“夜经济”服务，吸引大批游客。

【县溪镇党政负责人到坡子街街道考察】 2021年9月10日，怀化市通道侗族自治县县溪镇党政负责人一行到长沙市天心区坡子街街道开展考察，双方就如何做好脱贫攻坚同乡村振兴有效衔接进行交流座谈。座谈会上，双方对“坡溪一家亲”的帮扶合作给予肯定。与会企业代表为县溪镇农副产品销售出谋划策：对市场需求要深入研究，了解市场所需；产品的包装销售、市场推广上要推陈出新；要形成产品的产业化、品牌化。坡子街街道负责人表示，要继续加强坡溪联系、互通有无，在现有的工作基础上接续推动乡村全面振兴，携手促进两地发展。自2018年8月双方签订“结对帮扶框架协议”以来，天心区坡子街街道多次走访县溪镇，开展市场和产业调研，多方式、多渠道地开展精准扶贫、结对帮扶工作。2020年春节期间组织相关人员和辖区相关企业对县溪镇进行实地考察和对接，送上新春慰问金及慰问物资，向县溪镇捐赠专项扶贫资金10万元；同时，发挥市场带动作用，组织对接辖区企业开展产销对接，在街道开展消费扶贫智能柜试点投放和运营，探索拓宽扶贫产品销售途径，发挥好社区的桥梁纽带作用。

【西文庙坪片区公开征集开发方案】 2021年9月30日，天心区委托中誉杰森项目管理有限公司发布《长沙市天心区西文庙坪片区开发方案公开征集公告》，标志着西文庙坪片区在经过3年多的城市有机更新后，将通过后续的硬件持续投入和产业注入，助推片区品质全面提升。西文庙坪片区位于坡子街街道，占地面积约22.9公顷。东至黄兴南路商业步行街，西至湘江中路，南至西湖路，北至人民西路，与南门口、杜甫江阁等地标相邻，为老长沙保留最完整的老城区。2018年以来，天心区打造西文庙坪有机更新改造工程，对片区重新进行规划、功能定位、完善基础配套设施，向文史界、规划建筑界知名人士和老长沙老街坊多次征求意见建议。

（本栏撰稿　刘　波）

天心区坡子街街道西文庙坪片区（部分）　（郑　孟　摄）

城南路街道

【概况】 长沙市天心区城南路街道位于天心区东北角，辖区东接芙蓉路、南起劳动路、西至黄兴路、北抵大古道巷，截至2021年年底，街道辖区面积2.1平方千米，常住人口30568人，流动人口12486人，下辖白沙井、天心阁、燕子岭、吴家坪、古道巷、熙台岭、工农桥、城南中路8个社区居委会。

2021年，城南路街道完成市区级财政税收5.54亿元，全社会固定资产投资13.28亿元，高新技术企业认定6家；多层住宅增设电梯16台，裕敏里7号、8号成功办证；通过“爱心赶集”、“巷长制”、“三型志愿者”、门店自律联盟、“网格智慧营”、“同心咖啡沙龙”等平台，服务民生需求。街道获评市信访工作基础业务“业务规范单位”；市域社会治理经验在人民网刊发。

【街域经济】 2021年，天心区城南路街道完成市区级财政税收5.54亿元；全社会固定资产投资13.28亿元；社会消费品零售总额12.15亿元。限额以上批发零售业总额24.47亿元；规模以上服务业营收12.99亿元，其中其他营利性营收10.6亿元；规模以上工业总产值14.14万元；高新技术企业认定6家；完成省外境内实际利用资金15.52亿元；重点外贸企业省机械设备进出口公司完成进出口总额5994万美元。在库考核项目20个，闲置楼宇去化面积9128.11平方米，实现税收7.45亿元，新引进税收100万元以上企业5家；市场主体9956户，其中企业4995户，企业占比50.17%。立足贺龙体育中心及周边文旅资源丰富，以“展、会、节、赛、演”等为亮点，找准新消费增长点，打造田汉夜经济文旅城，形成夜游热点。

【城建城管】 2021年，天心区城南路街道完成古道巷三期结算和南门口项目遗留问题的处理，加快阳光城项目配套征拆工作。多层住宅增设电梯16台。裕敏里7号、8号化解房产办证项目前期进行摸排和收集资料，通过召开工作协调推进会，办证38本，自然资源报社报道并推广化解办证成功做法。在城市管理、蓝天保卫战及交通顽瘴痼疾整治等工作当中，依法查处一批典型案例。狠抓垃圾源头分类减量，完成区下达厨余垃圾任务量的110%。

【社会事业】 2021年，天心区城南路街道开展“我为群众办实事”实践活动，解决群众迫切关心的困难问题220个，社区惠民资金投入160万余元，完成66个项目。开展“我是城南民兵暨‘军民同心共筑国防’书画展”，征集作品100余幅。落实“双减”政策，督促辖区12家培训机构有序转型；组织开展“四心”服务，服务居民3068人次；开展爱国卫生运动，城南中路社区创建市病媒生物示范小区；为122人提供免费孕前优检，服务计生特扶家庭137人，发放特扶金149万元，310人参加无偿献血。新冠肺炎病毒感染者实现辖区零确诊，被评为全区优秀单位、排全区第一，疫苗接种第一剂累计完成40589剂，完成率167.96%，完成10月疫情期间辖区28700人的全员核酸检测任务。

【综合治理】 2021年，天心区城南路街道开展带队和部署专项行业安全检查分别12次和2次，年内无行业安全事故。整治乱象门店40余家，清理涉非法金融风险企业4家，处理突发事件7件。调处各类矛盾纠纷54起，化解各级信访积案9件。制作发放平安建设宣传资料1万份，向辖区群众发送宣传短信2万余条。街道对88家企业进行安全生产执法检查，查处案件37起，下达限期整改通知75份，整改隐患76处。有效排查和整治群租房、三合一场所、高层建筑、物流仓储等单位和场所。消除国美、城市之心等7处重大火灾隐患。实地走访各社区，布置电动车充电装置79处，减轻电动车消防隐患。抓好交通安全宣传工作、非机动车佩戴头盔整治工作。

【党建工作】 2021年，天心区城南路街道围绕党建“三四五”工作法和区域化党建“四互”体系，推进市委“党建聚合力”工程、区委“融合党建”落细落地，探索“院落式”党建。通过“党徽耀城南”“商圈同心圈”等平台，凝聚区域化党建力量。街道开展党工委理论学习中心组学习12次，党工委书记讲党课2次，通过“党员中心户”“城南讲习所”“商圈党校”等平台丰富理论学习方式。指导天心阁社区获评全市“五化”示范支部；熙台岭社区获长沙市最佳“五老红”志愿组织；以红色物业示范推动小区治理体系升级，城南中路社区与湘诚物业共建的湘财大院项目被评为2021年全市党建引领物业管理示范项目。把年轻干部放在征拆一线等重要岗位进行锻炼，提拔使用干部1人，社区书记“80后”占87.5%，全部为大专以上学历。

【田汉文旅城项目】 田汉文旅城项目是依据《长沙市建设国际文化创意中心三年行动计划（2021—2023年）》精神，以田汉大剧院为中心，辐射劳动西路沿线、贺龙体育场（馆）周边等，通过引进、盘活、融合、原创，推动文旅新消费产业集群发展，重构侯家塘商圈，全新打造的文旅超级新IP暨文产新业态街区项目。项目以盘活资源为重点，以培育文旅全产业为核心，辖区内盘活有KTV星辰汇城市客厅，经营面积1万平方米，投资5200万元；游泳馆康之泉活水馆，经营面积1万平方米，投资5000万元；啤酒超市LIGHT，经营面积1000平方米，投资800万余元。项目周边楼宇林立，金融、文化产业集聚，有渤海银行长沙分行、中信证券湖南分公司、中广天择传媒等重点金融文化企业，嘉盛国际广场、恒力卡瑞尔等重点商务楼宇。叮叮mall、先导童心mall、湖南国美电器等商场名店云集。2021年，该项目完成投资2.5亿元、盘活资产6万余平方米、实现税收2000万余元。

【城南路街道“两优一先”表彰大会】 2021年6月29日，天心区城南路街道召开“两优一先”表彰大会暨“光荣在党50年”纪念章发放仪式。大会对100名优秀党员、10名优秀党务工作者、9个先进基层党组织进行表彰；邀请10名老党员代表，为他们现场颁发“光荣在党50年”纪念章。城南路街道工委书记徐伟出席并讲话。

【城南路街道趣味运动会】 2021年9月9日，2021年天心区城南路街道“党徽耀城南同心聚合力”趣味运动会在长沙市天心区贺龙体育馆内举行。天心区城南路街道办事处全体成员、社区全体成员以及企业职工代表等300余名参加活动。比赛设置“砥砺奋进”“勠力同行”“凝心聚力”“协作共赢”4个团体项目，分为上午场和下午场2场比赛，上午场由国家统计局湖南调查组、中国农业发展银行、贺龙体育馆等企业代表参与比赛，共6支参赛队伍；下午场由社区和街道全体成员参与比赛，共14支参赛队伍。该次趣味运动会，有利于加强社区居民之间的联系，丰富党员们的文化生活，形成参与、共建、共享、共融的全域化大党建格局。

（本栏撰稿　唐卓琳）

2021年6月29日，天心区城南路街道优秀共产党员、优秀党务工作者和先进基层党组织表彰大会举行，为老党员代表发放“光荣在党50年”纪念章

（城南路街道供图）

裕南街街道

【概况】 长沙市天心区裕南街街道地处天心区北部，东至白沙路与城南路街道毗连、南与金盆岭街道接壤、西临湘江与橘子洲头隔江相望、北至劳动路与坡子街街道交界，截至2021年年底，街道辖区面积6平方千米，下辖裕南街、石子冲、仰天湖、东电、东瓜山、杏花园、宝塔山、向东南、长坡、火把山、南站11个社区。

2021年，裕南街街道完成财税收入6.67亿元，新增“四上”企业9家，引入百万税收企业7家，楼宇去化10353平方米。街道所辖社区分别在2021年获得全国民主法治示范社区、湖南省省级充分就业社区、长沙市市容环境示范社区等多项称号。

【街域经济】 2021年，天心区裕南街街道完成财税收入6.67亿元；固定资产投资完成26.72亿元，比2020年增长39.94%，共新增入库25个项目，总投资45.43亿元，其中“五上”项目4个，“五下”项目21个；社会消费品零售总额完成23.84亿元，比2020年增长8.41%；服务业完成12.86

亿元，比2020年增长25.71%。新增“四上”企业9家，其中，服务业3家（湖南思多瑞肯广告传媒有限公司、湖南大扬创智文化实业发展有限公司、湖南蚂蚁星球科技有限公司），批发企业2家（湖南硕海贸易有限公司、长沙仕丹食品贸易有限公司），住餐企业2家（湖南潇湘鑫龙记餐饮服务有限公司、长沙市轻漓饮品有限公司），零售企业1家（湖南达强体育用品有限公司），房地产1家【振业（长沙）房地产有限公司】。高新技术企业培育库入库任务16家，完成16家，升高任务9家，完成6家。引入百万税收企业7家，分别为湖南大力电力建设集团有限公司天心分公司、昱安电力设计有限公司、九州证券股份有限公司湖南分公司、湖南柠柠麒餐饮管理有限公司、湖南麒柠供应链管理有限公司、长沙嘉和瑞祥置业有限公司、湖南省海扬建设劳务有限公司，7家企业共计缴税2201.98万元。楼宇去化10353平方米，实现税收1155.1万元。

【城建城管】 2021年，天心区裕南街街道进行全覆盖、多轮次、全天候检查“蓝天保卫战”开展情况，街道领导带队检查30次，召集会议33次，开展专项整治12次，共出动人员400余人次、检查门店300余家。推进垃圾分类“撤桶并点、定时定点”集中投放小区厢房工作，投入资金建立厢房，在全街推行垃圾分类撤桶并点工作。截至2021年年底，全街共建厢房8个，在天心区垃圾分类厢房建设工作排名第一。完成裕南街、东瓜山、宝塔山3个社区的铜铝材宿舍的提质改造，完成华光外贸周边街区微改造，完成宝塔山社区杏花苑1栋化粪池改造。宣传与推进既有住宅加装电梯政策，确定以白沙家园、轻工小区作为重点小区进行宣传推进，全年完成19台电梯进窗，利用省、市媒体进行宣传3次。

【综合治理】 2021年，天心区裕南街街道将维稳工作责任目标层层细化，落实到11个社区，通过一级抓一级，层层抓落实，形成维稳工作人人有“责任田”的组织架构。坚持安全教育的常态化，采取广播、喇叭、公约、温馨提示、板报、专栏、文化墙、微信群等形式，深入落实安全宣教活动，开展安全“五进”活动，做到警钟长鸣，强化安全意识和提升安全生产技能。

2021年3月10日，湖南省委常委、长沙市委书记吴桂英（前左二）现场调研天心区裕南街街道社工站（裕南街街道供图）

【社会事业】 2021年，天心区裕南街街道引进7家社工机构，着重开展居民自治、居家养老、弱势群体帮扶、法律援助等专业化服务，形成仰天湖社区“馨湖湾——网格议事会”自治、南站社区“南来北往幸福驿站”等社工品牌。推进“白沙路养老示范街区”建设，打造嵌入式养老新标本。巴普护理院在提供养老服务的同时，为辖区内居民提供专业公共卫生和基本医疗服务。机构内63个床位全部住满，并为居家老人提供上门服务近1万人次，制定健康档案累计6000余份。长坡、宝塔山、石子冲3个社区被评为AA级居家养老服务示范中心，裕南街、南站2个社区被评为AAA级居家养老服务示范中心。开展“裕见爱”爱心帮扶工作，探索打造东电社区“电亮微幸福”、石子冲社区“锋蜜在线”等一大批特色帮扶品牌。裕南街巴普养老院被评为“爱心天心”帮扶工程爱心单位；石子冲社区“石全石美”志愿服务项目、向东南社区“情满向东南互助康乐园”被评为“爱心天心”帮扶工程爱心项目；曾凡被评为“爱心天心”帮扶工程爱心个人。

【党建工作】 2021年，天心区裕南街街道开展“集训营”2期，培训2次，集中谈话4次。开展

"集中讲党课全力谋发展"和"春季大走访"活动，承办长沙市委组织部"学四史、守初心、担使命"党员专题教育活动。开展社会化职能移交，接收党员800余名，以"五化"标准新建党支部17个。在全街开展"两优一先"评选工作，对先进集体和优秀个人进行表彰；全街有363名党员获得"光荣在党50年"纪念章。在"两委"换届中，10个社区党总支升格为党委；在"导师帮带"中，确定12名新进"两委"成员、基层能力和经验较弱的社区工作人员为帮带对象，选定优秀导师并科学制订帮带计划，提升"两委"班子队伍能力和水平。

【"三社联盟"社工项目】 天心区裕南街街道位于老城区，为满足居民的不同需求，裕南街街道于2019年3月搭建"三社联盟"平台，融合社区、社会组织、社工三方力量，有效解决基层治理人手不够问题。政府通过购买服务，引进16家专业社会组织，围绕街道中心工作，以居民需求为导向，开展各类服务。2021年1月5日，天心区裕南街街道办事处携手裕南街街道社工站开展2020年"三社联盟"社区项目评估会。评估组对16个项目进行结项评估。6月10日，"三社联盟"项目签约仪式暨结项项目末期现场评估会召开。在现场，14个签约项目的社区负责人与机构负责人统一进行"一对一"项目协议书的签订。街道办事处主任周钰沂为街道社工站授2021年"三社联盟"旗帜。"爱心天心"品牌帮扶项目"源圈"爱心零距离项目负责人彭海燕在会上分享"源"字服务项目和"两个清单"的打造，为裕南街"裕见爱"项目提供借鉴经验。评估组对8个结项项目进行评估。8月，为全力做好疫情防控工作，裕南街街道社工站发挥"三社联盟"平台作用，汇集志愿者力量，开展全民核酸检测工作。2021年，裕南街街道社工站接待民政部、湖南省民政厅、长沙市、深圳市、三亚市民政局等专家组调研16次。湖南省委常委、长沙市委书记吴桂英现场调研街道社工站，高度评价"三社联盟"项目"微治理释放大能量"。人民网、"学习强国"平台、"中国社会工作"微信公众号、"新湖南"客户端、华声在线先后对街道社工服务进行专题报道298次。

【长沙平安财富中心项目】 长沙平安财富中心项目位于天心区裕南街街道辖区内，"金融外滩"黄金地段，是中国平安集团旗下平安不动产在湘成立的首个投资项目，总投资20亿元，占地面积约1.15万平方米，总建筑面积约12.24万平方米（其中地上建筑面积9.4万平方米，由1栋超高层塔楼及地面裙楼组成，主塔楼地上共49层、总高度211.2米；地下建筑面积2.84万平方米，共3层），商业建筑面积1.4万平方米（位于1~4层），写字楼部分建筑面积2.7万平方米（位于5~8层、10~13层），是集精奢商业、退台式花园写字楼、臻装公寓于一体的高端产业项目，拥有约200米宽一线江景。截至2021年年底，项目全面竣工，进行招商并签约平安养老险、医保科技、平安不动产、平安健康险等。

【智能充电桩】 天心区裕南街街道老旧小区较多，属于开放式物业管理，电动车充电问题是街道重大安全隐患之一，是街道、社区需要重点解决的问题。2021年，裕南街街道通过前期摸排，中期调研，后期实施，在辖区铺开智能充电桩，在符合辖区城市管理、消防安全等要求上应装尽装，解决乱停乱放、"飞线充电"的情况，解决单车房"三合一"（居住、充电、运营）安全隐患、老旧小区无地充电的问题，全街共计投入91.36万元，改造建设2510平方米，增加智慧充电桩1070余个。2021年10月升级后的智能充电站，电动车车主通过门禁刷脸即可进入充电站停车充电。充电桩还具备自动识别电池、自动断电、烟感报警等安全充电功能。

（本栏撰稿　王凯璐）

金盆岭街道

【概况】 长沙市天心区金盆岭街道位于天心区中部，东枕芙蓉路、北接劳动路、南邻赤岭路至书院路、西与裕南街街道交界，截至2021年年底，辖区面积3.97平方千米，常住人口6.5万人，流动人口10万人，下辖夏家冲、天剑、狮子山、黄土岭、涂新、赤岭路6个社区。金盆岭街道办事处驻地为赤岭路30号。辖区内主次交通干道有劳动路、芙蓉路、南湖路、赤岭路、书院南路等，有商务楼宇13栋，企业2198家，个体户3790家。

2021年，金盆岭街道市区两级税收完成6.43亿元，搭建"金"英会，筹划共享食堂；对6个社区实施微改造，开展"百日奋战，扮靓星城"行动，开展26次全民大扫除行动；以"我为群众办实事”为契机，推进“金福”工程，探索建立项目化常态帮扶机制；开展安全生产专项整治行动，黄土岭社区获评全省综合减灾示范社区，“12345”热线工单满意率保持在98%以上，赤岭路社区市域社会治理经验被《中国社区治理》期刊推介。金碧文华小区第一党支部获评长沙市先进基层党组织，二机小区第三党支部获评长沙市示范化“五化”党支部，星电花园第一退休干部支部委员会获评“全省示范离退休干部党支部”称号。

【街域经济】 2021年，天心区金盆岭街道市区两级税收完成6.43亿元；建筑业总产值完成416.98亿元，比2020年增长10.06%；规模以上其他营利性服务业完成营收14.4亿元，比2020年增长21.18%；限上社会消费品零售总额完成3.8亿元，比2020年增长25.14%；限上批零完成46.06亿元，比2020年增长2.11%。投入30万元搭建街道商会双月交流平台“金”英会，实现内部资源互联互通。筹划共享食堂，从辖区餐饮名店中进行比选，为楼宇中没有食堂的中小企业解决用餐难题。围绕新经济业态谋划项目，促成“湖南长株潭跨境电商综合服务中心”建成运营。南湖大厦A座进行基坑施工备案、B座进入基坑施工阶段。

【城建城管】 2021年，天心区金盆岭街道推进劳动广场及周边零星地块棚户区改造项目，超额完成楼宇去化任务，提前完成省建六公司职工宿舍外墙整体装修。先后筹措资金100万余元，对6个社区基础设施薄弱部位实施微改造项目。针对侯家塘周边地段等重点区域，实施立面、地面、设施同步整治维护。面对轻院路交通拥堵等突出问题，通过加装防护栏、竖立提示牌、发放倡议书等方式，协同城管执法中队加大执法力度，有效遏制机动车违停行为，保障居民出行环境畅通安全。中央环保督察组进驻湖南期间，金盆岭街道对扫把塘2家油烟排放超标餐饮门店立案调查并处罚金1万元，组织实施天剑棚户区排水管网“明改暗”工程，让325户居民告别污水横流的困扰。组织驻街城管执法中队和相关社区常态开展户外招牌、违规安装地锁、“僵尸车”、违规种菜等专项整治行动，先后拆除大型户外导视牌7处，治理“僵尸车”28台，拆除违规地锁113把，纠治违规户外宣传37处，铲除违规种菜2000余平方米。在12月迎接全国文明典范城市创建检查准备工作当中，通过整合街道相关部门、社区及保洁公司力量，实现联合、联动、联勤，建立健全卫生环境、市容秩序整治工作机制。督促保洁公司落实“三清三洗”（清垃圾、清堆物、清“牛皮癣”，洗路面、洗立面、洗设施设备）制度，做好日常清洁和动态保洁工作。将市容环境巡查监管工作全部“键入”6个子网格，街道、社区、执法中队三方互通案情、加强联动，相关疑难案卷的协调处置力度加大、时间缩短。处置一级平台数字化案卷5043条。

【社会事业】 2021年，天心区金盆岭街道摸排掌握五类重点对象253户，其中特困对象131户，逐户建立困难群体基本台账；建立爱心资源库，有53家爱心企业、51家辖区单位、2个社工组织、151名爱心志愿者参与帮扶并逐个建档。梳理制定暖心厨房、爱心资助、关怀独居老人、“四点半课堂”等8个帮扶项目。96户特困群众作为第一批项目化帮扶对象，由社区书记、网格员针对每户情况制定帮扶方案，做到“一户一策”“一户一档”。搭建爱心帮扶供需平台，整合全街爱心资源，发动爱心企业、爱心人士参与帮扶项目，开展“一对一”结对帮扶。暖心厨房项目为辖区65岁以上老人提供用餐服务，累计提供暖心午餐1.2万余份；关爱独居老人项目为全街128户独居老人“一对一”配对爱心邻居；“四点半课堂”项目整合麦田格、新东方等培训机构力量，为辖区学龄儿童提供免费安全的课后活动场所。新华社、澎湃新闻、《人民日报》（海外版）多次报道，“金福”工程网络点击量突破500万。暖心厨房“主厨”侯利纯获评全省唯一“中国网事·感动2021”二季度网络感动人物。

【综合治理】 2021年，天心区金盆岭街道按照“一小区一网格”的要求，划分42个网格，实现网格党支部全覆盖。探索红色物业管理模式，推动小区党支部、物业公司、业委会三方共建共治共管。以社区为主、社工力量为辅，发掘两代表一委员、在职党员、楼栋长、单元长、热心居民，培育809名居民骨干志愿者，打造社会治理的全覆盖网络。“红袖章”志愿巡防工作常态化推进，食品安全志愿者队伍代表全市迎接省检。针对仓储物流、群租房、家庭旅馆等9个重点行业场所，排查整治各类安全隐患。走访检查各类企业门店1000余家，共排查隐患79起，整改率100%。推进司法调解进小区，法律顾问定期答疑，借助“有事好商量”“民声金话筒”“睦邻汇”等基层议事平台，妥善处理各类交办信访案件77件，成功调解各类民事纠纷84件，完成3件信访积案化解工作。

【党建工作】 2021年，天心区金盆岭街道围绕中共十九届六中全会、党史学习教育和省、市、区党代会精神，先后开展理论中心组学习14次，集中研讨8次，集中学习30余次，开展“一军三区”专题讨论1次。通过“就认这个理·永远跟党走”初心宣讲比赛，评选出街道宣讲员12名，开展微宣讲30余场，受众4000余人。召开“党建聚合力·领航新征程”区域党建联席会，凝聚辖区红色力量，办好辖区民生实事。探索小区（网格）党建工作，健全多元参与的治理机制，完善“三方协调”议事制度。

【“金”英汇活动】 2021年4月25日，天心区金盆岭街道商会开展党史学习教育暨“金”英汇活动。金盆岭街道工委班子成员、各社区书记、商会会长、副会长单位负责人等60余人参加。活动现场，街道“爱心天心、金福工程”项目负责人立足于“爱心送餐”“阳光课堂”“爱心资助”等6个民生服务项目，对前期开展情况、阶段性成效及项目需求进行介绍，呼吁爱心企业共同解决辖区居民生活实际困难。辖区商会企业现场募得爱心公益资金5万余元。6月17日，主题为“奋斗百年路，启航新征程”金盆岭街道商会“金”英汇第二期学党史沙龙在长沙红海人力资源有限公司会议室举行，金盆岭街道及各行各业商会精英参加活动。长沙红海人力资源有限公司总经理朱艳华致辞，副总经理刘宇介绍公司基本情况、业务产品及服务覆盖范围。湖南省委党校党史教研部博士、副教授黄建国以“坚定学史崇德增强党性修养——汲取湘籍无产阶级革命家群体风范的力量”为题讲党课。

【湖南长株潭跨境电商综合服务中心】 2021年12月，湖南长株潭跨境电商综合服务中心注册成立。该中心是在天心区政府、区商务局、金盆岭街道引导下，由专业跨境电商平台机构运营的长株潭跨境电商企业和产业聚集中心，是加快推进长株潭产业一体化的重点项目。2021年，金盆岭街道立足于辖区的楼宇优势、贸易企业聚集优势、电商平台优势，在2个月内，创新谋划、建设“湖南长株潭跨境电商综合服务中心”。该中心依托辖区重点商务楼宇资源，立足于金盆岭街道新时空大厦，为跨境电商企业，提供工商财税、政策申报、产权保护、外贸平台搭建、外贸软件、人才输送、团队孵化、国际物流、外贸后流程、法律金融等综合服务，为企业提供“一站式”全链路解决方案。

（本栏撰稿　周　胤）

赤岭路街道

【概况】 长沙市天心区赤岭路街道位于天心区中部，东邻芙蓉南路，与雨花区接壤；南靠南二环，与新开铺街道相邻；西临湘江之水；北接赤岭路、殷家冲路，与金盆岭街道、裕南街街道交界，截至2021年年底，辖区总面积3.72平方千米，常住人口6.8万余人，流动人口4.06万人，下辖白沙花园、新丰、芙蓉南路、南大桥、广厦新村、书院路、猴子石7个社区居委会。街道办事处驻长沙市天心区书院南路423号。

2021年，赤岭路街道按照建设“品质赤岭幸福高地”工作思

2021年8月24日，金盆岭街道开展“一军三区”大讨论

（金盆岭街道供图）

路，完成市区两级税收1.88亿元，新引进百万税收企业5家；加大市容环境维护整治力度，在全区“蓝天保卫战”双月考核工作中连续三次名列一等；实施“四民工作法”，为群众解决“急难愁盼”问题；开展“十大”平安创建活动，持续推进扫黑除恶、防邪反邪宣传、禁毒等重点工作整治。

【街域经济】 2021年，天心区赤岭路街道完成市区两级税收1.88亿元；固定资产投资比2020年增长–8.1%；限额以上社会消费品零售总额5.13亿元，比2020年增长17.2%；外商直接投资4694万美元；工业总产值2149.9万元，比2020年增长–9.7%；规模以上服务业其他营利性服务收入3.99亿元，比2020年增长16.6%。新引进百万税收企业5家，新增“四上”企业5家，即湖南方起科技有限公司、湖南国开电气有限公司、长沙市泓泽电力技术有限公司、湖南润卓科技服务有限公司、湖南嘉洲机械设备租赁有限公司。公交金盆小区和联运宿舍老旧小区改造项目作为省、市老旧小区提质改造试点项目完成改造任务；爱尔眼科总部项目作为区级重点项目，完成主体建设，进入道路平整和内饰装修阶段。殷家冲048号地块作为长沙市首批集中挂牌出让的9宗熔断地块之一，于2021年6月被绿城集团拍得；天心馥园一期、天心佳苑等保障性住房建设启动，新建西路棚改项目、长熔项目完成项目结算；新开管委会“城中村”改造进入扫尾阶段；长沙市城市建设投资开发集团有限公司、长沙江瀚房地产开发有限公司、长沙新力鸿房地产开发有限公司、永辉超市等一批企业相继入驻。

【城市管理】 2021年，天心区赤岭路街道加快南郊公园生活广场、湘江大道首胜广场建设，其中首胜广场于2021年上半年完成建设并投入使用。将水竹街、书院路、猴子石路打造成城市管理的“示范路、特色街”，完成各社区文化活动中心建设。清运堆物3000余处、清扫路面100余次、整治店外经营2000余起。建立健全市容环境协管巡查队伍全天候、全区域巡查，开展企业门店宣传教育活动150余次，发放宣传单和宣传手册5000余份。对小区垃圾分类工作进行常态化督查，打造白沙花园、通用时代、华盛家园等垃圾分类示范小区。

【社会事业】 2021年，天心区赤岭路街道开展爱心帮扶工作，特殊困难帮扶总人数269人、各类帮扶金额157.49万元。街道全年筛选十大民生实事，涉及社区阵地建设、管网改造、电梯加装、楼道灯修缮、开放式小区物业管理、水电气等，实行挂图作战、限期清零。

【综合治理】 2021年，天心区赤岭路街道加强安全生产监管，重点对建筑工地、餐饮门店、酒店宾馆等区域进行动态巡查；开展夏季下河游泳防溺水安全警示宣传；及时处置存在安全隐患的边坡（护坡）、高层建筑外墙掉落等安全隐患20余处，下达整改函100余份。加强对辖区开放式小区设置消防车道标线标识，确保消防车道畅通，联合湖南省人人居安、蓝天救援队、绿舟防灾减灾中心等机构，开展各类主题宣教活动。开展“十大”平安创建活动，持续推进扫黑除恶、禁毒等重点工作整治，开展各类宣传活动20余次、发放宣传资料1万余份。

【党建工作】 2021年，天心区赤岭路街道共有32个基层党组织、直管党员2000余名、流动党员近1300名。为庆祝中国共产党成立100周年，街道落实“光荣在党50年”纪念章颁发、发展党员、“两优一先”评选等工作，策划并实施10余个庆祝活动。推进党建引领小区治理工作，实施“网约赤岭”小区治理三年行动计划，在比较成熟的小区试点建立“网格管家”制度，解决通用时代、兴威帕克水岸、华盛家园等小区物业矛盾纠纷。全年网格信息化平台处置16092个群众反映的问题，其中99.82%的问题得到解决或办结。芙蓉南路社区作为党建引领小区治理的样板，先后迎接湖南省委常委、长沙市委书记吴桂英，省委常委、组织部部长王成的考察调研和其他区（县）的观摩指导，作为全区的重点项目接受观摩。利用街道“赤岭有约”民情议事平台，发挥街道和社区在社会矛盾纠纷中的端口作用，推进“街道吹哨、部门报到”工作，组织部门、街道、社区、小区物业、居民代表等多方聚集一堂商讨对策。

【芙蓉南路社区公共党群服务中心项目】 天心区赤岭路街道芙蓉南路党群服务中心由社区服务中心、红色教育中心与居民服务中心三部分组成。芙蓉南路社区位于长沙市芙蓉路中心地段，截至2021年年底，社区占地0.83平方千米，社区服务阵地面积1200平方米，有社区工作人员14人；社区党委下设14个党支部，有直管党员616人。2021年，芙蓉南路社区以“党建聚合力”工程为抓手，推行党建引领“四民工作法”（倾听民声、解决民忧、议好民事、凝聚民心），按照“1+N+Y”网格管理模式，党员定期上门收集居民群众诉求，在网格治理中用好“收件箱”倾听民声，在共建共治中造好“会商室”议好民事，在管理服务中做好“任务书”解决民忧，在和谐共享中建好“幸福云”凝聚民心，因时、因事、因地制宜，走出符合基层实际的党建路子。

【服务湖南爱众供应链管理有限公司】 2021年，天心区赤岭路街道办事处了解到海南爱众供应链管理有限公司准备在长沙成立全资子公司，主动对接企业，根据企业需求及时梳理辖区重点楼宇的可供招商信息，协助其选定办公地址，解决员工宿舍、企业注册等事宜。湖南爱众供应链管理有限公司是赤岭路街道重点招商引资企业，位于天心区南二环二段306号凯里亚德酒店，于2021年1月5日在长沙市天心区市场监督管理局注册成立，注册资本为1000万元，经营范围包括供应链管理与服务，贸易代理，国际货物运输代理，国内货运代理，仓储代理服务等业务。赤岭路街道在25个工作日内，协助该公司将工商、税务以及各项业务资质全部办理完毕，公司于3月正常开展各项业务。作为外贸进出口平台企业，湖南爱众供应链管理有限公司将助力天心区培育内陆开放新优势。湖南爱众供应链管理有限公司的案例，是赤岭路街道高效服务企业、擦亮营商环境的缩影，是街道践行以“保姆式”服务优化营商环境、助推招商引资的成果。

【赤岭路街道志愿服务】 2021年，天心区赤岭路街道新增专职雷锋志愿者33名，新增兼职注册志愿者1000余名，共组建116支学雷锋志愿服务队。2021年11月以来，街道、社区工作人员和志愿者们深入大街小巷、小区楼道、市场商超、公共场所等，通过巡逻检查、清扫垃圾、处理堆物、擦拭脏渍、去除牛皮癣等形式，集中增补公益广告650块，清理堆物200余车，清理牛皮癣169处，入户宣传2000余户，发放《长沙市文明手册》2000余份，梳理空中缆线56处，整治店外经营200余家。

【赤岭路街道“七一”表彰大会】 2021年7月16日，天心区赤岭路街道举行庆祝建党100周年文艺会演暨“七一”表彰大会，天心区委常委、统战部部长刘向出席活动。与会嘉宾为在街道各条战线、各个领域、各项工作中做出突出贡献的优秀共产党员、优秀党务工作者和先进基层党组织代表进行颁奖，向老党员代表颁发“光荣在党50年”纪念章。会演分为“峥嵘岁月开天辟地”“筚路蓝缕翻天覆地”“凯歌前行惊天动地”3个篇章，以情景音诗画、歌舞、三句半、小品、微宣讲等多种艺术形式，展现赤岭路街道开展党建生动实践所带来的创新发展蝶变。

【爱尔眼科总部大厦项目】 2021年9月30日，2021年长沙市重大项目集中开竣工活动（天心区分会场）在爱尔总部大厦项目现场举行，天心区委书记吴新伟宣布此次总投资约93亿元的包括爱尔总部大厦项目在内的26个重大项目集中开竣工。爱尔眼科总部大厦项目由爱尔眼科医院集团全资子公司湖南佳兴投资置业有限公司投资建设，位于长沙市天心区

2021年7月16日，天心区赤岭路街道举行庆祝建党100周年文艺会演暨“七一”表彰大会，会上向老党员代表颁发“光荣在党50年”纪念章
（赤岭路街道供图）

赤岭路街道辖区内，芙蓉南路以西，新姚北路以北，紧邻长沙市地铁1号线铁道学院站点。项目建筑面积15万平方米，规划建设2栋标高建筑，其中北塔楼为99.8米/23层的商务楼，南塔楼为88.9米/21层的商务楼。爱尔总部大厦项目于2018年启动，截至2021年9月底，项目基本完工。

（本栏撰稿　刘安妮）

新开铺街道

【概况】 长沙市天心区新开铺街道毗邻湖南省政府，北起南二环、南至湘府西路、西临湘江、东至芙蓉南路，截至2021年年底，辖区面积6.41平方千米，常住人口7万余人，流动人口1.2万余人，下辖桥头、新天、新开铺、木莲、豹子岭5个社区和新天、石人2个经济合作社。辖区内有企业700余家，有湖南省人力资源和社会保障厅、省政府政务服务中心、省机关事务局、省医保局、省建工集团、省钢铁集团等30余家行政企事业单位，及明德中学、湖南师大附中双语实验学校、天心实验小学、新开铺小学、新天小学、向家坡小学6所中小学。

2021年，新开铺街道完成税收6.67亿元，工业总产值4784.7万元；拆除京广铁路沿线等重点区域违章建筑8900平方米，打造街道、社区新时代文明实践站6座、总面积约1800平方米；开展安全生产联合执法20余次，累计排查安全隐患176处，挂牌整改158处。

【街域经济】 2021年，天心区新开铺街道完成税收6.67亿元，固定资产投资34.7亿元；完成社会消费品零售总额6137万元，比2020年增长15.3%；工业总产值4784.7万元。引进百万税收企业4家，引进楼宇企业27家，完成楼宇去化面积4300平方米。铺排重大项目27个，3次获评项目攻坚双月考评优胜单位，5个项目获评优胜项目。街道走访华菱、建工等重点企业93家，解决问题81项，指导中南水务等11家公司申报高新技术企业，建工德顺等9家公司申报规上企业。

【城建城管】 2021年，天心区新开铺街道推进城市更新、湘府消费中心建设，12个征拆项目共签约1618户、腾地45公顷。湖机项目879户11个月清零腾地，423项目685户3个月内签约清零，线材厂、铝制品厂项目52户3小时内签约清零腾地。把握棚户区改造、老旧小区改造、京广铁路沿线环境整治、“五纵五横”道路提质改造等政策红利，推进“奋战一个月，环境大提升”城市品质提升行动和“百日奋战、扮靓星城”行动，拆除京广铁路沿线等重点区域违章建筑8900平方米，有效清除垃圾堆物、“牛皮癣”、绿化杂草、违规菜地等一批顽瘴痼疾，肖家大屋专项整治行动成果得到区委主要负责人肯定，并在全区工作通报中专题报道。对区级交办180个问题进行全面跟踪处置，形成新闻稿件50余篇。打造街道、社区新时代文明实践站6座、总面积约1800平方米，组织文明实践活动100余场，开展公益广告宣传、排队礼让、高考护考等各类志愿服务活动385次。

【社会事业】 2021年，天心区新开铺街道创新思路破解老旧小区治理难题，利用闲置房屋打造线材小区邻里党群服务中心，为小区107名党员、2000余名居民提供一门式服务。累计筹集各类帮扶资金104万余元，帮扶慰问871户。推进下岗失业人员、被征地农民就业培训，木莲社区获评省级充分就业社区。完成热线办交办工单1864件，办结率100%，政务热线工作经验作为优秀案例被推介报道。

【综合治理】 2021年，天心区新开铺街道累计接种疫苗13.64万人次，完成两轮全员核酸检测。聚焦道路交通、建筑工地、危险化学品、临建仓库、消防安全等重点领域，完成联合执法20余次，累计排查安全隐患176处，挂牌整改158处，有效化解信访积案5件。累计调处万科紫台拖欠农民工工资等各类矛盾纠纷71起。处置克拉美丽小区延期交房问题，促成项目顺利交房。开展食品、消防、校车安全交通领域顽瘴痼疾整治，开展“打非治违”活动，做好防火防汛。

【党建工作】 2021年，天心区新开铺街道推进“红领新开”工程，强化党建引领，实施党建聚合力工程。举办“砥砺奋进的红领新开”主题活动暨庆祝建党100周年活动启动仪式。街道党工委开展理论学习中心组学习12次，先后到韶山毛泽东故居，宁乡何叔衡故居、谢觉哉故居红色教育基地参观学习。发挥“红船映初心”党群服务中心阵地优势，广泛宣讲党的政治理论。实施党建惠民项目23个。新增2个两新党组织，完成5个社区、2个经济合作社“两委”换届和新老班子交接过渡，木莲社区党委获评市级“五化”支部，桥头社区党委、红船连心桥党支部被评市级先进基层党组织。全年发展党员20人，完成新任社区“两委”成员能力提升培训。桥头社区书记康姣当选省党代表和省委候补委员，桥头社区党贾获评“全国残疾人工作先进个人”。街道3名班子成员、1名普通干部得到提拔或重用。选派13名35周岁以下街道、社区干部到项目一线历练成长。落实导师帮带制，5名班子成员与13名后备干部结对帮扶。结合庆祝中国共产党成立100周年系列活动，表彰一批优秀集体和个人。

【“红船映初心”党群学习活动中心】 2021年，天心区新开铺街道桥头社区“红船映初心”党群学习活动中心以“不忘初心”为主题，通过现场教学、音频教学、活动教学等形式传承红船精神，吸引2万余名党员群众前来打卡学习。红船下青少年们聆听和探寻革命先辈的初心故事；红色影厅里社区党委书记康姣讲述“一条小船与一个大党”的故事，200余部红色影片供各年龄层次党员学习；红船书阁里新增1000余本党史国史书籍，印制1000册党建有声书，党员群众扫码即可听海量党史故事。通过线上线下的学习载体，传递党的思想，传播党的声音，让学习教育“有声、有色、有型、有感”，让学习形式“新颖、新意、新奇、新生”。

【长沙机床厂及周边零星地块棚改项目】 2021年年初，天心区政府与融创中国控股有限公司签订重大项目投资合作协议。项目由天心区新开铺街道办事处具体负责实施，于3月成功实现清零腾地。长沙机床厂地块位于长沙市新开铺路与木莲路交会处，一期项目总面积30.53公顷（可出让14.2公顷），净地面积13.33余公顷，容积率3.0至3.5，商住用地。项目总投资额约100亿元，定位为省府片区地标性商业综合体，业态主要由购物中心、品牌体验店、特色文化商业街、AAAAA甲级写字楼、高端住宅等组成。

【“砥砺奋进的红领新开”主题活动】 2021年3月9日，天心区新开铺街道在天心实验小学举办“砥砺奋进的红领新开”主题活动暨庆祝建党100周年系列活动启动仪式。活动由6个篇章组成，分别是欲知大道，必先为史——聆听社区党委书记讲述《红船初心》；述往思来，向史而新——聆听国企改制老党员讲述《我眼中的新开变迁》；人心向背，聚力前行——沙画演绎《手拉手心连心》展示党员群众共同参与街道重点工作；党建引领，克难攻坚——情景再现《把党旗插在重点工作一线》；创业维艰，奋斗以成——聆听企业党组织书记讲述《党旗飘扬企业兴旺》；心有所信，方能远行——聆听街道青年干部齐声朗诵《怀旧颂今新征程》。活动通过情景党课、沙画演绎、故事分享、小品朗诵等多个环节，回顾过去总结经验，展望未来扬帆起航。

（本栏撰稿　骆兰莎）

文源街道

【概况】 长沙市天心区文源街道东起韶山南路，南到木莲冲路，西起芙蓉南路、新姚北路，北至南二环，截至2021年年底，辖区总面积5.04平方千米，总人口7.5万余人，常住人口3万余人，在校大学生4万余人，下辖文源、状元坡、梅岭、天鸿、金汇5个社区居委会。辖区内有中南林业科

2021年10月9日，天心区委常委、区纪委书记、区监委代理主任罗定豪（右一）一行到新开铺街道桥头社区“红船映初心”党群活动中心调研党风廉政建设工作

（新开铺街道供图）

技大学、中南大学铁道学院、湖南开放大学3所高校，湖南省林业科学院等5家科研院所，限上贸易业18家、限上服务业14家、资质以上建筑业1家、资质以上房地产企业5家、“四上”联网直报企业40家，高新企业9家，和庄、波波天下城、长大彩虹都等8栋商务楼宇，湖南省烟草公司、长沙市农村商业银行、长大集团等10家总部企业。

2021年，文源街道实现税收4.49亿元，完成高新企业认定9家，有市场主体8090户；拆除22处违章建筑，拆违面积约713平方米；开展各类集中整治20余次，矛盾纠纷排查200余次，化解矛盾100余起；发放困难群众慰问资金35.91万元，新增就业773人。全街宣传报道325条，其中央媒9条、省媒224条、市媒15条、区媒77条。街道厨余垃圾年完成率全区第一、街道范围收案数量降幅全区第一、反电诈App注册推广全区第一、交通安全零事故，加装电梯数量全区第二、电诈案件同比下降22%，被评为全市信访工作“三无街道”先进单位、全区创建全国文明典范城市工作先进单位。

【街域经济】 2021年，天心区文源街道实现税收4.49亿元，规模以上其他营利性服务业营收23.02亿元，社会消费品零售总额10.46亿元，固定资产投资7.67亿元。完成高新企业认定9家，新增“四上”企业7家，新增“五下”项目25个，中煤和悦府、华时代等项目超时序推进。盘活闲置楼宇资源6750平方米，引进长沙桓鹤生物科技有限公司、湖南华辉物业管理有限公司、湖南省湘茶文旅有限公司等一批优质企业。2021年，有市场主体8090户（个体3825户，公司4265户），企业占比52.72%，净增长市场主体861户（新发展主体1985户，注销1124户），其中，企业净增967户。

【城市管理】 2021年，天心区文源街道结合老旧小区提质改造项目，拆除外服厂、中南大学铁道校区梅岭村、华银南苑融域等22处违章建筑，拆违面积约713平方米，清理空中菜园3处共300平方米。针对餐饮油烟、燃煤、露天焚烧、燃放鞭炮、黄土裸露问题开展32次全面专项执法行动，发现并处罚7起，罚款金额3.54万元，其中，工地进出车辆未清洁致路面严重污染1起，处罚400元；餐饮门店油烟污染严重超标6家，处罚3.5万元。完成区蓝天办交办案件11件。重点对5个老旧小区进行改造，改造面积7.28万平方米。

【社会事业】 2021年，天心区文源街道发放困难群众慰问资金35.91万元，发放低保金39.7万元，发放帮扶资金3.25万元。办理市特困家庭子女高等教育慈善助学1人，助学金5000元；办理区级残疾人家庭助学2人，助学金6000元。为6户残疾人家庭申请康复辅具，为17名残疾人家庭申报天心区重度困难残疾人家庭托养补贴。新增就业人数773人，失业人员再就业人数507人，就业困难对象再就业150人。组织420名中南林业科技大学学生参加创业模拟实训，组织350名辖区失业人员、进城务工人员免费参加技能培训。办理就业失业登记证115本，为256名困难对象申请社保补贴，发放社保补贴92万元。推进“源圈——爱心零距离”公益项目，对辖区内的困境群体等进行全面摸底，开展汇聚爱心力量发扬志愿精神“源圈”公益党建列车系列活动等主题服务活动40次。构建常态化防控联动机制，加快推进新冠疫苗接种工作。

【综合治理】 2021年，天心区文源街道开展各类集中整治20余次；矛盾纠纷排查200余次，化解矛盾100余起，调处成功率100%；接待群众来访58人次，办理来信来访52件，满意率100%。为30名肇事肇祸精神障碍患者家庭申请监护人奖励，并为个别特困家庭申办多项补助。解决天鸿小区底层杂屋分配遗留问题、长大彩虹都家园新旧物业交接、中南林业科技大学60余个门面合同纠纷等突出矛盾，其中天鸿处遗工作和彩虹都小区物业纠纷的妥善处理分别被《人民日报》和《法治周报》宣传报道。推进社会治安集中治理，开展清查整治行动30余次，随机对400余人次进行涉毒尿液或毛发检测，发放各类宣传资料3万余份。通过发动辖区平安志愿者走街入户发放资料、组织开展集中宣传活动、普法课堂等形式，开展普法宣传教育活动。全年制作悬挂横幅200余条、张贴宣传海报1000余张、更新宣传专栏100余个、出动志愿者2000余人次，发放宣传资料2万余份，推送普法宣传短信4万余条；组织开展普法课堂23次，1.1万余名学生及家长参与学习。2021年度全区平安建设（综治工作）考评中，街道公共安全办副主任潘珂获“十大基层治理标兵”称号，梅岭社区、金汇社区获评“优秀”等次社区，状元坡社区、金汇社区获评网格化综合服务优秀社区，街道平安创建协会获评先进单位。

【党建工作】 2021年，天心区文源街道深入实施“党建聚合力”工程，打造“党建引领，校地共建，楼宇商圈产学研结合”的区域化党建示范街区。以“‘党建引领、校地共建’合作单位”授牌为契机，与高校多个院系党委结对共建，搭建起“校地党建联盟”，并在文源社区设立大学生党性教育红色打卡地。打造全市唯一的设在街道层面的区级青年人才综合服务中心，探索“党建+人才”双融合新途径。撰写实践探索类文章《党建引领“三聚”，助推街域发展》在《长沙组工通讯》2021年第5期发表。文源社区《微光汇聚红星河，志愿服务暖民心》在《金鹰报》第106期首页头版头条刊登；天鸿社区《“鸿”社引领惠民生党群共建聚民心》、金汇社区《凝心聚力学党史砥砺前行强党性》在《人民日报》发表；天鸿社区《区县新闻丨长沙天心区：“一键美颜”全民参与扮靓城市颜值》在“学习强国”学习平台发布。街道与中南林业科技大学组建天心区国有企业退休党员社会化管理工作课题组，形成天心区国有企业退休党员社会化管理工作调研报告，调研成果“长沙市天心区聚力四个强化，助推国有企业退休党员社会化管理”在“红星云”平台上发表。开展庆祝中国共产党成立100周年“两优一先”表彰暨“党建聚合力”群众性红色文艺会演活动。全街34名党员、17名优秀党务工作者、8个基层党组织受市、区、街三级“两优一先”表彰。周治炎获长沙市优秀共产党员称号，中合慧景（湖南）文化旅游投资控股有限公司党支部获长沙市两新领域标杆引领先进基层党组织、长沙市示范化“五化”党支部称号，状元坡社区第一党支部（状元红退休党支部）获长沙市离退休干部先进基层党组织称号，状元坡社区党总支获长沙市示范化“五化”党支部称号。全年发展党员25名，成立1家非公党组织。开展作风纪律督查32次，在中国共产党成立100周年庆祝活动、惠农惠民“一卡通”等民生领域、小区提质改造等工程领域开展专项工作督导15次，针对督导督查中发现的问题提醒谈话8人次，与10位关键岗位负责人进行廉政约谈。

【文源街道党史学习教育】 2021年，天心区文源街道多措并举推进党史学习教育，召开17次工委会议，坚持街道理论中心组（扩大）理论学习，重点开展“学史明理、学史增信、学史崇德、学史力行”4个专题学习，主动对接辖区内的大中院校，依托新时代文明实践所“源课堂”，建立“校地共建共创”机制，聘请高校教授成立党史学习教育宣讲团，开展进学校、进单位、进企业、进社区、进家庭的红色宣讲32次。开展“我为群众办实事”实践活动，运用“源圈——爱心零距离”公益项目，打造10个帮扶典型，结对帮扶124户，慰问资金及物资达50万元，为辖区困境儿童提供免费课后辅导200课时；完成梅岭村、外服厂、经贸局宿舍等28栋老旧居民楼的提质改造项目。成功申报毛洪兵家庭为省级文明家庭、朱汉英家庭为市级文明家庭、欧沛琼家庭和袁佩芳家庭为区级文明家庭，成功推荐陈静为湖南省最美志愿者、田烨为湖南省志愿服务工作者、毛双喜为“助人为乐·长沙好人”。

【老旧小区改造】 2021年，天心区文源街道坚持民生导向、问题导向，重点对梅岭村、外服厂、经贸局宿舍、新中路宿舍、雨花亭宿舍5个2000年以前的老旧小区进行改造，对小区普遍存在的基础设施薄弱、历史违建较多、环境卫生较差等问题进行重点改造，投入资金1080万元，改造居民楼栋28栋，改造面积7.28万平方米，惠及居民794户。其中，梅岭村外服厂老旧小区提质改造项目是中南大学铁道学院及周边提质改造第三期，列入中南大学“为民办实事”活动清单，由铁道学院梅岭村、外服厂2个部分构成，涉及房屋25栋692户，投资726万元。项目实施中，文源街道坚持拆违先行，成立四方联动攻坚行动组，成功拆除违建；坚持街校联动，改造前联合上门入户，设计方案联合征求意见，改造中联合破解难题；坚持问题导向，解决停车、屋顶墙面渗漏、地面破烂泥泞、地下自来水管老化等问题，推动电梯加装。

【“源圈——爱心零距离”公益项目】 该项目是天心区文源街道在政府服务和帮扶政策的基础上，搭建承接者和奉献者之间的平台，积极挖掘和整合零散资源，探索一条政府服务和帮扶政策之外的社会服务和困境帮扶新模式。2021年，文源街道推进“源圈——爱心零距离”公益项目，对辖区内的困境群体、高龄老人、残障人士等进行全面摸底，摸底高龄老人1195人，困境群体64人（其中低保44户63人，困境儿童1人），入户走访高龄老人502户。新增40家爱心企事业单位和商家、3个志愿服务团队及284名志愿者加入“源圈”项目。开展汇聚爱心力量发扬志愿精神“源圈”公益党建列车系列活动、“学党史强信念办实事”暨源课堂红色故事微宣讲、“暖心义剪献爱母亲”母亲节活动和红色源·童心圆传承红色基因暨“源课堂”学史崇德专题学习等主题服务活动40次。1月8日，文源街道组织召开“源圈——爱心零距离”项目工作再部署会议。会议对“源圈”项目的发展进行探讨，对近期帮扶工作摸底进行分工，参会人员对“源圈”项目的发展提建议。2月5日，文源街道“源圈”公益服务站开展表彰“源圈”公益项目优秀单位（个人）暨“我为群众办实事就地温暖过大年”慰问活动。活动表彰14家“源圈”优秀商会会员单位、8名优秀志愿者，并现场集中慰问25户外来务工留长沙过年人员，上门慰问外来务工留长过年人员35户。慰问物资由长沙市天虹百货有限公司、湖南红海人力资源有限公司和湖南幸福人人家餐饮服务有限公司等“源圈”爱心企业、商家提供。8月4日，天心区文源街道“源圈”爱心企业广东王老吉药业股份有限公司、湖南红海人力资源有限公司先后向文源街道防疫指挥部捐赠防暑礼包和防疫物资，支持街道防疫工作的开展。这批爱心捐赠物资“王老吉防暑礼包”总价值5000余元，广东凉茶颗粒112包、人丹224盒，王老吉润喉糖112盒，保济口服液112盒。12月26日，文源街道组织召开低温雨雪天气慰问专题工作会议，部署低温雨雪天气应对工作的同时，号召“源圈”各爱心单位、组织响应送温暖慰问活动。街道收到爱心资金3.39万元、棉鞋18双、蔬菜80份、米油各50份，并将这批物资和爱心慰问金，送到辖区孤寡老人、残障人士和困难群众家中。

【“学党史弘扬红色家风话廉洁共建文明家庭”主题宣讲活动】 2021年5月14日，天心区文源街道组织校地共建党史学习教育宣讲团队，走进“长沙好人”欧沛琼家中开展党史学习教育“学党史弘扬红色家风话廉洁共建文明家庭”主题宣讲活动。中南林业科技大学师生代表，省、市级文明家庭代表，天心区道德模范代表，巾帼志愿者代表20余名参加。来自中南林业科技大学土木工程系的3位教师围绕“学史崇德”这一主题，分别讲述3个廉洁自律的红色家风故事。湖南省文明家庭代表毛洪兵结合“学党史践初心”，分享他深化文明家庭创建的家庭故事和感悟心得。此次活动在人民网、“学习强国”学习平台、“新湖南”客户端、红网时刻等媒体进行报道。

【“党建聚合力人才打造源梦想”两中心一服务站揭牌仪式】 2021年6月11日，天心区文源街道党工委联合区人社局在湖南开放大学终身教育大楼开展“党建聚合力人才打造源梦想”两中心一服务站揭牌仪式暨文源街道两新党组织“学史力行·礼颂党情守初心”宣讲活动。长沙市委组织部三级调研员刘怀彧，天心区委常委、组织部部长张界贻，区人社局党组成员、副局长蔡鹏，湖南开放大学党委委员兼副校长吴敏，中南林业科技大学党委委员兼副校长陈冬林，中南大学铁道校区管委会党工委书记董龙云及文源街道部分班子成员参加活动。领导嘉宾共同为校地共建人才政策宣讲员颁发聘书，为“两中心一服务站”揭牌。湖南红海党委书记现场分享创新创业故事。现场上

2021年，天心区文源街道青年人才服务中心助力人才建设

（文源街道供图）

演独唱《我爱你中国》、党史故事《学党史，铭历史，让薪薪之火世代相传》、情景剧《秋瑾》、诗歌朗诵《祖国啊我亲爱的祖国》、合唱《在灿烂的阳光下》等文艺节目。“两中心一服务站”是由天心区委组织部、区委两新工委、区人社局及文源街道共同打造的一个集服务青年人才、楼宇群团和企业的三位一体的综合性阵地平台，是长沙唯一一个街道层面人才服务窗口，为辖区内青年大学生及企业青年人才提供人才政策、就业创业政策咨询，党员关系转接，青年人才创业就业补贴，营业执照办理业务等服务。该党群中心聚焦“党建聚合力人才源梦想”，契合文源街道高校及科研院所多，企业数量大的特色，以服务大学生、青年人才、楼宇企业为主，助力街道“党建引领校政企共建，楼宇商圈产学研结合”区域化党建落地开花。“两中心一服务站”服务辖区高校和科研院所9家、高校大学生近4万人，非公党组织18个、党员215人，重点企业100余家。截至2021年6月11日，开展人才党群楼宇服务活动10余次，服务高校大学生3000余人次。

【“党建聚合力”群众性红色文艺会演活动】　2021年6月30日，天心区文源街道在湖南省林业科学院11楼开展表彰“两优一先”暨“党建聚合力”群众性红色文艺会演活动。天心区委常委、宣传部部长肖雄伟，区人大常委会副主任颜小平等出席活动。文源街道党工委书记许伟斌致辞，文源街道党工委副书记黄振国宣读表彰决定，授予吴晓林等29人“优秀共产党员”、李永汝等12人“优秀党务工作者”、天鸿社区党委等8个党组织“先进基层党组织”称号。活动为到场的10名老党员颁发“光荣在党50年”纪念章。

【“庆祝党的生日同吃幸福寿面”主题活动】　2021年7月1日，天心区文源街道在易裕和面馆开展“庆祝党的生日同吃幸福寿面”主题活动暨天心区“永远跟着党走”群众性主题宣传教育活动。街道辖区党员代表、道德模范、居民群众共同收看庆祝中国共产党成立100周年大会实况直播，并以“同吃幸福面”“重温入党誓词”“切蛋糕”等形式共同庆祝中国共产党成立100周年。此次活动在湖南卫视、《长沙晚报》、长沙新闻频道、红网等媒体进行报道。　　（本栏撰稿　匡娇艳）

桂花坪街道

【概况】　长沙市天心区桂花坪街道地处省政府、区政府核心，北以湘府路为界、南以绕城高速为界、东与雨花区接壤、西至书香路，截至2021年年底，辖区总面积6.2平方千米，总人口6.1万人，下辖新园、桂庄、九峰苑、银桂苑、金桂、丹桂6个社区及1个金桂经济合作社。街道辖区内有现代农业集团、现代投资股份有限公司、中国长城资产管理有限公司湖南省分公司、湖南鑫远投资集团有限公司、中国能源建设集团湖南火电建设有限公司、湖南省湘水集团有限公司、湖南新物产集团有限公司等大中型企业；方向感国际汽车6S街区占地30.67余公顷，入驻企业70家；有长沙现代凯莱大酒店、长沙维也纳酒店、湖南天怡国际青年酒店、亚朵酒店等酒店服务业；有保险职业学院、湖南省总工会干部学校、桂花坪小学、青园小学梓枫校区、湘府英才小学等教育机构；有审计署驻长沙特派员办事处、共青团湖南省委、湖南省市场监督管理局、长沙市公安局刑侦支队等驻街单位。

2021年，桂花坪街道完成区级税收5.1亿元，新增“四上”单位9家；开展各类市容秩序整治行动近300次，厨余垃圾收运3019.93吨；新增城镇就业800人，发放救助金3.4万元，新建成3家居家养老服务中心；开展综治宣传月集中宣传、平安创建宣传讲座、禁毒宣传教育、法治宣传教育等宣传活动。全年在人民网、“新湖南”客户端、“掌上长沙”客户端等媒体推介街道工作举措、工作成效397篇。桂花坪街道获评“湖南省文明标兵单位”，街道信访接待窗口被评为市级“人民满意窗口”。

【街域经济】　2021年，天心区桂花坪街道完成区级税收5.1亿元；完成限上社会消费品零售总额入库43.78亿元，比2020年增长约17.1%；全街累计完成固定资产投资24.3亿元；规模以上其他营利性服务业营收2.87亿元，比2020年增长16.16%。新增“四上”单位9家，其中社零批零业6家，软件企业2家，建筑业1家；引进百万税源单位6家，新增高新企业11家。全年完成楼宇去化6243.45平方米，楼宇去化完成率104.06%；举办“天心汽车消费节”“天心乐购汽车节”及若干次车展活动，节会期间销售车辆2378辆，销售额3.61亿余元。开发在建项目8个，其中房地产项目有五江国际商业广场、金桂安置房二期、鑫远南郡、鑫远嘉城、兴汝城三期、绿地天城二期；基础道路项目有青园前路、桂花坪路。

【城市管理】 2021年，天心区桂花坪街道开展各类市容秩序整治行动近300次，查处违法违规行为700余起，纠正倚门出摊行为1200余次、占道经营近1700起；组织各社区、志愿者开展禁燃限放、中元节禁烧、“蓝天保卫战”、“6·5”环保日等宣传活动共计20余次；组织街道辖区内36个物业小区垃圾分类全面更换宣传标语约2万张，更换提升脚踏式垃圾桶1000余个，在3个小区有效开展撤桶并点定时投放，设置街道有害垃圾集中收集点1个，推进垃圾分类四分类厢房建设，截至2021年年底，完成厢房建设6个。

【社会事业】 2021年，天心区桂花坪街道新建成街道普亲养老服务中心、丹桂湘府临伴日间照料、新园社区3家居家养老服务中心。街道帮扶人数22户，帮扶金额27231.4元；发放各类专项或临时救助金3.4万元，累计发放城乡低保资金7.2万元。新增城镇就业800人，下岗失业人员再就业717人。医疗保险缴费8993人，登记31898人，城乡居民养老保险缴费率98%。接收企业退休人员1710人。接待和处理维权案件70起769人，为辖区80岁以上共298位高龄老人发放生活补贴费25.27万元，开展诗歌朗诵、老年健身舞、文艺表演、健康知识讲座等活动33场。“12345”热线办结工单1328条，较2020年增加207条，增幅为18.5%，年满意率98.1%。

【法治建设】 2021年，天心区桂花坪街道推进“平安创建”，召开调度会议12次，开展6次大型的综治宣传月集中宣传活动，平安创建宣传讲座45场次；利用春节、元旦、清明节、“6·26”国际禁毒日等重大节日期间开展禁毒宣传教育活动20余次，发放宣传资料1.2万余份；开展“法治进社区”“个十百千万”系列工作，全年举办法治讲座26场次，组织法治宣传教育活动40余场次，开展入户宣传400人次，组织文艺活动5场次，编印《便民服务指南》1000册。街道班子领导下访社区30余次，为旭辉南宸府楼盘业主群体反映开发商交房系列问题召开10余次协调会。开展诉源治理和“无讼社区”创建工作，九峰苑社区被评为“无讼社区”。

【党建工作】 2021年，天心区桂花坪街道年初制定《2021年桂花坪街道工委理论学习中心组学习方案》，开展学习13次；抓好社区“两委”成员培训及“两委”换届各项后续工作及国企退休党员社会化移交、党费收缴、党员轮训等党员日常教育管理工作。全年发展党员20名，吸纳入党积极分子21名。开展“我为群众办实事”实践活动，召开座谈会176场，参与人数3791人，收集问题457个，意见建议218条，解决实事413件。顺利推选出席区第六次党代会代表10名。“5+”（小区党支部、业委会、监委会、物业、小区“两新”党组织）红色联盟、“1+3+4”党建引领网格综合治理、“金钥匙”工程等党建引领社区治理工作经验基本成形并被广泛推介。

【五江国际商业广场项目】 天心区五江国际商业广场项目是2021年省府板块、长株潭商圈重点项目，南城标志性的大型城市综合体。项目位于天心区桂花坪街道，东邻芙蓉南路、南达雀园路，距离地铁1号线桂花坪站约500米。项目由湖南五江集团打造，为集购物、餐饮、休闲、娱乐、亲子、运动、康养、旅居等为一体的区域级商业综合体，定位“公园城市，欢乐超体”，总用地近8公顷，总投资75亿元，总建筑面积62万平

2021年3月18日，天心区桂花坪街道金桂社区“金姐桂哥”志愿者宣传平安交通、文明出行知识 （桂花坪街道供图）

方米，其中包含约7万平方米甲级写字楼（配套五星级酒店），约14万平方米公寓，约21万平方米购物中心。截至2021年年底，该项目完成裙楼主体部分建设。

【“1+3+4”党建引领网格综合治理】 2021年，天心区桂花坪街道九峰苑社区以“党建引领”、新时代文明实践服务站、区域化网格管理为重点，将社区打造成为创新型的社会治理现代化社区，推进“1+3+4”党建引领网格综合治理。“1”即代表社区11个网格拧成一股绳，全面提升环境品质；“3”即党员志愿者、物业公司、应急队伍形成合力；“4”即在常态保洁、建筑施工、公园菜地等领域，开展“清”（清陈年垃圾、清违规菜地、清僵尸车）、“拆”（拆危房、拆违建、拆垃圾池）、“补”（补绿化、补地砖、补围挡）、“治”（治店外经营、治流动摊贩、治游乐场）四项工作，推动环境大提质。

【桂花坪街道获评“湖南省文明标兵单位”称号】 2021年3月25日，长沙市天心区桂花坪街道在湖南省精神文明建设表彰会上，获评2020届“湖南省文明标兵单位”称号，为长沙市唯一获此称号的街道。桂花坪街道辖区内有5家单位获“文明单位”或“文明标兵单位”称号，分别是共青团湖南省委、湖南省市场监督管理局（湖南省质监局稽查局）、人保财险长沙支公司和湖南省水运建设投资集团有限公司；获“湖南省文明家庭”称号的有2组，分别是来自九峰苑社区的吴科平家庭和新园社区的贺任勇家庭。

【书法交流活动】 2021年4月28日，天心区老干部书画协会会长皮丹丁、常务副会长兼秘书长邓湘平一行30余名书画家到天心区桂花坪街道金桂社区，进行书法创作和交流，共收集作品40余幅。5月18日，天心区桂花坪街道新园社区、盛砚砚台博物馆联合湖南省老干部大学举办以“盛世丹青美，砚台翰墨香”主题的书法交流活动。盛砚砚台博物馆副馆长邹园园讲解赏析中国四大名砚、秦汉时期的研墨石器，以及古今著名书法大师曾经使用或收藏过的名贵砚台等。湖南省直书画家协会副主席、长沙市书法家协会副主席李运良现场示范讲解书法运笔方式和墨色的浓淡干湿枯在书写中的运用；省美术家协会、省书法家协会的书画家创作山水画、花鸟画、书法等作品。

【桂花坪街道庆祝中国共产党成立100周年暨“七一”表彰大会】 2021年6月24日，天心区桂花坪街道庆祝中国共产党成立100周年暨“七一”表彰大会举行。活动对5个先进基层党组织，23名优秀党务工作者及23名优秀共产党员进行表彰；为40名老党员颁发“光荣在党50年”纪念章。先进基层党组织代表——桂花坪街道新园社区夏威夷碧水春城小区党支部书记尹小勇分享党支部的小区治理之路；优秀共产党员代表——桂花坪街道九峰苑社区物管专干易远方讲述自己积极入党的历程；“光荣在党50年”纪念章获得者代表——银桂苑社区李迪仁、新园社区张明刚2名老党员分享他们的个人事迹。

【“新园汇古今，国潮益起秀”新园社区营造项目启动】 2021年12月14日，“新园汇古今，国潮益起秀”新园社区文化营造项目在天心区桂花坪街道新园社区启动。启动现场，开展垃圾分类套圈圈、交通安全标识猜猜看、有奖问答等诸多游戏活动。该项目是2021年长沙市民政局“三社联动”社工类项目，以“组织、资源、文化”三大发展路径开展社区文化营造工作，通过社区自主组织队伍的培育建设，激发居民骨干的自主积极性，扩大社区内生力量，构建多元互动主体网络；通过社区文化建设，发掘社区达人、挖掘社区历史，提升社区内部凝聚力。该项目通过开展体验式活动、链接辖区内资源、合理利用公共空间等形式，打造独具特色的“新园学堂”文化品牌，提升社区人文气质与文化内涵。

【九峰苑社区综合治理中心揭牌】 2021年12月22日，长沙市天心区桂花坪街道九峰苑社区综合治理中心揭牌。同时，审计署驻长沙特派员办事处、湖南省市场监督管理局、湖南省湘水集团、湖南省机关服务中心九峰管理部等10家企、事业单位被街道工委授予2021年社会治理区域共建单位牌匾。该中心采用“1+3+4”工作模式开展各项工作，打造“1”个中心阵地：九峰苑社区网格综合治理服务中心；组建“3”支服务队：红色先锋服务队、蓝色卫士服务队、绿色联盟服务队；做好“4”件事情：聚、宣、治、优，将社区打造成为创新型的社会治理现代化社区。2021年，九峰苑社区完成拆除违章建筑及危房超4000平方米；补种、黄土覆盖39

处近20公顷；整治建筑工地、公园违规菜地近33公顷；巡查、劝导流动摊贩317次、联合整治99次；清理陈年垃圾堆物78车；整治共享单车400余辆；清除“牛皮癣”300余处；修复破损道路26处；更新破损宣传栏47块；清洗淤积沟渠18条；清理僵尸车15辆；拆除断头路垃圾池1处。桂花坪街道在九峰苑社区打造综合治理中心，是党建引领＋社会治理的一次创新尝试。

（本栏撰稿　杜湘凝）

青园街道

【概况】　长沙市天心区青园街道为省政府、区政府所在地，辖区东起韶山南路、西至书香路、北接木莲冲路、南抵湘府路，截至2021年年底，辖区总面积3.6平方千米，常住人口4万余人，下辖井湾子、青园、友谊、湘园4个社区。

2021年，青园街道以“打造首善街区、建设幸福青园”为奋斗目标，打响街道软实力品牌，完成固定资产投资13.67亿元，新增“四上”企业6家，2021年项目（天城商业广场）观摩被评为全区一等，青园二期（五矿·青苑）入选长沙市年度“十佳美丽楼盘”；拆除历史违法建设6处409平方米，开展各类城管整治50余次；城镇新增就业850人，成功创建湘园社区省级充分就业社区；开展扫黑除恶与禁毒工作，安全生产“打非治违”专项整治。

【街域经济】　2021年，天心区青园街道完成固定资产投资13.67亿元，限上社会消费品零售额9.71亿元，规模以上其他营利性服务业营业收入11.89亿元；按工信部统计口径，累计完成规模以上企业软件营收2.23亿元。完成楼宇去化面积8475平方米，累计完成楼宇去化税收768万元。新招引楼宇企业52余家，完成楼宇去化面积5537平方米、去化税收513万元。新增“四上”企业6家，新增高新企业7家。引进百万税收企业6家，其中国家电投湖南智慧能源公司属于世界500强在湘分公司。天城商业广场、青园有色二期、电力科技园三期等项目超时序完成年度销售任务；长沙医学院、太和广场项目稳步推进；电力科技园、湖南女子学院实验实训楼、海坤美寓等项目建设进度超前。

【城建城管】　2021年，天心区青园街道拆除历史违法建设6处409平方米，新建违法建设实现“零增长”。开展各类城管整治50余次，“僵尸车”、违规菜地、卫生死角全面动态清零。对青园街道内的电位器厂小区进行配套基础设施建设，涉及389户居民，房屋总面积约2.5万平方米，总投资近505万元，拆违面积近2000平方米。加强清扫和道路湿化作业，管控违规焊接等各类违规施工行为，实现裸土全覆盖。指导满庭芳、巢之恋、万芙景园等小区完成业委会换届；参与恒盛世家更换物业、满庭芳停车场、山水洲城业委会审计、湘府华城北水箱、市委党校电梯安装等矛盾纠纷的调解，组织完成辖区700余栋房屋信息摸排录入工作；全年接待住房保障咨询办事群众近45户，共为10人申请非定向公租房；配合区财政局、区人居环境局完成工程付款。

【社会事业】　2021年，天心区青园街道春节慰问443户，慰问资金26.68万元；高龄老人补贴发放1759人次，共计57.48万元。开展“青园益＋”帮扶活动，发放群众联系卡2万余张，筹集发放资金与物资40万余元，帮扶居民600余名。摸排22361户特殊群体并及时开展帮扶救助；申请慈善助学4人，申请残疾子女教育助学10人；发放两项补贴2601人，31.39万元。对辖区14家小学、幼儿园周边水域进行危险水域安全隐患大排查、大整治。城镇新增就业850人，城镇下岗失业人员实现再就业591人，就业困难人员再就业142人，失业登记374人，就业困难人员认定75人，服务覆盖率98.03%。就业帮扶39人，帮扶金额15.7万元，实现区级残疾人个体工商户就业救助4人；开展就业创业培训班惠及1200余人；开展养老保险待遇核查“回头看”，完成核查数14538人。完成全区企业单位薪酬调查18家，排查在建项目农民工5042人次，在建项目8家，按时处理“全国根治欠薪平台”的投诉案件。自新冠肺炎疫情防控工作开展以来，青园街道辖区内无一例新冠肺炎确诊病例，累计处理境内重点地区到长沙信息7000余条、境外到长沙180余条，疫情大数据做到日清日结，共计管控1125人，其中境内937人、境外回国188人。第一针新冠疫苗接种率70%。

【综合治理】　2021年，天心区青园街道抓实抓牢扫黑除恶与禁毒工作，对全街8处在建工地进行逐一走访摸排。开展涉毒清整行动15次，发放综治宣传手册2万余份、防诈宣传资料10万余份、制作电梯反诈宣传牌2000余块、发送15万条宣传信息，推广下载“国家反诈中心”App 31474人次，平安建设工作的参与率82%、知晓率98%。国家信访局交办治理重复访、化解信访积案专项工作交办的3件信访件全部化解，化解率为100%。开展安全生产“打非治违”专项整治，出动联合执法人员210人次，组织联合行动18次；累计检查摸排26家中小超市，收缴非法经营烟花爆竹40件，销毁20件。督促退回20件，对7家建筑施工企业专项治理，对60余个重点隐患门店检查隐患70余处，下发整改15份。对中储粮，大润发、省化肥基地及部分住宅区地下仓储地进行专项检查，检查隐患6处并整改完成。组织集中演练50余场，播放宣传电影30场，发放各类宣传品5万余份，开展各类应急救援队伍演练10余次。市政府挂牌督办隐患乐图物业标志商务中心消防安全隐患，投入160万余元，按时整改完毕实现闭环管理。

【党建工作】 天心区青园街道完成社区换届，选优配强32名社区“两委”班子，完成青园经济合作社党总支和合作社理事会选举；接收910名国企退休党员，建立退休党支部19个。开展党史学习教育，先后举办十大类、33个小类专题学习教育200余场次，发放党史学习必读书籍1200余套；实施“我为群众办实事”项目27个，实施党建惠民项目15个。获评先进基层党组织39个（其中省级1个、市级3个、区级6个、街道29个），优秀党务工作者和优秀共产党党员共计107名（其中市级1人、区级10人、街道96人）；向120位老党员发放“光荣在党50年”纪念章。推进区域化党建，与40余辖区单位累计实施共建项目240个。向各物业企业派驻党建指导员10名、派驻专业社工6名，打造红色物业联盟阵地4个，阵地面积1000余平方米。帮扶解决楼宇企业各类问题近200个，成立群团组织49个，开展各类楼宇活动等60余场次。细化“书记听我说”措施，解决37名困难群体生活难题，搜集解决企业和项目难点问题206个，征求、吸纳群众意见80余条。新建亿元楼宇鑫远杰座楼宇党群服务中心，率先全市成立首个街道两新综合党委，与16家“两新”组织进行沟通对接，推出5大类27项共享资源。街道机关退休干部党支部被评为全省离退休干部示范党支部，各类经验做法被人民网、《湖南日报》、《长沙晚报》、“新湖南”客户端等媒体报道推介60余次。

【天城商业广场】 天城商业广场项目是湘府消费中心布局中的首个基本建成项目，是天心区青园街道贯彻落实“强省会”战略，奋力打造“智慧天心，融城核心”，实现“一军三区”目标的重点项目。该项目位于芙蓉南路与新韶东路交会处，南邻天心区政府，一路之隔的西南方为省政府，距离地铁1号线友谊路站、省政府站约600米，总投资12亿元，总建筑面积30.02万平方米。项目按照“总部领航+产业集聚+消费商圈”的思路建设：2栋AAAAA甲级写字楼，面积约5.4万平方米，围绕电力、建筑两大区域内核心产业，吸引中国电建、中国东北建筑设计院、建工集团一分公司等20余家优质总部在谈入驻；1~3楼裙楼商业街区，面积约1.9万平方米，截至2021年年底，在谈入驻首店类餐饮、文化企业10余家；酒店面积约1.8万平方米。

【井湾子社区电位器厂小区提质改造】 2021年，天心区青园街道启动电位器厂小区提质改造建设项目，涉及389户居民，房屋总面积约2.5万平方米，主要建设内容包括：小区原有道路刨铣及重新铺设沥青，栋间坪压膜地面，下水管网改造，自来水管网改造，屋面改造、绿化改造、停车位划施等，总投资近505万元，拆违面积近2000平方米。

【青园街道党史宣讲进企业】 2021年5月20日，天心区建设学习型城区“五个一”活动之“每周一学”第79期“就认这个理·永远跟党走”党史宣讲活动走进青园街道企业一线，广汽丰田长沙坤宝天心店100余位观众聆听宣讲。青园街道通过前期层层选拔，筛选出囊括“劳动模范”、青年“海归”、企业员工等多群体、多层次的宣讲团队。该次活动是天心区党史宣讲走进非公企业的首场，旨在非公经济领域内，传承红色基因，凝聚向上力量。活动现场，宣讲员向观众宣讲《青春向党薪火传承》《用热情扬起奉献的风帆》等。

【青园街道2021年区域化党建工作联席会议】 2021年6月11日，天心区青园街道2021年区域化党建工作联席会议召开，30家驻街单位参加，共商共议党组织共建项目。23位驻街单位党组织负责人分别被聘任为青园街道党工委、各社区党委（总支）兼职委员，担当共驻共建核心团队力量；街道党工委与30家驻街单位签署2021年“区域化党建结对共建合作书”，与辖区单位实施40余个共建项目。与会代表一致认为，必须以“区域党建聚合力、学史力行促发展”的目标，以街道大工委为区域党建共建核心，实施区域联建、事务联商等五项举措，提升基层社会治理科学化水平。

【鑫远杰座楼宇党群服务中心】 2021年，天心区青园街道在年纳税超亿元的鑫远杰座商务楼打造楼宇党群服务中心。该中心实行青园街道社区党组织和楼宇物业服务公司为运营方，天心区委两新工委、区市场监管局、区税务局、街道公共服务办、街道基层党建办等职能部门提供服务，华融湘江银行、太平洋保险公司等企业参与的“三方进入”运行模式，致力提供各类服务，把党群楼宇服务中心打造成连接政企、党群的桥梁纽带。11月11日，“党建引领进楼宇共帮企业促发展”主题实践活动在鑫远杰座楼宇党群服务中心举办。该活动得到深圳北方物业湖南分公司、太平洋寿险长沙中心支公司、天心区税务局等单位的支持，吸引该楼宇30余家入驻企业的企业负责人、财务主管、党员群众参与。

【“校地联盟”少数民族毕业生专场招聘会】 2021年12月7日，由湖南女子学院、天心区青园街道、天心区青园街道商会承办的“校地联盟”少数民族毕业生专场招聘会在湖南女子学院文化广场举行。招聘会组织100余家用人单位，提供就业岗位4000余个，所有岗位均面向各民族学生开放，展位涵盖教育、信息传输、软件和信息技术服务业、金融业、制造业、房地产业、文化、体育和娱乐业等行业和领域。活动吸引数百名女大学生前来应聘，其中少数民族学生170余名，达成初步报名意向的少数民族毕业生有70余名。

【青园街道两新综合党委成立】 2021年12月24日，天心区街道两新综合党委工作推进会议暨青园街道两新综合党委成立大会在青园街道中欣国际楼宇党群服务中心举行，区委常委、组织部部长张建参加。活动现场，与会领导嘉宾为青园街道两新综合党委揭牌。青园街道两新综合党委重点是抓好两新组织的工作覆盖和组织覆盖，以“对内强组织，对外抓联建”为工作思路，发布第一批两新党建资源共享包，创新推出“一支部一特色”认领项目清单和基层党组织主题活动轮值制度，把组织优势转化为服务优势，把党建资源转化为发展资源，发挥两新党组织在推动经济社会发展、服务社会群众的实质性作用，形成“党建强、发展强”的共振效应。青园街道两新综合党委是长沙市首个街道两新综合党委，对于引领两新组织在基层治理现代化建设中发挥积极作用具有重要意义。

【青园二期入选长沙市年度“十佳美丽楼盘”】 2021年12月29日，由湖南有色置业开发、中国一冶承建的青园二期（五矿·青苑）项目在“美丽长沙·美好生活”高峰论坛暨2021长沙美丽楼盘颁奖典礼上，被评为“2021长沙十佳美丽楼盘”。青园二期（五矿·青苑）位于天心区青园街道，北邻木莲冲路，南邻友谊路，东邻青园路，西迎玉兰路，是一项集商业和住宅为一体的具有欧式建筑风格的现代化商住楼。该项目总建筑面积为55476.14平方米，绿化面积占比45%，有南北2栋楼，其中南侧含3层商业裙楼及27层

2021年12月7日，天心区青园街道联合湖南女子学院举办“校地联盟”少数民族毕业生专场招聘会
（青园街道供图）

住宅；北栋有2层托儿所及30层住宅，地下一层为物管用房。

（本栏撰稿 周 茜）

黑石铺街道

【概况】 长沙市天心区黑石铺街道位于天心区南部，北抵湘府西路与新开铺街道、青园街道毗邻，东邻书香路、石碑路、芙蓉南路与桂花坪街道相连，南至披塘路与先锋街道接壤，西倚湘江及京广线与大托铺街道交界，截至2021年年底，辖区总面积9.53平方千米，常住人口3.9万人，流动人口1.2万人，下辖黑石铺、铭安、创谷、一力4个社区，披塘村1个行政村，黑石、九峰、披塘3个经济合作社。

2021年，黑石铺街道完成地方财政收入5.89亿元，新增“四上”单位13家；拆除存量违法建筑8处3.2万平方米，办理中央生态环境督察组进驻期间信访交办件16起；新增城镇就业836人，发放“爱心天心帮扶工程”补助金100万余元；完成全国公共法律服务示范区升级改造，开展法治宣传活动、安全头盔佩戴整治行动、安全生产执法检查等，打造安全监管云平台。

【街域经济】 2021年，天心区黑石铺街道完成地方财政收入5.89亿元，全社会固定资产投资21.5亿元，限额以上批发零售176亿元，规模以上其他营利性服务业营业收入11.92亿元，重点服务业营业收入14.7亿元，规模以上工业总产值9.5亿元，实际到位内资8.3亿元。楼宇去化面积4262.64平方米。成功引进百万税源企业5家、软件信息企业18家，新增“四上”单位13家。推进九峰合作社整村开发招商工作；1号地、5-1号地、5-2号地和11号地纳入黑石片区城市更新项目，由区城投公司推进招商对接。长郡天心中学建设项目超时限完成结算，北辰中央公园、大唐印象、弘阳昕悦府等楼盘销售按时序完成入市目标进度；梦想天悦建设项目主体建设完成入库；仰天湖实验学校与湘府英才益清校区建设项目实现如期开学。4号地征拆项目全部签约；5号地实现100%腾房倒地；11号地2户司法强征执行完毕，1户签订协议；14号地征拆项目筹备大协议签订。

【城建城管】 2021年，天心区黑石铺街道拆除存量违法建筑8处3.2万平方米，拆除小区新增违建20余处1000平方米。定期对140余家餐饮门店油烟排放进行巡查，实现燃煤整治“基本清零”，黄土裸露覆盖绿网近3万平方米。4次对街道内50家重点监管企业（单位）实施全覆盖、无死角监管，办理中央生态环境督查组进驻期间信访交办件16起，及时对50起市民投诉问题进行处置。开展河长制宣传活动6次，组织巡河36次，开展集中整治行动2次。

【社会事业】 2021年，天心区黑石铺街道新增城镇就业836人，下岗失业人员再就业598人，就业困难人员再就业122人，发放社保补贴144人、38.4万元。3次组织100余名求职者到创谷·长沙天心文化（广告）产业园、湘潭岳塘国际商贸城及株洲南方中心参加长株潭联合举办的“稳岗送春风，温暖长株潭”现场招聘会。街道组织举办“稳岗送春风，温暖惠民生”大型招聘会，参与招聘企业近百家、提供岗位1200余个，辐射求职者1000余人。组织辖区失业人员、农村转移劳动力、灵活就业人员等开展电子商务师、西式面点师等技能培训班。跟进失地农民社保工作，开展居民医保全面参保缴费工作，保障农民工合法权益，先后为60余名农民工追讨工资近90万元。推进“爱心天心帮扶工程”，累计发放补助金100万余元。建立“政务专区”，印制便民服务事项清单，明确街道390余条、社区（村）150余条服务事项就近办流程，全年帮代办事项1423项。处理“12345”热线1085单，回复“网络问政”市长、区长信箱21件。为6户残疾人家庭申请家庭无障碍改造，创谷社区无障碍改造通过市级验收。大唐印象二期、龙湖春江悦茗小区、创谷·长沙天心文化广告产业园3处建设社区智慧健身房。开展红十字会应急救护培训进社区、进学校普及工作，红十字博爱周活动，举行“关爱生命、救在身边”知识讲座活动5场。163人参加无偿献血活动，献血量56.82升。党员干部进网格处理民生问题147条，发动党组织、企业、爱心人士捐款，共募集资金11万余元，物资折合价值1万元，认领帮扶项目1个。

【综合治理】 2021年，天心区黑石铺街道启动“八五”普法行动，开展农村法治宣传教育月、法律“七进”以及“送法进小区·个十百千万”系列活动，开展《中华人民共和国民法典》集中宣传15场次、禁毒法治宣传8场次、反电诈宣传40余场次。全年人民调解76起，化解重复信访案件4件，3件百案攻坚信访积案息访息诉。在湖南省交通厅湘府路、新开铺路雀园路、钢材市场、肉联厂等关键路口，开展摩托车、电动自行车（电动车）骑乘人员安全头盔佩戴整治行动，印刷宣传资料1.6万份。黑石铺街道司法所被司法部评为“全国模范司法所”称号。制定《黑石铺街道领导干部安全生产工作责任清单》，推行“一会”“三卡”安全工作制度，强化“一岗双责”“属地管理”监管责任和企业主体责任落实。依托网格化管理，打造安全监管云平台，先后排查各类安全隐患500余处，责令现场整改安全生产隐患400余条。构建“一体两翼”安全防控体系，累计出动执法检查人员100余人次，执法检查企业236家，发出限期整改指令书44份，复查整改指令书44份，办理行政立案52宗。取缔违法餐饮经营户4户，处罚违法经营户30户，下达责令改正通知书50份。

【党建工作】 2021年，天心区黑石铺街道以“智轩学苑”为载体，开设基石班、启航班、发展对象培训班等，累计培训学员200余人，培训2000余人次。每月组织1次专题学习，先后6次参观红色教育基地，5次聆听专家授课，策划1场文艺会演，35次组织专题研讨，开展2次知识竞赛，推评区级“学习之星”4名，评选街道“学习之星”35名。开展“从严治党再出发党员服务群众再提升”基层党建提质行动，建立书记联席会，推行完善党员分类积分管理制度，制定《基层党建工作考核细则》。全年接收入党积极分子28名，接收预备党员23名，按期转正党员10名。全年获评区级优秀共产党员8名，区级优秀党务工作者5名，区级先进基层党组织3个。完成900余名国有企业退休党员社会化移交工作，黑石铺社区党委被评为长沙市示范化“五化”党支部。联合驻区单位开展“慰问关爱”活动40余次、“邻里守望”活动10余次、“文明礼仪”活动50余次。开展两新组织“五个清楚”专项摸排，走访摸排企业5000余家。推进“党建引领、助力千企”行动。湖南一力股份有限公司党委打造大托钢铁物流产业集群党建领航中心。社会组织及其党组织培育基地“黑石聚力会”吸引26家社会组织入驻，涌现“红袖章”“志愿红”“护校小分队”“蚂蚁帮帮团”等志愿服务团队。

【“黑石智轩学苑”】 天心区黑石铺街道围绕党员教育培训工作，成立“黑石智轩学苑”，通过打造“全”“实”“新”党员干部培养平台，深化基层组织队伍建设，推动基层党员教育培训高质量发展。2021年开设3个重点班，分别为“基石班”，对社区（村）、合作社新上任“两委”成员进行业务培训10期；“启航班”，围绕党史学习教育、党代会精神专题开展学习研讨6次；“发展对象示范班”，联合先锋、大托铺2个街道对发展对象开展3天集中培训。街道重点针对政治和业务综合素质提升，开设“十九届五中全会精神解读”等理论思想课程，“党务能力提升”等业务培训课程，“说话的艺术”等素质提升课程，以及户外拓展、竞赛活动等其他课程。

【梦想天悦项目】 2021年3月1日，梦想天悦项目开工建设。该项目位于天心区黑石铺街道辖区内，杉木冲路以南、书院路以东、新联路以西，邻豹子岭公园、长郡外国语实验学校，计划总投资29亿元，总建筑面积约23.5万平方米，包含公寓、幼儿园、住宅及商业配套等。项目有3栋商业，26栋住宅，住宅总户数为932，规划居住人数为2982人，规划停车位1300个。7月12日，中建西部建

2021年3月24日，黑石铺街道组织“黑石智轩学苑”基石班全体学员到湖南省党史陈列馆开展党史学习教育　　（黑石铺街道供图）

设湖南公司大托分公司签约梦想天悦工程总承包（EPC）项目，签约方量 11.5 万立方米。

【“黑石聚力会”】 2021 年 3 月初，“黑石聚力会”双培基地向第四批新入驻的 9 家社会组织和自治团队授牌。“黑石聚力会”是天心区黑石铺街道打造的湖南省首家街道级社会组织自身培育、社会组织党组织培育的“双培”基地，于 2019 年 7 月成立。2021 年，“黑石聚力会”通过党建引领、专业培育，激活社会组织融入社区自治服务、困难群众的帮扶、卫生死角的清理、党史学习教育的宣讲、漏水开裂等事情的处理。

【省交科院实验检测研发中心项目】 2021 年 3 月，湖南省交科院实验检测研发中心项目启动，于 10 月 8 日开工。该项目位于天心区黑石铺街道辖区内，分两期建设，预计总投资 7 亿元，用地面积 1.55 公顷，总建筑面积 39607.15 平方米，包括主楼 12 层，辅楼 5 层。该项目建成后，可依托交通建设工程省重点实验室，打造公路交通安全应急信息保障技术与设备研发的创新基地，中试基地建设、产业化模式研究、客户服务信息系统开发的科技成果工程化与产业化基地，行业标准宣贯、培训的标准化推行基地和开放合作交流、仪器设备开放共享、公路交通安全培训的人才培养与技术交流平台。

【黑石铺农贸市场搬迁】 2021 年 6 月，天心区黑石铺街道与中电 48 研究所达成黑石铺农贸市场整体搬迁土地租赁协议。黑石铺农贸市场年代久远，设施老化，硬件落后，因其位于黑石经济合作社（原黑石村）整村城改项目范围，随时面临拆迁，所以迟迟未能整改。2020 年年底，黑石农贸市场所在社保融资 4 号地完成项目攻坚，市场面临整体拆除。2021 年，黑石铺街道把黑石铺农贸市场搬迁列入“我为群众办实事”清单，经过对周边地块勘察，选中中电 48 研究所一块闲置土地作为预备用地，并达成 3 年租赁协议。

【“红色经典润童年，少年翩翩寻党迹”文艺会演活动】 2021 年 6 月 4 日，天心区 2021 年童心向党系列主题活动暨黑石铺街道“学党史、践担当、聚合力”工程之“红色经典润童年，少年翩翩寻党迹”活动，在雅礼融城学校举行。活动现场布置一条“党迹”道路，根据时间线记录百年来的 24 个重大历史节点，让每个人直观感受中共百年历程。现场演出分为“开天辟地”“改天换地”“翻天覆地”“惊天动地”4 个篇章，以人物故事为主线，通过原创歌舞、朗诵、情景剧等节目形式，展现中国共产党领导人民开展革命斗争、建设社会主义、进行改革开放，以及建设美好未来的艰辛探索和实践历程。

【吴新伟调研黑石铺街道】 2021 年 7 月 18 日，天心区委书记吴新伟调研黑石铺街道经济社会发展情况。在查看梦想天悦项目后，吴新伟对黑石铺街道的基层党建、产业发展、城改工作、城区品质等方面提出要求，要推进基层组织建设，深化党建引领网格治理；用好文化广告产业园这一平台，推进文创产业与信息化、互联网融合发展；发挥辖区企业技术优势，在高新技术成果转化上发力；发挥区位优势，在湘府消费中心打造和周边配套完善中补短板、强服务、引产业；推动钢材物流等传统产业转型升级，打造现代化钢贸物流体系；加快披塘村集体两安用地合作开发和九峰集资办城中村改造整村招商。

【大托钢铁物流产业集群党建领航中心】 2021 年 7 月，由湖南一力股份有限公司党委牵头打造的大托钢铁物流产业集群党建领航中心建设。该中心投资 50 万元，占地面积约 200 平方米，由红色书屋、会议中心、“领航者”展厅等区域组成。建成后，在天心区委组织部、区委两新工委的指导和支持下，探索党建融合新模式，旨在凝聚园区“红色先锋力量”，融合企业党建工作与业务工作，把中共组织优势转化为企业发展优势。11 月 18 日，大托钢铁物流产业集群开展“弘扬红船精神，领航产业发展”主题活动，天心区委常委、组织部部长张建，黑石铺街道党工委书记胡波，大托钢铁物流产业集群各级党组织负责人及党员代表等 40 余名参加。活动在“红色经典”读物捐赠中拉开序幕，分为“红色经典”赠读、“红色船长”分享交流、“红色展厅”参观 3 个篇章，围绕共建红色阵地、共谋集群发展、共筑精神家园 3 个维度开展。在“红色船长”分享交流会上，张建就“如何发挥领航中心的领航作用”主题，从把握方向、凝聚人心、融入治理、脱虚向实 4 个方面进行指导交流。

（本栏撰稿　曹晓姣）

大托铺街道

【概况】 长沙市天心区大托铺街道地处长株潭三市融城的最前沿，东邻京广铁路、西滨湘江，北面与黑石铺街道接壤，南与先锋街道、南托街道接壤，截至2021年年底，辖区面积15.12平方千米，其中陆地面积11.86平方千米，常住人口1.8万人，下辖黄合、兴隆、桂井、大托新村4个行政村，农村村民组110个。

2021年，大托铺街道财税收入3500万元，规模工业总产值1.7亿元；拆除违建3215平方米，开展环境整治行动50余次；完成农村劳动力技能培训197人，4个美丽宜居村庄项目顺利通过市级验收；排查重大安全隐患6处，街道辖区未发生较大以上安全生产事故。

【街域经济】 2021年，天心区大托铺街道财税收入3500万元，规上社会消费品零售7468万元，全社会固定资产投资1.26亿元，规模以上工业企业4家，新增“五下”固定资产投资项目5个，规模以上工业总产值1.7亿元，高新技术企业4家，总产值2220万元。全年走访120余家企业，解决各类矛盾和问题20余件。培育现代农业，打造农业互联网+。加大对益农信息社、汇农蔬菜种植合作社等特色农业的打造，引导辖区农户与益农信息社合作，将农户手中的绿色蔬菜、生态水产等多个产业融合，通过电商平台进行对外销售，打通农业信息传送的“最后一公里”。举办第六届“大托小镇生态美食节”活动，涌现临江鱼馆、湘当年、王捌院子、湘江里老渔村等餐饮网红店。

【城建城管】 2021年，天心区大托铺街道出台《大托铺街道拆违控违考核办法》等制度，成立拆控违小组，制止违章建筑30余处，下发停工通知单109份，拆除违建3215平方米，复绿复垦6.6万平方米；处理数字化案卷近300余条，处理数字化案卷100%。完成255户农村宅基地和集体建设用地房地一体权籍调查和确权登记颁证工作，完成5户危房改造。所有卫星图斑整改到位。开展禁燃禁放、散煤禁烧、裸土控尘、涉气监管等专项整治行动30余次；处罚露天焚烧、渣土车带泥上路污染路面造成扬尘案件40余起，环保案件9起，罚款26万元。开展环境整治行动50余次，完成中环路、大兴路、桂苏路、彭石路、牛排路、三排路6条道路两厢人居环境整治工作，打造出大托新村排棚子、黄合村窑凼子书记示范点，对辖区内40余口水塘进行全面清理。创新1个街道网格—5片区网格—110个村民组网格的三级网格服务模式。

【社会事业】 2021年，天心区大托铺街道为低保户发放保障金180万元，发放城乡医疗救助金54.6万元，发放精神病人药物救助金35.6万元，临时救助6.8万元；帮扶困难家庭12户，帮扶资金4.05万元；完成农村劳动力技能培训197人，为高校毕业生提供就业服务47人，新增农村劳动力转移就业人数86人。兴隆村苏家套、桂井村枧坑子、桂井村巷子口、大托新村香铺元4个美丽宜居村庄项目顺利通过市级验收，天心区社会福利中心小微水体整治、桂井村枧坑子组清淤护砌水利工程全部完成改造。对全街12户19人计划生育特扶家庭开展走访慰问活动。宣传普及传染病防控知识，累计摸排疫区到长沙人员1425人。组织普法学习，参学率、参考率和合格率均为100%，街村聘请5名法律顾问，应诉1起，“12345”热线工单200件，办结率99.5%。

【综合治理】 2021年，天心区大托铺街道主动邀请专业安全公司专家对辖区企业进行安全评估，与企业签订责任状，加强对安全责任的量化考核；加强食品药品安全、公共消防、交通安全等领域综合整治力度，消除各类安全隐患，出动执法检查人员220余人次，责令现场整改安全隐患260处、排查重大安全隐患6处，办理行政立案20宗，行政罚款1.5万元。健全信访问题处置，创新社会管理模式，对街域范围内的重点部位、重点地段实行网格管理，被评为长沙市信访工作“三无”乡镇（街道）。

【党建工作】 2021年，天心区大托铺街道出台《大托铺街道基层党（总）支部季度目标管理考核办法》，采取月调度讲评、季考核兑现的方式严格抓好落实。通过冬春训的方式完成对589名农村党员的兜底培训；开展庆祝中国共产党成立100周年“七一”表彰大会暨“歌声中的党史”学习教育，8名党员和4个基层党组织受到区级表彰。推进“党建聚合力”工程，投资10万余元新建红壤党建禾场13个。开展农村发展党员关系排查，排查党员144人，认定问题档案6本。全年预备党员转正8名，新发展党员27名。完成村级支村“两委”换届选举工作，选优配强16名党员到村党组织队伍，村主要负责人平均年龄下降9岁，选优6名街道干部充实到中层干部队伍。制定出台《党员领导干部落实党风廉政建设主体责任和监督责任清单》；发动党员干部及家属参加党纪条规知识学习竞答、“廉洁家书”征集等活动。

【宜居村庄建设】 2021年，天心区大托铺街道抓牢美丽宜居村庄建设和人居环境整治的突破口，以改善基础设施、整治村庄环境、完善公共服务等为切入点，全面推进乡村振兴。推进兴隆村苏家套、桂井村枧坑子、桂井村巷子口、大托新村香铺元4个美丽宜居村庄项目建设，以村庄绿化、水体净化、地面洁化、田园美化、民风淳化为要求，对各村庄内水塘进行清淤护砌，道路白改黑，房前屋后环境整洁，菜园围墙美化，庭院花草栽种；发动党员群众全面推进美丽三园、美丽宜居、美丽屋场创建工作，开展“最美庭院”“最美田园”“最美小道”等评选活动，将大托铺街道打造成为精致精美、宜居宜业、共建共享的都市后花园。其中，香铺元美丽宜居村庄项目位于大托新村西南部，涉及60户260余名，由大托新村乡贤人士、党员群众筹劳筹资打造的示范家园。该村庄发挥党建带群建，突出菜园、田园、庭园、红壤禾场、文化广场、农耕文化馆“三园两场一馆”的打造。在打造香铺园美丽宜居村庄片区时融入酿酒元素，弘扬工匠精神和中华酒文化；围绕“红壤”党建品牌，打造首个以法治为主题的法治禾场；加强农家书屋建设，丰富村民精神文化生活。

【“法治禾场”】 2021年，天心区大托铺街道围绕“红壤”党建品牌，在大托新村香铺园打造首个以法治为主题的“法治禾场”，大力弘扬法治精神，传播法律知识，培养法治观念。11月26日，大托铺司法所在香铺园“法治禾场”开展农村法治宣传教育月活动。活动现场，通过悬挂横幅，设置法律服务咨询台和发放宣传资料等形式，向在场群众讲解法律知识，解答法律咨询，向群众赠送法律法规书籍。该次宣传活动发放法律读本及宣传手册50余本，接受咨询各类法律问题10余条。12月23日，2021年度大托铺街道“十大平安”创建表彰会在香铺园“法治禾场”举行。与会领导嘉宾分别为受到表彰的2个平安村、2个平安创建协会、10家平安门店、350户平安家庭代表颁奖。

【“红壤禾场”】 2021年，天心区大托铺街道结合党史学习教育，打造“红壤禾场”特色党建项目，以全街13个支部为单位，把农家院子建设成“红壤禾场”，将支部组织活动阵地建在党员家中，将政策法规宣传窗口设在田间地头，将乡村振兴示范样板打造在每个村民身边。街道利用“红壤禾场”开展观看红色电影、组织红歌比赛等多种类型的党史学习，同时组建流动宣讲团，动员老党员、退休干部、村民代表、学生志愿者等群体宣讲党史。4月28日，天心区“百年党史我来讲”暨大托新村“学党史颂党恩跟党走”红色故事会在大托铺街道大托新村新时代文明实践“红壤禾场”举行，40余名党员、村民和学生代表参加。天心区“五老”金牌讲师团团长王刚宣讲党史；大托新村的退休党员王德运分享自己参加中越边境自卫还击作战的真实经历；大托新村新港小学的小小青年志愿者宣讲革命先烈故事。10月27日，天心区“两会”精神宣讲会在大托铺街道黄合村大胜庙“红壤禾场”举行，30余名村民参加。来自天心区第88选区的3位区人大代表，分别负责

2021年，天心区大托铺街道打造的“法治禾场” （大托铺街道供图）

主持串场、介绍大会盛况、解读工作报告，对天心区“两会”精神进行讲解分析。

【第六届大托小镇美食节】 2021年9月17日，作为“秋之韵味 嗨购天心”及“味道湖南”美食季系列活动之一的第六届大托小镇生态休闲美食消费节在天心区大托铺街道湘江里老渔村举行。活动现场，湘江里、文和友、王捌院子、鹿湘院等10余家企业，展示水煮回渡鱼、祁阳黄花菜、原味手撕翘嘴鱼等40余道特色菜品；上演《舞韵天心》《非遗唱新风》《阿汉小样》等舞蹈、快板节目；特设乡村振兴展区，益农信息社、长沙南泥湾食品厂等企业展出当季小菜、莲蓬、洋姜、蜂蜜、菜籽油等20余种绿色生态农产品；发布天心区城市宣传手册《你好，长沙（天心篇）》，该手册分为商贸氛围、文化底蕴、特色产业、区位资源4个篇章，展示天心区全新面貌。该次美食消费节持续至10月，包括湘厨旺府“特色烤羊节”、天怡临江鱼馆“金秋赏花节”、王捌院子“乡村嗨唱音乐节”、湘江里“中秋赏月美食摄影展”等配套活动。

（本栏撰稿 许世栋）

先锋街道

【概况】 长沙市天心区先锋街道位于长沙市南大门，北靠桂花坪街道，东接暮云街道，南邻南托街道，西连黑石铺街道、大托铺街道，截至2021年年底，辖区面积16.62平方千米，常住人口4.9万人，辖新路村、南城社区、嘉和社区、新宇社区、尚双塘社区、先锋经济合作社以及大托铺机场区域。街道地处长沙、株洲、湘潭融城核心位置，地铁1号线、5号线延长线和长株潭城际铁路交会于此，芙蓉南路、中意路、环保大道、新电路等城市干道贯穿全境。

2021年，先锋街道把握长株潭一体化、城市更新等发展机遇，完成全社会固定资产投资30.76亿元，铺排项目21个，楼宇去化8039.09平方米；清运垃圾堆物350余车，分拣厨余垃圾量2500余吨，裸露黄土、建筑垃圾扬尘整治1.5万余平方米；城镇新增就业556人，争取各项救助资金46.88万元，创建“四红治理模式”，推进“急先锋”困难群众帮扶项目；开展扫黑除恶专项宣传活动30余次，排查矛盾纠纷59起，开展烟花爆竹打非治违行动10余次，辖区内无安全生产事故发生，无道路交通亡人事故，火灾同比下降，安全生产形势稳定。2021年，街道市域社会治理风险降为三类，先后获评长沙市信访工作“三无”街道、长沙市禁毒工作成绩突出街道、长沙市打击传销工作优秀街道、长沙市爱国拥军模范单位、“红旗街道”等称号。

（谢玉丽）

【街域经济】 2021年，天心区先锋街道完成全社会固定资产投资30.76亿元，比2020年增长13.4%，其中产业投资16个，完成16.59亿元，比2020年增长59.6%；外贸进出口完成1500万美元。全年铺排项目21个，实现投资31亿元，比2020年增长15%。成立“锋速服务团”，开展“惠企直通车”服务活动，为企业提供法律讲座、政策宣讲、业务培训、招工用工、资源对接等服务活动16场。金色阳光物流园二期投入使用。楼宇去化8039.09平方米，完成年度目标任务的160.78%，居全区第一。星浩医药物流二期主体建设完成，湖南健康城完成项目入库。服务国家医学中心等项目，助推医药健康、人力资源、物流产业入驻。

（张 磊）

【城建城管】 2021年，天心区先锋街道中信485项目、12号农民社保用地、鑫远融泽府项目顺利扫尾清零，人才公寓、新路消防站、健康广场项目腾房交地。全年清运垃圾堆物350余车，整治违规菜地11.8万平方米，铺种草皮6000平方米，清理“僵尸车”70台。针对中意路人行道违规乱停车问题，街道在人行盲道处安装250个U形杆，靠近绿化带一侧将规划设置停车线，解决停车难问题。开展垃圾分类宣传，在小区内实施厨余垃圾积分兑换的活动和开展垃圾分类再入户再敲门行动，全年分拣厨余垃圾量2500余吨，推进垃圾厢房建设。市、区数字化城管案卷分别结案6523件、1100件，按期结案率均100%。查扣违规乱倒建筑垃圾、渣土，在建工地出入口车轮带泥污染路面行政处罚案件14起，行政处罚1.74万余元；加强辖区内裸露黄土、建筑垃圾扬尘整治，治理面积1.5万余平方米。

（赵荣娜 胡杨娟）

【社会事业】 2021年，天心区先锋街道城镇新增就业556人，失业人员再就业862人，就业困难人员再就业272人。争取各项救助资金46.88万元，做到有困必帮、有难必救。开展“我为群众办实事”实践活动，解决问题202件，办成实事129件。创建“四红治理模式”，解决小区电梯加装、围墙修复、道路硬化、运动场地提质改造、停车难等系列难题。打造一支由党员、志愿者、爱心人士及爱心企业组成的先锋模范团队，推进“急先锋”困难群众帮扶项目。做好“12345”便民热线工作，接工单1314件，办结1314件，群众满意率98.2%。全街有网格党支部29个，20个封闭式小区，4个开放式小区，435幢楼栋。街道网格管家通过“网格通”App收集、上报各类事项共180条，处置率99.94%，群众通过“平安天心V”上报问题39条，均得到办结。各社区村组织居民开展的各类社区教育活动300余场次，居民参与学习1万余人次；居民群众登录“长沙市全民终身学习网”学习500余人次。

（刘　伟　夏丽莎）

【综合治理】 2021年，天心区先锋街道开展扫黑除恶专项宣传活动30余次，拓宽全民禁毒、反电诈专项行动覆盖面。化解新路村大托城外城遗留问题，全年排查矛盾纠纷59起，调处成功59起，涉及金额648.5万元。开展烟花爆竹打非治违行动10余次，对辖区100余家门店进行排查，查处12家违规经营烟花爆竹门店，1辆非法存储烟花爆竹车辆。开展危化品专项整治，排查发现1家无证储存危险化学品仓库，当场查获非法储存的危险化学品190余桶，拍照取证并转移至专用储存仓库。对辖区内仓储物流场所开展综合管理、分类整治，拆除仓库1家约500平方米，拆除兴威建材市场违建活动板房约700平方米，清空仓库3家面积约2500平方米。集中开展电动车安全管理专项行动，整治电动车违规停放、违规充电等乱象，截至2021年年底，街道有电动车集中充电点共87处。

（谭路国　刘　衍　胡　平）

【党建工作】 2021年，天心区先锋街道以街道工委理论学习中心组、先锋大讲堂、“线上微党课”等抓手，开展理论宣讲20场、培训课程14期、实地学习4次、主题党日活动240次。成立项目征拆建设指挥部等临时党支部，挑选20余名党员干部组建党员先锋队，使项目征拆、项目建设、矛盾化解在党建引领下统筹谋划、一体推进。打造“学党史、感党恩、跟党走”的沉浸式“先锋之旅”体验点。对街道辖区4000余家楼宇企业、社会组织和个体工商户进行地毯式走访摸排。对未建立党组织的非公企业，均按照属地管理原则，分配党建指导员。通过由点及面辐射式走访摸排、选派指导员的方式，为两新党建“两个覆盖”工作的落实奠定基础。全街有注册志愿者3600余名，全年开展各类志愿服务活动100余场次，承办“先锋荣光初心向党”天心区“永远跟党走”群众性主题宣传教育活动暨长株潭沉浸式“先锋路线”启动仪式、“同心筑梦迎百年，携手奋进谱新篇”群众性主题宣传教育活动暨先锋街道嘉和社区第五届邻里文化节、“学党史颂党恩守初心当先锋”庆祝中国共产党成立100周年文艺晚会等5场区级活动。清明节期间，倡导殡葬文明新风，在小区、红毛岭等地设置鲜花换鞭炮点，持续时间1个月，累计兑换鲜花1000余份；高考期间，组织志愿者在湘府中学开展“护考先锋为梦护航”志愿服务活动、“爱心急先锋夏日送清凉”志愿服务活动等。

（钟　玉　黄雅玲）

【“先锋之旅”】 2021年，天心区先锋街道党工委整合辖区党建资源，挖掘特色亮点，打造“学党史、感党恩、跟党走”的沉浸式“先锋之旅”体验点。“先锋之旅”涵盖乐业易安、车畅人安、无毒心安、法治久安4个体验点，涉及长株潭商圈党委、远征驾校党支部、尚双塘社区党支部、汗青律所党支部4个基层党组织。“先锋之旅”筛选辖区有特色、有实效的党建创新做法、经验、案例、成果，通过打卡体验的形式展现出来。6月24日，“先锋荣光初心向党”庆祝中国共产党成立100周年主题活动暨长株潭沉浸式“先锋路线”启动仪式举行。活动以“礼颂党情守初心”为主线，分为“过去”“现在”“未来”3个篇章，上演《黄河大合唱》、串烧《禁毒disco》、小品《热心网格员，群众贴心人》、朗诵《致敬先锋的奋斗者》、合唱《我和我的祖国》等节目，穿插进行党史知识问答，嘉宾为辖区老党员代表颁发“光荣在党50年”纪念章，为获评先锋街道2021年度“优秀党员”“优秀党务工作者”“先进基层党组织”“最佳红色物业”“最美网格志愿者”的个人和组织颁发荣誉证书。

（谢玉丽）

【先锋小学“传国学经典，忆党史风华”校园文化节活动】 2021年5月31日，天心区2021年童心向党主题活动暨天心区先锋小学“传国学经典，忆党史风华”校园文化节活动举行。先锋小学校长黄金利为活动致辞；先锋小学副校长戴莎对在本学期“传红色经典，阅党史百年”读书月活动中被评为“书香班级”和“书香家庭”的优秀师生、家长进行表彰；上演《厉害了，我的国》爱国诗歌朗诵，舞蹈《阳光下的我们》，诗歌朗诵《从南湖启航》，国学情景剧《守株待兔》《道德经》，京剧舞蹈《俏花旦＋梨花颂》，器乐舞蹈《古风古韵，筝舞飞扬》等节目。活动设置15个不同的游戏体验活动，包括贴鼻子、夹弹珠等趣味游戏，做糖画、敲锣、滚铁环等传统游戏，种花生、多肉种植等劳动体验活动，智勇大闯关、丢沙包、摸石头过河等体艺活动。（谢玉丽）

【嘉和社区第五届邻里文化节】 2021年6月29日，“同心筑梦迎百年，携手奋进谱新篇”天心区“永远跟党走”群众性主题宣传教育活动暨嘉和社区第五届邻里文化节活动在天心区先锋街道嘉和社区鑫远·鑫悦汇商场举行，辖区200余党员群众参加并观看演出。活动分为“红色记忆”“情暖人间”“筑梦未来”3个篇章，上演模舞情景剧《党史百年，辉煌历程》、乐器弹奏《没有共产党就没有新中国＋党啊，亲爱的妈妈》、快板《喜迎建党百年，共同反诈禁毒》、幼儿群舞《红军之路》、大合唱《唱支山歌给党听＋再唱山歌给党听》等多个文艺节目，长株潭商圈的两新组织为辖区困难家庭送上“微心愿”礼物，领导嘉宾为获评嘉和社区党委“优秀党员”“最美志愿者”“文艺团队先进个人”“最美物业人”“卓越共建单位”的个人和单位颁发荣誉证书。（谢玉丽）

【中海寰宇天下项目用地权属移交仪式】 2021年9月1日，中信485（中海寰宇天下）项目用地权属移交仪式在天心区先锋街道举行。中信485（中海寰宇天下）项目占地面积约22公顷，总投资预计超过60亿元，将配套打造24小时阅览中心以及全民健身中心。（谢玉丽）

【金色阳光物流园二期项目投入使用】 2021年10月，金色阳光物流园二期项目投入使用。该项目是面向长株潭乃至全省优质高效建设的现代医药物流重点产业项目，于2020年4月动工建设，总投资4亿元，总建筑面积5万平方米，仓库全部采用信息化管理系统，自动调整温度湿度，货品进出采用电子追踪系统，可调取流通过程和溯源。截至2021年年底，该项目有同方医药、万汇医药、启迪网联等4家医药企业入驻，其中新入驻的万汇医药一个半月内营收实现2亿元；与国网长沙供电公司签约，成为首个城区分布式光伏项目。（谢玉丽）

2021年，天心区先锋街道“学党史、感党恩、跟党走”沉浸式“先锋之旅”体验点——车畅人安
（先锋街道供图）

暮云街道

【概况】 长沙市天心区暮云街道地处长株潭融城核心区域，东接雨花区跳马镇，北接天心区先锋街道和雨花经开区，南靠湘潭市昭山示范区，西抵天心区南托街道，截至2021年年底，辖区面积34.6平方千米，绿心面积29.55平方千米（其中禁止开发区6.98平方千米、限制开发区8.59平方千米、控制建设区13.98平方千米），占全街总面积的85%，户籍人口约4.5万人，常住人口约18万人，辖区2个大中专院校2.6万人，下辖暮云社区、花园岭社区、云塘社区、丽发社区、卢浮社区、华月湖社区、高云社区、弘高社区、怡海社区9个，莲华村、许兴村、暮云新村3个及高云经济联合社、西湖经济联合社2个。辖区内有大中专院校2所，省市级驻点单位6家，商业楼盘20个，安置小区3个。

2021年，暮云街道实现市区两级税收3.46亿元，新增固定资产投资项目25个，新增“四上”单位12家；完成3个征拆项目清零，拆除违法建设2515.2平方米，开展“控煤”行动10次，整治黄土裸露约6万平方米；城镇新增就业860人，灵活就业医疗保险新增420人，受理关于农民工工资投诉46起，为12名困难残疾人申请医疗救助，承办2021长株潭融城半程马拉松赛暨绿心乡村生态旅游节，完成村（居）民委员会换届选举工作和2021年农村奖扶及特扶对象的年审工作；开展平安创建活动，化解信访积案2件，调解各类纠纷49起，举办首次长株潭边界地区农村法治宣传教育月主题活动。2021年，丽发社区获评全国民主法治示范社区，小丽普法讲师团获得2021年度湖南省“最美公益普法集体”称号。

【街域经济】 2021年，天心区暮云街道实现市区两级税收3.46亿元，引进税收过百万企业4家；新增固定资产投资项目25个，其中房地产项目5个，“五上”项目7个，“五下”项目13个，累计完成固定资产投资56.5亿元，比2020年增长200%；完成社会消费品零售总额1.68亿元，比2020年增长为24%；完成服务业营业收入5.1亿元，其中其他营利性服务业完成1.9亿元；新增“四上”单位12家（住餐2家，社零6家，批发2家，服务业2家）；完成高新技术企业申报4家，科技型中小型企业入库8家；劳动工资方面比2020年增长15%。盘活闲置楼宇，完成楼宇去化8459平方米。建立“街道党政班子+街道干部+社区网格”服务机制，走访企业200余家，深化证照分离改革，落实“一件事一件办”服务举措。

【城建城管】 2021年，天心区暮云街道完成3个项目清零，总征地面积58公顷，签约121户。其中市级重点项目新韶山南路项目，121户私房7天内完成签约清零，14天内实现倒房腾地，经验被各大媒体报道，受到区级表彰。拆除违法建设2515.2平方米，发放违法建设处置相关法律法规宣传册1500册；完成26期、27期规划卫星遥感图斑的核查工作。督促辖区内餐饮门店安装油烟净化器，安装完成率100%；开展“控煤”行动10次，收缴煤炉2个、藕煤30余块，餐饮门店基本实现无煤化；“严禁违法倾倒渣土”行动中查处建筑垃圾偷倒车辆、乱卸渣土车辆案件38件，罚款8.68万元。整治黄土裸露约6万平方米，播撒草种1000余平方米。处理一级平台数字化案卷6508条，结案率100%；完成4个垃圾厢房的建设和初步验收工作。排查农村房屋安全隐患2086栋，排查农村危房14处，完成危房改造2户。

【社会事业】 2021年，天心区暮云街道城镇新增就业860人；就业困难人员实现就业138人；办理就业失业证51本，创建省级充分就业社区（村）工作及劳动力调查。推进医疗保险催缴工作，截至2021年年底，共34552人缴费，待遇享受1044人，待遇享受金额315.02万元，处理居民医疗保险以及居民养老保险的信息修改、信息合206人，灵活就业医疗保险新增420人。受理关于农民工工资投诉46起，涉及金额428万余元。完成村（居）民委员会换届选举工作，村（居）委会60人，其中党员51人，占总人数的85%；平均年龄为36岁，大专及以上学历占比95%。辖区内有持证残疾人496人，为12名困难残疾人申请医疗救助，对5名困难残疾人进行助残日慰问，为3户残疾人家庭申报无障碍改造项目；为30名困难残疾人家庭子女及残疾学生申报就学救助，救助金额10.1万元。累计完成临时救助32人，其中低保户18人，低收入户13人，特困户1人，发放金额16.58万元。完成医疗救助50人，其中低保户26人，特困户1人，低收入户23人，发放金额34.54万元。农村奖扶新增23人，退出7人；特扶新增4人。农村奖扶年审264人，特扶对象年审45人，补办独生子女父母光荣证13本。全年献血227人，其中冬季献血68人、夏季献血159人。

【综合治理】 2021年，天心区暮云街道平安创建活动设置展板300余块，宣传横幅80余条，发放宣传资料2万余份，发送宣传短信4万余条，开展志愿活动300余次，招募志愿者430名；开展扫黑除恶专项斗争发放宣传手册1万余份，制作宣传横幅50余条；禁毒“六进”宣传开展活动480余场，发放宣传手册1万余份，制作宣传横幅10余条。成立由村社区志愿者组成的12人禁毒志愿者队伍，受理信访投诉200余件，化解高云蔡某拆迁补偿问题、橘郡礼顿山房屋产权证办理信访积案2件，重复交办件5件及疑难复杂突出信访事项2件。开展防邪教集中宣传4次，接受咨询2000余人次，发放宣传单3000余份。向广大人民群众讲解铁路安全常识和爱路护路要求，在重点区域，悬挂横幅、设置警示标志。开展反电诈宣传工作，暮云街道“国家反诈中心”App下载人数36082人次，注册率35.87%。调解各类纠纷49起，其中调处疑难复杂3件，重大矛盾纠纷3件。开展法治宣传活动63场次，其中法治讲座27场次，发放普法宣传资料1.37万余份、制作宣传展板15块，编写信息稿21篇，小丽普法工作室在公众视频号发送317个普法视频，在普法工作群发送普法信息36479余条。

【党建工作】 2021年，天心区暮云街道配强基层组织队伍，“两委”班子大专及以上学历占比94.4%，其中研究生学历4人，本科学历30人；平均年龄36.3岁，其中书记人选平均年龄43岁，最年轻的34岁，女书记占比41.7%，村级党组织副书记最年轻的23岁。在农村区域开展“星级党员户”评比；在城市社区构建“开放空间”议事平台，组建民生问题解决队伍45支，累计为居民、个体经营户解决问题30余个，惠及居民500余名；在全域范围内构筑暮云“红色云网”管理服务体系，以不超过30户居民为1个单位的云网格共1772个，云塘社区获评天心区“先进基层党组织”。

【乡村振兴】 2021年，天心区暮云街道省级乡村振兴示范村2个，乡村振兴项目投入1667.6万元打造市级“美丽宜居村庄”示范6个，完成验收5个；全面落实河长制、林长制，打造市级小微水体管护示范片区1个、市级美化绿化村庄1个；农村公路投入700万元新建道路5千米；农村自来水工程实现同价同质通水新增1448户；推进农村人居环境整治，问题厕所“回头看”整改90座，实现改厕清零任务，全年清理农村生活垃圾1700余吨，栽种绿化800余平方米，修剪道路绿化13余千米，棚屋整治18处。

【怡海社区：“三治四坚持五工作”】 2021年，天心区暮云街道怡海社区面对小区居民构成多样、诉求多元、矛盾纠纷复杂等社区治理和服务难题，探索以党建为引领，以网格化管理为抓手，以平安创建为突破，探索出“三治四坚持五工作”（“三治”即自治为基础、法治为保障、德治为先导；“四坚持”即坚持党建引领、坚持人民主体、坚持三治融合、坚持共建共享；“五工作”即“网格支部模式”工作、“定人定岗定责”工作、“健全工作流程”工作、“楼栋单元长”工作、“长效机制”工作）的“治理有力度”工作法，在化解矛盾纠纷、细化居民服务、推动民主协商、促进居民自治等方面取得成效。组建天心区平安创建协会怡海分会，打造以退役军人、党员、志愿者为主力的“老兵工作室”“好帮手”等志愿服务队，注册会员198名。开展“普法进社区”、“普法进校园”、“法治讲堂”、新时代文明实践活动、评优评先等活动。社区在辖区内构筑“红色云网”管理服务体系，设置恒丰、恒泰、富泽、和美、福天5个网格267个云网格，构建“社区党委—网格党支部—楼栋云网格—云网格长”四级组织架构，建立长效、系统的服务机制。怡海社区位于暮云街道北部，北接高云路，南至西塘冲路，东起月塘路，西至芙蓉南路，截至2021年年底，占地面积1.9平方千米，辖怡海星城、和美星城、福天藏郡3个大型纯居民楼小区，辖区有怡雅小学、怡雅中学、长郡天心实验学校等10余个单位，135栋居民楼18728户，常住人口25800余人，直管党员222名。

【丽发社区获评全国民主法治示范社区】 2021年3月，司法部、民政部印发《关于命名第八批“全国民主法治示范村（社区）”的决定》，其中，天心区暮云街道丽发社区获评“全国民主法治示范社区”，长沙市有4个社区（村）获评。丽发社区发挥党建引领、多元共治作用，整合社会资源，组建丽发社区普法宣传志愿服务队、“法治悦听”讲师团队、“邻里调解”志愿服务队、“红袖章”志愿服务队，广泛发动居民参与普法学习和普法志愿活动。该社区打造“法治悦听”“小丽普法视频号”等精品项目，相关普法活动得到《法治日报》、人民网、新华网等媒体宣传报道。

2021 年，天心区暮云街道丽发社区被评为“全国民主法治示范社区”

（暮云街道供图）

【“描绘新蓝图谱写新篇章”群众性文艺会演活动】 2021 年 6 月 17 日，“永远跟党走”长沙市天心区庆祝中国共产党成立 100 周年暨“描绘新蓝图谱写新篇章”群众性文艺会演活动在天心区暮云街道幸福庄园礼堂举行。该文艺会演聚焦中共十九届五中全会精神，在剧目设置的“新成就、新阶段、新理念、新格局、新目标”5 个篇章中，融入歌舞、快板、花鼓戏、广场舞等演出形式。全剧在内容设定上既涵盖乡村振兴方面的内容，又融入新时代新农村特色的舞台元素。

【新韶山南路（西湖路—昭山大道）项目开工建设】 2021 年 6 月 23 日，新韶山南路（西湖路—昭山大道）项目开工建设，湖南省委常委、长沙市委书记吴桂英在集中开工主会场宣布项目开工。该项目主要位于长沙市天心区暮云街道，部分路段涉及雨花区跳马镇，项目北起西湖路，南至昭山大道，车道规模为伊莱克斯大道以北主线双向 8 车道，以南双向 6 车道，设计速度每小时 60 千米，全长约 6.68 千米。项目预估总投资约 20.7 亿元，建设周期 36 个月。新韶山南路由南往北依次与规划的南湖路、融城路、暮石路、暮黄路、许兴路等相交，南端顺接湘潭市昭山大道，全线设置桥梁 3 座，分别上跨融城路、沪昆高铁沿线河流，预留远期城市快速路条件。项目采用设计施工总承包模式，由中国建筑第五工程局有限公司、湖南建筑工程集团、中国市政工程西北设计研究院有限公司 3 家央企、国企组成联合体，负责整体设计和建设。

【花园岭社区老年大学开课】 2021 年 9 月 27 日，天心区暮云街道花园岭社区老年大学开课，旨在鼓励广大居民群众通过参加文化艺术活动陶冶情操，建立和谐的邻里关系，培养健康的生活方式。该老年大学开设太极拳、二胡、书画、形体、舞蹈 5 个班级。

（本栏撰稿　郭梦婷）

南托街道

【概况】 长沙市天心区南托街道位于天心区南部，地处长株潭三市融合、绿心保护区的中心地带，西与湘潭、岳麓区隔江相望，北邻先锋街道、大托铺街道，东邻暮云街道，107 国道、芙蓉路贯穿南北，截至 2021 年年底，辖区面积 30.05 平方千米，辖沿江、牛角塘、滨洲新村 3 个建制村以及南托岭、北塘、融城、南鑫、牛角塘、欣南 6 个社区。

2021 年，南托街道完成市区级税收 2.37 亿元，新增“四上”单位 6 家，完成楼宇去化面积 5228 平方米；实现腾地 160 余公顷，清理杂乱堆物 1000 余处，清理大件垃圾 100 余处；城镇新增就业 768 人，累计救助 3000 余名；开展联合执法行动 46 次，化解信访积案 4 起。2021 年，南托街道南鑫社区被评为市级五化示范党支部；欣南社区被评为省级综合减灾示范社区、长沙市文明社区、长沙市科普社区、长沙市 2021 年度标准化社区综合文化服务中心；沿江村鸦雀垅美丽宜居村庄、滨洲新村老虎山美丽宜居村庄、大塘美丽宜居村庄、李家坪美丽宜居村庄、大茅坪美丽宜居村庄被评为市级美丽宜居村庄。

【街域经济】 2021年，天心区南托街道完成市区级税收2.37亿元；完成固定资产投资比2020年增长19.86%；完成限上社会消费品零售额3671万元，比2020年增长22.7%；完成规模以上其他营利性服务业营业收入5.24亿元，比2020年增长39.0%；完成建筑业总产值23.88亿元，比2020年增长13.3%。全年新增“四上”单位6家，高新技术企业认定9家，新引进百万税源企业3家，完成楼宇去化面积5228平方米。全年街道走访服务企业103家，解决处理困难问题诉求51个。

【城建城管】 2021年，天心区南托街道完成芙蓉南路快速化改造、城南中学、福中福、南四线、三远钢构西、芙蓉兴盛整合用地、冠达新天地、北塘商业综合体、牛角塘村城中村改造项目一期一批、一期二批等项目的征地拆迁工作，实现腾地160余公顷，拆迁1800余名，500余户，征收企业150余家。8月份，启动新项目的征拆工作，涉及圭白路泵站、暮云大道、牛角塘村城中村改造一期三批S10–2地块、S19地块、S7地块、S21地块，征地13.95公顷（圭白路泵站1.07公顷；暮云大道0.69公顷；牛角塘村城中村改造项目S10–2地块4.83公顷；S19地块3.45公顷；S7地块2.09公顷；S21地块1.82公顷），私房43户，企业6家，9月25—30日组织集中签约，签约私房39户，签约率90.7%，暮云大道、S19地块实现私房清零。对万家丽路西延线周边进行摸底调查，组织开展企业清退和违章认定等工作。2021年，南托街道启动“百日奋战扮靓星城”市容环境整治行动，街道紧扣城市区域、农村区域不同特点精准施策，以湖南省气象局周边、107国道、芙蓉南路沿线为重点，以“三大行动”“五大整治”为抓手，清理杂乱堆物1000余处，清理大件垃圾100余处，清理破损广告招牌及其他违规广告宣传600余处，整治违规施工围挡36处，整治流动摊贩1000余次，清理“僵尸车”41台，清理违规菜地50处，覆盖裸露黄土7.6万平方米，“门前三包”、裸露垃圾整治“一找二查三抓”三步工作法等工作多次被市、区推介。

【社会事业】 2021年，天心区南托街道为特殊困难人群提供社会救助、特困帮扶等常态化服务，累计救助3000余名，救助总额达171.29万元；为1207名80岁高龄老人发放高龄补贴160.69万元；总计发放各类救助及补助金500万余元；推出“南风”特色爱心天心帮扶品牌，建立特殊困难群体摸底建档花名册367户；发动南托街道社工站，链接辖区内企业、社会爱心人士等的力量，成立3支特色爱心志愿者队伍（264位志愿者），为困难群众免费提供家政上门服务700余次，定期为低保户、困难独居老人、留守儿童、残疾人等困难群体开展志愿服务；完成失业登记审核475人、困难认定221人；城镇新增就业768人，失业再就业785人；完成4个社区（村）的社区直报工作；参与和组织8场大型招聘会；完成9家单位的薪酬调查工作；为居民办理社保补贴390人次；完成街道年度担保贷款任务；完成9家企业单位创新创业带动就业项目申报；近2000人参加辖区内就业创业技能培训；共同创建北塘社区为“2021年度省级充分就业社区”；及时处理辖区内线上欠薪平台和线下工资劳动纠纷近50次，协助监管辖区7家在建项目；完成养老保险待遇核查“回头看”工作，核查人数2万余人，稽核人数28人；企业社会化管理移交1661人；核对重点人群参保情况和完善重点人群基本信息，其中纳入监测对象49人，未纳入监测对象为608人，低保人员为202人，重残对象为304人。

【综合治理】 2021年，天心区南托街道围绕创建“平安天心”的工作主题，开展联合执法行动46次，化解信访积案4起，落实调解矛盾纠纷76件，其中复杂疑难纠纷9件，包括邻里纠纷、婚姻家庭纠纷、道路交通事故纠纷、损害赔偿纠纷、合同纠纷、物业纠纷等各方面，矛盾调处成功率100%。

【党建工作】 2021年，天心区南托街道有党支部53个，党委6个，党总支6个，党员2023名。专题研究党建工作13次、深入村（社区）调研18次、集中观摩2次；推进党支部“五化”建设，创建市级“五化”支部1个，全街46个支部全面达标；开展党史学习教育，开展学习活动80余次，培训教育1600余人次，组织参加全区党史知识竞赛获街道组一等奖，决赛全区二等奖；坚持抓头雁效应，统筹实施“书记项目”10个；开展爱心助农、金秋助学等“暖南”特色活动13次；组织庆祝中国共产党成立100周年活动，对优秀共产党员、优秀党务工作者、先进基层党组织进行表彰；创新基层治理模式，采取“试点先行、以点带面、全面推广”的方式，推行“一三三工作法”，即构建一个体系、凝聚三级力量、实行三级闭环；推出南托初心路——南托力量、乡村振兴、基层治理篇，宣扬先进典型、事迹等，引导基层党员模范带头。

【南托街道美丽屋场建设】 2021年，天心区南托街道成功打造美丽宜居村庄7个（分别为滨洲新村大塘屋场、老虎山屋场、李家坪屋场、大茅坪屋场、沿江村鸦雀垅屋场、楚家屋场、新塘坪屋场），涉及2个行政村10个村民组，368户，1500余人，创建区覆盖面积144.2公顷，实施36个项目，投入资金累计1156.2万元。街道指导各村按照“街道总体统筹、各村主体负责、村组分片实施”的方式推进屋场建设，为村民增设公共活动场所和健身场地，整治“三园”（家园、菜园、田园），改善农村人居环境。项目重点以湘江南路为主线集中连片推进，串联起以特色彩稻为主题的老虎山美丽宜居村庄、以大塘石器文化为主题的大塘美丽宜居村庄，以荷文化为主题的李家坪美丽宜居村庄、以农耕文化为主题的大茅坪美丽宜居村庄、以特色游园为主题的鸦雀垅美丽宜居村庄、以农家动物为主题的楚家美丽宜居村庄，勾勒出一幅壮阔美丽的乡村画卷。

【牛角塘村城中村改造一期项目】 牛角塘村城中村改造一期项目位于天心区南托街道辖区内，是长沙市南部融城的起步区、长株潭一体化建设的先行区。项目由长沙市城发集团分三期实施片区开发，其中一期分三批次推进，涉及15个地块86.67余公顷。2021年，在项目一期一批签约的基础上，南托街道先后启动二批、三批拆迁工作。截至2021年年底，项目完成11个地块的大协议签订，50余家企业退出，3万余平方米厂房设施拆除，迁坟300冢，腾地8余公顷。随着征拆的推进，将为片区释放广阔的产业发展空间，为加快长株潭一体化、南部片区融城发展打下坚实的基础。

【南托岭社区品质提升小区项目】 2021年，天心区南托街道南托岭社区探索“党建引领+小区治理”新模式，以精美小区创建为契机，凯富嘉园为试点，申报品质提升小区项目。完成凯富嘉园小区功能型党小组的筹建，搭建社区支部+小区功能型党小组+小区物业+业主代表组织架构，开展在籍党员、在职党员、在地党员“红色护家”行动，入户走访调研收集关于党建阵地建设、人文环境提升、小区治理的意见建议50余条。推行“1+N”议事协商机制，组织物业、党员代表、品质提升临时工作小组成员、群众监督小组成员、业主代表等召开小区品质提升专题研讨会议10余次，共同商讨修缮小区窗沿石脱落、消防安全管道无水、增设电动车充电棚、多层加装电梯等改造项目，确定设计方案、施工方案及施工单位等。经过凯富嘉园精美小区项目的实施，小区面貌焕然一新。

【滨洲新村乡村振兴】 天心区南托街道滨洲新村由原来的三兴村、兴马村合并而成，位于天心区南托街道西北角，东邻京广线，北与大托铺街道新港村交界，南与沿江村接壤，毗邻湘江。地域面积约3.13平方千米，下辖17个村民小组，有村民930余户，总人口2850人。滨洲新村兴马片区位于南托街道西南部，地处湘江之中，四面环水，岛上居民出行全靠轮渡。片区户籍人口1614人，农户数524户。辖区9个村民小组，

2021年，天心区南托街道滨洲新村白马塘美丽屋场建设

（南托街道供图）

建档立卡贫困户27户。2021年，天心区南托街道滨洲新村兴马片区申报乡村振兴基础设施项目：滨洲新村兴马片区七、八组横路，项目资金30万元，完成道路硬化280米；滨洲新村兴马片区村部前横路维修，项目资金5万元；完成道路硬化121米。2个基础设施项目建设，改善滨洲兴马片区村民出行条件，为脱贫致富提供有效保障。2021年，在滨洲新村村部建立一个50千瓦的光伏发电站，项目资金30万元，使用年限为25年，惠及全村村民1610人包括27户80人脱贫户，发电站除每年自用电量外，其余剩余电量每年卖出，所得收益约2.06万元。滨洲新村兴马片区光伏发电项目为巩固脱贫成果，可为脱贫户提供用电补助，从而相应地减轻生活负担。滨洲新村三兴片区于3月启动4个美丽宜居村庄（老虎山美丽宜居村庄、大塘美丽宜居村庄、李家坪美丽宜居村庄、大茅坪美丽宜居村庄）建设，创建规划以西干道为主，东至虎山路，北至圭白路，南至京西一路及大塘安置区，创建面积53.33公顷连片合法住宅209栋的4个美丽宜居村庄。历时7个多月，对片区内209栋房屋庭院进行改造，新建3个游园，4个停车坪，对3个小微水体进行清淤护砌及种植水生植物，4个安置区共61户安装集中污水处理设施。老虎山新堤垅约5公顷进行彩稻种植并安装观景平台修建停车坪；大塘屋场6.67余公顷抛荒田土进行复耕，并种植花卉、蔬菜。截至年底，筹劳1700余个工日，筹资筹料27万余元，捐地1.07余公顷。屋场内村容村貌全面提升，人居环境明显改善，基础设施日趋完善，呈现出生态、整洁、和谐、宜业宜居的美丽屋场景象。

【牛角塘社区党群共治模式与红色楼道】 2021年，天心区南托街道牛角塘社区聚焦党建引领网格化管理服务创新，推进党建引领组建“三委”会、“议事庭”、“樟树下”、“业主夜话”等服务渠道，通过打造历史文化长廊、德育大讲堂及艺术润小区品牌项目，把党员身份亮出来，把党的旗帜树起来，用“红色引擎”激活小区自治的“一池春水”；牛角塘社区聚焦党史学习教育阵地建设，在三〇三佳园19栋文明楼道的基础上，打造党的光辉历程、红色地图、党在我心中3个主题楼道，将党史教育融入居民群众的日常活动场所。

【融城社区“四融法则”】 2021年，天心区南托街道融城社区探索出退休支部“四融法则”，激发退休党员干部离岗不离党、退休不褪色，使党群共融一条心，助推社区治理创新。“一融”即融合党建阵地，让退休党员“聚”起来。打造1500平方米的“美在金秋”老党员之家和社区居家养老服务中心，使老党员足不出社区就能享受到党建学习、支部活动等多重服务。“二融”即融汇组织生活，让退休党员“学”起来。将水电八局南托基地小区划分3个网格，成立16个网格党支部，下设24个网格党小组，配备16名网格长、24名党小组长、68名党员楼栋长，构建起“社区党委—网格退休党支部—党小组—楼栋长”四级联动组织架构，实现党组织覆盖融汇，激活治理体系“机能细胞”。选出8名“金牌支书”创新丰富的学习活动方式，提高退休党员参加组织生活的积极性。“三融”即融管志愿队伍，让退休党员“动”起来。成立“融爱同行”志愿服务中心，选定退休第六党支部书记邢庆英担任志愿服务队队长，邀请30余名退休老党员加入志愿服务队，先后组建“红袖章”平安志愿者巡逻队、环保志愿者服务队、邻里守望志愿者服务队、文明劝导志愿者服务队等队伍，开展社区公益志愿服务活动。“四融”即融享幸福生活，让退休党员“乐”起来。社区党委推行“乐龄帮帮帮”行动，由8名金牌支书带领的支部结对帮扶8个年高体弱的支部，由65岁以下退休党员帮扶70岁以上老党员，开展好组织生活。根据老党员兴趣爱好成立星光艺术团、摄影俱乐部、书画社、快乐老人合唱队、太极拳协会、乒乓球协会等13个志愿服务组织。

【党史宣讲进基层活动】 2021年4月15日，天心区南托街道开展建设学习型城区“五个一”活动之“每周一学”活动（第73期）“就认这个理永远跟党走”党史宣讲进基层活动。活动由天心区委党史学习教育领导小组办公室指导，来自天心区各领域的7名宣讲员通过“红色火种”“战旗血红”“红色初心”三个篇章再现中国共产党百年历史里革命先辈对信仰的坚守、共产党人奉献与担当的故事。宣讲员康姣讲述“一条小船和一个大党的故事”带大家感悟中国共产党百年征程的历史起点；宣讲员张贵燕讲述

“毛泽东的交友之道”；宣讲员张望追溯“一枚银币”背后的故事；宣讲员罗曼通过讲述一封无字书，感受革命烈士陈毅安的一生报国情和使命初心；刘珺婷以贺龙元帅女儿的身份，代入式讲述长征之路；南托街道兴马洲乡村医生颜新艳讲述自己守护洲上村民健康的平凡经历；宣讲员范雪清讲述习近平与梁家河一起成长、发展的经历以及与当地村民深厚的情谊，传承发扬梁家河精神。2021年，南托街道组织开展“就认这个理·永远跟党走”宣讲竞赛，经过选拔，吸收17名优秀选手充实到街道党史学习教育宣讲团，其中5名被吸纳为天心区党史学习教育的微宣讲员。

【南托街道庆祝中国共产党成立100周年大会】 2021年6月30日，天心区南托街道举行庆祝中国共产党成立100周年暨“两优一先”、2020年度绩效考核表彰大会。大会对全街51名优秀共产党员，11名优秀党务工作者，2个先进基层党组织，以及23名2020年度绩效考核先进个人、11个先进单位进行表彰，为“光荣在党50年”纪念章获得者、“两优一先”代表进行现场颁奖，重温党史、表彰先进。

（本栏撰稿　易玲洋）

荣誉榜

先进集体

2021 年天心区先进集体一览表

表 15

获奖单位	奖项名称	授予单位
天心区	全国社区治理和服务创新实验区	民政部
天心区暮云街道丽发社区	全国民主法治示范村（社区）	司法部、民政部
天心区黑石铺街道司法所	全国模范司法所	司法部
天心区仰天湖桂花坪小学	第三批全国中小学中华优秀传统文化传承学校	教育部体育卫生与艺术教育司
天心区工商联	全国工商联民企调查点先进单位	全国工商联
天心区	湖南省“平安县市区”	湖南省
天心区	“真抓实干办人民满意教育”	湖南省
天心区司法局	2016—2020 年湖南省普法工作先进单位	湖南省
天心区教育局党委	湖南省先进基层党组织	湖南省委
桂花坪街道	省级文明标兵单位	湖南省
天心区纪委监委	省级文明单位	湖南省

续表 15

获奖单位	奖项名称	授予单位
天心区坡子街街道	省级文明单位	湖南省
天心区市政维护中心防涝排渍科排水队	湖南省工人先锋号	湖南省总工会
天心区红卫小学	省级文明校园	湖南省
天心区暮云街道莲华村	省级文明村	湖南省
天心区新开铺街道桥头社区党委	长沙市先进基层党组织	长沙市委
天心区坡子街街道八角亭社区党委	长沙市先进基层党组织	长沙市委
天心区金盆岭街道赤岭路社区金碧文华小区第一党支部	长沙市先进基层党组织	长沙市委
长沙市公安局天心区分局刑侦大队党支部	长沙市先进基层党组织	长沙市委
天心区城管执法大队坡子街中队党支部	长沙市先进基层党组织	长沙市委
天心区黑石铺街道黑石铺社区退休党支部	长沙市先进基层党组织	长沙市委
天心区消防救援大队	拥政爱民模范单位	长沙市
天心区人民政府	爱国拥军模范单位	长沙市
天心区人社局	爱国拥军模范单位	长沙市
天心区退役军人事务局	爱国拥军模范单位	长沙市
天心区先锋街道办事处	爱国拥军模范单位	长沙市
天心区青园中信小学	爱国拥军模范单位	长沙市

先进个人

2021 年天心区先进个人一览表

表 16

姓 名	工作单位、职务	奖项名称	颁发单位
周钰沂（女）	天心区桂花坪街道党工委书记	全国三八红旗手	全国妇联
党 贯	天心区新开铺街道桥头社区残疾人协会专职委员	全国残疾人工作先进个人	全国残联
肖慧军（女）	天心区先锋街道南城社区居民	“中国好人榜”	中央文明办
汤俊杰	天心区新村阳光志愿服务中心主任	湖南省优秀共产党员	湖南省委
李 琼（女）	天心区疾控中心副主任	湖南省优秀共产党员	湖南省委
邹 展	天心区总工会党组书记、常务副主席、四级调研员	“记一等功人员”	湖南省委、省政府
傅伯瑜	湖南民营公益红色档案馆馆长	“湖南好人·最美革命文物保护传承者”	湖南省委宣传部、湖南省文明办
毛红兵（家庭）	文源街道金汇社区	省级文明家庭	湖南省
邓富铁	天心区农业农村局党组成员	“湖南好人”	湖南省
张建明	长沙市远征驾校党支部书记、校长	助人为乐类道德模范	湖南省
罗治国	天心区农业农村局森林保护站副科长	“湖南好人”	湖南省
汤俊杰	天心区新村阳光志愿服务中心主任	湖南省 2020 年最美文明实践志愿者	湖南省
马福明	天心区裕南街面馆	“湖南好人榜”	湖南省
汤俊杰	阳光新村志愿服务协会会长	湖南省“最美文明实践志愿者”荣誉称号	湖南省
周治炎	天心区文源街道城管办副主任	长沙市优秀共产党员	长沙市委
宋明星	天心区南托街道南鑫社区党委书记、居委会主任	长沙市优秀共产党员	长沙市委

续表 16

姓　名	工作单位、职务	奖项名称	颁发单位
王宏伟	天心区先锋街道新路村党总支书记、村委会主任	长沙市优秀共产党员	长沙市委
李昱南（女）	天心区裕南街街道东电社区党委书记、居委会主任	长沙市优秀共产党员	长沙市委
谭　琳（女）	天心区赤岭路街道广厦新村社区党委书记、居委会主任	长沙市优秀共产党员	长沙市委
刘华国	天心区市政设施维护中心疏浚队队长	长沙市优秀共产党员	长沙市委
周　雄	天心区委组织部副部长、区委基层党建办主任	长沙市优秀党务工作者	长沙市委
李彬彬（女）	天心区桂花坪街道基层党建办主任	长沙市优秀党务工作者	长沙市委
黄　程	中合慧景（湖南）文化旅游投资控股公司党支部书记、高级副总裁	长沙市优秀党务工作者	长沙市委
吴雨平（女）	长沙市明德天心中学党委书记、副校长	长沙市优秀党务工作者	长沙市委
杨昌新（女）	天心区离退休干部工委退休三党支部书记	长沙市优秀党务工作者	长沙市委
胡楚枫	长郡外国语实验中学	2020 年度第三批“新时代长沙好少年”名单	长沙市文明办
饶静好	曙光小学	2020 年度第三批“新时代长沙好少年”名单	长沙市文明办
吴蓓蕾	湖南红海人力资源有限公司焊工	长沙市 2021 年“十行状元百优工匠”	长沙市
刘　强	湖南红海人力资源有限公司焊工	长沙市 2021 年“十行状元百优工匠”	长沙市
刘锦辉	湖南红海人力资源有限公司多轴数控加工	长沙市 2021 年“十行状元百优工匠”	长沙市
柏君兰	绿盟（湖南）网络安全技术有限公司网络信息安全	长沙市 2021 年“十行状元百优工匠”	长沙市
陈国荣	绿盟（湖南）网络安全技术有限公司网络信息安全	长沙市 2021 年“十行状元百优工匠”	长沙市

统计资料

2021 年天心区国民经济主要指标一览表

表 17

指　标	单位	2021 年	2020 年	增长（%）
一、地区生产总值（现价）	万元	12153670	11206419	7.8
第一产业	万元	14044	15040	-5.4
第二产业	万元	3742377	3422235	4.2
工　业	万元	1248922	1145257	5.5
建筑业	万元	2493455	2276978	3.6
第三产业	万元	8397249	7769144	9.5
二、农林牧渔总产值	万元	23511	24240	-6.1
三、全部工业总产值	万元	—	—	—
规模以上工业总产值	万元	—	—	—
四、建筑业总产值	万元	14429596	12601167	14.5
五、固定资产投资总额	万元	—	—	9.3
六、社会消费品零售总额	万元	4630306	4076455	13.6
七、高新技术总产值	万元	—	—	17.9
八、外商直接投资实际到位资金	万美元	5959	3819	56.0
九、实际到位省外境内资金	万元	2474540	2001737	23.6
十、市外境内资金形成固定资产投资金资	万元	—	—	—
十一、一般公共预算收入	万元	1542556	1501842	9.0
地区一般公共预算收入	万元	671928	635984	9.8

续表 17

指　标	单位	2021 年	2020 年	增长（%）
十二、一般公共预算支出	万元	769797	680474	13.1
其中：一般公共服务支出	万元	158103	161940	−2.4
十三、城镇居民人均可支配收入	元	66716	62293	7.1
十四、辖区内城镇登记失业率	%	1.42	3.74	−62.0
十五、全区土地面积	平方千米	137.34	137.34	—
十六、年末常住人口数	万人	85.74	83.72	2.5
十七、年末辖区人口总户数	万户	20.44	19.85	3.0
十八、年末辖区户政人口数	万人	53.22	51.70	2.9
十九、居民消费价格总指数	%	101.1	101.8	−0.7
二十、商品零售价格总指数	%	102.0	100.8	1.2

（资料来源：区统计局）

2021 年天心区主要经济指标占长沙市的比重一览表

表 18

指标名称	单位	天心区	长沙市	占全市比重（%）
一、地区生产总值（现价）	亿元	1215.37	13270.70	9.2
第一产业	亿元	1.40	425.56	0.3
第二产业	亿元	374.24	5251.30	7.1
第三产业	亿元	839.72	7593.85	11.1
二、规模以上工业增加值	亿元	—	—	—
三、固定资产投资	亿元	—	—	—
四、社会消费品零售总额	亿元	463.03	5111.57	9.1
五、地区一般公共预算收入	亿元	67.19	1188.31	5.7
六、外商直接投资实际到位资金	亿美元	0.60	20.07	3.0
七、城镇居民人均可支配收入	元	66716	62145	4571

（资料来源：区统计局）

2021年天心区地区生产总值一览表

表 19

指 标	按现价计算（万元）		按可比价计算（万元）		增长（%）	2021年现价结构（%）	2021年拉动点（%）	2021年贡献率（%）
	2021年	2020年	2021年	2020年				
地区生产总值	12153670	11206419	12085484	11206419	7.8	100.0	7.8	100.0
第一产业	14044	15040	14223	15040	−5.4	0.1	0.0	−0.1
农林牧渔业	14656	15675	14829	15675	−5.4	0.1	0.0	−0.1
第二产业	3742377	3422235	3567403	3422235	4.2	30.8	1.3	16.5
工 业	1248922	1145257	1208454	1145257	5.5	10.3	0.6	7.2
建筑业	2493455	2276978	2358949	2276978	3.6	20.5	0.7	9.3
第三产业	8397249	7769145	8503858	7769144	9.5	69.1	6.5	83.6
交运仓储和邮政业	588496	562933	611308	562933	8.6	4.8	0.4	5.5
批发和零售业	1169684	1022884	1133625	1022884	10.8	9.6	1.0	12.6
批发业	468380	391078	446220	391078	14.1	3.9	0.5	6.3
零售业	701305	631806	687405	631806	8.8	5.8	0.5	6.3
住宿和餐饮业	343839	318544	354898	318544	11.4	2.8	0.3	4.1
住宿业	100962	94889	98590	94889	3.9	0.8	0.0	0.4
餐饮业	242877	223655	256309	223655	14.6	2.0	0.3	3.7
金融业	1339568	1237187	1308447	1237187	5.8	11.0	0.6	8.1
房地产业	869085	842009	891099	842009	5.8	7.2	0.4	5.6
房地产业（K类）	332422	332841	356473	332841	7.1	2.7	0.2	2.7
居民自有住房服务	536663	509168	534626	509168	5.0	4.4	0.2	2.9
营利性服务业	2871345	2620652	2929714	2620652	11.8	23.6	2.7	35.2
非营利性服务业	1214620	1164300	1274161	1164300	9.4	10.0	1.0	12.5

（资料来源：区统计局）

2021 年天心区社会消费品零售总额分类一览表

表 20

指 标	2021 年（万元）	增长（%）
社会消费品零售总额	4630306	13.6
一、按销售规模分		
全部限额以上企业	—	—
全部限额以下企业	—	—
二、按行业分		
1. 批发业	437560	4.1
2. 零售业	3498522	14.4
3. 住宿业	44448	15.7
4. 餐饮业	649776	16.4

（资料来源：区统计局）

2021 年天心区农业生产情况一览表

表 21

指 标	2021 年现价（万元）	2020 年现价（万元）
农林牧渔业总产值	23511	24240
其中：农业产值	15846	18170
林业产值	—	—
牧业产值	3395	3388
渔业产值	3140	2508
农林牧渔服务业产值	1130	1175

（资料来源：区统计局）

附 录

组织机构及负责人

（截至 2021 年 12 月 31 日）

中共天心区委

书　记　刘　汇（女，7 月止）
　　　　吴新伟（7 月任）
副书记　黄　滔（6 月止）
　　　　周志军
　　　　叶　妙（女，7 月任）
常　委　厉　波（7 月任）
　　　　张界贻（7 月止）
　　　　曾卫国（7 月止）
　　　　黄文先（7 月止）
　　　　刘　向（7 月任）
　　　　肖雄伟（7 月止）
　　　　侯向宇（2 月止）
　　　　许　波（3 月任）
　　　　洪孟春（7 月任）
　　　　张　建（7 月任）
　　　　张浩平（7 月任）
　　　　罗定豪（7 月任）

天心区人大常委会

主　任　于　献（女，10 月止）
　　　　黄文先（10 月任）
副主任　李　曦（女，10 月止）
　　　　颜小平（女，10 月止）
　　　　谭文敏（10 月止）
副主任　邱忠献（10 月止）
　　　　张少林（10 月止）
　　　　王海军（10 月任）
　　　　彭元强（10 月任）
　　　　凌　昇（10 月任）
　　　　张长生（10 月任）
　　　　罗孟怡（女，10 月任）

天心区政府

区　长　黄　滔（5 月止）
　　　　周志军（10 月任，
　　　　　5—10 月代区长）
常务副区长
　　　　周志军（5 月止）
　　　　厉　波（10 月任）
副区长　王海军（10 月止）
　　　　张浩平（10 月任）
　　　　洪孟春（7 月止）
　　　　刘　瑜（女，10 月任）
　　　　肖向东（7 月止）
　　　　欧阳伟沙（10 月任）
　　　　黄　会（女，10 月止）
　　　　刘正文（10 月任）
　　　　许　波（3 月止）
　　　　郑　州（10 月任）
副区长　张　建（7 月止）
　　　　王钰莹（女，10 月任）
　　　　肖盛辉（10 月任）

政协天心区委员会

主　席　夏艳兰（女，10 月止）
　　　　张界贻（10 月任）
副主席　彭泽南（10 月止）
　　　　黄　会（女，10 月任）
　　　　黎小玲（女，10 月止）
　　　　陈　劲（女，兼，10 月止）
　　　　赵英华
　　　　蔡　逸（10 月任）
　　　　彭元强（兼，10 月止）
　　　　秦　超（兼，10 月任）
　　　　王　珊（女，兼，10 月任）

中共天心区纪律委员会、天心区监察委员会

纪委书记
　　　　曾卫国（7 月止）
　　　　罗定豪（7 月任）
监委主任
　　　　曾卫国（7 月止）
　　　　罗定豪（10 月任）

纪委副书记、监委副主任
胡仕伟（7月止）
盛春江（女，7月任）
李衍富
纪委常委
陶建国（7月止）
彭　雁（女，7月止）
梁　晓（7月止）
段文波
吴　丹（9月止）
孙美青
彭　程（7月任）
邵汨波（7月任）
彭　昂（7月任）
钱　芳（女，9月任）
监委委员
彭　雁（女，7月止）
梁　晓（7月止）
段文波
吴　丹（9月止）
彭　程
邵汨波
钱　芳（女，9月任）
杨　旭（9月任）
钟慧余（9月任）
办公室主任
李兴秋
信访室主任
傅俊瑾
案件审理室主任
彭　雁（女，3月止）
杨　胜（3月任）
案件监督管理室
杨卓娟（女，6月任）
党风政风督查室主任
陶建国（3月止）
汤晓春（3月任）
第一纪检监察室主任
郭　翔（女，8月止）
第二纪检监察室主任
杨　旭（9月止）
孙　震（10月任）
第三纪检监察室主任
梁舸霈（6月任）
第四纪检监察室主任
汤晓春（3月止）
薛　全（6月任）
第五纪检监察室主任
肖叶嵩
第六纪检监察室主任
王　迪

天心经济开发区

天心经开区
党工委书记
吴　江（11月止）
曾红鹰（女，11月任）
党工委委员、管委会副主任
陈　宇
刘正文（7月止）
党工委委员
谢　巍
党工委委员、纪工委书记
陈玉英（女，7月任）
党工委委员、管委会副主任
何海兵（7月任）
党工委委员、管委会副主任
许伟斌（11月任）
纪委专职副书记
彭野战（9月任）
企业党委专职副书记
王恒芳
办公室
主　任　肖集中（10月止）
唐　敏（女，10月任）
副主任　郑　娜（女）
产业促进局
局　长　陈　智（女，9月止）
罗树斌（10月任）
副局长　张　劲（女）
规划建设局
局　长　邓志平（2月止）
张鹏飞（2-12月任）
经济发展局
局　长　钟　辉
副局长　姚　云（女，10月任）
陈云华（10月任）
财政局
局　长　曹　出（2月止）
彭江华（2月任）
副局长　王　霞（女，10月任）
行政审批服务局
局　长　秦　超
副局长　黄大伟（2月止）
企业服务中心
主　任　欧阳伟（2月止）

天心文化（广告）产业园

党工委副书记、管委会主任
谢　巍
党工委委员、纪委书记
陈红丽（女，2月任）
党工委委员、管委会副主任
唐　华（2月止）
刘湘俊（女，9月止）
肖集中（10月任）
企业党委专职副书记
钟慧玲（女，10月止）
管委会副主任
欧阳伟（2月任）
周　缇（女，2月任）
办公室
主　任　陈　丛（女）
产业发展局
局　长　黎　旺
财政局
局　长　张　佩（女）
企业服务知识产权服务中心
主　任　袁　霞（女）
规划建设局
局　长　周　缇（女，2月止）
徐　斌（10月任）
招商合作局
局　长　徐　斌（10月止）

天心区人民法院

党组书记　谭剑辉（8月止）
周　丹（8月任）

院　长　谭剑辉（8月止）
　　　　周　丹（10月任）
党组副书记、副院长
　　　　胡精华
党组成员、副院长
　　　　彭　刚
党组成员　马铁夫
党组成员、执行局局长
　　　　颜　斌
副院长　杨华昭（女）
党组成员　汤　伟
党组成员、政治部主任
　　　　陈新政

天心区人民检察院

党组书记　袁　征（8月止）
　　　　陈　芳（女，8月任）
检察长　袁　征（8月止）
　　　　陈　芳（女，10月任）
党组成员、副检察长
　　　　刘　立
　　　　谢　彦
党组成员、政工室主任
　　　　欧道华
副检察长　冯　苹（女）
专职委员　焦　焰（女）

区委工作机构

中共天心区委办公室（中共天心区直属机关工作委员会、天心区档案局）

主　任　侯向宇（3月止）
　　　　许　波（4月任）
常务副主任
　　　　吴　智（6月止）
　　　　夏　菲（女，6月任）
副主任　杜志强（9月止）
　　　　孙　喆（9月止）
　　　　廖道荣
　　　　谢昌友（10月任）
　　　　马　壮（10月任）
区纪委监委派驻纪检监察组组长
　　　　周红辉（女）

中共天心区直属机关工作委员会
书　记　侯向宇（3月止）
　　　　许　波（4月任）
常务副书记　张　宁（女）
副书记　周立兴
天心区直属机关党员教育服务中心
主　任　杨振军

中共天心区委组织部（天心区委非公有制经济组织和社会组织工作委员会、中共天心区委老干部局、天心区公务员局）

部　长　张界贻（7月止）
　　　　张　建（7月任）
常务副部长
　　　　曾　科（3月止）
　　　　陈玉英（女，3—7月任）
　　　　贺红云（女，9月任）
副部长、基层办主任（兼）
　　　　周　雄（9月止）
副部长　易媛媛（女，9月止）
　　　　王　希（女，12月任）
区纪委监委派驻纪检监察组组长
　　　　王　希（女，12月止）
副部长（兼）、绩效办主任
　　　　陈建国（9月止）
副部长　童　周（9月任）
副部长（兼）
　　　　贺红云（女，9月止）
　　　　王文莉（女，9月任）
中共天心区委非公有制经济和社会组织工作委员会
书　记　唐　珺（女）
副书记　童　周（9月止）
　　　　周璐璐（女）
中共天心区委离退休干部工作委员会、老干部局
书　记（局长）
　　　　易媛媛（女，9月止）
　　　　王　希（女，12月任）
工委委员（专职副局长）
　　　　许　静（女）

中共天心区委宣传部【天心区新闻出版局（天心区版权局）、天心区精神文明建设指导委员会办公室】

部　长　肖雄伟（7月止）
　　　　洪孟春（7月任）
常务副部长
　　　　王　宁（女）
副部长　朱德军
　　　　杨　英（女，9月止）
　　　　李贵勇（10月任）
区纪委监委派驻纪检监察组组长
　　　　钱　芳（女，9月止）
　　　　黄志敏（10月任）
天心区精神文明建设指导委员会办公室
主　任　杨　英（女，9月止）
副主任　龚细梅（女）

中共天心区委员会统一战线工作部

部　长　刘　向（7月止）
　　　　叶　妙（女，7月任）
常务副部长
　　　　胡　浩
副部长　兰　飞（女，4月止）
　　　　汤　沛（女）
　　　　陈　琳（女，4月任）

中共天心区委政法委员会

书　记　黄文先（7月止）
　　　　刘　向（7月任）
常务副书记　张庆祝
副书记　陈国其（9月止）
　　　　王　波（3月止）
　　　　郭建华（3月任）
　　　　陈　琳（女，挂职，4月止）
　　　　杨志宇（10月任）
区纪委监委派驻纪检监察组组长
　　　　张文军（8月止）
　　　　蒯建红（9月任）
天心区综治中心
主　任　彭文杰（10月止）

主　任　陈小妞（女，10月任）

中共天心区委网络安全和信息化委员会办公室（天心区互联网信息办公室）

主　任　　王若飞
副主任　　周　密
　　　　　何汶蔚（女）

中共天心区委机构编制委员会办公室

主　任　　王文莉（女，9月止）
　　　　　熊　玲（女，9月任）
副主任　　彭向茜（女）
　　　　　许　婃（女）

天心区机构编制电子政务中心
主　任　李　琛（女）

中共天心区委巡察工作领导小组办公室

主　任　　王　镔（9月止）
　　　　　吴　丹（9月任）
副主任　　薛宏超
　　　　　曾巧明

中共天心区委巡察组

组　长　　丁首强（聘）
　　　　　伍子建（聘）
　　　　　肖　斌（8月止）
　　　　　鄢　晔
　　　　　陶曙山（9月任）
　　　　　谭继超（聘）
副组长　　徐　路
　　　　　何　蓓（女）

区人大常委会工作机构及专门委员会

办公室

主　任　　贺　喜（9月止）
　　　　　邓继红（9月任）
副主任　　李　沙（女）
　　　　　童　莎（女，3月任）

民族华侨外事委员会

主任委员　余卫辉（女，8月止）
　　　　　贺　喜（9月任）

监察和司法委员会（法制委员会）

主任委员　李昌林

财政经济委员会（预算工作委员会）

主任委员（主任）
　　　　　邹仕斌（9月止）
　　　　　陈　泽（9月任）
副主任委员
　　　　　杨纪军
副主任　　罗朝晖（女，10月任）

教育科学文化卫生委员会

主任委员　郑　凯（9月止）
　　　　　邹仕斌（9月任）

环境与资源保护委员会

主任委员　吴　浩
副主任委员
　　　　　刘灿辉（女，4月止）

农业与农村委员会

主任委员　曾飞玲（女）

社会建设委员会

主任委员　杨　军

选举任免联络工作委员会

主　任　　宋立湘（女，9月止）
　　　　　刘傲雪（9月任）
副主任　　尹娟娟（女）

区人大各街道工作委员会

坡子街街道工作委员会
主　任　　晏荣祥
副主任　　罗　园（女）

城南路街道工作委员会
主　任　　宁科良
副主任　　董　劲

裕南街街道工作委员会
主　任　　谭石泉
副主任　　邹彦妮（女）

金盆岭街道工作委员会
主　任　　陈秋良（4月止）
　　　　　李　佳（女，6月任）
副主任　　巩铂予

赤岭路街道工作委员会
主　任　　何庭洁（女）
副主任　　曹泽仁（3月止）
　　　　　范雪清（女，6月任）

新开铺街道工作委员会
副主任　　张　照（女）

文源街道工作委员会
主　任　　刘　建
副主任　　田凤林（女）

桂花坪街道工作委员会
主　任　　鲁意芝（女，3月止）
　　　　　喻　备（女，6月任）
副主任　　邓星方

青园街道工作委员会
主　任　　何理萍（女）
副主任　　刘　智

黑石铺街道工作委员会
主　任　　张　卫
副主任　　黄　毅（3月止）
　　　　　邹　义（3月任）

先锋街道工作委员会
主　任　　魏铁奇
副主任　　李立志（6月任）

大托铺街道工作委员会
主　任　吴荣娥（女，3月任）
副主任　彭　昂（7月止）
郭　丹（女，10月任）

暮云街道工作委员会
主　任　孙　辉（女，9月止）
朱剑锋（9月任）
副主任　曹　菲（女）

南托街道工作委员会
主　任　郭建华（3月止）
吴智钢（6月任）
副主任　刘胜雄（女）

区政协工作机构及专门委员会

办公室
主　任　张　灵（女，9月止）
易媛媛（女，9月任）
副主任　罗鑫欣（女）
丁　珂（女，3月任）

委员学习联络委员会
主　任　张　瑜（女）

提案委员会
主　任　张善書

经济科技和外事委员会
主　任　周文辉

农业农村和人口资源环境委员会
主　任　高劲柳（女，3月止）
陈志文（6月任）

文教卫体和文史委员会
主　任　杨　红（女，8月止）
李劲松（9月任）

社会法制和民族宗教委员会
主　任　刘芳妍（女）

各街道政协联络工作负责人
坡子街街道
陈全政（兼，10月止）
城南路街道
徐文彩（兼，8月止）
邱　阜（9月任）
裕南街街道
周　婷（女，兼，10月止）
金盆岭街道
周羌笛（兼）
赤岭路街道
李　静（女，兼）
新开铺街道
吴智钢（兼，6月止）
袁　刚（6月任）
文源街道
龚　卓（兼，6月止）
田　烨（6月任）
桂花坪街道
刘　洋（兼）
青园街道
邓　静（女，兼）
黑石铺街道
陈　城（兼）
大托铺街道
彭彦华（兼）
先锋街道
徐卫星（兼）
暮云街道
黄　栋（兼，10月止）
南托街道
粟晓宇（女，兼，10月止）
刘　展（10月任）

区政府各部门

天心区人民政府办公室
党组书记、主任
李勇军（9月止）
丁　洪（9月任）
党组成员、区纪委监委派驻纪检监察组组长
李凌波
党组成员、副主任
黄文杰（8月止）
何定安（10月任）
赵　纯
蒋国坤
易　皓（女，10月止）
郑启军
王玉宏
钟慧玲（女，10月任）
副主任　左　罗（12月止）
黄　洁（女，6月任）
刘　幸（兼）
区政府研究室专职副主任
邹天涯（4月任）
区政府督查室主任
王　谦（10月任）

天心区发展和改革局
党组书记、局长
何海兵（9月止）
杨　英（女，9月任）
党组副书记、副局长
唐　军
党组成员　杨爱军
党组成员、副局长
王永红（女，8月止）
党组成员、总经济师
张　芳（女，10月止）
许言方（女，10月任）

天心区教育局
党委书记、局长
张　伟（女）
党委副书记
刘美兰（女）
党委委员、副局长
何阳莉（女，8月止）
杨晓雄
张其林
党委委员、主任督学
刘含冰（女）
天心区教育科学研究中心
主　任　邹令倜（8月止）

天心区科学技术局

局　长　彭元强（3月止）
　　　　蔡果时（3月任）
党组书记　杨　倩（女）
党组成员、副局长
　　　　欧定勇（4月止）
　　　　许品方（女）
　　　　苏　奇

天心区工业和信息化局（天心区数据资源管理局）

党组书记、局长
　　　　石宇峰
党组成员、副局长
　　　　符文滔（女，9月止）
　　　　罗群峰
党组成员　曾　程（女）
党组成员、副局长
　　　　向德航（2月任）

天心区企业服务中心
主　任　曾　程（女）

天心区民族宗教事务局

党组书记、局长
　　　　彭克伦（3月止）
　　　　陈秋良（4月任）
党组成员、副局长
　　　　徐卫星
　　　　高　飞（2月任）
　　　　朱剑锋（9月止）

天心区民政局

党组书记、局长
　　　　刘顺来
党组成员、副局长
　　　　陈　晖（女）
　　　　彭承刚（2月任）
副局长　李新洲

天心区社会救助事务中心
主　任　胡定巍（女，8月止）
　　　　莫　坤（10月任）

天心区生活无着人员救助站
站　长　彭　伟（8月止）

天心区社会工作事务中心
主　任　陈　娜（女）

天心区司法局

党组书记、局长
　　　　陈玉英（女，3月止）
　　　　彭克伦（3月任）
党组成员、副局长
　　　　邹平义（3月止）
　　　　吴洪文（8月止）
　　　　王　园（女）
副局长　张　楧（女）
党组成员、政工室主任
　　　　周　婷（女，10月任）
党组成员　李昌化（10月任）

天心区城南路司法所
所　长　李昌化（10月任）

天心区坡子街街道司法所
所　长　周　律（女）

天心区财政局

党组书记、局长
　　　　罗孟怡（女，9月止）
　　　　骆　理（女，9月任）
党组副书记、副局长
　　　　张　莹（女，9月止）
　　　　周　彦（10月任）
党组成员、区纪委监委派驻纪检监察组组长
　　　　黄勇军
党组成员、副局长
　　　　蒋惠英（女，10月任）
党组成员、副局长
　　　　孙笑峰
总会计师　蒋惠英（女，10月止）
　　　　彭燕燕（女，10月任）

天心区财政事务中心
主　任　彭燕燕（女，10月止）

天心区财政评审中心
主　任　杨　欢（女）

天心区国库集中支付中心
主　任　龙海媛（女）

天心区财源建设协调事务中心
主　任　彭枫婷（女，10月止）
　　　　周建伟（10月任）

天心区人力资源和社会保障局

党组书记、局长
　　　　贺红云（女，9月止）
　　　　王文莉（女，9月任）
党组成员、副局长
　　　　王　勇
　　　　蔡　鹏
　　　　黄　英（女）

社会保险服务中心
主　任　任福辉

就业服务中心
主　任　梁　慧（女，3月任）

天心区住房和城乡建设局（天心区人民防空办公室）

党组书记、局长
　　　　李劲松（9月止）
　　　　周　雄（9月任）
党组成员、副局长
　　　　罗文力（3月止）
党组成员　谭　初
党组成员、副局长
　　　　李纪清
党组成员、副局长、工会主席
　　　　刘振华
党组成员、区纪委监委派驻纪检监察组组长
　　　　刘　武
总工程师　周　垚（3月任）

天心区人民防空办公室
主　任　李劲松（9月止）
　　　　周　雄（9月任）
副主任　刘幸福（8月止）
　　　　胡华波

天心区建设工程安全监督站
站　长　肖　金

天心区住房保障服务中心
主　任　熊　磊（2月任）

天心区交通运输局

党组书记、局长
陶曙山（9月止）
梁　晓（9月任）
党组成员、副局长
贺　颖
王志明
覃红伟

天心区农业农村局（中共天心区委农村工作委员会、天心区林业水利局、天心区扶贫开发办公室）

党组书记、局长
冯学武
党组成员　蒋哲明（8月止）
党组成员、副局长
肖乾军
蔡慧勇
尹文钊
党组成员　易艳辉（女）
副局长　刘　松（挂职，12月任）

天心区动物疫病预防控制中心

主　任　蔡　嘉

天心区商务局

党组书记、局长
李念奇（9月止）
彭明霞（9月任）
党组成员、副局长
陈益文
党组成员　李　凯
党组成员、副局长
谭双剑（9月止）

天心区投资服务中心

主　任　李　艳（女，10月止）
林展兴（10月任）

天心区文化旅游体育局

党组书记　彭明霞（女，9月止）
局　长　张　磊（7月止）
党组书记、局长
张　灵（女，9月任）
党组成员、副局长
陈　萍（女）
唐　娟（女）
段路遥（2月任）

天心区文化馆

馆　长　李　羽（女）

天心区图书馆

馆　长　周　琼（女）

天心区卫生健康局

党组书记、局长
张长生（9月止）
宋立湘（女，9月任）
党组副书记、副局长
阎伟奇（4月止）
党组成员、副局长
朱　静（女，8月止）
党组成员　曾怡伯
党组成员、副局长
温国清
刘旭峰
朱　斌（女）
周　阳
董锡娜（女）
党组成员、区纪委监委派驻纪检监察组组长
王　珊（女）
党组成员　许超伦（10月任）

天心区卫生计生综合监督执法局

局　长　廖元平
党支部书记　黄荟颖（女）

天心区疾病预防控制中心

主　任　许超伦（4月止）
兰泽龙（4月任）

天心区妇幼保健所

所　长　金　晔（女）

天心区审计局

党组书记、局长
丁　洪（9月止）
张　莹（女，9月任）
党组成员、副局长
陈志刚
党组成员、副局长
曹永鸿
周　勇

天心区政府投资审计中心

主　任　胡施杨（女，3月任）

天心区退役军人事务局

党组书记、局长
何　东
党组成员、副局长
李运平（8月止）
曾维唯（女）
党组成员　邓荣华（3月任）

天心区应急管理局（天心区防汛抗旱指挥部办公室）

党委副书记、局长
何定安（10月止）
局　长　邓　欣（10月任）
党委书记　黄　健
党委委员、副局长
胡小军
罗振华（3月止）
叶大荣
总工程师　邓　欣（10月止）
党委委员、副局长
陈　尧

天心区市场监督管理局（天心区知识产权局）

党组副书记、局长
邹　展（9月止）
颜日强（9月任）
党组书记　童振宇
党组成员、副局长
贺岱峰（8月止）
袁杰聪
肖军民（8月止）
涂　亮
舒宗文（8月止）
王　密
夏　志（9月止）

党组成员、副局长
谈奕麟
谢富平（8月止）
谭亚军
刘万江
张晓坤（10月任）
卿建光（10月任）

天心区统计局

党组书记 胡志坚
局　长 胡志坚（3月止）
刘　婷（女，3月任）
副局长 刘　婷（女，3月止）
党组成员、副局长
张　校（10月止）
副局长 范方平
党组成员、副局长
刘芙蓉（女，10月任）
党组成员 李　慧（女，10月任）

天心区普查中心
主　任 叶　冰（女，8月止）
李　慧（女，10月任）

天心区城市管理和综合执法局

党组书记、局长
杨维君（女）
党组成员、副局长
段应定
李　飚（女）
李贵勇（10月止）
党组成员 叶　军（3月任）
党组成员、副局长
胡雄力（10月任）
区纪委监委派驻纪检监察组组长
吴宏智

天心区行政审批服务局

党组书记、局长
吴波勇
党组成员、副局长
陈湘彧
副局长 吴　宇（女）

党组成员、政务服务中心主任
李晓欢（女）
党组成员 李广湘（3月任）

天心区信访局

党组书记、局长
刘　幸
党组成员、副局长
王　强
彭　卫（8月止）
刘红亮
副局长 张　乐（挂职，6月止）

天心区医疗保障局

党组书记、局长
肖四军
党组成员、副局长
何上元
副局长 黄慧宜（女）
党组成员、医疗保障事务中心主任
徐　敏（女）

天心区城市人居环境局

党组书记、局长
黄根明
党组成员、副局长
孙卫锋
副局长 杨　柳（女）
党组成员、副局长
王小军（2月任）

区委、区政府直属事业单位

中共天心区委员会党校（天心区行政学院）

校　长 周志军（兼，6月止）
叶　妙（女，兼，8月任）
常务副校长
陈泽枝（8月止）
副校长 周雅娴（女，9月任）
章建华（8月止）
刘保平
教育长 张　芳（女，10月任）

天心区接待服务中心

主　任 马　薇（女，8月止）
副主任 夏　菲（女，6月止）
徐　璐（女）
陈晓菁（女，10月任）

天心区网格化综合服务中心

主　任 陈　琳（女，4月止）
陈　智（女，9月任）
副主任 熊　琛（女）
吕正明
向和平（6月任）
李立志（6月止）

天心区机关事务中心

党组书记、主任
盛春江（女，9月止）
刘秉玺（9月任）
党组成员、副主任
崔　佳（女，8月任）
副主任 涂　虹（8月止）
岳玲玲（女）

天心区征地服务中心

党组书记、主　任
杨科应
党组成员、副主任
刘　展（10月止）
谭　媛（女，10月任）
副主任 谭军武
黄　毅（3月任）

天心区金融事务中心

党组书记、主任
于　意（女）
党组成员、副主任
马　浩（10月止）
许言方（女，10月止）
彭枫婷（女，10月任）
彭　莎（女，10月任）
副主任 胡馨文（女，10月任）

天心区公共工程建设中心

党组书记　谢　毅
主　任　邓利民
党组成员、副主任
　杨红波（10月止）
副主任　周　垚（3月止）
　蒋　鹫（3月任）
　张　乐（6月任）

天心区现代服务业发展中心（楼宇经济服务中心）

主　任　熊　玲（女，9月止）
　夏　志（9月任）
党组书记　夏　志（9月任）
党组成员、副主任
　汤　莲（女）
　李　伟
　刘柏屹（6月任）

天心区“两型”社会建设服务中心

主　任　王　珊（女，10月止）
　张鹏飞（12月任）
党组书记　龚　卓（6—12月任）
　张鹏飞（12月任）
副主任　童　莎（女，3月止）
　许化圣（3月任）
　罗丹妮（女，10月止）
党组成员、副主任
　汪　献（女，10月任）

部门所属正科级事业单位

天心区档案馆（中共天心区委党史研究室、天心区地方志编纂室）

馆　长　周雅娴（女，9月止）
　符文滔（女，9月任）
副馆长　李　强

天心区城市管理综合执法大队

党委书记、大队长
　杨维君（女）
党委副书记、教导员
　杨　柳
党委委员、常务副大队长
　邹军荣
党委委员、纪委书记
　刘晋军（8月止）
党委委员　马　纲（8月止）
党委委员、副大队长
　黄卫权
　何青砖
　黄　丽（女）

天心区市政设施维护中心

党委副书记、主任
　罗建民
党委书记、副主任
　林嘉凌
党委委员、副主任
　邓海龙
　于新丽（女）
　李艳纯（女，8月止）
　熊彦添（8月止）
　张颖杰（10月任）
党委委员、总工程师
　禹　喜（女，8月止）

天心区市容环境卫生维护中心

党委书记、主任
　蒯建红（9月止）
　杜志强（9月任）
党委副书记
　陈赛宏
党委委员、副主任
　魏洪亮
　张文广
　黄　畅
　莫　莹（女）

天心区园林绿化维护中心

党委书记、主任
　李政煌
党委委员、副主任
　陈　惠（女，8月止）
党委委员、副主任
　吴　宇（8月止）
　吴茁青
　罗朝晖（女，10月止）
　刘昆成
　朱杰辉（10月任）

天心区城市房屋征收和补偿管理办公室

主　任　胡伟军
副主任　严　凯
　张镜文

天心区现代服务业示范区管理办公室

副主任　周　涛
　秦贵光
　向　葵
　严　晋（女，3月任）

步行商业街管理服务中心

主　任　杨　波
副主任　谭梓婕（女）

部分企业单位

长沙天心城市建设投资开发集团有限公司

党委书记、董事长
　张勇刚
党委副书记、总经理
　彭野战（9月止）
　谭双剑（9月任）
党委委员、副总经理
　周　亮（10月止）
　周　浪
　张　琳（女）
　李　波（女）
副总经理　贺利华（女）
　宋平原
监事会主席
　刘俊湘（9月任）

天心国资经营集团有限公司

党委书记、董事长

何　竞

党委副书记、总经理

江　宇（12 月止）

左　罗（12 月任）

党委委员、副总经理

周　亮（10 月任）

王卫刚（10 月任）

杨　龙（10 月任）

公园管理处

南郊公园管理处

党委书记　张少林（8 月止）

颜日强（12 月任）

管理处主任

邹畅萍

党委副书记、管理处副主任

陈　海

党委委员、纪委书记、工会主席

杨干清（8 月止）

管理处副主任

刘金勇（8 月止）

党委委员、管理处副主任

龚　卓（12 月任）

天心阁管理处

党委书记、主任

徐　伟

党支部书记、工会主席

王　静（女）

党支部委员、副主任

钱伟明

副主任　王凯民（8 月止）

党支部委员、副主任

何　锦（女）

党委委员、副主任

李　洋（10 月任）

中　学

雅礼书院中学

校　长　朱全民

党委书记　龙朝东

党委委员、副校长

张胜军

姚国正（2 月任）

邓志强（2 月任）

雅礼外国语学校

党委副书记、校长

王唯之

党委书记　张德志（2 月任）

副校长　周新胜（2 月任）

王明勇（2 月任）

民主党派

民革天心区工委

主　委　刘湘勇

副主委　周新胜

邓　欣

民盟天心区工委

主　委　李新洲（6 月止）

李昌林（6 月任）

副主委　肖宗文

张　照（女）

曾桂秋

彭　伟

民建天心区工委

主　委　王德军（7 月止）

赵礼发（7 月任）

副主委　赵礼发（7 月止）

张　瑜（女）

唐　可（女）

吴　岳（女）

彭　宁（女）

伍　南

民进天心区工委

主　委　彭燕燕（女）

副主委　孙　刚

何国瑞

周红金

农工党天心区工委

主　委　李光焰

副主委　杨　昕

高智颖（女）

王　菁（女）

张　维

蒋亚辉

孟　娜（女）

致公党天心区工委

主　委　张　磊（10 月止）

邓　静（女，10 月任）

副主委　邓　静（女，10 月止）

王　蓉（女）

万　强（女）

杨雅琴（女）

欧阳智

九三学社天心区工委

主　委　苏　剑

副主委　朱志邦

周　敏（女）

温湘婷

群众团体

天心区总工会

主　席　肖时昴（8 月止）

凌　异（10 月任）

党组书记、常务副主席

邹　展（9 月任）

党组成员、副主席

何干才

曾松文（8 月止）

周立兴（挂职）

张　维（兼）

中国共产主义青年团
天心区委员会

书　记　周　云（女）

副书记　邓玉冰（女）

易文宇（挂职）

蒋乐玲（女，兼）

傅麟雅（女，兼）

天心区妇女联合会

党组书记、主席
孙咏华（女）

党组成员、副主席
张　平（女）
李小兰（女，挂职）
李盈晶（女，兼）
金　晔（女，兼）
金　萍（女，兼）

天心区工商业联合会

主　席　罗超纲（2月止）
彭元强（2—10月任）
王　珊（女，10月任）

党组书记、常务副主席
陈　琳（女，4月任）

党组书记、第一副主席
兰　飞（女，4月止）

党组成员、副主席
彭立新

党组成员、秘书长
胡根华（3月任）

天心区归侨侨眷联合会

主　席　汤　沛（女）
副主席　饶　丽（女）

天心区残疾人联合会

党组书记、理事长
夏继明

党组成员、副理事长
何映章
郑跃晖

天心区科学技术协会

党组书记、主席
杨　倩（女）

党组成员、副主席
王　宏（女，3月止）
谢小宁（3月任）

天心区文学艺术界联合会

主　席　张少林
名誉主席　陈曦民

副主席（兼）
陈　萍（女）
李春和
雷永鸿

秘书长　田　谧（女）

天心区红十字会

会　长　黄　会(女,兼,9月止)

常务副会长
朱　静(女,兼,4月止)

专职副会长
许超伦（4月任）

天心区计划生育协会

会　长　谭文敏(兼，10月止)
副会长　曹福新

天心区党外知识分子联谊会

会　长　周　缇（女）

常务副会长
胡　浩

副会长　陈　武
任延杰（女）
贺剑峰

秘书长　周　科

新的社会阶层人士服务团

团　长　李春和
副团长　魏　零（女）
樊　琼（女）
万　强（女）
秘书长　王　婷（女）
副秘书长　蒋乐玲（女）

街　道

坡子街街道

工委书记　郑　州（9月止）
柳宏伟（9月任）
主　任　戴次强

工委副书记
戴次强
刘秉玺（9月止）

工委副书记
陈全政（10月任）

工委委员、纪工委书记
孟立国

工委委员　晏荣祥
邓继红（9月止）
易　芳（女）
彭建中（10月任）

副主任　陈全政（10月止）
邓继红（9月止）
彭建中
汪　辉
章　越（10月任）

城南路街道

工委书记　徐　伟
主　任　蔡果时（3月止）
曾　科（3月任）

工委副书记
蔡果时（3月止）
曾　科（3月任）
徐文彩（8月止）
封　颖（女）

工委委员、纪工委书记
刘利才

工委委员　宁科良
邱　阜
邢　瑛（女）
周成军
严景特
杨红波（10月任）

副主任　邱　阜
周成军
严景特
杨红波（10月任）

裕南街街道

工委书记　颜日强（9月止）
李勇军（9月任）
主　任　周钰沂（女，6月止）
吴　智（6月任）

工委副书记
周钰沂（女，6月止）

工委副书记
吴 智（6月任）
周 彦（10月止）
易 皓（女，10月任）
工委委员、纪工委书记
舒用民
工委委员 谭石泉
张 伟
刘 晖
周 婷（女，10月止）
刘 剑
李 园（女，10月任）
副主任 张 伟
李 园（女）
周 婷（女，10月止）

金盆岭街道

工委书记 喻 俊（9月止）
夏 天（女，9月任）
主 任 湛 果
工委副书记
湛 果
肖林琼（女）
工委委员、纪工委书记
马旭奇
工委委员 陈秋良（4月止）
彭志远（8月止）
周羌笛
李 佳（女）
皮文奎
石 琛（女，6月任）
马 浩（10月任）
副主任 顾 勇
彭志远（8月止）
周羌笛
皮文奎
马 浩（10月任）

赤岭路街道

工委书记 柳宏伟（9月止）
龚承平（9月任）
主 任 陈 泽（9月止）
刘 振（9月任）
工委副书记
陈 泽（9月止）
刘 振（9月任）
宋 刚（6月任）
工委委员、纪工委书记
喻 备（女，6月止）
李 艳（女，10月任）
工委委员 何庭洁（女）
韦向怡
李 静（女）
周克俭
任博文
周 杰
副主任 宋 刚（6月止）
李 静（女）
周克俭
任博文

新开铺街道

工委书记 蒋 苒（女，8月止）
王学中（9月任）
主 任 王学中（9月止）
孙 喆（9月任）
工委副书记
王学中（9月止）
刘 振（9月止）
孙 喆（9月任）
杨宏志（10月任）
工委委员、纪工委书记
池宏志
工委委员 肖险峰
吴智钢（6月止）
唐志波
王 露（女，10月任）
彭文杰（10月任）
袁 刚（6月任）
副主任 杨宏志（10月止）
吴智钢（6月止）
彭文杰（10月任）
袁 刚（6月任）
王 露（女）

文源街道

工委书记 许伟斌（12月止）
黄振国（12月任）
主 任 黄振国（12月止）
江 宇（12月任）
工委副书记
黄振国（12月止）
彭 勃
江 宇（12月任）
工委委员、纪工委书记
孙学文
工委委员 刘 建
付佳明
姜文志
周 晓（女）
赵 哲
龚 卓（6月止）
副主任 付佳明
姜文志
田 烨（女）
赵 哲
龚 卓（6月止）

桂花坪街道

工委书记 陈志文（6月止）
周钰沂（女，6月任）
主 任 夏 天（女，9月止）
陈建国（9月任）
工委副书记
夏 天（女，9月止）
陈建国（9月任）
周 艳（女）
工委委员、纪工委书记
钟 奎（8月止）
张 校（10月任）
工委委员 鲁意芝（女，3月止）
姚云辉（8月止）
张志云
朱建军
袁 刚
喻 备（女，6月任）
刘 洋
胡 波（4月任）

工委委员　袁　刚（6月止）
　　　　　谢灿英（女，10月任）
副主任　朱建军
　　　　　袁　刚（6月止）
　　　　　刘　洋
　　　　　谢灿英（女，10月任）

青园街道

工委书记　张　毅
主　任　刘傲雪（9月止）
　　　　　徐乙天（9月任）
工委副书记
　　　　　刘傲雪（9月止）
　　　　　徐乙天（9月任）
　　　　　谢　耿
工委委员、纪工委书记
　　　　　刘殿军
工委委员　何理萍（女）
　　　　　江建华
　　　　　谢小宁（3月止）
　　　　　刘拥军
　　　　　冯小珊（女）
　　　　　杨　广（3月任）
副主任　邓　静（女）
　　　　　谢小宁（3月止）
　　　　　杨志宇（10月止）
　　　　　刘拥军
　　　　　杨　广（3月任）
　　　　　周　亮（10月任）

黑石铺街道

工委书记　胡　波
主　任　龚承平（9月止）
　　　　　张春辉（9月任）
工委副书记
　　　　　龚承平（9月止）
　　　　　张春辉（9月任）
　　　　　邓亚兵
工委委员、纪工委书记
　　　　　唐涌华（女）
工委委员　张　卫
　　　　　贺舜贤
　　　　　王　帆
工委委员　陈　城
　　　　　郭　娟（女）
副主任　王　帆
　　　　　陈　城
　　　　　李建群（女）

大托铺街道

工委书记　凌　异（9月止）
　　　　　汤宇驰（9月任）
主　任　汤宇驰（9月止）
　　　　　孙　辉（女，9月任）
工委副书记
　　　　　汤宇驰（9月止）
　　　　　杨　炼
　　　　　孙　辉（女，9月任）
工委委员、纪工委书记
　　　　　虢海鹏
工委委员　吴荣娥（女）
　　　　　曹　军
　　　　　陈云龙
　　　　　熊亚东（女）
　　　　　彭彦华
副主任　吴荣娥（女，3月止）
　　　　　曹　军
　　　　　陈云龙
　　　　　彭彦华
　　　　　罗丹妮（女，10月任）

先锋街道

工委书记　骆　理（女，9月止）
　　　　　阳海波（9月任）
主　任　阳海波（9月止）
　　　　　李念奇（9月任）
工委副书记
　　　　　阳海波（9月止）
　　　　　陈　丹（女）
　　　　　李念奇（9月任）
工委委员、纪工委书记
　　　　　周　军
工委委员　魏铁奇
　　　　　傅中辉
　　　　　裴中宏
　　　　　李　帅
工委委员　蒋月异（女）
　　　　　徐卫星
副主任　傅中辉
　　　　　裴中宏
　　　　　李　帅
　　　　　徐卫星

暮云街道

工委书记　蔡　逸（9月止）
　　　　　刘　哲（9月任）
主　任　刘　哲（9月止）
　　　　　王　镞（9月任）
工委副书记
　　　　　刘　哲（9月止）
　　　　　王　镞（9月任）
　　　　　张春辉（9月止）
　　　　　黄　栋（10月任）
工委委员、纪工委书记
　　　　　罗敏德
工委委员　孙　辉（女，9月止）
　　　　　刘良清
　　　　　刘凌彬
　　　　　毛桂平
　　　　　朱剑锋（9月任）
副主任　刘良清
　　　　　黄　栋（10月止）
　　　　　谢灿英（女，10月止）
　　　　　毛桂平
　　　　　雷剑峰（10月任）

南托街道

工委书记　王钰莹（女，9月止）
　　　　　喻　俊（9月任）
主　任　雷杰淋
工委副书记
　　　　　雷杰淋
　　　　　潘　锋
工委委员、纪工委书记
　　　　　周厚翔
工委委员　郭建华（3月止）
　　　　　杨　广
　　　　　吴　俊
　　　　　曾　文

工委委员　粟晓宇（女）
钟慧余（9月止）
吴智钢（6月任）
刘　展（10月任）

副主任　杨　广
吴　俊
曾　文
粟晓宇（女，10月止）
刘　展（10月任）

双重领导与垂直管理单位

长沙市公安局天心分局

党委书记、局长
肖向东（7月止）
欧阳伟沙（7月任）

党委副书记、政委
罗　晖

党委副书记、副政委、纪委书记（兼）
杨海军（9月止）

党委副书记、副局长
王　虎

党委委员、副局长
陈　劲（3月止）
邹笑平（7月任）

党委委员、副局长、政工室主任（兼）
邹笑平（7月止）
李幸生（7月任）

党委委员、副局长
龙　江（3月止）
朱旭东
黎银波（12月止）
曹鹏飞

党委委员、副政委、纪委书记（兼）
张力伟（10月任）

国家税务总局天心区税务局

党委书记、局长
熊　玲（女）

党委委员、副局长
吕　健（2月止）
李维波（2月止）

党委委员、副局长
余锦钟（挂职，8月止）
黄　静（女）
刘　信（2月止）

党委委员、副局长
邓　军
钟仲华（2月止）
黎元元（2月止）

党委委员、纪检组组长
廖小玲（女，2月止）
李　强（3月任）

党委委员、副局长
李剑平
刘　乔（5月任）

长沙市自然资源和规划局天心区分局

党组书记、局长
康哲新

党组副书记、副局长
李定平

党组成员、副局长
张　杰
邓智亮
胡　敏（女，11月任）
杨　媚（女，11月止）
姚　文
朱振宏

长沙市规划监察执法支队天心区大队
大队长　魏心田（6月止）

长沙市生态环境局天心分局

党组书记、局长
徐乙天（9月止）

党组书记、局长
陈国其（9月任）

党组成员、副局长
史毓和
姚和平

党组成员、总工程师
倪　正

长沙市天心生态环境监测站
站　长　向剑军

长沙市公安局交警支队天心大队

大队长　张　星
教导员　余卫东
副大队长　周正军（10月止）
邓日超
李　陵
副大队长　韦克杰
刘　林（10月任）

天心区消防（救援）大队

大队长　陈卫华
教导员　杨立明
副大队长　陈　冶
易　楠

交通运输综合行政执法局天心大队

大队长　李　立
副大队长　曾　伟
欧大明

金融机构

长沙农商银行天心支行

副行长　王　刚
行长助理　严从善

长沙农商银行湘江支行

党总支书记、行长
张　翼（6月任）

党总支书记、副行长
张　翼（6月止）

党总支书记、副行长
张洁群（女，6月任）

行长助理
张洁群（女，6月止）
范才勇（6—8月任）

重 要 文 献

政府工作报告

——在长沙市天心区第六届人民代表大会第一次会议上

长沙市天心区人民政府代区长　周志军

（2021年10月23日）

本届政府及2021年工作回顾

区五届人大一次会议以来的五年，是天心发展进程中极不平凡的五年。五年来，全区上下坚持以习近平新时代中国特色社会主义思想为指导，在中央、省、市和区委的坚强领导下，在区人大、区政协的监督支持下，攻坚克难，开拓创新，担当作为，实现了“十三五”圆满收官、“十四五”良好开局，中国长沙人力资源服务产业园获批国家级产业园，促进夜间经济发展创新举措成为“国家经验”，贡献了网红长沙的天心力量，先后获全国义务教育发展基本均衡区、全国社区治理和服务创新实验区、全国法治宣传教育先进区、全省食品安全示范区、全省首批法治政府建设示范区等国家、省级荣誉，教育、民政、商务等多项工作获省政府真抓实干督查激励，谱写了五年奋斗、五年跨越、五年蝶变的精彩篇章。

五年来，我们始终坚持转型创新发展，区域综合实力大幅提升。地区生产总值达1250亿元（预计数，下同）、年均增长8%，一般公共预算收入达155亿元、年均增长7%，市场主体超12万户、年均增加1.2万户以上，实现经济总量过千亿、财税收入过百亿、市场主体过十万的新跨越。三次产业结构比调整为0.1 ∶ 28.4 ∶ 71.5，金融业税收占比近四成。税收过千万企业达190家，A股上市公司达7家、市值约占全市三分之一、全省四分之一，亿元楼宇从11栋增加到19栋、全市最多。新引进“三类500强”[1]企业33家，首个投资百亿元产业项目——中国电信天翼云中南数字产业园落户天心。抢滩布局数字经济，建立地理信息产业园、人工智能产业园、软件产业园三大平台，全国软件企业50强分（子）公司落户数、全省软件企业50强上榜数均居全省区县（市）首位。全社会研发经费投入实现倍增，创建国家级重点实验室1个、省级科研平台26个，高新技术企业增长近10倍、达255家，高新技术总产值突破1000亿元。成功跻身全国高质量发展百强区，3年提升25个位次、跃升至第60位。

五年来，我们始终坚持打赢攻坚战役，全面小康程度大幅提升。脱贫攻坚全面胜利，区内建档立卡贫困户稳定脱贫，投入对口帮扶资金9582万元，结对帮扶的怀化通道县、龙山洛塔乡、浏阳富溪村全部脱贫摘帽，两次获评全省携手奔小康先进单位。重大风险防控有力，债务运行总体平稳可控，区属国有企业改革和市场化转型顺利完成。创新建立区级金融风险监测预警平台，形成了高效有序的金融防控处置机制。生态环境持续改善，实施污染防治项目147个，整改中央、省级环保督察及“回头看”交办信访问题512件，绿心地区361家工业企业全部退出，完成省市生态修复治理项目15个。坚决打好蓝天、碧水、净土保卫战，建成全省首个大气复合监测站，空气质量优良天数2020年较2015年增加52天，国省控断面、饮用水水源地水质100%达标，天心蓝、绿心绿、湘江美成为璀璨天心的靓丽底色。

五年来，我们始终坚持城乡品质先行，宜居宜业水平大幅提升。着力推进征拆建设，高标准开展新一轮国土空间规划、南部片区控制性详细规划编制，长沙外滩、省府新区、暮云片区153个征拆项目清零，腾地666公顷。12个有机更新项目全面竣工，95个老旧小区全新亮相，城区“15分钟生活圈”全域覆盖。汇景发展环球中心、平安财富中心等标志性建筑提升了“夜长沙”气质、彰显了“新长沙”高度。推进“两轴、三片区、绿网、三视廊”[2]绿地系统建设，新建公园32个、新增绿地272公顷，居民群众“开门见绿、百步见园”。着力完善基础配套，地铁1号、2号、4号线和长株潭城际铁路建成运营，芙蓉南路快速化改造、融城路西延线等主次干道竣工通车，打通“断头路”“瓶颈路”46条，中意路城市化改造、新开铺路提质改造稳步推进，长株潭“半小时通勤圈”提速升级。持续推进电力630攻坚，新改扩建变电站6座、新增变电容量113万千伏安。着力城市智慧治理，率先全省实现5G信号全覆盖，打造智慧应用场景21个；推动黄兴南路建设智慧街区，五一商圈获评第一批国家级夜间文化和旅游消费集聚区。着力乡村全面振兴，完成农村集体产权制度改革，引进培育农业示范项目10个，农村集体资产达23亿元。新改建农村公路137千米，整治国土违法图斑70公顷，提质建设农村水利基础设施200余处。率先全省推动农村自来水普及工程，实现农村无害化厕所全覆盖。创建美丽宜居村庄22个、美丽庭院3210个，获评全市农村人居环境整治工作先进单位。

五年来，我们始终坚持人民至上理念，群众幸福指数大幅提升。区级财力八成以上用于民生事业，城镇居民可支配收入率先全省突破6万元。就业形势保持稳定，新增就业岗位6万个，零就业家庭100%动态清零。城乡居民养老、医保统筹一体化和大病保险全覆盖，发放低保金1.34亿元、残疾人“两项补贴”3948万元。发布全省首个“养老服务地图”，打造白沙路养老服务示范街区。大力实施“爱心天心”帮扶工程，帮扶困难群众6.8万人次。坚持“房住不炒”，提供保障性住房5117套。推进教育优质均衡发展，新建扩建中小学、幼儿园43所，新增学位37540个；全面消除义务教育“大班额”，公办和普惠性幼儿园占比达90%。着力打造健康天心，医疗卫生机构由382家增加到477家，实现街道社区卫生服务中心全覆盖。丰富居民精神文化生活，成立天心文旅联盟，打造标准化社区（村）综合文化中心25个。深入推进“平安天心”“法治天心”建设，集中化解信访突出问题，持续开展扫黑除恶和禁毒人民战争，连续17年获全省“平安县（市、区）”称号。坚决打赢疫情防控总体战、阻击战，2个先进集体、5名先进个人获国家、省级表彰，经受住了大战大考，书写了气势磅礴的战疫篇章。

五年来，我们始终坚持务实担当作为，政府工作效能大幅提升。深学笃用习近平新时代中国特色社会主义思想和总书记考察湖南重要讲话精神，扎实开展“两学一做”“不忘初心、牢记使命”主题教育和党史学习教育，认真抓好中央省市巡视、巡察和审计反馈问题整改。深入开展全国法治政府建设示范创建，坚决贯彻执行民主集中制，主动接受人大、政协和社会各方面监督，率先全市开展民生实事项目人大代表票决制，办理代表建议518件、政协提案390件、群众来信1301件，办复率100%，“12345”政务热线工单办结率100%。政府机构、企事业单位改革全面完成，天心经开区整合升格。始终将营商环境作为天心核心软实力和最亮新名片，率先成立区级企业服务中心，出台“营商环境30条”，形成“一日一制一景三中心”[3]的天心营商模式，营商环境综合排名全国百强区第43位。坚决履行全面从严治党主体责任和“一岗双责”，严守中央八项规定及其实施细则精神，深入开展党风廉政建设，营造了风清气正的政治生态。此外，第四次全国经济普查高质高效完成，第七次全国人口普查工作获评全省先进，人民武装和双拥共建工作成效明显，审计、人防、退役军人、民族宗教、机关事务管理工作扎实推进，工会、共青团、妇联、残联、文联、侨联、科协、对台、红十字会、工商联、史志档案、老干和关工委等工作都取得了新成绩。

2021 年是中国共产党成立 100 周年，也是“十四五”规划开局之年。我们统筹推进疫情防控和经济社会发展，地区生产总值增长 8%（预计数，下同），地方一般公共预算收入增长 7%，固定资产投资增长 7%，社会消费品零售总额增长 9%，各项工作呈现良好发展态势。主要有五个方面特点：

在系统谋划上彰显了新作为。加强顶层设计，先后出台贯彻落实“三高四新”[4]战略三个“三年行动计划”[5]、促进区域经济高质量发展奖励办法、优化招商引资工作若干意见、“两安”用地[6]利用管理指导意见及乡村振兴五年行动方案。理顺体制机制，新成立存量（闲置）土地资源盘活工作指挥部，优化调整长沙外滩建设协调领导小组暨有机更新指挥部、省府新区建设协调领导小组暨湘府消费中心建设指挥部、暮云片区建设协调领导小组暨乡村振兴指挥部，构建“1+3”统筹联动工作体系。深化国企改革，研究制定市场化薪酬绩效体系，力推区属国有企业转型升级。加快推进“智慧天心”建设，打造“智慧天心”驾驶舱平台和智慧政务大厅“一站式”服务新名片。

在融城发展上跑出了加速度。突出“一体化”“高质量”，落实“十同”[7]要求，制定实施长株潭一体化发展五年行动方案，牵头与岳塘区、石峰区签署人社服务、司法行政、生态共治等合作框架协议，开设长株潭“跨域通办”专窗，成功举办全球地理信息开发者大会、长株潭千企万岗招聘月、融城马拉松赛、长株潭消费节、长株潭共植“一棵树”植树节等系列活动，省“三十大”标志工程——湖南大数据交易中心顺利封顶，新韶山南路、暮坪湘江特大桥等重点项目启动建设，国家医学中心、长沙奥体中心等一批重大项目成功落地，打造长株潭融城先行区迈出坚实步伐。

在项目攻坚上按下了快进键。以项目论英雄，深入开展项目建设、征地拆迁、闲置资源盘活、土地出让、楼宇去化、招商引资、开发销售、资源争取“八个一批”项目攻坚行动。铺排重大项目 205 个，完成投资 300 亿元以上，龙湖天街、五江国际商业广场等一批重点项目加快推进；牛角塘城中村改造二期、湖机棚改等 31 个项目清零，腾地 239.2 公顷；青苹果数据城、德胜 001 等一批闲置多年项目成功盘活，南城雅苑、南湖大厦 B 座等一批闲置多年土地启动建设；人才公寓、杜鹃公园安置地等地块挂牌出让；完成楼宇去化 11 万平方米；新引进百万税源企业 100 家，新增“四上”[8]企业 105 家；房地产开发入市 160 万平方米、销售 150 万平方米；一批新基建项目完成建设，争取资金 9.78 亿元。

在城乡建管上体现了高品质。坚持精美建设，扎实推进基础设施完善，湘江大道等 4 个“五纵五横”[9]项目高标准完成，“一江两岸”城市照明提质工程如期完工，湘江东岸更加璀璨夺目。启动下碧湘街片区、新开铺片区、黑石铺片区等六大城市更新项目，提质改造老旧小区 60 个，创建精美社区 2 个、精美街道 3 个。城乡供水一体化项目完成年度建设任务，与中国供销集团成功签订乡村振兴项目合作协议，打造美丽屋场 18 个。坚持精致管理，实行共享单车智慧运维实时调度，成立区级渣土事务中心，推动垃圾分类厢房建设，深入推进“百日奋战、扮靓星城”专项整治行动，维修路面 2.3 万平方米，更换老旧燃气管网 8300 米，更新绿植 183 万株。全力创建国家文明典范城市，志愿服务成为天心亮丽风景。

在民生实事上打好了组合拳。扎实开展“我为群众办实事”活动，全面完成区人大代表票决十件实事。城乡居民养老保险基数实现“17 连调”，区社会福利中心正式运营，城镇新增就业 10182 人，加装小区电梯 200 台，新增车位 14824 个。坚持教育优先发展，贯彻落实“双减”[10]政策，完成师大附中双语等学校建设项目 13 个，新增学位 8190 个。严格落实常态化疫情防控措施，有力有效处置乾城嘉园小区输入性疫情。强力推进安全生产专项整治三年行动，突出抓好道路交通、仓储物流等各类安全，全面推进国家食品安全示范城市创建活动，未发生较大以上安全事故，社会大局和谐稳定。

各位代表！回顾过去五年，我们深深体会到：必须一腔忠诚讲政治。任何时候都要保持绝对忠诚的政治自觉，只有自觉把讲政治、铸忠诚作为第一遵循、第一标准、第一要求，才能确保上级决策部署在天心不折不扣落地生根、开花结果。必须一心为民谋福祉。“江山就是人民、人民就是江山”，只有用心用情用力为民办实事、谋幸福，才能获得人民群众真心实意的支持和拥护。必须一刻不停抓项目。项目是经济发展的支撑，做大总量靠大项目，做优结构靠好项目，做长链条靠新项目。只有牢牢抓住项目建设这个牛鼻子，才能在日趋激烈的区域竞争态势中抢占制高点、掌握主动权。必须一以贯之重实干。空谈误国，实干兴邦。只有真抓实干，以钉钉子的精神抓一事成一事，才能书写无愧于时代、无愧于人民的优异答卷。

各位代表！五年砥砺奋斗，五年携手同行，每一步都不容易，每个人都了不起。我们深切感受了庆祝改革开放40周年、中华人民共和国成立70周年、中国共产党成立100周年的欢欣鼓舞，勇敢应对了经济转型、产业升级、城市治理的现实挑战，共同战胜了百年不遇特大洪水、突如其来新冠肺炎疫情的重大考验，跨过了一道又一道沟坎，取得了一个又一个胜利。成绩来之不易，成果振奋人心。这是市委、市政府和区委正确领导的结果，是各位人大代表、政协委员和社会各界人士监督支持的结果，是全区人民团结奋进、攻坚克难的结果。在此，我谨代表天心区人民政府，向有大爱、有力量、有担当的天心人民，向所有关心、支持、参与天心发展建设的各位朋友、各界人士和全区广大干部群众，表示衷心的感谢，并致以崇高的敬意！

各位代表！回首过往，我们深刻认识到，前进道路上仍然面临一些矛盾和问题：经济总量还不够大，产业竞争力有待提升；片区发展仍不平衡，基础设施、功能配套、环境改善还需加力；民生保障仍有短板，治理能力现代化还有差距；部分干部的理念、作风和能力还不适应新时代要求。对此，我们必须直面问题，尽心竭力做好政府工作，决不辜负全区人民重托。

未来五年发展目标和任务

未来五年，是乘势而上开启全面建设社会主义现代化新征程的第一个五年。世界百年未有之大变局加速演变，我国制度优势凸显，高质量发展具有多方面优势和条件。特别是习近平总书记赋予湖南“三高四新”新坐标，长沙确定创建国家中心城市的新定位，长株潭都市圈打造全国重要增长极以及中部地区高质量发展、自贸试验区建设等战略机遇叠加汇聚天心，站在“两个一百年”的历史交汇点，天心迎来新的黄金发展期。做好未来五年工作，最重要的是把优势变为态势。3000年文化和网红天心彰显了历史与现代的交融之美，长株潭一体化上升为国家战略蕴含了融城之势，绿心中央公园规划落地释放了空间之阔，省府三办启用带来了资源之聚，我们要把独特的禀赋优势转化为高质量发展的强劲态势。最紧要的是把潜力变为实力。五一商圈的巨大人流涌动的是财富，我们要将大流量变成大消费；三大国家级产业发展平台提供的是载体，我们要将大平台变成大产出；存量（闲置）土地盘活积蓄的是后劲，我们要将大空间变成大项目；行政企事业单位和科研院所云集蕴藏的是希望，我们要将大资源变成大能量。最首要的是把信心变为决心。比认识更重要的是决心，比方法更关键的是担当。把区第六次党代会描绘的蓝图变为实景，关键是心无旁骛、行胜于言，我们要让创新实干成为天心阁下的厚重底色、让担当作为成为湘江东岸的时代强音。

未来五年的指导思想是：坚持以习近平新时代中国特色社会主义思想为指导，全面贯彻党的十九大和十九届二中、三中、四中、五中全会精神，坚决落实习近平总书记关于湖南工作系列重要讲话指示精神，牢牢把握立足新发展阶段、贯彻新发展理念、构建新发展格局的要求，紧扣中央、省、市和区委工作部署，深入贯彻“三高四新”战略，以推动高质量发展为主题，统筹发展与安全，坚持在发展中保障和改善民生，围绕“一军三区”[11]定位，奋力谱写“智慧天心、融城核心”建设的壮丽新篇章。

未来五年的奋斗目标是：“一军三区”迈出坚实步伐，“智慧天心、融城核心”建设取得明显实效，区域核心竞争力显著提升，产业发展实力持续增强，全力建设兼具活力与魅力的现代化新天心。

——综合实力更强。发展质量和效益全面提升，到2025年，地区生产总值突破1500亿元，一般公共预算收入突破200亿元，产业投资占固定资产投资比重达45%以上，服务业增加值占GDP比重超过75%，常住人口突破100万人，亿元楼宇总数达25栋以上，主要经济指标增速高于全市城区平均水平，国际医学健康产业小镇、融城体育小镇等重大平台落地见效，数字经济、智慧经济打响“天心品牌”，综合实力尽早跻身全国城区高质量发展50强。

——城乡品质更优。坚持高起点规划、高标准建设、高水平管理，构建形成“三轴三片六组团”[12]的现代化空间布局。注重历史风貌保护，加大城市更新力度，推进乡村全面振兴，打造韧性城市，建成国际性区域消费中心。

——幸福指数更高。推动共同富裕取得更为明显的实质性进展，城镇居民人均可支配收入年均增长7%，义务教育标准化学校比例达100%，每千人病床位数达7.5张，打造幼有善育、学有优教、劳有厚得、病有良医、老有颐养、住有宜居、弱有众扶的“幸福天心”。

——生态环境更美。生态文明制度体系更加完备，生产生活方式加快绿色转型。绘就蓝天常在、碧水长清、城乡更美的生态底色，空气质量优良天数比例达85%以上，地表水达到或优于Ⅲ类水体比例达100%，建成区绿化覆盖率达46.5%，绿色发展走在全国城区前列。

将目标变为现实，把愿景变为实景，必须抬高坐标、跨越赶超，创新实干、担当作为。

（一）聚焦“三大重点”，更强担当践行“三高四新”战略。聚焦更优产业生态。以人才为关键发展创新型经济、品牌为关键发展服务型经济、头部企业为关键发展总部型经济、通道为关键发展开放型经济、平台为关键发展流量型经济，着力构建“五型经济”为方向的现代产业体系。重点聚焦数字产业，推动经济数字化、生活数字化、治理数字化，做大做强“天心数谷”，打造全国有影响力的数字强区。加快现代金融、文化广告、人力资源、商贸物流等产业转型升级。全力推动天心经开区创建“五好”园区[13]，产值向千亿迈进，获批国家级高新技术产业开发区。聚焦更强创新驱动。抓创新就是抓发展。深化国资国企改革，落实区属国有企业改革三年行动方案。加大技改、上市、科创、专利工作力度，支持创新型企业、科技型中小企业发展，高新技术企业突破600家；激发科技创新活力，发挥辖区金融机构聚集、科教资源丰富的优势，搭建“政校研企银”合作平台，推进产学研用深度融合，让更多科技成果走出实验室、加快市场化，万人发明专利拥有量达46.5件；发挥国家级人力资源服务产业园平台优势，吸引人才、留住人才、成就人才，建设人才强区。聚焦更佳营商环境。营商就是赢未来。推进实施优化营商环境专项行动，深化“放管服”改革，开展“诚信天心”建设，促进审批服务提质、企业办事提速、项目建设提效，努力让群众办事像网购一样方便快捷，让惠企政策像快递一样精准直达，打造全省营商环境首善之区。

（二）厚植“三大动能”，更大力度融入长株潭都市圈建设。厚植区域协同发展动能。立足南部融城高端服务功能片区定位，落实“十同”要求和长株潭一体化五年行动计划，对标“产业创新圈”“资源配置圈”“便利交通圈”“宜居生活圈”，完善基础配套，强化产业导入，高标准建设国际医学健康产业小镇、融城体育小镇。向东，联动雨花区、浏阳市，共建共享绿心中央公园。向西，对接湘江新区、岳麓区、雨湖区，依托国家医学中心，抓住建设湘江西岸科创走廊机遇，打造“一江两岸”湘江湾科创示范区。向南，依托长沙奥体中心，联动昭山湖南省健康产业园，延长产业链，构建产业生态圈，打造全国有影响力的体育健康产业聚集区。厚植新消费新经济动能。讲好“半城历史、半城文化、半城烟火”长沙“老”故事，进一步擦亮“文旅+”消费品牌，推动太平街创建国家级旅游休闲街区、黄兴南路创建国家级示范步行街、西文庙坪打造全国一流的历史文化街区，坡子街、解放西等“网红”名片享誉全球。全力建设湘府消费中心，构建“一圈、一轴、四中心、多节点”[14]商业格局，瞄准首发经济、品牌经济，引进设立品牌首店、旗舰店、体验店，加快人气财气集聚。着力放大长株潭商圈效应，丰富消费业态，培植壮大文旅体育、医疗康养等新型消费。厚植空间释放转换动能。把握国土空间总体规划修编机遇，更加科学划定“三区三线”[15]，留足城乡建设空间。加快推进机场搬迁，将释放的净空空间转化为发展空间。抢抓城市更新窗口期，围绕老旧小区、厂区、街区，分类规划、科学谋划，推进一批城市片区更新项目，打造一批高品质科创空间、产业空间、文化空间，以存量换取增量，让城市更高质量更新生长。

（三）推动“三大提升”，更优理念深化城市治理体系创新。提升智慧水平。以“智慧天心”建设为统领，进一步完善大数据基础设施支撑体系，强化系统集成整合、数据互联互通，打造全国一流、全省领先的智慧城市运营指挥中心。强化大数据、物联网、人工智能等技术应用，统筹推进智慧园区、智慧街区、智慧社区建设，赋能经济发展、政务服务、城市管理、综合治理、文旅教育，构建“可感、可视、可控、可治、可续”的城市治理体系，打造新型智慧城区善治样本。提升城市品质。按照“四精五有”[16]要求，统筹城市建设与管理，优化生产、生活、生态空间布局。全面提质湘江路、芙蓉路、书院路三大发展轴，打通“断头路”、畅通微循环，布局一批重大基础设施项目，完善文化、教育、卫生、体育、休闲等公共服务设施配套，打造生态宜居示范区。提升城市管理精细化、人文化水平，强化城市工程建设、移交、管理全过程管控，深化全民垃圾分类，以绣花般的细心匠心绣出品质品牌。提升基层治理。推动社会治理和服务重心下移、资源下沉，优化社区（村）布局，深化基层网格实体化运行，建设“三零”[17]社区（村）。优化12345政务热线工单处置机制，打造政务服务“总客服”。完善立体化社会治安综合防控体系，探索化解信访问题新途径，健全扫黑除恶长效机制，打好禁毒、反电诈人民战争，建设更高水平的平安天心。落实安全生产专项整治行动，完善应急救援和防灾减灾救灾体制机制，提高城市韧性，创建安全发展示范城区。

（四）构建“三大体系”，更实举措满足人民美好生活向往。构建先行示范的共同富裕体系。加快实现群体共富、城乡共富、物质精神共富，不断提高城乡居民收入水平，全区人均居民可支配收入继续保持全省前列，物质文明和精神文明实现同步发展。积极推动城乡融合，坚持把南部农村作为极其宝贵的稀缺资源、未来发展的战略空间、城市核心功能的重要承载地，推进全面脱贫与乡村振兴有效衔接，持续补齐水、电、路等乡村基础设施短板，在乡村嵌入更多产业、文化、生态功能，打造一批乡村振兴示范项目和单元，推动城乡全面融合、共同繁荣。构建坚实有力的社会保障体系。健全多层次、多支柱养老保险体系，完善基本医疗保险、失业保险、工伤保险制度，打造以基本生活救助、专项救助、急难救助为主体，社会力量参与为补充的“爱心天心”帮扶升级版。坚持“房住不炒”，让人民群众买得起新房子、住得上好房子。扩大就业容量，提升就业质量，实现更加充分更高水平的就业。保障退役军人、妇女儿童合法权益，健全老年人、残疾人关爱服务体系和设施，积极发展社会福利和慈善事业。构建优质均衡的公共服务体系。坚持民生实事人大票决制，推动“学位、床位、车位、厕位、梯位”等群众急难愁盼问题持续有力解决。深入实施“健康天心”行动，抓好常态化疫情防控，扎实开展爱国卫生和全民健身运动，提升公共卫生服务和应急能力。推进教育强区建设，打造一流学校、一流队伍、一流品牌，创建全国义务教育发展优质均衡区，努力让每一位孩子好上学、上好学。围绕“一老一小”重点群体，推进小区适老化改造、托幼建设，建好市民活动中心、老年大学，抓好三孩生育政策落实，促进人口长期均衡发展。提升生态环境保护水平，落实碳达峰、碳中和要求，深化污染防治攻坚，守护生态绿心，筑牢高质量发展的绿色屏障。

各位代表，蓝图绘就，奋进其时。我们坚信，全区人民拧成一股绳、聚成一条心，天心定能在新时代“赶考”中，再创辉煌、再塑荣光！

2022年工作重点

2022年是全面实施“十四五”规划的关键之年。全区经济社会发展预期目标是：地区生产总值增长8%，地方一般公共预算收入增长7%，固定资产投资增长9%，社会消费品零售总额增长8.5%，城镇居民人均可支配收入增长8%。围绕上述目标，重点做好十个方面工作：

（一）着力加快融城步伐。发挥融城核心引领作用，推动长株潭融城“先行区”向“先进区”稳步前进。强化谋划对接。紧密对接长株潭都市圈规划、长沙国土空间总体规划和长株潭绿心中央公园规划，着力优化南部片区城市设计，科学谋划产业发展、基础设施、公共配套、城市建设空间。紧密对接周边区域，持续推进人社服务、司法行政、市场监管等一系列区域合作协议落实，制定实施年度重点任务清单，有序推动教育、医疗、社保、就业、户籍等公共服务逐步共享，让老百姓真真切切感受到一体化的好处。致力互联互通。全力推进暮坪湘江特大桥、新韶山南路、中意路三标段、圭白路东延线等重点交通线路建设，提质建设牛冻路等8条互联农村公路，增强互通能力。联动举办第二届融城马拉松赛、乡村生态旅游节等节会，实现赛事共办、资源共享、社会共治，加快人流、物流、资金流互动。实现重点突破。全力推动国家医学中心、长沙奥体中心、省图书馆新馆等一批重大项目建设，加快打造国际医学健康产业小镇、融城体育小镇、长株潭绿心中央公园天心片区，争取更多长株潭一体化重大项目落户天心。

（二）着力推进“八个一批”。坚持项目为王，完善项目攻坚推进机制，增强发展后劲。征拆腾地一批，推动长郡中学改扩建等13个项目启动实施，暮云大道等22个项目完成结算，新开管委会城中村改造二期等4个项目扫尾清零，腾地133公顷以上。项目建设一批，铺排重大项目200个以上，推动中南总部基地二期等项目启动实施，天经国际企业街区一期等项目竣工投产，新增项目入库350亿元以上。闲置资源盘活一批，推动南湖大厦A座等5宗闲置土地启动建设，太和广场、新芙蓉家居广场等闲置项目重新盘活，西文庙坪A地块等国有资产市场化开发利用。土地出让一批，完成碧湘街二期等地块挂牌出让。楼宇去化一批，完成楼宇去化面积10万平方米、实现税收1亿元以上。招商引资一批，招引投资过10亿元项目8个以上、“三类500强”项目12个以上、年税收过百万企业100家以上。开发销售一批，实现入市180万平方米，销售160万平方米。资源争取一批，争取资金10亿元以上，争取计划外重大项目落地、重要专项政策支持。

（三）着力壮大产业能级。坚持优存量、拓增量、提质量相结合，推动发展质效齐升。全力补短板。构建新消费平台补齐社零总量短板，出台推动消费升级三年行动方案，打造新能源汽车展示中心、交易交付中心，举办各类消费活动40场以上。提质商务楼宇补齐楼宇经济短板，出台楼宇提质提档奖补办法，提质新时空等综合楼宇3栋以上。依托区国资平台补齐外向型经济短板，成立区属外贸公司，实现外贸进出口总额增长15%以上。全力促集聚。精心制定五一商圈发展规划、招商规划，提质建设黄兴南路文旅商务区，黄兴南路步行街建成全国一流、中部领先的示范街区、现代街区、精美街区。推动天城商业广场、五江国际商业广场开业运营，加快推进龙湖天街、九峰村和披塘村有机更新项目建设，加快释放沿新开铺路两厢闲置土地资源，重点做好黑石路、丽江路与新开铺路交会节点商圈打造，促推湘府消费中心初具规模。提质汽车6S街区，推动友阿奥特莱斯、中海环宇城、鑫悦汇等各大卖场物理连接，全面提质扩容长株潭商圈。全力强支撑。紧盯总部企业、头部企业、高精尖项目、产业链关键项目做文章，强化领航企业培育，扎实推进“个转企、小升规、规转股、股上市”，新增“四上”企业100家以上，上市后备企业12家以上、高新技术企业100家以上。支持区属国有企业做大做强，以更强实力赋能产业发展。

（四）着力创建“五好”园区。坚持高端定位、绿色发展、产城融合、创新驱动，更大力度、更实举措建好发展主阵地。增强发展承载力。加快推进园区“腾笼换鸟”，最大限度盘活存量闲置楼宇和厂房资源，全年实现技工贸收入600亿元，亩均产值达450万元，数字经济规模达280亿元、同比增长40%以上。争取省、市出台绿心地区发展建设专项政策。推动园区调区扩区，完成环岭路、精英路等5条道路建设。提升产业竞争力。高水平建设湖南大数据交易中心，打造全省数字经济发展支撑性平台。加快“天心数谷”起步区、软件产业园二期、人才公寓等项目建设。聚焦大数据、地理信息、软件、文化广告、人力资源服务等主特产业，招引企业1000家、纳入市对园区绩效考核优质项目100个以上。释放改革驱动力。深化“小管委会、大公司”改革，推动天心经开区向都市型高新数字产业园区发展，开展相对集中行政许可试点，建设智慧园区。

（五）着力改善人居环境。落实“五区”[18]建设要求，坚持“四精五有”标准，提升品质品位。全面加大城市更新力度。加快存量闲置土地资源盘活，建立全区存量闲置土地用地权属、规划指标基础数据库，完成新开铺、黑石铺、先锋、南托四个试点街道存量闲置土地的开发研究。大力推进下碧湘街片区城市更新，全面启动狮子山、“天心数谷”等第二批5个片区城市更新，推动形成一片一特、百花齐放的片区更新天心样本。全面优化城市功能品质。提质改造木材厂宿舍、长铸宿舍等老旧小区104个，完成棚户区改造650户，改造危房7.2万平方米。加快招月路、南四线西延线等5条城区道路建设，完成芙蓉路、新姚路等11个市政提质改造项目，打造一批街角花园、街头绿地，新增绿化面积20公顷，争创国家生态园林城市。全面提升城市管理水平。制定完善城市管理标准体系，持续开展建筑立面、广告招牌、违停违建等专项整治，提质整治街巷126条。高标准推动“一江两岸”三期及贺龙体育广场周边、芙蓉南路沿线等重点地段亮化建设。开展最美系列创建评比，评选最美道路10条、最美街巷20条、最美小区30个。提标公厕“厕位”建设管理，提升生活垃圾分类质量。加快完成丁家垅段环境综合整治和龙潭湾城中村改造，全面提升铁路沿线人居环境。

（六）着力提速智慧建设。强化数字赋能城市发展，让城市更聪明更智慧。建设智慧城区。启动城市运营指挥中心、大数据中枢能力融合平台、感知分析超融合平台建设，推动政府信息化系统全面接入。成立天心智慧城市运营公司，加快推动智慧停车、智慧文旅、智慧教育、智慧医疗、智慧养老等应用场景落地，打造一批具有示范意义的新型智慧街区、智慧小区。壮大智慧产业。进一步壮大地理信息产业园、人工智能产业园、软件产业园，推动大数据（地理信息）产业链延链补链强链，加快中国电信天翼云中南数字产业园、CZJW智能机器人等龙头项目建设，引进数字相关企业800家以上，数字经济核心产业增加值增长25%以上。打造智慧政务。完善24小时自助服务厅智慧化建设，优化配置政务大厅智能化设备，推行“码上办”服务模式，实现线上线下“一码通办”。构建数据可视化决策分析平台，塑造天心政务服务品牌。以智慧政务建设助推营商环境持续优化，推动政务服务网上可办率达100%，新增市场主体1.3万户以上。

（七）着力深化“爱心天心”。拓展“爱心天心”的内涵和深度，持续增进民生福祉。健全多层次社会保障。全面落实民生实事工程。坚决打击欺诈骗保违法行为，落实大病保险、“两病”等医保政策。扎实推进爱心帮扶工程，结对帮扶困难群众1000户以上。完善养老服务设施布局，打造“天颐”养老服务品牌，新增养老服务床位200张。加快天心佳苑、天悦和苑二期安置房建设，提供廉租房、公租房等保障房800套，加装既有多层住宅电梯100台。提供高质量公共服务。开展充分就业社区（村）建设行动，新增城镇就业约1.1万人。全面落实“双减”政策，加快长沙市一中城南中学、石碑中学等15所中小学幼儿园建设，新增学位10600个，创建全国学前教育普及普惠区、义务教育优质均衡发展区。迁建改造裕南街、文源社区卫生服务中心，引进一批中高级职称、紧缺型医护人员，新增老年人家庭医生签约3000人。实施全方位生态保护。严格落实点长制、河长制、林长制，深入实施打赢蓝天保卫战新三年行动计划，扎实开展碧水、净土、静音攻坚行动，按期按质完成中央、省级环保督察和“回头看”反馈问题整改，持续开展长江“十年禁渔”、湘江协同治理、违法图斑整治等工作，有序推进噪声控制示范区建设，确保空气质量优良率83%以上，国省控断面水质优良率保持100%。

（八）着力抓实乡村振兴。推进全面脱贫与乡村振兴有效衔接，让农业更强、农村更美、农民更富。完善监测帮扶机制。严格落实“四个不摘”，持续跟踪脱贫户、边缘户收入变化和“两不愁三保障”巩固情况，坚决防止返贫。全力做好对口帮扶，推动实现共同富裕。加快发展乡村产业。突出产业振兴，深化社会资本合作对接，争取落地一批大项目、好项目。探索“农业+文旅”“农业+科创”“农业+教育体验”发展模式，打造湘江南路和官桥湖沿线乡村振兴示范带，力争全区80%的集体经济组织收入突破50万元。推进美丽乡村建设。加快编制村庄规划。加大农村基础设施投入，修复建设灌溉排渍渠道，提质乡村道路20千米。持续开展美丽宜居村庄建设，推动美丽单元创建评选。健全村民自治机制、科学决策机制，让农民群众共建共享乡风文明。

（九）着力繁荣文化事业。涵养城市文化底蕴，共建城市文化家园，提升城市厚度和高度。擦亮历史文化名片。深挖历史文化资源，以妙高峰—三泰街2.8千米历史步道为纽带，将天心阁、太平街、西文庙坪、妙高峰等串珠成链，更好地呈现历史风貌特色区底色。全力服务好贾谊故居二期改扩建，做精做实天心历史文化资源库，创新呈现形式，浓厚文化氛围。推进文旅融合发展。成立文旅发展智库，编制区文旅发展规划和三年行动计划，出台文旅产业引导和扶持政策，以区文旅联盟为主体融入长株潭文旅合作框架，南北联动、精心推介以历史文化、红色文化、创意文化、都市文化和乡村休闲为主题的旅游线路，构建天心文旅新格局。增强公共文化供给。发挥驻区文化场馆的资源优势，开展高雅艺术演出、群众文化活动，擦亮“好戏天天演”“欢乐星城”等品牌，重振“戏窝子”。推进区级文体阵地建设，提升群众文艺团队水平，开展文化惠民活动25场，投放全民健身体育设施60处。共建乡村小广场、小书屋、小讲堂，打通农村公共文化服务“最后一公里”。绘制公共文化服务地图，建设文旅智慧导览系统，拍摄一批非物质文化遗产影像资料，打造一批文化艺术精品。深入实施新时代文明实践工程，讲好天心故事，传播天心声音。

（十）着力夯实基层基础。重视基层、打牢基础、固本强基。创新基层社会治理。统筹基层工作力量，实施社区工作者增能计划。聚焦党建引领、联动治理、法治建设、人文关怀、智慧服务“五进”小区，建立健全“接诉即办”“吹哨报到”机制，推进老旧小区引入物业服务，提升小区治理能力和水平。健全完善“三调”联动[19]机制，扎实开展“领导接访下访推动矛盾化解”攻坚行动，“三零”社区（村）比例提升10%。守牢疫情防控底线。毫不松懈抓好常态化疫情防控，压实“四方”责任，落实“四早”要求，持续开展全员新冠疫苗接种，构建免疫屏障，坚持外防输入、内防反弹、人物同防，实现闭环管理，防止疫情反弹。维护安全稳定大局。持续深入开展消防、道路交通、仓储物流、电动车等重点领域隐患排查治理，坚决杜绝较大以上事故。加强食品药品安全监管，持续推动国家食品安全示范城市创建。深化平安建设，健全扫黑除恶长效机制，持续打好禁毒和反电诈人民战争。统筹做好国防动员、退役军人、民族宗教、机关事务管理、双拥、群团等工作。

全面加强政府治理能力现代化建设

各位代表！朝受命夕饮冰，昼无为夜难寐。完成目标任务，办好天心的事，先要自身硬、关键在行动。新一届政府将全面推进治理体系和治理能力现代化，实现有为政府和有效市场更好结合。

旗帜鲜明讲政治。把增强“四个意识”、坚定“四个自信”、坚决做到“两个维护”贯彻落实到政府工作全过程、各方面。立足“两个大局”，心怀“国之大者”，把握政府定位、树牢工作本位、明晰努力方位，提高政治“三力”，确保中央、省、市和区委决策部署不折不扣落地、高质高效推进。

坚定不移行法治。坚持以法治定规矩、划界限、促治理，巩固深化省级法治政府建设示范区创建成果。严格履行重大行政决策程序，促进严格规范公正文明执法，深化政务公开，依法加强知识产权保护，让法治阳光洒满天心大地。依法接受区人大及其常委会工作监督，自觉接受区政协民主监督，主动接受社会和舆论监督。

争先创优强担当。抬高坐标，发扬“三牛”精神，跳起来摘桃子，谋跨越、争第一。担当责任，以天心之大局定位自己，以事业之成就支撑自己，勇挑最重担子、敢啃最硬骨头，不避遗留问题，不求功成在我。注重实干，不为困难找借口，只为落实想办法，增强思想的敏锐性、工作的前瞻性、落实的穿透性。

持之以恒正作风。把严的主基调长期坚持下去，深入推进党风廉政建设，持续整治形式主义、官僚主义，建设清廉政府。正心明道、怀德自重，为大公、守大义、求大我，一心为公、一身正气、一尘不染。涵养“四面云山皆入眼，万家烟火总关心”的为民情怀，以政府的服务指数换取人民的幸福指数。

各位代表！人民赋予重托，奋斗创造未来！让我们更加紧密地团结在以习近平同志为核心的党中央周围，在市委、市政府和区委的坚强领导下，满怀对党的忠诚热爱、对全区人民的炽热情怀、对天心发展的崇高责任，全力投身“智慧天心、融城核心”建设事业，为全面建设现代化新天心不懈奋斗！

名词解释：

1. 三类500强：世界财富500强、中国企业500强和民营企业500强。

2. “两轴、三片区、绿网、三视廊”：滨江景观轴、绕城线景观轴；历史街区片、新城开发片、生态近郊片；天心公园—雕塑公园—杜甫江阁、京广铁路绿带—南郊公园—滨江景观带、绕城线绿带—滨江公园—滨江景观带。

3. “一日一制一景三中心”：区长企业接待日，区领导联系走访服务企业制度，应用场景推广，企业服务中心、园企产销对接服务中心、夜间经济服务中心。

4. “三高四新”：着力打造国家重要先进制造业、具有核心竞争力的科技创新、内陆地区改革开放的高地，在推动高质量发展上闯出新路子，在构建新发展格局中展现新作为，在推动中部地区崛起和长江经济带发展中彰显新担当，奋力谱写新时代坚持和发展中国特色社会主义的湖南新篇章。

5. 三个“三年行动计划”：《长沙市天心区全力打造国家重要先进制造业高地——数字经济三年行动计划(2021—2023年)》《长沙市天心区全力打造具有核心竞争力的科技创新高地三年行动计划(2021—2023年)》《长沙市天心区全力打造内陆地区改革开放高地三年行动计划(2021—2023年)》。

6. “两安”用地：用于安置被征地农民的生活、生产用地。

7. “十同”：规划同图、设施同网、三市同城、市场同治、产业同兴、生态同建、创新同为、开放同步、平台同体、服务同享。

8. “四上”：规模以上工业企业、资质等级建筑业企业、限额以上批零住餐企业、国家重点服务业企业等这四类规模以上企业的统称。

9. “五纵五横”：五纵为花侯路、车站路—开福大道、芙蓉路、湘江大道、金星路—梅溪湖路—麓谷大道，五横为岳麓大道—三一大道、五一路—枫林路(含八一路、韭菜园路)、湘府路、长沙大道、晚报大道—营盘路—咸嘉湖路。

10. “双减”：有效减轻义务教育阶段学生过重作业负担和校外培训负担。

11. “一军三区”：争当实施“三高四新”战略主力军，打造长株潭融城先行区、城市风貌特色区、生态宜居示范区。

12. “三轴三片六组团”：湘江路、芙蓉路、书院路发展轴，长沙外滩片区、省府片区、暮云片区，五一商圈组团、长株潭商圈组团、新开铺黑石铺组团、经开区组团、牛角塘组团、解放垸南托垸组团。

13. “五好”园区：规划定位好、创新平台好、产业项目好、体制机制好、发展形象好。

14. “一圈、一轴、四中心、多节点”：新开铺商圈，新开铺路经济轴，天城商业广场、长沙机床厂地块、五江国际商业广场、龙湖天街，商务楼宇、小型商业和社区商业项目。

15. “三区三线”：城镇空间、农业空间、生态空间，城镇开发边界、永久基本农田保护红线、生态保护红线。

16. “四精五有”：精准规划、精美建设、精致管理、精明增长；有颜值、有气质、有内涵、有格调、有品位。

17. 三零：居民零上访、安全零事故、治安零发案。

18. “五区”建设：做大城区、做强园区、做优片区、做实县区、做靓社区(村)。

19. “三调”联动：人民调解、司法调解、行政调解有机结合。

长沙市天心区人大常务委员会工作报告

——在长沙市天心区第六届人民代表大会第一次会议上

区五届人大常委会主任　于　献

（2021年10月24日）

五年工作回顾

五年来，在区委坚强领导下，区五届人大常委会坚持以习近平新时代中国特色社会主义思想为指导，学习贯彻党的十九大和十九届二中、三中、四中、五中全会精神，始终坚持党的领导、人民当家作主、依法治国有机统一，紧扣中心，依法履职，共召开人民代表大会7次、常委会会议39次、主任会议141次，作出决议决定28项，任免国家机关工作人员441人次，听取审议专项工作报告140个，发出审议意见函30件，对9部法律实施情况开展了检查监督，较好完成了本届的各项工作任务。

一、坚持融入大局、服务大局，制度优势更加彰显

自觉把党的领导贯穿人大工作各方面全过程，充分发挥人民代表大会制度的根本政治制度作用，把握“四个善于”[1]要求，服务好全区中心大局。

1. 围绕区委决策部署，担当作为履职尽责。提高政治站位。深入贯彻习近平总书记关于坚持和完善人民代表大会制度的重要思想，严格落实意识形态工作责任，增强“四个意识”[2]，坚定“四个自信”[3]，做到“两个维护”[4]。规范人事任免。坚持党管干部与人大依法选举任免相统一，完善任前法律考试、见面陈词、审议表决、颁发任命书、向宪法宣誓等程序，增强了任职人员宪法意识、责任意识和公仆意识；做好代表补选工作，严格程序，依法推进，补选市区人大代表51名。服务深化改革。落实重大改革部署，助推了全区机构改革、监察体制改革、法检“两院”员额制改革等顺利完成；根据区委点题，围绕提质繁荣“五一商圈”，深入调研，积极建言，促进商圈消费聚集和升级。

2. 围绕经济社会发展，讨论决定重大事项。严格执行重大事项、重要问题向区委请示报告制度，确保区委主张通过法定程序成为全区人民共同意志。关注国民经济和社会发展主要指标完成情况，开展“十三五”规划中期评估，依法提请大会批准年度区国民经济社会发展计划、“十四五”规划纲要。抓好重大项目完成情况和计划的审查监督，适时作出增减项目的决定，保障项目铺排的科学性、合理性。审查批准财政决算、预算调整方案，支持区政府精准施策，提高财政资金使用效益。作出开展“依法行政天心行”活动和加强司法建议、检察建议工作的决议，监督推进“法治天心”建设。

3. 围绕全区重点工作，努力贡献人大力量。自觉服务发展大局。树立“一盘棋”思想，始终做到人大工作与全区工作协调推进，常委会班子成员和人大干部响应号召、沉下身子、主动作为，在项目建设、征收拆迁、信访维稳、防汛抗旱、文明创建、安全生产、夜间经济、网格管理等方面发挥了积极作用。支持打赢“三大攻坚战”[5]。推动防范化解重大风险，落实中央《关于加强地方人大对政府债务审查监督的意见》，主任会议每年听取审议防控化解政府债务风险工作报告，督促区政府规范资金管理、有效化解债务、确保不发生系统性风险；推动精准脱贫，组织赴通道县、龙山洛塔乡等开展对口帮扶，连续13年支持安化天心小学建设，开展“爱

心天心·天天一元捐”活动；推动污染防治，常委会每年听取审议环境状况和环境保护目标完成情况报告，开展了环境保护法、大气污染防治法执法检查。全力参与疫情防控阻击战。落实疫情防控部署，深入社区、企业，协助做好各项防控措施；倡议发动全区各级人大代表、人大工作者支持参与疫情防控和复工复产，捐赠医用口罩22万多个、资金300余万元。积极促进营商环境优化。常委会听取审议了区政府优化营商环境工作报告，推进构建更加公平、法治、规范、透明、可预期的营商环境；常委会班子成员带队走访联点企业123次，帮助解决各类困难和问题155个。

4. 围绕换届工作要求，完成代表选举任务。根据省人大常委会的决定，压实人大换届选举工作组织责任。坚持党的全面领导。提请区委通过了常委会党组关于做好区人大换届选举有关工作的意见、区人大换届选举工作实施方案、区选举委员会组成人员；协助区委组织部门抓好了代表资源摸底、部门联审、组织考察、提名推荐等工作，严把代表“入口关”。坚持充分发扬民主。开展了换届选举集中宣传日活动，发出“致全区选民的一封信”，刊发新闻信息40多条，做到层层宣传动员，保障选民群众的知情权监督权。坚持严格依法办事。依照法律规定，加强指导，周密组织，规范选区划分、选民登记、推荐代表候选人、正式候选人与选民见面、投票选举等各环节工作，依法直接选举区六届人大代表243名，按法定程序确认后向社会公布，确保了人大代表换届选举工作依法有序、选民满意。

二、坚持正确监督、有效监督，职能作用充分发挥

践行以人民为中心的发展思想，努力肩负起宪法法律赋予的各项职责，突出监督实效，保证法律法规的正确实施，不断增强人民群众幸福感获得感。

1. 聚焦群众关切，突出民生领域监督。助推民生发展。常委会听取审议了区政府科技创新、金融产业、教育发展规划、文化旅游体育、公共卫生体系建设等工作报告，回应人民群众对美好生活的需要。助推民生保障。常委会听取审议了养老服务、困难群众救助、人力资源和社会保障等工作报告，督促区政府加强社会保障服务体系建设、兜牢民生底线；主任会议每年检查消防、防洪防汛排涝情况，督促做好相关应对准备工作。助推民生改善。常委会听取审议了房屋征收、物业管理等工作报告，推动区政府及其职能部门改进机制措施、解决热点难点问题；主任会议听取审议了人防、民族宗教、乡村振兴、妇女权益保护、社区提质提档、公共工程建设、农村环境综合整治等工作报告，促进提升民生工作水平。助推民生实事。有效发挥人民代表大会民主主渠道作用，全市率先开展民生实事项目人大代表票决制工作，提请区委出台专门意见，经过“群众提、代表议、大会决、政府办”等程序，实施了新增学位、老旧小区改造、农村安全饮水等20项民生实事项目，获得一致好评。

2. 着眼关键环节，加强财经工作监督。突出财政预算审查监督。落实中央《关于人大预算审查监督重点向支出预算和政策拓展的指导意见》，对政府预算实施一般公共预算、政府性基金预算、国有资本经营预算、社会保险基金预算全口径审查，做到预算编制、执行、调整、决算等全过程监管，引导公共财政资金更多地投向民生领域，更好地支持供给侧结构性改革；推进预算公开，广泛邀请人大代表参加预算审查工作，增强预算透明度。抓好国有资产管理监督。提请区委出台《关于建立区人民政府向区人大常委会报告国有资产管理情况制度的意见》，常委会听取审议全区国有资产管理情况报告，督促区政府摸清国有资产家底、提高经营效益、实现保值增值。深化审计查出问题监督。贯彻区委《关于建立和完善审计查出问题整改情况向区人大常委会报告机制的意见》，加强对审计工作的监督与支持，推动健全问题线索移送、整改工作测评等机制，每年对审计查出问题单位的整改情况进行满意度测评，促使96个问题整改到位。

3. 规范权力运行，抓好法律实施监督。加强执法检查。贯彻全面依法治国基本方略，着力发挥执法检查“法律巡视”的监督利剑作用，对土地管理法、义务教育法、传染病防治法等法律执行情况开展了检查，保障法律在辖区内的正确实施。推动依法行政。以“依法行政天心行”活动为载体，坚持一年一个监督主题，采取现场检查、案卷评查、专家评议和听取报告等方式，对行政执法、行政复议、行政公益诉讼、公共法律服务体系建设等工作进行了监督。促进职能转变。加强对机构改革后新设职能部门的监督，常委会听取审议了人居环境、应急

管理、行政审批服务、退役军人事务等工作报告，督促区政府及其职能部门理顺机制、明确职责、规范运行。规范备案审查。落实“有件必备、有备必审”原则，坚持合法性、合理性两条标准，不断改进规范性文件备案审查工作，备案审查了区政府规范性文件29件。

4. 促进公平正义，深化司法工作监督。紧盯司法公正。深入开展“司法公正天心行”活动，从群众关心、社会关注的司法工作入手，突出对区法院民事执行、刑事审判，区检察院侦查监督、民事行政检察，区公安分局扫黑除恶、基层基础建设等工作的监督，促进提升司法能力水平。关注司法改革。围绕“让人民群众在每一个司法案件中感受到公平正义”目标，主任会议听取审议区法院、区检察院、区公安分局关于司法责任制改革、刑事案件认罪认罚从宽制度执行等工作报告，督促各政法机关健全监督制约机制，规范司法权力运行，完善综合配套改革。规范信访工作。依法开展人大信访工作，接待来访群众357人次，转办各类信访件42件，协调妥善处理涉法涉诉问题，维护和谐稳定。

三、坚持来自人民、植根人民，主体地位不断增强

树牢宗旨意识，贯彻群众路线，尊重人民主体地位，加强代表工作，支持和保证人民通过人民代表大会行使权力。

1. 强机制，畅通代表参与渠道。健全联系机制。深化常委会联系代表、代表联系选民的“双联”工作，坚持开展“代表走访月”活动，实现走访代表的经常性和定期化；执行代表向选民述职制度，组织240余名市区人大代表向选举单位和原选区报告履职情况，开展现场评议、接受选民监督；落实代表接待日制度，各级代表广泛联系选民，收集各类意见建议1200余条，逐一交办、监督落实，做到了民有所呼、我有所应。健全参与机制。有序扩大代表政治参与，每年组织代表听取审议“一府两院”半年度工作情况通报，有计划邀请代表列席常委会、主任会议、执法检查、会前调研等。健全活动机制。按照每季度至少组织一次代表活动的规定，各人大街道工委围绕深化改革、复工复产、项目建设、垃圾分类、节能减排、老旧小区改造等主题，组织各类代表视察、调研活动300多次，鼓励代表立足实际、建言献策、推动发展。

2. 强保障，提升代表履职水平。完善履职平台。致力于接通联系人民群众的“最后一公里”，建成街道“五星级”代表联络站[6]14个，代表联络点22个，代表履职平台更加坚实，得到省市人大的高度评价，兄弟区县人大多次来区学习观摩；落实代表活动经费管理使用办法，保障代表依法履职。加强学习培训。建立健全代表培训机制，以党的理论、人大制度、法律法规等为主要内容，采取座谈交流、学习考察、专题培训班等形式，累计培训1000余人次。鼓励创先争优。开展“两争一创”[7]主题活动，先后表彰了代表91名、人大工作者40名，评出了优秀议案6件、建议148件，创建了“五星级”示范代表联络站6个；各人大街道工委主动作为，创新实施的“三访三回三化”[8]“五个一”[9]工作机制和代表进网格、代表讲坛、代表议事会等特色做法，得到省市主流媒体广泛推介。

3. 强督办，保证代表建议实效。规范办理程序。坚持大会集中交办、常委会领导重点督办、人大各委室具体督办等工作机制，加大议案建议督办力度；通过网络、公示栏、办理见面会等方式，促进议案建议办理过程公开，提升办理水平。注重办理考评。建立议案建议办理考评机制，采取听取审议办理情况报告和量化打分、分类排名等措施，落实承办单位的办理责任，推动办理质量不断提高。强化办理效果。五年来，共提出大会议案6件，代表建议555件，办复率、代表见面率均达100%，代表满意率每年都在95%以上；其中，《关于促进我区人力资源产业发展和繁荣的议案》《关于加强规划、提质五一商圈的议案》《进一步繁荣发展天心区夜间经济的议案》等，区委高度重视，区政府科学制定计划，优化办理措施，更好地转化了代表履职成果。

四、坚持主动担当、实干担当，自身建设更具活力

对标新时代党对人大工作的新要求，重实干，讲担当，驰而不息加强常委会自身建设，提高做好人大工作的能力水平。

1. 严抓党建，确保政治合格。深化学习教育。根据中央统一部署和省市区委安排，深入开展“不忘初心、牢记使命”主题教育和“学党史、悟思想、办实事、开新局”党史学习教育，推进“两学一做”[10]

学习教育常态化、制度化，通过认真检视问题、剖析整改，坚定了人大干部的政治立场和理想信念。加强组织建设。全面加强常委会党组及机关党支部建设，充分发挥人大机关广大党员的先锋模范作用和基层党组织的战斗堡垒作用，扎实开展“三会一课”[11]和主题党日活动，组织机关干部赴毛泽东故居、平江起义纪念馆等红色圣地参观学习，接受革命精神洗礼，树牢宗旨意识，成功创建了“五化”党支部[12]。守住廉洁底线。及时传达学习中央和省市区委有关作风纪律要求，加强廉政教育；严格落实党风廉政建设要求，抓好省委巡视和区委巡察整改；完善机关财务制度，严控“三公”经费；深入开展廉政谈话，时刻绷紧纪律之弦，筑牢防腐拒变的思想防线。

2. 常抓学习，提升能力素质。建设学习机关。开展了“宪法学习100天”“人大知识学习100天”“民法典学习100天”等学习活动，引导人大代表、人大工作者积极参与，提升学习实效；坚持常委会会前学法制度，组织学习宪法、组织法、监督法等法律法规，增强依法履职能力；注重业务知识学习，邀请专家讲授人大宣传、办文办会等课程，提升工作水平。开展调查研究。增强工作互动，赴浙江等地调研考察，汲取经验，撰写了禁毒、扫黑除恶、大数据产业发展等调研报告11篇，为区委决策提供参考。加强工作宣传。用好人大网站、微信公众号等平台，传播人大声音，讲好人大故事，发布新闻稿件1000余条，在《人民之友》《长沙人大》等发表文章18篇。

3. 狠抓基础，凝聚工作合力。健全组织体系。落实机构改革要求，及时增开人民代表大会，完善大会7个专门委员会设置，为人大工作提供了组织保障。加强制度建设。制定完善了区人民代表大会议事规则、关于加强和改进区人大代表工作的具体措施等制度32项，编制了《天心区人大及其常委会制度汇编》，明确基本规则和工作流程，促进人大工作依法有序高效运行，确保法定职权的正确行使。规范基层工作。注重发挥常委会工作机构作用，建立人大街道工委例会和向常委会报告工作机制，加强对街道人大工作的领导；通过月访、季评、年考核等方式，督促人大街道工委开展代表补选、联系选民、调研视察等活动，压实工作责任，形成了全区人大工作的强大合力。创建文明机关。重视人大机关精神文明建设，人大干部定期深入联点社区，践行志愿服务理念，展示文明形象，成功创建了“省级文明单位”；精心打造以宪法法律为主题的法制文化长廊，组织开展区人大系统气排球赛、“献礼百年华诞、健康工作50年”健步走等活动，营造了良好氛围。

五年的实践与探索，我们深刻认识和体会到，做好新时代人大工作：必须始终坚持党的全面领导。这是我们事业成功的根本保证，只有在思想上政治上行动上同以习近平同志为核心的党中央保持高度一致，坚决贯彻落实中央和省市区委决策部署，自觉把党的领导贯穿履职全过程，才能确保人大工作的正确方向。必须始终坚持民主集中制。这是人民代表大会的组织原则，对于常委会的重要工作、监督议题，要在广泛听取和吸纳各方意见基础上，依照法定程序、通过会议形式表决决定，做到既充分发扬民主，又集体行使职权，使人大作出的各项决议决定切合实际、体现民意。必须始终坚持严格依法履职。这是全面推进依法治国的基本要求，常委会要带头尊崇法律、执行法律、维护法律，依法监督促进行政权、审判权、检察权的正确运行，努力做地方民主法治建设的践行者、推动者。必须始终坚持以人民为中心。这是人大工作的根本立场，民生无小事，常委会要把维护好、发展好、实现好人民群众切身利益作为人大工作的出发点和落脚点，真心听民意、代民言，推动群众最关心、最直接、最现实的问题解决。必须始终坚持代表主体地位。这是人大工作的基础，常委会要把加强和改进代表工作摆在重要位置，完善代表联系群众机制，增强代表履职意识，提高代表履职能力，发挥代表优势作用，使人大工作永远保持蓬勃生机。必须始终坚持抓好自身建设。这是做好人大工作的重要前提，常委会要主动适应新形势新任务，准确把握人大工作规律，不断加强思想作风、履职能力、干部队伍、基层基础等建设，为人大工作再上新台阶提供支撑、注入活力、赋予动能。

过去五年，区五届人大常委会所取得的成绩，是在区委坚强领导下，常委会组成人员、全区人大代表和全体人大工作者恪尽职守、共同努力的结果，是“一府一委两院”密切配合、团结协作的结果，也是全区人民、社会各界充分信任、大力支持的结果。在此，我谨代表区五届人大常委会，向一直以来关心、支持人大工作的各位领导、各位代表和同志们表示衷心的感谢，并致以崇高的敬意！

同时，我们也清醒地认识到，常委会的工作还有一些薄弱环节：法定监督方式运用不够充分，监督实效有待进一步提升；常委会组成人员、各专委会委员、人大代表作用有待进一步发挥等。这些，都亟待我们在今后工作中不断探索创新、努力加以解决。

今后五年及2022年工作建议

各位代表，区第六次党代会擘画了未来五年天心经济社会发展的新蓝图。如何紧扣“三高四新”[13]战略和“一军三区”[14]定位，发挥人大优势，服务中心大局，是人大工作面临的新课题。建议今后五年：新一届区人大及其常委会在区委正确领导下，深入学习习近平法治思想，全面贯彻习近平总书记关于坚持和完善人民代表大会制度的重要思想，领会落实中央和省委、市委人大工作会议精神，紧紧围绕区第六次党代会确立的目标任务，坚持党的领导、人民当家做主、依法治国有机统一，依法履职，担当作为，为加快建设“智慧天心、融城核心”贡献力量！

2022 年是新一届区人大及其常委会履职的起步之年，建议要重点做好以下工作：

一、进一步突出政治机关属性，树牢四个意识

人大是党领导下的政治机关、保证人民当家做主的国家权力机关，要努力在增强“四个意识”，坚定“四个自信”，做到“两个维护”上当示范作表率。政治站位要更高。要扎实学习党的创新理论，不断提高政治判断力、政治领悟力、政治执行力，强化做好新时代人大工作的思想自觉、行动自觉，切实把人大工作放在中央和省市区委工作全局中来考虑谋划，统筹安排决议决定、人事任免、监督议题、代表工作等各项任务。政治责任要更实。常委会党组要将党的政治建设摆在首要位置，认真履行“把方向、管大局、保落实”的政治责任，严格执行重大问题、重大事项向区委请示报告制度，确保人大工作在党的领导下依法有序推进。政治纪律要更严。要牢固树立纪律意识、规矩意识，坚决按照区委决策要求履行职责，善于把制度优势转化为治理效能，保障党的政策主张和组织人事意图通过法定程序贯彻落实。

二、进一步把握工作机关定位，增强监督实效

要全面肩负起宪法法律赋予的各项职责，坚持寓支持于监督之中，把握针对性和实效性要求，加强对“一府一委两院”的监督。依法讨论决定重大事项。围绕区委重大部署、涉及全区工作大局和人民群众切身利益的重大事项，深入调研、认真审议、依法决定，促进提升公共决策的法治化、民主化、科学化水平。助力经济高质量发展。听取审议年度计划预算执行、重点工程实施、国有资产管理、财政支出绩效、招商引资等工作报告，持续跟进审计查出问题整改落实情况。关注群众急难愁盼问题。重视民生监督，督促政府落实教育“双减”、学校建设、防汛抗旱、残疾人保护等方面的工作职责，完成大会票决的民生实事项目，增强人民群众获得感。聚焦城乡统筹发展。坚持问题导向，加强对乡村振兴、自然资源与规划等工作监督。推动“法治天心”建设。开展法律法规实施情况检查，做好规范性文件备案审查工作，指导完成人民陪审员换届选任，监督促进法治政府建设，听取审议“八五”普法、执法规范化等工作报告，让行政权、司法权始终在法治轨道上运行。不断拓展监督措施。继续开展“七行”[15]等监督活动，探索专题询问、特定问题调查、满意度测评等方式的实践运用，协同建立长株潭绿心区域县级人大工作联系机制。

三、进一步发挥代表机关作用，密切联系群众

要深入践行以人民为中心的发展思想，深刻领会全过程民主的本质要求，建设同人民群众保持密切联系的代表机关。夯实代表履职阵地。把代表联络站点作为接地气、察民情、聚民智、惠民生的重要平台，进一步完善机制、创新形式、规范运行，为常委会组成人员联系代表、代表联系选民、选民表达意见创造更好条件。强化代表履职保障。加强学习培训，提升代表政治素养和履职能力；健全代表激励、评价机制，组织表彰评优、向选民述职，完善代表履职情况登记、通报等，促进代表积极履职。拓宽代表履职途径。扩大代表有序政治参与，通过组织代表活动、邀请列席常委会会议以及参加调研视察、执法检查、代表接待日、半年度工作通

报等多种方式，保障代表知情权监督权，引导代表积极建言、为民代言。用好代表履职成果。切实规范代表议案建议的提出、交办、办理、督办、考评等程序，改进建议质量，提高办结率和满意度。

我们相信，在习近平新时代中国特色社会主义思想指导下，在中共天心区委坚强领导下，新一届人大及其常委会一定能够不辱使命、不负重托，毫不动摇坚持、与时俱进完善人民代表大会制度，奋力开创新时代人大工作新局面。

各位代表，立足于“两个一百年”奋斗目标的历史交汇期，让我们更加紧密团结在以习近平同志为核心的党中央周围，同心同德，凝心聚力，务实进取，为建设以“三高四新”战略为引领的现代化新长沙、打造“智慧天心、融城核心”不懈努力！

名词解释

1.“四个善于”：善于使党的主张通过法定程序成为国家意志，善于使党组织推荐的人选通过法定程序成为国家政权机关的领导人员，善于通过国家政权机关实施党对国家和社会的领导，善于运用民主集中制原则维护中央权威、维护全党全国团结统一。

2.“四个意识”：政治意识、大局意识、核心意识、看齐意识。

3.“四个自信”：坚持中国特色社会主义的道路自信、理论自信、制度自信、文化自信。

4.“两个维护”：坚决维护习近平总书记在党中央、全党的核心地位，坚决维护党中央权威和集中统一领导。

5.“三大攻坚战”：防范化解重大风险、精准脱贫、污染防治。

6.“‘五星级’代表联络站”：①硬件建设“五有”：有固定场所，有统一标牌，有必要设施，有学习资料，有代表征求意见箱。②接受监督“五公开”：公开代表信息、公开工作制度、公开年度计划、公开联系选民群众名单、公开履职情况。③组织管理“五到位”：代表驻站（点）到位，人员配备到位，服务保障到位，台账管理到位，经费保障到位。④活动组织“五定期”：定期学习交流，定期组织活动，定期接待群众，定期处理意见，定期述职评议。

7.“两争一创”：争当政治素质好、道德品行好、履职能力好、表率作用好、群众反映好的“五好”人大代表，争当优秀人大工作者，创建“五星级”示范代表联络站。

8.“三访三回三化”：访特困家庭、访社会贤达、访基层骨干，成为社情民意的“暖心站”；回归选区、回报社会、回应关切，成为服务辖区的“连心站”；软硬件建设规范化、活动形式多样化、实现效果最优化，成为履职表率的“尽心站”。

9.“五个一”：每日一接待、每周一活动、每月一接访、单月一议事、每季一学习。

10.“两学一做”：学党章党规、学系列讲话，做合格党员。

11.“三会一课”：支部党员大会、支部委员会、党小组会和党课。

12.“五化”党支部：支部设置标准化、组织生活正常化、管理服务精细化、工作制度体系化、阵地建设规范化。

13.“三高四新”：着力打造国家重要先进制造业高地、具有核心竞争力的科技创新高地、内陆地区改革开放高地；在推动高质量发展上闯出新路子，在构建新发展格局中展现新作为，在推动中部地区崛起和长江经济带发展中彰显新担当，奋力谱写新时代坚持和发展中国特色社会主义的湖南新篇章。

14.“一军三区”：争当“三高四新”战略主力军，打造“长株潭融城先行区、城市风貌特色区、生态宜居示范区”。

15.“七行”：依法行政天心行、司法公正天心行、民族团结进步行、全民健康天心行、三湘环保世纪行、农产品质量安全行、民生造福天心行。

政协长沙市天心区第五届委员会常务委员会工作报告

——在政协长沙市天心区第六届委员会第一次会议上

政协长沙市天心区第五届委员会党组书记、主席　夏艳兰

（2021年10月22日）

五届政协工作回顾

五年来，在区委的正确领导下，区政协以习近平新时代中国特色社会主义思想为指导，深入贯彻中共十九大和十九届二中、三中、四中、五中全会精神，准确把握习近平总书记关于加强和改进人民政协工作的重要思想，尽职尽责、开拓创新，政协工作呈现出积极向上、精彩纷呈的良好局面，为推进我区经济社会高质量发展作出了积极贡献。

一、坚守初心、坚定信念，思想政治基础更加坚实有力

五年来，区政协始终以加强政治建设为统领，切实担负起了把中共中央的决策部署和对人民政协的工作要求落实下去、把各方智慧和力量凝聚起来的政治责任。扎实开展“两学一做”学习教育、“不忘初心、牢记使命”主题教育、党史学习教育，努力提升政治判断力、政治领悟力和政治执行力。建立健全了党组理论中心组学习制度，先后围绕党中央创新理论开展专题学习40余次，进一步提升了党组的思想政治引领能力。将党的先进理论学习列为政协常委会议“第一议程”，精心指导委员组开展集中学习，不断提升了委员的思想认识、担当意识。组织委员中的中共党员到延安、韶山、红旗渠等地进行党性教育，开创性地举办了“发挥党员委员先锋模范作用”主题探讨、开展委员企业党建工作交流，引领党员委员以更高标准履责于行。主动联合民主党派、工商联开展调研、组织活动，定期召开会议听取各民主党派负责人的意见与建议，紧密团结党外人士为共同目标而奋斗。加强意识形态工作，重抓委员群体的思想统一和党的理论宣传，切实增强了政治定力、涵养了浩然正气。

二、紧扣中心、紧系发展，建言献策更加精准有质

五年来，区政协充分发挥人才库、智囊团的优势，围绕天心发展与社会治理建睿智之言、献务实之策。坚持“无调研不建言”的原则，从片区建设、民生福祉、产业发展、城市品质等各个层面开展调查研究，提交了36份全会协商建言材料、14份建言类大会发言、130份协商调研材料、390件政协提案、500多篇社情民意等建言成果，推动了相关政策的出台、相关举措的落地、相关工作的落实，有力促进了区域经济社会发展。区委、区政府也非常看重政协作用的发挥，经常邀请委员参加各类征求意见会，党政班子成员亲自领办重点提案、参与政协协商，区委主要领导多次给政协交课题、及时批示政协履职报告，形成了党委政府出题、政协调研、政府及职能部门认真落实建言成果的良性工作格局。

三、共担使命、共克时艰，服务大局更加主动有为

五年来，区政协始终保持与区委、区政府在步调上同频、行动上同步。围绕区委大力推进南部片区建设的发展战略，提交全国、省、市政协提案共5份，多次邀请市政协来区调研视察，两次在市政协全会的专题协商会上作重点发言，通过政协渠道为南部新城的发展赢得了更多的关注与支持。围绕我区优化营商环境这一工作重点，连续三年分别就“深化行政审批制度改革”“聚焦涉企行政执法”等主题开展民主评议和“回头看”。区政协班子成员联系服务区域内重点企业近百家，走访企业210余次，召开现场协调会20多次，帮助企业解决实际问题150多个，增强了企业的获得感。围绕全区的其他重点工作，区政协班子成员参与联系30多个重点项目，并引导广大政协委员在文明创建、招商引资、信访征拆、民生实事等工作中献计出力。绿心地区工业企业退出、防汛救灾、扫雪除冰等挑战面前都有委员活跃的身影，尤其是疫情防控大考之时，各个界别的委员纷纷挺身而出，坚守在防疫救治、基层防控、志愿服务第一线，并捐款捐物近500万元，在疫情防控人民战争中充分彰显了政协的责任与担当。

四、情植基层、情系群众，履职为民更加生动有效

五年来，区政协坚持以人民为中心履职尽责，切实做到了人民政协为人民。在14个街道、95个社区全面建设智慧委员工作站（室），市、区两级委员以线上值班、线下接待的形式零距离联系群众，收集社情民意信息800余条，组织相关利益群体协商对话240余场，调研视察100余次，有效解决民生问题190多个，政协委员成为了助推基层社会治理的一支重要力量。为了强化基层协商共识，就“推进基层民主协商工作”组织了常委会协商，并开展了“突出党建引领，做实居民自治”专题调研，为培育基层协商文化、浓厚基层协商氛围作出了积极的努力。始终心系群众，组织扶贫帮困活动113次，在区内外共结对帮扶困难群众300多户，捐款捐物7700多万元，资助贫困学生3000多人，解决就业2000多人，形成了关爱“燕离家庭”“认领微心愿、温暖身边人”等一批有影响力的委员组扶贫帮困品牌。委员们深度参与“爱心天心”工程，以“一户一策”开展“助力巩固脱贫成果帮扶行动”，实践探索城区扶贫新途径。同时，政协机关和广大委员积极参与龙山、通道、浏阳等地的脱贫攻坚，为易地扶贫贡献了政协力量。

五、筑牢基础、筑优队伍，自身建设更加长效有恒

五年来，区政协坚持提振精气神、传播正能量，打基础、带队伍，营造了积极向上的工作氛围。一是政协系统的工作更加规范。每年根据年度工作要点制定各类专项计划，并将年度工作任务铺排到每月、每周，各项工作都做到了有计划、有举措、有督促、有落实、有反馈，在规范性上有了很大突破。强化“一举多得”的工作意识，建立健全“清单式”日常管理机制和“项目化”重点工作机制，弘扬“马上就办、真抓实干”工作作风，完善机关办事制度和工作流程，政协工作在高效性上有了较大提升。二是两支队伍的状态更加昂扬。认真组织开展委员培训，推动委员横向纵向交流，搭建委员服务天心、展示才华的舞台，不断增强了委员对政协组织的认同感和归属感、奉献天心的使命感和责任感。在机关层面，做实做细交心谈话工作，建立传帮带的干部培养机制，搭建了“会前半小时”“青年干部学习日”等平台，政协干部服务大局的意识更浓、干事创业的劲头更足、积极履职的能力更强。

主要工作体会

回顾五年来的工作实践，我们的主要体会和经验是：

坚持党的领导是开展政协工作的根本。本届以来，我们自觉接受区委领导，严格执行向区委请示报告制度，及时将区委重要会议和重要文件精神传达到政协各个层面。政协班子成员3次逐一走访各街道党工委书记，强化了街道党工委加强对街道政协工作领导的共识。围绕民主集中制建设、贯彻落实中央八项规定精神、联系党外委员、全面从严治党等方面出台了系列制度，充分发挥了党组把方向、管大局、保落实的积极作用。区政协机关党支部注重突出政协特色抓实党建工作，持续开展“重走长征路、争做新贡献”主题活动，先后被评为区级先进基层党组织、市级示范化“五化”党支部。机关党员和党员委员发挥“关键少数”的作用，带领广大委员面向社会传播共识，汇聚起天心发展的强大力量。正是因为区政协始终坚持党的领导，在更高站位上谋事、想事、干事，才更好地融入了天心发展的新格局。

精准把握定位是展现履职作为的关键。本届以来，我们立足政协专门协商机构的定位，构建了全会协商、常委会会议协商、主席会议协商、专委会对口协商、提案办理协商、委员组专题协商、微协商等七种形式的全方位协商体系，把协商贯彻于政协履职全过程，有效发挥了凝共识、聚合力、促发展的积极作用。立足人民政协为人民的定位，我们带领广大委员围绕民生热点开展调研协商，围绕群众困难进行慰问帮扶，政协事业更加深入民心。立足区县政协“开门就是基层、出门就是群众”的特点，我们组织委员深入基层开展政协协商，引导委员面向群众宣讲理论、答疑释惑，政协工作进一步在基层落地生根。正是因为牢牢把握住了新时代人民政协的性质定位，政协组织才能在区域经济社会发展的各个层面发挥出独特的优势。

重视委员主体是做好政协工作的保障。本届以来，我们重视委员服务，设立了主席接待日、委员集中走访月，设立了委员学习实践基地，与委员的交流更加顺畅、友谊更加深厚。重视委员管理，建立了委员管理条块结合机制，在全市率先实现“全员入委”，完善了委员管理考核办法，以“能进能出”的刚性约束提升了队伍的战斗力。重视委员提升，组织委员素质提升培训班9期，定期召开政情通报会和业务知识辅导会，丰富了委员履职平台，强化了履职成果转化，促进了委员自我提升。重视委员展示，通过评选“明星委员”、宣传“我身边的政协委员”、在媒体平台上展示委员风采等途径，加大了委员的宣传推介力度。以委员为主体，成功举办了献礼新中国成立70周年暨庆祝人民政协成立70周年文艺会演活动、区政协庆祝建党100周年暨第五届委员会总结大会，充分展示委员的才华，增强了政协组织的凝聚力和向心力。正是因为注重了委员主体作用的发挥，委员的履职热情才始终高涨，政协工作才始终保持了蓬勃向上的状态。

积极开拓创新是激发履职活力的源泉。本届以来，我们不断强化创新意识，勇于探索实践。在提案工作方面，提出了“精准深实”和“无调研不提案”的工作要求，开展了“提案集中督办月”和委员提案同步评议等特色工作，建设了区政协提案信息系统，为提案工作提质增效提供了切实保障。在平台搭建方面，开办“菁英沙龙”“常委讲堂”“委员讲坛”，全面建设智慧政协委员工作站（室），并将其打造为委员学习和交流的平台、收集社情民意的平台、深入基层服务群众的平台、参与基层社会治理的平台。在力量整合方面，建立了正、副主席和委办主任对口联系街道政协工作的机制，组建了老委员咨询团，提升了政协工作水平。正是因为不断在继承中创新、在创新中发展，才确保了政协工作常做常新、政协事业接续前进。

各位委员、各位领导、同志们，区政协五年来所取得的工作成绩，是区委正确领导的结果，是区人大、区政府、区人武部、区法检“两院”、各园区、各街道、各部门、各民主党派、工商联、人民团体、无党派人士、社会各界大力支持的结果，是政协各参加单位和广大政协委员共同努力的结果。在此，我代表第五届政协常务委员会，向所有关心、支持政协工作的领导和同志们表示衷心的感谢！

回顾五年的工作，我们也存在一些不足，一是在建言资政和凝聚共识双向发力的探索上还需要加强；二是履职成果转化实效方面还需要提升；三是委员管理与服务方面还需加大力度。这些不足需在今后的工作实践中认真研究和改进。

对六届政协的工作建议

未来五年，是乘势而上、向实现第二个百年奋斗目标进军的第一个五年。希望新一届政协坚持以习近平新时代中国特色社会主义思想为指导，立足新发展阶段，认真履职、担当作为，落实“三高四新”战略，围绕“一军三区”定位，为加快建设“智慧天心、融城核心”作出新的更大的贡献。在此，我代表第五届政协常务委员会就新一届政协的工作提出以下建议：

一、加强思想引领，提升政治建设新高度

建议新一届政协要及时学习党中央的新决策、新部署、新论断，奋力推动新思想在天心政协系统落地生根。一是始终加强思想政治引领，把思想伟

力转化为履职动力，让政协更好地成为坚持和加强党对各项工作领导的重要阵地、团结教育引导各族各界代表人士的重要平台、在共同思想政治基础上化解矛盾和凝聚共识的重要渠道。二是坚定不移地加强党建引领，以党建聚合力，以党建促提升，实现党的组织对党员委员的全覆盖、党的工作对政协委员的全覆盖。三是旗帜鲜明站在意识形态工作第一线，加强政协系统意识形态风险研判，引导和支持委员利用好自身影响力，面向社会弘扬主旋律、传递正能量。

二、聚焦主责主业，凸显建言资政新成效

建议新一届政协要擦亮“专门协商机构”这一牌子，切实彰显政协的独特魅力。一是坚持“融入大局”的工作站位。紧扣区第六次党代会关于未来五年的工作任务与举措，聚焦高端现代服务业发展、人才强区、打造全省营商环境首善之区、建设国际性区域消费中心等方面高质量建言，助力“三高四新”战略在我区落实落地。聚焦长株潭融城“十同”要求，联合周边区县政协开展调研、组织协商，助力我区实现融城从“先行区”迈向“先进区”。聚焦建设新型智慧城区、法治标杆城区、生态宜居城区等方面，深入基层、深入群众组织协商对话，助力我区在基层社会治理上探索创新。聚焦公共服务、社会保障、乡村振兴等方面开展协商式监督，引导委员组聚焦街域民生实事开展微协商、微监督，进一步提升人民群众的幸福指数。二是强化“质量为要”的工作导向。要拿出“专”的水平，做精做实“全员入委”制度，发挥好界别和委员专业优势开展界别调研、界别协商，提升建言献策专业化程度。要突出“实”的成效，坚持眼睛向内、双腿向下，沉到底摸实情、深研究献良策，形成一批履职精品。要运用“新”的载体，依托“政协云”平台探索网上协商、网络议政等新形式，运用现代信息技术、大数据等新手段，提高调研效率和建言科学性。三是树立“事成至上”的工作意识。要不断完善街道和政协委员组工作的考核激励机制。要更加重视成果转化，完善履职成果落实反馈机制，在承办落实具体化、跟踪督办常态化、按期反馈制度化上实现新的突破，做到敢于跟踪、善于跟踪、常态化跟踪，以更大的力度推进成果的落地见效。

三、着力汇聚力量，构建凝聚共识新格局

建议新一届政协要树立新时代的履职观，深刻认识建言资政是履职成果，凝聚共识也是履职成果，甚至是更重要的成果。一是加强合作促共识。发挥好人民政协作为统一战线组织平台、协商平台、工作平台的作用，密切与各民主党派、工商联和知识分子联谊会的联系合作，实现重要课题共同调研、重大活动共同参与、重要信息资源共享，通过合作履职广泛凝聚共识。二是做优平台汇合力。以更高标准、更精服务开展智慧政协委员工作站（室）工作，强化工作站（室）的协商功能，以协商理顺情绪、化解矛盾、增信释疑、凝心聚力。要培养一批委员个人工作室，以“有影响”的人影响更多的人，以点带面求同存异、汇聚力量。三是服务民生聚人心。坚持为民代言、为民发声，以提案、社情民意的形式反映群众呼声，促推一批群众身边急难愁盼问题的解决。继续弘扬扶贫帮困的优良传统，不断巩固脱贫攻坚帮扶成果，进一步增强人民群众的获得感与幸福感，以惠民有效凝心，以凝心实现聚力。

四、优化委员队伍，展现政协履职新气象

建议新一届政协要按照“懂政协、会协商、善议政、守纪律、讲规矩、重品行”的要求，加强委员队伍建设，组织和引导委员做好“委员作业”，争当有坚守、有能力、有温度的政协人。一是进一步练就能担当的“基本功”。要编制委员履职指南，让委员尽快熟知履职载体、履职平台和履职程序，创造条件让委员尽快地熟悉区情民情，引导委员快速适应角色。要全面熟悉委员，及时掌握委员特长及履职兴趣点，根据委员特点有针对性地培养各履职领域的骨干力量，根据委员组资源优势打造各街道政协工作品牌。要多开展外地培训考察，多组织各类探讨交流，引导委员提升深度思考、理性建言的能力。二是进一步织密真担当的“硬约束”。要量化委员履职标准，完善委员履职档案，建立健全履职考评机制，对委员“年度作业”进行打分、通报，并将履职考评成果作为委员辞免留任、评优评先、宣传推介的依据，以制度推动委员用情用力用心履职。三是进一步激发勇担当的“源动力”。要关心委员的工作与生活，搭建平台助力委员成长，注重委员企业、项目资源的推荐与对接。要发挥留任委员履

职经验丰富的优势，充实老委员咨询团力量，根据“80后”青年委员占比高达42.3%的结构特点，寻求青年委员乐于参与的履职途径，组织青年、凝聚青年、引领青年参与天心发展。要积极响应全国政协、省政协号召，开展“书香溢天心”读书活动，通过读书、讲书、评书，实现同学、同思、同享，读出政协气质、读出时代质感，并通过读书活动带动履职社团和兴趣小组的建立，加强交流互助、增强工作活力，提升委员对政协组织的归属感和认同感。

同舟共济扬帆起，乘风破浪万里航。各位委员，站在新的历史起点上，政协工作舞台更加宽广，责任更加重大，让我们紧密地团结在以习近平同志为核心的党中央周围，在区委的坚强领导下，创新实干、担当作为，为天心政协事业的发展，为加快建设“智慧天心、融城核心”做出新的贡献！

发文目录

天心区委、区委办公室文件目录（摘要）

2021年天心区委文件（天发）目录（摘要）

表22

发文字号	文件标题
天发【2021】1号	关于印发《关于进一步支持天心经开区改革创新发展的若干措施》的通知
天发【2021】2号	关于印发《长沙市天心区服务打造国家重要先进制造业高地——数字经济三年行动计划（2021—2023年）》的通知
天发【2021】3号	关于印发《长沙市天心区打造具有核心竞争力的科技创新高地三年行动计划（2021—2023年）》的通知
天发【2021】4号	关于印发《长沙市天心区全力打造内陆地区改革开放高地三年行动计划（2021-2013年）》的通知
天发【2021】5号	关于转发《区人大常委会2021年工作要点》的通知
天发【2021】6号	关于转发《政协长沙市天心区委员会2021年工作要点》的通知
天发【2021】10号	关于印发《天心区落实省委第八巡视组巡视反馈意见整改方案》的通知
天发【2021】15号	关于中国共产党长沙市天心区第六次代表大会代表选举工作的通知
天发【2021】17号	印发《关于加强和改进新时代全区机关党的建设的实施意见》的通知
天发【2021】18号	关于印发《长沙市天心区党政领导班子和领导干部绩效考核管理实施办法》的通知
天发【2021】19号	关于印发《中共长沙市天心区委书记、副书记、常委工作分工》的通知
天发【2021】20号	关于认真学习宣传贯彻党的十九届六中全会精神的通知
天发【2021】21号	关于印发《天心区落实市委专项巡察反馈意见整改方案》的通知

续表 22

发文字号	文件标题
天发【2021】22号	关于印发《关于贯彻落实“三重一大”事项集体决策制度的实施办法（试行）》的通知
天发【2021】23号	关于印发《中共长沙市天区委常委会工作规则》的通知
天发【2021】24号	印发《关于推进清廉天心建设的实施意见》的通知

2021年天心区委办公室文件（天办发）目录（摘要）

表 23

发文字号	文件标题
天办发【2021】2号	关于下达长沙市天心区2021年重大项目投资计划的通知（32页）
天办发【2021】3号	关于印发《长沙市天心区2021年重大项目攻坚行动方案》的通知
天办发【2021】4号	关于印发《长沙市天心区加快推进长株潭区域一体化工作方案》的通知
天办发【2021】5号	关于2020年度全区平安建设（综治工作）考核评估情况的通报
天办发【2021】6号	关于印发《长沙市天心区党委办公室2021年度工作要点》的通知
天办发【2021】7号	印发《关于进一步理顺黄兴南路文旅商务区管理体制的工作方案》的通知
天办发【2021】9号	关于调整区领导联系街道工作安排的通知
天办发【2021】10号	印发《关于开展第十九次“凝聚两心兴天心”党风廉政主题教育活动的实施方案》的通知
天办发【2021】11号	关于印发《2021年全区交通问题顽瘴痼疾集中整治行动实施方案》的通知
天办发【2021】12号	关于印发《长沙市天心区配合第二轮中央生态环境保护督察工作协调联络组工作方案》的通知
天办发【2021】19号	关于2020年度领导班子和领导干部绩效考核结果的通报
天办发【2021】20号	关于长沙市天心区2020年度优秀工作人员的通报
天办发【2021】21号	印发《关于进一步激励干部担当作为干事创业的若干措施》的通知

续表 23

发文字号	文件标题
天办发【2021】24 号	关于印发《2021 年度市绩效考核工作目标责任分解表》的通知
天办发【2021】25 号	关于印发《长沙市天心区 2021 年度重点工作季度考核实施办法》的通知
天办发【2021】26 号	关于区级议事协调机构清理结果的通知
天办发【2021】28 号	关于调整区领导联系街道工作安排的通知
天办发【2021】29 号	关于一季度重点工作考核结果的通报
天办发【2021】30 号	关于二季度重点工作考核结果的通报
天办发【2021】31 号	关于印发《贯彻落实省委书记许达哲调研长沙有关指示精神工作任务清单》的通知
天办发【2021】32 号	关于印发《学习贯彻区第六次党代会精神暨“‘一军三区’怎么干”大学习、大讨论活动实施方案》的通知
天办发【2021】33 号	关于印发《长沙市天心区 2021 年重点项目观摩拉练工作方案》的通知
天办发【2021】34 号	印发《关于进一步加强新形势下全区统计工作》的通知
天办发【2021】36 号	关于印发《环保工作整改回头看方案》的通知
天办发【2021】37 号	关于印发《长沙市天心区对口帮扶龙山县洛塔乡乡村振兴工作实施方案（2021—2025 年）》的通知
天办发【2021】27 号	关于进一步规范区级议事协调机构有关事项的通知
天办发【2021】38 号	关于印发《长沙市天心区对口帮扶邵阳县乡村振兴工作实施方案（2021—2025 年）》的通知
天办发【2021】40 号	关于印发《区委区政府领导安全生产工作责任清单》的通知
天办发【2021】41 号	关于严格贯彻落实长办发电〔2021〕35 号文件精神的通知
天办发【2021】42 号	关于印发《关于在深入实施“党建聚合力”工程中进一步提升党建融合度的工作方案（试行）》的通知
天办发【2021】43 号	印发《关于全面推行林长制的实施方案》的通知
天办发【2021】43 号	印发《关于全面推行林长制的实施方案》的通知（对接市委办法规处后调整）
天办发【2021】44 号	关于调整区领导联系街道工作安排的通知
天办发【2021】45 号	关于三季度重点工作考核结果的通报
天办发【2021】46 号	关于印发《长沙市天心区 2022 年春节期间慰问困难群众活动方案》的通知

天心区政府、政府办公室文件目录（摘要）

2021 年天心区政府文件（天政发）目录（摘要）

表 24

发文字号	文件标题
天政发【2021】6 号	关于 2021 年市人民政府《政府工作报告》目标任务实施责任管理的通知
天政发【2021】7 号	关于 2021 年区人民政府《政府工作报告》目标任务实施责任管理的通知
天政发【2021】18 号	关于印发《长沙市天心区突发事件总体应急预案》的通知
天政发【2021】22 号	关于表彰见义勇为先进个人的决定
天政发【2021】30 号	关于加强绿心地区生态环境保护及监管工作的通知
天政发【2021】37 号	关于对重大火灾隐患单位湖南国美电器有限公司侯家塘旗舰店、长沙人人物业管理有限公司（城市之心项目部）实行挂牌督办整改的通知
天政发【2021】42 号	关于对重大火灾隐患单位长沙理工大学、长沙理工大学（云塘校区）实行挂牌督办整改的通知
天政发【2021】46 号	关于印发《长沙市天心区行政复议体制改革实施方案》的通知
天政发【2021】57 号	关于对重大火灾隐患单位中南大学（铁道学院）、广州市时代物业管理有限公司长沙分公司实行挂牌督办整改的通知
天政发【2021】64 号	关于对长沙园满物业管理有限公司（韶峰星苑综合办公楼）、湖南水朗轩酒店有限公司等八家重大火灾隐患单位实行挂牌督办整改的通知
天政发【2021】79 号	关于森林禁火的通告
天政发【2021】83 号	关于大中型及重点小型水利工程管理与保护范围划界成果的公告
天政发【2021】100 号	关于同意赤岭路街道、青园街道及先锋街道社区新设和优化调整的批复
天政发【2021】109 号	关于印发《长沙市天心区人民政府重大行政决策程序实施办法》的通知

（资料来源：区政府办）

2021 年天心区政府办公室文件（天政办发）目录（摘要）

表 25

发文字号	文件标题
天政办发【2021】1 号	关于印发《长沙市天心区低温雨雪冰冻灾害应急预案》的通知
天政办发【2021】2 号	关于印发《长沙市天心区突发环境事件应急预案》的通知
天政办发【2021】3 号	关于印发《长沙市天心区油气长输管道突发事件应急预案》的通知
天政办发【2021】4 号	关于印发《长沙市天心区加快推进长株潭一体化发展 2021 年重点任务实施方案》的通知
天政办发【2021】5 号	关于印发《长沙市天心区突发事件紧急医学救援应急预案》的通知
天政办发【2021】6 号	关于印发《长沙市天心区举报涉嫌非法集资线索奖励办法》的通知
天政办发【2021】7 号	关于印发《天心经开区管委会区级赋权事项目录》的通知
天政办发【2021】8 号	关于印发《长沙市天心区农村宅基地建房审批管理实施细则》的通知
天政办发【2021】9 号	关于印发《践行群众路线着力提升 12345 政务热线工作办理质效十项措施》的通知
天政办发【2021】10 号	关于印发《长沙市天心区进一步深化“放管服”改革重点任务分解实施方案》的通知
天政办发【2021】11 号	关于印发《解决天心区依据长沙市人民政府令第 103 号实施征拆项目相关问题工作方案》的通知
天政办发【2021】12 号	关于印发《天心区 2021 年真抓实干督查激励工作方案》的通知
天政办发【2021】13 号	关于 2021 年度市对区绩效考核指标责任分解的通知
天政办发【2021】14 号	关于承接市级下放部分经济社会管理权限的通知
天政办发【2021】15 号	关于加快发展养老服务业的实施意见
天政办发【2021】16 号	关于印发《长沙市天心区食品安全监管事权清单》的通知
天政办发【2021】17 号	关于建立长沙市天心区渣土工作联席会议制度的通知
天政办发【2021】18 号	关于印发《长沙市天心区学校建设三年行动计划实施方案（2022—2024 年）》的通知
天政办发【2021】19 号	关于印发《长沙市太平街历史文化街区创建国家级旅游休闲街区工作方案》的通知
天政办发【2021】20 号	关于印发《长沙市天心区“一军三区”财源建设工程实施方案》的通知
天政办发【2021】21 号	关于印发《长沙市天心区临时救助实施细则》的通知
天政办发【2021】22 号	关于印发《长沙市天心区“精美长沙”建设工作实施方案（2021—2022 年）》的通知

（资料来源：区政府办）

年度新闻媒体报道

2021 年度天心区新闻媒体报道题录（摘要）

表 26

日期	媒　体	作　　品
1 月 2 日	环球网	派出所也能出圈！长沙这个所成网红打卡地，带动片区经济
1 月 2 日	湖南电视台经济频道《经视新闻》	用汗水浇灌收获，在平凡中造就不凡（采访长沙市环卫局坡子街所步行街环卫工人）
1 月 4 日	光明网、环球网、中工网、中国经济网	百姓抒怀全面小康（湖南长沙市坡子街街道办事处主任戴次强：用心绣出城市品牌）
1 月 4 日	“学习强国”	区县新闻丨长沙市天心区：民生实事票决说了算民意更贴近
1 月 4 日	工人日报网、中工网	长沙天心区工会送技能到职工手中
1 月 5 日	大公网、新湖南	# 我在项目攻坚第一线 # 榜样人物——天心区桂花坪街道征地拆迁专干孙权
1 月 5 日	红网	2021 年第一个工作日！ 5 家企业收到天心区政府“秒回复”
1 月 6 日	中国报道网、红网	《人民日报》报道天心区驻浏阳富溪村第一书记彭昂：提升产业质量丰富产业门类
1 月 7 日	红网	小康天心的幸福密码（1）｜爱上天心不止 101 个理由
1 月 7 日	红网	小康天心的幸福密码（2）｜实力天心
1 月 8 日	新湖南	统一思想、加压奋进！ 2021 年再掀攻坚热潮长沙天心区举行项目攻坚活动讲评调度会
1 月 8 日	红网	小康天心的幸福密码（3）｜实力天心篇之商圈经济
1 月 8 日	红网	小康天心的幸福密码（4）｜实力天心篇之园区经济
1 月 8 日	人民网	长沙天心区：执法挥剑斩“顽疾” 重拳出击治乱象
1 月 9 日	红网	乡村追梦人丨吴添春：以前人人帮我，现在我帮人人
1 月 9 日	中国新闻网	长沙市天心区开启软件产业“党建赋能 E 企行”活动
1 月 9 日	人民网	长沙天心区：爱心门店让爱延续更温暖
1 月 10 日	《三湘都市报》	2020“感动湖南”年度贡献人物（长沙市天心区桥头社区党总支书记、居委会主任，“全国抗击新冠肺炎疫情先进个人”）
1 月 10 日	人民网	长沙天心区：做实小区党建引领城市基层治理
1 月 11 日	新华网	《守护解放西》：警务节目可以真实而有趣
1 月 11 日	红网	小康天心的幸福密码（5）｜实力天心篇之网红经济
1 月 12 日	新湖南、《三湘都市报》、华声在线	9 年“公主抱”谱写爱情赞歌警嫂肖慧君：“既然嫁了他，就要跟他一辈子！”
1 月 12 日	人民网	天心“格”网事：网格员化身“安全管家”成功化解“头等大事”
1 月 12 日	红网	小康天心的幸福密码（6）｜实力天心篇之楼宇经济
1 月 13 日	中国新闻网	天心区“礼”教育入选“湖南基层改革探索 100 例”
1 月 13 日	红网	小康天心的幸福密码（7）｜实力天心篇之营商环境

续表 26

日期	媒 体	作 品
1月14日	人民网、红网	观察｜做长株潭一体化“先锋”，天心区底气何在？
1月14日	红网	小康天心的幸福密码（8）｜品质天心
1月15日	新华网	《守护解放西》以“贴地”视角开启网络时代“警务纪实”
1月15日	红网	小康天心的幸福密码（9）｜品质天心篇之“绣花式”管理
1月17日	中国新闻网	从“为民作主”到“由民作主”天心区民生实事票决说了算
1月17日	人民网	立足新起点抢抓新机遇高质量建设“智慧天心、融城核心”
1月18日	人民网、中国网、中国报道网、红网	多措并举，湖南天心区创建省级食品安全示范区
1月18日	红网	小康天心的幸福密码（10）｜品质天心篇之“网格化”治理
1月19日	新湖南	《“十四五”我们这么干》·天心区专场①丨天心老百姓对“十四五”有哪些期待？
1月19日	新湖南	《“十四五”我们这么干》·天心区专场②丨打造全省数字经济发展核心区
1月19日	新湖南	《“十四五”我们这么干》·天心区专场③丨高品质城市绿心看天心
1月19日	新湖南	《“十四五”我们这么干》·天心区专场④丨程序员们，书记喊你来“挖矿”
1月19日	新湖南	《“十四五”我们这么干》·天心区专场⑤丨“智慧天心融城核心”，我们在2025等您！
1月19日	红网	小康天心的幸福密码（11）｜品质天心篇之“守护式”保障
1月20日	红网	小康天心的幸福密码（12）｜温暖天心
1月20日	红网	专访｜天心区委书记刘汇：擘画发展新蓝图开启“智慧天心、融城核心”新征程
1月21日	人民网	黄滔：以担当精神砥砺奋进加速推进“融城核心”建设
1月22日	中国新闻网	营商环境“走新”更“走心”长沙天心区崛起新经济新业态
1月22日	人民网、中国新闻网	长沙天心区：15万字的扶贫日志诠释初心
1月23日	红网	小康天心的幸福密码（12）｜温暖天心篇之劳有厚得
1月23日	新湖南	长沙“两会”刚结束，天心区抓落实“出炉”任务分解
1月26日	红网	小康天心的幸福密码（12）｜温暖天心篇之老有颐养
1月27日	人民网、《三湘都市报》	湖南首创！天心区法院推出诚信企业“白名单”制度
1月27日	红网	小康天心的幸福密码（12）｜温暖天心篇之住有宜居
1月28日	“学习强国”	区县新闻丨19栋亿元楼宇的背后——透视长沙市天心区楼宇经济发展之路
1月28日	红网	天心区“真抓实干办人民满意教育”再获省政府通报表扬
1月28日	“学习强国”、红网、《湖南日报》	武陵山上的“长沙答卷”——写在长沙市对口帮扶龙山县26周年之际（下）
1月28日	红网	小康天心的幸福密码（12）｜温暖天心篇之病有良医
1月28日	人民网	长沙天心区：“山”味来袭“年货节”助推消费扶贫
1月29日	红网	小康天心的幸福密码（13）｜底蕴天心篇
1月30日	人民网	点赞！长沙天心区4项工作获湖南省政府“真抓实干奖”
1月30日	红网	小康天心的幸福密码（13）｜底蕴天心篇之历史荦芳华
1月31日	央视网	数字经济推动长株潭一体化长沙天心区与湘潭岳塘区签署合作协议
2月2日	“学习强国”	区县新闻｜“没想到当场就给了我明确解答”——长沙天心区“区长企业接待日”见闻

续表 26

日期	媒体	作品
2 月 2 日	红网	小康天心的幸福密码（13）| 底蕴天心篇之文化惠民
2 月 2 日	红网	小康天心的幸福密码（13）| 底蕴天心篇之文化惠民
2 月 3 日	红网	小康天心的幸福密码（13）| 底蕴天心篇之产业促繁荣
2 月 4 日	红网	小康天心的幸福密码（14）| 绿色天心篇之天心蓝、“绿心”绿
2 月 4 日	湖南电视台都市频道《都市 1 时间》	长沙天心区武装部立功喜报送到家：空军某旅栾毅伟，荣立个人二等功
2 月 5 日	红网	长沙市天心区对口帮扶工作队：离别，但永远不会忘记
2 月 9 日	中国法院网	湖南长沙天心区法院发放执行款 1.4 亿余元
2 月 9 日	华夏经纬网	天心区委台办走访慰问台胞台属，情系两岸温暖人心
2 月 11 日	人民网	长沙天心区：年味足，爱心更足
2 月 18 日	红网	方便！十分方便！首批 18 项政务服务长株潭通办
2 月 18 日	人民网	数字赋能经济高质量发展长沙天心区数字经济发展年度报告出炉
2 月 18 日	人民网	天心诠释长沙城市魅力：大城之南
2 月 19 日	人民网	融城“头雁”铆足“牛劲”长沙市天心区新年上班首日“三箭齐发”
2 月 19 日	“学习强国”	区县新闻 | 天心、石峰、岳塘携手推进 18 项政务服务“跨域通办”
2 月 21 日	新湖南	为天心勇闯高质量发展新路展现担当和作为——刘汇率队调研天心经开区经济社会发展情况
2 月 21 日	新湖南	新春走基层 | 长沙天心区携 50 余家企业送岗位到湘西大山里
2 月 21 日	人民网	长沙天心区：劝阻“开门炮”，共守“长沙蓝”
2 月 23 日	《三湘都市报》	天心区“春风行动”助力通道山区村民就业增收
2 月 24 日	新湖南	记者体验智慧社区健身中心“城市 5 分钟健身圈”就近锻炼好方便
2 月 26 日	《湖南日报》	攻坚之战彪炳史册披坚执锐勇立新功——全国脱贫攻坚总结表彰大会在湖南广大干部群众中引发热烈反响
2 月 26 日	新湖南	深度观察丨脱贫攻坚，长沙这些个人和集体为何获得国家表彰
2 月 27 日	人民网	深度观察：长株潭一体化，长沙龙头舞，三城深处融！
2 月 27 日	人民网	长沙市天心区：对口帮扶结“硕果”为村民幸福生活“加码”
3 月 1 日	海外网、《人民日报》	城镇老旧小区改造让环境更舒心、服务更贴心、消费更称心——“改”出百姓新生活（老旧小区换新颜）
3 月 1 日	新湖南、华声在线	以项目论英雄！天心区 11 个重大项目集中开工
3 月 2 日	人民网	项目建设按下“加速键”　天心区 11 大项目集中开工
3 月 2 日	人民网、法治网	长沙市天心区：查处违规破坏绿化行为补种复绿还绿于民
3 月 3 日	红网	当场对接解难题“区长企业接待日”效率让企业家“没想到”
3 月 3 日	人民网、中国新闻网、红网、《湖南日报》	天心区 3 年将实现城乡供水一体化全覆盖
3 月 4 日	人民网	天心“格”网事：“网格化 + 铁脚板”环境整治“零遗漏”
3 月 6 日	新华社、新华网、《湖南日报》、华声在线	湖南 11 人 6 集体荣获 2020 年度全国三八红旗手（集体）荣誉称号
3 月 8 日	新湖南	汇聚最美她力量　天心区妇联邀请优秀女性代表畅谈“巾帼心向党建功十四五”
3 月 11 日	红网	长沙足协通报表彰雅礼外国语等单位获奖
3 月 11 日	人民网、红网	争当“三高四新”战略主力军看长沙天心区如何抬高坐标下好先手棋

续表 26

日期	媒　体	作　　品
3 月 12 日	红网	打造法治建设区域协作样本长株潭三地司法局签署全领域合作协议
3 月 12 日	湖南电视台公共频道《帮女郎大视野》	开在米粉店里的博物馆，你去过吗？
3 月 13 日	人民网	长沙天心区：与“泥”有约江心岛上绿意浓
3 月 16 日	华声在线	长沙天心区帮扶通道县产业项目羊肚菌产销两旺
3 月 17 日	人民网	长株潭融城之心：天心区勇当长株潭一体化“排头兵”
3 月 19 日	红网	百年风华正青春——“100 个红色小故事”征文稿题材建议、天心区红色遗址情况一览表、天心区红色历史人物汇总
3 月 19 日	“学习强国”、《湖南日报》、华声在线	岁寒松与柏忠贞照千古——探访李富春故居
3 月 20 日	新华社	长沙天心区湘潭岳塘区十大合作助推长株潭一体化
3 月 21 日	人民网	天心“格”网事：网格议事聆听“好声音”聚力做实惠民新举措
3 月 21 日	湖南电视台都市频道《都市 1 时间》	打卡长沙光阴的故事：火车头文化公园，追忆“车马慢”旧时光
3 月 23 日	红网	3000 家企业提供逾 6.4 万个岗位长株潭三市招聘月成引才聚才“强磁场”
3 月 24 日	红网	百年百剧颂党恩长沙天心区文化惠民戏曲专场演出启幕
3 月 24 日	人民网	长沙天心区“春风”送岗 8.6 万稳就业
3 月 26 日	红网	凝聚文明力量长沙天心区桂花坪街道获评“湖南省文明标兵单位”
3 月 27 日	新湖南、《三湘都市报》、华声在线	长株潭边界地区纠纷联合调解室挂牌成立
3 月 29 日	《人民日报》	犇起来！湖南首个跨长株潭半程马拉松，在长沙天心开跑
3 月 30 日	红网	湘潭市岳塘区、长沙市天心区应急管理局开展交流拟推动长株潭一体化安全发展
3 月 31 日	《三湘都市报》	“学党史庆百年”湖南推出 42 项文旅活动，六条精品红色旅游线路等你来“打卡”
4 月 1 日	人民网	湖南计划打造“一心一水”长株潭城市中央公园
4 月 2 日	人民网、红网	解难题出主意“区长企业接待日”为企业发展当“高参”
4 月 2 日	红网	天心区上榜全省首批法治政府建设示范区
4 月 3 日	华声在线	长沙天心阁今夜蓝灯闪耀，只为用爱拥抱“星星的孩子”
4 月 3 日	红网	长株潭一体化首次披露“十同”要求
4 月 4 日	《湖南日报》	湖南革命陵园，长郡天心实验学校的少先队员来到烈士纪念墙前，向烈士敬献鲜花、行队礼
4 月 5 日	中国小康网	中共长沙市天心区五届纪委第六次全体会议召开
4 月 7 日	人民网、红网	爱心天心，全民共筑大美南城
4 月 7 日	湖南电视台卫星频道《湖南新闻联播》	党旗在基层一线高高飘扬，全省新一届村（社区）“两委”成员开展第二次集中培训（采访天心区新开铺街道桥头社区党委书记）
4 月 9 日	人民网	“最强大脑”火热对垒长沙天心区这个党史知识擂台赛很精彩
4 月 9 日	红网	融城姐妹手拉手天心区石峰区岳塘区妇联召开工作交流会
4 月 11 日	人民网	帮扶“朋友圈”越做越大“爱心天心”打造城市困难帮扶样板
4 月 11 日	新湖南	我省首个全链条零碳综合智慧能源示范项目应用涵盖“源 – 网 – 荷 – 储 – 用”
4 月 14 日	新湖南	湖南首例！虚假诉讼被当庭审出！被告缺席，看天心法官如何揭穿原告谎言
4 月 14 日	红网	精彩不容错过天心税宣“春风地铁专列”再出发！
4 月 15 日	新湖南	“湘冷链”系统使用情况怎样？全省市场监管系统人员到天心区考察

续表 26

日期	媒 体	作 品
4 月 16 日	人民网	长沙天心区：“七大实事”推动党史学习教育走深走实
4 月 17 日	红网	长沙天心区与湘潭岳塘区举行卫健工作交流座谈会
4 月 20 日	《三湘都市报》	助力一体化发展，长株潭三市共同启动 2021 年知识产权宣传周
4 月 21 日	华声在线	长株潭三地推出“第二批跨域通办政务服务事项清单”
4 月 22 日	新湖南、华声在线、《湖南日报》	“马上就办、办就办好”长沙市天心区以网格化助力 12345 政务热线办理
4 月 23 日	红网	“有人模仿我的脸……”，打假网站遭造假？天心法院揭真相！
4 月 23 日	新湖南	长株潭人才一体化迎来大动作！长株潭人才协同发展研究院宣告成立
4 月 26 日	红网	嗦粉探店① | 周记：在县正街里藏了八十年原汤老味
4 月 26 日	红网	资讯从“墙上”到“空中”天心区率先全省打造应急云广播系统
4 月 29 日	光明网、中国日报网、中国网、中工网	湖南长沙“天心数谷”升起一朵“天翼云”
4 月 30 日	新湖南、华声在线	唱响劳动最美时代主旋律！长沙天心区表彰“十佳工会组织”“十佳工会工作者”
4 月 30 日	红网	嗦粉攻略 |2021 长沙嗦粉节为“五一”消费搜罗宝藏店
4 月 30 日	新湖南	天心区市政设施维护中心防涝排渍科排水队荣获“湖南省工人先锋号”
5 月 1 日	红网	湖南省脱贫攻坚先进个人特写 | 肖乾军：一片丹心为扶贫
5 月 2 日	中央电视台新闻频道《朝闻天下》	“五一”假期出游长沙火宫殿：尝特色小吃品文化传承
5 月 5 日	《三湘都市报》	15 分钟活动范围内解决老人所有需求，让家门口养老更方便！长沙天心区打造“15 分钟养老服务圈”
5 月 5 日	新湖南	同心奔小康 | 家门口养老更方便！长沙天心区打造“15 分钟养老服务圈”
5 月 6 日	中国新闻网、红网、华声在线	5 天接待近百万人次长沙太平历史文化街区游客增长近三成
5 月 7 日	光明网	打破区域壁垒长株潭三市知识产权共建共享
5 月 8 日	人民网	长沙市天心区：党史课堂进楼宇用心为民办实事
5 月 10 日	人民网	政企恳谈面对面长沙天心区重点打造湖南“首善之区”
5 月 11 日	新湖南、华声在线	“长沙都市后花园·天心乡村振兴之路”①丨天心乡村：颜值和内涵双料提升
5 月 11 日	红网	嗦粉探店⑤ | 民间沙水：千年白沙水，一碗好粉面
5 月 12 日	新湖南	“长沙都市后花园·天心乡村振兴之路”系列报道②丨“网红打卡地”助力乡村振兴
5 月 12 日	新湖南、红网	全力打造乡村全面振兴标杆区！长沙市天心区乡村振兴局正式挂牌成立
5 月 13 日	新湖南	“长沙都市后花园·天心乡村振兴之路”系列报道③丨产业兴旺，为乡村振兴注入“活水”
5 月 15 日	《光明日报》、环球网、红网	自强书写精彩人生大爱践行初心使命——4 位优秀残疾人党员代表分享奋斗故事
5 月 16 日	《光明日报》	“把党的温暖传递给残疾人”——记全国助残先进个人、共产党员张建明
5 月 18 日	《湖南日报》、华声在线、红网	“天心数谷”迎来高光时刻
5 月 18 日	人民网	长沙天心区：学史力行办实事扶残助残感党恩
5 月 19 日	人民网	百余位院士大咖云集“天心数谷”第十届全球地理信息开发者大会移师长沙
5 月 21 日	经济参考网、中国经济新闻网、中国网	远洋集团与长沙市天心区政府签署战略合作协议共同推进中心区域城市更新

续表 26

日期	媒　体	作　　品
5 月 21 日	人民网、红网	长沙市天心区民政局："三心"服务情暖"520"
5 月 22 日	华声在线	将"三牛"精神传承下去！长沙市天心区工商联（商会）成功换届
5 月 23 日	红网	闻汛而动长沙天心区全力以赴做好防汛工作
5 月 25 日	红网	嗦粉探店⑧｜逸家筱馆：让长沙人嗦碗高配版米粉
5 月 27 日	《湖南日报》	新坐标新使命——高质量推进长株潭一体化
5 月 27 日	红网	长沙市自然资源和规划局天心区分局全面排查地质灾害隐患
5 月 29 日	"学习强国"	产业协同发展的"速度与激情"｜长株潭一体化发展
5 月 30 日	新湖南	60 名"星星的孩子"免费参观长沙生态动物园
6 月 1 日	中国警察网	寻访红色足迹·途中图见　湖南长沙：守护解放西
6 月 1 日	经济网、中国报道网、《三湘都市报》	携手长株潭培育"乡创客"，2021 年长株潭融城乡村创新创业训练营开营！
6 月 3 日	新湖南	"心之所向"——建党百年天心故事系列报道
6 月 3 日	《潇湘晨报》	103 处"建设"展现一体化发展的路线和雄心　《长株潭一体化发展五年行动计划（2021—2025 年）》发布，共出现 103 处"建设"、10 处"共建"
6 月 3 日	新湖南	办好人民满意教育，打造更多更响亮的天心教育品牌
6 月 5 日	《湖南日报》	为了蓝天常驻碧水长流——长沙市天心区深入打好污染防治攻坚战综述
6 月 6 日	人民网	长沙市天心区坡子街街道与湘潭市岳塘区建设路街道合作签约助力长株潭融城一体化
6 月 7 日	人民网、《湖南日报》	关于湖南省"两优一先"拟表彰对象的公示
6 月 7 日	红网、新湖南	向党前行天心有礼｜忆百年征程谱天心华章
6 月 9 日	红网	湖南为什么这样红｜天心，以红色精神汇时代洪流
6 月 11 日	《潇湘晨报》	吃臭豆腐的快乐都是"国家级"湖南新添 19 项国家级非遗项目，火宫殿臭豆腐、巫家拳、黄茶制作技艺等上榜
6 月 11 日	中国网	湖南长沙：天心区成功创建湖南省食品安全示范区
6 月 12 日	人民网	长沙天心区：区域党建合力学史力行促发展
6 月 16 日	新华网	600 多位老人的暖心"主厨"侯利纯（中共长沙市天心区委网信办推荐）
6 月 18 日	新湖南	39 项政务服务"跨域通办"！"双区"携手共推长株潭政务服务同城化加速
6 月 19 日	中国网、华声在线	天心区、岳塘区签订市场监管执法合作备忘录
6 月 22 日	新湖南	环保丨天心区第五届环境保护宣传月启动
6 月 25 日	人民网	长沙天心区这两对夫妻共同见证"光荣在党 50 年"
6 月 26 日	红网	学史力行开新局天心区举行党史学习教育第四次专题学习
6 月 28 日	红网	见贤思齐当先锋长沙天心区表彰"两优一先"庆祝建党 100 周年
6 月 29 日	"学习强国"	实景交响诗丨长沙天心区：天心阁上摘星辰大城之南写华章
6 月 30 日	人民网	众智众力，打造"互联网产业第五城"的天心作为
7 月 1 日	红网、新湖南	党建"红"引领教育"优"天心教育交出这样一份"初心答卷"
7 月 1 日	《湖南日报》	智慧天心幸福生活——长沙市天心区"我为群众办实事"实践活动侧记
7 月 2 日	红网	"区长企业接待日"升级业界精英集中探讨"智慧天心"建设
7 月 2 日	红网	热战城南争当主力军，打好主动仗
7 月 11 日	人民号	吴新伟任天心区委书记，刘素月任雨花区委书记
7 月 13 日	红网	"拼命三郎"邓富铁：扎根扶贫一线为民办实事

续表 26

日期	媒　体	作　　品
7 月 14 日	人民网	向党前行天心有礼 | 智慧住建圆百姓“安居梦”
7 月 14 日	人民网	向党前行天心有礼 | “天心数谷”为天心发展插上腾飞的翅膀
7 月 14 日	人民网	向党前行天心有礼 | 红心向党写忠诚民政爱民总关情
7 月 15 日	人民网	向党前行天心有礼 | 党建领航“三农”发展全面实施乡村振兴
7 月 15 日	人民网	向党前行天心有礼 | 党建引领聚合力健康路上党旗红
7 月 15 日	人民网	向党前行天心有礼 | 党建引领聚合力教育发展谱新篇
7 月 16 日	人民网	向党前行天心有礼 | “赤”续奋斗“岭”梦前行
7 月 16 日	人民网	向党前行天心有礼 | 党建融合促发展文旅融合谱新篇
7 月 17 日	人民网	向党前行天心有礼 | “四精五有”靓天心城市管理为人民
7 月 17 日	人民网	向党前行天心有礼 | 党建领航改革路发改奋力绘蓝图
7 月 17 日	人民网	向党前行天心有礼 | 人社为民服务为您
7 月 20 日	新湖南	向党前行天心有礼 | 党旗飘扬映天心奋楫扬帆勇争先
7 月 26 日	新湖南	“红色天心有力量” | 庆祝建党 100 周年，喜迎中共长沙市天心区第六次代表大会胜利召开
7 月 26 日	新湖南	守望相助，“小蜜蜂志愿者协会”自发为河南灾区捐款
7 月 27 日	新湖南	“红色天心有力量”1 | 新开铺街道桥头社区党委书记康姣：“红船”精神的力量
7 月 28 日	新湖南	“红色天心有力量”2 | 赤岭路街道广厦新村社区党委书记谭琳：老党员的“新作用”
7 月 28 日	“学习强国”	长沙天心区：湖南首张“养老服务地图”发布
7 月 29 日	新湖南	“红色天心有力量”3 | 裕南街街道东电社区党委书记李昱南：我和我们的“幸福家”
7 月 30 日	新湖南	“红色天心有力量”4 | 暮云街道丽发社区党总支书记丁甜：从“生人”到“熟人”
8 月 3 日	新湖南	“红色天心有力量”5 | 坡子街街道八角亭社区党委书记杨学峰：候鸟驿站，新市民的“温暖巢”
8 月 4 日	新湖南	“红色天心有力量”6 | 中合慧景党支部书记黄程：“双培”的践行者
8 月 4 日	新湖南	“红色天心有力量”7 | 远征驾校党支部书记张建明：天心区第一家“民营”企业党支部
8 月 5 日	新湖南	“红色天心有力量”8 | 天心城投党支部书记张琳：小支部大能量
8 月 6 日	新湖南	“红色天心有力量”9 | 南托街道卫生服务中心党支部书记李咨：一个党员就是一面旗帜
8 月 6 日	红网	上榜！党贯荣获“全国残疾人工作先进个人”称号
8 月 7 日	新湖南	抗洪抗疫，天心区工商联会员企业捐款 228 万余元
8 月 9 日	新湖南	“红色天心有力量”10 | 桂花坪街道九峰苑社区党委书记龙象：党建聚合力
8 月 10 日	“学习强国”、中国经济网、中国日报网、《湖南日报》、红网	从“各吹各的号”到“一体化发展”——中部地区高质量发展的“长株潭样本”
8 月 11 日	新湖南	“红色天心有力量”11 | 仰天湖小学党支部书记简丽梅：党建领航向上生长
8 月 12 日	新湖南	“红色天心有力量”12 | 金盆岭街道黄土岭社区党委书记肖锦峰：区域化党建“轮值制”
8 月 13 日	新湖南	“红色天心有力量”13 | 大托铺街道桂井村党总支书记陈伟奇：乡村振兴，向前
8 月 17 日	中国法院网、红网	天心法院率先在全市挂牌成立驻交警大队诉源治理工作站

续表 26

日期	媒 体	作 品
8 月 18 日	人民视频网、新湖南	党旗下的荣光｜平安天心你我同行
8 月 18 日	人民视频网、新湖南	党旗下的荣光｜前哨后院服务天心
8 月 18 日	人民视频网、新湖南	党旗下的荣光｜守正创新共美天心
8 月 18 日	人民视频网、新湖南	党旗下的荣光｜天心统战同心向党
8 月 18 日	人民视频网、新湖南	党旗下的荣光｜天心组工奋楫前行
8 月 18 日	人民视频网、新湖南	党旗下的荣光｜忠诚护航清廉天心
8 月 19 日	红网、湖南日报网	医者担当践初心——致敬 2021 年长沙德艺双馨“最美医生”
8 月 20 日	人民网、红网、《湖南日报》	“天地图・湖南”上线应用 10 年地理信息实现个性化“转身”
8 月 20 日	红网	长沙市天心区召开共青团改革（国家级）试点工作推进会
8 月 22 日	光明网	长沙钥匙阿姨：20 年义务为众多邻居保管钥匙
8 月 25 日	人民网	张建：天心夜经济的走红之路
8 月 27 日	红网	天心区“最美医师”吴雪萍：立足本职岗位，做不平凡的“螺丝钉”
8 月 27 日	人民网	长沙税务部门成立吉哥服务站：宣传税费政策服务纳税缴费人
8 月 28 日	《湖南日报》	15 分钟服务圈打通服务群众“最后一米”天心区社区治理创新经验全省推介
8 月 31 日	新湖南	湖南大数据交易中心封顶，年底“大数据界”将实现“九省通衢”
9 月 2 日	新湖南	“双减”时代来了——探访长沙市各中小学校“双减”落地情况
9 月 2 日	《三湘都市报》	网络直播乱象专项整治，“五一商圈”不见聚众直播了
9 月 4 日	《三湘都市报》、新湖南	163 天！轮椅，再见！湘西姑娘终于站起来，她要借助电商，把更多乡亲们的土特产销出大山
9 月 4 日	新湖南、华声在线	创新形式，久久为功！长沙天心第 28 场“区长企业接待日”表彰软件企业 20 强
9 月 4 日	新华社	湘潭岳塘区与长沙天心区联手打造美食商业街
9 月 9 日	“学习强国”	长沙市天心区：优良率 90%，天心蓝与绿心绿相映成趣
9 月 9 日	人民网	湖南省首张社区风险隐患数字地图上线提升基层治理效能
9 月 9 日	新湖南	第 37 个教师节之际，天心区 10 个奖项表彰 454 名教师
9 月 9 日	中国新闻网、红网	四维赋能，长沙市天心区在省内率先建设 3.0 版社工站
9 月 15 日	“学习强国”、《湖南日报》、红网	大城之南战犹酣——看砥砺奋进的天心
9 月 15 日	红网	天心科技之美①｜省部共建木本油料资源利用国家重点实验室
9 月 17 日	《三湘都市报》	中国城市夜间经济发展峰会在长落幕黄兴南路步行街夜间消费场景荣获夜莺奖，长株潭夜间经济联盟探索一体化新路
9 月 18 日	红网	天心科技之美③｜特医食品加工湖南省重点实验室
9 月 18 日	红网	天心科技之美④｜公路养护技术国家工程实验室
9 月 18 日	红网	直播丨“一军三区”怎么干看长沙天心区党员干部如何精彩作答
9 月 19 日	红网	用影像讲好天心故事 “心之所向”图片展开展
9 月 20 日	红网	天心科技之美⑤｜电网输变电设备防灾减灾国家重点实验室
9 月 23 日	新湖南	长沙党代表访谈丨吴新伟：全力建设全省数字经济发展新高地
9 月 29 日	人民网	湖南：不夜天心惬意时光

续表 26

日期	媒　体	作　　品
10 月 1 日	《潇湘晨报》	共同缅怀革命先烈的丰功伟绩“传承英烈志，奋进新征程”9·30 烈士纪念活动在湖南革命陵园举行
10 月 1 日	人民网	总投资 93 亿元！长沙天心区重大项目集中开竣工
10 月 2 日	新华社、中国经济网	机关大院近 3 万个车位免费开放——国庆假期长沙这样“开门纳客”
10 月 4 日	《湖南日报》	长沙湘江风光带净水系统全面提质，直饮水放心喝
10 月 4 日	人民网、红网	天心区、天元区成功创建全国社区治理和服务创新实验区
10 月 8 日	新湖南	“十一黄金周”天心区消费市场劲头旺盛
10 月 8 日	红网	国庆假期天心这抹“志愿红”美出天际
10 月 9 日	新华社	长沙天心区释放国庆假期消费潜力
10 月 15 日	《人民日报》人民号	天心区：从养老一条街走向南城养老一张网
10 月 16 日	人民网	长沙前行·太平里文创社区：网红城市中心的文化绿洲
10 月 19 日	湖南电视台公共频道《帮女郎大视野》	“不务正业”的汪记生煎包：一年只卖 6 个月的生煎，独创口味赢得口碑
10 月 19 日	人民网	同心共绘美丽天心新胜景长沙天心区政协助推“智慧天心、融城核心”建设
10 月 19 日	央广网	长沙天心区对水电气外线工程审批实行承诺备案制
10 月 20 日	红网	强化区校联动实现共进共赢！吴新伟率队走访辖区高校
10 月 21 日	中国新闻网	为民履职守初心砥砺奋进勇担当——长沙市天心区第五届人大常委会五年工作综述
10 月 22 日	新湖南	打造中部地区样板中国供销（天心区）现代农业产业园项目签约
10 月 22 日	红网	直播｜智慧天心融城核心政协长沙市天心区六届一次会议开幕
10 月 23 日	《湖南日报》	天心区民生实事项目叫好又叫座，从“为民做主”到“由民做主”让“民声”决定“民生”
10 月 24 日	中国新闻网	奋力谱写“智慧天心、融城核心”建设的壮丽新篇章——长沙市天心区两会政府工作报告解读
10 月 24 日	新湖南	湖南日报市州版头条｜天心区民生实事项目叫好又叫座
10 月 24 日	湖南电视台卫星频道《湖南新闻联播》	龙山：千亩锥栗喜丰收，致富果越尝越甜
10 月 25 日	“学习强国”	长沙市天心区：南城逐梦，谱写“智慧天心、融城核心”建设的新篇章
10 月 25 日	红网	戴佳：履职尽责谋发展担当奉献为人民
10 月 25 日	《三湘都市报》	长沙区县两会｜天心区：城镇居民人均可支配收入年均增长 7%
10 月 26 日	人民网	“四面云山皆入眼，万家烟火总关心”——爱心天心，未来可期
10 月 26 日	新湖南	黄文先当选天心区人大常委会主任，周志军当选天心区人民政府区长
10 月 26 日	人民网	为企业造护城河，长沙市天心区将营商环境优化落到实处
10 月 27 日	红网、《湖南日报》、湖南日报网	加快建设“智慧天心、融城核心”——访长沙市天心区委书记吴新伟
10 月 28 日	光明网	学者阳立高：为更多孩子圆梦
10 月 28 日	“学习强国”	长沙市公安局天心分局：在战“疫”路上彰显公安担当
10 月 29 日	红网	特别的爱献给特别的你！长沙天心区怡智家园为残障人士办生日会
10 月 30 日	新湖南	长沙市天心区养老服务信息平台上线
11 月 1 日	湖南电视台公共频道《帮女郎大视野》	省党代表康娇：服务居民让社区更温馨更“智慧”

续表 26

日期	媒 体	作 品
11 月 2 日	红网	八年坚持，助“燕离”家庭重燃生活希望 民建天心区工委关爱失独家庭工作纪实
11 月 2 日	红网	长沙南部融城片区发展迎来新机遇
11 月 2 日	央广网	长沙天心区白沙共享图书馆“空馆开馆”
11 月 3 日	“学习强国”、《湖南日报》、红网	向南挺进抢占先机——看长株潭一体化发展的天心作为
11 月 8 日	《湖南日报》	第七届湖南省“人民满意的公务员”和“人民满意的公务员集体”拟表彰对象公示公告
11 月 9 日	中工网、人民网	党建引领基层社区治理高质量发展
11 月 9 日	人民网、中国青年网	长沙天心区：学习党建新模式共创“居民幸福家”
11 月 11 日	红网	天心区开展人防宣传教育进校园暨防空应急疏散演练活动
11 月 11 日	人民网	长沙创新长株潭“跨域通办”业务办理模式
11 月 12 日	红网	“三化九办”提升群众幸福感 天心区“放管服”经验获全市推介
11 月 12 日	“学习强国”、中国法院网、湖南普法网	“小变革”服务“大民生”——长沙天心区法院无障碍建设和适老化改造纪实
11 月 13 日	新湖南	与时代齐发展与祖国共奋进长沙天心区第一次少代会隆重召开
11 月 14 日	新湖南	共享图书馆：因书而聚向美而生
11 月 16 日	红网	长沙市天心区曲艺家协会成立为高质量发展贡献文艺力量
11 月 17 日	人民网	长沙天心区：区域联动合力整治违规车辆
11 月 18 日	人民网	提升党建融合度长沙天心区推出 19 条“硬”措施
11 月 18 日	红网	拥抱新蓝海“区长企业接待日”专场探讨共赢数字经济新时代
11 月 18 日	“学习强国”	长沙市天心区：抓在日常严在平常夯实应急救援的前沿阵地
11 月 19 日	新湖南	天心区：宣讲惠企政策护航企业发展
11 月 24 日	红网	天心区社工站“四社共治”聚合力，协作同行促发展
11 月 24 日	《湖南日报》	眼盲退休教授和志愿者协会会长，一个愿发挥余热服务乡村振兴，一个愿为教授出行服务——一个电话牵出一段缘分
11 月 25 日	《湖南日报》	GDP 不是最高、政府财力不是最强、地域面积倒数第二，但在全国投资竞争力百强区榜单上，却居长沙市 6 个城区之首——天心区上榜凭什么
11 月 26 日	红网、《湖南日报》、新湖南、华声在线	南部融城正当时——长沙南部融城片区建设发展综述
11 月 26 日	人民号、红网	天心区首批公示 12301 个共享停车位缓解停车难
11 月 27 日	红网	湖南唯一！湖南微算互联上榜中国互联网成长型前 20 家企业名单
11 月 27 日	人民网	长沙市天心区：庭审进校园让法治“种子”深植学生心田
11 月 28 日	人民网	党代表风采 | 吴新伟：用实干创新服务长株潭一体化发展
11 月 30 日	新湖南	重大民生工程高效推进长沙市一中城南中学全面开工
11 月 30 日	新湖南、红网	走在前列干在实处争做示范！长沙天心区集中传达学习省第十二次党代会精神
12 月 2 日	新湖南	为民办实事，用心解难题——天心区“四个转变”提升信访工作质效
12 月 3 日	新湖南	天心区政协开展“委员赋能营”之十九届六中全会精神专题培训
12 月 3 日	“学习强国”	长沙天心经开区“以退为进”华丽蝶变
12 月 3 日	人民网、新湖南、红网	总投资 200 亿元！中国电信天翼云等重大数字产业项目在长沙天心区集中开工吴桂英出席并宣布开工

续表 26

日期	媒 体	作 品
12 月 5 日	“学习强国”	让“双减”不只是城市学生的福利——长沙市天心区支教队赴邵阳支教
12 月 6 日	央广网	国际志愿者日 | 志愿青年汤俊杰的“阳光故事”
12 月 6 日	红网、新湖南	喜讯！天心区司法局获 2016 2020 年湖南省普法工作先进单位
12 月 7 日	中国经济网、《湖南日报》、华声在线	天心区对口帮扶挺进新战场助力邵阳县推动乡村振兴
12 月 8 日	湖南日报网、华声在线	小社区也有大作为——天心区桥头社区党总支书记康姣多途径宣讲省党代会精神
12 月 9 日	新湖南	2021 年天心区 24 个老旧小区换新颜
12 月 9 日	《湖南日报》、湖南日报网、新湖南	美丽屋场小切口乡村振兴大文章——长沙市天心区南托街道以点带面推动美丽乡村建设侧记
12 月 10 日	红网	长沙弹词“进校园、进社区、进景区”活动落幕 5 场表演让观众赞不绝口
12 月 11 日	中国新闻网	长沙首条特殊食品经营示范街亮相
12 月 12 日	湖南电视台经济频道《经视新闻》	“吉哥”快板打起来，惠民利企有新“招”
12 月 13 日	《三湘都市报》	最美村医坚守兴马洲达 9 年累计接诊病患 5 万余人次，她是 1600 余村民“守护神”
12 月 14 日	新湖南	湖南日报丨“融”出强大力量——长沙市天心区推进融合党建侧记
12 月 14 日	光明网	以课题研究引领教育改革发展——2021 年长株潭教研交流暨长沙市优秀教育科研成果展示推广活动举行
12 月 15 日	红网	“观看”无障碍电影长沙天心区视障人士享受难得电影时光
12 月 15 日	人民网	长沙天心区：解码基层治理“五心”红色密码
12 月 16 日	新湖南	区人大代表网格接待日为民解决“愁、难、盼”
12 月 19 日	新湖南、红网	天心沃土育青禾行稳致远结硕果天心区第十二届社工节召开
12 月 20 日	中国青年网、红网	团湖南长沙天心区委：在凝聚和服务青年上下功夫
12 月 21 日	红网、华声在线	2021 共舞长江经济带 | 长沙天心区：阅尽老城烟火追寻城市记忆
12 月 21 日	新湖南	创建八个清廉单元开展六大示范行动——天心区强力推进清廉天心建设为高质量发展添砖加瓦
12 月 22 日	中国新闻网	长沙天心古阁：留存古城独特记忆
12 月 23 日	中国新闻网	2021 共舞长江经济带 | 长沙天心区，留住文脉留住乡愁
12 月 23 日	红网	再次蝉联全省第一 长沙天心区政府网站全国绩效评估获佳绩
12 月 24 日	人民网湖南频道	2021 年长株潭人力资源服务创新发展大会举办
12 月 24 日	红网	积极履行“四个服务”长沙市天心区完成科协换届工作
12 月 24 日	红网、新湖南	长沙天心区石碑中学启动建设，预计 2023 年建成
12 月 25 日	新湖南	斩获 14 枚奖牌！天心区在长沙市第一届职业技能大赛中“技攀高峰”
12 月 25 日	新湖南	长沙市首个“两新”综合党委在天心区青园街道成立
12 月 30 日	新湖南	“冬之狂欢·乐享天心”汽车消费节 12 月 30 日启动，30 万补贴等你来领
12 月 31 日	人民日报人民号	聚焦“急难愁盼”！长沙市天心区为群众办实事超过 15000 件

（资料来源：区委宣传部）

索　引

说　明

一、索引采用主题词分析法编制，设主题词索引、表格索引和人名索引，按汉语拼音字母顺序排列。

二、专文、大事记、荣誉榜、重要文献、附录等类目及概况条目不列入索引；分目作索引词的用黑体标明。

三、主题词后的数字表示页码。

主题词索引

1—9

A

B

C

D

E

F

G

H

J

K

L

M

S

T

Y

Z

表格索引

人名索引

D

F

G

H

J

K

L